OS DELÍRIOS DAS MULTIDÕES

◆

Outros livros de William J. Bernstein

Rational Expectations:
Asset Allocation for Investing Adults

Masters of the Word: How Media Shaped History

The Investor's Manifesto:
Preparing for Prosperity, Armageddon,
and Everything in Between

Uma Troca Esplêndida:
Como o comércio mudou o mundo

The Birth of Plenty:
How the Prosperity of the Modern World Was Created

The Four Pillars of Investing:
Lessons for Building a Winning Portfolio

The Intelligent Asset Allocator:
How to Build Your Portfolio to Maximize Returns
and Minimize Risk

WILLIAM J. BERNSTEIN

Teórico financeiro, neurologista e
autor de **Uma Troca Esplêndida**

OS DELÍRIOS DAS MULTIDÕES

Por que as pessoas ENLOUQUECEM em GRUPOS

ALTA BOOKS
GRUPO EDITORIAL

Rio de Janeiro, 2023

Os Delírios das Multidões

Copyright © **2023** ALTA CULT

ALTA CULT é um selo da EDITORA ALTA BOOKS do Grupo Editorial Alta Books (Starlin Alta e Consultoria Ltda.)

Copyright © **2021** William J. Bernstein

ISBN: 978-65-5520-563-3

Translated from original The Delusions of Crowds: Why People Go Mad In Groups. Copyright © 2021 by William J. Bernstein. ISBN 9780802157096. This translation is published and sold by Atlantic Monthly Press, an imprint of Grove Atlantic, the owner of all rights to publish and sell the same. PORTUGUESE language edition published by Starlin Alta e Consultoria Ltda., Copyright © 2023 by Starlin Alta e Consultoria Ltda.

Impresso no Brasil — 1ª Edição, 2023 — Edição revisada conforme o Acordo Ortográfico da Língua Portuguesa de 2009.

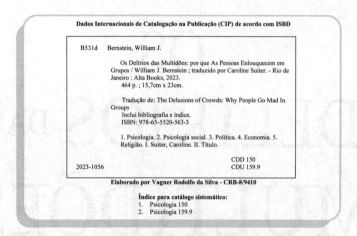

Todos os direitos estão reservados e protegidos por Lei. Nenhuma parte deste livro, sem autorização prévia por escrito da editora, poderá ser reproduzida ou transmitida. A violação dos Direitos Autorais é crime estabelecido na Lei nº 9.610/98 e com punição de acordo com o artigo 184 do Código Penal.

O conteúdo desta obra fora formulado exclusivamente pelo(s) autor(es).

Marcas Registradas: Todos os termos mencionados e reconhecidos como Marca Registrada e/ou Comercial são de responsabilidade de seus proprietários. A editora informa não estar associada a nenhum produto e/ou fornecedor apresentado no livro.

Material de apoio e erratas: Se parte integrante da obra e/ou por real necessidade, no site da editora o leitor encontrará os materiais de apoio (download), errata e/ou quaisquer outros conteúdos aplicáveis à obra. Acesse o site www.altabooks.com.br e procure pelo título do livro desejado para ter acesso ao conteúdo..

Suporte Técnico: A obra é comercializada na forma em que está, sem direito a suporte técnico ou orientação pessoal/exclusiva ao leitor.

A editora não se responsabiliza pela manutenção, atualização e idioma dos sites, programas, materiais complementares ou similares referidos pelos autores nesta obra.

Alta Cult é um selo do Grupo Editorial Alta Books

Produção Editorial: Grupo Editorial Alta Books
Diretor Editorial: Anderson Vieira
Vendas Governamentais: Cristiane Mutüs
Gerência Comercial: Claudio Lima
Gerência Marketing: Andréa Guatiello

Assistentes Editoriais: Andreza Moraes; Beatriz de Assis
Tradução: Caroline Suiter
Copidesque: Guilherme Caloba
Revisão: Carlos Bacci; Fernanda Lutfi
Diagramação: Catia Soderi
Capa: Paulo Gomes

Rua Viúva Cláudio, 291 — Bairro Industrial do Jacaré
CEP: 20.970-031 — Rio de Janeiro (RJ)
Tels.: (21) 3278-8069 / 3278-8419
www.altabooks.com.br — altabooks@altabooks.com.br
Ouvidoria: ouvidoria@altabooks.com.br

Editora afiliada à:

Para Kate, Johanna e Max

Agradecimentos

Este volume combina elementos de neuropsicologia, psicologia social, psicologia evolutiva, economia e história das finanças, macroeconomia, escatologia das três religiões abraâmicas e amplas faixas de análise histórica, dos tempos antigos aos modernos. Poucas pessoas estão familiarizadas com alguns desses assuntos, que dirá com todos eles. Estou em dívida com muitos especialistas dessas áreas:

Michael Barkun, sobre a relação entre o milenarismo e a violência; David Blitzer e Kimberly Boyle, por acessar os dados de retorno do Dow Jones; Scott Burns e Laura Jacobus, pelo material de arquivos de jornal; John C. Bogle (*in memoriam*), Burton Malkiel e Richard Sylla, por perspectivas sobre a mania de investimento em tecnologia dos anos 1960; D. Campbell-Meiklejohn, pela explicação detalhada sobre ressonâncias magnéticas e desconfirmação de viés; Edward Chanceler, pelas perspectivas sobre as bolhas do mercado acionário; Henry Clements, por ajudar na tradução do árabe; Chris Dennistoun, por trazer à minha atenção Richard Davenport, um antecessor de Mackay; Jacob J. Goldstein, por ajudar com os arquivos da NPR; Henrique Gomes, pela ajuda e acesso à maravilhosa Biblioteca Digital Adventista; Gershom Gorenberg, sobre a história de Melody, a vaca; Joel Greenblatt, por comentários sobre sua extensão do experimento Galton; Thomas Hegghammer, sobre a escatologia do cerco à Meca; Ron Inglehart, por dados quantitativos sobre religiosidade; Philip Jenkins sobre o pânico moral do satanismo dos anos 1980; Philip Johnson-Laird e Barry Popik, por explicar as origens do conceito moderno do viés de confirmação; Toby C. Jones, sobre a rebelião xiita no Oriente Médio; Brendan Karch, sobre o poder de persuasão de Hitler; Ofir e Hayam Kedar, sobre a história do Sionismo; Daniel Levitin, sobre o papel da música na propagação de delírios; Peter Logan, sobre a história literária de Mackay; Mike Piper, sobre a história dos planos de aposentadoria; Susan Pulliam e Penny Wang, sobre a história básica da bolha da internet dos anos 1990; Peter Richerson, sobre a polêmica da evolução de grupo; Jean-Paul Rodrigue, sobre o crescimento explosivo do tráfego da internet; Terry Ann Rogers, pelos comentários editoriais gerais; Greg Schramm, sobre a história da internet; Robert Shiller, sobre a relevância das equações epidêmicas para as finanças; Matthew Avery Sutton, sobre o dispensacionalismo moderno; Robert Trivers, sobre os pontos mais delicados da psicologia evolutiva; Brett Whalen, sobre a conexão entre os joaquimitas e os anabatistas de Münster; Barrie Wigmore, referente à opinião de Franklin Roosevelt sobre o Padrão Ouro, antes de sua posse; e Jason Zweig, pelos comentários sobre as primeiras bolhas financeiras e conselhos artísticos.

Sou especialmente grato a David Cook e Jean-Pierre Filiu pela ajuda detalhada com o pensamento e a literatura apocalíptica islâmica. Crawford Gribben me conduziu generosamente pelas complexidades das origens históricas do dispensacionalismo. Richard Gerrig descreveu em detalhes a capacidade de narrativas convincentes de corroer a capacidade analítica. Ronald Numbers e Andrew Odlyzko me beneficiaram com seu conhecimento enciclopédico, respectivamente, sobre o millerismo e sobre as primeiras bolhas financeiras.

Por fim, Christopher Mackay (nenhuma relação com Charles Mackay), me ofereceu, de forma mais que generosa, seu conhecimento singular sobre a Loucura Anabatista.

Todos os acima mencionados me impediram de expor ainda mais as lacunas no meu conhecimento nessas áreas.

George Gibson conduziu o livro desde os rascunhos iniciais até a produção e, ao longo do caminho, não apenas transformou uma confusão de capítulos indecifráveis e desconexos em um todo coerente, mas também me transmitiu uma disciplina editorial extremamente necessária e grande parcela da sua sabedoria acumulada durante décadas de atuação na área.

Sou grato a Emily Burns pela ajuda com direitos de imagem, a Gretchen Mergenthaler pela sobrecapa, Julia Berner-Tobin pela precisão, John Mark Boling pela publicidade, Martin Lubikowski pelos mapas e Lewis O'Brien pelo apoio com as autorizações.

E, como sempre, agradeço a Jane Gigler, minha esposa e primeira leitora, pela inestimável e substancial contribuição editorial desde os estágios iniciais.

Eu estaria perdido sem ela.

SUMÁRIO

Prefácio	xi
1. Herdeiros de Joaquim	1
2. Fiéis e Charlatães	29
3. Riqueza Instantânea	55
4. George Hudson, Herói Capitalista	81
5. A Fuga de Miller	103
6. A Fantástica Aventura de Winston Churchill na Política Monetária	131
7. Sunshine Charlie Entendeu Errado	151
8. Vaca Apocalíptica	171
9. A Espada de Deus	191
10. Os Empreendedores do Apocalipse	215
11. Catástrofes Dispensacionalistas: Possíveis e Reais	245
12. Ficção do Arrebatamento	265
13. Filantropos do Capitalismo	277
14. Nômades da Era Digital	297
15. Mádis e Califas	321
Epílogo	355
Bibliografia	361
Notas	381
Índice	419

PREFÁCIO

Há quase dois séculos, um jovem escocês chamado Charles Mackay atacou simultaneamente os súditos de Deus e de Mammon de um jeito memorável. Nascido em 1814, ele teve uma carreira literária distinta como poeta popular, escritor de baladas, correspondente da Guerra Civil Americana e editor de jornais britânicos. Mas as novas gerações se lembram melhor dele por sua obra de 1841, escrita na tenra idade de 27 anos e intitulada *Memoirs of Extraordinary Popular Delusions* [Memórias das Ilusões das Massas, em tradução livre], que narrou vários episódios históricos de histeria coletiva, a maioria relacionada à religião ou ao dinheiro.[1] E nunca mais deixou de ser impresso.

Mackay narrou as ilusões do fim dos tempos que supostamente se apoderaram da Europa com a aproximação do ano 1.000 d.C., bem como a notável loucura religiosa das Cruzadas. Os capítulos mais conhecidos do livro, no entanto, detalham os delírios da histeria financeira da Mania das Tulipas na Holanda da década de 1630 e as bolhas gêmeas do mercado de ações em Paris e Londres entre 1719 e 1720. Esses episódios, que constituem os três primeiros capítulos, foram o que impulsionou o livro para sua fama duradoura.* Sucessivas histerias financeiras seguiram a publicação do livro com tal frequência, regularidade e impacto global que, mesmo dois séculos depois dele ter sido escrito, ainda é leitura obrigatória entre profissionais de finanças.[2]

Mackay certamente não foi o primeiro a intuir a natureza contagiosa da irracionalidade humana. Considere, por exemplo, esta passagem de Heródoto:

> Quando [Dario] foi rei da Pérsia, convocou os gregos que por acaso estavam presentes em sua corte e perguntou o que eles aceitariam para comer os cadáveres de seus pais. Eles responderam que não fariam isso por nenhum dinheiro do mundo. Posteriormente, na presença dos gregos, e por meio de um intérprete, para que pudessem entender o que foi dito, perguntou a alguns indianos, da tribo chamada Callatiae, que de fato comem os cadáveres de seus pais, o que aceitariam para cremá-los. Eles soltaram um grito de horror

---

* O livro foi posteriormente renomeado para *A História das Ilusões e Loucuras das Massas*, e daqui em diante é referido simplesmente como *A História das Ilusões das Massas*

xii   Os Delírios das Multidões

> e proibiram-no de mencionar uma coisa tão terrível. Pode-se ver
> com isso o que o costume pode fazer, e Píndaro, em minha opinião,
> estava certo quando o chamou de "rei de todos".[3]

Afinal de contas, os gregos eram os intelectuais da antiguidade, e Dario deve ter se deleitado com a retórica. Suas mensagens veladas aos gregos: vocês podem ser os mais eruditos da humanidade, mas são tão irracionais quanto o resto de nós; vocês simplesmente são melhores em racionalizar porque, apesar de todas as evidências em contrário, ainda estão certos.

Embora os antigos e Mackay estivessem bem familiarizados com a irracionalidade humana e os delírios das multidões, eles não podiam saber quais eram as fontes biológicas, evolucionárias e psicossociais precisas desses fenômenos. Mackay, por exemplo, deve ter se perguntado exatamente por que grupos de pessoas, de tempos em tempos, perseguem coletivamente os mesmos investimentos absurdamente superfaturados.

Hoje, temos uma ideia muito melhor de como isso acontece. Em primeiro lugar, os economistas financeiros descobriram que os seres humanos buscam intuitivamente resultados com recompensas muito altas, mas muito raras, como bilhetes de loteria, que em média levam à perda de dinheiro, porém tentam seus compradores com a quimera de riqueza inimaginável. Além disso, nas últimas décadas, os neurocientistas descobriram o mecanismo anatômico e psicológico básico por trás da ganância e do medo: o chamado sistema límbico, que fica próximo ao plano mediano que divide o cérebro entre os hemisférios direito e esquerdo. Um par de estruturas do sistema límbico simetricamente localizado, os núcleos accumbens (Nacc), ficam aproximadamente atrás de cada olho, enquanto outro par, a amígdala, situa-se logo abaixo das têmporas.

Usando a ressonância magnética funcional (fMRI), pesquisadores descobriram que os núcleos accumbens se ativam não apenas com recompensa, mas ainda mais intensamente com sua antecipação, seja culinária, sexual, social ou financeira. Em contraste, as amígdalas disparam com nojo, medo e repulsa. Se, por exemplo, você adora a lasanha de sua tia, seus núcleos accumbens e suas conexões se ativarão cada vez mais rapidamente no caminho para a casa dela, e provavelmente atingirão o pico quando o aroma sair da travessa. Mas assim que a primeira mordida é dada, sua taxa de disparo diminui, e se sua tia lhe informar, na chegada, que ela queimou o prato, eles quase cessarão os disparos completamente.[4]

O benefício de um circuito antecipatório ativo parece óbvio: a Mãe Natureza favorece aqueles que antecipam e se esforçam, ao passo que o gozo da saciedade, uma vez alcançado, oferece pouca vantagem evolutiva. E poucas coisas provavelmente estimulam os núcleos accumbens como o conhecimento de que pessoas ao nosso redor estão se tornando ricos sem esforço. Como observou o historiador econômico Charles Kindlerberger: "Não há nada mais perturbador para o bem-estar e julgamento de alguém do que ver um amigo ficar rico."[5]

Romancistas e historiadores sabem há séculos que as pessoas não empregam o poderoso intelecto humano para analisar o mundo de maneira desapaixonada, mas para racionalizar como os fatos se conformam com seus preconceitos derivados da emoção. O primoroso livro do jornalista David Halberstam, *The Best and the Brightest*, [O Melhor e Mais Radiante, em tradução livre] ilustrou como os mais brilhantes legisladores do país se iludiram sobre o envolvimento militar norte-americano no Vietnã, uma tendência mais uma vez evidente; as recentes aventuras norte-americanas no exterior sugerem que não houve evolução bem-sucedida nessa curva específica de aprendizado.[6]

Nas últimas décadas, os psicólogos acumularam dados experimentais que analisam a preferência humana pela racionalização em comparação com a racionalidade. Quando apresentados a fatos e dados que contradizem nossas crenças mais profundas, geralmente não reconsideramos e alteramos essas crenças de maneira adequada. Muitas vezes, evitamos fatos e dados contrários e, quando não podemos evitá-los, nossas avaliações errôneas ocasionalmente até se fortalecem; e, o que é ainda mais surpreendente, nos tornam mais propensos a fazer proselitismo. Em suma, a "racionalidade" humana, como tão lucidamente ilustrado por Mackay, constitui uma tampa frágil perigosamente equilibrada no caldeirão borbulhante do artifício e da autoilusão.

O próprio comportamento de Mackay demonstrou o quão suscetíveis até mesmo os observadores mais racionais e bem informados podem ser a uma histeria financeira. Pouco depois de publicar *A História das Ilusões das Massas* em 1841, a Inglaterra foi envolvida em uma histeria financeira que girava em torno da grande indústria de alta tecnologia da época, a ferrovia, e que foi ainda maior do que as bolhas gêmeas que varreram Paris e Londres entre 1719 e 1720. Investidores, gananciosos por ações, subscreveram a extensão dos trilhos, de 2 mil milhas em 1843 para 5 mil milhas em 1848, e milhares de milhas adicionais foram planejadas, mas nunca construídas, quando as ações entraram em colapso. Se alguém pudesse prever o colapso, seria Mackay.

Ele não previu. Durante aquele período, ele trabalhou como editor do *Glasgow Argus*, onde cobriu o andamento da construção da ferrovia com uma notável falta de ceticismo e, quando publicou a segunda edição de *A História das Ilusões das Massas* em 1852, fez apenas uma breve nota de rodapé sobre o assunto.

Histerias financeiras podem ser consideradas uma tragédia como *Hamlet* ou *Macbeth*, com personagens bem definidos, um arco narrativo familiar e versos bem ensaiados. Quatro personagens principais controlam a narrativa:

xiv   Os Delírios das Multidões

os talentosos, mas inescrupulosos, promotores de esquemas; o público crédulo que embarca neles; a imprensa que espalha a excitação sem tomar fôlego; e, por último, os políticos que simultaneamente metem as mãos no caixa e desviam os olhos da pira flamejante da corrupção.

Os promotores seguem um trágico e clássico caminho à la Shakespeare e, consequentemente, são os mais fascinantes dos atores. A maioria começa como visionários brilhantes que trabalham arduamente e percebem antes dos outros as riquezas que uma nova tecnologia trará à sociedade. No processo de concretizar suas visões, eles se tornam ricos e poderosos e, em uma sociedade capitalista que julga os homens por sua riqueza, tornam-se os leões de sua nação. Quando a especulação segue seu curso natural, eles acabam desonrados e falidos e, geralmente, mas não sempre, escapam por pouco da prisão.

O público se apresenta como uma escolha fácil para as lisonjas dos promotores heroicos e carismáticos. O investimento competente requer uma rara combinação de habilidade matemática, conhecimento tecnológico e, mais importante, um conhecimento prático da economia ao longo dos tempos. Infelizmente, as pessoas preferem histórias a dados e fatos; quando confrontados com uma tarefa tão assustadora, os humanos assumem o modo narrativo, e talvez a história mais agradável de todas seja aquela que envolve a riqueza sem esforço que se obtém com a compra de uma nova tecnologia.

A imprensa é vítima dos promotores da mesma forma que o público. Poucas coisas corroem a excelência jornalística como a facilidade de escrever sobre as aventuras revolucionárias de empresários brilhantes, que com frequência alarmante enfeitam capas de revistas, primeiro como heróis, depois como criminosos acusados.

Por fim, as histerias financeiras atraem para seu âmbito os políticos, cuja reputação e popularidade beneficiam-se da prosperidade econômica que resulta temporariamente do excesso especulativo e que, não raro, são flagrados com a boca na botija.

O arco narrativo das histerias financeiras também não varia muito. A maioria dos episódios especulativos combina dois fatores: novas tecnologias estimulantes que prenunciam prosperidade para todos e crédito fácil. Hoje, nos Estados Unidos, apenas cerca de 10% da oferta monetária consiste de notas e moedas em circulação; o resto existe como crédito que pode ser livremente criado, dentro de certos limites, pelo sistema bancário. Isso, por sua vez, depende de quão otimistas são os bancos, companhias hipotecárias e outros credores de que serão reembolsados. Esse processo é tão contraintuitivo e chocante que vale a pena repetir: os bancos imprimem dinheiro. Na verdade, eles são tão maníaco-depressivos quanto o público que atendem e, em meio à euforia de uma bolha, os bancos costumam atiçar as chamas da especulação "ganhando dinheiro" com abandonos, como ocorreu de forma mais espetacular na iminência da crise financeira de 2007–2009.

Quatro tramas secundárias características acompanham uma bolha. Em primeiro lugar, a especulação financeira começa a dominar quase todas as mais mundanas das interações sociais; seja onde ou quando for que as pessoas se encontrem, elas não falam sobre o clima, família ou esportes, mas sim sobre ações e imóveis. Em seguida, profissionais sensatos abandonam empregos confiáveis e bem remunerados para especular nos referidos ativos. Além disso, o ceticismo é frequentemente recebido com veemência; embora sempre haja algumas pessoas com idade suficiente e com memórias longas o suficiente para terem visto o filme antes e saber como ele acaba, suas advertências são ridicularizadas e recebidas com tal desprezo que, nas últimas décadas, geralmente eram coroadas com estas três palavras: "Você não entende." Finalmente, observadores normalmente tranquilos começam a fazer previsões financeiras estranhas. Prevê-se que os preços dos ativos não mudam apenas 10, 20 ou 30% para cima ou para baixo em um determinado ano, mas sim dobrarão, triplicarão ou adicionarão um zero.

Além de seus três capítulos sobre histerias financeiras, *A História das Ilusões das Massas* também continha três longos capítulos sobre histerias religiosas, um para cada tema: profecias bíblicas, as Cruzadas e a perseguição às bruxas. Embora histerias religiosas e financeiras possam parecer ter pouco em comum, as forças subjacentes que lhes dão origem são idênticas: o desejo de melhorar o bem-estar nesta vida ou na próxima. E os fatores que amplificam o contágio de delírios de ordem financeira e religiosa também são semelhantes: a propensão humana a imitar, fabricar e consumir narrativas convincentes e buscar status.

Histerias religiosas parecem uma característica quase constante da história humana, como por exemplo a razoavelmente recente tragédia da Ordem do Templo Solar. Na noite de 4 de outubro de 1994, moradores da vila suíça de Cheiry se assustaram com chamas vindas de uma fazenda localizada nos arredores da cidade, onde os bombeiros encontraram uma visão bizarra e medonha: 22 corpos, a maioria vestindo capas vermelhas, pretas ou brancas, com algumas mulheres vestindo capas douradas. Todas, exceto três das vítimas, foram baleadas, e dez tinham as cabeças enfiadas em sacos plásticos. A maioria foi encontrada deitada em um círculo, as cabeças apontadas para fora; cápsulas e garrafas de champanhe vazias estavam espalhadas pelo chão.

Esse foi apenas o começo; nos dois anos e meio seguintes, dezenas de outras vítimas de assassinato/suicídio foram descobertas na Suíça e no Canadá, um total de

xvi   Os Delírios das Multidões

74 mortos, todos membros da seita ou seus filhos; as mortes que se seguiram às de Cheiry ocorreram em um curto período, ou de um equinócio, ou de um solstício.

Dois homens lideravam a seita: um misterioso, charmoso e atraente médico belga de 46 anos chamado Luc Jouret, que fugira do Canadá em 1993, condenado por conspiração e posse de armas; e um franco-canadense de 70 anos chamado Joseph Di Mambro. Entre as vítimas eventuais estavam a esposa e o filho de Jean Vuarnet, um reverenciado medalhista olímpico de esqui nos anos 1960, que mais tarde licenciou seu famoso nome para um fabricante internacional de óculos de sol. Antes de sua morte, o jovem Vuarnet disse a um repórter: "O tema sobre a passagem da vida à morte surgiu repetidamente. Jouret explicou que não havia nada a temer — muito pelo contrário. Comecei a me sentir perto do sacrifício."[7]

As últimas vítimas do Templo Solar foram descobertas em 24 de março de 1997; dois dias depois, a polícia de Rancho Santa Fé, perto de San Diego, encontrou os corpos de 39 membros de outro grupo de fim do mundo, a seita religiosa Heaven's Gate, que também haviam morrido por volta do mesmo equinócio e acreditavam que após a morte seriam transportados para fora do planeta por uma nave escondida na cauda do cometa Hale-Bopp.[8]

Seitas como a Ordem do Templo Solar e a Heaven's Gate são apenas dois exemplos de uma longa lista de conhecidos grupos apocalípticos modernos: O Templo do Povo de Jim Jones, cujo suicídio/assassinato em massa na Guiana tirou a vida de 918 pessoas em 1978; o Ramo Davidiano, cujo impasse com autoridades federais desinformadas em Waco, Texas, matou 86 em 1993; e o grupo assassino japonês Aum Shinrikyo, que perpetrou um ataque utilizando gás nervoso no metrô de Tóquio em 1995. O impressionante em todos esses grupos é que muitos de seus membros, como Jouret e Vuarnet, eram instruídos e bem-sucedidos.

Os delírios do fim dos tempos não são uma exclusividade do mundo moderno; a Europa medieval produziu uma safra de episódios espetaculares, bem menos lembrados. Pesquisas neuropsicológicas modernas lançam alguma luz sobre por que grupos de pessoas sãs, inteligentes e bem ajustadas se iludem de que o mundo vai acabar de uma maneira particular e, muitas vezes, em uma data específica. Os humanos entendem o mundo por meio de narrativas; por mais que nos orgulhemos de nossa racionalidade individual, uma boa história, não importa o quão analiticamente deficiente ela seja, permanece na mente, ressoa emocionalmente e convence mais do que fatos ou dados sobre a mesa.

Recentemente, os psicólogos começaram a compreender o quanto narrativas atraentes efetivamente corroem nossa capacidade analítica. Talvez a mais convincente de todas as histórias seja a narrativa do fim dos tempos;

se entendermos nossa existência na narrativa, vamos desejar saber seu desfecho. A história do fim dos tempos está solidamente embutida em muitas das religiões do mundo, especialmente nas três abraâmicas, e é tão difundida que se tornou quase invisível, à espreita atrás de muitas das manchetes e tuítes de cada dia, e pelo menos tão antiga quanto a civilização em seus primórdios, ou até antes dela.

Não só o desejo de conhecer "o resto da história" instiga profundamente nossa consciência; as narrativas do fim dos tempos têm mais uma atração irresistível: a promessa de entrega de uma existência humana famosamente rotulada por Thomas Hobbes como "solitária, pobre, desagradável, brutal e curta" e permeada com uma corrupção que favorece os ricos e poderosos às custas dos justos. Poucas narrativas confortam tanto quanto a que promete o retorno de um salvador que vai virar a mesa e acertar as coisas. Esse anseio pelo recomeço da humanidade está profundamente inserido na Bíblia, especialmente nos livros de Ezequiel, Daniel e Apocalipse, que forneceram os projetos para vários movimentos sangrentos do fim dos tempos.

O emergente campo da psicologia evolucionista fornece um mecanismo convincente para a disseminação de histerias coletivas. No espaço de aproximadamente 10 mil anos depois que as primeiras tribos foram da Sibéria para a América do Norte no fim da última Era Glacial, os humanos se estabeleceram do subártico às Grandes Planícies e até a tropical Bacia Amazônica. A evolução biológica não poderia ter ocorrido rápido o bastante para propiciar habilidades muito específicas necessárias para sobreviver em ambientes tão variados; por exemplo, teria demorado muito para desenvolver um talento geneticamente derivado para a fabricação de caiaques na costa subártica, depois um talento para a caça de búfalos nas Grandes Planícies, seguido por um para fabricação de zarabatanas venenosas na Amazônia. (Estima-se que as adaptações evolutivas humanas mais rápidas conhecidas — o desenvolvimento da tolerância à lactose adulta entre os europeus do norte e a tolerância a altas altitudes em tibetanos — levaram de 3 mil a 10 mil anos.)[9]

Em vez de programar em nossos genes uma habilidade distinta para construir caiaques, caçar búfalos ou fazer zarabatanas, a evolução codificou a habilidade geral da imitação. Dada uma grande população e muita tentativa e erro, alguém eventualmente descobrirá como construir, por exemplo, um caiaque útil, e o restante poderá imitar com precisão o processo.[10]

Nós imitamos mais do que outras espécies animais; assim que alguém cria uma inovação útil, outros rapidamente a adotam. No entanto, nossa propensão a imitar também serve para amplificar os comportamentos mal-adaptados, principalmente as crenças delirantes. Reconhecidamente, em uma sociedade pós-industrial moderna, a aquisição de habilidades por imitação melhora nosso potencial econômico, mas faz muito menos para promover a sobrevivência do que fez, digamos, na era pré-moderna no subártico, nas Grandes Planícies ou na Bacia Amazônica. Assim, no mundo moderno, o equilíbrio entre a imitação de comportamentos adaptativos e não adaptativos tornou-se menos favorável do que no passado, e agora estamos presos a uma predisposição imitativa do fim do Pleistoceno que se tornou cada vez mais custosa na era moderna, sendo uma das mais onerosas e perigosas a disseminação da crença de que o mundo acabará em breve.

As pessoas não somente respondem mais às narrativas do que aos fatos e dados, como estudos preliminares demonstram que, quanto mais convincente a história, mais ela corrói nossas habilidades de pensamento crítico.[11] Além disso, essa pesquisa sugere um conflito de interesses inerente entre os fornecedores e consumidores de opinião: os primeiros desejam convencer e elaborarão as narrativas mais convincentes possíveis, enquanto os últimos, se forem racionais, devem evitar intencionalmente essas narrativas e confiar apenas em dados, fatos e disciplina analítica.

Intimamente relacionada à nossa preferência por narrativas convincentes está a tendência humana para o autoengano. Uma vez que os humanos são versados em detectar os "sinais" de que os outros estão mentindo, a capacidade de enganar a si mesmo elimina os sinais e, portanto, o torna um enganador melhor.[12] Ao longo da história, relativamente poucos dos protagonistas das histerias religiosas coletivas foram os vigaristas percebidos como tal pelo ceticismo de estranhos, mas sim vítimas sinceramente enganadas por suas próprias ilusões.

Começando cerca de 150 anos atrás, o Protestantismo desenvolveu uma doutrina, tecnicamente conhecida como "pré-milenarismo dispensacionalista" (para abreviar, "dispensacionalismo"), que seus defensores modernos transformaram na narrativa do fim dos tempos mais convincente do mundo. Embora seu conteúdo exato varie de acordo com o matiz teológico, a narrativa básica prevê que os judeus retornam à Israel, reconstroem o Templo de Jerusalém e lá reiniciam os sacrifícios. O Império Romano, então, ressurge na forma de uma confederação de dez membros sob a liderança de um indivíduo carismático, brilhante e encantador que acaba por ser o Anticristo, a manifestação terrena do Diabo, que entra em uma aliança de sete anos com os judeus. Depois de três anos e meio, o Anticristo trai os judeus e, assim, precipita uma invasão a Israel não apenas pelos russos, mas também por 200 milhões de chineses, que viajam pelo Himalaia para chegar até lá.

Uma guerra nuclear cataclísmica se inicia: o Armagedom, junto com outros horrores, conhecidos coletivamente como Grande Tribulação. No fim do período de sete anos, Cristo retorna para derrotar o Anticristo e estabelecer o milênio. Ao longo do caminho, bilhões morrem. Os cristãos que encontraram Jesus são convenientemente salvos do Armagedom e da Grande Tribulação sendo transportados para o céu — o Arrebatamento — o que ocorre logo antes do início dos problemas. Os judeus se saem um pouco melhor; um terço deles se converte ao Cristianismo, faz proselitismo com o resto da humanidade e assim sobrevive à Tribulação. Os outros dois terços estão sem sorte.

A polarização atual da sociedade não pode ser totalmente compreendida sem um conhecimento prático da narrativa dispensacionalista acima, que aos olhos da maioria dos cidadãos instruídos de orientação leiga, soa bizarra. Em contraste, para uma minoria significativa de pessoas, aquela sequência de eventos profetizados é tão familiar quanto *Romeu e Julieta* ou *O Poderoso Chefão* e o apelo de televangelistas como Jerry Falwell, Jim Bakker e Jimmy Swaggart se baseia solidamente em suas credenciais dispensacionalistas.

Vários motivos ditam a preocupação sobre a prevalência da narrativa dispensacionalista do fim dos tempos. A centralidade de Israel, e particularmente a reconstrução do Templo, afetou profundamente a política dos Estados Unidos para o Oriente Médio, considerando esse sistema de crenças. O apoio norte-americano incondicional à expansão israelense do assentamento na Cisjordânia e seu aparente abandono por uma solução de dois Estados pode ser atribuído diretamente à defesa dos evangélicos, os chamados sionistas cristãos, que agora exercem muito mais influência do que os sionistas judeus. De fato, as bênçãos de abertura e encerramento na inauguração da nova Embaixada dos EUA em Jerusalém, em maio de 2018, foram dadas por dois ministros dispensacionalistas. Um deles, Robert Jeffress, afirmou certa vez que Hitler ajudara a planejar o retorno dos judeus à Israel; e o outro, John Hagee, considerou o furacão Katrina a punição de Deus pelos pecados de Nova Orleans.[13]

Mesmo um leve grau de fatalismo sobre a inevitabilidade do Armagedom na era nuclear é perigoso. Uma pesquisa da Pew Foundation em 2010 descobriu que mais de um terço dos norte-americanos acreditam que Jesus retornará durante sua existência, e a maioria deles acredita no Arrebatamento.[14] Um desses norte-americanos foi Ronald Reagan, que podia discorrer com propriedade sobre teologia dispensacionalista com pessoas como Jerry Falwell. Na mesma linha, os evangélicos, a maioria dispensacionalistas, constituem quase um quarto dos militares dos EUA; sua influência é particularmente proeminente na Academia da Força Aérea, cujo ramo de serviço opera a maior parte do arsenal nuclear dos Estados Unidos.[15] Em 1964, quando Daniel Ellsberg e seu chefe na RAND (entidade sem fins lucrativos que atua para o Departamento

xx   Os Delírios das Multidões

de Defesa), que haviam acabado de auditar a cadeia de comando nuclear dos Estados Unidos, exibiram *Dr. Fantástico*, um filme sobre um general psicótico do Comando Estratégico Aéreo fixado na fluoração da água potável — uma obsessão compartilhada até hoje por alguns dispensacionalistas — que desencadeia a Terceira Guerra Mundial, eles observaram que o filme poderia muito bem ter sido um documentário.[16]

Ao longo da história, os cristãos rotularam os judeus como o Anticristo, cujo próprio conceito é explosivo. Ainda hoje, para alguns evangélicos extremistas, aplicar esse rótulo a alguém, ou a qualquer grupo, justifica seu assassinato.

Finalmente, o dispensacionalismo sozinho pode desencadear mortes em massa, como ocorreu em 1993 em Waco, Texas, quando a seita Ramo Davidiano, liderada por David Koresh, um obcecado pelo Livro do Apocalipse, bateu de frente com funcionários federais sem nenhuma compreensão de seu sistema de crenças.

Dado que as raízes do apocaliticismo são encontradas tanto no Novo quanto no Antigo Testamento, e que provavelmente existam raízes anteriores no politeísmo da região do Crescente Fértil, não é surpreendente que os roteiros do Juízo Final dos israelenses judeus extremistas e do Estado Islâmico tenham mais do que uma semelhança sutil com aquele dos dispensacionalistas cristãos, diferindo apenas em quem seriam os heróis e os vilões. Os apocaliticistas muçulmanos de hoje consideram quase que uniformemente os judeus como o Anticristo, e a notável capacidade do Estado Islâmico de atrair recrutas de todo o mundo para os campos de extermínio da Síria e do Iraque baseou-se em grande parte em uma narrativa do fim dos tempos extraída diretamente do *hadiz*, as palavras de Maomé.

Se quisermos entender como epidemias sociais — tais como bolhas financeiras e violentas histerias apocalípticas do fim dos tempos — se originam e se propagam, é igualmente instrutivo compreender as circunstâncias nas quais elas não ocorrem. Nossa compreensão moderna de como as multidões, às vezes, podem se comportar com sabedoria começou no outono de 1906, quando o polímata pioneiro (e primo de Charles Darwin) Francis Galton compareceu à Exposição Anual de Gado e Aves do Oeste da Inglaterra em Plymouth. Lá, ele realizou um experimento no qual um grande grupo de pessoas agiu com surpreendente racionalidade. Aproximadamente 800 participantes adquiriram ingressos para um concurso de pesagem de bois a 6 centavos cada, com prêmios concedidos para as estimativas mais precisas do peso de carcaça, ou seja, sem sua cabeça e órgãos internos. Surpreendentemente, a mediana estimada, 548 quilos, estava menos de 1% distante do peso real, 543 kg. A *média* foi de 542,9 kg; Galton não relatou esse número quase exato em seu primeiro artigo na *Nature* porque sentiu que a mediana, aquele peso exatamente no meio das estimativas, era teoricamente mais atraente do que a média mais precisa.[17]

A conclusão de Galton sobre a exatidão da sabedoria coletiva foi repetidamente confirmada.[18] Mais recentemente, o escritor James Surowiecki do *New Yorker* resumiu esse conceito em seu best-seller *A Sabedoria das Multidões*, no qual estabeleceu três requisitos para a sabedoria efetiva da multidão: análise individual independente, diversidade de experiência individual e expertise, e um método eficaz para os indivíduos agregarem suas opiniões.[19]

Então, o que se qualifica, para nossos propósitos, como uma "multidão" — os sábios de Francis Galton e James Surowiecki, ou os insensatos de Luc Jouret, Joseph Di Mambro e David Koresh?

O que separa as multidões delirantes das sábias é a extensão das interações de seus membros entre si. É duvidoso que todos, ou mesmo a maioria, dos 800 concorrentes de Galton tenham se reunido fisicamente em um único grupo. Uma característica fundamental, e geralmente negligenciada, de seu experimento é que envolveu o peso *da carcaça* do boi. Os participantes deveriam preencher um cartão de inscrição com seu endereço para que os vencedores pudessem ser notificados, e como o resultado não seria conhecido até que o boi fosse abatido, isso teria desencorajado os competidores de se reunirem antes de completar seu cartão.

Há alguns anos, o profissional de finanças Joel Greenblatt realizou uma variação inteligente do experimento de Galton com uma classe de alunos do Harlem, a quem mostrou um frasco que continha 1.776 balas de goma. Mais uma vez, a média das suposições deles, quando submetidas em silêncio em fichas, foi notavelmente precisa: 1.771 balas. Greenblatt, então, fez com que cada aluno verbalizasse seus palpites, o que destruiu a precisão de seu julgamento agregado: as novas estimativas "públicas" tiveram uma média de apenas 850 balas.[20]

Assim, quanto mais um grupo interage, mais ele se comporta como uma multidão real e menos precisas se tornam suas avaliações. Ocasionalmente, a interação da multidão se torna tão intensa que resulta em loucura. Como colocado de forma mais sucinta por Friedrich Nietzsche: "A loucura é algo raro no indivíduo — mas em grupos, partidos, povos e épocas, é a regra."[21] Mackay também reconheceu isso; talvez a frase mais famosa em *A História das Ilusões das Massas* seja: "Homens, já se disse, pensam em bando; se verá que enlouquecem em bando, enquanto só recuperam os sentidos lentamente, e um a um."[22]

Consequentemente, a precisão do julgamento combinado de um grupo depende dos participantes não se comportarem como uma multidão. Também, como Surowiecki aponta, ela depende da diversidade do grupo; quanto mais pontos de vista um grupo apresenta, mais exata essa estimativa pode ser.

xxii   Os Delírios das Multidões

A diversidade de opinião também beneficia o indivíduo; como colocado por F. Scott Fitzgerald: "O teste de uma inteligência de primeira qualidade é a capacidade de reter duas ideias opostas na mente ao mesmo tempo e ainda manter-se funcional."[23] Nas últimas três décadas, o psicólogo Philip Tetlock examinou a precisão das previsões de centenas de especialistas conceituados; ele descobriu que aqueles que levaram em consideração uma ampla variedade de pontos de vista, muitas vezes contraditórios, tiveram um desempenho melhor do que aqueles que viram o mundo através de uma lente teórica única.[24] Em português claro: cuidado com o ideólogo e o fiel seguidor, seja na política, na religião ou nas finanças.

Enquanto o livro de Surowiecki sobre multidões descreve como as decisões do grupo podem ter sucesso, o meu descreve como elas podem falhar e o que acontece quando o fazem. Nos casos mais extremos, não apenas as multidões enlouquecem, mas, como ocorreu várias vezes no século XX, nações inteiras também enlouqueceram.

Mackay não acertou tudo, nem sua compilação era original; ele pode ter se inspirado, ou até mais, em um volume publicado quatro anos antes por um certo Richard Davenport, *Sketches of Imposture, Deception and Credulity* [Esboço sobre Trapaça, Engano e Credulidade, em tradução livre], que cobriu muitas das mesmas áreas, embora não com tantos detalhes.[25] E, enquanto a descrição sinistra de Mackay sobre a Mania das Tulipas, por exemplo, introduziu o termo no léxico moderno, ela também ganhou o desprezo dos observadores modernos, que apontam que dificilmente foi um fenômeno de toda a sociedade, tal qual ele descreveu.[26]

Além disso, os capítulos, os assuntos e a organização cronológica de Mackay são caóticos; capítulos sobre o comportamento de multidões (por exemplo, bolhas financeiras e as Cruzadas) são intercalados com outros sobre modismos (comprimento de cabelo, barbas e duelos) e becos sem saída científicos e de saúde (magnetização, alquimia).[27]

Dito isso, os erros, a desorganização e a possível falta de originalidade de Mackay empalidecem diante do fato de que ele percebeu, tão bem quanto qualquer observador daquela época poderia ter percebido, quantas vezes nossa natureza social interfere em nossa racionalidade.

Li pela primeira vez *A História das Ilusões das Massas* há mais de 25 anos e, embora as histerias financeiras descritas nos três primeiros capítulos me fascinassem, eu as considerava irrelevantes para os relativamente bem comportados mercados de capitais do início dos anos 1990. Eu estava errado:

nos anos seguintes, à medida que a bolha das pontocom avançava, as descrições de Mackay sobre a loucura financeira ganharam vida diante de meus olhos impressionados.

Duas décadas depois, o Estado Islâmico e seus predecessores provaram ser exímios em converter adeptos de todo o mundo e atraíram milhares de pessoas de países ocidentais prósperos e seguros para os campos de extermínio do Iraque e da Síria. Fizeram isso, em grande parte, propagando uma narrativa do fim dos tempos notavelmente semelhante à de um grande número de cristãos, um assunto também tratado com algum detalhe por Mackay.

Como alguém que já foi muito influenciado por *A História das Ilusões das Massas*, a ascensão do Estado Islâmico soou um grande e sonoro alarme. Se alguma vez houve uma manifestação moderna de histeria religiosa, foi essa; era a hora de examinar a história dos delírios de massas, do período medieval aos dias atuais, pelo prisma dos notáveis avanços recentes na neurociência.

Optei por ignorar vários tipos de episódios abordados em detalhe por Mackay, especialmente os que envolviam moda e saúde. Alguns leitores também podem se perguntar por que, na atmosfera política tensa e polarizada de hoje, também escolhi não cobrir explicitamente episódios políticos. A fim de manter o livro em um tamanho razoável, e por causa da ressonância pessoal das histerias de massa financeiras e religiosas, limitei este livro a essas duas áreas. O leitor, entretanto, não encontrará grande dificuldade em conectar os episódios descritos nas páginas seguintes, bem como sua psicologia subjacente, às histerias de todos os tipos, em particular ao totalitarismo do século passado e às teorias de conspiração viral do corrente século.

Certamente, o evento geopolítico mais importante deste século foi o 11 de Setembro, o ataque às Torres Gêmeas e ao Pentágono, uma catástrofe que ampliou um apocaliticismo islâmico moderno já bem estabelecido, despertado pelo domínio político e cultural ocidental e a invasão soviética do Afeganistão em 1979. Indiscutivelmente, a transformação mais importante na vida política e cultural norte-americana no século passado foi o aumento do protestantismo evangélico, que apresenta riscos profundos para a política norte-americana no Oriente Médio e para o comando e controle de armas estratégicas. A ascensão do fundamentalismo muçulmano e do evangelismo protestante pode ser facilmente compreendida no contexto das histerias religiosas anteriores.

Em termos gerais, este livro fornecerá uma estrutura psicológica para compreendermos por que a humanidade ocasionalmente sofre de histerias de massa de todos os tipos. Claramente, o homem é o macaco que imita, conta histórias, busca status, condena moralmente os outros e anseia pelos bons e velhos tempos, tudo aquilo que garanta um futuro repleto de histerias de massa religiosas e financeiras.

Qualquer pessoa que escreva sobre delírios de massas rapidamente se depara com um fato sociológico altamente inconveniente. Como os gregos de Dario e Callatiae, cada um de nós é uma criatura de nossa própria norma social, e ocasionalmente o sacramento de uma sociedade é a profanação de outra. Muitas, se não a maioria, das teologias mundiais, por exemplo, tendem a ver os sistemas de crenças dos outros como heréticos, mesmo entre seitas intimamente relacionadas. *Especialmente* entre seitas intimamente relacionadas — o famoso "narcisismo de pequenas diferenças" de Freud. Como diz a velha piada, uma ilusão compartilhada por centenas de pessoas é chamada de "culto", enquanto uma compartilhada por milhões é chamada de "religião."

Um número significativo de norte-americanos acredita na verdade literal do Livro do Apocalipse: que o mundo sofrerá, mais cedo ou mais tarde, um cataclismo mundial final. Embora cristãos menos fundamentalistas e não cristãos possam considerar delirante a narrativa do fim dos tempos, é raro que tais delírios institucionais sejam agudamente prejudiciais para seus seguidores ou para o resto do mundo. Muito pelo contrário, de fato: todas as sociedades bem-sucedidas dependem até certo ponto de delírios compartilhados. Quaisquer que sejam as falhas da sociedade norte-americana, sua maior força é a crença no Estado de Direito e igualdade perante a lei; da mesma forma, a economia funciona razoavelmente bem porque quase todos nós acreditamos que o dinheiro feito de papel, e de transações eletrônicas ainda mais etéreas, representam ativos e obrigações reais.

Mas, basicamente, tais crenças benéficas comuns não são muito mais do que esquemas de golpe em toda a sociedade: eles são verdadeiros apenas enquanto a maioria das pessoas acredita neles — o chamado Efeito Tinker Bell. Eu escolhi, assim, focar delírios de massas que podem desandar: "A História Perigosa das Ilusões e Loucuras das Massas", se preferir.

As histórias fluem aproximadamente em ordem cronológica, começando com histerias medievais do fim dos tempos não abordadas por Mackay e terminando com o exemplo espetacular mais recente do mesmo fenômeno — a ascensão do Estado Islâmico no Oriente Médio. No meio do caminho, o fluxo constante de histerias financeiras e religiosas ao longo dos últimos séculos aparece na ordem em que ocorreram, juntamente com a neurociência relevante.

Nossa jornada para o núcleo sombrio dos delírios de massas começa na Europa medieval, onde um obscuro monge cisterciano, inspirado pelos livros apocalípticos da Bíblia, desenvolveu uma teologia que provocou uma série de terríveis revoltas protestantes do fim dos tempos.

1

HERDEIROS DE JOAQUIM

O tigre vai caçar,
O pássaro, voar,
O homem vai dizer: "por quê, por quê, por quê?"
O tigre vai roncar,
O pássaro descansar,
"Entendo tudo", é o que o homem vai falar.

— Kurt Vonnegut[1]

No fim do século XII, os reis e rainhas da Europa empreenderam a árdua jornada até um mosteiro nas remotas colinas da Calábria para desfrutarem da sabedoria lendária de um abade cisterciense quase esquecido chamado Joaquim de Fiore. Ao partir para sua Terceira Cruzada em 1190-1191, Ricardo Coração de Leão buscou sua visão do futuro.[2]

Silencioso e intelectual, o abade gostava de números e analogias históricas, e o que atraía os governantes da Europa a seu mosteiro era sua organização da história humana em três idades que prediziam uma era de ouro que se aproximava. Joaquim, infelizmente, acendeu involuntariamente um pavio profético. Sua visão do futuro falava eloquentemente aos pobres oprimidos e agitou a revolução em seus corações. Ao longo dos séculos seguintes, seu projeto inicialmente pacífico se transformaria em uma teologia do fim dos tempos sangrenta que encampou grandes áreas da Europa.

A compreensão de como isso aconteceu evoca as três principais narrativas dos fins dos tempos da Bíblia: os livros do Velho Testamento de Ezequiel e Daniel e o último livro do Novo Testamento, Apocalipse. Embora esses três livros possam parecer obscuros para os leitores leigos modernos, eles ajudam a explicar a polarização cultural entre os cristãos evangélicos e o resto da sociedade norte-americana, que se tornou tão evidente nos últimos ciclos eleitorais. Para os cristãos evangélicos, o conteúdo desses três livros é tão familiar

2   Os Delírios das Multidões

quanto as histórias da Revolução Americana e da Guerra Civil; para o resto da sociedade, são em grande parte terra desconhecida. Além disso, mesmo os evangélicos muitas vezes desconhecem a história do Antigo Oriente Próximo por trás dessas narrativas, particularmente a complexa interação entre os egípcios, filisteus, assírios, babilônios, persas e os dois reinos judeus, Israel e Judá.

Ezequiel, Daniel e Apocalipse fornecem o pano de fundo para uma série de histerias coletivas religiosas do fim dos tempos que foram, em muitos aspectos, semelhantes à tragédia em Cheiry. Esses delírios têm sido uma característica quase constante das religiões abraâmicas desde seu nascimento, envolvendo mais proeminentemente a cidade de Münster no século XVI, o fenômeno millerita nos Estados Unidos de meados do século XIX e as repetitivas e generalizadas previsões da iminência do fim dos tempos que se seguiram ao estabelecimento do moderno estado de Israel.

Histerias religiosas tendem a se manifestar nos piores momentos, durante os quais a humanidade deseja se livrar de seus problemas e retornar aos bons e velhos tempos, uma era mítica de paz, harmonia e prosperidade que já passou. Um dos primeiros poemas gregos sobreviventes, "Trabalhos e os Dias" de Hesíodo, de cerca de 700 a. C., ilustra bem isso. A Grécia naquela época era desesperadamente pobre, e o autor tinha uma vida difícil em uma fazenda na Beócia, a noroeste de Atenas, que ele descreveu como "ruim no inverno, abafada no verão e boa em momento algum".[3] As coisas, imaginou Hesíodo, devem ter sido melhores anos atrás. Primeiro, vieram os deuses no Olimpo, que fizeram uma "raça dourada de homens mortais" que

> viviam como deuses sem tristeza no coração, remotos e livres de
> trabalho pesado e dor: a idade miserável não repousava sobre eles;
> mas, com pernas e braços nunca falhando, eles se divertiam com
> banquetes, fora do alcance de todos os males. Quando morriam,
> era como se estivessem dominados pelo sono e tivessem todas as
> coisas boas; pois a terra frutífera deu-lhes frutos abundantemente e
> sem restrição voluntariamente. Eles habitavam com tranquilidade e
> paz em suas terras com muitas coisas boas, eram ricos em rebanhos
> e amados pelos deuses abençoados.[4]

A próxima geração era "feita de prata e muito menos nobre". Eles ainda eram abençoados, mas pecaram e falharam em oferecer sacrifícios aos deuses, e foram seguidos por uma terceira geração de homens cujas armaduras, casas e ferramentas eram de bronze. Os deuses, por algum motivo, deram à quarta geração uma situação melhor do que a terceira; metade morreu em batalha, mas a outra metade viveu como semideuses. A quinta geração, de Hesíodo, era "uma raça de ferro e os homens nunca descansavam do trabalho e da tristeza durante o dia, e dos perigos à noite; e os deuses lhes causarão grande tribulação". Seus filhos, previu Hesíodo, ficariam ainda mais aquém — venais, malcriados e, o pior de tudo, pouco inclinados a apoiar os pais na velhice.[5] Hesíodo havia roubado uma marcha de mais de dois milênios do *Leviatã* de Thomas Hobbes: a vida era realmente solitária, pobre, desagradável, brutal e curta.

A miséria da época de Hesíodo, por mais desoladora que fosse, era pelo menos intrínseca à terra e à cultura locais — a pobreza do solo, a corruptibilidade do homem e a agressão das cidades-estado vizinhas. Afinal, os vizinhos hostis de uma cidade grega compartilhavam a mesma religião e cultura e, embora muitas vezes escravizassem seus vizinhos derrotados, antes da Guerra do Peloponeso eles geralmente não os matavam.

Mais ou menos na mesma época de Hesíodo, a centenas de quilômetros de distância, os problemas dos hebreus eram de um tipo mais existencial, e deram origem, eventualmente, às narrativas do fim dos tempos atuais mais comuns, que prometiam uma existência humana mais feliz no outro mundo, pelo menos para aqueles que mantivessem a fé e sobrevivessem à transição.

Como os judeus resolveram assentar-se na Terra Santa permanece um mistério, visto que os historiadores questionam a existência de Moisés e o Êxodo do Egito. O que está fora de discussão é que os israelitas tiveram mais facilidade em subjugar os cananeus, os habitantes originais da Palestina, culturalmente mais avançados, mas menos agressivos, do que tiveram com os ferozes "Povos do Mar" que os seguiram. Esses últimos, uma raça misteriosa, atormentou o Egito e possivelmente extinguiu várias civilizações mediterrâneas ocidentais, incluindo a micênica. Não muito depois do suposto Êxodo, um ramo local dos Povos do Mar, os filisteus, estabeleceu uma base na área entre a moderna Faixa de Gaza e Tel Aviv e começou a avançar para o interior.

A ameaça dos filisteus serviu para unir as pequenas e diversas tribos israelitas. Eles finalmente escolheram Saul, um antigo mercenário dos filisteus, como seu líder. Ele derrotou seus antigos empregadores e assim trouxe o início da unidade entre os hebreus. Após sua morte, não muito depois de 1.000 a.C., um de seus tenentes, Davi, que também havia servido aos filisteus, o sucedeu. Um líder militarmente talentoso e carismático, colocou sob seu domínio não apenas os estados do norte e do sul, Israel e Judá, respectivamente, mas também conquistou a título de posse pessoal uma cidade extremamente fortificada, Jerusalém, mantida pelos cananeus.

Sob Davi, o domínio judaico atingiu sua extensão geográfica máxima, chegando ao norte até Damasco. O que hoje é chamado de "Reino Davídico" não era um estado unificado, mas consistia em três componentes separados: Judá e Israel, cujos reinos individuais Davi ocupou separadamente, e Jerusalém, sua propriedade pessoal.

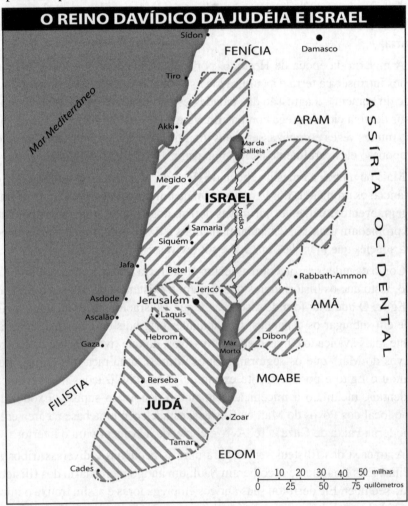

Seu filho, Salomão, manteve essa confederação unida. Construtor ambicioso, ergueu uma série de palácios, fortes e locais de culto, em especial o Primeiro Templo de Jerusalém. Ele também praticou com entusiasmo a diplomacia matrimonial: desposou a filha de um faraó e manteve, pelo menos segundo o livro de I Reis, 700 outras esposas e 300 concubinas. Um de seus fortes, em Megido, mais tarde se tornaria mais conhecido por seu nome grego: Armagedom.

O complexo de edifícios de Salomão, e particularmente os enormes corpos de trabalho necessários para seus planos de construção, geraram ressentimento e, quando ele morreu em 931 a. C., seu filho, Roboão, recusou-se a viajar ao norte, para a capital de Israel, Siquém, para sua coroação, e assim Israel deixou a confederação.[6]

A divisão norte-sul foi fatal para a independência judaica quando os assírios se tornaram a máquina militar proeminente na região. Por volta do século IX a.C., o estado do norte, Israel, estava pagando tributos a eles e, quando Tiglate-Pileser III recebeu a coroa assíria em 745 a. C., ele lançou suas legiões conquistadoras para o oeste e dividiu Israel. Seus sucessores, Salmaneser V e Sargão II completaram a conquista por volta de 721 a. C. e, conforme registrado nos Anais de Sargão: "27.290 homens que habitavam lá eu levei, 50 carros para meu exército real entre os que selecionei... essa cidade eu restaurei e mais do que antes tornei-a grande; homens das terras, conquistadas por minhas mãos, nelas fiz habitar."[7]

Sargão deportou as elites do norte para as margens dos rios Tigre e Eufrates; eles desapareceram nas brumas da história como as dez "tribos perdidas", provavelmente assimiladas pela população mesopotâmica local. Os assírios, então, voltaram suas atenções para o estado do sul, Judá, montaram um ataque frustrado em 701 a.C., e inexplicavelmente o deixaram em paz por um século, possivelmente como um espaço situado entre eles e os egípcios. Esse hiato salvou Judá e o povo judeu do esquecimento sofrido por seu ramo do norte.

Quando os assírios caíram pelas mãos dos babilônios por volta de 605 a.C., os judeus enfrentaram uma força conquistadora ainda mais terrível na pessoa do rei da Assíria, Nabucodonosor, que em 597 a. C. conquistou Jerusalém e, de acordo com o livro 2 de Reis,

> [...] então Joaquim, rei de Judá, sua mãe, os conselheiros, os comandantes e os oficiais se renderam aos babilônios. No oitavo ano de seu reinado, Nabucodonosor levou Joaquim como prisioneiro.
>
> Conforme o Senhor havia declarado de antemão, Nabucodonosor levou embora todos os tesouros do templo do Senhor e do palácio real. Removeu todos os utensílios de ouro que Salomão, rei de Israel, havia colocado no templo.
>
> O rei Nabucodonosor deportou gente de toda a cidade de Jerusalém, incluindo todos os comandantes e os melhores soldados, artífices e ferreiros, 10 mil pessoas ao todo. Só ficaram na terra os mais pobres.[8]

6   Os Delírios das Multidões

O pior ainda estava por vir. Por volta de 587 a. C., Zedequias, o fantoche instalado pelos babilônios, se rebelou. Em resposta, os babilônios romperam o muro de Jerusalém e o atravessaram. O rei fugiu, mas foi preso perto de Jericó, onde os babilônios "mataram seus filhos diante dele, depois lhe arrancaram os olhos, o prenderam com correntes de bronze e o levaram para a Babilônia".[9]

Os judeus devem ter sabido, dada a experiência de seus vizinhos desaparecidos do norte, que Nabucodonosor ameaçava sua cultura e sua própria existência com a extinção, e então buscaram uma solução drástica que seu quase contemporâneo grego, Hesíodo, cuja cultura não estava ameaçada existencialmente, não procurou: um cataclismo milagroso que os libertaria do esquecimento.

Entre os exilados levados para as margens do Eufrates junto com Joaquim em 597 a. C. estava um sacerdote educado no Templo chamado Ezequiel. Seu livro, escrito por ele ou por outros em seu nome, inicia cinco anos depois, por volta de 592 a. C., com a visão dos céus se abrindo para revelar uma carruagem carregando o Senhor puxada por quatro criaturas aladas fantasmagóricas, cada uma com quatro faces: humana, de leão, de boi e de águia.

Quem quer que tenha escrito esse primeiro grande livro apocalíptico da Bíblia, o fez ao longo das décadas durante as quais as condições na Terra Santa se deterioravam. Conforme descrito em 2 Reis, os babilônios exilaram a realeza, os sacerdotes e os ricos de Judá, mas abandonaram uma grande classe baixa. Inicialmente, as elites enviadas para a Babilônia estavam otimistas sobre suas perspectivas de um retorno rápido, mas a destruição de Jerusalém e do Primeiro Templo em 587 a. C. desviou sua narrativa em construção para uma direção apocalíptica.

O autor de Ezequiel desviou sua história das impiedades de Judá que causaram sua conquista, na direção ao retorno do Senhor e ao restabelecimento da nação judaica. Ele teceu uma narrativa que se tornaria cada vez mais ressonante ao longo dos milênios: a corrupção do homem, a ira de Deus, Seu retorno, e mais tarde o de Seu filho, para restabelecer Seu reino e condenar os infiéis à danação eterna.

O livro de Ezequiel passa por três partes: primeiro, a nomeação de Ezequiel como profeta (alguém que transmite mensagens de Deus); segundo, a restauração do reino davídico e a destruição não apenas de seus verdadeiros inimigos, mas também de um inimigo mítico, o temível Gog, governante da terra de Magog; e terceiro, os esplendores do novo Templo e de uma ressurgente e grandemente ampliada nação judaica. (Livros posteriores da Bíblia confundem a questão de quem e o que eram Gogue e Magogue, uma vez que ambos podem ser interpretados como indivíduos ou lugares.)

Ezequiel também descreve como, após o restabelecimento do antigo reino davídico, os israelitas sofrerão uma invasão por esse mítico saqueador, que então derrotam. Trata-se da primeira menção bíblica substantiva de um personagem que acabaria por evoluir para o Anticristo do Novo Testamento, um dos personagens principais do apocaliticismo protestante moderno.[10] Esse processo de três atos de verificação profética com visões maravilhosas e assustadoras, a derrota das forças do mal e as glórias do novo mundo se tornaram a base de muitas narrativas subsequentes do fim dos tempos.

O segundo maior livro apocalíptico do Velho Testamento, Daniel, supostamente se desenrola contemporaneamente a Ezequiel. Ele começa com a conquista de Jerusalém, o exílio da Babilônia e o apoio de quatro habilidosos hebreus a Nabucodonosor — Sadraque, Mesaque, Abednego e Daniel — a quem "sempre que o rei os consultava sobre alguma questão que exigia sabedoria e discernimento, observava que eles eram dez vezes mais capazes que todos os magos e encantadores de seu reino".[11]

Nabucodonosor, ao que parece, teve um sonho do qual mal se lembrava. Ele sabia apenas que era um grande presságio, mas, fora isso, faltavam detalhes. Quando os adivinhos de sua corte disseram que seus repertórios não incluíam a recuperação dos sonhos, ele ordenou não apenas o assassinato deles, como também o de todos os sábios do reino, os quatro hebreus inclusive.

Felizmente para Daniel, o Senhor revelou a ele o conteúdo do sonho real: uma aparição assustadora com uma cabeça de ouro, peito e braços de prata, barriga e quadris de bronze, pernas de ferro e pés de uma mistura de ferro e barro (daí a expressão moderna "pés de barro"). Uma pedra estilhaça os pés da besta; a pedra, então, fica cada vez maior, primeiro como uma montanha, e depois cobre toda a terra.[12] O motivo de ouro/prata/bronze/ferro da besta de Daniel coincide com as idades de Hesíodo; isso provavelmente não foi uma coincidência, uma vez que os textos persas do mesmo período também descrevem quatro idades históricas nomeadas de acordo com esses quatro metais.[13]

O Senhor também interpretou o sonho para Daniel, que o transmitiu a Nabucodonosor; a cabeça da besta é o próprio rei, as partes de prata e bronze reinos futuros menores, e os pés de ferro e barro um grande império amalgamado que se romperia facilmente devido à incompatibilidade de seus dois elementos. Finalmente, o Senhor assume o comando: "Enquanto esses reis estiverem no poder, o Deus dos céus estabelecerá um reino que jamais será destruído ou conquistado. Reduzirá os outros reinos a nada e permanecerá para sempre."[14]

8   Os Delírios das Multidões

Daniel não foi escrito durante o exílio na Babilônia, como implicitamente afirmava, mas sim no segundo século a. C. Nos mais de três séculos entre a época de Nabucodonosor e a composição real do livro, muita coisa aconteceu: O rei Ciro conquistou os babilônios e permitiu o retorno dos judeus à Palestina, que construíram o Segundo Templo, apenas para serem reconquistados por Alexandre em 332 a. C. Para qualquer judeu letrado durante o domínio grego, a profecia da narrativa parecia clara: os pés de ferro e barro da besta de Nabucodonosor representavam a fraqueza dos impérios grego ptolomaico e selêucida — os estados sucessores das conquistas de Alexandre, o Grande — e sua consequente destruição. Os autores e editores de Daniel provavelmente fizeram com que parecesse ter sido escrito três séculos antes do que realmente fora, para aumentar sua credibilidade profética.

Os gregos apresentaram aos judeus mais uma ameaça existencial. Em 167 a. C., Antíoco IV Epifânio, governante do império grego selêucida no Levante, nomeou o sumo sacerdote judeu Menelau, que defendia uma reforma radical das práticas religiosas e cujos planos incluíam a abolição dos sacrifícios e da lei Mosaica. Ele converteu o Segundo Templo em um espaço laico e profanou-o com uma estátua de Zeus.

O conflito entre sacerdotes reformistas, judeus tradicionais e Antíoco saiu de controle; entre 167 e 164 a. C. as forças de Antíoco saquearam o Templo, destruíram os pergaminhos sagrados e puniram com a morte qualquer prática ao sábado judeu (dia de descanso), circuncisão e oferenda de sacrifícios. Ele também pilhou Jerusalém; assassinou, escravizou e deportou milhares de habitantes; arrasou as muralhas da cidade e a guarneceu com tropas gregas.

E isso não foi tudo: Os judeus eram obrigados a adorar ídolos no local do Templo e oferecer porcos em sacrifício. A explosão final, a rebelião de 164 a.C. liderada pelos irmãos tradicionalistas Macabeus, resultou primeiro na eliminação dessas abominações e, finalmente, em um estado judeu independente que duraria até a conquista romana em 63 a. C.

A primeira metade de Daniel termina com seu herói enviado à cova dos leões para adorar ao Senhor e sua sobrevivência milagrosa sob Sua proteção. Na segunda metade, Daniel é o sonhador de uma aparição que professa não entender, mas na verdade é simplesmente uma variação do sonho de Nabucodonosor. Quatro bestas fantasmagóricas, cada uma mais assombrosa do que a outra, emergem do mar: um leão com asas arrancadas; um urso com costelas entre os dentes; um leopardo com quatro cabeças e quatro asas; e um último que desafiava a taxonomia, "terrível e horrível", com dentes de ferro e chifres que aumentavam em número enquanto ele observava, um dos quais tinha olhos e uma boca que falava "com grande arrogância". O Senhor aparece, chamas irrompem de seu trono, e Ele vence essa quarta besta, que, assim como no sonho de Nabucodonosor, representa o Império Selêucida. Durante os sucessivos reinados de Ciro e seus sucessores, Dario e Belsazar, Daniel tem mais sonhos, nos quais a conquista da Pérsia por Alexandre e a dissolução de seu império são narradas de forma alegórica. O capítulo final do livro descreve um julgamento divino em que os mortos serão ressuscitados, alguns para desfrutar da "vida eterna", enquanto outros serão condenados "à vergonha e à desonra eterna" sob o governo permanente do Senhor.[15]

O terceiro grande livro apocalíptico da Bíblia, Apocalipse, foi escrito por volta de 95 d.C. por um homem identificado no texto como "João", o humilde destinatário do conteúdo de Deus. O autor provavelmente não foi João Apóstolo, que teria cerca de 90 anos na época, mas sim um profeta mais comum que viveu, provavelmente, como prisioneiro na ilha de Patmos, na Ásia Menor. Sua obra acabaria sendo codificada pela maioria das seitas cristãs como o último livro da Bíblia.

Se forem honestos, a maioria dos leitores modernos, mesmo aqueles com profundas origens religiosas, consideram o Apocalipse um texto difícil de absorver, denso e quase ininterpretável. De acordo com um dos principais historiadores do livro, R.H. Charles:

> Desde os primeiros tempos da Igreja, foi universalmente admitido que o Apocalipse é o livro mais difícil de toda a Bíblia... e não é apenas o leitor superficial que fica perplexo, mas também o estudante sério, como a história da interpretação do Apocalipse claramente mostra.[16]

O Apocalipse é lido como uma confusão desorganizada de imagens ainda mais fantasmagóricas do que os sonhos de Daniel, aos quais tem mais do que uma semelhança passageira, e provavelmente não por acaso.

Por causa disso, uma compreensão significativa do livro requer conhecimento histórico especializado, não apenas do período do Império Romano do Oriente (também conhecido por Império Bizantino), mas também do macabeu. A análise literária detalhada do livro de Charles sugeriu que João de Patmos provavelmente morreu pouco antes de concluí-lo, e que sua dificuldade possivelmente resulta da edição incompetente de seu rascunho original inacabado; mesmo entre os acadêmicos eruditos, reina uma quase total falta

10 Os Delírios das Multidões

de acordo sobre sua estrutura narrativa, uma dificuldade que tem, ao longo dos últimos séculos, produzido mal-entendidos e caos sem fim.[17]

O Apocalipse consiste em 22 capítulos; os 3 primeiros incluem cartas introdutórias de João a 7 igrejas na parte oriental do Império Romano. Os 2 capítulos seguintes descrevem o trono do Senhor rodeado por 24 anciãos e 4 bestas adoradoras, e a aparição de um pergaminho fechado com 7 selos que só podem ser abertos por um descendente de Davi, rei dos judeus. Um cordeiro morto com 7 chifres e 7 olhos, considerado pelos estudiosos da Bíblia uma representação de Jesus, completa essa conta e, um por um, desfaz os selos.

Os capítulos seis a oito descrevem o que acontece a seguir: os primeiros quatro selos apresentam cavalos de cor branca, vermelha, preta e amarela, significando, respectivamente, guerra, conflito internacional, fome e peste. O quinto produz almas martirizadas sob um altar, significando perseguição, e o sexto um terremoto. Segue-se, então, um interlúdio em que 144.000 judeus são "selados" (marcados em suas testas com o nome do Senhor; 12 mil de cada uma das 12 tribos). O sétimo e último selo é introduzido por oito anjos; os primeiros sete carregam trombetas e um oitavo arrasa o mundo.

Os três capítulos subsequentes produzem um quadro igualmente desconcertante: o soar das sete trombetas pelos anjos, cuja devastação essencialmente recapitula os sete selos, com um intervalo entre o sexto e o sétimo, no qual João é ordenado por um anjo a comer um pequeno livro que, então, o instrui a projetar a nova Jerusalém e o Templo.

A segunda metade do livro apresenta um grande dragão vermelho com sete cabeças, sete coroas e dez chifres, identificado como Satanás, que tenta sem sucesso devorar um recém-nascido, o filho de Deus, assim como uma alegórica Maria que está para dar à luz.[*]

A isso se seguem ainda mais fantasmas: outra besta com sete cabeças, dez coroas e dez chifres que produz o caos usual; uma terceira besta composta apenas por dois chifres que faz o mesmo; o retorno do "cordeiro" (Jesus) que exerceu comando sobre o exército de 144 mil judeus; o derramamento de sete taças (ou frascos, dependendo da versão), que produzem calamidades análogas às dos selos e trombetas; e, finalmente, uma figura feminina horrenda, a Grande Prostituta da Babilônia, interpretada por estudiosos como sendo o Império Romano ou uma Jerusalém infiel.

Nos capítulos 19 e 20, um anjo lança o dragão/Satanás no lago de fogo por 1 mil anos, e os mártires são ressuscitados. Depois de 1 mil anos, Satanás

---

* Outra interpretação é que a mãe representa o povo judeu e a criança a comunidade cristã recém-nascida.

retorna e recruta um vasto exército, "o número dos quais é como a areia do mar", incluindo Gogue de Magogue para uma derradeira batalha, na qual Satanás, no fim, é lançado de volta ao lago de fogo para sempre. O Juízo Final separa os justos dos ímpios, e os últimos são selados com Satanás e enviados para o lago de fogo, como boa comparação, "morte e inferno". Os dois últimos capítulos descrevem a glória da Nova Jerusalém de tamanho imenso, "...2.414Km. O comprimento, a largura e a altura são iguais", e a promessa de Cristo de que ele retornará em breve.[18]

A narrativa básica do Apocalipse parece ser que Jesus retorna à terra e luta contra o mal e, por fim, o lança em uma eternidade de fogo, extrai os justos para o céu, condena o restante e destrói o mundo. Os detalhes precisos, entretanto, são uma questão de interpretação. Além disso, é quase certo que compartilhe uma origem comum com as narrativas semelhantes do fim dos tempos do Antigo Testamento, particularmente o livro de Daniel, com o qual se assemelha muito. Na verdade, a estrutura e o conteúdo de Daniel e do Apocalipse dificilmente são exclusivos do Cristianismo e do Judaísmo; o filósofo e historiador teológico Mirceau Eliade identificou muitos temas comuns nas religiões ao redor do mundo e em muitas épocas; uma das mais persistentes é a de que o mundo acabará em um fogo que poupa os justos, que ele especulou ser de origem persa/zoroastriana.[19]

Ambíguo ao extremo, o Apocalipse permite uma infinidade de interpretações, a mais crítica sendo exatamente como "1 mil anos" devem ser entendidos, quando na história humana esse milênio se encontra, e assim precisamente quando ocorre o próprio fim dos tempos. No jargão teológico, o estudo de tais questões é conhecido como "escatologia": a disposição final da humanidade no fim dos tempos.

A opacidade e a ambiguidade do Apocalipse apenas amplificam sua influência, pois abrem caminho para uma ampla gama de interpretações alegóricas sobre quando e como o mundo acaba. Nas palavras do historiador religioso Robert Wright:

> Ambiguidade, retenção seletiva e paráfrases enganosas se combinam para dar aos fiéis grande influência sobre o significado de sua religião. Com relação ao poder semântico bruto, no entanto, nenhuma dessas ferramentas rivaliza com o hábil desenvolvimento de metáforas e alegorias. Com um único golpe, podem obliterar o significado literal de um texto e substituí-lo por algo radicalmente diferente.[20]

12   Os Delírios das Multidões

De acordo com uma pesquisa internacional feita em 2010, 35% dos norte--americanos, hoje, acreditam que a Bíblia representa a palavra literal de Deus, e uma porcentagem semelhante pensa que Jesus retornará à Terra durante sua existência.[21] Parece razoável supor que, quanto mais se caminha em direção ao passado, mais universais essas crenças devem ter sido.

Desde os primeiros dias do Cristianismo, os teólogos postularam três cronologias diferentes do retorno de Cristo. A primeira é que a Igreja já havia estabelecido o milênio e que Cristo voltaria no fim dele. Em termos teológicos, essa sequência de tempo é chamada de "pós-milenarismo", pois atualmente ocupamos a era do milênio, e o Juízo Final e a volta de Jesus estão no futuro. O segundo, pré-milenarismo, implica que Jesus retorna *antes* do milênio, seguido pelo Juízo Final; em outras palavras, não apenas o retorno de Jesus e o Juízo Final, mas também o próprio milênio está no futuro. A última possibilidade é que o milênio seja apenas um conceito alegórico, e não exista na realidade, o chamado "amilenarismo"[22]. Dessas três interpretações, o pré--milenarismo fornece a narrativa mais convincente e, quase desde o momento da conclusão do Apocalipse, sua ambiguidade e a fome da humanidade por um final de história tradicional ressonante geraram um fluxo constante de histórias do fim dos tempos pré-milenaristas.

O teólogo cristão mais proeminente do final do Império Romano, Santo Agostinho de Hipona, resistiu a essa tentação e desistiu de qualquer tentativa de calcular a ocorrência do fim dos tempos: "Em vão, portanto, tentamos calcular e estabelecer limites para os anos que restam para este mundo, quando ouvimos da Boca da Verdade que não nos cabe saber disso." E, mais coloquialmente, "relaxe os dedos e dê um descanso a eles".[23] A reticência de Agostinho permaneceria a postura escatológica dominante da Igreja até que os herdeiros teológicos de Joaquim, impacientes pelo fim dos tempos, entrassem em cena.

Os humanos entendem o mundo, em grande parte, por meio de narrativas e, embora as profecias do fim dos tempos sejam, talvez, as mais convincentes já contadas, elas têm um histórico de realização muito longe do estelar. Pesquisas sobre previsões mostram como os humanos são péssimos em prever o futuro, e que meramente observar a "taxa básica" histórica de eventos passados quase sempre prevê o futuro muito melhor do que o raciocínio baseado em narrativas. Obviamente, a frequência da taxa básica para o fim dos tempos tem sido zero até agora.

Considerando que as previsões do fim dos tempos têm precisão nula, por que somos tão influenciados por essas narrativas convincentes? E, de maneira mais geral, por que o raciocínio baseado em narrativas é tão falho? Psicólogos demonstraram que as pessoas são "avarentas cognitivas", ou seja, evitam análises rigorosas em favor da heurística — simples atalhos mentais — e que uma narrativa convincente é a heurística mais poderosa de todas.*

Ao longo do século XX, os neurocientistas descobriram que existem dois tipos diferentes de processos de pensamento humano: respostas emocionais de movimento rápido localizadas em nosso sistema límbico situado nas profundezas e evolutivamente antigo, o nosso assim chamado "cérebro reptiliano", e um raciocínio consciente mais lento que surge do córtex evolutivamente mais novo que se sobrepõe ao sistema límbico. No ano 2000, os psicólogos Keith Stanovich e Richard West rotularam a esses dois aparelhos, Sistema 1 e Sistema 2, respectivamente, uma taxonomia prosaica à qual estamos presos desde então.[24]

De uma perspectiva evolucionária, a primazia do Sistema 1 sobre o Sistema 2 faz sentido; por centenas de milhões de anos, muito antes de os humanos desenvolverem seu impressionante Sistema 2, o veloz Sistema 1 conduziu as respostas comportamentais do reino animal ao sibilo da cobra ou aos passos vagamente percebidos do predador, então não é surpreendente que o mais lento, o Sistema 2 humano, provavelmente com menos de 100 mil anos, opera sob o domínio de um aparelho muito mais antigo. Colocando de forma mais simples, nosso maquinário emocional mais rápido conduz, e nossa "razão" mais lenta o segue. Em um estado de natureza, os benefícios da dominância do Sistema 1, que reage às informações sensoriais de perigo antes mesmo de atingir a consciência, são óbvios, mas em um mundo pós-industrial relativamente seguro onde os perigos têm um horizonte de tempo mais longo, a dominância do Sistema 1 frequentemente incorre em grandes custos.

O Sistema 1 de nosso cérebro é poderosamente envolvido pelas narrativas, movendo-se rápida e emocionalmente, e acabando assim com o pensamento analítico. Na maioria das vezes, empregamos narrativas para fins úteis: o desenvolvimento de histórias assustadoras sobre uma dieta pouco saudável e o fumo para encorajar mudanças no comportamento na hora das refeições e no consumo de tabaco; sermões e fábulas sobre honestidade e trabalho árduo que melhoram a função social, e assim por diante. Por outro lado, ao sobrecarregar nosso Sistema 2 e desencorajar o pensamento lógico, as narrativas podem nos colocar em apuros analíticos.

---

* Estritamente falando, uma heurística é uma história que contamos a nós mesmos como um atalho mental que ignora análises mais rigorosas, ao passo que uma história que nos é contada por outras pessoas frequentemente visa alterar nossa própria heurística.

14   Os Delírios das Multidões

Assim, quanto mais dependemos de narrativas e menos de dados concretos, mais nos distraímos do mundo real. Você já se perdeu tão profundamente em um romance que ficou alheio ao mundo ao seu redor? Você já ouviu uma transmissão de rádio tão hipnotizante que ficou sentado na entrada da garagem por dez minutos para não perder o final? No mundo da psicologia, isso é chamado de "transporte narrativo". O psicólogo Richard Gerrig define uma narrativa como um dispositivo que temporariamente transporta mentalmente o ouvinte ou leitor para longe de seu ambiente imediato; quando termina, eles retornam ao ambiente "um tanto mudado pela jornada".[25]

Em outras palavras, uma obra de ficção ou não ficção, filme, performance teatral ou pintura afasta temporariamente o leitor, espectador ou ouvinte do mundo real e o devolve como uma pessoa ligeiramente diferente. Conforme colocado por Emily Dickinson:

Não há Fragata como um Livro
Para nos levar a Terras distantes
Nem há Corcéis como uma Página
De Poesia galopante —
Esta Travessia pode fazer o mais pobre
Sem opressor Pedágio — Quão contida é a Carruagem
Que conduz a Alma Humana.[26]

Ao longo das últimas décadas, pesquisadores demonstraram como a compreensão de fatos simples pelas pessoas é facilmente corroída por dados ficcionais, mesmo quando claramente rotulados como tal. Em um experimento clássico realizado por Paul Rozin e seus colegas na Universidade da Pensilvânia, os participantes foram informados de que duas garrafas de vidro idênticas recém-compradas continham sacarose e que ambas as garrafas estavam sendo usadas pela primeira vez. Então eles foram informados que rótulos novos foram colados, um declarando "sacarose", o outro "cianeto". Os pesquisadores disseram-lhes com firmeza: "Lembre-se, em ambas as garrafas têm açúcar."

O açúcar de ambas as garrafas foi, então, colocado em alguns copos contendo água; os sujeitos foram solicitados a avaliar quanto gostariam de beber em cada recipiente e, em seguida, a tomar um gole de ambos: 41 dos 50 sujeitos escolheram o copo contendo sacarose da garrafa rotulada como "sacarose", um efeito que persistiu até quando os próprios sujeitos aplicaram os rótulos.[27]

Esse estudo, e outros semelhantes, demonstra que os humanos não podem segregar os mundos da ficção e dos fatos — em outras palavras, que eles não podem "alternar" claramente entre os mundos literário e real. Considere a estreia do filme *Tubarão* em 1975. A *Time* relatou naquele verão:

> Nadadores ousados de outrora agora se amontoam em grupos a poucos metros da margem, banhistas atordoados pairam nervosamente na beira da água e se retiram da praia à simples menção de uma nadadeira dorsal. "Você quer entrar na boca do tubarão?" gritou uma criança para outra na praia de Santa Mônica, Califórnia. Mesmo o humilde cação, o labrador dos mares, mas ainda assim um tubarão, é suspeito de intenções homicidas. "Mate-o, mate-o", incitou um pescador de Long Island a seu companheiro que balançava um peixe de 60cm de comprimento, quase sem dentes em sua vara, "antes que cresça e mate todos nós".[28]

O efeito foi intencional; os produtores atrasaram o lançamento do filme para coincidir com a temporada de verão. Como um deles falou: "Não há como um banhista que viu ou ouviu falar do filme não pensar em um grande tubarão branco quando colocar o pé no mar."[29]

Na década de 1970, os psicólogos Clayton Lewis e John Anderson analisaram o efeito de afirmações falsas identificáveis na verificação de fatos bem estabelecidos. No exemplo mais simples, os participantes receberam declarações historicamente precisas sobre George Washington ser o primeiro presidente, cruzar o Delaware e usar uma peruca. Quando são dadas declarações rotuladas como falsas — que Washington escreveu *As Aventuras de Tom Sawyer* ou ainda está vivo até hoje, por exemplo — os sujeitos demoraram mais para confirmar as afirmações verdadeiras e cometeram progressivamente mais erros ao fazê-lo com cada afirmação falsa adicional.[30]

Gerrig descreveu outros experimentos, muitas vezes bastante detalhados e obscuros, demonstrando que, quanto mais uma ficção adere ao fato histórico, mais difícil é para o leitor separar posteriormente a narrativa de ficção do fato. Ele citou como exemplo os mistérios de Sherlock Holmes, cujas configurações históricas e geográficas são geralmente precisas. Embora o leitor de Arthur Conan Doyle possa inicialmente ser capaz de separar claramente a Londres fictícia do século XIX da Londres histórica real, Gerrig achou o retrato de Doyle da Londres do século XIX tão realista que mesmo seus componentes ficcionais se intrometeram em sua imagem mental da cidade no mundo real.[31]

Em outras palavras, literatura, filmes e arte podem confundir fato e ficção. Como Gerrig expôs: "A imersão em narrativas traz o isolamento dos fatos do mundo real."[32]

16 Os Delírios das Multidões

Outros pesquisadores vão além e sugerem que narrativas ficcionais convincentes corroem o próprio processo analítico. Dois psicólogos da Universidade Estadual de Ohio, Melanie Green e Timothy Brock, ampliaram a análise de Gerrig. Eles começaram observando que as narrativas obviamente ganham mais atenção do público do que argumentos retóricos:

> Romances, filmes, novelas, letras de música, histórias em jornais, revistas, TV e rádio comandam muito mais a atenção em vigília do que anúncios, sermões, editoriais, outdoors e assim por diante. O poder das narrativas para mudar crenças nunca foi questionado e sempre foi temido.[33]

Green e Brock quantificaram o "transporte narrativo" de acordo com várias medidas: a capacidade do leitor de visualizar a cena da narrativa e inserir-se nela, o grau de envolvimento mental e emocional, a percepção da narrativa como relevante, o desejo de saber o final e a sensação de que "os eventos da narrativa mudaram minha vida". Por outro lado, a consciência das coisas que acontecem na sala, a atenção errante e a facilidade com que a narrativa foi posteriormente esquecida baixou a "pontuação do transporte narrativo".

Eles fizeram os sujeitos lerem uma história verídica comovente sobre o esfaqueamento fatal de uma menina chamada Katie por um paciente psiquiátrico, "Assassinato no Shopping", apresentado em um de dois formatos. O primeiro era uma versão de "não ficção" em um estilo de letras pequenas de duas colunas configurada para parecer uma reportagem de jornal; a segunda, uma versão "ficcional", à semelhança de uma revista literária e encabeçada por uma advertência em negrito: "Os eventos em Assassinato no Shopping englobam um conto, o *Fiction Feature*, conforme publicado na Akron Best Fiction, uma revista de ficção de Ohio, em dezembro de 1993. A semelhança com pessoas e lugares reais é, obviamente, uma coincidência."

Green e Brock, então, dividiram os participantes em dois grupos de acordo com as pontuações de transporte narrativos discutidos anteriormente, baixa e alta, e perguntaram a eles sobre as crenças relativas à história. Em cada caso, os indivíduos altamente transportados eram mais propensos do que aqueles menos transportados a simpatizar com Katie, a garotinha da história, e acreditar que o mundo era injusto, que ataques em shoppings eram comuns e que a liberdade dos pacientes psiquiátricos deve ser restrita. Surpreendentemente, rotular claramente a história como ficcional não diminuiu o grau em que afetou suas crenças: os efeitos do transporte narrativo foram os mesmos para os formatos de não ficção e ficção.

Em seguida, eles pediram aos sujeitos que se envolvessem em uma análise elementar do texto, tal como os testes de identificação "Pinóquio" e "prática da quarta série", nos quais eles foram solicitados a circular palavras e frases que, respectivamente, pareciam falsas ou que um aluno da quarta série poderia não entender. Os resultados foram igualmente dramáticos: em ambos os casos, o grupo de alto transporte identificou menos da metade dos itens encontrados pelo grupo de baixo transporte. Esses dados foram consistentes com a hipótese de que, nas palavras dos autores, "os indivíduos transportados têm menos probabilidade de duvidar, questionar ou se envolver no processamento da descrença. O transporte aumentou a percepção de autenticidade".[34] Em outras palavras, um alto grau de transporte narrativo prejudica as capacidades críticas de uma pessoa.

Green e Brock, ao notar que rotular as narrativas como verdadeiras ou fictícias não teve efeito sobre o quão bem elas transportaram seus leitores, comentaram:

> Quando o leitor está passando por uma narrativa convincente, a influência da fonte diminui. Desse modo, as posições de crença implícitas na história podem ser adotadas independentemente de corresponderem à realidade. Assim, as narrativas podem precisar ser usadas com vantagem por fontes de baixa credibilidade ou por oradores que não possuam argumentos convincentes.[35]

Dessa maneira, quanto mais fundo o leitor ou ouvinte se envolve na história, mais ele suspende a descrença e, portanto, menos atenção presta ao fato de ser, de fato, verdadeira ou falsa. Embora a causalidade reversa seja possível — que pessoas menos analíticas podem ser mais propensas a serem transportadas —, faz mais sentido que o transporte prejudica a capacidade analítica, e que, quanto mais convincente a narrativa, mais transportados seus consumidores se tornam.

Dito de outra forma, uma boa história geralmente supera o mais inegável dos fatos. O debate das primárias do Partido Republicano, realizado em 16 de setembro de 2015, forneceu um exemplo convincente disso. Quando perguntado sobre a segurança das vacinas, Ben Carson, um renomado neurocirurgião, resumiu brevemente os dados esmagadores que demonstraram a ausência de correlação entre vacinação e autismo. Donald Trump respondeu que "o autismo se tornou uma epidemia" e, em seguida, relatou a história da "linda criança" de um funcionário que desenvolveu autismo após ser vacinada. A maioria dos observadores marcou a mudança a favor de Trump; um jornalista escreveu: "Trump sabe o que está fazendo, porque uma história como a que ele contou é mais impactante e persuasiva do que apenas apresentar os fatos."[36] Se você quiser convencer alguém, foque seu Sistema 1 com narrativa, não seu Sistema 2 com fatos e dados.

A música estimula o Sistema 1 ainda mais fortemente do que a narrativa. As informações auditivas passam através das células ciliadas do ouvido interno para o nervo vestibular, em seguida pelos relés do tronco cerebral inferior até o superior, e daí para o tálamo, que distribui informações sobre o som para o Sistema 1 e Sistema 2.

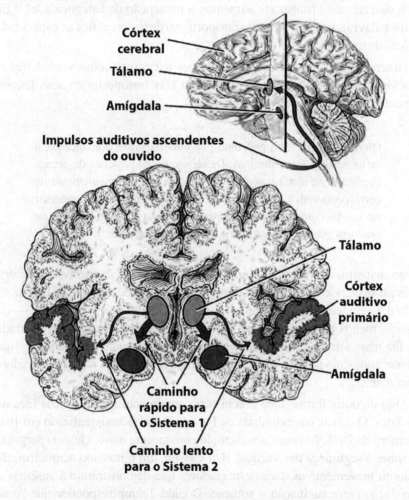

Figura 1-1. Esquema do fluxo de informações auditivas para os Sistemas 1 e 2

Os tálamos emparelhados estão localizados em cima do tronco cerebral; podemos pensar neles como as estações transmissoras primárias do cérebro para informações sensoriais vindas de baixo. Criticamente, os tálamos se conectam diretamente com o Sistema 1, particularmente os núcleos accumbens e amígdalas, que mediam, respectivamente, prazer e nojo.[37] Os tálamos também enviam informações sobre o som para a parte auditiva do Sistema 2, que consiste em uma parte do lobo temporal conhecida como giro de Heschl, e as áreas de associação cortical além dele, que interpretam o som e nos tornam conscientes disso; criticamente, essas conexões com o Sistema 2 são mais indiretas e, portanto, mais lentas do que as conexões com o Sistema 1.

O caminho mais direto dos tálamos para o Sistema 1 significa que mesmo antes de uma melodia emocionante chegar à nossa consciência via Sistema 2, ele pode nos arrepiar ativando os núcleos accumbens; por outro lado, quando ouvimos a escala menor sombria que acompanha o vilão de um filme ou a iminente desgraça do herói, nossa amígdala dispara quase instantaneamente.

A música pode, portanto, ser considerada como a antiga via expressa evolutiva para nossas emoções. Uma vez que a música pode contornar nosso Sistema 2 com tanta eficácia, sua capacidade de persuasão tem sido bem apreciada desde tempos remotos; a melodia pode muito bem ter sido anterior à fala humana sintaticamente complexa. As mães cantam espontaneamente para seus filhos e, em todo o mundo, quase todas as cerimônias religiosas e eventos patrióticos envolvem música.

George Orwell descreve lindamente o apelo da música ao irracional em *A Revolução dos Bichos* [há uma edição especial da Companhia das Letras, de 2020, com um novo título: "A Fazenda dos Animais"] quando o porco Major (o alegórico Marx ou Lenin) exorta seus seguidores a se revoltarem contra o fazendeiro Jones com uma canção de sua infância, *Beasts of England* [Feras da Inglaterra, em tradução livre]:

> A cantoria gerou um arrebatamento extremo entre os animais. Mal o Major chegou ao fim da canção, os bichos começaram a cantá-la. Mesmo os mais estúpidos já haviam aprendido a melodia e partes da letra, e os mais inteligentes, como os porcos e os cães, decoraram a canção inteira em poucos minutos. Então, após algumas tentativas preliminares, toda a fazenda começou a cantar *Beasts of England* num tremendo uníssono. As vacas mugiam a canção, os cães a ganiam, os carneiros baliam, os patos grasnavam.

20 Os Delírios das Multidões

> Gostaram tanto da música que a cantaram cinco vezes seguidas, e
> teriam talvez continuado a cantar a noite inteira se não tivessem
> sido interrompidos.[38]

Talvez o exemplo mais conhecido de persuasão musical do mundo real seja *Triunfo da Vontade* de Leni Riefenstahl, sua representação documental do Congresso do Partido Nazista de 1934 em Nuremberg. De modo notável, o filme, que entrelaça magistralmente o evento com a música de Richard Wagner e do compositor nazista Herbert Windt, não contém nenhuma narração verbal além de fragmentos dos discursos de Hitler e outros líderes nazistas. *Triunfo da Vontade* impressionou tanto os cineastas de Hollywood que, depois disso, quando os EUA entraram na guerra, Frank Capra o empregou como modelo para sua série de filmes *Por que Lutamos*.

A música permaneceu em grande parte adormecida como ferramenta política até meados da década de 1980, quando as campanhas políticas norte-americanas adotaram com entusiasmo a melodia na propaganda eleitoral: melodias alegres e animadas, em tom maior, para o candidato do anúncio, e em tons menores e sombrios (ou, menos frequente, zombarias) para o adversário.

Um clássico do gênero é um clipe de 30 segundos veiculado pela campanha presidencial de George W. Bush em 2004, intitulado "Wolves" ["Lobos"], que começa com uma narração, acompanhada por uma música sombria e taciturna, que acusava os congressistas democratas de acabar com as operações de contraterrorismo em um mundo perigoso, simbolizado por um vídeo com uma alcateia agachada em uma campina.* Como observado pelo musicólogo e acadêmico de comunicação Paul Chirstiansen:

> Embora as imagens e a narração deem significado ao anúncio, elas
> são apenas servas da música, que transmite a maior parte do apelo
> emocional. E não é qualquer música — é a música que podemos
> encontrar em um filme de terror: um zumbido baixo e estrondo-
> so, tambores primitivos, dissonância aguda, timbres incomuns
> e outros.[39]

A narrativa do fim dos tempos comove por mais um motivo: a fome do ser humano por tragédia. Ambulâncias agrupadas ao redor de um veículo amassado no acostamento da estrada atrapalharão o tráfego, ao passo que um carro abandonado intacto na mesma posição, não. A manchete "Dezenas de mineiros

---

* O clipe pode ser visto em https://www.youtube.com/watch?v=_s71-Q2XBZg.

Herdeiros de Joaquim 21

mortos em explosão" vende jornais, enquanto outra onde se lê "As coisas estão melhorando gradualmente", não. Como escrito por Tolstoi no início de *Anna Karenina*: "Todas as famílias felizes são iguais; cada família infeliz é infeliz à sua maneira."[40] O caminho para um romance de sucesso raramente passa por casamentos bem-sucedidos e irmãos harmoniosos.

Os humanos prestam mais atenção às más notícias do que às boas. Essa parece ser uma característica evidentemente óbvia da natureza humana, e assim os psicólogos fizeram a festa verificando experimentalmente nossa preocupação com a tragédia e a má sorte individual. Em um estudo, os participantes apostaram em um jogo de futebol e voltaram uma semana depois para acertar as contas e revisar o jogo com os pesquisadores. Aqueles que perderam passaram muito mais tempo discutindo o jogo do que os vencedores.[41] A preferência humana por más notícias é tão difundida que "o mal é mais forte do que o bem" tornou-se um dos preceitos básicos da psicologia experimental; em termos evolutivos, o foco em resultados negativos confere uma vantagem genética ao fazer com que os humanos prestem mais atenção aos riscos ambientais.[42]

Como muitos fenômenos psicológicos impulsionados pela evolução, a natureza convincente das más notícias provou ser disfuncional na era digital. Por exemplo, um estudo descobriu que notícias falsas, que geralmente são chocantes e sensacionalistas, têm 70% mais probabilidade de serem repassadas do que histórias reais. Os pesquisadores observaram que robôs não aceleraram a disseminação de notícias falsas — humanos com telefones celulares e teclados, sim. O fenômeno dos "três graus de Alex Jones" no YouTube se tornou uma piada cruel entre os acadêmicos de mídia: apenas três cliques separarão um vídeo sobre a substituição da vela de ignição do cortador de grama e o Sr. Jones dizendo que o massacre da escola de Sandy Hook foi uma "farsa".[43]

Dada a atração humana por notícias negativas, o poder de permanência do Livro do Apocalipse não é surpreendente.

Um dos primeiros teólogos cristãos a construir o caminho para o fim dos tempos foi Joaquim de Fiore. Nascido em 1135 na Calábria, na ponta da península da Itália, ele, assim como seu pai, aprendeu e praticou o ofício de tabelião antes de fazer uma peregrinação até a Terra Santa, por volta de seus 20 anos de idade, onde aparentemente passou por uma crise espiritual. Ele voltou da Terra Santa para a Sicília e sobreviveu como eremita à sombra do vulcão Etna e, posteriormente, cruzou novamente o Estreito de Messina, vagando como pregador na Calábria. Em algum momento, ele se aprofundou nas escrituras e foi ordenado no mosteiro beneditino em Corazzo. Deve ter sido

22   Os Delírios das Multidões

também politicamente talentoso, pois obteve o encorajamento e apoio do papa Lúcio III, tornou-se abade no mosteiro e se converteu com sucesso à ordem cisterciense.[44] Posteriormente, consultou e obteve a sanção ideológica de mais dois papas.

Os números o cativavam, especialmente o 7 e o 12: as 7 idades de Agostinho, os 7 dias da criação e os 7 selos e taças do Apocalipse; e os 12 apóstolos e as 12 tribos de Israel. Melhor ainda, 12 poderiam ser divididos em 7 e 5, o que representava as 7 igrejas da Ásia Menor e os 5 sentidos. Certamente, ele pensou, tal numerologia poderosa poderia ser aplicada à interpretação bíblica para expor não apenas a história ou a moralidade, mas também para prever o futuro.

Ele também gostava do número 3. A Santíssima Trindade, pensava ele, era a chave — dividia a história em 3 eras: a do Pai, de Abraão ao nascimento de Cristo; a do Filho, de Cristo à época de Joaquim; e uma era final englobando o presente e o futuro do Espírito Santo, a ser introduzida por um anjo com uma espada.

Inclinado para a matemática, Joaquim também organizou as escrituras em esquemas geométricos nos quais estruturou a história, entre outras formas, entrelaçando círculos e árvores com "ramos laterais" históricos, que ele descreveu no *Book of Figures*.[45]

O leitor moderno pode zombar de tal numerologia não científica — "misticismo dos números", nas palavras do matemático Eric Temple Bell —, mas os teólogos medievais tinham uma desculpa. O brilhantismo do matemático grego Pitágoras em derivar leis naturais da matemática pura brilhou ao longo dos milênios. "Tudo é um número", ele teria dito, e até que Francis Bacon inventasse o método científico baseado na observação, os números ocupavam um lugar de destaque na filosofia natural, como a ciência era conhecida naquela época, e às vezes também na teologia.[46]

Somos todos, na linguagem da psicologia, primatas em busca de padrões. Esse não é um conceito novo: por volta de 1620, Bacon observou que a humanidade "é por sua própria natureza propensa a supor a existência de mais ordem e regularidade no mundo do que ele considera".[47] Ou seja, estamos programados para detectar relacionamentos onde muitas vezes eles não existem, uma tendência que o autor científico Michael Shermer rotulou de "padronização". Os fantasiosos esquemas numerológicos de Joaquim certamente se qualificam como tal.[48]

A seleção natural evolucionária fornece uma explicação pronta para nossa tendência de alucinar padrões. No passado distante da humanidade, a penalidade era realmente alta por não se atentar a detalhes sutis sobre uma ameaça séria, como um vago sibilo ou um indício de listras amarelas e pretas na visão periférica, na medida em que o custo de ouvir cobras ou ver tigres em todos os lugares, embora considerável, não se compara a ser mordido por uma cobra ou devorado por um tigre. Portanto, a evolução favorece a superinterpretação dos dados, não apenas em humanos, mas em qualquer organismo com sistema nervoso em funcionamento.[49]

A Bíblia é um livro longo, com cerca de 783 mil palavras, em mais de 2 mil páginas impressas que descrevem uma miríade de personagens e histórias e, portanto, fornecem um tesouro para aqueles que procuram padrões e conexões, especialmente para Joaquim, inclinado à matemática, cujo esquema histórico concluía com uma Terceira Era de alegria, liberdade e abundância, na qual a verdade de Deus estaria diretamente disponível a todos os fiéis, sem intermediação eclesiástica, um feliz estado de coisas que duraria até o Juízo Final.[50] Joaquim não foi um profeta revolucionário ou carismático que agitou as massas com mensagens de Deus, mas sim um intérprete pouco seguro das Escrituras. Além disso, foi modesto sobre os detalhes precisos da Terceira Era, com sua perfeição nebulosa da natureza humana e protocomunismo que venceria todos os vícios humanos, particularmente o desejo de possuir bens materiais. Em um vago prenúncio de Marx, escreveu: "A cada um será dado de tal maneira que ele se regozijará menos por si mesmo do que porque seu próximo recebeu algo. Ele vai contar uma coisa menos como sua do que dada a outros por meio dele."[51] Tão suave era sua visão, que iria transparecer gradualmente na terra sem nenhuma intervenção discernível dos fantasmas temíveis do Apocalipse, que três sucessivos papas a endossaram. A futura Terceira Era, pensou Joaquim, acabaria corrigindo as falhas da contemporânea Segunda Era, mas suas massas feudais oprimidas não eram tão pacientes quanto Joaquim. Elas tinham medidas mais proativas em mente.

A matemática de Joaquim, porque carregava apelo popular e se prestava a todos os tipos de esquemas bíblicos e misticismo numérico, perdurou, de uma forma ou de outra, até os dias atuais. A principal entre seus herdeiros ativistas, por exemplo, era uma facção espiritual dos recém-ascendentes franciscanos, que eram repelidos pelo materialismo de sua ordem cada vez mais bem-sucedida. Para eles, a matemática era simples: Mateus 1:17 afirmou claramente que 14 gerações se estendiam entre Abraão e Davi, 14 gerações entre Davi e o exílio na Babilônia e 14 gerações desde o exílio até o nascimento de Cristo. Essa Primeira Era, portanto, durou 42 gerações, cada geração com 30 anos de duração — 1.260 anos ao todo. A atual Segunda Era teria a mesma duração e terminaria em 1260 d. C., quando a milenar Terceira Era começaria.

À medida que o período medieval progredia, o crescimento econômico após a erosão do feudalismo e a ascensão do comércio e da economia monetária

24   Os Delírios das Multidões

levou a extremos de desigualdade de renda que produziram uma infinidade de narrativas apocalípticas antissemitas. Uma delas, em idioma alemão, *The Book of the Hundred Chapters* [O Livro dos Cem Capítulos, em tradução livre], surgiu mais ou menos na mesma época das heresias de Martinho Lutero.

Ele começa com o Arcanjo Miguel transmitindo uma mensagem de Deus a seu autor anônimo: a humanidade havia irritado tanto o Todo Poderoso que Ele estava à beira de realizar uma destruição terrível, mas Ele decidiu por um indulto. Deus desejou que o autor reunisse os fiéis para aguardar a chegada do "Imperador da Floresta Negra" que entregaria um fim dos tempos ao estilo sangrento do Apocalipse, bem como alimento e vinho abundantes. Os fiéis, oriundos em grande parte da massa de pobres sofredores, contribuiriam com assassinatos generalizados, especialmente da aristocracia e do clero. O Messias do *Livro* não ofereceu a outra face, mas prescreveu o assassinato de 2.300 clérigos por dia durante quatro anos e meio.[52]

A repulsa pela manifesta corrupção da Igreja não era novidade: muito antes de Martinho Lutero, e muito antes de Joaquim, a devassidão e os pecados carnais do clero, e particularmente do papa, haviam horrorizado a cristandade. Lutero era simplesmente o homem certo na hora e lugar certos. A prensa de Gutemberg, inventada cerca de 7 décadas antes, reduziu o custo de reprodução de um panfleto ou livro por um fator de aproximadamente 30, e as impressoras de Lutero em Wittenberg, que podiam produzir tipos, não apenas no alfabeto latino, mas também no grego e hebraico, estavam na vanguarda da nova tecnologia.

Para realizar sua Reforma, Lutero precisava do apoio da aristocracia e, por isso, confinou rigorosamente sua dissidência ao aspecto teológico, evitando o político. O grande reformador se aconselhou com os livros bíblicos de Romanos e 1 Pedro, segundo os quais as leis de César ainda tinham que ser obedecidas: "Submetam-se a todas as autoridades humanas por causa do Senhor."[53]

Portanto, enquanto Lutero tinha pouca paciência para os que buscavam a reforma social, aqueles que o fizeram empregaram seus métodos. Lutero não apenas destruiu o poderoso monopólio da igreja na interpretação das escrituras, mas também demonstrou, para que todos vissem, o poder da imprensa. Quando questionado sobre a pouca pregação que fazia, ele respondeu: "Fazemos isso com nossos livros."[54]

No início do século XVI, safras escassas, uma aristocracia voraz e zelo luterano combinaram-se para desencadear uma revolta popular sangrenta. Diz a lenda que em 23 de junho de 1523, seis anos depois de Lutero pregar suas 95 teses na porta da Igreja do Castelo de Wittenberg, a condessa de

Lupfen-Stühlingen, na Suábia, ao norte da atual Suíça central, ordenou que 1.200 camponeses interrompessem a colheita do feno deles para, em vez disso, coletar conchas de caracol com as quais montar seu supostamente grande suprimento de linha. A necessidade premente da condessa por essas conchas irritou tanto seus camponeses que desencadeou um levante que se espalhou por grande parte da Europa de língua alemã nos dois anos seguintes.[55]

Entre 1524 e 1525, exércitos de camponeses travaram uma série de batalhas, conhecidas coletivamente como Guerra dos Camponeses (coloquialmente, a Guerra dos Caracóis), contra os lansquenetes, mercenários contratados pelos aristocratas locais. Esses embates quase sempre resultaram na matança em massa de aproximadamente 100 mil rebeldes mal treinados e mal armados.

Durante a maior parte desse episódio, preocupações sociais, e não religiosas, conduziram os rebeldes alemães, vagamente conhecidos como Liga da Suábia, mas o desfecho sangrento da revolta foi, em grande parte, obra de um padre milenarista chamado Thomas Müntzer e seus seguidores desvairados e iludidos.

Em março de 1525, os rebeldes se reuniram na cidade suábia de Memmingen e formularam uma dúzia de exigências, os Doze Artigos, e imprimiram pelo menos 25 mil cópias. Apenas a primeira demanda foi excessivamente teológica: cada cidade poderia eleger seu próprio pregador, que "pregaria o evangelho de forma simples", o que presumivelmente excluía a missa católica em latim. As dez demandas seguintes eram mais econômicas do que religiosas: entre elas, como os pregadores deveriam ser pagos, a abolição da servidão, as reduções no aluguel, o direito à caça e à pesca, e o retorno de terras comunitárias recentemente privatizadas. O último artigo humildemente observava que, se qualquer uma das 11 exigências anteriores, mais tarde, se provasse contrária às escrituras, elas seriam nulas e invalidadas.[56]

No entanto, Müntzer, que adquirira uma posição de liderança no fim da revolta, leu e interpretou pelo menos um dos tratados de Joaquim. Pouco se sabe sobre as origens de Müntzer. O melhor palpite é que ele nasceu de uma família de artesãos em Stolberg, nos arredores de Aachen, na atual fronteira entre Bélgica, Alemanha e Holanda. Sua formação também é confusa; ele deixou poucos traços acadêmicos, alguns diziam que a vida de seu pai terminou na forca por obra de um nobre corrupto, e isso deixou no filho uma veia antiautoritarismo e apocalíptica. Tudo o que se sabe é que ele foi ordenado, o que não exigia uma educação universitária, por volta de 1514, embora seus escritos sugiram formação acadêmica avançada.

Três anos depois, a dissidência de Lutero explodiu em Wittenberg, e Muntzer viajou até lá para beber do fervor revolucionário. Ele provavelmente

26 Os Delírios das Multidões

conheceu Lutero e até pregou a partir de seu púlpito, e certamente também conheceu o brilhante colega de Lutero, Filipe Melâncton. No início, Müntzer lutou lado a lado com a facção de Wittenberg contra os partidários do papa, e em 1520 Lutero recomendou que ele substituísse o pregador Johannes Sylvius Egranus em Zwickau, uma vez que o mesmo tinha ido estudar com uma lista de eruditos humanistas que incluíam Erasmo de Roterdã.

Em Zwickau, Müntzer deu total vazão a seus impulsos teologicamente intolerantes e fervor milenarista. Assim como Lutero, ele rotulou padres católicos e monges de "monstruosidades" e "harpias comedoras de carne", e começou a pregar que a salvação poderia ser feita a partir de uma comunicação direta com Deus, independentemente das escrituras.[57] Isso foi demais até mesmo para Lutero e Egranus, que tinha retornado para Zwickau e rebaixado Müntzer para uma das igrejas menores da cidade. Lá, Müntzer pode ter sido influenciado pelos "profetas de Zwickau", leigos que compartilhavam sua crença mística na importância dos sonhos e na irrelevância das sagradas escrituras da salvação.

Os sermões e panfletos inflamados de Müntzer levaram a sua expulsão, primeiro de Zwickau, e depois de Praga e vários outros locais; por fim, dirigiu-se à cidade saxã de Allstedt. Ao longo do caminho, ele desenvolveu seus próprios temas apocalípticos. Em 1524, pregou um famoso sermão ao Duque Johann da Saxônia que se concentrava na narrativa do Livro de Daniel sobre o sonho de Nabucodonosor. Na eventualidade de o duque não ter percebido a alusão, informou-o de que a Igreja em Roma, e os nobres que a apoiavam, haviam tomado o lugar do condenado Império Selêucida Grego de Daniel. Como cereja do bolo milenarista, Müntzer deixou claro que os sonhos dos profetas, muitas vezes homens leigos sem nenhuma orientação religiosa formal, tinham primazia sobre a interpretação das escrituras, e que agora todos viviam nos Últimos Dias. O mais alarmante de tudo é que Müntzer se declarou o novo Daniel, e que seus seguidores, "os eleitos", que compreenderam a proximidade do Apocalipse, estavam presentes não apenas para observá-lo, mas para realizá-lo ativamente.

Depois do sermão de Münzter, o duque partiu em silêncio furioso, e Müntzer continuou a inflamar a tênue situação em Allstedt publicando outros tratados anticlericais. Por fim, o duque se cansou, fechou a gráfica de Müntzer e convocou o pregador a seu castelo em Weimar para interrogatório. Temendo por sua vida, Müntzer partiu de Allstedt e, várias paradas turbulentas depois, compartilhou o comando das forças rebeldes na desastrosa Batalha de Frankenhausen, o auge da Guerra dos Camponeses.

A essa altura, Müntzer havia se convencido, e a muitos de seus seguidores, de que Deus o havia escolhido para realizar o Apocalipse, e ele reuniu não apenas seus sonhos, mas também várias passagens das escrituras, para reforçar sua autoridade. Ele parecia especialmente impressionado com Mateus 24, no qual Jesus previu a destruição do Templo, seguida por uma catástrofe global com fome, praga, guerra, terremotos, entre outras calamidades. Deus também armou Müntzer com a Espada de Gideão, com a qual ele e seu anfitrião prevaleceriam contra o superior exército dos nobres e, de acordo com um observador, "pegariam todas as balas do inimigo na manga de seu casaco".[58]

Assim encorajados, em 14 de maio de 1525 os rebeldes avançaram em direção aos lansquenetes que, ao custo de meia dúzia de baixas, massacraram cerca de 90% da força de ataque, aproximadamente 6 mil almas.[59] Müntzer fugiu do campo de batalha às pressas e foi rapidamente capturado e levado perante os nobres que, após um longo interrogatório, o decapitaram.[60]

As mortes violentas de Müntzer e seus seguidores provariam ser a mera abertura para um apocaliticismo sangrento que, nascido nas prósperas rotas de comércio marítimo do Báltico, varreria o noroeste da Europa durante a década seguinte.

2

FIÉIS E CHARLATÃES

Em fevereiro de 1534, a atmosfera na cidade de Münster, na Vestfália, era de tal forma febril e delirante que os habitantes relataram ter visto três sóis no céu, facilmente reconhecidos naquela época como o mesmo fenômeno ocorrido após a morte de Júlio César que predisse o Segundo Triunvirato de Otaviano, Marco Antônio e Lépido.

Essa visão energizou particularmente uma nova seita protestante conhecida como Anabatista, que rejeitou a prática católica tradicional do batismo infantil e, em vez disso, rebatizou adultos recém-convertidos à fé. Um católico chamado Hermann von Kerssenbrock, que observou os eventos de 1534 quando era menino, mais tarde registrou que: "O céu parecia escancarado, dividindo-se em longas fendas das quais fogueiras aterrorizantes tremeluziam… [camponeses] viram a cidade como se estivesse em chamas e, quando correram para investigar, descobriram que as chamas não apenas eram inofensivas para a cidade, mas haviam desaparecido por completo."[1]

O jovem von Kerssenbrock se admirou da loucura da cena de rua e descreveu os anabatistas como

> […] tão enlouquecidos, tão desequilibrados, tão movidos pelo frenesi que também superaram as Fúrias descritas na poesia. Eles corriam pelo mercado de uma maneira bastante desavergonhada, alguns com os cabelos esvoaçantes, alguns com roupas soltas e abertas, alguns com seus hábitos ao vento. Outros se erguiam em danças malucas, como se estivessem prestes a voar com a ajuda de sua loucura. Alguns caíam de bruços no chão, formando a imagem de uma cruz ao esticar os braços… alguns rolavam na lama sem parar. Alguns caíam de joelhos e berravam. Alguns uivavam com olhos reluzentes. Alguns espumavam pela boca. Alguns faziam ameaças enquanto balançavam a cabeça e rangiam os dentes,

30   Os Delírios das Multidões

> e alguns se lamentavam ostensivamente enquanto batiam em seus peitos. Alguns choravam, alguns riam. Nós, por outro lado, não rimos tanto quanto lamentamos sua postura enlouquecida.[2]

Menos de uma década depois da curta, sangrenta e inepta revolta de Thomas Müntzer, outro grupo de herdeiros de Joaquim executaria suas visões febris do fim dos tempos com muito mais competência na cidade de Münster. Entre 1533 e 1535, a chamada Loucura Anabatista consumiu o município antes que ele também sucumbisse a um ataque final dos poderes constituídos.

Após a desastrosa Guerra dos Camponeses Alemães, o ponto central da loucura da multidão em evolução mudou-se para o norte, para o que hoje é o oeste da Alemanha e da Holanda. Essa área desfrutou durante décadas da prosperidade crescente da Liga Hanseática, uma confederação de estados de livre comércio que se estendia ao longo do Mar Báltico e do Mar do Norte, aproximadamente da atual Estônia até Flandres. Em contraste com a Guerra dos Camponeses, que surgiu principalmente do descontentamento social, a rebelião popular na Alemanha e na Holanda foi impulsionada por uma nova doutrina religiosa, o Anabatismo.

No fim do século VIII, Carlos Magno conquistou Münster, a leste da Holanda moderna e ao sul de Emden, e despachou um missionário chamado Ludger para fazer proselitismo na região e converter à força seus habitantes ao Cristianismo. Lá, na margem do rio Aa, Ludger construiu um mosteiro (*monasterium*, em latim), do qual a cidade derivou seu nome. Münster cresceu próspera dentro da economia hanseática, sua opulenta catedral e um grande número de igrejas aumentaram a aparência externa de prosperidade municipal.

O esplendor eclesiástico de Münster tinha um preço: os dízimos da Igreja, necessários para sustentá-la, caíam nas costas dos fiéis, o próprio clero não pagava impostos e as terras cultivadas pelos monges e os teares trabalhados pelas freiras competiam com os fazendeiros locais e produtores de tecidos. Essa voracidade eclesiástica dificilmente era exclusiva da cidade; por toda a Europa, o comportamento da Igreja atiçou as chamas da contenda religiosa e da raiva pública.[3]

O próprio Anabatismo teve suas origens em uma série de discussões teológicas obscuras uma década antes, em Zurique, onde um padre católico chamado Ulrich Zwingli estabeleceu uma igreja reformada em 1519. Zwingli havia participado de uma série de disputas doutrinárias formais patrocinadas pelo conselho municipal, das quais foi declarado vencedor. Uma das questões discutidas ante o conselho dizia respeito à época do batismo. ("Anabatismo" deriva do latim, *anabaptismus*, "rebatismo" ou "segundo batismo.") Logicamente, apenas um adulto agindo por sua livre vontade pode prestar obediência significativa a Cristo, conforme descrito nos evangelhos do Novo Testamento. Apesar disso, o batismo infantil tornou-se bem estabelecido no século III e era quase uma prática universal e inquestionável da Igreja na época de Lutero e Zwingli.

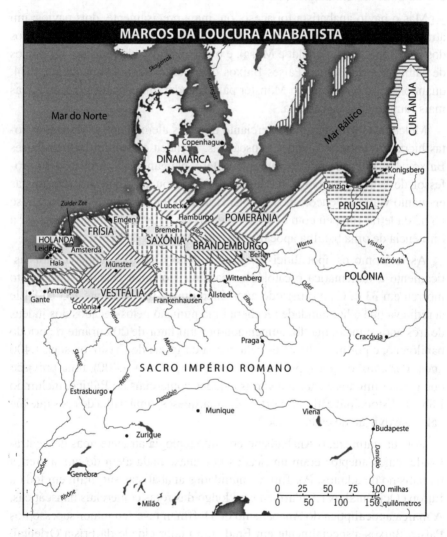

Um dos oponentes de Zwingli nas disputas do conselho municipal, um comerciante chamado Conrad Grebel, se opôs ao batismo infantil — "lavagem infantil", como seus descendentes teológicos mais tarde o desacreditariam.

32   Os Delírios das Multidões

Após as disputas, Grebel rebatizou um de seus amigos, George Blaurock, e os dois começaram a batizar novamente outros adultos.

Na época, não se falou muito nisso. O próprio Zwingli observou que poucas ideias teológicas o separavam de Grebel, exceto por "coisas externas sem importância, como essas, se crianças ou adultos devem ser batizados e se um cristão pode ser um magistrado".[4]

Mas o pavio anabatista foi aceso, ou, mais precisamente, dois pavios: um através do Báltico e Países Baixos (Holanda e Bélgica modernas e os estuários dos rios Reno, Ems, Scheldt e Mosa), e o outro através de Münster. Os pavios de Münster e do Báltico/Países Baixos queimaram separadamente até 1534, quando se combinariam em Münster para acender uma das histerias coletivas mais tumultuadas da história.

Melchior Hoffman, um comerciante de peles alemão que explorava as rotas lucrativas entre as cidades hanseáticas, acendeu o estopim Báltico/Países Baixos. Uma década mais jovem que Lutero, ele ganhou a aprovação do professor de Wittenberg por volta de 1523 e espalhou suas heresias reformistas enquanto viajava. Poucos anos depois, Hoffman tomou o livro do Apocalipse ao pé da letra, rompeu com os ensinamentos de Lutero, e começou a pregar a iminência de uma batalha apocalíptica entre as forças do bem e do mal.

Assim como os apocaliticistas antes e depois dele, ele aplicou entusiasticamente a matemática escatológica caseira. Hoffman calculou que Cristo morreu em 33 d. C., e o período apostólico durou 100 anos, até 133 d.C. Ele acreditava que a humanidade recebera uma punição pelos pecados dos judeus de três anos e meio, que foi aumentada por um fator de 20 durante o período babilônico, e por mais 20 vezes pela queda da Igreja de Cristo, ou seja, 1.400 anos. Portanto, o apocalipse ocorreria em 1533 (133 + 1.400), uma previsão que gerou tumultos e caos em várias cidades comerciais do Báltico, incluindo Lübeck, Estocolmo e alguns portos dinamarqueses; uma trilha de caos que lhe valeu a expulsão de cada cidade.[5]

Por sua natureza, o Anabatismo era uma teologia atraente, mas descentralizada, cujos adeptos eram unificados por quase nada além do que a crença no batismo de adultos. Por fim, comunidades anabatistas surgiram em toda a Europa Ocidental, particularmente ao longo das rotas comerciais hanseáticas. A marca apocalíptica do Anabatismo de Hoffman teve seu maior sucesso nos Países Baixos, especialmente em Emden, a maior cidade da Frísia Oriental, uma área costeira da Alemanha a leste da fronteira holandesa atual.

Os Habsburgos herdaram os Países Baixos da Borgonha no fim do século XV. Durante esse período, suas cidades figuravam entre as mais prósperas do continente, e seus habitantes, fortalecidos pela destruição do monopólio da

Igreja por Lutero na interpretação das escrituras e da impressora de Gutemberg, congregavam-se em pequenos grupos não oficiais, chamados de conventículos, que se tornaram viveiros de uma ampla variedade de seitas religiosas.

Por volta de 1530, Hoffman passou por Estrasburgo, então uma colmeia de atividades da Reforma. A cidade abrigava, entre outras doutrinas, a suave versão suíça do Anabatismo, que ele enxertou em seu credo apocalíptico. Em 1531, ecoando o Apocalipse, ele decidiu que Estrasburgo seria o lugar onde os 144 mil mensageiros sagrados do Apocalipse se reuniriam e sobreviveriam a um grande cerco da cidade pelas forças do mal. Fazer uma petição ao conselho municipal de Estrasburgo para estabelecer sua própria igreja rendeu-lhe mais um exílio, ao que ele voltou aos Países Baixos e rebatizou um grande número de adultos, chegando a 300 em uma única sessão na igreja principal de Emden.[6]

Em dezembro de 1531, as autoridades do Sacro Império Romano, os governantes ostensivos dos Países Baixos, capturaram um dos discípulos de Hoffman, Jan Volkerts, que havia rebatizado 50 convertidos em Amsterdã. Todos eles pediram que escapasse, mas ele escolheu o martírio e foi decapitado junto com 9 seguidores. Em resposta, Hoffman reduziu a exposição da seita proibindo o batismo de adultos.[7] Em 1533, Hoffman imprudentemente voltou à Estrasburgo, onde um sínodo o condenou por heresias relativamente menores e o encarcerou em uma horrível cela prisional. Ele saudou seu novo ambiente sombrio com paz de espírito; já que o Apocalipse era iminente, ele não ficaria lá por muito tempo, uma suposição otimista que se provou incorreta. Ele sobreviveu à prisão por uma década, durante a qual burgueses na rua abaixo o ouviam entoar salmos ocasionalmente e repetir sem parar: "Ai dos escribas ímpios de Estrasburgo."[8]

Após a prisão de Hoffman, um de seus seguidores, um padeiro chamado Jan Matthys, apareceu em Amsterdã, declarou-se o profeta Enoque e, para alegria dos fiéis, retomou o batismo adulto. Enoque foi um dos dois únicos personagens do Velho Testamento levados por Deus ao céu em vida; o outro foi Elias, de cuja identidade Hoffman já havia se apropriado. Além disso, alguns anabatistas citaram Apocalipse 11: 3–12 como prova de que Enoque e Elias foram as duas testemunhas não identificadas que ascenderam ao céu. Quando 1533 se tornou 1534, os fiéis dos Países Baixos foram forçados a adiar o apocalipse para 1535 e mudaram seu local ao norte de Estrasburgo para a cidade mais religiosamente tolerante de Münster.

Em março de 1534, pelo menos 3 mil anabatistas de Amsterdã tentaram chegar a Münster navegando pelo Zuiderzee. Eles foram bloqueados pelas tropas dos Habsburgos, cuja resposta à tentativa foi considerada branda para a

34   Os Delírios das Multidões

época: eles executaram apenas cerca de cem hereges e deixaram o restante ir como inocentes ludibriados. No dia seguinte, vários "apóstolos" brandiram espadas e desfilaram pelas ruas de Amsterdã para alertar sobre o Dia do Julgamento antes da Páscoa; eles foram capturados e mortos. Naquele ano, as autoridades dos Habsburgos em Haia haviam implantado "colunas voadoras"* para cercar os anabatistas dos Países Baixos, que foram torturados e tiveram que escolher entre retratação ou execução.[9]

Em uma noite fria de fevereiro de 1535, um grupo de anabatistas correu nu por Amsterdã gritando "Ai dos ímpios!" A nudez pública simbolizava a fiel inocência diante de Deus e também era comum em Münster; os homens que se recusaram a vestir roupas foram executados e as mulheres afogadas. (A espada e os caminhantes nus acrescentaram à língua holandesa duas novas palavras, *zwaardlopers* [espadachim] e *naaklopers* [nudista]).

As insurreições anabatistas estouraram em várias outras cidades holandesas também, o que trouxe mais execuções. Em meados de 1535, cerca de 20% da população de Amsterdã poderia já ter se submetido ao batismo de adultos. Muitos, senão a maioria, dos ungidos eram forasteiros, refugiados da repressão e resistência crescente que incluíam várias batalhas campais em grande escala. Em 11 de maio, anabatistas armados ocuparam o principal mercado da cidade, e antes de serem presos gritaram: "Quem ama a Deus, junte-se a nós!" Três dias depois, as autoridades arrancaram os corações de 11 líderes; naquele verão, as autoridades cortaram a língua de um líder anabatista porque ele a usava para pregar; a mão direita porque a havia usado para batizar e, finalmente, a cabeça.[10]

Mesmo para a época, a repressão dos anabatistas foi brutal, certamente mais do que a aplicada aos seguidores de Lutero e Zwingli: que esses dois últimos grupos revogassem o monopólio da Igreja na interpretação das escrituras era ruim o suficiente, mas pelo menos eles respeitavam a propriedade privada e a autoridade dos governos laicos. Os anabatistas não faziam nenhum dos dois; na maioria dos casos, eles advogavam o confisco de riqueza concentrada — particularmente da Igreja — e negavam a legitimidade dos governos existentes. Os anabatistas agravaram sua rebelião com a crença em um fim iminente e, em muitos casos, com ações que poderiam acelerá-lo. Por mais numerosos que fossem os anabatistas holandeses, os Habsburgos tinham um controle muito forte sobre a Holanda para que tivessem sucesso; eles precisavam de um terreno político mais suave, o que significava, na prática, uma

---

* N.T.: Força de tropas equipadas e organizadas para mover-se de forma rápida e independente de uma unidade principal à qual está ligada.

cidade que não estava sob o domínio dos Habsburgos. Eles o encontraram em Münster, onde o segundo pavio da Loucura Anabatista seria aceso.

Muitas das cidades hanseáticas, como Danzig e Lübeck, eram chamadas de "cidades livres", essencialmente independentes do distante e cada vez mais impotente Sacro Império Romano e, portanto, deviam apenas uma fidelidade nominal a ele. A maioria desses municípios quase independentes era governada por um nobre local, no caso de Münster um "príncipe-bispo", escolhido pela catedral local, mas confirmado pelo papa, frequentemente a um alto preço, e que geralmente governava mais como um senhor feudal do que como uma figura eclesiástica que combinava autoridade civil e clerical.

Em 1525, o príncipe-bispo de Münster, Frederick von Wiede, assustado com a Guerra dos Camponeses, transferiu o poder para um conselho municipal de 24 membros que incluía dois coprefeitos. Menos de uma década depois, o conselho, que, ao contrário dos governos dos Países Baixos, estava em grande parte livre da influência dos Habsburgos, se tornaria a cunha que permitiu aos anabatistas dar curso a seu caos violento e frenético.[11]

A maioria dos historiadores atribui a liderança do Anabatismo em Münster a um certo Bernard Rothmann, nascido por volta de 1495, filho de um ferreiro que, junto com seus ancestrais, foi acusado de bruxaria. O jovem Bernard foi descrito como tendo um "temperamento inconstante e abobado" e, sendo muito pobre para estudar, ficou sob a tutela de seu tio, um vigário na Igreja de St. Maurice, em Münster, onde se tornou membro do coro e acabou por ganhar a vida cantando. Quando a puberdade interrompeu sua carreira vocal, ele obteve os recursos para estudar em Mainz, onde fez um mestrado. Em 1529, voltou para St. Maurice's.[12]

Por volta de 1530, Rothmann, agora um pregador persuasivo, obteve o apoio financeiro do rico comerciante de tecidos, líder da associação de classe e membro do conselho municipal Bernard Knipperdolling, que primeiro se converteu ao luteranismo e, posteriormente, sob a influência de Rothmann, tornou-se, em segredo, um anabatista. Knipperdolling imprimiu os folhetos de Rothmann, que atiçaram as chamas do Anabatismo, não apenas em Münster, mas também nos Países Baixos.

A compreensão moderna da Loucura Anabatista se deve muito a dois observadores, o já mencionado Hermann von Kerssenbrock e Heinrich Gresbeck. Esse último, um carpinteiro anabatista convertido, que permaneceu durante a maior parte do episódio e desempenhou um pequeno, mas decisivo, papel em seu final. Tanto von Kerssenbrock quanto Gresbeck deixaram relatos detalhados escritos que, quando interpretados à luz de suas respectivas inclinações, parecem críveis.[13]

Von Kerssenbrock descreveu como, inicialmente, Rothmann ensinava fielmente a doutrina católica, mas depois

> gradualmente começou a misturar em seus sermões doutrinas que pareciam ser hostis ao dogma católico e, quando ele começou a incitar o povo contra o clero, atraiu para si alguns burgueses que estavam ansiosos por novidades.[14]

Seus superiores em St. Maurice decidiram proteger seu rebanho dos pontos de vista cada vez mais radicais de Rothmann e emprestaram-lhe 20 florins de ouro para estudos adicionais em Colônia. Ele nem chegou ao destino, tampouco pagou o empréstimo; em vez disso, foi direto para Wittenberg, lar de Lutero e Melâncton.

O jovem sacerdote voltou a St. Maurice's em 1531 como um luterano convicto que, embriagado pelos prazeres da demagogia, provou ser hábil em atrair multidões para a pequena igreja que ficava fora das muralhas da cidade. Conforme registrado por von Kerssenbrock:

> Muitas pessoas, especialmente aquelas oprimidas com dívidas, o reverenciavam como uma divindade, ansiavam por cada palavra sua e estavam convencidas de que ele era movido em suas ações pelo Espírito de Deus. Apesar das ordens oficiais em contrário, elas o seguiram em multidões desde a cidade por conta da ânsia de ouvi-lo falar, e seu desejo de fazê-lo era tão grande que consideraram que não havia pregadores além dele e desprezaram, condenaram e amaldiçoaram os outros junto com todo o clero.[15]

Von Kerssenbrock, um católico leal, farejou que Rothmann pregava "não tanto com argumentos sólidos, mas com calúnias desajeitadas. Os plebeus ignorantes, entretanto, que não conseguem distinguir eloquência de linguagem bombástica, pensavam que ele tinha discursado de forma excelente".[16]

A essa altura, Rothmann havia sido removido como sacerdote em St. Maurice e logo liderou uma turba que invadiu a igreja e destruiu ídolos, derrubou altares, esmagou um cálice de prata e queimou pinturas da Virgem Santíssima. As autoridades o expulsaram mais uma vez, e ele se dirigiu novamente à Wittenberg, onde impressionou Lutero e Melâncton, sendo que esse último teria observado com cautela que "Rothmann seria notavelmente bom ou notavelmente mau".[17]

Rothmann voltou novamente à Münster em 1532, onde começou a adotar pontos de vista abertamente anabatistas. Era uma espada de dois gumes. O batismo de adultos despertou não apenas a aprovação de seu público, mas também a aprovação da Igreja, que até então havia mostrado poucos escrúpulos em queimar anabatistas na fogueira ou afogá-los amarrando pedras em seus pescoços e jogando-os na água, "uma pequena piada teológica", nas palavras do estudioso do Anabatismo, Christopher Mackay.[18]

A essa altura, o príncipe-bispo von Wiede ainda controlava a cidade e forçou o pregador a cessar suas blasfêmias. Ele obedeceu por algumas semanas, mas depois jogou a cautela ao vento e escreveu a von Wiede: "como minha consciência está limpa, não tenho dúvidas de que posso contar com a misericórdia de Deus. Ele me protegerá e me resgatará do perigo."[19]

Em fevereiro de 1532, Rothmann pregou um sermão no pátio de uma das principais igrejas da cidade, St. Lambert, e influenciou tanto a congregação que ela espontaneamente o escolheu como pastor. Mais importante, ele conquistou apoio suficiente no conselho municipal para evitar sua expulsão. O fervor religioso de Münster não se limitava ao Anabatismo; igrejas por toda a cidade estavam empregando pregadores luteranos radicais, todos eles, exceto Rothmann, de outras cidades.

O sucesso de Rothmann em converter a cidade ao Anabatismo foi igual ao de Hoffman e Matthys nos Países Baixos. Pouco depois do sermão de Rothmann em St. Lambert, von Wiede, frustrado, renunciou, e seu substituto imediato morreu antes que pudesse ser consagrado; em junho, Francis von Waldeck, filho de um conde com pouca formação eclesiástica, ascendeu a príncipe-bispo. No fim do ano, ele bloqueou a cidade, agora totalmente sob o controle dos anabatistas rebeldes, que responderam com um ataque bem-sucedido ao quartel-general de von Waldeck, fora dos muros da cidade. Em fevereiro de 1533, chegou-se a um acordo: as igrejas paroquiais poderiam praticar o luteranismo, enquanto a catedral permaneceria católica.[20]

Apesar desse acordo, o tempo estava se esgotando para os católicos e luteranos de Münster. Os panfletos de Rothmann, aprovados pelo rico Knipperdolling, haviam penetrado nos Países Baixos. Esses panfletos rotulavam a propriedade privada como fonte de grande mal: "Deus tornou todas as coisas comuns, pois hoje ainda podemos desfrutar do ar, do fogo, da chuva e do sol em comum, e tudo o mais que algum ladrão não possa agarrar por si mesmo." Rothmann retratou Münster como uma cidade de abundância que receberia os fiéis de braços abertos, e centenas de miseráveis dos Países Baixos fizeram a peregrinação ao sul, para a nova Jerusalém anabatista.

38   Os Delírios das Multidões

No início de 1533, a cidade continha uma inquietante mistura de católicos, luteranos convencionais e anabatistas, e esses últimos não tinham intenção de honrar o acordo com o príncipe-bispo. Ao mesmo tempo, muitos anabatistas haviam chegado dos Países Baixos para desencadear uma eleição especial do Conselho em março que resultou em esmagadora maioria luterana, uma considerável minoria anabatista e nenhum católico.[21] O conselho da cidade começou seu novo reinado multando famílias que batizassem bebês na catedral.

Enquanto isso, nos Países Baixos, Jan Matthys realizou seu primeiro rebatismo em um homem de Leiden chamado Jan Bockelson. Enquanto Matthys, como Hoffman, era um pregador impulsivo e fervoroso, Bockelson moldaria suas habilidades teatrais e natureza calculista em uma formidável força política. Nascido em amargura e decepção como filho bastardo de um prefeito da cidade e uma serva, ele recebeu uma educação rudimentar de seus pais e um aprendizado em alfaiataria, atividade na qual se mostrou inapto. A natureza, no entanto, o dotou com outros atributos que ele implantaria em Münster em breve: boa aparência, elegância, astúcia, proeza oratória e talento para atuação. Nas palavras do estudioso milenarista Norman Cohn, ele usou esses dons "para moldar a vida real em uma peça, com ele mesmo como seu herói e toda a Europa como plateia".[22]

No fim de 1533, Matthys enviou vários emissários para Münster, que chegaram à cidade em janeiro do ano seguinte, incluindo Bockelson, que tinha visitado a cidade no verão anterior. Uma vez lá, descobriram que Rothmann e seus seguidores já haviam rebatizado aproximadamente um quinto dos adultos da cidade, e que cerca de um terço da população acreditava que o Apocalipse era iminente; Matthys chegou em 9 de fevereiro de 1534.[23] A chegada de Matthys e Bockelson marcam a combinação dos dois pavios anabatistas: o persuasivo Anabatismo de Münster de Rothmann, e os delírios hipnóticos do fim dos tempos derivados dos Países Baixos de Melchior Hoffman, então definhando em uma cela de prisão em Estrasburgo. Para ambas as partes, o significado de sua chegada a Münster era transparente. Nas palavras do estudioso Ralf Klötzer:

> O fato de um profeta ter enviado seus mensageiros para batizar foi interpretado como um sinal de que Deus estava preparando o fim do mundo. Nesse contexto, guerras, pragas e inflação, junto com a Reforma no Império, subitamente tornaram-se presságios dos últimos dias.[24]

Fiéis e Charlatães   39

A partir daí, as coisas mudaram rapidamente. Os anabatistas enviaram representantes às cidades vizinhas com a mensagem de que, na Páscoa de 1534, Deus voltaria para punir os ímpios e que poucos sobreviveriam; segurança e salvação só poderiam ser obtidas em Münster, a Nova Jerusalém. O fim do mundo estava próximo.

Em 6 de fevereiro de 1534, Rothmann realizou uma ópera-bufa para as freiras do convento do outro lado do rio:

> Ele deu um sermão em louvor ao casamento e, com os maravilhosos aríetes de sua oração, abriu o quartel onde a virgindade delas estava aprisionada. Ele parecia estar incentivando as virgens a multiplicar a raça humana, um ato ao qual elas não eram particularmente avessas. Em seguida, para deixá-las completamente loucas em vez de apenas atordoadas, ele as convenceu de que a torre do convento, junto com toda sua estrutura e todos os que nela viviam, desabariam à meia-noite do dia seguinte... o oráculo trouxe às freiras tanto alegria quanto sofrimento. Pois seu espírito, que ardia em luxúria, odiava a vida monástica.[25]

As jovens, que não tinham para onde ir e percebendo Rothmann como um homem de Deus, fugiram com seus pertences para a casa dele. Por toda a cidade, os cidadãos ficaram sem dormir para saudar o Fim.

Nada aconteceu e, para manter a aparência, o pregador se valeu de uma antiga e conhecida história bíblica, a narrativa de Jonas, que erroneamente havia previsto a queda de Nínive, a capital assíria, que o Todo Poderoso então poupou por misericórdia. Duas manhãs depois, os colegas anabatistas de Rothmann, temerosos de que a incompetência preditiva dele tivesse desvalorizado seus títulos mobiliários, tentaram comicamente reafirmar sua credibilidade correndo pelas ruas e declamando em voz alta com "gritos horríveis e berros insanos" para os descrentes se arrependerem. Naquela tarde, Bockelson e Knipperdolling juntaram-se ao ato, gritando sem parar: "Arrependimento! Arrependimento! Arrependimento! Arrependimento!" Seus protestos recrutaram outros, que passaram a saltar para cima e para baixo, rolar suas cabeças e cair na lama. Um anabatista galopou pelas ruas a cavalo, anunciando o Fim e contou a todos que quisessem ouvir sobre as dezenas de milhares de anjos que havia visto.[26]

A loucura energizou tanto os anabatistas que, mais tarde, no mesmo dia, 500 deles tomaram o mercado da cidade antes que os luteranos tradicionais finalmente os expulsassem. O retorno luterano teve vida curta; os anabatistas

40   Os Delírios das Multidões

finalmente assumiram o controle total do conselho da cidade na eleição de 23 de fevereiro. No fim do mês, executores anabatistas armados deram aos não anabatistas um ultimato: rebatismo ou expulsão. "Saia daqui, seu incrédulo! Deus vai punir você!"[27]

Os anabatistas destruíram altares de igrejas e passaram dias saqueando o ouro e a prata da catedral e queimando suas estátuas. Eles também receberam fichas de cobre com as letras "DWWF" (das wort wird fleisch — o verbo se fez carne) que lhes permitiu passar pelos portões da cidade agora fortemente protegidos. No fim do mês, as tropas do príncipe-bispo haviam iniciado o cerco à cidade, e Bockelson informou aos fiéis que as escrituras exigiam que, ao enfrentar o fim dos tempos, o Senhor concedesse aos cristãos não a outra face, mas sim uma defesa fortemente armada.

Os primeiros católicos a partir foram autorizados a levar seus pertences, exceto alimentos, que já eram escassos; os últimos a sair levaram apenas as roupas do corpo, geralmente sem os botões e os ganchos dourados, que foram confiscados.[28] Os anabatistas, com a memória do contra-ataque luterano contra o golpe ainda fresca em suas mentes, concentraram sua ira nos homens. Por sua vez, os homens luteranos e católicos, totalmente esperançosos que o príncipe-bispo retomasse o controle da cidade, deixaram para trás suas mulheres para guardar suas casas e bens. O resultante excesso de mulheres dentro dos muros da cidade logo produziria terríveis consequências.[29]

Considerando que em janeiro os anabatistas haviam simplesmente oferecido todos os seus bens físicos para a causa — já que o mundo acabaria na Páscoa — em março o conselho municipal proibiu a propriedade privada, e Rothmann e Bockelson exigiram que toda a prata, ouro e dinheiro fossem entregues à prefeitura. Para encorajar as doações, Bockelson pregou que havia três classes de fiéis: bons cristãos que se desfizeram totalmente do que tinham, aqueles que retiveram algumas de suas posses e precisavam de mais oração a um Deus vingativo, e aqueles batizados apenas por conveniência que não deveriam esperar nada além de fogo no Fim.

Matthys e Bockelson reuniram todos os homens da cidade na praça da catedral e gritaram que a porta da misericórdia havia se fechado e que Deus estava zangado. Os homens batizados foram postos de lado e os demais, cerca de 300 ao todo, foram desarmados e obrigados a prostrar-se e orar durante uma hora por misericórdia, esperando a morte a qualquer momento. Eles foram, então, conduzidos à catedral e forçados a suplicar a Deus de joelhos por mais três horas, ao final das quais, Bockelson, que havia permanecido do lado de fora, abriu teatralmente as portas e anunciou: "Queridos irmãos, devo informá--los, pelo amor de Deus, que vocês têm a misericórdia de Deus; permaneçam conosco e sejam um povo santo." No dia seguinte, ele repetiu o processo com as 2 mil mulheres não batizadas da cidade.[30]

Quando março findou, a cidade tinha passado por uma limpeza religiosa; aproximadamente 2 mil luteranos não batizados e católicos foram expulsos, e um número quase igual de imigrantes anabatistas chegou da Holanda e da Frísia Oriental, o que deixou a população praticamente inalterada em cerca de 9 mil habitantes. Não só a composição religiosa da cidade mudou, mas também a composição psicológica. Católicos resolutos foram substituídos por anabatistas muito mais sugestionáveis, o que agravou o comportamento coletivo delirante que já havia se manifestado. Além disso, a expulsão dos descrentes e a imigração dos fiéis serviu apenas para fortalecer a certeza apocalíptica dos novos profetas — Rothmann, Matthys e Bockelson — de que o Fim estava realmente próximo.

Os anabatistas não apenas abraçaram o futuro; eles também exterminaram o passado e, por isso, ordenaram a destruição de todos os registros municipais, especialmente os livros de dívidas. Os fanáticos queimaram livros, os de Lutero junto com os de Tomás de Aquino. Em algumas casas e igrejas, somente a Bíblia permaneceu. Mais à frente, Bockelson também renomearia genericamente os portões e ruas da cidade (Portão de St. Ludger, por exemplo, tornando-se simplesmente Portão Sul) e atribuiria os nomes dos recém-nascidos de acordo com a ordem alfabética.[31]

Os novos profetas começaram a punir brutalmente a dissidência; um ferreiro chamado Hubert Rüscher, que perdera seu assento no conselho na eleição de fevereiro e estava infeliz, entre outras coisas, com a destruição de registros, foi levado perante Bockelson, dramaticamente perdoado e, então, de forma igualmente teatral, retirado de seu confinamento, obrigado a clamar por misericórdia, e depois golpeado nas costas com uma lança medieval. O vigoroso e musculoso ferreiro sobreviveu ao ferimento, então Bockelson atirou em suas costas com uma pistola; Rüscher demorou oito dias para morrer.[32]

Pouco antes da Páscoa, Matthys compareceu ao casamento de alguns amigos; Gresbeck registrou-o profetizando sua própria morte:

> Ele ficou sentado por uma hora, batendo as mãos, balançando a cabeça para cima e para baixo e suspirando pesadamente, como se estivesse prestes a morrer... por fim, ele começou a se levantar novamente e disse com um suspiro: "Oh, querido Pai, não como eu quero, mas como você deseja." Ele se levantou, deu a todos a mão e encostou seus lábios nos lábios deles. Ele disse: "Que a paz de Deus esteja com todos vocês", e seguiu seu caminho com sua

42   Os Delírios das Multidões

> esposa. (E, naquela época, os rebatizadores ainda não tinham mui-
> tas esposas.)[33]

Em 1534, a Páscoa caiu no dia 5 de abril, Jesus não se materializou e o mundo não acabou. Naquele dia, Matthys e talvez uma dúzia de seguidores partiram dos portões da cidade e cavalgaram em direção aos lansquenetes do prínci-pe-bispo, que os massacrou. Gresbeck relatou que os manifestantes cortaram o corpo de Matthys em 100 pedaços, se golpearam de brincadeira com os fragmentos ensanguentados, fixaram sua cabeça em uma lança e gritaram de volta para a cidade que os habitantes deveriam recuperar seu prefeito.[34] O iludido Matthys pode ter tentado seduzir Jesus para vir, ou, alternativamen-te, para cumprir a passagem em Apocalipse 11, sugerindo que as mortes de Enoque (ele mesmo) e de Elias (Hoffman, ainda apodrecendo em uma prisão de Estrasburgo) sinalizariam o retorno de Jesus.

Os anos de pregação de Bockelson pelo interior, que incluíram uma visita à Münster no verão anterior, haviam aperfeiçoado sua habilidade teatral. Nas proximidades de Schöppingen, ele supostamente curou uma menina doente ao batizá-la e, quando voltou à Münster, no início de 1534, uma recompensa foi fixada por sua cabeça. Ele provavelmente estava se preparando para esse exato momento. Até então, ele tinha se mantido relativamente discreto em Münster, mas, após a morte de Matthys, apareceu bem acima da multidão em uma jane-la de nível superior de uma igreja vestido com um manto branco e iluminado por luzes de velas, com Knipperdolling à sua direita e Diewer, a bela e miste-riosa esposa de Matthys, a quem a história lembra apenas pelo primeiro nome, à sua esquerda.

Bockelson chocou a multidão, dizendo que Matthys merecia a morte por sua vanglória e levando tantos com ele. Ele gesticulou para Knipperdolling e disse à multidão que, enquanto vivia sob seu teto, ele teve uma visão do sangrento estripamento de Matthys e que o lansquenete que cometeu a ação disse a Bockelson para não ter medo: Matthys seria julgado por Deus e ele, Bockelson, deveria se casar com sua viúva, Diewer. Como prova, Bockelson novamente apontou para Knipperdolling, que supostamente também teste-munhou o discurso do lansquenete e confirmou sua veracidade. A multidão ficou entusiasmada com a visão divina e muitos rasgaram as roupas e dança-ram. Ninguém precisava ser informado de que Bockelson herdara o manto de Matthys.[35]

Ele também herdou um problema de Matthys e Rothmann, pois teve que explicar aos fiéis mais um não comparecimento de Jesus. Cristo, ele profetizou, não voltaria até que a Nova Jerusalém fosse purgada de todos os elementos impuros.

Bockelson provou ser não apenas um demagogo brilhante, mas também um competente comandante militar. Ele reforçou o já formidável cerco de defesa da cidade com paredes gêmeas, fossos e portões de pedra arredondados. Apenas 9 mil cidadãos enfrentaram um número quase igual de mercenários lansquenetes, e nenhum peso morto era permitido: as mulheres, além de ajudarem os homens na fábrica de pólvora, também confeccionavam coroas de linho mergulhadas em caldeirões ferventes de piche e cal para serem atiradas das muralhas da cidade sobre mercenários que a assediassem. À noite, os homens de Bockelson entravam sorrateiramente nas tendas deles, cortavam suas gargantas e deixavam bilhetes para os sobreviventes encorajando-os a se converter e se juntar aos anabatistas.

Em 25 de maio, as forças de Bockelson repeliram facilmente um ataque das tropas do príncipe-bispo, e muitos desertaram para a cidade (embora seis deles logo precisaram ser executados por desordem e embriaguez).[36] A vitória foi inspiradora para os anabatistas; certamente, Deus estava do lado deles, e a derrota das tropas do príncipe-bispo solidificou o controle anabatista da cidade.

Em julho, Bockelson declarou inválidos todos os casamentos anteriores e ordenou que todos os adultos se casassem novamente. As mulheres agora superavam os homens em quase três para um, uma situação exacerbada pelas mulheres luteranas e católicas deixadas para trás, e assim os anabatistas encorajaram a poligamia. No início, os mais agressivos entre os homens anabatistas se envolveram em uma corrida louca pela cidade em busca de jovens virgens com base na teoria de que, nas palavras de Gresbeck: "Quanto mais esposas eles tivessem, melhores cristãos seriam." Rapidamente, a liderança percebeu que o alvoroço resultante, movido a testosterona, havia desestabilizado a cidade. Eles desaceleraram a atividade exigindo o consentimento das primeiras esposas e também concedendo o divórcio livremente a todas as partes. Mesmo assim, as primeiras esposas, compreensivelmente infelizes com suas famílias recém-ampliadas, muitas vezes maltratavam as esposas extras. A fim de encorajar o cumprimento do novo regime, a liderança aprisionou as esposas mais relutantes e decapitou muitas outras.[37]

A lei do casamento gerou uma insurreição. Cerca de 120 homens capturaram Bockelson e Knipperdolling, o último dos quais já havia sido nomeado carrasco, um trabalho que ele assumiu com prazer, antes que um contra-ataque os libertasse. A maioria dos rebeldes implorou misericórdia com sucesso, mas Bockelson matou 47 deles, baleando, decapitando ou, em alguns casos,

44   Os Delírios das Multidões

matando a machadadas. Para completar, ele também executou ainda mais mulheres que resistiram ao casamento forçado.

Em agosto, outro ataque do príncipe-bispo quase rompeu a parede interna da cidade, mas acabou sendo repelido. Os invasores sofreram perdas terríveis quando, ao olhar para cima, os que escalavam o muro encontraram a morte na forma de caldeirões ferventes e de postes de madeira e árvores que, ao serem derrubados, arrancavam vários deles de suas escadas de uma vez. Emboscadas mortais encontraram aqueles sortudos o suficiente para escapar de volta pela parede externa rompida. Na sequência, o exército do príncipe-bispo quase se dissolveu.[38]

A vitória deu ânimo e grandiosidade ao espírito de Bockelson; ele profetizou que era a reencarnação do rei Davi e, como tal, o único governante legítimo do planeta. Ele também ponderou que seria melhor que uma afirmação tão surpreendente como essa saísse da boca de outra pessoa. No início daquele verão, Jan Dusentschuer, um ourives manco de uma cidade próxima, apareceu em Münster. O recém-chegado alegou possuir poderes proféticos e, na hora certa, após a derrota do segundo ataque do príncipe-bispo, anunciou que o Senhor havia consagrado Bockelson como rei.[39]

Agora monarca, Bockelson declarou a antiga constituição de Münster inadequada à nova ordem divina, aboliu o conselho da cidade e os dois cargos de prefeito e os substituiu por uma corte real. A Nova Jerusalém foi renomeada como "Povo de Deus".

Após o repúdio ao ataque de verão do príncipe-bispo, os príncipes vizinhos reforçaram o bloqueio e nomearam um novo comandante. Consequentemente, tornou-se quase impossível levar comida e suprimentos para a cidade; os súditos do novo rei se vestiram de trapos e lentamente morreram de fome. Isso pouco incomodou Bockelson. Muito pelo contrário: sua vocação para o teatro e fantasia decolou. Conforme descrito por Gresbeck, Bockelson

> fez para si um magnífico casaco e uma calça de veludo, um gibão de seda magnífica, um chapéu dourado incrível, um gorro de veludo com uma coroa, uma espada com uma bainha de ouro, uma adaga de armadura com uma bainha de ouro e muitas correntes de ouro que ele usava ao redor do pescoço... e na corrente ele pendurou o mundo, assim como seu brasão, com uma orbe dourada. Este era salpicado de azul como seu brasão.[40]

O senso de pompa de Bockelson levou-o a equipar seus cavaleiros com roupas extravagantes de seda "confeccionadas para metade do corpo, de modo que

Fiéis e Charlatães   45

um braço ficava sem manga e o peito sem casaco, o que era impressionante quando a cavalo", e vestiu seus criados domésticos em casacos vermelhos adornados com anéis cinza e ouro cujo tamanho indicava sua categoria.[41]

Em outubro, Dusentschuer estendeu o domínio de Bockelson a toda a Terra e anunciou que o Senhor tocaria suas trombetas três vezes para sinalizar a jornada da cidade à Terra Prometida. Pouco antes do nascer do sol em 31 de outubro de 1534, o ourives manco escalou a torre da Igreja de St. Lambert e fez soar um chifre de vaca. Ele, então, desceu e continuou pelas ruas soprando o chifre, enquanto as pessoas tocavam outros instrumentos de sopro. Milhares de habitantes marcharam em direção à praça da catedral, os homens carregando armas e as mulheres segurando as crianças pequenas e seus bens mais preciosos. Mais chifres soaram, e logo Bockelson chegou com a suntuosa indumentária montado em um cavalo branco cercado por 20 guarda-costas e seguido pela rainha Diewer em uma carruagem, suas damas de companhia e outras 15 de suas esposas.

A essa altura, Bockelson havia elevado a arte do Apocalipse desaparecido a um grande espetáculo. Ele ordenou que um nobre respeitado, Gerlach von Wullen, liderasse um ataque suicida contra as forças sitiantes. O rei, então, fez com que von Wullen anunciasse que era apenas um exercício projetado para testar suas vontades e que ele tinha o prazer de informá-los de que haviam sido aprovados. Bockelson removeu seu manto escarlate e coroa e baixou seu cetro, e ele e seus "Anciãos" serviram um banquete para a multidão faminta. Além de oferecer a refeição, Bockelson e os Anciãos envolveram os homens em gracejos sobre o número de esposas. Gresbeck escreveu:

> O irmão que não tinha mais do que uma esposa sentou-se envergonhado. Esse homem ainda era um incrédulo e ainda não era um cristão de verdade. Eles sentaram-se comendo e bebendo e estavam de bom humor. Na praça da catedral, parecia que ninguém ia morrer. Cada irmão sentava-se ao lado de suas esposas e, à noite, ele podia ir para a cama com aquela que ele desejasse.[42]

Os apetites dos cidadãos foram saciados, Bockelson levantou-se e anunciou em prantos com voz abalada que havia falhado com seu povo e abdicaria. Assim que terminou, Dusentschuer transmitiu ainda mais notícias do Todo Poderoso: uma ordem para enviar a si mesmo e a outros 26 homens, listados em um documento que brandia em sua mão, a 4 cidades próximas para espalhar a Palavra, a fim de acelerar o Apocalipse.

46   Os Delírios das Multidões

Além disso, Dusentschuer revelou que Bockelson deveria retomar seus deveres reais, entre os quais a punição dos ímpios de Münster. O ourives, então, colocou a coroa de volta na cabeça do rei e devolveu-lhe o manto escarlate e o cetro.

Essa produção dramática foi talvez a melhor de Bockelson; de uma vez só, ele elevou sua autoridade e livrou-se dos rivais em potencial entre os 27 mensageiros, junto com suas 134 esposas. O rei, junto com suas esposas e sua corte, fez então uma suntuosa refeição; cada prato era anunciado por servos tocando instrumentos de sopro. No fim da ceia, Bockelson sentou-se em silêncio por um tempo, depois informou aos presentes que havia recebido uma revelação de Deus e ordenou que lhe trouxessem sua espada e um dos lansquenetes capturados. Ele ordenou ao prisioneiro que se sentasse e, quando ele recusou, ameaçou cortá-lo ao meio em vez de meramente decapitá-lo, e o prisioneiro obedeceu. Tendo cumprido a vontade de Deus, Bockelson concluiu a refeição.[43]

Os mensageiros partiram; todos os 27 foram capturados e executados pelos lansquenetes, exceto um, Heinrich Graess, que foi salvo por seu domínio do latim, que atraiu a atenção do príncipe-bispo, permitindo-lhe assim a oportunidade de virar a casaca.[44]

Graess voltou à Münster com a história de sua fuga dramática das garras dos ímpios e, em seguida, deixou a cidade com informações inestimáveis para o príncipe-bispo: comida e armas estavam acabando, e a cidade estava dividida entre os outrora leais, mas agora famintos e desmoralizados cidadãos, e as elites anabatistas, cujo privilégio lhes permitiu manter seus objetivos e delírios.

Graess também deixaria uma carta condenatória para a cidade ao sair: "Todos os negócios que estão sendo conduzidos agora em Münster são uma fraude, portanto, é minha humilde súplica que você finalmente abra os olhos — já é hora! — e veja se seu negócio é claramente contrário a Deus e à Sua Santa Palavra."[45] Apesar do desastre dos mensageiros, Bockelson confortou os seguidores de que suas mortes haviam sido a vontade de Deus e enviou ainda mais mensageiros para os Países Baixos para recrutar novos anabatistas para servir nas barricadas. Para se preparar para a chegada dos reforços, ele ordenou a fabricação de carroças blindadas para atravessar o bloqueio de volta à cidade.

Da mesma forma, nunca mais se ouviu falar da segunda leva de mensageiros e os reforços nunca chegaram. Essas contínuas desventuras, combinadas com os lansquenetes adicionais enviados ao príncipe-bispo pelos príncipes vizinhos, sufocaram qualquer chance de uma vitória militar. Rothmann informou aos cidadãos que, embora eles não pudessem contar com o mundo exterior para salvá-los, Deus o faria. Como alimentos e recursos ficaram escassos, Bockelson reduziu suas forças militares e, em vez disso, se concentrou em esforços teológicos.

No dia de ano novo de 1535, Bockelson emitiu um manifesto que ordenava, entre outras coisas, que "somente os governos que se orientam pela palavra de Deus serão preservados" e que "as decisões legais são prerrogativa do rei, seus regentes e juízes". Além disso, "um governo que se abstém de coerção anticristã não pode sofrer interferência, mesmo que ainda não tenha aceitado o batismo dos fiéis".[46]

Crianças de apenas 10 anos foram executadas por roubar comida ou por suspeita de traição. Quando ficou claro que um nobre dinamarquês recém-falecido chamado Turban Bill tinha sido um espião, três mulheres que sabiam de suas atividades foram decapitadas na praça da catedral. Uma delas era a amante de Knipperdolling, que ele não acrescentara ao rol de esposas por ela ter sido prostituta. Quando foi levada ao cadafalso, ela desafiadoramente denunciou a traição de Knipperdolling; enfurecido, Knipperdolling agarrou uma espada e a decapitou.[47]

Na Páscoa, a força de socorro dos Países Baixos não havia aparecido, e Bockelson declarou que o tempo todo ele havia definido "vitória" em um sentido espiritual, e não militar. Até cães e gatos abandonados foram devorados, e os cidadãos famintos foram autorizados a partir.

Bockelson deu aos emigrantes uma vantagem de três ou quatro dias para partir. Eles foram obrigados a trocar suas roupas por trapos; aqueles que foram pegos saindo de Münster fora do horário aprovado foram enforcados. Os poucos infelizes que aceitaram essa oferta foram massacrados pelos lansquenetes e tiveram suas cabeças exibidas em estacas. Eis como Gresbeck explicou essa escolha de Hobson: "Mesmo assim, apesar de tanta fome que havia na cidade, eles fugiram. Pois eles preferiam morrer do que sofrer com tanta fome."[48]

Várias semanas depois, Bockelson, a fim de economizar comida, permitiu que os homens renegassem suas esposas menos importantes e seus filhos para que pudessem partir, e Bockelson fez o mesmo com suas esposas e filhos. Gresbeck observou: "Alguns rebatizadores certamente teriam aceitado um pedaço de pão em troca de uma esposa, se alguém oferecesse a eles. Há falta de cortejo quando não há pão."[49]

Nesse ponto, os lansquenetes decapitavam até 50 fugitivos por dia, permitindo que mulheres e crianças se amontoassem na terra de ninguém fora das muralhas, uma paisagem infernal com algumas centenas de metros de largura e seis quilômetros de circunferência. Por mais de um mês, sem abrigo ou

48   Os Delírios das Multidões

sustento, as mulheres e crianças adoeciam ali. Finalmente, os invasores permitiam que as mulheres e crianças voltassem para casa, e detinham os locais até depois da queda da cidade.[50]

Por volta de 23 de maio, o carpinteiro Gresbeck e vários outros fugiram da cidade. Como a maioria dos fugitivos anteriores, eles foram capturados, mas tiveram a sorte de não serem mortos; no caso de Gresbeck, por causa de sua juventude, natureza atraente e da bondade individual dos lansquenetes que o capturaram, ele recebeu a misericórdia da prisão.[51] Sua fuga bem-sucedida de Münster encorajou centenas de outras pessoas a fugir da cidade, sendo que a maioria foi massacrada.

Gresbeck desenhou para seus captores um mapa de terra no chão de sua cela que delineava como suas tropas poderiam entrar na cidade. Na noite de 22 de junho, Gresbeck e um dos ex-moradores chamado "Pequeno Hans de Longstreet", que havia anteriormente desertado para Münster e depois escapado junto com Gresbeck, colocaram uma pequena passarela flutuante em posição através do fosso, que 35 lansquenetes cruzaram rapidamente, matando as sentinelas adormecidas e abrindo o portão com uma chave que o Pequeno Hans havia forjado. Pelo menos mais 300 lansquenetes seguiram pela curta e tênue passagem antes que os defensores finalmente fechassem o portão da cidade. (Os invasores confiavam mais no Pequeno Hans do que em Gresbeck, talvez por causa da lealdade original de Hans, e então ele liderou o ataque enquanto Gresbeck ficou para trás na ponte.) As tropas de Bockelson quase aniquilaram os invasores, agora presos dentro das muralhas da cidade, mas o astuto comandante dos invasores, Wilhelm Steding, ganhou tempo com falsas negociações que permitiram que o corpo de combate principal do príncipe-bispo entrasse na cidade e derrotasse os anabatistas restantes em uma feroz luta corpo a corpo.[52]

Os lansquenetes massacraram 600 residentes, e qualquer culpa que eles possam ter sentido desapareceu quando descobriram que seus espólios individuais totalizavam 50 florins por um ano de trabalho brutal (cerca de US\$1.600 em valor atualizado). Christian Kerckerinck, o capitão do fosso anabatista e, possivelmente, a rainha Diewer foram rapidamente executados, mas Bockelson, Knipperdolling e outro tenente, Brend Krechtinck, foram interrogados sem pressa e condenados por vários crimes teológicos, roubo e assassinato. Poucos dias após a captura, o príncipe-bispo perguntou pesarosamente a Bockelson: "Você é um rei?" Ao que ele respondeu insolentemente: "Você é um bispo?"[53] Entre os líderes da revolta, apenas Rothmann possivelmente escapou e, de qualquer forma, nunca mais se ouviu falar dele.

Em 22 de janeiro de 1536, dois algozes começaram com Bockelson. Seguindo o procedimento prescrito pelo novo código penal do império, eles o imobilizaram com uma coleira de ferro presa a um poste e arrancaram sua pele com pinças quentes e reluzentes. De acordo com von Kerssenbrock: "Quando tocados pela pinça, os músculos emitiam chamas visíveis, e assim produziam um odor tão forte causando asco ao nariz dos espectadores."[54]

Ao testemunhar isso, Knipperdolling tentou sufocar-se com o colarinho, mas os algozes o imobilizaram firmemente em sua estaca com uma corda amarrada em torno da boca aberta antes de voltar a trabalhar em Bockelson, que silenciosamente resistiu à tortura. Os outros dois também não se levantaram; os algozes rasgaram as gargantas dos três com a pinça e finalmente os apunhalaram no coração. Quando terminou com eles, o carrasco colocou seus corpos eretos em jaulas de ferro, que foram penduradas na torre de St. Lambert para que todos pudessem ver.[55] Seus ossos permaneceram lá por 50 anos, e as 3 jaulas ainda podem ser vistas da rua.[*]

Os sucessores dos anabatistas de Münster aprenderam com suas experiências; o preceito do batismo adulto sobrevive hoje principalmente entre os amish e menonitas, ambas seitas discretas e pacíficas.

Um terceiro espasmo apocalíptico medieval em grande escala ocorreu em meio ao caos que tragou a Inglaterra em meados do século XVII. Durante o início de 1600, o Parlamento guerreou com os monarcas da dinastia Stuart, que continuaram a reivindicar o direito divino dos reis. Muito do descontentamento envolveu o apoio de Carlos I à Igreja Anglicana, que atingiu os dissidentes como algo quase católico.

O conflito, porém, girou principalmente em torno de questões fiscais. Incapaz de levantar os fundos necessários para suas aventuras militares, Carlos I tentou acabar com o poder do Parlamento sobre o erário com uma série de estratégias ilegais, principalmente o direito de recriar o *ship money*. Esse antigo imposto real aplicava-se apenas durante o tempo de guerra e apenas às cidades costeiras. A aplicação de um imposto extra-parlamentar em tempos de paz e sua extensão às comunidades do interior gerou uma série de três distintos conflitos conhecidos coletivamente como Guerra Civil Inglesa, que levou à sua decapitação em 1649 e ao rápido estabelecimento da comunidade e protetorado de Oliver Cromwell. O governo de Cromwell, e particularmente sua sucessão por seu filho menos capaz e politicamente menos engajado, Ricardo,

---

[*] A torre da igreja foi posteriormente substituída; e na década de 1880 as próprias jaulas enferrujadas passaram por uma extensa restauração, que se repetiu após danos causados por bombardeios em 1944.

50   Os Delírios das Multidões

provou ser desastroso o suficiente para permitir a restauração da monarquia sob Carlos II em 1660.

A turbulência gerou dois movimentos principais: o Levellers, que defendia o estado de direito, a reforma democrática e a tolerância religiosa; e o Quinta Monarquia, um grupo milenarista cuja escatologia defendia o governo dos "santos", um quadro autoidentificado de justos, isso é, como os anabatistas de Münster, tudo menos democrático, tolerante ou mesmo modesto. Não haveria descanso para os justos depois que o Quinta Monarquia colocasse a Inglaterra sob seu governo, um ato abençoado que determinaria a conquista subsequente da Europa continental. Embora nenhum dos grupos tenha sobrevivido intacto, o Quinta Monarquia quase tomou as rédeas do governo no breve "Parlamento Barebones" de 1653 (assim chamado em homenagem a um de seus membros, Praise-God Barebone), um dos vertiginosos sucessores do parlamento cromwelliano.[56]

Como acontecia desde Joaquim, os tempos difíceis renderam uma abundância de misticismo numérico e aritmética apocalíptica. O diplomata inglês John Pell escreveu em 1655 que:

> Aqueles que ouviram que o fim do paganismo se situa no ano 395, e que então não havia nenhum templo pagão remanescente no Império Romano, serão facilmente induzidos a acreditar que o famoso número, 1260, deve ser adicionado a isso; e então este ano, 1655, deve ser apontado para uma época apocalíptica. Outros apontam para o ano de 1656, porque, tendo somado a vida dos patriarcas no quinto capítulo do Gênesis, eles encontram 1656 anos desde a criação até o dilúvio, e daí inferem que a vinda de Cristo será no próximo ano, porque deve ser como nos dias de Noé. Outros vão esperar mais três ou quatro anos, na esperança de que os 1260 anos devam ser contados a partir da morte de Teodósio e da divisão do Império Romano entre seus filhos. Nem precisamos nos perguntar, se encontrarmos algumas pessoas confiantes de que daqui a 11 anos veremos a inevitável mudança, por causa do número 666 [isso é, no ano de 1666].[57]

Um participante do Quinta Monarquia chamado Arise Evans produziu facilmente a estimativa mais tola. Um dos elementos-chave da escatologia do grupo era a identidade atual do livro do "chifre pequeno" de Daniel, que provavelmente representava Antíoco Epifânio. A maioria dos participantes do Quinta Monarquia identificou o chifre pequeno dos dias atuais como o Rei Carlos I, o que enfureceu Evans, um defensor ferrenho do falecido monarca e de seu arcebispo, William Laud. Para Evans, o nome do último datava claramente o Apocalipse: os algarismos romanos em VVILLIaM LaVD somaram o ano de 1667.*

Na outra extremidade do espectro intelectual, Isaac Newton dedicou um grande número de ensaios à interpretação da escritura apocalíptica (coletados postumamente em um único volume, *As Profecias do Apocalipse e o Livro de Daniel*), mas ele, sabiamente, se absteve de prever a data da Segunda Vinda.[58]

Talvez o cálculo mais influente tenha sido feito por um pregador chamado Henry Archer, que em 1642 publicou *The Personall Reign of Christ Vpon Earth* [O Reinado Pessoal de Cristo na Terra, em tradução livre], um tratado de 58 páginas que reinterpretava a fera despedaçada do sonho de Daniel como 4 monarquias: a Assíria/Babilônica, Madai/Persa, Grega e Romana. A vindoura Quinta Monarquia seria a de Cristo, de onde deriva o nome Quinta Monarquia. Os cálculos de Archer dataram a vinda Dele em 1666 ou 1700. Tal esquema estava inteiramente no âmbito da teologia protestante aceita; o próprio Lutero considerou a Quarta Monarquia e as metáforas da besta para o papado.[59]

Muitos quintomonarquistas foram participantes-chave na Guerra Civil Inglesa e no Parlamento e Protetorado Cromwell. Eles se viam como observadores passivos do iminente retorno e julgamento de Cristo e, durante as guerras civis inglesas, o mais proeminente do grupo, Thomas Harrison, que ascendeu ao posto de major-general, demonstrou grande coragem e habilidade. Ele também atuou como membro do Parlamento, onde defendeu a reforma.

A maioria dos quintomonarquistas, como Harrison, buscou mudanças por meios legais, mas uma pequena minoria, particularmente um pregador incendiário chamado Christopher Feake, exortou o público a uma revolução violenta que daria início a uma teocracia milenarista dos "santos", um grupo de elite devoto, isso é, eles próprios.[60]

As coisas começaram bem para o Quinta Monarquia, que lutou e, como Harrison, detinha o alto comando do New Model Army [um exército], o que levou Cromwell à derrubada do "Parlamento Rump" de 1648. Mas, com o tempo, Cromwell se mostrou relutante ou incapaz de aceitar as demandas políticas e teológicas deles, e sua aliança se desgastou. O Quinta Monarquia alcançou o ápice do poder no instável Parlamento Barebones em 1653. Com

---

* A letra minúscula "a" no nome do arcebispo, que não tem equivalente numeral romano, presumivelmente tinha valor zero. Uma obscura prerrogativa real era a capacidade de curar a escrófula [tuberculose ganglionar]; após a restauração dos Stuart, Carlos II recompensou Evans por sua lealdade tocando-lhe o nariz afligido.

52 Os Delírios das Multidões

sua dissolução e o subsequente estabelecimento do protetorado ditatorial, as relações entre Cromwell e o Quinta Monarquia pioraram. Embora Cromwell tenha detido, intermitentemente, muitos dos quintomonarquistas, incluindo Harrison, ele geralmente lidava com seus antigos aliados com cautela e não executou nenhum por suas crenças milenaristas. Por exemplo, em 1654, Harrison, que pode ter sido eleito para o novo Parlamento do Protetorado por até oito constituintes diferentes, apresentou uma petição que exigia a restauração de "um estado perfeito de liberdade". Cromwell se opôs a isso, deteve Harrison e o libertou depois de alguns dias com uma leve advertência.[61]

Nas palavras do historiador P.G. Rogers, Cromwell tratou os quintomonarquistas "como crianças travessas e equivocadas que ele disciplinou contra sua vontade e que não desejava manter em confinamento um dia a mais do que o necessário".[62]

Com a restauração de Carlos II em abril de 1660, a sorte do Quinta Monarquia finalmente acabou. O novo rei lançou um olhar preconceituoso e vingativo sobre o grupo. Harrison, que havia mantido preso o pai dele, Carlos I, e mais tarde desempenhou um papel importante no processo judicial que o tinha condenado à morte, mereceu atenção especial. Seis meses depois, a coroa julgou Harrison e seus companheiros regicidas, alguns dos quais faziam parte do Quinta Monarquia. A maioria foi condenada, e Harrison foi o primeiro a ir para o cadafalso, informado de que

> serás arrastado para um tablado no local de execução; e aí pendurado pelo pescoço, e ainda vivo serás cortado, tuas entranhas retiradas de teu corpo e tu, vivo, as verá queimadas diante de teus olhos, e tua cabeça será decepada, teu corpo dividido em quatro partes para serem dispostas ao bel-prazer de Sua Majestade, o Rei.[63]

Samuel Pepys, que fazia registros dos eventos e que também compareceu à decapitação de Carlos I, registrou o seguinte no dia 13 de outubro:

> Fui à Charing Cross para ver Harrison arrastado, enforcado e esquartejado; que foi feito lá, ele parecendo tão alegre quanto qualquer homem poderia estar naquela condição. Ele logo foi derrubado e sua cabeça e o coração foram mostrados ao povo, e houve gritos de alegria.[64]

No evento, o prazer do rei foi exibir a cabeça e as partes de Harrison pela cidade. Dois dias depois, Pepys compareceu à execução de outro proeminente

Fiéis e Charlatães   53

regicida do Quinta Monarquia, John Carew, que foi "enforcado e esquartejado em Charing Cross; mas suas partes, excepcionalmente, não devem ser penduradas".[65] *

Por vários anos, uma pequena facção do Quinta Monarquia, liderada por um tanoeiro chamado Thomas Venner, operava sob a ilusão de que seu apoio popular era grande o suficiente para que pudessem desencadear a Segunda Vinda por meio de uma insurreição armada. Considerado desmiolado pelos quintomonarquistas mais sóbrios como Harrison, Venner fez jus a essa reputação em abril de 1657, quando planejou um levante que foi descoberto antes que pudesse ser executado.

Com a tolerância típica, Oliver Cromwell simplesmente prendeu Venner e seus colegas na Torre de Londres; após a morte de Cromwell, seu filho Richard libertou os ineptos conspiradores após menos de dois anos de confinamento. Com a restauração de Carlos II e as mortes de Harrison e dos outros quinto-monarquistas envolvidos no regicídio, o grupo de Venner, recém-libertado, ficou desesperado e decidiu agir. Em dezembro de 1660, um dos cúmplices bêbados de Venner se gabou para um homem chamado Hall que estava prestes a participar de um "glorioso empreendimento" (a acima mencionada Segunda Vinda). Quando Hall perguntou o que era, ele respondeu: "Vamos tirar Carlos de seu trono... para os santos reinarem." Hall prontamente relatou a conversa às autoridades e, então, foi levado perante o próprio rei, que ordenou a prisão dos remanescentes descontentes do Quinta Monarquia.

Venner e seu bando de cerca de 50 cúmplices não estavam entre os detidos, o que os deixou livres para executar sua trama na noite de 6 de janeiro de 1661, uma data escolhida na esperança de encontrar os vigias da cidade embriagados na conclusão da festa da Twelf Night [Dia de Reis]. Eles invadiram a catedral de St. Paul e colocaram um guarda do lado de fora, que prontamente atirou em um transeunte que, quando questionado sobre sua lealdade, infelizmente a declarou ao rei. Com isso, a trama foi exposta e a força lamentavelmente pequena de Venner foi perseguida pelas ruas de Londres por um crescente grupo de *train-bands*, como eram chamadas as milícias da cidade, mais tarde reforçadas pelas tropas do rei. Ao longo dos três dias seguintes, os homens de

---

*   Na Inglaterra antes do século XVII, as punições mais severas incluíam a castração e a estripação do condenado vivo, que podem ou não ter sido aplicadas aos regicidas. A evisceração de condenados vivos não foi formalmente abolida até 1814, embora em meados do século XVIII os algozes suavizassem o procedimento enforcando os condenados à morte antes de eviscerá-los. A essa altura, o esquartejamento havia caído em desuso, mas não foi explicitamente proibido até 1870.

54 Os Delírios das Multidões

Venner, agora em grande desvantagem numérica, lutaram uma série cada vez mais desesperada e brutal de batalhas de casa em casa.

Em um registro escrito em 10 de janeiro, Samuel Pepys descreveu sucintamente o grupo como:

> Esses fanáticos que derrotaram todas as *train-bands* que encontraram, colocaram os guarda-costas do Rei em fuga, mataram cerca de 20 homens, arrombaram os portões da cidade duas vezes; e tudo isso durante o dia, quando toda a cidade estava armada — não passavam de 31. Acreditávamos que eles (porque foram vistos de cima a baixo em quase todos os lugares da cidade, e estiveram em Highgate dois ou três dias, e em vários outros lugares) eram pelo menos 500. Uma coisa que nunca se ouviu falar, que tão poucos homens ousaram e causaram tanto dano. Sua palavra era: "O Rei Jesus, levantai os portões." Poucos deles receberiam qualquer recompensa, mas como tais foram tomados à força e mantidos vivos; esperando que Jesus venha aqui e reine no mundo agora.[66]

No fim, cerca de metade dos seguidores de Venner foram mortos na batalha, e mais tarde a maioria dos outros foram enforcados. Embora a coroa se aplicasse apenas a Venner e seu chefe-tenente, o estripamento vivo anteriormente concedido a Harrison e Carew.[67]

Durante os séculos XVI e XVII, os europeus do norte buscaram escapar das dificuldades deste mundo para o conforto do maravilhoso que viria por meio de narrativas convincentes de fim dos tempos. No caso da Guerra dos Camponeses, a teologia apocalíptica de Thomas Müntzer foi meramente abordada no que inicialmente havia sido uma revolta populista em grande parte leiga, com resultados desastrosos, enquanto a Loucura Anabatista e as revoltas do Quinta Monarquia vinculavam-se à profecias do fim dos tempos desde seu início até seu fim igualmente desastroso.

A partir do século XVIII, nações inteiras buscariam auxílio, não de Deus, mas sim de Mamon, em uma sucessão de histerias financeiras coletivas espalhadas pela Europa. Na superfície, os eventos religiosos e financeiros parecem representar fenômenos diferentes, mas foram alimentados pelos mesmos mecanismos sociais e psicológicos: o poder irresistível das narrativas; a tendência humana para imaginar padrões onde eles não existem; a arrogância exagerada e a confiança excessiva de seus líderes e seguidores; e, acima de tudo, a propensão esmagadora dos seres humanos para imitar o comportamento daqueles ao seu redor, não importa o quão factualmente infundado ou autodestrutivo.

3

RIQUEZA INSTANTÂNEA

Por todo o comprimento e largura da terra, as mentes dos homens foram absorvidas pelo mesmo assunto. Os partidos políticos foram absorvidos por ele. Liberais e conservadores pararam de brigar, e os jacobitas deixaram de conspirar. Em cada pousada, em cada estrada, ao longo do país, a conversa era a mesma. Em Aberystwith e Berwick-on-Tweed, em Bristol e St. David's, em Harwich e Portsmouth, em Chester e York, em Exeter e Truro — quase no Land's End — a conversa era apenas sobre as ações da Mares do Sul — nada além das ações da Mares do Sul!

— William Harrison Ainsworth, 1868[1]

No início do século XVIII, John Law, um brilhante financista escocês, abandonou um rastro sinistro de caos financeiro assustadoramente familiar para aqueles que foram devastados pelo colapso da bolha da internet dos anos 1990. As ações da internet apenas prejudicaram milhões de investidores; Law prejudicou a fé da França nos bancos, um golpe muito mais sério para uma nação.

O jovem escocês veio de uma linhagem centenária de distintos ourives de Edimburgo, que incluía seu pai, tio e três irmãos. Na época de seu nascimento, em 1671, a própria palavra "ourives" camuflou a evolução dessa antiga profissão em algo bem diferente: o banqueiro.

Os ancestrais diretos de Law viviam em uma ilha que não tinha nenhuma semelhança com a futura e majestosa Britânia do livre comércio. (E, na época, a Escócia era, de qualquer maneira, ainda independente da Inglaterra.) No amanhecer do século XVII, a população da futura Grã-Bretanha era apenas um terço da população da França — menor do que antes da chegada da Peste Negra entre 1348 e 1349. A Inglaterra no tempo de Law era fraca, subdesenvolvida, recentemente se envolvera em uma guerra civil regicida, e sua presença em alto mar envolveu pirataria e contrabando, tanto quanto comércio. O comércio internacional em alta escala havia apenas começado a aparecer lentamente com o estabelecimento de grandes organizações comerciais por volta de 1600, sendo a mais famosa delas a Companhia das Índias Orientais.

56 Os Delírios das Multidões

Quando os navios das Índias Orientais transportando ouro e prata do nascente comércio de especiarias navegaram para Londres, seus mercadores encontraram um problema logístico imediato: a Inglaterra não tinha sistema bancário e, portanto, nenhum lugar confiável para depositar seu tesouro. Ourives, cujo sustento dependia do armazenamento seguro de objetos de valor, forneciam a alternativa mais óbvia. Em troca de seus valores, os comerciantes recebiam certificados. Um aspecto crítico era que esse papel podia ser trocado por bens e serviços — em outras palavras, funcionava como moeda. Além disso, os ourives descobriram que podiam criar papel além da quantidade de ouro e prata (em espécie) que possuíam.

Isso queria dizer que os ourives podiam imprimir dinheiro.

Somente os mais mentirosos e míopes entre eles fabricariam e depois gastariam seus próprios certificados; em vez disso, esses pedaços de papel foram emprestados a altas taxas de juros. Como a taxa usual até mesmo para os melhores tomadores de empréstimos era frequentemente bem superior a 10% ao ano (especialmente quando a Inglaterra estava em guerra), ao longo de uma década emprestar um certificado era melhor do que gastá-lo, e assim permaneceria enquanto o ourives não perdesse a condição de solvente.

Essa cadeia funcionava apenas enquanto muitos detentores de certificados não os resgatavam todos de uma vez. Digamos que o cofre do ourives contenha £10 mil em espécie e ele tenha emitido £30 mil em certificados — um terço emitido para os proprietários do valor em espécie e dois terços para quem toma o empréstimo. Se os detentores de £10.001 em certificados aparecessem exigindo ouro ou prata — não importava se eles eram devedores ou os depositantes originais — o ourives poderia estar arruinado. Pior, se os detentores dos certificados pudessem suspeitar que isso poderia acontecer, a fila crescente no escritório do ourives seria suficiente para precipitar uma corrida que derrubaria todo o castelo de cartas. Nesse exemplo, a proporção de certificados por espécie era de 3:1; quanto maior essa proporção, mais provável será uma corrida para sacar os valores. Mesmo o ourives/banqueiro mais cuidadoso poderia sofrer; entre 1674 e 1688 ocorreram quatro "corridas aos ourives" documentadas e, entre 1677 e 1694, ano do estabelecimento do Banco da Inglaterra, o número de ourives/banqueiros de Londres caiu de 44 para cerca de uma dúzia.

Por uma questão prática, os ourives/banqueiros determinam que uma proporção de 2:1 — £1 emprestada aos mutuários para cada £1 de espécie depositada — seria razoavelmente segura.

Não devemos subestimar a importância desse sistema, pois ele anunciou o nascimento de uma oferta monetária elástica que poderia ser redimensionada de acordo com a ambição dos tomadores de empréstimos e a disposição dos credores em emprestar. Quando os tomadores e credores ficavam eufóricos, a oferta monetária se expandia e, quando eles ficavam intimidados, ela se contraía. O termo financeiro moderno para o montante da expansão monetária do papel é "alavancagem": a razão entre o total de ativos em papel e os ativos tangíveis.[2]

A alavancagem fornecida pelos bancos é o combustível que alimenta as histerias financeiras modernas, e seu nascimento na Europa do século XVII trouxe consigo uma montanha-russa de bolhas e estouros. Nos quatro séculos seguintes, a inovação financeira gerou uma variedade estonteante de veículos de investimento; cada um, por sua vez, costumava ser simplesmente alavancagem em um disfarce ligeiramente diferente, e seria a isca que incendiaria sucessivas ondas de excessos especulativos.

John Law, descendente de ourives que adotou o sistema bancário no estilo inglês, vivia e respirava um sistema no qual o papel podia funcionar tanto como dinheiro quanto como espécie escassa. Ainda hoje, muitos resistem à noção de papel-moeda; na virada do século XVIII, isso parecia ridículo para a pessoa comum.

Em 1694, o jovem Law, cansado da imunda e pobre Edimburgo do fim da Idade Média, foi para Londres, onde se transformou em Beau Law, um homem sociável e libertino, especialmente nas mesas de jogo, que matou um tal de Beau Wilson em um duelo resultante do interesse mútuo em uma jovem. Julgado, condenado à forca, depois liberado e novamente condenado à forca, Law escapou. O *London Gazette* no início de 1695 anunciava:

> Um escocês, de 26 anos, o capitão John Law, recentemente condenado à prisão pelo Tribunal do Rei por assassinato, homem negro muito alto e magro, em boa forma, acima de 1,80m de altura, grandes cicatrizes de acne, nariz grande e linguajar rude, fugiu da referida prisão. Quem quer que o prenda, para que possa ser entregue na referida prisão, receberá imediatamente £50 pelo delegado do Tribunal.[3]

No fim do século XVII, os prisioneiros conseguiam "escapar" com mais facilidade do que hoje, e os amigos de Law, com a provável conivência do rei William III, provavelmente providenciaram sua fuga.[4] A descrição física feita pela matéria enganou intencionalmente, visto que Law tinha um nariz de tamanho médio e pele clara.

Inicialmente, ele viajou para a França, onde sua habilidade matemática surpreendeu seus contemporâneos e o serviu bem nas mesas de jogo. Chamar Law de jogador, entretanto, não fazia justiça às suas habilidades. Mesmo hoje, a habilidade quantitativa e a concentração total são úteis nas mesas de pôquer e "vinte e um" (desde que o crupiê não embaralhe entre as mãos). Há 300 anos, os

58   Os Delírios das Multidões

cassinos menos eficientes recompensavam o cálculo desapaixonado de maneira ainda melhor. Essas oportunidades atraíram alguns dos matemáticos mais brilhantes da Europa para os jogos de azar. O mais famoso é Abraham de Moivre, cujo *The Doctrine of Chances* [A Doutrina da Probabilidade, em tradução livre] constitui grande parte da base da estatística moderna.[5] Um conhecido de Law descreveu suas habilidades assim:

> Você me pediu notícias do Sr. Law. Ele só recebe outros jogadores com quem joga, de manhã à noite. Ele sempre fica feliz quando aposta e cada dia propõe jogos diferentes. Ofereceu 10 mil fichas para qualquer um que conseguisse lançar 6 seis em sequência, mas cada vez que não o fazia, eles lhe davam uma ficha.[6]

Como a probabilidade de lançar 6 seis consecutivos é de uma em 46.656 (uma em 6^6), a oferta de Law era uma proposta vitoriosa. (De sua perspectiva, a probabilidade de perder ou pagar antes de 10 mil séries de seis jogadas era de 19%.) Além disso, sempre que Law podia, ele atuava como "banqueiro" nas cartas, o que, dependendo das regras específicas do jogo, geralmente conferia a ele uma pequena vantagem estatística, uma vez que lhe permitia funcionar como o cassino, não como um cliente.[7]

Quando Law partiu para a França, alavancou seus ganhos no cassino, estimados pelo historiador econômico Antoin Murphy em centenas de milhares de libras esterlinas, uma fortuna enorme para a época.[8] Ele, então, se mudou para a Holanda, onde observou em primeira mão as operações inovadoras do Banco de Amsterdã e da nova bolsa de valores da cidade. Ele também visitou Gênova e Veneza, onde se familiarizou com seus sistemas bancários centenários.

Como os franceses daquela época não confiavam em suas instituições governamentais, o sistema bancário do país era quase inexistente. As economias iam para debaixo do colchão ou para uma meia, não para um banco, privando assim a economia do capital extremamente necessário.[9] Law maravilhou-se com os avançados sistemas financeiros da Itália e da Holanda, e se esforçou para trazer seus benefícios para a França; na época de suas peregrinações continentais, ele se transformou de Law, o jogador profissional, em Law, o economista, um termo que ainda não havia sido inventado.

Law compreendeu intuitivamente como uma oferta escassa de dinheiro baseada em ouro e prata insuficientes havia estrangulado as economias europeias e como uma oferta generosa poderia estimulá-las. Já familiarizado com a noção de papel-moeda de emissão privada, sua experiência com o sistema bancário holandês sugeria que o papel-moeda emitido por um banco central nacional poderia resolver o problema de uma base monetária inadequada.

A intuição de Law de como um amplo suprimento de papel-moeda pode ser um tônico econômico poderia ser entendida por meio da famosa história (pelo menos entre os economistas) de uma cooperativa de babás em Washington, D.C., três séculos depois. Essa cooperativa envolve o comércio de serviços de cuidados infantis. Um dos programas mais populares envolve o uso de um "vale": notas de papel, cada uma valendo meia hora de uso; um casal desejando assistir a um filme de três horas no cinema precisaria, portanto, de seis vales.

O sucesso de tais programas de vales depende muito da quantidade precisa dessas notas em circulação. No início dos anos 1970, uma dessas cooperativas em Washington imprimiu um número ínfimo de recibos, e os pais os juntaram. Muitos estavam dispostos a trabalhar como babás para ganhar mais vales, mas poucos estavam dispostos a gastá-los, então todos passavam menos noites fora do que gostariam.

Sendo Washington, muitos dos pais eram advogados e, como os advogados costumam fazer, legislaram uma solução determinando o gasto individual dos vales. Na esfera econômica, as soluções legislativas muitas vezes falham, como aconteceu nesse caso, quando um casal de economistas convenceu a cooperativa a imprimir e distribuir mais. Cheios de vales, os pais os gastavam livremente e por isso passavam mais noites fora.[10]

Da mesma forma, o histórico e as experiências de ourives/banqueiro de Law diziam a ele que a estagnação econômica da Europa devia-se à escassez de espécie, que poderia ser sanada, entre outras ações, pela impressão de papel-moeda. Law não foi o primeiro a perceber isso; quase desde a invenção da elasticidade do crédito pelos ourives/banqueiros no início do século XVII, alguns deles perceberam que a expansão monetária com papel-moeda poderia ser usada para estimular uma economia. Três séculos antes da famosa "relíquia bárbara" com a qual John Maynard Keynes rotulou o sistema monetário lastreado em ouro, William Potter, um oficial real, observou em 1650 que a quantidade limitada de espécie em circulação significava que,

> embora o *armazém* do *mundo* nunca esteja tão cheio de *bens*, mas vendo que o *comerciante* não pode se dar ao luxo de tirá-los mais rápido do que pode vender o que já tem, segue-se que, se as pessoas por meio de sua extrema pobreza não são capazes de tirá-los das mãos do *comerciante*, a porta desse assunto está fechada para o *comércio* e, por consequência, para a *riqueza*... por outro lado, suponha-se que *dinheiro* (ou o equivalente) aumenta entre eles; segue-se que (eles não o entesouram, mas o colocam em *mercadoria* tão rápido quanto o recebem), quanto mais suas mãos estão cheias de tal *dinheiro*,

60   Os Delírios das Multidões

> pelo aumento dele, tanto mais a venda de *mercadoria*, ou seja, o *comércio*, aumenta; e esse aumento de *comércio* aumenta *riquezas...* portanto, o aumento de *dinheiro*, ou o equivalente, não acumulado, é a *chave da riqueza*. (grifo original [para efeito de consistência]).[11]

Os sistemas bancários na França e em sua Escócia natal eram muito mais primitivos do que os encontrados por Law na Holanda e na Itália e, dessa forma, as economias francesa e escocesa funcionavam mal. Ele ficou particularmente impressionado com o estado precário da indústria têxtil no Vale do Rhône e formulou um plano para fábricas, viveiros de plantas, padarias e moinhos financiados pela emissão de papel-moeda. No fim de 1703, um de seus contatos, o embaixador francês em Turim, transmitiu sua proposta ao marquês de Chamillart, controlador-geral da França, que educadamente a rejeitou.

Por volta do ano novo, Law voltou para casa, na Escócia, onde as coisas estavam em um fluxo ainda mais intenso. Anteriormente, em 1695, o parlamento escocês concedeu o monopólio do comércio de longa distância daquela nação à Companhia de Comércio da Escócia para África e Índias, mais conhecida como Companhia Darien. Seu plano era estabelecer um posto comercial no Istmo do Panamá para Darien, a fim de encurtar a rota da Europa para a Ásia. A empresa enviou duas expedições ao Istmo, e a primeira fracassou devido ao fraco planejamento e suprimentos insuficientes, enquanto a segunda foi dizimada pelos espanhóis.

Quando o posto avançado caiu para os espanhóis em 1699, o Banco da Escócia teve que suspender as operações. As dificuldades do banco afetaram profundamente Law e refinaram ainda mais seu pensamento econômico, resultando em dois tratados, *Essay on a Land Bank* [Ensaio sobre Land Bank, em tradução livre] e *Money and Trade Considered* [Considerações Sobre o Dinheiro e o Comércio]. O primeiro propôs a emissão de papel-moeda lastreado em terras; e o último foi um livro detalhado e incisivo que prenunciou em 70 anos muitos dos conceitos apresentados na obra de Adam Smith *A Riqueza das Nações*.

Law começou a pensar profundamente sobre a natureza do dinheiro de uma maneira extremamente moderna. O dinheiro verdadeiro, postulou ele, tinha sete características essenciais: estabilidade de valor, homogeneidade (ou seja, pode ser negociado em unidades constantes), facilidade de entrega, similaridade de um lugar para outro, capacidade de armazenamento sem perda de valor, divisibilidade em quantidades menores ou maiores e um selo ou identificação quanto a seu valor.[12]

Law achava que a terra atendia a esses critérios, e o papel-moeda atrelado a ela seria superior a uma moeda convencional lastreada na prata. A noção de dinheiro denominado em unidades de terra hoje parece estranha, mas no início do século XVIII fazia sentido. Começando por volta de 1550, a prata inundou a Europa a partir de vastas minas no Peru e no México, desgastando assim seu valor. Um certificado denotando um determinado pedaço de terra, por outro lado, pode ser avaliado de acordo com seu valor futuro, dado pela soma de seus grãos, frutas ou produção animal. Além disso, a prata tem apenas alguns usos circunscritos: como dinheiro, em joias e utensílios ou no uso industrial. A terra, ao contrário, pode simultaneamente custear papel-moeda e ser usada em uma ampla variedade de agricultura.[13] Como escreveu Law: "A terra é o que produz tudo, a prata é apenas o produto. A terra não aumenta ou diminui em quantidade, diferente da prata ou qualquer outro produto. Portanto, a terra é mais certa em seu valor do que a prata ou quaisquer outros bens."[14]

Law gradualmente ampliou sua definição de dinheiro além da terra para incluir as ações das grandes empresas da época, particularmente as Companhias Britânica e Holandesa das Índias Orientais, e o Banco da Inglaterra, cujos lucros, ele pensava, deveriam ser mais estáveis do que a prata. Essa era uma suposição razoável; o que Law não previu foi que seu sistema introduziria uma instabilidade fatal naqueles preços.

Antecipando Karl Marx, ele postulou uma progressão de três estágios de desenvolvimento social. No primeiro estágio, sem dinheiro, o escambo servia como a principal forma de troca, sob a qual a manufatura em grande escala era quase impossível, uma vez que requer um gasto monetário inicial significativo. Nas palavras de Law, "nesse estado de troca havia pouco comércio e poucos artesãos". (Law usou a palavra "comércio" no sentido moderno de PIB: a quantidade total de bens e serviços consumidos. Na era moderna, o conceito de escambo na era pré-dinheiro é reconhecido como incorreto, uma vez que nas sociedades aborígenes o escambo é feito com base na troca mútua de favores, um estado de coisas ainda mais economicamente ineficiente do que o escambo.)[15]

No segundo estágio, a economia funcionava com dinheiro metálico, mas em bem pouca quantidade. Embora seja teoricamente possível que, se o dinheiro fosse escasso, os homens trabalhariam por salários mais baixos, a atividade manufatureira ainda estava atrofiada:

> Se os países são bem governados, é de se indagar por que eles próprios não processam suas lãs e outras matérias-primas, uma vez que, onde o dinheiro é raro, os trabalhadores trabalham a preços baixos? *A resposta é que o trabalho não pode ser feito sem dinheiro*; e que, onde há pouco, dificilmente atende às outras necessidades do país, e não se pode usar a mesma moeda em lugares diferentes ao mesmo tempo.[16]

62 Os Delírios das Multidões

No terceiro estágio, quando o dinheiro e o crédito seriam abundantes, as nações prosperariam. Um caso em questão foi a Inglaterra, que apenas uma década antes havia constituído o Banco da Inglaterra, emissor de notas. O Banco ampliava e reduzia, periodicamente, o suprimento de notas; Law observou que "à medida que o dinheiro na Inglaterra aumentava, o valor anual da [renda nacional] aumentava; e, conforme o dinheiro diminuía, o valor anual diminuía".[17]

O cerne da teoria de Law, explicado em uma passagem de várias páginas em *Money and Trade Considered*, descreveu, pela primeira vez, um conceito econômico conhecido como modelo de "fluxo circular", que pode ser imaginado como dois círculos concêntricos, com o dinheiro fluindo de um proprietário para outro no sentido horário, e os bens e serviços fluindo no sentido anti-horário.

Law imaginou uma ilha isolada de propriedade de um lorde que alugou suas terras para 1 mil fazendeiros que plantavam e criavam animais, constituindo 100% da produção da ilha. Os itens manufaturados não podiam ser produzidos localmente, mas importados em troca do excedente de grãos da ilha.

Além disso, a ilha continha outros 300 indigentes desempregados que subsistiam da caridade do lorde e dos fazendeiros. A solução de Law para esse triste estado de coisas envolvia o lorde imprimir dinheiro suficiente para abrir fábricas que empregariam como trabalhadores os 300 indigentes, agora não mais ociosos, cujos salários pagariam os fazendeiros pela comida, e isso aumentaria a renda do lorde, com a qual ele poderia continuar pagando os trabalhadores.

Law resumiu seu exemplo como qualquer keynesiano moderno faria:

> O comércio [em termos modernos, PIB] e o dinheiro dependem um do outro: quando o comércio decai, o dinheiro diminui; e, quando o dinheiro diminui, o comércio decai. O poder e a riqueza consistem no número de pessoas e lojas [armazéns] de mercadorias nacionais e estrangeiras; essas dependem do comércio e o comércio do dinheiro. Portanto, como o comércio e o dinheiro podem ser afetados direta e consequentemente, o que é prejudicial para qualquer um deve ser prejudicial para ambos, e o poder e a riqueza devem ser precários.[18]

Law propôs um esquema para a emissão de papéis pelo Banco da Escócia, que o parlamento daquela nação vetou em votação em 1705. Dois anos depois, a Escócia aprovou o Ato de União, que, ao se fundir com a Inglaterra, colocava o pescoço de Law em risco na Escócia, já que ele ainda estava sujeito a prisão e execução em Londres. Law pediu perdão à Rainha Ana e, quando ela não o concedeu, ele fugiu de volta para o continente, circulando entre Holanda, Itália e França por uma década antes de desembarcar em Paris em 1715.[19]

Durante esse tempo, ele foi mais uma vez rejeitado pelo Controlador Geral de Chamillart e viu outro plano para um banco em Turim ser vetado pelo Duque de Saboia. Ousadamente, ele solicitou o apoio de Luís XIV, que àquela altura, no verão de 1715, havia reinado durante 72 anos, um recorde que permanece até hoje para monarcas europeus. (Para ultrapassar o período de Luís, a Rainha Elizabeth terá de completar 98 anos, em 2024.) Luís estava prestes a aprovar a proposta de Law quando desenvolveu gangrena, dizendo de forma memorável ao regente, o duque de Orleans: "Meu sobrinho, eu o nomeio regente do reino. Você vai ver um rei na tumba e outro no berço; tenha sempre em mente a memória do primeiro e os interesses do segundo."[20] O atraente, charmoso e rico Law cativou o regente e acabou persuadindo-o a empreender um grande experimento financeiro.

Na época da morte de Luís, em setembro de 1715, a França havia sido levada à falência pela recente Guerra da Sucessão Espanhola. Law procurou organizar um grande banco estatal, mas a partir de 1716 o regente limitou-o à criação do Banco Geral Privado, uma empresa privada, como o nome indicava, com sede na casa de Law, um recém-formado cidadão francês.

Na época, apenas cinco Estados — Suécia, Gênova, Veneza, Holanda e Inglaterra — emitiam notas de papel que não funcionavam como transações cotidianas de pequena escala, de modo que os franceses viram as notas do novo banco com desconfiança.[21] No momento da criação do banco, Law determinou imediatamente que eles fossem conversíveis um para um em ouro e/ou prata em circulação. Uma vez que a França, um Estado cronicamente insolvente, regularmente depreciava sua moeda nacional, isso elevou o valor do novo papel-moeda a um patamar diferenciado sobre o das moedas então circulantes. Para atrair clientes ricos e aumentar a confiança, ele manteve seu índice de reserva baixo e ofereceu vários *loss leaders* [produtos ou serviços oferecidos a preços irrisórios para captação de clientes, gerando normalmente prejuízo], incluindo conversões gratuitas de moeda estrangeira e pagamento pelas notas do banco pelo seu valor nominal, em vez de um preço muito mais baixo (com grande desconto) das notas de papel comuns do governo.[22]

Por ser garantida pelo valor nominal, a conveniência das notas bancárias e dos serviços de Law não poderia deixar de atrair a atenção. E, assim como Law previu, o aumento da oferta de papel-moeda animou a economia do reino.

A seguir, Law visou a Companhia do Mississípi. Criada originalmente em 1684, obteve monopólios no comércio com a América francesa posteriormente, por meio de fusões com outras empresas que os detinham, mas tinha sido

64   Os Delírios das Multidões

tão malsucedido na exploração desses monopólios que seu gerente, Antoine Crozat, devolveu sua franquia à coroa em 1717. A reputação de Law, agora polida pelo sucesso do Banco Geral Privado, prometia salvar as precárias finanças da nação fazendo com que a Companhia do Mississípi comprasse a enorme dívida da coroa. No processo, Law multiplicou sua já espantosa riqueza no jogo por meio da especulação com as ações da empresa.

Para permitir que a Companhia fizesse isso, ele fez com que a coroa expandisse seu monopólio para o comércio com a China, as Índias Orientais e os "Mares do Sul" — todos os oceanos ao sul do equador — embora quase todas as rotas comerciais relevantes estivessem sob o controle da Inglaterra, Espanha e Portugal.[23] O inconveniente fato de que o "monopólio" da Companhia sobre o comércio do Novo Mundo valia pouco não diminuiu o glamour da nova máquina financeira de Law.

A Companhia agora detinha a enorme dívida da coroa, principalmente na forma de *billets d'état* [uma espécie de títulos públicos] de seus cidadãos, que então rendiam 4%. Por causa da débil situação financeira do reino, os *billets* foram negociados com um grande desconto em seu valor nominal; Law prometeu que seu esquema elevaria o preço ao valor esperado, uma oferta que a coroa considerou irresistível. Em dezembro de 1718, os sucessos de Law permitiram que ele convertesse seu Banco Geral Privado em um banco nacional, o Banco Royale, que completou a cadeia do papel: o novo Banco emitiria notas que pagariam por ações da Companhia do Mississípi, que compraria os *billets* e assim amorteceria as dívidas de guerra da coroa. Ainda mais confuso, as ações da Companhia também poderiam ser compradas diretamente com *billets*; como os *billets* eram dívidas, seu desaparecimento em troca de ações melhorou ainda mais as finanças da coroa.[24]

O poder de Law permitiu-lhe entrar na guerra contra a moeda de prata, que ele via como o aprisionamento econômico da nação. As moedas estavam obsoletas e o papel era moderno. O governo havia permitido anteriormente o pagamento de impostos em notas de seu banco privado e, no início de 1719, o Banco Royale estabeleceu filiais nas maiores cidades francesas, onde transações com prata de mais de 600 "livres" [libra francesa] tinham de ser feitas nas próprias notas do banco ou em ouro; o pagamento em prata foi proibido. No fim de 1719, o Banco comprou a maior parte dos *billets*, e a extinção da dívida nacional animou ainda mais o espírito animal da nação.

À medida que o preço das ações da Companhia do Mississípi subia, o banco imprimia mais notas para atender à demanda pelas ações, elevando ainda mais seu preço, o que causou ainda mais emissão de notas. Logo, a primeira bolha de ações bem documentada em todo o país estava em andamento. A imprudente expansão monetária não foi inteiramente obra de Law, que entendeu a natureza de uma espiral inflacionária, mas também refletiu a influência do regente, que, impulsionado pelo sucesso do esquema, não compreendeu esse risco.

Uma empresa moderna opera com o que é conhecido como "capital permanente", que é simplesmente uma maneira elegante de dizer que, se ela precisa de 1 bilhão de dólares para um determinado projeto, grande parte do dinheiro é levantado com a venda de ações e, se as projeções de despesas são precisas, o projeto será subsequentemente concluído.

Não foi assim com as ações da Companhia do Mississípi. Em vez de serem compradas diretamente pelo preço total, as ações foram vendidas por subscrição — no caso da Companhia, por dinheiro com um prêmio de 10%. Para adquirir uma ação, os compradores tinham que pagar apenas o prêmio de 10% e a primeira das 20 parcelas mensais, ou "prestações", de 5% cada — ou seja, um total de 15% do preço da ação. O mecanismo de prestações foi uma das primeiras formas de alavancagem financeira, e serviu para ampliar tanto os ganhos quanto as perdas: se o preço aumentasse em 15%, o valor da entrada inicial do investidor dobrava; e, se o preço caísse 15%, o investidor estava liquidado. A estrutura de prestações pode, assim, ser considerada como a tataravó de empréstimos para compra de ações que sustentou muitas crises financeiras subsequentes, principalmente em 1929.[25] Para atender à demanda por ações da Companhia, o banco de Law emitiu mais delas; Charles Mackay descreveu o que aconteceu a seguir:

> Pelo menos 300 mil pedidos foram feitos para as 50 mil novas ações, e a casa de Law na Rua Quincampoix foi cercada de manhã à noite por ansiosos interessados. Como era impossível satisfazer a todos, demorou várias semanas antes que uma lista de novos afortunados acionistas pudesse ser feita, período em que a impaciência pública chegou a um tom de frenesi. Duques, marqueses, condes, com suas duquesas, marquesas e condessas, esperaram nas ruas por horas todos os dias em frente à porta do Sr. Law para saber o resultado. Finalmente, para evitar a confusão da multidão plebeia que, aos milhares, encheu toda a via, eles ocuparam apartamentos nas casas adjacentes, para que pudessem estar continuamente perto do templo de onde o novo Pluto estava difundindo riqueza.[26]

As pessoas praticamente não falavam de outra coisa, e quase todos os membros da aristocracia que tiveram a sorte de possuir ações estavam ocupados comprando e vendendo. Os aluguéis na Rua Quincampoix aumentaram em 15 vezes.

Law cansou-se das multidões e foi para uma residência mais espaçosa na Praça Vendôme, que logo deixou de atender à necessidade e atraiu a ira do chanceler, cuja corte estava instalada na praça. Finalmente, Law mudou-se para o Hotel de Soissons, que tinha um jardim grande o suficiente para acomodar as centenas de tendas que surgiram; o príncipe sortudo que possuía a propriedade alugou cada uma por 500 "livres" por mês.

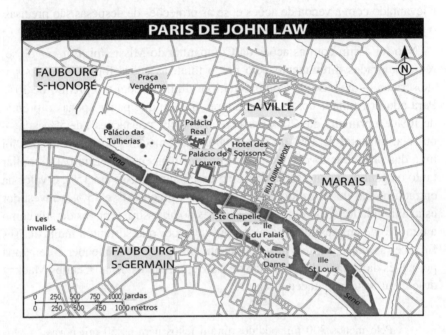

Mackay contou que "os colegas, cuja dignidade teria ficado abalada se o regente os fizesse esperar meia hora por uma entrevista, estavam contentes em esperar seis horas pela chance de ver Monsieur Law."[27] Uma senhora explorou habilmente a famosa galanteria de Law fazendo com que seu cocheiro capotasse o veículo na presença dele. Ele, previsivelmente, correu em sua assistência, ela logo confessou o truque e, então, achando engraçado, Law emitiu suas ações. O puritano Mackay mencionou outro episódio que faria o leitor "sorrir ou corar conforme ele for muito recatado ou o contrário", mas não o descreveu, deixando para trás apenas uma referência a uma carta escrita pela Duquesa de Orleans:

> Law é tão requisitado que ele não tem descanso dia ou noite. Uma duquesa beijou suas mãos antes de todos, e se as duquesas beijam suas mãos, que partes dele as outras damas não saudarão?[28]

Outros observadores confirmaram as descrições picantes de Mackay. Em setembro de 1719, um funcionário da embaixada britânica relatou a Londres que

> a Rua Quinquempoix, que é similar à Exchange Alley, está lotada desde o início da manhã até tarde da noite com príncipes e princesas, duques e duquesas etc., em uma palavra, tudo o que há de melhor na França. Eles vendem propriedades e penhoram joias para comprar a Mississípi.

Uma semana depois, o mesmo funcionário escreveu que "todas as notícias desta cidade são sobre a venda de ações. As cabeças francesas parecem não estar voltadas para mais nada no momento".[29] Paris se tornou uma cidade em expansão. Durante a bolha, sua população cresceu e a cidade sofreu os inevitáveis efeitos colaterais do aumento dos preços de alimentos, serviços e imóveis. Nesse meio agitado, a palavra "milionário" passou a ser usada pela primeira vez para descrever acionistas sortudos.[30] Outro relatório da embaixada dizia: "Disseram-me ontem que uma loja havia vendido em menos de três semanas renda e linho por 800 mil livres e isso, principalmente, por pessoas que nunca usaram renda antes; os relatos desse tipo todos os dias são tão extraordinários que dificilmente serão tidos como verdadeiros em outros países."[31]

Figura 3-1. Valores das ações da Companhia do Mississípi 1719-1720

As bolhas normalmente terminam com uma perturbação aparentemente pequena, seguida por um rápido colapso. O tremor veio no início de 1720, quando o Príncipe de Conti, irritado por não ter recebido uma parcela grande o suficiente das ações da Companhia, sabotou-a enviando para o Banco Royale três vagões para serem preenchidos com as moedas de ouro e prata que supostamente davam suporte ao novo papel-moeda do banco. Law, que era então o

68   Os Delírios das Multidões

controlador-geral da França — essencialmente, o primeiro-ministro — não podia ser visto recusando esse pedido desastroso, então optou pela próxima melhor alternativa: reclamou para o regente, que forçou Conti, um homem impopular, a voltar atrás. Investidores perspicazes descobriram a importância da demanda do príncipe e da recusa tácita do regente: o volume das notas em circulação do banco excedia e muito suas reservas de ouro e prata. Seguiu-se uma ampla corrida ao banco.

Law agora enfrentava uma difícil escolha. Ele poderia proteger a moeda recusando-se a imprimir mais notas, o que prejudicaria os preços das ações, ou poderia proteger o preço das ações imprimindo mais notas para recomprar as ações a um preço mínimo, o que agravaria a inflação já galopante. A última opção protegeria os investidores aristocráticos; a primeira protegeria a França.

Inicialmente, Law escolheu proteger a moeda e, portanto, a nação, ou assim ele pensou. Em desespero, no fim de fevereiro de 1720, ele e o regente proibiram o comércio em espécie e limitaram a posse pessoal a 500 livres em moeda; o acúmulo de prata e joias também era proibido, e informantes e agentes foram recrutados para fazer cumprir as detestáveis novas regras. A estrutura social da nação começou a se desfazer à medida que servos delatavam senhores e pais traíam filhos.

A ruptura social foi tão grande que, duas semanas depois, Law mudou de estratégia para proteger o preço das ações e, portanto, os ricos, oferecendo-se para pagar 9 mil livres por ação, o que significava imprimir ainda mais notas bancárias. A essa altura, a inflação resultante da desvalorização da livre era óbvia, e em maio ele desvalorizou a moeda em 50% em duas etapas. Mais tarde, em 1720, em uma tentativa de controlar a inflação, ele declarou sem valor notas de grande denominação, destruindo grande parte das fortunas do país; o historiador de economia Antoin Murphy estima que o valor ajustado pela inflação de todo o sistema, considerando ações e notas da Companhia do Mississípi, caiu cerca de 87%. O golpe final no esquema de notas e ações da Companhia do Mississípi de Law veio naquele outono, quando a peste devastou Marselha e ameaçou Paris, prejudicando ainda mais a confiança financeira.[32]

Nesse ponto, ele havia exaurido não apenas o capital do Banco, mas também seu capital político. O regente, desejando evitar mais embaraços, permitiu-lhe partir de Paris com elegância, primeiro para os arredores da cidade e depois para o exterior. Law, que a essa altura havia recebido o perdão real pelo assassinato de Beau Wilson, passou seus últimos anos circulando pela Inglaterra e pelo continente evitando os credores. O mais famoso deles foi Lord Londonderry, com quem ele apostou em setembro de 1719 que a Companhia do Mississípi prejudicaria a Companhia Britânica das Índias

Orientais. A aposta fez com que Law efetivamente fizesse uma "especulação baixista" das ações da CBI ao prometer entregar uma grande quantidade de ações a Londonderry em data posterior. (A "especulação baixista" é uma aposta na queda do preço das ações.) Não só o preço das ações da CBI disparou durante a Bolha da Mares do Sul, a irmã gêmea da Companhia do Mississípi em Londres, mas o esquema de Law desvalorizou muito a moeda francesa em relação à da Inglaterra, tornando a aposta ainda mais desastrosa para ele.[33]

Embora Law tivesse se tornado um estorvo político para o duque de Orleans, o regente ainda valorizava seu brilhantismo, e ele poderia ter sido chamado de volta a Paris se o regente não tivesse morrido em 1723. No fim, Law pereceu um homem pobre em sua amada Veneza em 1729. Seu maior patrimônio era uma coleção substancial de arte, e quase nada mais. No geral, ele teve sorte; protagonistas de bolhas futuras muitas vezes tiveram fins mais sombrios.[34]

A Companhia possuía o que mais tarde se tornou o território da Luisiana, nos Estados Unidos, mas que no início do século XVIII era subpovoado e tomado pela malária. A fim de recrutar colonos para as operações da Companhia no Novo Mundo, Law produziu brochuras fraudulentas descrevendo-o como um paraíso na terra. Quando sua campanha publicitária falhou, Law recorreu ao recrutamento de milhares de prisioneiros brancos de ambos os sexos e escravos africanos:

> Soldados indisciplinados, delinquentes de famílias distintas, indigentes, prostitutas e quaisquer camponeses desavisados que se perdessem em Paris foram levados e transportados à força para a Costa do Golfo. Aqueles que foram voluntariamente receberam terras, provisões e transporte gratuitos para o novo território.[35]

A "capital" da Luisiana, que alternava entre as atuais Biloxi e Mobile, era pouco mais do que um acampamento fétido e mortal de várias centenas de colonos, a maioria dos quais fugiu para a nova capital em Nova Orleans após o colapso da Companhia em 1721.[36]

Por dois séculos, a história pintou Law como um canalha. O conselho de Daniel Defoe (escrevendo sob o pseudônimo Mr. Mist) para alguém que desejava alcançar grande riqueza é típico:

> Mr. Mist diz, se você está decidido a fazer isso e nada mais a não ser isso, o que você precisa saber? É simples, você deve empunhar uma espada, matar um Beau ou dois, ir para prisão Newgate, ser

70 Os Delírios das Multidões

condenado à forca, fugir da prisão, SE VOCÊ PUDER — *lembre-se que de propósito* —, vá para algum país estrangeiro, vire especulador financeiro, distribua ações da Mississípi, faça uma bolha em uma nação, e em breve você poderá ser um grande homem; se tiver muita sorte, de acordo com uma antiga máxima inglesa:

> *Atreva-se uma vez a ser um vigarista,*
> *E você pode, rapidamente, esperar ser alguém.*[37]

Os historiadores de economia têm sido mais gentis. Na época de Law, a ideia de administrar uma economia sem dinheiro baseado em ouro e prata parecia revolucionária, e até mesmo ridícula. A esmagadora maioria dos economistas de hoje acredita que é ainda mais tolo basear a oferta de dinheiro na quantidade de metal que emana do solo ou das caixas de joias das pessoas. O historiador de economia Barry Eichengreen, por exemplo, uma autoridade quanto ao padrão-ouro, observou que as nações se recuperaram da Grande Depressão na ordem exata em que abandonaram o dinheiro feito de metais preciosos.[38] Em essência, vivemos em uma economia na qual, por todos acreditarem na ilusão do papel-moeda, ela funciona bem. De forma bastante similar aos antigos marinheiros, que encontraram seu fim viajando para fora do Mediterrâneo muito além dos Pilares de Hércules, o esquema de Law — uma ilusão em massa que deu errado — fracassou por falta de experiência, mas também iluminou o caminho para o futuro.

A bolha da Companhia do Mississípi contaminou todo o continente. Durante sua febre, os convencionais venezianos abandonaram sua antiga oposição às sociedades anônimas; alguns embarcaram com entusiasmo e depois desapareceram à medida que as notícias do subsequente desastre em Paris se espalhavam para o sul. Os holandeses, para não serem superados pelos franceses, também seguiram o exemplo com 44 flutuações de ações, 30 das quais dobraram de preço mais ou menos imediatamente. Nas partes menos desenvolvidas da Europa, as empresas comerciais brotaram como flores silvestres e desapareceram com a mesma rapidez; 40% das emissões de ações europeias do século XVIII ocorreram no ano de 1720.[39]

A bolha francesa ressoou mais alto em Londres na pessoa de Sir John Blunt, um homem nascido no momento exato. Ele partiu sozinho aos 25 anos de idade em 1689, ano do assentamento que se seguiu à Revolução Gloriosa de 1688, na qual o regente holandês, William III, invadiu a Inglaterra a convite de suas forças protestantes e ascendeu ao trono como Rei William III e acabou com a monarquia Stuart.

Antes dessa data, a Inglaterra não tinha "dívida nacional", apenas as obrigações financeiras do rei e de sua família. Quando Carlos II morreu em 1685, ele, seu irmão e seu sobrinho deviam cerca de 1 milhão de libras esterlinas aos banqueiros de Londres, a quem não pagaram um centavo dos juros ou do principal.[40] Por causa da ameaça sempre presente de não pagamento dos empréstimos da coroa, os banqueiros logicamente cobravam altas taxas, o que sufocou a economia da Inglaterra. O acordo que se seguiu à Revolução Gloriosa, em que a coroa abdicou do direito divino dos reis para ter uma base tributária segura, teve o efeito imediato de tornar a dívida do governo mais atraente e, com isso, as taxas de juros abaixaram de forma geral. Não havendo retornos interessantes em títulos relativamente seguros, os investidores buscaram oportunidades em empreendimentos mais arriscados, o que deu início a uma explosão de sociedades anônimas na década seguinte.

Blunt, filho de um sapateiro batista dissidente, foi aprendiz de escrivão, redator de documentos jurídicos e financeiros, uma ocupação que transmitia conhecimento restrito sobre atividades imobiliárias e financeiras, que Blunt transformou em um pequeno império comercial que incluía uma empresa de linho e uma empresa que fornecia água a Londres. Ele, então, conseguiu emprego na mais agressiva das novas sociedades anônimas, a Sword Blade.

Inicialmente, a empresa fabricava avançadas espadas de estilo francês, mas logo expandiu para a especulação de terras e o comércio de dívidas do governo. (Mudanças radicais em um modelo de negócios são uma característica das armadilhas associadas à bolha; quase três séculos depois, a Enron se transformaria de uma monótona usina de energia e empresa de oleoduto, em um rolo compressor do mercado de futuros antes de explodir.)

Em 1710, a perspicácia empresarial de Blunt chamou a atenção do chanceler do Tesouro, Robert Harley, que buscou sua ajuda com a enorme dívida da nação, que, como a da França, foi legado da Guerra da Sucessão Espanhola. E Blunt realmente tinha uma ideia ou duas sobre o assunto. Sua solução para a dívida tinha um frisson especulativo que se tornaria sua marca registrada: o governo emitiria títulos convencionais de 6% que continham bilhetes de loteria com prêmios variando entre £20 até estonteantes £12 mil. O sucesso da oferta levou a um esquema ainda mais atraente, "A Aventura dos Dois Milhões": uma loteria complexa em camadas com base em bilhetes de £100, com cinco sorteios sucessivos e um prêmio principal aumentando sucessivamente em £1 mil, £3 mil, £4 mil, £5 mil e, finalmente, £20 mil; a cada sorteio, a possibilidade de recompensa ainda maior mantinha os perdedores no jogo.

O sucesso desses empreendimentos encorajou Harley, que fundou a Companhia Mares do Sul em 1711 com o propósito expresso de assumir todas

72   Os Delírios das Multidões

as dívidas consideráveis da Inglaterra, ele mesmo sendo o diretor e um conselho formado por membros da Sword Blade, incluindo Blunt.[41] Em troca de assumir a dívida do governo, a Companhia Mares do Sul, como sua irmã mais velha parisiense, a Companhia do Mississípi, obteve o monopólio do comércio com a América do Sul, apesar do fato de Espanha e Portugal controlarem o continente e ninguém da diretoria da empresa ter experiência com o comércio hispano-americano. Parcialmente em troca desse "monopólio", a empresa assumiu £10 milhões em dívidas do governo.

Ironicamente, embora o medo e a inveja do sistema francês de Law tenham desencadeado a bolha da Mares do Sul na Inglaterra, que ocorreu quase simultaneamente com a de Paris, a assunção da dívida nacional da França pela Companhia do Mississípi em 1717 foi, na verdade, modelada na assunção anterior da Inglaterra pela Mares do Sul. Por oito anos após a fundação da Companhia em 1711, a troca da dívida do governo por um "monopólio" de comércio do Novo Mundo foi um evento de escala relativamente menor, mas em 1720 a crescente Companhia Francesa do Mississípi e a multidão que lotava a Rua Quincampoix ofuscaram os ingleses. Daniel Defoe escreveu daquela rua de Paris naquele ano, quando a ruidosa bolha francesa estava no apogeu:

> Vocês, Mr. Mist da Inglaterra, vocês são um bando de companheiros enfadonhos e fleumáticos em Londres; vocês não são nem a metade tão brilhantes quanto nós em Paris, onde bebemos vinho de Borgonha e champanhe espumante. Nós geramos um Pedaço de Ar refinado, um mero fogo-fátuo aqui, de 100 para 2 mil, e agora recebendo um dividendo de 40%.[42]

Temendo que os Bourbons tivessem criado uma máquina financeira perpétua que dominaria seu reino insular, a Companhia Mares do Sul e o Parlamento criaram um esquema semelhante, no qual a empresa assumiu uma parte muito maior das dívidas do país (cerca de £31 milhões), principalmente na forma de anuidades. Foi proposto que os detentores dessas dívidas, os beneficiários, convertessem voluntariamente seus títulos do governo em ações da Companhia.

As anuidades, é claro, eram detidas principalmente por cidadãos ingleses, para quem geravam renda. Os detentores de anuidades deveriam receber uma oferta atraente para se desfazerem delas, e a maneira mais fácil de fazer isso era estimular seus sistemas límbicos, convencendo-os de que o preço das ações da Companhia estava fadado a subir.

A empresa vendeu ações de complexidade variável, normalmente propondo a compra de £100 em anuidades de seus proprietários por uma única ação com valor nominal (na emissão) de £100. O alto preço da ação beneficiou a Companhia, pois lhe permitiu manter para si um maior número de ações. Se, por exemplo, o preço da ação subisse para £200, a empresa só teria que trocar metade do número de ações que teria a um preço de £100 e poderia ficar com a outra metade; se o preço subisse para £1 mil, como aconteceu rapidamente, a empresa conseguiria manter 90% das ações em seu poder. Além disso, à medida que os preços das ações subiam, elas se tornavam ainda mais desejáveis, um ciclo de feedback positivo que é a característica central de todas as bolhas.

Agora, quase três séculos depois, a natureza do domínio da psicologia de Blunt e Harley se torna mais clara. Eles encontraram uma maneira poderosa de explorar um fenômeno humano muito antigo: a preferência de nossa espécie por "resultados positivamente distorcidos" — aqueles com baixa probabilidade, mas enormes recompensas, mesmo que a média de todas as recompensas seja negativa. Nenhuma pessoa racional, por exemplo, gasta $2,00 em um bilhete de loteria com 50% de chance de pagar $3,00 ou zero, uma vez que produz um retorno de $1,50 (a média de zero e $3,00) para uma perda média de 25% no bilhete de $2,00. Ainda assim, muitas pessoas comprariam um bilhete de $2,00 com chance de 1 em 2 milhões de receber $3 milhões, o que acarreta o mesmo pagamento médio de $1,50($3 millhões/2 milhões) para a mesma perda média de 25%.[43]

Em outras palavras, Harley e Blunt encontraram um caminho direto para o centro da ganância humana: o poderoso circuito de antecipação de recompensa do sistema límbico. Os instintos que lucraram com o caçador-coletor pré-histórico mostraram-se irresistíveis e mortais no balanço patrimonial.

Como sabemos agora, o monopólio da Companhia Mares do Sul era quase inútil, mas isso não impediu a empresa de espalhar os rumores mais fantásticos. Mackay escreveu:

> Falou-se de tratados entre a Inglaterra e a Espanha por meio dos quais a última deveria conceder livre comércio a todas as suas colônias; e a rica produção das minas de Potosi-la-Paz seria levada para a Inglaterra até que a prata se tornasse quase tão abundante quanto o ferro... A companhia de mercadores que negociavam para a Mares do Sul seria a mais rica que o mundo já viu, e cada 100 libras investidas nela produziriam centenas por ano para o acionista.[44]

Para assegurar a aprovação do Parlamento ao esquema, a empresa agradou os membros do parlamento com ações que valorizaram após a aprovação. A primeira venda de ações em dinheiro vivo ocorreu em 14 de abril de 1720, e as

74   Os Delírios das Multidões

primeiras conversões de anuidades em ações ocorreram duas semanas depois; o preço das ações já havia subido de £120 no início do ano para cerca de £300; em junho, atingiu um pico acima de £1 mil. Os detalhes intrincados da estrutura de Blunt elevaram A Aventura dos Dois Milhões para um novo nível: a empresa lançou subscrições sucessivas de diferentes classes de ações projetadas especificamente para capturar a imaginação do público. Por fim, como já foi mencionado, quanto maior o preço da ação, menor o número de ações que a Companhia tinha que fornecer aos detentores da dívida pública/anuidades, deixando assim ainda mais ações nas mãos de Blunt e seus colegas.[45]

Quatro características distinguiram a bolha inglesa da francesa. Em primeiro lugar, enquanto a bolha francesa girava quase completamente em torno das ações de uma empresa, a inglesa estava associada à flutuação de ações em outros empreendimentos estimulados pela euforia geral da época; Mackay listou nada menos que 86 dessas chamadas empresas de bolha, e os historiadores subsequentes identificaram cerca do dobro disso. Embora a maioria visasse fins sólidos, como a construção de estradas e casas, e o estabelecimento do comércio de produtos importados, outros esquemas eram fantásticos: "para o comércio de cabelo", "para uma roda de movimento perpétuo", "para a secagem do malte por ar quente" e "para a transmutação do mercúrio em um metal fino maleável". Fontes contemporâneas listaram vários outros. Muitos provavelmente eram apócrifos, como uma bomba de ar para o cérebro ou "para drenar o Mar Vermelho com o objetivo de recuperar o tesouro abandonado pelos egípcios após a travessia dos judeus" ou, o mais famoso de todos, um "para continuar um empreendimento de grande vantagem; mas ninguém sabia o que era".[46]

A segunda característica distintiva da bolha da Mares do Sul foi o grau extremo de alavancagem das empresas de bolha inglesas. Semelhante ao pagamento inicial de 15% exigido para as ações da Companhia do Mississípi, as ações da Companhia Mares do Sul poderiam ser compradas com um pagamento inicial de apenas 10 a 20%, com o restante programado para as prestações subsequentes. A alavancagem das empresas da bolha foi maior do que a da Mares do Sul — ou seja, seus preços iniciais de subscrição foram mais baixos; em um caso, um xelim para uma ação supostamente no valor de £1 mil (0,005% do preço de compra declarado). Consequentemente, as empresas de bolha eram tão mal financiadas que geralmente explodiam rapidamente. No entanto, algumas foram capitalizadas e administradas bem o suficiente para sobreviver, entre as quais duas seguradoras: London Assurance e Royal Exchange.

Os acionistas aumentaram vertiginosamente, e o efeito sobre o público em geral foi sedutor. Mackay escreveu: "A mente do público estava em um estado de fermentação insalubre. Os homens não estavam mais satisfeitos com os lucros lentos, mas seguros, da indústria cautelosa. A esperança de riqueza ilimitada para o dia seguinte tornou-os descuidados e extravagantes no hoje."[47]

A Londres do início do século XVIII poderia ser imaginada como duas cidades distintas. A oeste, a sede do governo: Westminster, Parlamento, Palácio de St. James e o Palácio de Buckingham, recém-construído para o duque de Buckingham. Ao leste, seu centro mercantil, a "Cidade". Neste, o coração era o Royal Exchange, onde a elite mercantil da cidade negociava todos os tipos de comércio interno e externo: lã, madeira, grãos e uma miríade de outros bens.

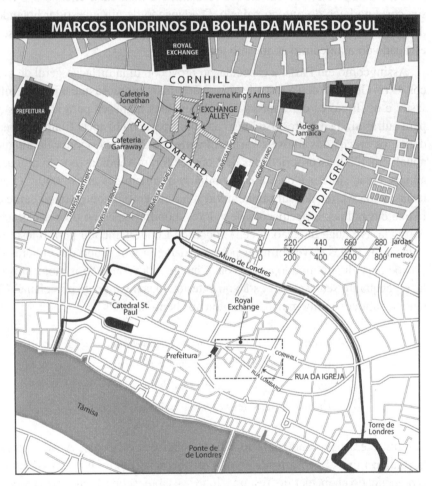

Os corretores de ações, desprezados pela hierarquia mercantil, eram indesejáveis nos corredores da Bolsa e, portanto, banidos para um labirinto de cafeterias que se aglomeravam em uma pequena rua prensada no ângulo agudo formado pela Lombard Street e Cornhill, apelidado de "Exchange Alley".

76   Os Delírios das Multidões

Normalmente, os especuladores faziam fila nas cafeterias onde os "financistas" vendiam ações, geralmente adquiridas por uma subscrição inicial irrisória. Os novos proprietários, então, correram para a vizinha 'Change Alley para entregar suas ações a tolos ainda maiores por meio dos bons serviços dos corretores de ações. Durante o final da primavera e o verão de 1720, a cena foi tão bizarra quanto na Rua Quincampoix: as carruagens eram escassas e, mesmo quando estavam disponíveis, ficavam engarrafadas nas ruas estreitas. Negociantes cafeinados lotavam as cafeterias como Jonathan's, Garraway's e Sam's, e os batedores de carteira floresciam; era mais fácil encontrar o rei e sua corte no beco do que no palácio. O advogado de um investidor holandês descreveu o processo como "nada mais do que se todos os lunáticos tivessem escapado do manicômio ao mesmo tempo".[48]

Assim como em Paris, a especulação provocou uma inflação geral de preços. O rei George I deu a festa de aniversário mais suntuosa que o país já tinha visto, e os diretores da empresa demoliram suas mansões para abrir espaço para outras ainda maiores. Ao longo da maior parte da história financeira moderna, os preços dos imóveis variaram entre 5 e 20 vezes o valor do aluguel anual; em 1720, as propriedades de Londres foram vendidas por 45 aluguéis anuais, razão similar à da bolha imobiliária do início dos anos 2000.[49] O entusiasmo da Mares do Sul também viu o nascimento de outro traço característico das bolhas: especulações de valores mobiliários como uma declaração de moda. No auge da ação, a cena social de Londres mudou para o leste do Palácio St. James e Westminster para a Cidade; lá, um grupo de senhoras da aristocracia alugou uma loja perto da 'Change Alley, onde "nos momentos de lazer, enquanto seus agentes estão no exterior, elas jogam pela porcelana".[50] A emocionalidade também não se limitou aos bem-nascidos:

> Jovens meretrizes também, de Drury-Lane,
> Aproximam-se da 'Change em carruagens,
> Para tomar o ouro que elas ganham
> Através de seus despudores obscenos[51]

Tal atmosfera não conduzia à tomada de decisões racionais. A especulação borbulhava mais intensamente entre a aristocracia. Em junho, perto do auge, o preocupado chanceler do Tesouro, John Aislabie, aconselhou o rei George a descontar suas fichas: £88 mil em ações da empresa. O monarca notoriamente rude chamou seu ministro de covarde, mas Aislabie se manteve firme e, no fim, George converteu cerca de 40% de suas posses em ativos seguros.[52]

Riqueza Instantânea   77

A terceira característica singular da bolha da Mares do Sul foi a arrogância crescente de seus criadores; enquanto John Law manteve sua decência inerente ao longo do episódio da Mississípi, o mesmo não pôde ser dito de seus colegas ingleses. Embora seja fácil conceber Blunt ou Aislabie como crédulos ou mentirosos, esses dois adjetivos são apenas um ponto de partida. Desde suas primeiras histórias, as sociedades comerciais equiparam a riqueza à inteligência e à retidão; pessoas de grande riqueza apreciam ouvir falar de sua capacidade intelectual e fibra moral superior. A riqueza e a adulação que acompanham os sucessos financeiros inevitavelmente instilam um orgulho arrogante que corrói a autoconsciência. Pior ainda, muitas vezes, grande riqueza surge mais da desonestidade do que da inteligência e da iniciativa, caso em que a adulação induz uma malignidade da alma, como de fato ocorreu a Blunt, que a essa altura havia evoluído para o arquétipo megalomaníaco do CEO moderno. Um panfleto anônimo, provavelmente escrito logo após sua queda, descreve como, pouco antes de a Companhia Mares do Sul implodir, ele viajou para o resort da moda em Tunbridge Wells: "Em que esplêndida carruagem [Blunt] foi para Wells, que tratamento foi dado a ele, com que altivez ele se comportou naquele lugar, e como ele e sua família, quando falaram do esquema, o chamaram *de nosso esquema*."[53] O panfletário pintou o quadro clássico:

> [Blunt] nunca permitiu que outra pessoa fizesse uma movimentação [em relação a transações da empresa], somente ele, durante seus primeiros meses de administração; nem em qualquer outro momento, somente era registrado no Livro Contábil, o que ele ditava. Ele visivelmente reproduziu um perfil profético, proferindo suas palavras com ênfase e extraordinária veemência; e costumava colocar-se em uma postura de comando, repreendendo aqueles que ousavam se opor a qualquer coisa que ele dissesse, e se esforçando para impor, como se o que ele falasse fosse por impulso, proferindo essas e outras expressões semelhantes: *Senhores, não desanimeis: é preciso agir com firmeza, com determinação, com coragem. Eu lhes digo, não é um assunto comum que têm diante de vocês. A melhor coisa do mundo é indicada a vocês. Todo o dinheiro da Europa se concentrará entre vocês. Todas as nações do mundo trarão tributos a vocês.*[54]

Como apontado pelo historiador Edward Chancellor, bolhas, da Mares do Sul à internet, muitas vezes evocam a megalomania de seus diretores:

> Os planos do grande financista podem atuar como um catalisador para uma histeria financeira especulativa, mas o próprio financista

não fica intocado pelos acontecimentos. Sua ambição torna-se ilimitada, abre-se um abismo entre a aparência pública do sucesso e a adulação universal, por um lado, e a gestão privada dos negócios que se tornam cada vez mais confusos e até fraudulentos.[55]

Blunt arquitetou a manipulação das ações da Mares do Sul, incluindo o empréstimo do dinheiro das subscrições para futuras compras de ações. Ele não apenas lucrou com o aumento do preço antes de vender a maioria de suas ações cujas cotações estavam perto do topo, mas também, secretamente, emitiu para amigos e muitos parlamentares, e para si mesmo, ações adicionais, algumas das quais eram fraudulentas.

O fim, como costuma acontecer, veio de uma direção inesperada. Em junho de 1720, com um olho na retirada de capital das empresas da bolha da Mares do Sul e o outro no colapso do preço das ações da Companhia do Mississípi, Blunt fez o Parlamento aprovar a Lei da Bolha quando os preços das ações da Mares do Sul atingiam o pico. A lei exigia aprovação parlamentar para incorporação de novas empresas, restringindo-as a cinco acionistas; Blunt também fez com que os tribunais processassem três empresas da bolha por excederem seus estatutos.

Como em Paris, a megalomania de Blunt expandiu-se para além dele. Mackay escreveu que um diretor, "no orgulho de um homem rico e ignorante, disse que alimentaria seu cavalo com ouro".[56] Isso também se refletiu na população em geral. "A arrogante insolência de homens ignorantes, que haviam ascendido repentinamente à riqueza por meio do jogo bem-sucedido, fez os homens de verdadeira gentileza de mente e maneiras corarem porque o ouro deveria ter o poder de elevar os indignos na escala da sociedade."[57] As ações de Blunt contra as empresas concorrentes da bolha explodiram, atingindo não apenas as empresas da bolha, mas também a própria Mares do Sul; no final de outubro, o preço de suas ações havia caído para £210, a partir do pico de £1.000 e, no final de 1721, havia caído abaixo de £150.[58]

A quarta e última diferença entre as bolhas da Mares do Sul e da Mississípi era sua visão e escopo. John Law não era santo, mas também não se concentrava exclusivamente em seu próprio interesse; ele realmente desejava, por meio de uma expansão revolucionária do crédito, estimular e promover a economia da França. O esquema de Blunt, por outro lado, canalizou crédito estreitamente através da empresa para seu próprio bolso; quando a expansão do crédito saltou dos limites da empresa para outros empreendimentos, seus esforços para reduzi-la foram muito bem-sucedidos e destruíram não apenas seus alvos, mas também a Mares do Sul. A limitação do esquema de Blunt, do ponto de vista nacional, confinou os danos relativamente breves no setor financeiro. Isso se provou salvador, em distinção ao colapso bancário catastrófico da França, à inflação em todo o país e à subsequente fobia bancária de longo prazo.[59]

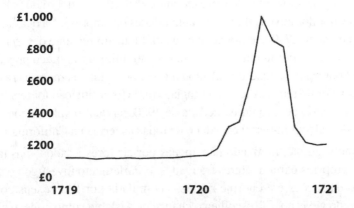

Figura 3-2. Preços das ações da Mares do Sul 1719–1721

Além disso, ao contrário da Companhia do Mississípi, a Mares do Sul não era uma promessa completamente vazia. Mesmo no início do século XVIII, uma estimativa razoável de seu valor intrínseco podia ser feita. Em primeiro lugar, ela mantinha as anuidades que lhe foram oferecidas pelos investidores originais, agora acionistas da empresa, e esses ativos tinham um valor em torno de £100 por ação, aproximadamente o preço estabelecido após o colapso da bolha.

Outra característica distinta da Mares do Sul era que ela havia herdado o monopólio do comércio de escravos nas colônias da Espanha (o *asiento*) concedido à Rainha Ana em 1707, que representava a maior parte de seu suposto volume de negócios, que por tratado com a Espanha praticamente excluía os produtos do Novo Mundo, e era limitado a um "navio anual" contendo 500 toneladas de mercadorias. O comércio da Companhia do Novo Mundo, entretanto, era quase inútil, uma vez que sua especialidade residia em finanças, e não em comércio internacional; incrivelmente, um dos diretores foi pego em flagrante usando 60 das 500 toneladas da quota anual da empresa para seu próprio benefício. Em 1714, seis anos antes do colapso da bolha, o negócio comercial real da empresa não era lucrativo, e a empresa retirou-se; 40 anos depois, vendeu seu direito, o *asiento*, por meras £100 mil.[60] No fim, o valor dos empreendimentos da Companhia do Novo Mundo estava fora de questão; os especuladores não se importavam com os lucros do comércio de escravos ou açúcar, mas com os da compra e venda de ações cujos preços pareciam crescer até o céu.

Provavelmente, os cálculos contemporâneos mais sofisticados do preço das ações eram feitos por um advogado e membro do Parlamento chamado

80   Os Delírios das Multidões

Archibald Hutcheson, que publicou uma longa série de relatórios sobre as ações da empresa. Por acaso, um foi escrito em junho de 1720, pouco antes do pico do boom; sugeriu um valor de mercado mais alto, £200, o dobro do calculado a partir do valor dos ativos relativos às anualidades da empresa. Na ocasião, o preço da ação era de £740; ele previu que "a atual loucura reinante deveria cessar". No fim, a loucura durou mais alguns meses; em julho, a um preço prevalecente de £1 mil por ação, Hutcheson calculou que o valor total da empresa era quase o dobro do valor de todas as terras na Inglaterra.[61] (Essa situação foi repetida pela bolha imobiliária de Tóquio na década de 1980, na qual o valor hipotético dos terrenos do Palácio Imperial excedia o de todas as terras na Califórnia.)[62]

No ano seguinte, motivado não apenas por eleitores lesados, mas também por seus próprios parlamentares fraudados, o Parlamento investigou o colapso do preço das ações e a enorme riqueza acumulada por Blunt, seus colegas e membros do governo. Ele escolheu o chanceler Aislabie como bode expiatório, forçou sua renúncia, enviou-o para a Torre e expulsou seis outros parlamentares. A própria Companhia Mares do Sul continuou a funcionar até 1853, não como uma empresa comercial, mas simplesmente como detentora de dívida pública. O rei, embora objeto de escárnio popular, evitou a sanção.[*]

Alguns falaram em prender ou mesmo enforcar os diretores da empresa, destino que eles evitaram por pouco, depois de uma breve prisão. Em vez disso, o Parlamento confiscou suas propriedades para compensar as vítimas do esquema; permitiu a Blunt manter £5 mil de seus £187 mil em ativos, e ele se retirou na obscuridade para Bath, fundando uma distinta linhagem de sucessores obedientes que incluía um bispo e o capelão da Rainha Vitória.[63]

A Lei da Bolha, aprovada no auge da histeria, que não apenas freou outros empreendimentos especulativos, mas também ajudou inadvertidamente a afundar a Mares do Sul, permaneceu em vigor por mais de um século. Inevitavelmente, as memórias do frenesi e de seu colapso desapareceriam e o espírito animal do mercado, impulsionado por uma nova tecnologia empolgante e crédito fácil, e alimentado por seus promotores — o público, a imprensa e os políticos — se levantaria novamente, e assim criaria uma onda de histerias que superariam as do início do século XVIII.

---

*   George I foi um rei acidental; quando sua prima de segundo grau, a rainha Ana, morreu em 1714, ele era somente o quinquagésimo na linha de sucessão, e ascendeu ao trono apenas porque o Ato de Estabelecimento de 1701 proibia um monarca católico e, portanto, desqualificou todos os que estavam à sua frente. Após sua ascensão ao trono, o primeiro-ministro tornou-se o líder de fato da nação.

4

GEORGE HUDSON, HERÓI CAPITALISTA

No início dos anos 1950, um psicólogo social da Faculdade Swarthmore chamado Solomon Asch realizou uma série de experimentos seminais que dão sentido à transmissibilidade dos delírios coletivos apocalípticos medievais e das histerias financeiras do século XVIII.

Asch formou grupos de cerca de seis participantes do sexo masculino ao redor de uma mesa retangular e os informou que estavam sendo testados quanto à percepção visual. Foi mostrado a todos na sala um cartão no qual havia uma linha com um determinado comprimento, digamos 7cm. A seguir, mostrou-se um segundo cartão com três linhas, onde uma das linhas tinha o mesmo comprimento de 7cm e as outras duas de comprimentos ligeiramente diferentes, entre 6cm e 10cm. Solicitou-se aos participantes escolher a linha que correspondia à do primeiro cartão. A tarefa exigia alguma concentração, mas foi fácil o suficiente para que os participantes cometessem erros em cada par de cartas cerca de 1% das vezes e acertassem toda uma série de 12 pares de cartas 95% das vezes.

Muitos, se não a maioria, dos experimentos de psicologia exigem que se conte mentiras para seus sujeitos. Esse teste não tinha nada a ver com percepção visual, e cada grupo continha apenas um participante real. Os outros participantes eram, na verdade, assistentes do Dr. Asch; o sujeito sentou-se próximo ao meio da mesa, de forma a minimizar sua distância média dos falsos sujeitos.

O sujeito testado ficou na última ou penúltima posição e, portanto, foi exposto a várias respostas dos colaboradores de Asch antes de responder. Quando os farsantes responderam corretamente, os outros participantes tiveram um desempenho semelhante aos testados sozinhos, acertando todos os 12 pares de cartas 95% das vezes. Mas, quando os falsos participantes deliberadamente responderam incorretamente, o desempenho do sujeito real despencou. Apenas 25% deles acertaram todos os 12 pares corretamente e, incrivelmente, 5% responderam todos os 12 incorretamente.[1]

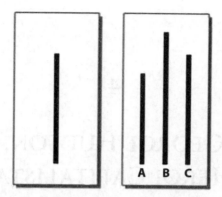

Cartão usado na experiência de Asch

Além disso, os participantes tiveram um desempenho consistente de experimento para experimento: aqueles que foram altamente influenciados pelos erros dos falsos participantes nos primeiros seis pares foram influenciados da mesma forma nos últimos seis. Ou seja, alguns dos sujeitos eram seguramente mais sugestionáveis do que outros.

Asch entrevistou os participantes após o estudo e suas respostas foram reveladoras. Os sugestionáveis temiam que sua visão ou processamento mental estivessem falhando; um deles comentou: "Sei que o grupo não pode estar errado."[2] Mesmo os não sugestionáveis ficaram perturbados por sua discordância com a maioria e sentiram que estavam certos, mas poucos deles estavam completamente seguros.

Experimentos notáveis de ciências sociais frequentemente produzem uma boa quantidade de mitos urbanos subsequentes, e esse foi o caso com os resultados de Asch. Nas décadas seguintes à sua pesquisa, suas conclusões foram cada vez mais representadas na imprensa popular, em livros didáticos e até mesmo na literatura acadêmica como uma sugestão de que a maioria das pessoas é fortemente conformista.[3]

Os dados apresentaram, no entanto, um quadro mais variado. Mais da metade das respostas dos sujeitos na presença dos falsos participantes estavam corretas — ou seja, não conformistas. Além disso, a presença de mesmo um único falso participante respondendo de modo correto diminuiu significativamente a taxa de erro dos participantes. Um resumo mais preciso do experimento de Asch é que algumas pessoas são mais sugestionáveis do que outras e que muitas — 25% dos sujeitos — não são de forma alguma sugestionáveis. É fácil, porém, imaginar que Asch teria identificado aqueles mais suscetíveis a uma bolha financeira ou a um credo apocalíptico.

Os resultados de Asch são especialmente impressionantes, uma vez que poucas tarefas são mais neutras emocionalmente do que estimar o comprimento de uma linha. Assim como bocejar, um assunto sobre o qual as pessoas tendem a não ter uma opinião motivada por emoções. No entanto, como a maioria de nós sabe, e foi provado experimentalmente, o bocejo é contagioso. O bocejo contagioso pode ser induzido em indivíduos normais, totalmente despertos, não apenas pelos bocejos de outras pessoas, mas também apenas por vídeos de pessoas bocejando, mesmo aquelas cujas bocas foram cobertas. Curiosamente, vídeos que mostram apenas a boca não consegue induzir o bocejo.[4]

Em situações de carga emocional, o conformismo aumenta. A advertência de Charles Kindleberger sobre os efeitos prejudiciais de ver alguém enriquecendo se aplicam às descobertas de Asch sobre como alguns assuntos eram mais sugestionáveis do que outros; alguém que resiste com sucesso à pressão social no laboratório pode não ser capaz de resistir a um delírio coletivo emocionalmente carregado.

A imitação não é apenas a forma mais sincera de lisonja; também é essencial para nossa sobrevivência. Ao longo da evolução humana, nossa espécie teve de se adaptar a uma ampla variedade de ambientes. Essa adaptação assumiu duas formas. A primeira é física. Para pegar um caso óbvio, os africanos têm pele mais escura do que os norte europeus; a pele mais escura protege os tecidos subjacentes da luz solar tropical prejudicial e, inversamente, a pele mais clara permite produção mais eficiente de vitamina D em latitudes menos ensolaradas.

As outras adaptações são culturais e psicológicas. Como apontado pelos psicólogos evolucionistas pioneiros Robert Boyd e Peter Richerson, os conjuntos de habilidades necessários para a sobrevivência na floresta amazônica são muito diferentes daqueles exigidos das pessoas que vivem no Ártico, que

> precisam saber como fazer dezenas de ferramentas essenciais — caiaques, roupas quentes, arpões de pesca, lâmpadas a óleo, abrigos feitos de pele e neve, óculos de proteção para evitar a cegueira da neve, trenós puxados por cães e as ferramentas para fazer essas ferramentas... embora sejamos animais bastante inteligentes, não podemos fazer isso porque não somos suficientemente inteligentes. Um caiaque é um objeto altamente complexo com diferentes atributos. O projeto de um bom caiaque requer encontrar uma das combinações extremamente raras de atributos que produzem um barco útil.[5]

Em outras palavras, fazer um caiaque com as matérias-primas disponíveis localmente, se você nunca viu alguém fazendo, é quase impossível. O mesmo

84   Os Delírios das Multidões

se aplica ao conjunto de diferentes habilidades necessárias para um nativo da Amazônia. Os humanos precisaram de menos de 10 mil anos para migrar do Estreito de Bering para a Amazônia, o que significa que devemos ter desenvolvido anteriormente a tendência de imitar com precisão. Nas palavras de Boyd e Richerson, ser capaz de sobreviver em ambientes tão diferentes significa que os humanos tiveram que

> desenvolver (culturalmente) adaptações aos ambientes locais — caiaques no Ártico e zarabatanas na Amazônia — uma habilidade que foi uma adaptação magistral ao mundo caótico e em rápida mudança do período Pleistoceno. No entanto, os mesmos mecanismos psicológicos que criam esse benefício *necessariamente* vêm com um custo embutido. Para obter os benefícios do aprendizado social, os humanos precisam ser crédulos. Temos adaptações maravilhosas, como caiaques e zarabatanas, do lado bom. O problema é que a cobiça por essas tradições adaptativas simples facilmente leva à perpetuação de más adaptações que de alguma forma surgem.[6]

Nos últimos 50 mil anos ou mais, a raça humana se espalhou de seu lar na África para virtualmente todos os cantos do planeta, das costas árticas aos trópicos e ilhas isoladas no meio do vasto Oceano Pacífico. Nossa capacidade de nos adaptar a ambientes tão diversos durante a migração de nossa espécie no fim do Pleistoceno, do alto Ártico para o Estreito de Magalhães, se baseou na imitação precisa. Infelizmente, muitas de nossas adaptações na Idade da Pedra se mostraram inadequadas no mundo moderno, o exemplo clássico sendo nossa antiga atração por gorduras e açúcares ricos em energia, ambos escassos e vitais em nosso passado evolutivo, mas agora perigosamente disponíveis como *junk food* barato. Da mesma forma, nossa antiga tendência a imitar também é muitas vezes inadequada, carregando consigo a tendência moderna, nas famosas palavras de Mackay, para "ilusões coletivas e a loucura das multidões".

A disseminação de delírios de massa também se alimenta de outro impulso psicológico antigo, nossa propensão a suprimir fatos e dados que contradizem nossas crenças cotidianas. Em 1946, o psicólogo Fritz Heider postulou o chamado paradigma do "princípio do equilíbrio" para explicar como as pessoas lidam com a grande quantidade de dados complexos e muitas vezes contraditórios que nos são apresentados no decorrer do cotidiano. Imagine que você conhece alguém chamado Beto e que você e ele têm uma opinião sobre algo que carrega certa quantidade de carga emocional, como, por exemplo, se o melhor celular é Android ou iPhone.

Se você admira Beto e ambos acham que o iPhone é melhor, você se sente confortável; você agora ocupa o estado de equilíbrio de Heider. Da mesma forma, se você acha que o iPhone é melhor, mas Beto adora seu telefone Android e você acha que ele é um idiota ignorante, você também está em um estado de equilíbrio, já que sua opinião negativa sobre Beto permite que você rejeite sua opinião contrária.[7] Mas, se você admira Beto e discorda sobre telefones, você está agora em um desconfortável "estado de desequilíbrio".

Se você apenas admira Beto moderadamente, ou se realmente não se importa muito com telefones, pode ignorar facilmente seu desconforto. Porém, se Beto é seu amigo mais querido e você discorda veementemente sobre algo que carrega mais peso emocional, como a presidência de Trump, você terá que agir para resolver o desequilíbrio entre sua admiração por Beto e sua discordância política. Neurocientistas descobriram recentemente que tais estados desequilibrados aumentam a atividade no córtex pré-frontal dorsomedial (dmPFC), áreas do cérebro em ambos os hemisférios logo acima do meio da testa. Além disso, essa atividade prevê uma mudança de opinião, seja sobre Beto ou sobre Trump. Em outras palavras, se você quiser que seu dmPFC pare de incomodá-lo, você terá que mudar sua opinião sobre um ou outro.[8] Por outro lado, quando um sujeito descobre que os especialistas concordam com sua opinião, ou seja, atingiu um estado de equilíbrio, outra parte do cérebro, o estriado ventral, estruturas pareadas localizadas profundamente em ambos os hemisférios, dispara intensamente.[9] Essa área recebe suas entradas mais densas de neurônios que respondem à dopamina, nosso neurotransmissor de prazer preferido.

Na edição original de 1841 de *A História das Ilusões das Massas*, Mackay escreveu sobre a bolha da Mares do Sul,

> Empresa que, como Ícaro, tinha subido muito alto e derreteu a cera de suas asas; como Ícaro, ela caiu no mar e aprendeu, enquanto se debatia em suas ondas, que seu elemento apropriado era a terra firme. Ela nunca tentara um voo tão alto.[10]

No entanto, dentro de alguns anos após escrever essas palavras, os mercados financeiros provariam que Mackay estava errado, pois o Ícaro da especulação disparou novamente com uma histeria financeira que ofuscaria a bolha da Mares do Sul de 1719 a 1720, centrada dessa vez na excitação e deslocamento causados pelas primeiras ferrovias a vapor. Poucos escritores captaram a condição humana pré-vapor melhor do que o historiador Stephen Ambrose:

86   Os Delírios das Multidões

Um fato crítico no mundo de 1801 era que nada se movia mais rápido do que a velocidade de um cavalo. Nenhum ser humano, nenhum item manufaturado, nenhum alqueire de trigo, nenhum pedaço de carne, nenhuma carta, nenhuma informação, nenhuma ideia, pedido ou instrução de qualquer tipo se movia mais rápido. Nada jamais se moveu mais rápido e, pelo que os contemporâneos de Jefferson puderam dizer, nada o faria.[11]

Em 1851, o historiador inglês John Francis escreveu o clássico relato de uma testemunha ocular da construção da rede ferroviária do país. Ele descreveu o estado do transporte pré-moderno da seguinte forma:

As máquinas desenvolvidas para transportar produtos, rudimentares e grosseiras em sua construção, eram tão pesadas quanto desajeitadas. Mesmo que as estradas fossem toleráveis, era difícil mover [aquelas máquinas], mas, se fossem ruins, elas eram engolidas em pântanos ou caíam em diques: às vezes, de fato, elas afundavam na estrada lamacenta tão profundamente que havia pouca chance de escapar até que o clima ameno e o sol quente tornassem sua libertação mais fácil. Os mercados ficavam inacessíveis por meses seguidos, e os frutos da terra apodreciam no lugar, enquanto a alguns quilômetros o suprimento ficava muito aquém da demanda... Verificou-se que era mais barato vender para o exterior do que transportar os produtos do norte para o sul da Inglaterra. Era mais fácil enviar mercadorias da capital para Portugal do que transportá-las de Norwich para Londres.[12]

A ideia de usar a força do vapor para realizar trabalhos físicos — antes provida por homens, animais e moinhos de água — remonta a dois milênios aos gregos ptolomaicos, que supostamente a usavam para abrir e fechar as portas de um templo em Alexandria. Um inventor inglês, Thomas Newcomen, produziu a primeira máquina a vapor em funcionamento por volta de 1712, que era tão grande e ineficiente que só podia ser usada para drenar minas de carvão, onde seu combustível era abundante. James Watt, na verdade, não inventou a máquina a vapor em 1776, como é comumente suposto, mas realizou algo mais sutil e eficaz: ao adicionar um condensador externo ao design de Newcomen, ele produziu um dispositivo com combustível eficiente o suficiente para ser usado longe de uma mina de carvão. Essa inovação permitiu ao parceiro de Watt, Matthew Boulton, cunhar a famosa frase: "Vendo aqui, senhor, o que todo o mundo deseja ter — *energia*."[13]

George Hudson, Herói Capitalista   87

Durante os 25 anos seguintes, os enormes motores de Watt primeiro conduziram barcos com rodas de pá, então afinaram o suficiente para Richard Trevithick montar um em um vagão terrestre em 1801; em 1808, ele estava oferecendo viagens de cinco xelins perto da Praça Euston em Londres. Os primeiros aparelhos, feitos de ferro macio, eram tão fracos que a esposa de um dos primeiros engenheiros, além de ter que acordar às 4 da manhã para dar partida no motor, também teve que usar seu ombro forte para movê-lo.[14]

Na virada do século XIX, George Stephenson, filho de um vendedor analfabeto de motores a vapor de Northumberland, adquiriu o ofício de seu pai, mas, ao contrário dele, também adquiriu leitura, escrita e matemática na escola noturna e aplicou seu talento para melhorar gradualmente a saída dos primeiros dispositivos a vapor. Imediatamente após as caras Guerras Napoleônicas, o alto preço do feno permitiu temporariamente que o vapor empurrasse os vagões da mina de carvão puxada por cavalos, mas só em 1818 Stephenson convenceu os proprietários de minas em Darlington, perto de Newcastle, a construir uma linha ferroviária marginal — mas no fim das contas economicamente bem-sucedida — para os cais em Stockton-on-Tees, a 40 quilômetros de distância, inaugurada em setembro de 1825.[15]

A nova tecnologia ferroviária paralisou o mundo: entre 1825 e 1845, a Inglaterra experimentou nada menos que três bolhas ferroviárias. A primeira seguiu na linha Stockton e Darlington. Os primeiros motores de Stephenson eram tão pouco confiáveis que, durante os primeiros anos de operação, o carvão e os vagões de passageiros da linha, na maioria das vezes, precisavam ser puxados por cavalo. À medida que os motores melhoravam, mais 59 linhas ferroviárias foram planejadas.[16]

Os primeiros projetos encontraram grande oposição no Parlamento, que, por causa da Lei da Bolha — agora uma relíquia centenária do episódio da Mares do Sul — teve que aprovar todas as incorporações. Os operadores de canal e de pedágios, que perceberam corretamente os danos que o transporte ferroviário traria para seus lucros, eram oponentes particularmente ativos. Eles e seus asseclas diziam ao público que a fumaça do motor mataria os pássaros; que o peso dos motores os tornaria imóveis; que suas faíscas incinerariam mercadorias; que os idosos seriam atropelados; que cavalos assustados machucariam os cavaleiros; que os cavalos se extinguiriam e, assim, faliriam os fazendeiros produtores de aveia e feno; que as raposas desapareceriam; e que as vacas, perturbadas pelo barulho, parariam de produzir leite.[17]

Em 1825, o Parlamento revogou a Lei da Bolha, mas um pânico financeiro generalizado, combinado com a primitiva tecnologia do motor, colocou um freio em outros projetos. Após uma turbulenta passagem parlamentar entre

88   Os Delírios das Multidões

1825 e 1826, a Ferrovia de Liverpool e Manchester de Stephenson levou quatro anos para ser concluída, sendo inaugurada formalmente em 15 de setembro de 1830. Com 56Km de comprimento, foi a maravilha da engenharia de sua época, exigindo a construção de 64 pontes e a escavação de 2,5 milhões de metros cúbicos de terra.

Essa notável nova tecnologia, que prometia transformar a vida cotidiana, alimentou a ganância de quem queria entrar no ramo. A agitação atingiu o auge entre 1836 e 1837. Um jornalista escreveu: "Nossa própria linguagem começa a ser afetada [pelas ferrovias]. Homens falam de 'ir a todo vapor', de 'velocidade ferroviária', e contam distâncias em horas e minutos."[18] Um relato à imprensa mencionou um comerciante que viajou de Manchester a Liverpool, voltou na mesma manhã com 150 toneladas de algodão, vendeu com grande lucro e depois repetiu o feito. "Não são os promotores, mas os oponentes às ferrovias que são os loucos. Se for uma histeria, é uma como o ar que respiramos."[19] John Francis escreveu: "A memória daqueles meses de 1836 a 1837 ficará por muito tempo entre os comerciantes. Foram projetadas empresas que absorveram a atenção e o capital de milhares."[20]

O fascínio da nova tecnologia hipnótica foi ampliado, como quase sempre acontece com as bolhas, pela queda das taxas de juros, o que tornou o capital de investimento mais abundante. Vinte e cinco anos antes, as necessidades de empréstimos exigidas pelas Guerras Napoleônicas haviam aumentado as taxas de juros; com seu auge em 1815, um inglês rico poderia comprar títulos do governo rendendo quase 6% em soberanos [moeda feita de ouro, porém não é moeda de troca e sim reserva de valor futuro]. Nas três décadas seguintes, as taxas caíram para 3,25%.[21] Quando os investidores estão insatisfeitos com as taxas de juros ultrabaixas oferecidas sobre ativos seguros, eles aumentam os preços dos ativos de risco com um potencial de receita mais otimista. Escrevendo uma geração após o estouro das bolhas ferroviárias inglesas, o grande jornalista (e editor do *Economist*) Walter Bagehot escreveu: "John Bull pode suportar muitas coisas, mas não pode suportar 2%".[22] Em outras palavras, as taxas de juros baixas são o terreno fértil em que brotam as bolhas.

As baixas taxas de juros, juntamente com o sucesso da primeira empresa do período, a Ferrovia Liverpool e Manchester de Stephenson, reacenderam a especulação ferroviária: "A imprensa apoiou a histeria; o governo sancionou; as pessoas pagaram por isso. As ferrovias eram ao mesmo tempo moda e frenesi. A Inglaterra foi planejada para estradas de ferro."[23]

Cada bolha carrega consigo as sementes de sua própria destruição, nesse caso a competição excessiva produzida por linhas ferroviárias duplicadas alimentadas por capital barato. Os acionistas da Liverpool e Manchester

George Hudson, Herói Capitalista   89

ganharam a melhor fatia, enquanto aqueles que os seguiram com frequência se alimentavam de restos. O *Edinburgh Review* observou em 1836: "Quase não existe, na verdade, uma linha praticável entre dois lugares consideráveis, por mais remotos, que não foi ocupada por uma empresa. Frequentemente duas, três ou quatro linhas rivais começaram simultaneamente." John Francis escreveu que "em um distrito de um bairro metropolitano, 16 projetos estavam funcionando, e mais de 1.200 casas programadas para serem demolidas".[24]

Esses eram apenas os mais críveis dos projetos. Em Durham, um empresário começou a trabalhar em três linhas paralelas. A primeira foi bem-sucedida, e as outras duas, naturalmente, fracassaram. Outros promotores vislumbraram locomotivas impulsionadas por velas ou foguetes, esse último viajando a centenas de quilômetros por hora; linhas ferroviárias elevadas por madeira; e outro anúncio, segundo Francis, "para levar inválidos para a cama".[25]

Sempre e em todos os lugares, crédito livremente disponível e investidores crédulos são um chamariz para o promotor desonesto. Um observador contemporâneo constatou que, tipicamente,

> um aventureiro carente tem em mente que uma linha de trem da cidade A para a cidade B é uma grande questão de utilidade pública, porque pode obter grande benefício público a partir dela. Ele, portanto, adquire um mapa da Ordnance, Brooke, ou algum outro Gazetteer [mapas cartográficos do Reino Unido], e um catálogo de endereços. No primeiro, ele esboça uma linha entre as duas cidades, curvando-se entre as colinas sombreadas com o propósito de dar-lhe um ar verídico, e ele chama isso de pesquisa, embora nem ele nem ninguém tenha colocado os pés na cidade. O Gazetteer, o catálogo de endereços, e uma caneca de cerveja para um malandro ou cocheiro, fornecem-lhe todos os materiais para sua receita, que felizmente nunca é menor que 15, 20 ou 30% ao ano, e é frequentemente tão grande que sua modéstia não lhe permite quantificar.[26]

Como supostamente dito por Edmond de Rothschild: "Há três maneiras principais de perder dinheiro: vinho, mulheres e engenheiros. Embora os dois primeiros sejam mais agradáveis, o terceiro é de longe o mais certo."[27] À medida que mais linhas entravam em construção, o pool de engenheiros e trabalhadores competentes disponíveis encolhia, levando a atrasos, sobrecargas de custos maciços e soluções duvidosas para dificuldades de engenharia, terminando na inevitável onda de falências.

90   Os Delírios das Multidões

Como já visto durante a bolha da Mares do Sul, as empresas de sociedade anônima inglesas inicialmente levantaram somente uma pequena porcentagem do capital necessário. Os investidores, que inicialmente haviam colocado apenas uma fração do valor nominal de suas ações, foram responsáveis por novas demandas do capital necessário para a construção de ferrovias em andamento — uma estrutura "alavancada" de estopim seco que inevitavelmente cumpriu seu papel.

> O momento da reação estava próximo. O dinheiro tornou-se escasso; os olhos do povo estavam abertos à sua loucura; e ações de cada espécie caíram. Então veio aquela terrível repulsa, quando a ruína visita a opinião pública, e a tristeza desola o lar. Homens, que levantaram a cabeça no orgulho das riquezas presumidas, lamentaram sua imprudência, e as mulheres choraram o que não puderam impedir.[28]

Quando a fumaça da bolha de 1830 se dissipou, o Parlamento tinha sancionado a construção de quase 4 mil quilômetros de trilhos, e menos de um quarto disso foi realmente inaugurado até 1838. O resto da quilometragem, muitas vezes pouco rentável, levou mais alguns anos para ser concluído; a construção em andamento exigia demandas substanciais de capital dos investidores. O preço das ações, contudo, se recuperou após a queda de 1836 e 1837, e aqueles que mantiveram suas ações da ferrovia não se saíram mal; os preços das ações, que estavam estáveis antes de 1836, aumentaram cerca de 80% naquele ano, mas com a mesma rapidez caíram para os níveis que eram na verdade um pouco mais altos do que os valores antes da bolha.[29] Em 1841, era possível viajar os quase 500Km de Londres a Newcastle em 17 horas: "O que mais um homem razoável pode querer?" gabou-se o *Railway Times*.[30]

Na verdade, em 1844, o acionista médio das empresas estabelecidas na década anterior ainda estava bem satisfeito com o retorno do investimento. Isso abriu caminho para outra bolha ainda mais espetacular no fim da década de 1840, cuja figura simbólica foi George Hudson. Nascido em 1800, filho de um pequeno latifundiário de Yorkshire, Hudson cresceu com a suposição razoável de que ele também lavraria a terra e, portanto, recebeu pouca educação formal. Aos 9 anos, quando seu pai morreu, Hudson tornou-se aprendiz de vendedor de linho em York, o que provou ser uma bênção disfarçada. A energia, o charme e a inteligência de Hudson logo se tornaram aparentes no chão de fábrica de uma forma que não teriam por trás do arado, e ele acabou se casando com alguém da família de seu empregador e assumiu o negócio. A sorte continuou a sorrir para o jovem proprietário quando, em 1827, herdou £30 mil de um tio-avô, cujo declínio ele presenciou (e cujo testamento foi estranhamente mudado em favor de Hudson no último momento).[31]

Sua riqueza recém-adquirida permitiu-lhe entrar na política e no setor bancário, o que levou, em 1833, à sua nomeação como tesoureiro do Comitê Ferroviário de York, encarregado de estabelecer uma linha local financiada pela colocação de ações. Hudson contratou Sir John Rennie para inspecionar a rota, mas o notável engenheiro decepcionou o comitê ao recomendar um sistema puxado por cavalos. Por acaso, ao visitar uma das propriedades deixadas a ele por seu tio-avô, conheceu George Stephenson; submetido ao brilho do carisma e visão de Hudson, o agora lendário engenheiro concordou em construir a ferrovia York e North Midland, fundada como uma sociedade anônima, cujo primeiro segmento, com apenas 23Km de extensão, foi inaugurado em 1839.

Na década seguinte, o "Rei da Ferrovia", como Hudson ficou conhecido, criou um império de cerca de uma dúzia de empresas ferroviárias, incluindo quatro das maiores do país. Dirigiu vários conselhos de empresas, avaliando uma nova linha ou direcionando a raiva nas reuniões de acionistas de uma que faliu, e em todos os lugares levantando capital novo. Sua vida girou em torno de dois centros de poder: York, onde serviu por vários mandatos como prefeito generoso e bem-amado, e o centro político da nação, em Westminster.

Hudson poderia vender areia para um beduíno. Capaz de converter até mesmo seus oponentes mais determinados, sua marca registrada foi a vitória sobre William Ewart Gladstone. Talvez o político mais formidável do século XIX, Gladstone ingressou no Parlamento em 1832, aos 22 anos. Em 1843, tornou-se presidente da Junta Comercial, um cargo crítico, que funcionava como porta de entrada parlamentar para a legislação ferroviária. Ele passou por quatro mandatos como chanceler do Tesouro, e também por quatro mandatos como primeiro-ministro entre 1868 e 1894.

Os dois homens dificilmente poderiam ser mais diferentes: Hudson, o turbulento e inculto descendente de camponeses de Yorkshire; Gladstone, o herdeiro da riqueza dos senhores de escravos, educado em Eton e Oxford. Eles também divergiram sobre as questões mais críticas da época; Hudson era um conservador ortodoxo que se opunha à revogação das leis protecionistas do milho; Gladstone, embora nominalmente um conservador, era um apaixonado defensor do livre comércio.

Hudson seria hoje chamado de libertário, oposto a qualquer interferência do governo no comércio, particularmente em suas queridas ferrovias, enquanto Gladstone logo percebeu a necessidade de regulação governamental em uma economia cada vez mais avançada tecnologicamente. Várias décadas antes dos cortes de custo predatórios de John D. Rockefeller, Gladstone também previu que as ferrovias mais fortes poderiam tirar seus concorrentes do mercado com reduções agressivas de tarifas e, assim, deixar o público à mercê do monopólio ferroviário sobrevivente — que para Gladstone parecia, cada vez mais, um monopólio administrado por Hudson.

Em março de 1844, testemunhando perante a Junta Comercial, Hudson habilmente enfatizou seus pontos de concordância com Gladstone: serviria bem ao interesse público (para não dizer o seu) limitar a aprovação de outras linhas concorrentes. O comitê recuou questionando Hudson sobre como ele definia precisamente suas tarifas. O comitê queria saber o que estava errado com o Parlamento revisando as tarifas periodicamente? Hudson estava, como sempre, bem preparado, respondendo que não teria objeções a permitir tarifas impostas pelo governo em troca de limitação parlamentar de fretamentos para linhas concorrentes.

Um tanto aplacado pela resposta de Hudson, o comitê propôs uma legislação ferroviária relativamente branda que exigia uma tarifa de "Classe Parlamentar" de um centavo por 1,5Km.[32] O projeto de lei permitiu que o Parlamento revisasse as tarifas de empresas que eram tão lucrativas que podiam emitir dividendos superiores a 10%, e que o governo comprasse qualquer ferrovia fretada após a aprovação do projeto e depois de estar operando por mais de duas décadas.

Isso era oneroso demais para Hudson, que colocou suas legiões em ação e escreveu uma carta pública a Gladstone, que, em tom mais suave e lisonjeiro, expôs suas objeções às cláusulas do projeto de redução de tarifas e opção de compra pelo governo. Ele arranjou uma delegação de proprietários de ferrovias e foram para o número 10 da Rua Downing [residência oficial e escritório do primeiro-ministro], e impressionou tanto o primeiro-ministro, Robert Peel, que ele fez comentários favoráveis sobre as companhias ferroviárias no plenário da Câmara dos Comuns.

Gladstone entendeu a dica e se encontrou em particular com Hudson, que elevou tanto seu charme blefante de Yorkshire que o presidente do comitê foi mais tarde levado a observar: "É um grande erro considerar [Hudson] um especulador. Ele era um homem de grande distinção, possuindo muita coragem e rico empreendedorismo — alguém de planos muito ousados, e nada imprudente." Hudson impressionou tanto Gladstone que este desidratou o projeto de lei; das disposições originais, só a baixa tarifa fixa da 3ª classe permaneceu.[33]

O gesto de Hudson para potencial supervisão parlamentar colocou pressão por um envolvimento político mais vigoroso. Embora, hoje, um poderoso industrial possa contratar um exército de lobistas, o ambiente ético mais relaxado na Grã-Bretanha do século XIX permitia um caminho mais direto: Hudson simplesmente compraria uma cadeira na Câmara. Em meados de 1845, surgiu a oportunidade. Em troca de assumir uma ferrovia e um cais locais falidos, os administradores da pacata cidade costeira de Sunderland o nomearam como o candidato conservador para sua cadeira, e ele foi devidamente eleito em 14 de agosto. O equivalente moderno mais próximo seria o presidente do Goldman Sachs servindo simultaneamente no Senado dos Estados Unidos.

Naquela noite, um trem especial transportou a notícia de sua eleição de Sunderland para Londres, e no dia seguinte outro trem carregou cópias do relato dos jornais da manhã de Londres sobre o evento de volta para Sunderland, onde, em uma celebração de vitória tumultuada, Hudson lançou os papéis para a multidão, gritando: "Vejam, vejam a marcha do intelecto!"[34] Dois meses depois, em um banquete em Sunderland, ele mais uma vez animou os moradores lançando ações de sua empresa de docas: "Não vejo por que o algodão de São Petersburgo e a produção da China e de outras partes do mundo não chegariam ao porto de Sunderland, desde que você ofereça as instalações… vamos imaginar que seremos a Liverpool e Manchester do mundo."[35]

Ele mal parecia dormir; na noite entre 2 e 3 de maio de 1846, por exemplo, trabalhou na Câmara dos Comuns até 2h30, cochilou um pouco e depois pegou o trem para Derby, mais ou menos a meio caminho entre Londres e York e a sede da Ferrovia Midland, uma de suas empresas. Lá ele explicou aos perplexos acionistas a essência de seus 26 projetos de lei que combinavam sistemas ferroviários e de canais, construindo novos e ampliando outros. Esse projeto exigiria um investimento de capital de £3 milhões; ele admitiu abertamente para os céticos que muitas das novas linhas fracassariam, mas que, no conjunto, forjariam um sistema ferroviário regional incontestável. Já contando com uma série de agentes favoráveis, ele facilmente afastou a oposição dispersa de acionistas dissidentes para aprovar todas as 26 propostas corporativas.[36] Um observador contemporâneo escreveu:

> Nada parecia cansar sua mente; nada parecia cansar seu corpo. Ele lutou em comissões parlamentares, dia após dia; ele argumentou, suplicou e gesticulou com uma seriedade que raramente falhava em seu objetivo. Um dia na cidade bajulando membros da comissão — no próximo persuadindo um arcebispo. De manhã, acertando alguma reivindicação de algum oponente em um escritório obscuro; à tarde surpreendendo a bolsa de valores com alguns ousados ataques surpresa.[37]

94 Os Delírios das Multidões

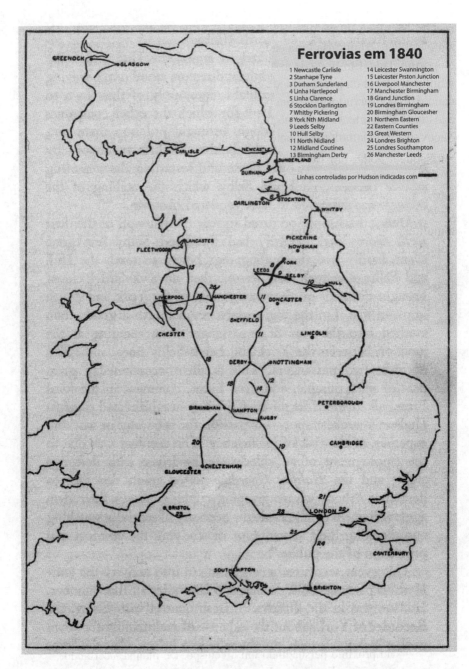

Sistema Ferroviário Britânico em 1840 (linhas de Hudson em negrito)

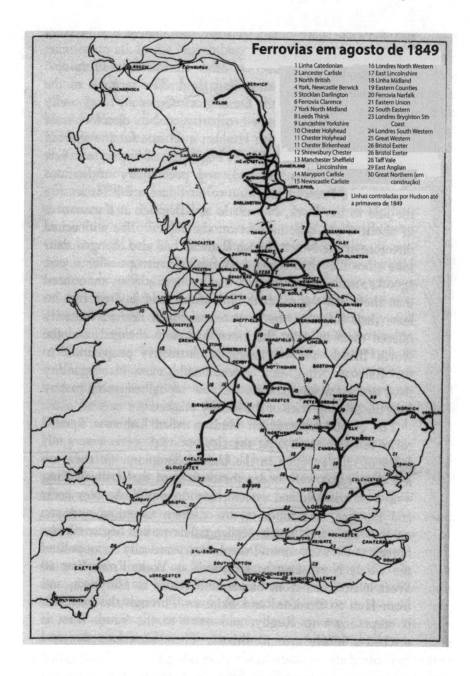

Sistema Ferroviário Britânico em 1849 (linhas de Hudson em negrito)

96   Os Delírios das Multidões

Seus poderes de concentração e cálculo hipnotizavam. Frequentemente, observava-se que ele jogava a cabeça para trás, cobrindo os olhos e predizendo com precisão os dividendos de uma linha férrea ainda não terminada, ou engajando-se intensamente em duas conversas simultâneas. Os parceiros de negócios eram humilhados se suas análises não fossem pertinentes, mas ele perdoava facilmente, e sua generosidade para com funcionários e desconhecidos era lendária. Infelizmente, sua facilidade com números e negociações frenéticas tinha um lado negativo: ele confiava excessivamente em informações/comandos verbais e não manteve livros ou registros de suas transações massivas, e simplesmente presumiu que seus desejos seriam realizados.[38]

A Inglaterra, onde não havia nem 3.000Km de ferrovias em 1843, tinha mais de 7.500Km no fim de 1848; Hudson controlava cerca de 2.300Km dessas linhas férreas e detinha um monopólio virtual sobre o nordeste do país.[39] Muito mais linhas foram planejadas. O Parlamento aprovou 1.200Km em 1844, 4.300Km em 1845 e 7.200Km em 1846. O modus operandi de Hudson, e da maioria dos outros promotores, envolvia a venda de ações por uma pequena entrada e a conclusão da compra total muito mais tarde. As novas ações geralmente anunciavam dividendos próximos a 10% ao ano, apesar do fato de que a construção, sem falar nas operações e receitas, ainda não havia começado; a maioria dos investidores, atraídos pelos altos rendimentos, não percebeu que a ausência de receitas implicava em que os primeiros dividendos teriam de vir do novo capital, que hoje seria rotulado de esquema pirâmide, e que os dividendos posteriores eram uma ficção. Hudson alimentou o frenesi vazando notícias das ideias parlamentares de seus próprios projetos. Como cereja do bolo, até o estágio final da bolha, a densa rede nordeste de Hudson bloqueou a colocação de ações das linhas concorrentes.

Além de promotores como Blunt e Hudson, do público e dos políticos, uma quarta letra foi adicionada ao Teatro da Bolha na década de 1840: *i* de imprensa. Em termos gerais, naquela época, o quarto estado se dividia em dois grupos, a "velha mídia", exemplificada por *The Times* de Londres, e a "nova mídia" de reportagens especializadas em ferrovias, como a *Railway Times*; a primeira mantinha um ceticismo altamente ortodoxo, enquanto a última atiçava as chamas da especulação. No auge da bolha, o público podia escolher entre pelo menos 20 publicações ferroviárias, nas quais os promotores das empresas ferroviárias esbanjaram entre £12 mil a £14 mil por semana com gastos em publicidade — fundos que teriam sido gastos com mais sabedoria na construção. Abundaram artigos sobre novas propostas. Um observador satírico escreveu: "Seu comitê regozijou-se com os escudeiros e baronetes. Sua chance de aprovação na Câmara dos Comuns era certa. Seu engenheiro foi Stephenson [nesse caso, Robert Stephenson, filho de George]; seu governante, Hudson; seu banqueiro, Glyn. Foi modestamente adicionado que os lucros não ultrapassariam 15%."[40] Um artigo comum à época dizia que as ferrovias eram uma nova maravilha mundial, circundando o globo:

> Não contentes em fazer de Liverpool seu lar ancestral... eles estão lançando um cinto ao redor do globo. A longínqua Índia os persegue sobre suas águas, e a China ouve a voz do encantador. As colinas arruinadas e os altares destruídos da velha Grécia logo ecoarão ao apito da locomotiva, ou serão convertidos em santuários sagrados para o comércio pelo poder dessas atividades magníficas pelas quais rios são cruzados, territórios percorridos, comércio emancipado, confederações consolidadas; pelo qual o indestrutível se torna divisível e o homem assume o domínio do tempo e do espaço.[41]

Em 1843, a economia britânica ainda estava se recuperando da indigestão de 1836-1837, mas no outono de 1844, os bancos estavam emprestando a 2,5%; ainda mais ameaçador, eles ficaram felizes em aceitar como garantia os títulos ferroviários, amplamente considerados "seguros como casas". Havia registros nas listas de subscrição que fariam corar um corretor de hipotecas norte-americano do início dos anos 2000: um oficial militar com metade do salário, ganhando £54 por ano para um total de £41.500 em várias listas; dois filhos de uma faxineira morando em um sótão, um por £12.500 e o outro por £25.000, quase todos consistindo em obrigações que eles não tinham condições de atender; milhões de libras esterlinas a mais em demanda vieram de acionistas com endereços fictícios.[42] Segundo um observador anônimo, o público inglês

> via o mundo ferroviário enlouquecer. A estrada de ferro era exaltada em reuniões públicas; era objeto de adoração pública; assunto na bolsa; legislada no senado; satirizada no palco. Penetrava em todas as classes sociais; permeava todos os lares; e todos cederam à tentação. Homens que iam à igreja com tanta devoção quanto às contabilidades — homens cuja palavra sempre fora tão boa quanto seu vínculo — juntaram-se à busca e foram levados pelo vórtice.[43]

O empresário e parlamentar James Morrison observou que:

> O veneno sutil da avareza se espalhou por todas as classes. Infectou tanto o residente elegante e distinto dos corredores da nobreza quanto o recluso da humilde casa. Até as duquesas eram conhecidas por sujar as mãos com títulos, e senhoras perguntavam com ânsia trêmula o preço das ações. As moças abandonaram a lista de casamento e o obituário para se dedicar à lista de ações e surprenderam seus

98 Os Delírios das Multidões

amantes com perguntas a respeito das operações em alta e baixa. O amante da moda era visto com mais frequência em sua corretora do que em seu clube. O comerciante deixou seu negócio para cuidar de suas ações; e em troca, suas ações e seus negócios o deixaram.[44]

A Câmara de Comércio do Parlamento estabeleceu um limite anual, 30 de novembro, data em que os planos para novas linhas tinham de ser apresentados. Na noite do fim do prazo de 1845, um frenesi engolfou a capital quando promotores representando oitocentos projetos convergiram para os escritórios do Conselho em Whitehall: trens expressos especiais cujas linhas permitiam seguir em direção a Londres a velocidades de 128Km/h. As companhias ferroviárias bloquearam os trens com propostas de linhas concorrentes; um promotor contornou esse obstáculo carregando em um trem um carro fúnebre totalmente adornado contendo documentos de propostas.[45]

John Francis escreveu que, assim como durante a bolha da Mares do Sul, a Change Alley ficava congestionada com multidões e engarrafamentos, mais de uma vez descrita como "quase intransitável", e os bairros circundantes eram "como feiras". Ele continuou:

> O comerciante cauteloso e o fabricante zeloso foram igualmente incapazes de resistir à especulação. Espalhou-se entre eles como um vírus. Isso arruinou tanto os inocentes quanto os culpados. Isso deixou muitos lares humildes em perigo; agitou muitas habitações da nobreza. Os homens se apressaram em enriquecer e foram arruinados. Eles compraram em abundância; fizeram subscrições ansiosamente; trocaram seus contadores por empresas; se bem-sucedidos, continuavam em seu curso e, se fosse o contrário, muitas vezes aumentavam a miséria dos lares que já haviam desolado, destruindo a si mesmos.[46]

Os escritórios de Stephenson na Rua Great George em Westminster eram mais procurados do que os do primeiro-ministro na Rua Downing; o preço do ferro dobrou, e agrimensores, particularmente aqueles que trabalhavam para o Ordnance Department, que muitas vezes entravam ilegalmente, sem permissão em terras privadas, entraram e taxaram a terra. Um relatório parlamentar delatou 157 deputados com subscrições de ações superiores a £2 mil; no verão de 1845, "o abandono de todos os negócios não tem precedentes; por muitos meses nenhum lojista foi encontrado em seu balcão, ou comerciante em seu escritório, a leste, oeste, norte ou sul. Se você fosse até um estabelecimento, certamente veria um aviso de 'Fui até a cidade'". Até mesmo as irmãs Brontë

George Hudson, Herói Capitalista   99

agiram: Emily e Anne eram donas das ações da York e North Midland, enquanto a aparentemente mais pé no chão, Charlotte, era mais cética.[47]

Embora muitas das práticas de negócios de Hudson, especialmente seu sigilo e abordagem autoritária da governança corporativa, poderiam tê-lo levado à prisão nos dias de hoje, elas ainda não eram ilegais à época. Apenas dali a oito décadas Charles Ponzi emprestaria seu nome a operações que pagavam dividendos com capital novo; no início da década de 1840, tais práticas não despertaram uma análise legal (o que logo mudaria, entretanto). O fim não veio de fraude ou engano, mas sim de uma simples e excessiva reforma regulamentar.

Ao contrário das bolhas gêmeas do século anterior, o colapso das empresas ferroviárias evoluiu em câmera lenta. No fim da década de 1840, o sistema de Hudson, que se estendia aproximadamente de Londres até quase Edimburgo, encontrava-se cada vez mais limitado por linhas concorrentes tanto a leste quanto a oeste. Em uma tentativa desesperada de barrar a competição com mais extensões de linha, ele levantou grandes quantias de capital de investidores individuais; simultaneamente, o Parlamento estabeleceu um novo regime regulatório em 1847 que finalmente proibiu o pagamento de dividendos do tipo pirâmide com o capital recém-adquirido.[48]

O Banco da Inglaterra aplicou o golpe de misericórdia no início de 1847, quando aumentou a taxa de desconto de 3,5% para 5%. Isso sufocou o fluxo de capital necessário para atender às chamadas exigidas pelas subscrições de ações. O fracasso da safra de batata em 1846 e os distúrbios revolucionários em todo o continente de 1848 aumentaram os problemas econômicos da Inglaterra e forçaram Hudson e outras operadoras ferroviárias a cortar dividendos: investidores em pânico venderam tudo e em outubro de 1848 os preços das ações haviam caído 60% ante seu valor de pico de 1845.[49]

Embora o declínio absoluto do preço das ações não tenha sido tão grande quanto aqueles vistos durante a bolha da Mares do Sul, ou mesmo durante os grandes mercados em baixa do século XX, o grau extremo de alavancagem inerente ao mecanismo de compra de subscrições resultou em uma devastação generalizada:

> Famílias inteiras foram arruinadas. Praticamente não havia uma cidade importante na Inglaterra que não tenha observado algum deplorável suicídio. Filhas delicadamente criadas saíram em busca de pão. Filhos foram chamados de volta das universidades, famílias foram separadas: casas foram profanadas por emissários da lei. Houve ruptura em todos os laços sociais... homens que viviam com conforto e independência viram-se repentinamente responsáveis por somas que não tinham como pagar. Em alguns casos, eles

cederam tudo e começaram de novo; em outros, deixaram o país e foram para o continente, riram de seus credores e desafiaram a perseguição. Um cavalheiro recebeu 400 mandados. Um colega igualmente processado, quando isentado de todas as responsabilidades que totalizavam £15 mil, embarcou em seu iate e esqueceu nas belezas do Mediterrâneo as dificuldades que o cercavam.[50]

Figura 4-1. Preços das ações da British Railway 1830-1850

A essa altura, pequenas indiscrições do grande Hudson que poderiam ter sido perdoadas atraíram maior investigação. Dois membros rivais da bolsa de valores, após um exame minucioso dos registros de compra e venda, notaram que uma das empresas do Rei da Ferrovia comprou ações de outra que por acaso era propriedade de Hudson a preços mais altos do que os de mercado; em outras palavras, ele foi pego em flagrante trapaceando seus próprios acionistas. Outras infrações mais graves, logo descobertas, embora não constituíssem responsabilidade criminal, o deixaram exposto a julgamentos civis paralisantes.

Hudson tinha um último ás na manga: a gratidão de seus eleitores de Sunderland o manteve no Parlamento por mais uma década e, enquanto a Câmara dos Comuns estivesse em sessão, ele estaria imune à prisão por dívidas. Seguiu-se uma comédia pastelão nas idas e vindas ao continente. Quando o Parlamento estava ativo, ele podia residir com segurança em casa, onde tentava desesperadamente salvar suas posses; quando em recesso, ele fugia para Paris. Ao sofrer uma derrota eleitoral em 1859, o jogo acabou; ignorado por seus amigos e procurado apenas por seus credores, ele teve suas últimas propriedades substanciais confiscadas. No fim, sobreviveu com uma anuidade paga por admiradores.[51]

Um dia, em 1863, Charles Dickens, voltando para a Grã-Bretanha no barco Folkestone, encontrou um amigo, Charles Manby, e observou:

> Despedindo-se de Manby estava um homem maltrapilho de quem eu tinha alguma lembrança, mas não sabia bem de onde. Percebendo, quando saímos do porto, que ele estava à beira do píer, acenando com o chapéu de modo desolado, disse a Manby: "Certamente conheço esse homem." "Acho que sim", disse ele. "É Hudson!" Ele está vivendo — apenas sobrevivendo — em Paris, e Manby o trouxera. Ele disse a Manby na despedida: "Não terei um bom jantar novamente até que você volte."[52]

Duas das três bolhas ferroviárias arruinaram investidores e dotaram a Grã-Bretanha de uma infraestrutura essencial, embora não lucrativa. Entre 1838 e 1848, a milhagem da via aumentou dez vezes, e o mapa ferroviário de 1848 parece surpreendentemente com o de hoje; quase outro século se passou antes que a milhagem dobrasse em relação àquele ano.

Os desafortunados investidores ferroviários forneceram à Inglaterra um bem público inestimável — sua primeira rede de transporte de grande volume e alta velocidade. Antes do início do século XIX, o PIB per capita da Inglaterra praticamente não crescia; depois disso, cresceu cerca de 2% ao ano — aproximadamente dobrando uma vez por geração — não apenas na Inglaterra, mas também em outras nações ocidentais avançadas. Essa transição foi causada, em grande parte, pela eficiência do transporte terrestre e marítimo movido a vapor.[53] Também não seria esta a última vez que investidores em tecnologia arruinados forneceriam às economias de seus países a infraestrutura necessária para seu crescimento.

Charles Mackay publicou a primeira edição de *História das Ilusões das Massas* em 1841, pouco antes da bolha das ferrovias atingir seu clímax. Mais do que qualquer outra pessoa na Inglaterra, Mackay deveria ter reconhecido o boom e a queda enquanto aquilo tudo acontecia. Como jornalista e escritor popular, ele estava perfeitamente posicionado para alertar sobre isso.

Ele não o fez, reconhecendo o episódio apenas em uma nota de rodapé oblíqua de duas frases na segunda edição do livro, publicada em 1852.[54] Quando jovem, na década de 1830, Mackay escreveu e editou dois jornais de Londres, o *Sun* e o *Morning Chronicle*; em 1844, pouco antes do estouro da bolha da ferrovia, ele assumiu o cargo de editor do *Glasgow Argus*, cargo que ocupou durante os três anos de expansão e estouro da bolha. Uma análise detalhada dos artigos do *Argus*, em particular os principais, frequentemente

102   Os Delírios das Multidões

reimpressos de outros jornais, mostram que Mackay era, em geral, modestamente entusiasmado com o desenvolvimento ferroviário. Provavelmente, isso foi um reflexo do tom econômico da mão invisível do mercado da época, que se centrou naquele período em torno da revogação das leis protecionistas do milho que beneficiavam a aristocracia latifundiária e matavam de fome os pobres urbanos ao manter alto o preço dos grãos; as ferrovias eram, portanto, uma preocupação secundária do círculo de Mackay.[55]

Sob a direção de Mackay, os principais artigos do jornal repetiram os terríveis avisos sobre a bolha do *Times*, mas o *Argus* também reimprimiu artigos favoráveis sobre as companhias ferroviárias de outros jornais. Parece, entretanto, que Mackay, cujo nome é hoje quase sinônimo da palavra "bolha", quase perdeu aquela, enorme, que vivenciou. Em um artigo principal publicado em outubro de 1845, ele declarou francamente que o entusiasmo pelas ações das ferrovias tinha pouco em comum com a bolha da Mares do Sul, que "não foi fundada sobre uma base sólida, mas totalmente imaginária". O entusiasmo das ferrovias, pensava ele, tinha uma base

> ampla e segura. Elas são uma necessidade da época. São uma propriedade real e tangível por si só. O tranquilo filósofo e o homem de negócios ativo podem perceber que não há um emprego mais nobre ou mais vantajoso para o capital britânico do que nesses projetos.[56]

Embora não existam evidências de que Mackay perdeu dinheiro na bolha das ferrovias, a cegueira do mais astuto observador da irracionalidade financeira humana da época atesta o poder sedutor das bolhas financeiras. Mesmo no século XIX, esta era uma notícia velha: um século antes, Isaac Newton mostrou como mesmo o conhecimento e a inteligência extraordinários não conseguiram proteger o investidor do canto da sereia da bolha. Newton não era nenhum noviço em finanças; na época da bolha da Mares do Sul, ele já era Mestre da Casa da Moeda por quase 25 anos. Ele obteve um retorno generoso em ações da Mares do Sul que comprou em 1712, e vendeu com um lucro significativo no início de 1720, mas no fim daquele ano perdeu a cabeça e as comprou de volta a preços muito mais altos. Isso o fez perder cerca de £20 mil e o fez supostamente comentar que ele poderia calcular os movimentos dos corpos celestes, mas não a loucura das pessoas.[57]

A bolha ferroviária da Inglaterra refletia uma agitação tecnológica que prometia revolucionar a própria estrutura da vida cotidiana. Quase simultaneamente, a um continente de distância, uma agitação de um tipo muito diferente produziu uma extraordinária histeria do fim dos tempos norte-americana.

5

A Fuga de Miller

Em meados da década de 1950, um psicólogo chamado Leon Festinger teve muita sorte.

Filho de um imigrante russo ateu e radical político, Festinger aplicou seu considerável intelecto ao longo de uma proeminente e distinta carreira acadêmica no emergente campo da psicologia social, e sua grande oportunidade chegou sob o disfarce de uma histeria envolvendo discos voadores na parte norte do meio-oeste norte-americano, fortuitamente perto de onde ele ensinava. O grupo em questão era liderado por uma mulher chamada Dorothy Martin, que afirmou ter canalizado espíritos alertando sobre enormes terremotos e enchentes; eles a informaram que os cataclismos gêmeos afligiriam a América do Norte em 21 de dezembro de 1954.[1]

Psicólogos sociais, cientes dos experimentos de comprimento de linha de Solomon Asch, há muito sabiam que as pressões sociais tendem a reduzir as diferenças de opinião entre os indivíduos a ponto de tanto pequenos grupos quanto sociedades inteiras desenvolverem distintos valores culturais, morais e religiosos. Além disso, eles também sabiam que essas mudanças de valores frequentemente ocorriam de forma explosiva, e que essa rápida difusão assemelhava-se à das doenças contagiosas.

Desde a década de 1920, os epidemiologistas desenvolveram modelos matemáticos sobre a propagação de doenças, a qual depende principalmente de dois parâmetros chaves: a taxa de transmissão, ou infecciosidade, de um patógeno, e sua taxa de remoção por cura ou morte. Os cientistas sociais descobriram que podiam compreender a difusão de ideias e crenças da mesma maneira. Festinger percebeu que Martin e seus seguidores forneciam a ele um laboratório no qual poderia observar esse processo em tempo real. Mais importante, seu grupo oferecia a rara oportunidade de ver o que acontece após o inevitável fracasso das profecias do fim dos tempos.

104   Os Delírios das Multidões

O jovem pesquisador elaborou um estudo que nenhum conselho de revisão institucional aprovaria hoje, no qual seus assistentes se infiltraram no círculo de Martin "sem o conhecimento ou consentimento dos membros do grupo".[2] O projeto de Festinger também entrou em conflito com a norma experimental e ética de que os pesquisadores de campo não deveriam interferir na tomada de decisão dos participantes. Repetidamente, enquanto Martin e seus seguidores, sem saber, extraíam as opiniões e conselhos dos observadores, os infiltrados de Festinger foram forçados a violar a ordem de não interferência.

Como uma das primeiras devotas da Cientologia, Martin não era estranha ao contato com o Além, tendo passado pelo processo de "auditoria" da organização, que lhe permitiu lembrar, entre outras coisas, sua concepção, nascimento e reencarnações anteriores. Seu principal colaborador, Dr. Charles Laughead, havia trilhado um caminho mais convencional para suas crenças do fim dos tempos. Médico do serviço de saúde estudantil da Universidade Estadual do Michigan, ele realizou trabalho médico missionário internacional para um grupo protestante tradicional; apenas quando sua esposa começou a sofrer de neuroses incapacitantes seus esforços para encontrar ajuda levaram a encontros inadvertidos com entusiastas de OVNIs, o que o levou à Sra. Martin.

Cerca de um ano antes da data prevista do Apocalipse, Martin tornou-se profetisa. Ela acordou com um formigamento no braço direito: "Tive a sensação de que alguém estava tentando chamar minha atenção."[3] Ela pegou um lápis e logo estava escrevendo involuntariamente com uma caligrafia estranha. No início, ao contrário dos profetas bíblicos, ela não transmitiu mensagens de Deus, mas de alguém muito mais próximo de casa: quando ela pediu ao comandante de seu obstinado braço que se identificasse, ele se revelou como seu falecido pai.

Ela rapidamente aumentou a aposta no seu jogo de canalização; seu braço direito entorpecido e o lápis começaram a transmitir mensagens de personagens mais exaltados: uma criatura chamada "Irmão Mais Velho" que a aconselhou sobre as necessidades espirituais de seu falecido pai, seguida por seres dos planetas "Cerus" e "Clarion", com a entidade mais importante sendo Sananda, que se revelou como a personificação física contemporânea de Jesus.

Sananda, um messias totalmente moderno, estava atualmente conduzindo um reconhecimento avançado em toda a extensão dos Estados Unidos e já havia contatado outros além da Sra. Martin. O que Dwight Eisenhower mais tarde chamaria de complexo militar-industrial do país irritava Sananda e seus associados, conhecidos como Guardiões; em retribuição, eles iriam despedaçar o continente e inundá-lo com uma grande enchente perto do final do ano. Os Guardiões instruíram Martin a encontrar seus discos voadores na noite de

1º de agosto de 1954. Nenhum OVNI apareceu para ela ou para os 11 seguidores que ela levara (nenhum era infiltrado de Festinger); em vez disso, foram recebidos por um homem de aparência comum a quem ela ofereceu suco de frutas e um sanduíche; ele educadamente recusou e foi embora.

O não comparecimento dos discos voadores forneceu a seu grupo o primeiro golpe de desconfirmação, e sete membros a abandonaram imediatamente. Martin e os outros quatro que mantiveram a fé não precisaram esperar muito: dois dias depois, Sananda informou a Martin que foi ele quem recusou os refrescos e, satisfeito com o caráter moral dela e de seus colegas remanescentes, disse-lhe que estariam entre os poucos escolhidos que os OVNIs resgatariam poucos dias antes do apocalipse.[4]

Como quase todos os milenaristas e apocaliticistas, Martin era uma tola sincera, não uma mau-caráter. Ela devotou seu tempo e fortuna para o benefício de seus seguidores, e suas crenças lhe custaram caro. Quando as crianças no subúrbio de Chicago, Oak Park, ouvindo de seus pais sobre o fim iminente, começaram a ter pesadelos, a polícia a acusou de "incitação à rebelião" e colocou-a sob cuidados psiquiátricos, ao que ela fugiu de sua casa em Chicago. Laughead também perdeu o emprego devido ao seu envolvimento no caso.[5]

A perspectiva da espetacular desconfirmação do sistema de crenças dos discípulos no fim de 1954, quando ambos os OVNIs de resgate e o apocalipse quase certamente não apareceriam, foi o principal motivo pelo qual Festinger colocou Martin e seus colegas sob vigilância: para determinar precisamente como as pessoas se comportam quando pontos de vista profundamente arraigados são desmentidos por eventos e dados. O trabalho resultante, *When Prophecy Fails* [Quando a Profecia Fracassa, em tradução livre], tornou-se um clássico entre psicólogos, sociólogos, economistas e cientistas políticos.* Posteriormente, Festinger cunhou o termo, agora familiar, "dissonância cognitiva" para descrever o conflito emocionalmente desagradável entre crença e fato ou, um pouco mais sutilmente, entre narrativa e dados. Quando uma narrativa convincente e fato objetivo colidem, a primeira muitas vezes sobrevive, um resultado que amaldiçoou a humanidade desde tempos imemoriais.

A história subsequente de Dorothy Martin tipificou quantas pessoas lidam com dissonância cognitiva. Em vez de modificar seu sistema de crenças à luz de evidências contrárias, ela e seu grupo, que inicialmente tinha sido relativamente reservado sobre suas crenças, redobraram seus esforços e pela primeira

---

* Festinger tentou garantir anonimato a seus sujeitos involuntários com pseudônimos; ele se referiu ao Dr. Charles Laughead como Dr. Thomas Armstrong, e Dorothy Martin como Marian Keech. Os leitores da era digital de *When Prophecy Fails* podem facilmente matar a charada.

vez começaram a fazer proselitismo sobre a vinda dos discos voadores. Depois de deixar a região de Chicago, ela passou o resto de sua vida mergulhada na espiritualidade em lugares de estilo de vida alternativo na América do Sul, norte da Califórnia e, finalmente, Sedona, no Arizona, onde, quase meio século após seu encontro com o Apocalipse em 1954, morreu sob o nome de Irmã Thedra.[6]

Embora seja muito fácil definir Dorothy Martin como uma caricatura da credulidade da Nova Era, somos, em um grau ou outro, todos escravos do demônio de Festinger. O "dobrar a aposta" demonstrado por Martin e seus seguidores parece ser quase uma constante do comportamento humano. Quando os anabatistas de Münster viram repetidamente as profecias do fim dos tempos de Bockelson desmentidas, suas crenças, pelo menos por algum tempo, se fortaleceram, assim como seus esforços para fazer proselitismo nas cidades vizinhas. Aconteceria o mesmo com as previsões selvagens do fim dos tempos de um grupo substancial de protestantes evangélicos em meados do século XIX.

Esse comportamento contraintuitivo faz um certo sentido perverso. A desconfirmação de crenças profundamente arraigadas causa forte dor psíquica; que melhor maneira de aliviar isso do que na companhia de fiéis recém-conquistados? Conforme colocado por Festinger: "Se mais e mais pessoas podem ser persuadidas de que o sistema de crença é correto, então claramente ele deve, afinal de contas, estar correto."[7]

Começando em 1620, os puritanos, que eram intimamente associados com o grupo Quinta Monarquia, enviaram os primeiros colonos para Massachusetts. Uma década depois, o novo líder da Colônia da Baía, John Winthrop, pregou a seus seguidores que eles fundariam "uma cidade sobre uma colina" cujo sucesso e auxílio de Deus seriam ansiosamente observados por todo o mundo.[8] O Estado que evoluiu a partir da Colônia da Baía, laico e com um grau até então desconhecido de liberdade religiosa e ideológica, forneceu um terreno fértil para a proliferação e crescimento de movimentos divinamente inspirados.

Os séculos XVIII e XIX viram, respectivamente, o Primeiro e o Segundo "Grande Despertar", avivamentos religiosos que varreram os Estados Unidos e a Inglaterra; ambos geraram uma ampla variedade de teologias heterodoxas que, como a Reforma antes deles, valorizaram o espiritualismo individual e desvalorizaram as hierarquias religiosas organizadas.

O rosto áspero em uma nota de US$20 representa uma ironia histórica que contribuiu diretamente para o Segundo Grande Despertar. Andrew Jackson desprezava a própria ideia de um banco central e permitiu que o contrato do Segundo Banco dos Estados Unidos expirasse em 1837. Sua falta de senso de oportunidade não poderia ter sido pior; quase simultaneamente, a nação passou por uma bolha espetacular, um episódio complicado que reuniu vendas massivas de terras do governo, especulação imobiliária e um aumento e queda nos preços do algodão. Quando a bolha estourou naquele ano, nenhum banco nacional poderia atuar como credor de última instância para evitar o desastre. A escassez de moeda resultante mergulhou o país em uma depressão dolorosa que durou quase uma década e causou desemprego de aproximadamente 25%. Dados econômicos detalhados dessa época não estão disponíveis, mas a imprudência de Jackson provavelmente custou à nação tanto quanto a Grande Depressão um século depois. O romancista inglês Frederick Marryat escreveu sobre sua visita a Nova York após o Pânico de 1837:

108   Os Delírios das Multidões

Suspeita, medo e infortúnio tomaram conta da cidade. Se eu não soubesse da causa, teria imaginado que a praga estava se alastrando e teria a descrição de Defoe diante de mim. Nenhum sorriso em um semblante entre a multidão que passa e repassa; passos apressados, rostos cansados, rápidas trocas de saudação ou comunicação apressada da ruína antecipada antes do pôr do sol... mecânicos, desempregados, andam de um lado para o outro com ar de lobos famintos. O choque violento foi comunicado, como o da eletricidade, através do país a uma distância de centenas de quilômetros. Canais, ferrovias e todas as obras públicas foram interrompidas, e o emigrante irlandês se encosta contra seu barraco, com a pá ociosa na mão, e morre de fome, enquanto seus pensamentos se voltam para sua própria Ilha Esmeralda.[9]

O Segundo Grande Despertar, que a essa altura já estava bem encaminhado, acelerou-se entre os destroços espalhados na esteira do pânico de 1837. Ao longo do caminho, o Despertar criou divisões que iam do mormonismo a movimentos espiritualistas evidentemente fraudulentos como o das Irmãs Fox, cuja suposta capacidade de se comunicar com os mortos enganou nada menos do que o grande escritor e político Horace Greeley.[10]

Mais espetacularmente, cerca de 100 mil norte-americanos passaram a acreditar que o mundo acabaria em 22 de outubro de 1844, uma ilusão em massa gerada pelo mais improvável dos líderes milenaristas: um homem modesto, despretensioso e atencioso chamado William Miller.

Nascido em 1782, o primeiro de 16 filhos de pais desesperadamente pobres, Miller foi criado em uma família de agricultores batistas profundamente religiosos na cidade de Low Hampton, no extremo leste do estado de Nova York. Sua mãe o ensinou a ler, mas a pobreza da família o privou de uma educação formal decente. Como muitos filhos de fazendeiros da época, dos 9 aos 14 anos ele frequentou a escola apenas durante os 3 meses entre a colheita e o plantio. Em casa, o menino, que amava livros, tinha acesso apenas à Bíblia, ao hinário e ao livro de Salmos do pai; vizinhos generosos lhe emprestavam cópias de obras populares como *Robinson Crusoé*. Esses interesses literários desagradaram seu pai, que percebeu que eles o distraíam de suas tarefas agrícolas, então o jovem William se esgueirava até a lareira tarde da noite para ler à luz fraca dos nós de pinho em chamas.[11]

Aos 21 anos, ele se casou e mudou-se para alguns quilômetros a leste, cruzando a divisa do estado de Vermont, para cuidar das terras de sua esposa, perto de Poultney. Quis o destino que a cidade fosse um viveiro do deísmo, uma filosofia que postulava um ser supremo destacado, um "Relojoeiro Divino" que observava sua criação à distância e via a Bíblia como um mero livro que era tudo menos divinamente inspirado — nada mais do que um guia útil para a história ancestral.

A extensa coleção da biblioteca da cidade refletia essa liberalidade: Voltaire, Hume e Paine, entre muitos outros, cujo pensamento Miller devorou no processo de se tornar um deísta. Em Poultney, Miller também ficou sob a influência do homem mais famoso da cidade, Matthew Lyon, um congressista, veterano da Guerra da Independência, agitador associado de Ethan Allen e notório agnóstico.[12]

Quanto mais filosofia iluminista Miller consumia, mais a Bíblia o ofendia: por que Deus inspirou um livro totalmente incompreensível e depois infligiu morte, tortura, exílio e fome a almas infelizes incapazes de interpretá-lo adequadamente? A humanidade também ficou aquém, na visão de Miller:

> Quanto mais eu lia, mais terrivelmente corrupto parecia o caráter do homem. Não pude discernir nenhum ponto brilhante na história do passado. Esses conquistadores do mundo e heróis da história foram, aparentemente, apenas demônios em forma humana. Todas as tristezas, sofrimentos e misérias do mundo pareciam aumentar em proporção ao poder que obtinham sobre seus semelhantes. Comecei a ficar muito desconfiado de todos os homens.[13]

A iconoclastia de Poultney combinava bem com o jovem fazendeiro; finalmente livre do sufocante ambiente religioso de sua família, ele se rebelou e, impiedosamente, imitava a devoção impressa nos rostos deles, personificando os sermões floreados de seu avô pregador.[14]

Miller achou um aspecto de sua família digno de elogio: seu pai havia lutado na Guerra da Independência, e assim o filho buscou refúgio da corrupção do homem no patriotismo e no serviço militar. Em 1810, com a perspectiva de um conflito com a Grã-Bretanha se aproximando, a milícia de Vermont concedeu-lhe a patente de tenente; quando o país declarou guerra em 1812, a milícia o promoveu a capitão, e no ano seguinte ele foi transferido para o exército norte-americano como tenente. Mesmo com a patente mais baixa, a mudança de serviço foi considerada uma promoção e, de qualquer forma, no início de 1814 ele havia recuperado a patente de capitão. No fim do verão, estava em Plattsburgh, às margens do Lago Champlain, onde uma força norte-americana com menos homens e armas derrotou decisivamente os invasores britânicos em uma batalha terrestre-marítima.

110 Os Delírios das Multidões

A ação militar intimidou e horrorizou Miller, que escreveu para sua esposa em 11 de setembro que, dos 300 soldados e marinheiros de um dos navios norte-americanos, apenas 25 sobreviveram. "Alguns de nossos oficiais, que estiveram a bordo, dizem que o sangue estava na altura dos joelhos." No dia seguinte ele escreveu para ela novamente:

> Meu Deus! Um massacre por todos os lados! Não posso descrever para você a alegria geral. Ao pôr do sol, nossos fortes dispararam uma saudação nacional, acompanhada por uma canção chamada "Yankee Doodle..." Um combate por terra e mar, dentro de um perímetro de um ou três quilômetros, e 15 ou 20 mil combatentes ao mesmo tempo, é superior a qualquer coisa que meus olhos já tenham visto antes. Quão grandioso, quão nobre e, no entanto, quão terrível![15]

A batalha não apenas destruiu a força de invasão britânica, mas também o deísmo de Miller; de que outra forma explicar, além de um Deus ativamente engajado do lado dos EUA, a derrota de 15 mil soldados da tropa de assalto britânica, veteranos das Guerras Napoleônicas, por uma combinação desorganizada de 1.500 soldados norte-americanos e 4 mil voluntários? "Um resultado tão surpreendente, contra tais probabilidades, parecia-me obra de uma força mais poderosa do que o homem."[16]

Logo após a guerra, ele voltou para a fazenda em Low Hampton, onde, como um veterano respeitado e funcionário público de uma cidade menor, esperava-se que assumisse um papel cada vez mais importante na igreja batista de sua família.

Suas experiências de guerra e o retorno ao ambiente religioso conservador de sua infância desencadearam um conflito espiritual e, devido ao amor pela leitura, ele aplicou a análise literária à disjunção entre sua descrença anterior e suas experiências aparentemente sobrenaturais em combate. Por volta de 1816, começou uma análise árdua da Bíblia, palavra por palavra. Se encontrasse a palavra "besta", por exemplo, em um contexto que sugeria que simbolizava um império pagão, como em Daniel ou no Apocalipse, ele buscaria compulsivamente no restante da Bíblia a mesma palavra.

Após vários anos vasculhando arduamente as escrituras, ele pensou ter encontrado a solução entre sua descrença anterior e as experiências de batalha. Dos quatro reinos de Daniel, apenas Roma, representada pela Igreja Católica, permaneceu. Ele ficou particularmente impressionado com Daniel 8:14: "Ele me disse: Até 2.300 tardes e manhãs; e o santuário será purificado."

Agora tudo estava claro para Miller: o Capítulo 7 de Esdras coloca a ordem do imperador persa Artaxerxes de retornar a Judá e construir sua casa de culto no sétimo ano de seu reinado, que os historiadores da época estimaram em 457 a.C. Naquele ano, de acordo com a escatologia de Miller, o relógio apocalíptico começou a marcar. Dada a equivalência do dia das escrituras e ano temporal assumido pelos estudiosos da Bíblia, o mundo terminaria 2.300 anos depois, em 1843.

Miller havia herdado a longa tradição intelectual de "misticismo numérico" que tanto encantou Joaquim de Fiore e que persiste inabalável até o presente. O exemplo moderno mais espetacular desse fenômeno é o trabalho do fim do século XIX de John Taylor e Charles Piazzi Smyth, que notou uma série de coincidências matemáticas na estrutura das pirâmides, como o fato de que a proporção de duas vezes o comprimento de sua base para sua altura era próxima do valor de π, que a proporção do comprimento da base para o de sua pedra de revestimento era 365, ou que a distância da terra até o sol tinha quase exatamente um bilhão de vezes a altura da pirâmide. Smyth escreveu um best-seller, *Our Inheritance in the Great Pyramid* [Nossa Herança na Grande Pirâmide, em tradução livre], no qual detalhou essas incríveis descobertas.[17]

Um século depois, em outro best-seller, *Eram os Deuses Astronautas?,* um suíço chamado Erich von Däniken desenvolveu observações semelhantes para provar que extraterrestres haviam visitado a terra.[18] E, por quase um milênio, os teólogos excêntricos desenvolveram coincidências matemáticas e cronologia bíblica similares para prever o fim do mundo. Ainda em 2011, Harold Camping, uma personalidade de uma rádio cristã, previu o fim do mundo para o dia 21 de outubro daquele ano. Em 2012, admitiu seu erro e humildemente reconheceu a exortação de Mateus 24:36 "daquele dia e hora ninguém sabe".[19]

O brilhante autor e matemático, criador de quebra-cabeças e comentarista social Martin Gardner escreveu sobre o livro de Smyth, *"Our Inheritance* é um clássico de sua espécie. Poucos livros ilustram tão belamente a facilidade com que um homem inteligente, e apaixonadamente convencido de uma teoria, pode manipular seu assunto de tal maneira a fazê-lo estar de acordo com as opiniões sustentadas com precisão."[20] (Ironicamente, Gardner foi criado na igreja Adventista do Sétimo Dia, descendente direta da teologia que Miller ajudaria a fundar.)[21] Como fez tantas vezes, o falecido e não convencional literato Christopher Hitchens cunhou um termo mais pungente para definição de datas bíblica delirantes: um "hodômetro para idiotas".[22] O misticismo bíblico dos números se alimenta do fenômeno da "padronicidade". A Bíblia, um vasto compêndio de números, narrativas e, às vezes, calendários mal definidos, permite ao milenarista estudioso chegar a quase qualquer data futura como

112 Os Delírios das Multidões

sendo o Fim. De qualquer maneira, Miller dificilmente foi o primeiro a empregar o misticismo bíblico dos números para estabelecer 1843 como a data apocalíptica; em 1946, um ministro Adventista do Sétimo Dia chamado Leroy Edwin Froom publicou *The Prophetic Faith of our Fathers* [A Fé Profética de Nossos Pais, em tradução livre], uma história de quatro volumes sobre os cálculos do fim dos tempos, dezenas dos quais focados em 1843. Mas ninguém desenvolveria o misticismo dos números com um efeito tão devastador quanto William Miller.[23]

O misticismo dos números é inevitavelmente amplificado por outro fenômeno psicológico bem conhecido, o "viés de confirmação", no qual os seres humanos, uma vez que estabeleceram uma hipótese ou sistema de crenças, prestam atenção apenas aos dados que apoiam suas crenças e evitam dados que os contradizem.

O termo está associado a um psicólogo chamado Peter Wason. Em um experimento clássico do fim da década de 1950, ele apresentou aos sujeitos uma sequência de três números, como 2–4–6, e pediu-lhes que derivassem a regra que produzia a sequência e a testassem com outra sequência.[24]

A regra mais óbvia sugerida pelo trio acima é "números pares sucessivos" e, portanto, o sujeito do teste tinha mais probabilidade de responder com uma sequência de respostas como 8-10-12 e ser informado de que era consistente com a regra que realmente gerou a sequência. O sujeito pode, então, voltar com 24–26–28 e ser informado de que os três pares também eram consistentes com a regra.

Depois de várias outras "confirmações" sucessivas de sua regra de "números pares sucessivos", ela poderia razoavelmente concluir que era a correta.

O problema é que todas as três sequências são consistentes com várias outras regras também, como "números crescentes" ou "apenas números positivos crescentes". Em outras palavras, os sujeitos estavam apenas tentando confirmar suas próprias hipóteses, quando na verdade uma estratégia mais eficaz é testar pares de três que refutassem a hipótese, digamos, 5-7-9. Se o examinador respondesse que esse trio também era consistente com a regra, eles saberiam que "números pares sucessivos" estavam incorretos, mas que talvez "números crescentes" ou "números crescentes em dois" ainda seriam verdadeiros.

A maioria dos sujeitos testou apenas trios que eram consistentes com suas regras hipotéticas, e não trios inconsistentes com suas regras. Procurando apenas por evidências que sustentassem suas hipóteses, eles raramente chegaram às regras que geraram a série numérica de Wason.

A Fuga de Miller   113

Como cientista, Wason sabia que o coração do método científico envolvia tentar *refutar* hipóteses, mas como psicólogo ele suspeitava que a tendência humana natural era de *confirmá-las*.[25]

Os psicólogos logo expandiram o trabalho de Wason e realizaram uma infinidade de experimentos que demonstraram a tendência mais geral de nossa espécie de buscar e aceitar evidências confirmatórias, enquanto ignora ou descarta evidências contrárias. Como diz o velho ditado, "um homem convencido contra sua vontade ainda tem a mesma opinião."*[26]

Em um estudo clássico do fim dos anos 1970, um grupo de pesquisadores da Universidade de Stanford entrevistou 151 alunos de graduação sobre suas opiniões de temas polêmicos, como a pena de morte, e selecionou desse grupo 48 deles, 24 que a defendiam fortemente e 24 que se opunham fortemente a ela (proponentes/oponentes). Em seguida, eles apresentaram aos dois grupos duas descobertas de pesquisas diferentes, supostamente autênticas, mas na realidade fictícias. Um dos "estudos" demonstrou que as taxas de homicídio eram mais baixas nos estados com pena de morte e o outro, mais altas (pró-dissuasão/antidissuasão).

Os proponentes acharam o estudo pró-dissuasão metodologicamente mais sólido do que o estudo antidissuasão, e foram mais convencidos pelo estudo pró-dissuasão também. Os oponentes, por outro lado, acharam o estudo antidissuasão mais sólido e convincente. O mais revelador de tudo é que, ao final do experimento, depois que os participantes leram e avaliaram os dois estudos contraditórios, cada grupo endureceu suas visões de proponente/oponente.[27]

William Miller, e mais tarde seus seguidores, contraíram um caso crônico de viés de confirmação. Depois de calcular o tempo escolhido, o ano de 1843, ele se concentrou na confirmação de evidências e, assim, foi capaz de se convencer da exatidão de sua previsão. Miller chegou à surpreendente conclusão de um Apocalipse em 1843. Cristo apareceria nas nuvens e o fogo consumiria a Terra. Os justos — aqueles que acreditavam — ascenderiam ao céu e à imortalidade, enquanto os maus seriam destruídos por Deus, que por precaução aprisionaria eternamente suas almas.[28]

---

* Esta citação é frequentemente atribuída a Benjamin Franklin, mas uma fonte melhor documentada parece ser Mary Wollstonecraft, "Convença um homem contra sua vontade, ele ainda tem a mesma opinião", em *A Vindication of the Rights of Woman with Strictures on Moral and Political Subjects* (Londres: Impresso por J. Johnson, 1796), 255 [*Reinvindicação dos Direitos da Mulher*, São Paulo: Boitempo, 2016]

Por quase uma década, Miller não divulgou essa profecia perturbadora e a discutiu apenas entre seus conhecidos mais próximos.[29] Timidez e reserva só aumentaram sua credibilidade, principalmente entre os cleros metodista, batista e presbiteriano, que ficaram impressionados com uma abordagem que era simultaneamente acadêmica e não confessional; ser membro de qualquer seita protestante qualificava alguém para a salvação. Os amigos de Miller, compelidos por sua escatologia, ficaram perplexos com sua relutância em pregar, que se originava de seu temor em se tornar motivo de chacota, um medo que provavelmente emanava de sua reticência social e educação humilde.[30]

No verão de 1831, sua irmã e o marido, batistas, o convidaram para falar em Dresden, Vermont, 25Km acima do lago Champlain em Low Hampton. Embora já tivesse lido sermões escritos por pregadores ausentes, ele nunca havia feito um. A essa altura, ele estava perto dos 50 anos e sua saúde já não era boa. Ele quase morreu de febre maculosa pouco antes da Batalha de Plattsburgh e desde essa ocasião sofria de várias infecções de pele.

A história não registrou suas palavras naquela ocasião específica, mas provavelmente não eram muito diferentes das de sermões escritos posteriormente: Cristo apareceria no céu e ressuscitaria os santos mortos, e os justos seriam "arrebatados para encontrar o Senhor nos ares, onde se casarão com ele." Cristo, então, voltaria sua atenção para os pecadores:

> Contemplem, os céus escurecem com nuvens, o sol se encobre; a lua, pálida e abandonada, paira no ar; o granizo desce, as sete trombetas proferem suas ruidosas vozes; os relâmpagos enviam seus vívidos raios de chamas sulfurosas para o exterior; e a grande cidade da nação cai para não mais se erguer por todo o sempre.[31]

Sua atuação hipnotizou tanto os batistas de Dresden que o seguraram até o domingo seguinte e, nos oito anos subsequentes, ele foi convidado a fazer sermões na zona rural da Nova Inglaterra, Nova York e Canadá. Quando não conseguia atender a um pedido para falar para congregações distantes, ele lhes fornecia folhetos escritos, o que resultou em uma série de panfletos e livros, gerando ainda mais pedidos para discursar.

Uma testemunha ocular contemporânea, que parece ter captado uma compreensão intuitiva do viés de confirmação, ao mesmo tempo impressionada e duvidosa, descreveu a presença dele no púlpito:

> Pessoalmente, ele era grande e robusto, sua cabeça larga e sua testa alta, com um olhar suave e expressivo, e todas as inflexões de sua

A Fuga de Miller   115

voz indicavam a mais sincera devoção. Sua imaginação era bastante
fervorosa e, tendo tirado sua conclusão de uma premissa imperfeita,
tornou-se para ele um fato real. Nesse estado de espírito, ele começou a dar palestras, usando grandes gráficos ilustrativos das visões
de Daniel e João. Multidões vieram ouvi-lo, vários ministros e leigos
de mente aberta abraçaram seus pontos de vista, e o maior entusiasmo prevaleceu nas partes leste e norte dos Estados Unidos.[32]

Assim como o misticismo bíblico dos números de Miller era antigo, o seu
vigoroso estilo de pregação também carecia de originalidade. Começando
por volta de 1825, um ministro presbiteriano e figura relevante no Segundo
Grande Despertar chamado Charles Grandison Finney aperfeiçoou o agora
familiar fogo do inferno e enxofre evangélicos, embebido com a participação
do público. Seus sermões efetuaram conversões aos montes; um observador
notou que depois que Finney passava por uma cidade, ela era "tão profundamente penetrada pelo sentimento religioso que ficava impossível organizar
uma festa dançante, e não era lucrativo ter um circo".[33] O próprio Miller via o
novo estilo de pregação revivalista com desagrado, mas também parece haver
pouca dúvida de que ele havia dominado a técnica de Finney, e que muitos dos
que convidaram Miller para falar o viram como um praticante eficaz dela.[34]

Como muitos dos primeiros evangélicos, Finney foi um abolicionista convicto e ativista social. No início, Miller compartilhou dessas crenças; Low
Hampton era uma parada na "ferrovia subterrânea" [rotas usadas por afro-
-americanos escravizados para fugir para estados livres ou para o Canadá] e
sabe-se que Miller abrigou pelo menos um escravo. Mas, quando em 1840 ele
participou de uma reunião da Sociedade Antiescravista, ele saiu convencido
de que a corrupção se espalhava tanto pela sociedade humana que deveria
buscar a intervenção divina para obter ajuda para resolver seus muitos males,
particularmente a escravidão: "O ano do Jubileu do pobre escravo não está
próximo, se o homem for a causa. Mas Deus pode e irá libertar o cativo. E só
com ele devemos buscar reparação."[35]

O estilo oratório floreado de Miller não apenas hipnotizou o público leigo,
mas sua tolerância com outras seitas protestantes e o domínio das escrituras
encantaram os clérigos. Um ancião cético da igreja, em um esforço para der-
rubá-lo, registrou que

o visitou em seu alojamento, com uma lista formidável de objeções.
Para minha surpresa, quase nenhuma delas era novidade para ele, e
ele poderia respondê-las tão rápido quanto eu poderia apresentá-las.

116   Os Delírios das Multidões

> E, então, ele apresentou objeções e questões que *me* confundiram,
> e os comentários nos quais confiei. Voltei para casa exausto, con-
> denado, humilhado e determinado a responder à pergunta.[36]

A popularidade de Miller, derivada de seus sermões contundentes, teve um preço: as congregações foram movidas muito menos pela teologia adventista que o impulsionava do que por sua fala sobre inferno de fogo e enxofre. A razão de ser de Miller girava em torno de salvar almas do fogo, enquanto aqueles que o convidaram queriam preencher os bancos. Ainda assim, no fim da década de 1830, ele atraiu um quadro de apoiadores que espalharam a mensagem. Por exemplo, em 1838, o editor do jornal de Boston, *Daily Times*, publicou uma série de sermões de Miller, e quase ao mesmo tempo um ministro chamado Josiah Litch iniciou um informativo chamado *The Midnight Cry!* [O Grito da Meia-Noite!, em tradução livre], que circulou amplamente pela Nova Inglaterra. Um pastor de Boston chamado Charles Fitch, um dos apaniguados abolicionistas de William Lloyd Garrison, releu o tratado de Litch várias vezes consecutivas; Litch, Fitch e vários outros acólitos de Miller iriam, nos anos seguintes, apoiar o movimento de Miller e, por fim, encorajar sua previsão apocalíptica mais desastrosa.[37]

No início, esse apoio não encorajou muito Miller; em 1839, prejudicado pela idade e problemas de saúde, e desanimado por ter convencido poucos do advento do fim dos tempos dali a quatro anos, ele se considerava um fracasso. Os convites para sermões continuaram a chegar, mas ele sabia que sua dispersa pregação rural salvaria apenas algumas almas do vindouro Apocalipse.[38]

Embora seus seguidores o considerassem um profeta, tecnicamente ele não era, pois negava firmemente qualquer comunicação com o Todo Poderoso. Em vez disso, ele reivindicava a capacidade de adivinhar o futuro a partir das escrituras. Independentemente do que pensasse sobre si mesmo, ele claramente subestimou como seu adventismo persuasivo havia agitado clérigos no nordeste do país. Em 1838, por exemplo, ele recusou um pedido para fazer um sermão de Joshua Himes, um ministro de Boston e, tal como Fitch, apaniguado de Garrison.

Enquanto Miller era humilde e rústico, Himes era urbano, polido e bem-relacionado nos círculos progressistas de Boston. A Primeira Igreja Cristã provou ser muito conservadora para Himes, então ele fundou sua própria casa de culto chamada, naturalmente, a Segunda Igreja Cristã, que cresceu tão rapidamente sob sua liderança que foi preciso construir uma capela com 500 lugares na Rua

Chardon, em Boston. O poderoso, extrovertido e carismático Himes não se deixou abater pela timidez de Miller. Em algum momento do outono de 1839, ele convenceu Miller a pregar para sua congregação, uma apresentação que impressionou tanto Himes que ele devotou sua considerável energia, habilidades organizacionais e domínio da mídia impressa da época à causa de Miller, e assim efetivamente assumiu o controle.

Himes enviou Miller não apenas a pacatas congregações rurais, mas também para igrejas lotadas na cidade de Nova York e Albany. Ele republicou os informativos e livros de Miller e estabeleceu um jornal de sucesso, *The Signs of the Times* [Os Sinais dos Tempos, em tradução livre], inicialmente quinzenal, e logo semanal. Himes também tinha contato com outras pessoas influenciadas pela escatologia de Miller. Esses seguidores publicaram seus próprios jornais milleritas, mais notavelmente Nathaniel Southard, que acabou editando a publicação adventista mais famosa de todas, *The Midnight Cry!* (que confusamente tinha o mesmo nome do informativo de Litch).

Himes intuitivamente captou a sinergia entre as publicações e a pregação, desde as menores reuniões até as maiores conferências. Panfletos, jornais e livros que apresentavam a convincente narrativa adventista do fim dos tempos geraram o chamado para a pregação, e a pregação gerou maior venda de publicações. Os fiéis espalharam a palavra deixando maços de impressos em navios que seguiam para o alto mar e barcaças de canal que desembocavam em portos, e pendurando cartazes em vagões de trem.[39]

Começando em 1840, Himes organizou a primeira de várias conferências gerais que reuniram e coordenaram a campanha adventista de Miller. Isso envolveu não apenas locais convencionais da igreja, mas também massivas "reuniões campais".

Himes não inventou a reunião campal; as primeiras foram organizadas logo após o nascimento da nova nação [EUA] e, em 1840, já eram uma instituição estabelecida. Parte congregação revivalista e parte clube social, elas inicialmente atraíram agricultores isolados nos territórios de fronteira da Carolina do Sul, Tennessee e Kentucky com relações sociais extremamente necessárias. Normalmente, seus organizadores batistas e metodistas limpavam um pedaço de floresta e transformavam as árvores derrubadas em bancos e púlpitos rústicos, que funcionavam como igrejas itinerantes. (Episcopais e Congregacionalistas, por outro lado, torceram o nariz para os acampamentos e para o evangelismo em geral.)

Os seguidores de Miller realizaram as duas primeiras reuniões campais no fim de junho de 1842: uma em East Kingston, New Hampshire, e a outra em Hatley, Quebec. A reunião de New Hampshire foi um sucesso impressionante:

118 Os Delírios das Multidões

Cerca de 10 mil batistas e metodistas compareceram, assim como uma pitada de deístas e "infiéis", presumivelmente atraídos pela boa comunhão não confessional. Himes provou ser um mestre em logística: o local ideal para essas reuniões tinha de ser facilmente alcançado por trem e exigia, de acordo com um historiador, "abundância de água fresca pura, altos pinheiros com sombra fresca e bosques isolados para oração e devoção". [40] Cidades grandes e médias patrocinaram suas próprias acomodações em tendas, e as ferrovias estabeleceram estações temporárias, reduziram as tarifas dos fiéis e permitiram que os pregadores viajassem gratuitamente. No encerramento, cada "mestre da tenda" fornecia uma contagem das almas salvas do fogo eterno.

A reunião de East Kingston foi tão bem-sucedida que Himes e seus colegas decidiram comprar uma "Grande Tenda", de 16 metros de altura e 36 metros de diâmetro, com capacidade para 4 mil pessoas e espaço para talvez mais alguns milhares nos corredores. Em caso de mau tempo, podia acomodar os serviços dentro da tenda, que vinha equipada com aquecedores para permitir reuniões em climas frios; a tenda atraiu milhares em Rochester, no estado de Nova York, e até do oeste de Ohio. Nos dois anos seguintes, Himes e seus colegas organizaram 125 reuniões campais com a participação de aproximadamente meio milhão de pessoas. [41]

Na conclusão de cada reunião campal, os ministros organizavam uma oração ou música de despedida, sendo a favorita "Nunca Mais Nos Separar":

> *Marchamos pelo terreno de Emanuel*
> *Em breve ouviremos o som da trombeta,*
> *E logo iremos com Jesus reinar,*
> *E nunca, nunca mais nos separar.*

> *O quê? Nunca mais nos separar?*
> *Não, nunca mais nos separar.*
> *Iremos com Jesus reinar,*
> *E nunca, nunca mais nos separar.* [42]

O ministro, então, conduzia a congregação para fora da tenda em uma fila única em espiral, que se dobrou para trás para que cada um pudesse apertar a mão de todos os outros. Visto que o fim dos tempos era iminente, os fiéis esperavam seu próximo encontro no "acampamento celestial." [43]

O próprio Miller pagou um alto preço pessoal por seu sucesso. Não sendo alguém que cuidasse muito da saúde, ele estimou que só em 1841 deu 627 estimulantes palestras de 90 minutos cada. [44] Ao longo desse período, a condição de sua pele e o cansaço de Miller, somados ao entusiasmo de seus seguidores,

A Fuga de Miller   119

diminuíram sua influência sobre o movimento que fundara. Em mais de uma ocasião, problemas de saúde o forçaram a voltar mais cedo para casa em Low Hampton.[45]

A menos que sejam cuidadosamente administrados, eventos de massa carregados de emoção podem sair do controle, como aconteceu nas reuniões campais subsequentes. Enquanto Himes estava ocupado espalhando a mensagem de Miller, ele colocou seu segundo em comando, Charles Starkweather, como responsável pela capela da Rua Chardon, onde ele provou seu talento para levar a congregação ao frenesi. Temendo sua influência, Himes acabou demitindo Starkweather, mas não conseguiu evitar sua presença nas reuniões campais, nas quais seus sermões convenciam os fiéis de que ele hospedava o Espírito Santo e tinha "dons" que incluíam a capacidade de desligar motores a vapor ou andar sobre as águas. Em uma reunião, outro participante afirmou ter lido o caráter e o coração de um fiel, e então recrutou seguidores para atacar os céticos e exigir retratação, sob pena de condenação eterna. Quando eles resistiam, ele falava em línguas e se debatia, e quando os observadores tentaram intervir eles também foram condenados ao Inferno.[46]

O mais importante é que Miller e Himes começaram a perder o controle da mídia adventista cada vez mais poderosa. Os fiéis começaram a publicar seus próprios jornais, com títulos como *Voice of Truth* e *Glad Tidings of the Kingdom at Hand*, *Advent Chronicle* e *Tent Reporter*, *Jubilee Trumpet* e *Western Midnight Cry*, o último fundado por George Storrs, um ministro metodista que havia sido preso em New Hampshire por suas atividades abolicionistas. Storrs iria, com resultados desastrosos, perseguir a causa adventista com igual zelo.

Na véspera de Ano-Novo, 31 de dezembro de 1842, os adventistas de todo o país se reuniram para dar as boas-vindas a 1843, o último ano da Criação, na Rua Chardon. Himes e Starkweather, que naquela ocasião ainda não tinha sido demitido, pregaram para a capela lotada. O cada vez mais enfermo Miller enviou uma carta aos fiéis:

> Este ano, de acordo com nossa fé, é o último ano em que Satanás reinará em nossa terra. Jesus Cristo virá e ferirá sua cabeça. Os reinos da terra serão despedaçados... e aquele que tem o direito de reinar terá o reino e o possuirá para todo o sempre.[47]

Em fevereiro, Miller se recuperou o suficiente de sua doença para viajar para a Filadélfia, onde o enorme salão do Museu Chinês foi alugado para seus sermões. Tão palpável era a empolgação, e tão indisciplinada a multidão que

120 Os Delírios das Multidões

esperava do lado de fora, que as autoridades da cidade cancelaram a primeira palestra em 9 de fevereiro por medo de desordem cívica. No dia seguinte, Miller pregou com grande efeito, sem incidentes, e logo depois em Trenton, a convite do prefeito. No caminho para casa, Miller adoeceu e permaneceu confinado em Low Hampton até o outono. Himes e vários associados dividiram o país em teatros de operações e pregaram em igrejas, alugaram salões e distribuíram publicações chegando à Wisconsin e Missouri na direção oeste, e às Carolinas, no sentido sul.

Em Boston, no epicentro urbano do movimento na Rua Chardon, aqueles que queriam ouvir Himes lotaram os assentos da capela e, portanto, um local maior na Howard Street com capacidade para 3 mil pessoas foi planejado. A lei municipal exigia que um prédio desse tamanho fosse cercado por tijolos dos quatro lados e, como o Fim estava próximo, o lote da Rua Howard era ideal, já que tendo paredes em três lados precisaria apenas da construção de uma parede de três metros no quarto lado.

Nesse ponto, o movimento, que há muito gerava ceticismo e escárnio no público em geral, encontrou hostilidade explícita. Os jornais empilhavam advertências e desprezo sobre um sistema de crenças visto como não apenas perigoso, mas temerário ao extremo: se o fim do mundo era iminente, os grandes templos em construção não apenas em Boston, mas em Cincinnati e Cleveland, não serviriam para nada. Apesar da crescente oposição pública, os fiéis inauguraram o templo da Rua Howard em 4 de maio de 1843.

Como na maioria dos sistemas de crenças fechados, os milleritas adotaram o viés de confirmação para apoiar sua teologia; como sempre, a Bíblia provou ser um tesouro de dados de apoio:

> Sabendo primeiro isto, que nos últimos dias virão escarnecedores, andando segundo suas próprias concupiscências, E dizendo: Onde está a promessa da sua vinda? Porque, desde que os pais dormiram, todas as coisas permanecem como desde o princípio da criação.
> (2 Pedro 3:3–4)

Para animar as tropas desencorajadas pelo crescente desprezo público, *The Midnight Cry!* publicou "A Coluna dos Mentirosos" e "O Canto dos Zombadores" como temas recorrentes.[48]

Miller sempre foi evasivo quanto à data exata do Fim. Seu cálculo havia acrescentado os 2.300 anos de Daniel 8:14 à suposta ordem de Artaxerxes em 457 a.C. para que os judeus voltassem para casa e reconstruíssem o Templo.

A Fuga de Miller   121

Essa aritmética simples agendou o retorno de Jesus para 1843. Conforme o ano avançava sem intercorrências, Miller começou a remendar: como os eventos bíblicos ocorriam de acordo com o calendário rabínico judaico, que começava em março ou abril, ainda havia muito tempo; o ano "1843" judeu não terminou, de acordo com esse ajuste aritmético, até 21 de março de 1844.[49]

No início de 1844, Miller voltou ao desafio e pregou para grandes públicos em Boston e na cidade de Nova York. Com a aproximação da fatídica data, ele se juntou a Josiah Litch e Himes para um *grand finale* na capital Washington. Aquela "Casa de César", como Miller apelidou a capital, parecia mais consumida com a eleição presidencial daquele ano do que com o Apocalipse que se aproximava, o que o aborreceu profundamente:

> Nossos governantes e políticos ainda não estão prontos para renunciar a seu poder, mas eles estão muito envolvidos em suas disputas políticas pela próxima presidência, como se sua pequena "breve autoridade" durasse para sempre. Mas, com a ajuda da Palavra de Deus, do Espírito Santo e da história das eras passadas, mostrarei a eles que uma importante revolução ocorrerá em breve, a qual substituirá a necessidade de escolher um presidente.[50]

Em 3 de março, Miller havia proferido 19 sermões na capital, depois vários mais no caminho de volta para casa em Low Hampton, onde chegou, exausto, para aguardar o Fim em 21 de março.

O dia chegou e passou sem intercorrências; Miller escreveu cartas esperançosas a Himes por correio privado e mensagens aos fiéis por meio dos jornais adventistas: seus cálculos nunca eram exatos, então, e se eles estivessem errados por uma semana, um mês ou dois? O Senhor ainda estava vindo; Himes, por sua vez, advertia os leitores: "Não é seguro, portanto, adiarmos em nossas mentes o evento por uma hora, mas viver em constante expectativa e prontidão para encontrar nosso Juiz. Com essas visões, não podemos fazer arranjos certos para o futuro."[51]

Ainda havia muito espaço de manobra. Por exemplo, um artigo não assinado no ano anterior em um dos jornais de Himes, *The Signs of the Times*, apontou o erro de cálculo de Miller: como não há ano zero no calendário cristão, apenas 2.999 anos separavam 457 a.C. e 1843 d.C., não 3.000. Portanto, o Fim deve ocorrer no "ano judaico" de 1844, não em 1843.

Esse artigo ainda levantou problemas com o uso do calendário judaico por Miller. Depois que os romanos espalharam os judeus na diáspora, a colheita de cevada da Judeia, na qual a data do Yom Kippur foi baseada, não pôde

122   Os Delírios das Multidões

mais ser observada, e assim quase todos os judeus adotaram o calendário rabínico, um sistema de datação matemática precisa que se baseava em um ciclo de 19 anos. Porém, esse calendário mais recente não entrou em uso até o século IV d.C.; muito melhor então, pensou o escritor, seria observar o sistema de calendário "caraíta", usado nos tempos bíblicos, que iniciava o ano com o aparecimento da lua nova mais próxima da colheita da cevada na Judeia. Por esse método, o Apocalipse ocorreria em 29 de abril de 1844.[52]

Essa data também passou sem intercorrências. O escárnio público aumentou, e um millerita poderia ouvir de seu vizinho algo do tipo "Ora, ora — ainda não subiu? Achamos que você tivesse subido! Sua esposa não deixou você para trás para queimar, deixou?"[53]

A Bíblia foi mais uma vez explorada em busca de explicações plausíveis para o não acontecimento. Um dos livros mais obscuros do Antigo Testamento, Habacuque, contém esta passagem (2:3): "Porque a visão é ainda para o tempo determinado, mas se apressa para o fim, e não enganará; se tardar, espera-o, porque certamente virá, não tardará." A palavra "tardar" apareceu de forma proveitosa em outro lugar na Bíblia, e de maneira mais importante, em Mateus 25, uma parábola em que 10 virgens aguardam o "noivo", que representa Jesus. Os versículos 5 e 6 explicam: "E, tardando o noivo, foram todas tomadas de sono, e adormeceram. Mas à meia-noite ouviu-se um grito: Eis o noivo, saí a seu encontro." (Daí o nome do folheto de Litch e do jornal adventista mais conhecido, *The Midnight Cry*!). Essa racionalização tranquilizou os fiéis decepcionados: o trabalho de Cristo foi feito amplamente, ele estava apenas tardando.

Os milleritas seguiram o mesmo manual usado pelos adeptos de Dorothy Martin quando os discos voadores não apareceram pela primeira vez. Alguns seguidores partiram, mas aqueles que permaneceram redobraram sua fé e começaram, pela primeira vez, a fazer proselitismo. As reuniões campais continuaram, mas a dúvida semeada após a Decepção da Primavera, como ficou conhecida, ao mesmo tempo em que reduzia a adesão, simultaneamente forneceu uma abertura para elementos mais fanáticos. O fanático Starkweather levou muitos de seus seguidores com ele depois que Himes o expulsou da congregação da Rua Chardon. Outro fanático, Calvin French, ensinou que não só os fiéis poderiam evitar o fogo do inferno, mas também poderiam alcançar a perfeição, um estado que tolerava e abençoava qualquer coisa que fizessem. Tais atividades sancionadas convenientemente incluíam o conhecimento carnal de "esposas espirituais" fora dos limites do casamento, um privilégio muitas vezes desfrutado por líderes do fim dos tempos em todas as épocas, o que Starkweather também reivindicou entusiasticamente.

A mistura volátil de decepção e fanatismo explodiu em uma reunião campal realizada em Exeter, New Hampshire, em agosto de 1844. No meio de um discurso maçante de Joseph Bates, um dos apaniguados de Miller, uma mulher o interrompeu: um homem chamado Samuel Snow, uma figura até então desconhecida, tinha notícias urgentes.

Snow disse à multidão que havia realizado uma pesquisa exaustiva do Antigo e do Novo Testamentos e tinha feito uma descoberta surpreendente: havia uma concordância exata entre quatro dias sagrados judaicos e quatro cristãos. Três dos cristãos já tinham sido celebrados naquele ano, mas o quarto, que correspondia ao Yom Kippur, o Dia Judaico da Expiação, não. Essa observância, a mais sagrada da religião judaica, ocorreu no décimo dia do sétimo mês do calendário judaico, Tishri.

Snow discordou dessa data, que em 1844 colocou o Yom Kippur em 23 de setembro. Ele sentiu mais precisão ao usar o antigo calendário caraíta, que seria um mês após o rabínico; assim, o Fim viria em 22 de outubro. (Mesmo com tanta "precisão", ainda havia um pouco de incerteza. Porque naquela época o aparecimento da lua nova em Jerusalém estava a milhares de quilômetros de distância e, portanto, inobservável do Novo Mundo, pelo menos alguns discípulos pensaram que a data real poderia, então, cair em 24 de outubro.)[54]

A mensagem de Snow eletrificou o acampamento e impressionou até mesmo Bates, que escreveu:

> Funcionou como fermento em todo o acampamento. E, quando aquela reunião terminou, as colinas de granito de New Hampshire estavam ressoando com o grito poderoso: "Eis que o noivo está chegando; saí a seu encontro." Enquanto os vagões carregados, palcos e vagões de trem rodavam pelos diferentes estados, cidades e vilas da Nova Inglaterra, o grito ainda ressoava: "Eis que o noivo está chegando!" Cristo, nosso bendito Senhor virá no décimo dia do sétimo mês! Prepare-se! Prepare-se![55]

A referência ao "noivo" novamente apontou para Mateus 25. Imitando Himes, Snow fundou um novo jornal intitulado *The True Midnight Cry*. O cálculo de Snow não era original; o próprio Miller já havia brincado com a formulação do "décimo dia do sétimo mês". Durante o verão [no hemisfério norte] de 1844, os milleritas sitiados, febris com a dissonância cognitiva e o viés de confirmação, agarraram-se à formulação de Snow, que logo foi reiterada pelo impetuoso George Storrs.

124   Os Delírios das Multidões

Tanto Snow quanto Storrs eram individualistas destemidos: Snow começou como, ele se autodescreveu, um "infiel" que escrevia para o *Boston Investigator*, um jornal declaradamente ateu; como muitos descrentes da época, ele se converteu ao adventismo ao ler as obras de Miller. Storrs, por outro lado, havia começado como metodista e, em certa ocasião, foi preso e arrastado de joelhos de uma igreja para impedir o sermão abolicionista que fora convidado a fazer.

Um por um, como os mais suscetíveis dos sujeitos do teste da linha de Solomon Asch, a hierarquia adventista sênior corroborou o "décimo dia do sétimo mês", 22 de outubro no corrente calendário de então. No fim de setembro, Nathan Southard, o editor do *The Midnight Cry!*, registrou a publicação central do movimento em favor da data de 22 de outubro. Himes, sempre o organizador pragmático, detectou a mudança de atitude de suas tropas e lembrou Miller de seu flerte anterior com o conceito de décimo dia/sétimo mês; ambos se comprometeram com a data de 22 de outubro em 6 de outubro. O Fim estava a apenas 15 dias de distância.[56]

Miller escreveu em *The Midnight Cry!*:

> Vejo uma glória no sétimo mês que nunca vi antes. Embora o Senhor tenha me mostrado a postura típica do sétimo mês, um ano e meio atrás, ainda não percebi a força dos dígitos [concordância de dias sagrados entre o Novo e o Antigo Testamento]. Agora, bendito seja o nome do Senhor, vejo uma beleza, uma harmonia e um acordo nas Escrituras, pelo qual orei por muito tempo, mas não vi até hoje. — Graças ao Senhor, ó minha alma. Que o irmão Snow, o irmão Storrs e outros sejam abençoados por sua instrumentalidade em abrir meus olhos. Estou quase em casa. Glória! Glória!! Glória!!![57]

Os fiéis, em geral, aceitaram a matemática de Snow; o mais cético da velha guarda, Josiah Litch, cerrou fileiras com a data apocalíptica em 12 de outubro:

> Todas as minhas dificuldades desapareceram e agora me regozijo na gloriosa luz que emana da palavra de Deus nos dígitos do Antigo Testamento... sinto-me humilde sob sua mão poderosa, e agora levanto minha cabeça na expectativa alegre de ver o Rei dos reis dentro de dez dias.[58]

O templo da Rua Howard transbordou e nos jornais *The Midnight Cry!* e *Advent Herald* as impressoras a vapor de última geração funcionavam sem

A Fuga de Miller   125

parar em um esforço frenético para salvar o máximo possível de almas do fogo do inferno antes que Jesus fechasse a janela da salvação.

A essa altura, os fiéis haviam se tornado agudamente cientes de que o resto do mundo os considerava loucos, e então enfrentaram uma escolha terrível: continuar suas atividades e negócios normais e ser rotulados de hipócritas, ou cessá-los completamente e ser condenados como fanáticos. As lideranças, sempre atentas à imagem pública do movimento, aconselharam o primeiro curso: os fiéis deveriam viver suas vidas normais até o Fim.

A última edição de *The Midnight Cry!* antes de o predito Fim foi publicada em 19 de outubro e continha expressões sinceras de fé. Talvez o mais impressionante tenha vindo de William Nicholass, que acabara de observar sua vizinha adventista, a Sra. Baxter:

> Este é o *vigésimo nono* dia desde que ela comeu qualquer coisa, e ainda assim está aparentemente com boa saúde, parecendo bem, e os vizinhos dizem que suas forças aumentaram recentemente. Ela diz que não está doente, mas com boa saúde. Ontem, assim como esta manhã, ela estava fora de casa.[59]

Miller, um homem modesto, estimou que 50 mil pessoas acreditavam no Advento de 1844, enquanto outros colocaram o número em 1 milhão de uma população total de 20 milhões dos Estados Unidos; a respeitada Sociedade Antiquária Americana calculou o movimento entre 150 mil e 200 mil adeptos.[60] No dia 22 de outubro, a maioria deles esperou o tão esperado Fim com serena certeza, reunidos silenciosamente com suas famílias em suas casas e igrejas, e dizendo adeus àqueles que eles sabiam que não evitariam o fogo do inferno. Himes viajou de Boston para Low Hampton para estar com Miller e saudar o Salvador.

Miller e Himes estimularam seus seguidores a realizar suas atividades normais com base na injunção bíblica "Negociai até que eu volte" (Lucas 19:13). Apesar desse conselho, muitos não semearam na primavera de 1844 ou, se o fizeram, deixaram de fazer a colheita como expressão de fé. Outros fecharam seus negócios, soaram alarmes públicos e seus filhos faltaram à escola. Alguns levaram as coisas ainda mais longe e distribuíram o conteúdo de suas lojas e padarias e, em mais do que alguns casos, a maior parte de seu dinheiro e bens materiais.[61] Jornais adventistas relataram reuniões campais em que dezenas confessaram seus pecados e os púlpitos se encheram de notas bancárias enquanto os fiéis tentavam, sem sucesso, doar seu dinheiro. Os fiéis perdoaram milhares de dólares em dívidas, a legislatura de Nova York dispensou

126 Os Delírios das Multidões

um membro para que ele pudesse se preparar para o fim do mundo, e em Rochester uma mulher confessou um assassinato que havia cometido anos antes na Inglaterra e pediu para ser repatriada para julgamento.[62] De acordo com uma história abrangente da Filadélfia do século XIX:

> A Igreja Millerita ficava na rua Julianna, entre Wood e Callowhill, e lá seus seguidores se encontravam, noite e dia, observavam as estrelas e o sol, oravam e advertiam os impenitentes de que "o dia do julgamento estava próximo". Muitos deles começaram a vender suas terras e suas casas a preços simbólicos. Outros deram seus pertences pessoais, fecharam seus negócios ou desocuparam suas casas. Em uma loja na Rua Cinco, acima de Chestnut, havia um cartaz que dizia: "Esta loja está fechada em homenagem ao Rei dos reis, que aparecerá por volta do dia 20 de outubro. Preparem-se, amigos, para coroá-lo Senhor de tudo!"[63]

Os milleritas convencionais, que se aproximaram de 22 de outubro com calma, viram com alarme o fanatismo engendrado em alguns por sua teologia do fim dos tempos:

> Os desiludidos retraíram-se inteiramente e se organizavam para realizar reuniões, à medida que o tempo se aproximava, em uma residência privada na vizinhança, noite e dia, e durante toda a noite, negligenciando quase totalmente seus assuntos não religiosos e, em alguns casos, deixando seus filhos pequenos cuidando de si mesmos ou sendo cuidados por outros menos apaixonados do que seus tutores naturais.[64]

Os efeitos sobre os fiéis não retratam o efeito geral na sociedade do Advento programado, uma vez que para cada millerita confirmado havia certamente vários incrédulos que, à medida que se aproximava o dia 22 de outubro, se perguntavam se, sempre que o vento aumentava ou o céu escurecia, eles não deveriam ter se resguardado. Em Ithaca, Nova York, um homem que acordara com gritos de "fogo!" investigou e encontrou uma sala de reunião adventista como sendo a fonte do incêndio e expressou alívio porque "o Templo dos Milleritas estava em chamas, em vez do mundo".[65]

Bem depois do fato, no início dos anos 1920, uma ianque de família abastada, Clara Endicott Sears, interessou-se pelo millerismo e buscou relatos em primeira mão do episódio por meio de anúncios em jornais. Ela reuniu cerca de 160 em um livro intitulado *Days of Delusion* [Dias de Delírio, em tradução livre], que influenciou muito a impressão moderna da loucura millerita, embora os historiadores tenham concluído que muitos, se não a maioria dos relatos, filtrados ao longo de oito décadas por pais, avós, tias e tios, provavelmente eram floreados ou evidentemente falsos.

Ainda assim, vários temas estavam consistentemente presentes nos relatos que ela recebeu: muitos milleritas esperaram no topo das colinas, e um número menor em cemitérios. Muitas das histórias de Sears carregam o tom da verdade: uma de suas correspondentes idosas, que era uma menina em 1844, lembrou-se de ter pedido ajuda a uma vizinha, filha de pais milleritas, para cozinhar. Seus pais disseram que ela estava preparando sua alma para a ascensão, ao que a pequena visitante respondeu: "Ela pode vir na semana seguinte se isso não acontecer?" Mais tarde, ela lembrou: "Por mais jovem que eu fosse, nunca esqueci a expressão de horror que tomou conta do rosto dela ou as lágrimas que encheram seus grandes olhos azuis."

Outra história de Sears tem um ardoroso millerita declamando o Fim ao ministro unitarista Theodore Parker e ao poeta Ralph Waldo Emerson, a quem Parker respondeu: "Não *me* preocupa, pois moro em Boston." E Emerson disse: "O fim do mundo não me afeta; posso ficar muito tempo sem isso."[66]

As histórias mais lembradas de Sears descrevem os milleritas esperando em "mantos de ascensão" brancos ou quebrando pescoços ou membros lançando-se de árvores com asas caseiras. Embora plausíveis, tais relatos foram provavelmente o resultado da propaganda anti-adventista.

Críticos também acusaram o millerismo de encher instituições psiquiátricas com lunáticos, mas isso também era provavelmente mítico: o pensamento religioso frequentemente tange a esquizofrenia, uma desordem comum, e os registros das instituições da Nova Inglaterra mencionavam o millerismo em apenas alguns casos.[67] Além disso, os parentes de um millerita que tinha doado todos os seus bens mundanos podem tentar, compreensivelmente, fazê-lo se internar. Quando um fiel chamado J.D. Poor vendeu suas posses a fim de pagar uma viagem de Boston para o oeste em 1843 com o objetivo de fazer proselitismo e distribuir literatura, ele foi atraído para a casa de um de seus irmãos, que tentou enviá-lo para uma instituição psiquiátrica. No entanto, ele foi resgatado por seu companheiro de viagem adventista.[68]

A Decepção de Outubro, com seu alvo firme em 22 de outubro, tirou o fôlego dos fiéis com mais força do que o da primavera, com sua data de chegada. Seu desespero coletivo foi avassalador. De acordo com Miller: "Parecia que todos os demônios do poço sem fundo foram soltos sobre nós."[69] Um ancião do movimento, Louis Boutelle, observou:

128   Os Delírios das Multidões

O dia 22 de outubro passou, tornando indescritivelmente tristes os fiéis e desejosos; mas fazendo com que os incrédulos e perversos se alegrassem. Tudo estava parado. Sem *Advent Herald*; sem reuniões como antes. Cada um se sentiu sozinho, com quase nenhum desejo de falar com ninguém. Ainda no frio mundo! Sem libertação — o Senhor não vem! Nenhuma palavra pode expressar o sentimento de decepção de um adventista verdadeiro, naquela ocasião. Só aqueles que o vivenciaram podem dizer como foi. Uma coisa humilhante, e todos nós sentimos o mesmo. Todos ficaram em silêncio, exceto para perguntar: "Onde estamos?" e "O que vem a seguir?"[70]

Além do fracasso da salvação, o desprezo generalizado. Dado que muitos adventistas eram seguidores do abolicionista William Lloyd Garrison, sua descrição deles como sofrendo de "uma fantasia deplorável do cérebro, agora claramente demonstrada como tal" deve ter sido particularmente dolorosa. (Garrison tinha seu próprio objetivo em mente, desde que viu os milleritas drenando pessoal e recursos de seu próprio movimento.)[71]

Os fiéis sofreram grandes e pequenas indignidades, das provocações de crianças — "Você ainda não subiu?" — a graves acusações de fraude contra Himes, cujos periódicos aparentemente prósperos apresentaram um alvo convidativo; um jornal de Boston aconselhou-o a evitar aparecer na rua.

Dessas acusações, Himes era inocente. Ele ofereceu quatro vezes o reembolso por qualquer evidência de fraude comprovada (nenhuma foi produzida); encontraram testemunhas que se retrataram falsamente citando declarações quanto à sua má conduta; e seus bancos testificaram suas modestas propriedades.[72] Então, Himes organizou com vigor um alívio financeiro para aqueles que haviam negligenciado seus assuntos pessoais e financeiros para a Segunda Vinda. No efeito imediato da Grande Decepção, multidões violentas saquearam e queimaram templos e invadiram reuniões, brandindo armas de fogo. O próprio Miller sofreria a maior indignidade quando, em 29 de janeiro de 1845, a Igreja Batista de Low Hampton o desfiliou.

Como aconteceu com os adeptos de Dorothy Martin, os adventistas responderam à dissonância cognitiva maciça de maneiras amplamente variadas. Snow seguiu o mesmo caminho que a Srta. Martin e seus seguidores mais leais, redobrando sua fé e segurando-se rapidamente na iminência do Fim. O mentor de Snow, George Storrs, fez o oposto e renegou sua crença anterior em um Apocalipse iminente.

Outros remendaram a situação com uma de duas maneiras. A primeira, e eventualmente a mais importante, foram os "espiritualizadores", liderados por um millerita do norte de Nova York chamado Hiram Edson, que afirmou que Cristo *tinha* atuado em 22 de outubro, mas no modo de registro, em vez do apocalíptico. Em vez de retornar à Terra, ele entrou no "Santo dos Santos" para laboriosamente dividir a humanidade em bons e maus. Por fim, ele terminaria sua lista e só então voltaria ao mundo para fazer o julgamento final.

A segunda estratégia de enfrentamento de dissonância cognitiva para a decepção de 22 de outubro foi a das "portas de correr", que postularam que Jesus não havia retornado, mas naquela data havia fechado a porta do Arrebatamento para aqueles que não tinham visto a luz e só salvaria os eleitos, isso é, eles próprios. E, como costuma acontecer com os eleitos, sua perfeição os dotou de vários privilégios sexuais, desde "lavar os pés promíscuos" até o "beijar sagrado" e a recompensa carnal final da esposa espiritual.[73]

Miller, como sempre fazia, seguiu um curso heterogêneo e mal definido, hesitando, sem nada confirmar e, finalmente, colocando a culpa na inexatidão dos dados históricos disponíveis; o Fim certamente viria em breve, mas devido à incerteza do cálculo poderia demorar vários anos.

A essa altura um homem exausto, doente e alquebrado, ele se manteve vivo por mais cinco anos antes de sucumbir, e o enérgico e brilhantemente competente Joshua Himes tentou unir o movimento. Seu compromisso anterior com 22 de outubro foi mais pragmático do que teológico, e ele rapidamente recuou. Rejeitou qualquer outra definição de data e tentou suprimir os espiritualizadores e os "portas de correr", aos quais desprezava. Snow, um indignado seguidor dessa última teoria, condenou Miller e Himes ao inferno por sua apostasia.[74]

Himes estava com dificuldades; as congregações milleritas murcharam, as assinaturas de jornais caíram drasticamente e o movimento se fragmentou de forma irreparável. A facção ortodoxa de Snow desapareceu rapidamente; o movimento convencional, representado por Himes e Miller, admitiu seu erro de previsão, mas continuou a acreditar em uma Segunda Vinda iminente. Himes, por sua vez, se afastou do movimento e finalmente voltou ao episcopalismo de sua infância.

Tal como os anabatistas do século XVI, uma pequena facção de espiritualizadores sobreviveu e evoluiu para uma seita moderna pacífica, no caso, os Adventistas do Sétimo Dia de hoje, um grupo moderno moderado e convencional, socialmente conservador, que incentiva o vegetarianismo e observa as proibições estritas do sábado. Enquanto prega a iminência da Segunda Vinda, a seita compreensivelmente se abstém de estabelecer uma data precisa.[75]

Mas as brasas do apocaliticismo adventista delirante nunca se apagaram completamente. Um século e meio após a Grande Decepção, uma pequena seita dissidente de Adventistas do Sétimo Dia, o Ramo Davidiano, de David Koresh, desencadearia um dos episódios mais trágicos da história religiosa norte-americana.

130   Os Delírios das Multidões

A definição de data, como Leon Festinger descreveu, produz uma dinâmica inerentemente instável. Quanto mais precisa a previsão, mais convincente ela se torna. Com os primeiros "furos", a dissonância cognitiva resultante encoraja os fiéis a proclamarem sua fé e fazer proselitismo com crescente vigor e precisão, o que atrai ainda mais adeptos. Finalmente, vem uma previsão tão ousada e precisa que seu fracasso se torna extremamente óbvio e abala a maioria dos seguidores, deixando apenas um pequeno remanescente obstinado. As descobertas de Festinger explicam o episódio millerita de uma forma que descreve a verdadeira crença de todos os matizes, não apenas religiosa, mas também política e cultural:

> Embora haja um limite além do qual a crença não resiste à desconfirmação, é claro que a introdução de evidências contrárias pode servir para aumentar a convicção e o entusiasmo do fiel.[76]

Nunca mais uma seita cristã convencional cometeria o erro de definir datas. Conforme colocado pelo historiador religioso Ernest Sandeen:

> O movimento millerita parece ter virtualmente destruído o pré-milenarismo nos EUA por uma geração... mas, ao se concentrar no ano de 1843, Miller também introduziu um elemento que destruiria o movimento... o sucesso de Miller antes de 1844 é igualado apenas pelas dificuldades que ele criou para qualquer pessoa corajosa o suficiente para tentar pregar uma mensagem milenariana depois de 1844. Demorou muito para que os norte-americanos se esquecessem de William Miller.[77]

Ainda assim, o desejo de transmutar a ambiguidade da Bíblia em profecia exata permanece irresistível para alguns. No século XX, os herdeiros teológicos de Miller aprenderam a fechar a boca sobre o *quando* do fim dos tempos, mas eles se provariam embaraçosamente ansiosos sobre seu *como*; da mesma forma que Miller e seus seguidores não resistiram a adivinhar uma data exata da Bíblia, seus seguidores modernos acharam irresistível a extrapolação das manchetes dos jornais do dia em arcos narrativos do fim dos tempos aparentemente plausíveis, e que inevitavelmente falharam. Tal como acontece com os discos voadores de Dorothy Martin, cada desconfirmação gerava ainda mais proselitismo e narrativas cada vez mais bizarras.

De forma alarmante, essas narrativas exerceriam grande influência entre aqueles que controlavam a máquina do juízo final do mundo.

6

A Fantástica Aventura de Winston Churchill na Política Monetária

Todas as pessoas são mais crédulas quando estão muito felizes; e quando acabaram de ganhar muito dinheiro, quando algumas pessoas estão realmente ganhando, quando a maioria das pessoas acha que elas estão ganhando, há uma oportunidade feliz para a mentira engenhosa. Quase tudo será aceito por um tempo.

— Walter Bagehot[1]

No início do outono de 1929, Winston Churchill fez uma excursão de lazer em um vagão privativo no Canadá. Ele chegou a Nova York em 24 de outubro de 1929, na Quinta-Feira Negra, a primeira queda calamitosa do mercado de ações, de muitas, naquele outono, quando observou: "Sob minha janela, um cavalheiro se jogou no chão de 15 andares e foi feito em pedaços, causando uma comoção e a chegada do corpo de bombeiros." No dia seguinte, um completo estranho convidou Churchill para a galeria de visitantes da Bolsa de Valores de Nova York, onde ele observou o seguinte:

> Eu esperava ver um pandemônio; mas o espetáculo que meus olhos encontraram foi de surpreendente calma e ordem. [Os corretores] são impedidos pelas regras mais rígidas de executar ou levantar a voz indevidamente. Então lá estavam eles, andando de um lado para o outro como uma imagem em câmera lenta de um formigueiro perturbado, oferecendo uns aos outros enormes blocos de títulos a um terço de seus preços antigos e metade de seu valor atual, e por muitos minutos juntos não encontrando ninguém forte o suficiente para ganhar as fortunas seguras que foram obrigados a oferecer.[2]

132 Os Delírios das Multidões

Ele embarcou para casa pouco depois, alheio à conexão entre sua ineptidão financeira quatro anos antes e os acontecimentos importantes que acabavam de se desenrolar diante de seus olhos. A quebra, porém, chamou a atenção de Churchill em um aspecto. Devastou sua carteira de investimentos especulativos e o afundou em dívidas. Seu infortúnio pessoal trouxe consigo uma fresta de esperança para a posteridade: para pagar seus credores, ele recorreu a seu vale-refeição mais confiável, sua caneta. Na década seguinte, ele produziu alguns de seus melhores livros, bem como muitos artigos e até mesmo um roteiro para cinema.

Chamar a carreira política de Churchill antes de 1929 de "heterogênea" seria um eufemismo. Como primeiro lorde do Almirantado durante a Primeira Guerra Mundial, ele apoiou vigorosamente a desastrosa invasão de Gallipoli, que resultou em milhares de mortos e em seu rebaixamento. Uma década depois, o primeiro-ministro Stanley Baldwin, sem saber da incompetência financeira de Churchill, nomeou-o chanceler do Tesouro, o equivalente britânico ao secretário do Tesouro dos EUA. (Churchill descreveu suas interações com seus especialistas no erário público da seguinte maneira: "Se eles fossem soldados ou generais, eu entenderia do que estão falando. É como se todos falassem persa.")[3]

Um nome, Hyman Minsky, surge com mais frequência quando economistas discutem bolhas financeiras. Minsky representou uma figura curiosa nessa profissão dos anos 1950 aos anos 1980 — um iconoclasta de cabelos compridos que acreditava que o capitalismo era fundamentalmente instável: uma versão moderna e mais fundamentada de Karl Marx. Melhor do que qualquer outro observador do século XX, ele entendeu e descreveu a fisiopatologia das bolhas e quebras que, segundo ele, exigiam duas condições necessárias: a flexibilização do crédito forjado pela queda das taxas de juros e o advento de novas tecnologias estimuladoras.

Primeiro, as taxas de juros. Antes da Primeira Guerra Mundial, as notas de libra esterlina eram livremente conversíveis em moedas soberanas de ouro a £4,86 a onça [1 onça = 28,35g], e os detentores de notas tinham confiança de que havia ouro em abundância disponível para atender a qualquer demanda. Como a libra parecia sólida, relativamente poucos tiraram vantagem dessa conversibilidade; afinal, para que servia um pedaço de metal amarelo? Mas a Inglaterra girou a manivela das impressoras para pagar por seu esforço de guerra e o número crescente de notas corroeu essa fé com uma espiral descendente em que os detentores de papel-moeda se tornaram cada vez mais propensos a trocá-lo por ouro.

Após a guerra, como não existia ouro suficiente na Grã-Bretanha para cobrir o papel-moeda, a Inglaterra teve de suspender a conversibilidade para que os detentores das notas desvalorizadas não consumissem as reservas de ouro do país. Em 1925, Churchill retomou desastrosamente a conversibilidade, devolvendo a libra ao padrão ouro, à velha taxa de £4,86. A libra, agora supervalorizada, tornou os produtos britânicos mais caros e, portanto, diminuiu as exportações; além disso, a taxa de câmbio artificialmente elevada também tornou os produtos estrangeiros mais baratos, incentivando assim as importações; em 1926, a Inglaterra viu suas reservas de ouro caírem em alarmantes £80 milhões, 10% de seu montante total.[4]

Desde o surgimento dos Estados Unidos, altos funcionários do governo norte-americano e britânico desenvolveram amizades pessoais íntimas e, nessa conjuntura, um desses relacionamentos revelou-se particularmente infeliz: aquele entre os dois banqueiros centrais mais importantes do mundo, o presidente do Federal Reserve, Benjamin Strong, e o presidente do Banco da Inglaterra, Montagu Norman.

A maneira mais segura de aumentar o valor da libra e estancar a saída de ouro era reduzir as taxas de juros norte-americanas, o que tornava os ativos denominados em libras esterlinas relativamente mais atraentes. Strong fez isso em 1927 e assim livrou Norman de suas dificuldades, mas apenas temporariamente. As taxas de juros mais baixas nos Estados Unidos, já em meio a um vigoroso crescimento econômico, acenderam uma febre especulativa que estourou no momento em que Churchill, próximo ao fim de sua turnê norte-americana, desembarcou em Nova York.

Em 1929, o mundo desenvolvido havia se acostumado a periódicas convulsões financeiras. Observadores casuais e historiadores frequentemente se referem a esses surtos e quedas como doenças, e o modelo médico de fato fornece uma janela para o paciente e a doença, seja para pessoas ou eventos sociais.

Os médicos entendem a doença por meio de três lentes fundamentais: fisiopatologia, a bioquímica subjacente e a fisiologia do processo da doença; anatomia, as partes do corpo afetadas; e os sintomas e sinais, o que o paciente sente e o que o médico vê à beira do leito.

Podemos entender bolhas e seus impactos da mesma maneira. Por exemplo, sua fisiopatologia envolve os caprichos da psicologia humana e a oferta instável de crédito de um sistema bancário moderno. Sua anatomia é composta de quatro elementos: promotores, público, políticos e imprensa. Finalmente, seus sinais e sintomas incluem a paixão contagiosa da sociedade

134   Os Delírios das Multidões

pela riqueza quase sem esforço, a arrogância dos promotores e sua veneração por uma plateia.[5]

Lembremos que Hyman Minsky teorizou que o estouro de uma bolha precisava não apenas da facilidade de crédito produzida por Strong em 1927, mas também de um empolgante novo avanço na tecnologia. Esse avanço tecnológico poderia ser nas ciências ou na engenharia, como a ferrovia no século XIX; ou em finanças, como a sociedade por ações nos séculos XVII e XVIII.[6] Os investidores, entusiasmados com novas tecnologias ou produtos financeiros, começam a despejar dinheiro neles, sejam ações, imóvcis ou algum outro instrumento. Uma vez que esses ativos também podem ser usados como garantia para empréstimos, o aumento dos preços significa que os especuladores podem tomar emprestado ainda mais para despejar nesses ativos, aumentando ainda mais os preços e permitindo-lhes tomar ainda mais empréstimos — um "ciclo virtuoso" que se autorreforça no sentido do aumento. Portanto, não é por acaso que histerias, pânicos e acidentes se tornaram uma parte permanente e recorrente da vida ocidental por volta de 1600, precisamente porque tanto o "deslocamento" quanto a elasticidade do crédito baseado em papéis apareceu pela primeira vez nessa época.

Hoje, o deslocamento tecnológico pode assumir muitas formas. O ritmo vertiginoso do avanço científico parece uma característica permanente da vida moderna: apenas 20 anos atrás, as pessoas piscariam com descrença ao ouvir que a comunicação pessoal de vídeo em todo o mundo se tornaria onipresente e quase gratuita. Ainda na década de 1940, doenças bacterianas comuns, como cólera, febre tifoide, pneumonia bacteriana e meningite rotineiramente ceifavam pessoas no auge de seu vigor, sem respeito por riqueza ou classe social. Nas nações desenvolvidas, esses flagelos tornaram-se cada vez mais eventos raros após o advento de antibióticos como a penicilina.

Em contraste, antes de 1600, a falta de progresso não era apenas aceita, mas suposta. Até o advento da imprensa, muitos avanços tecnológicos foram perdidos simplesmente porque a reprodução manual de sua documentação era tão trabalhosa e cara que um número insuficiente de cópias sobrevivia por gerações. Além disso, a alfabetização rara significava que os artesãos muitas vezes não conseguiam registrar suas técnicas, as quais, consequentemente, desapareciam junto com eles. Os romanos, por exemplo, inventaram o concreto, mas seu uso morreu efetivamente com o Império; só em 1756 John Smeaton redescobriu o segredo do cimento.

A invenção de Gutenberg de tipos móveis produzido em massa por volta de 1450 removeu esse obstáculo específico para o avanço tecnológico, mas outros permaneceram; o PIB per capita quase não cresceu antes de 1600 no Ocidente, e no Oriente, até muito mais tarde.

Em 1620, o filósofo Francis Bacon publicou seu *Novum Organum Scientiarium* [*Novo Órganon*, na edição em português]. Antes de Bacon, "filósofos naturais", como eram chamados os cientistas, desenvolveram seus modelos por meio do modelo aristotélico, método "dedutivo" que procedeu de axiomas — princípios inquestionáveis que formaram a base de todo raciocínio posterior. Nesse sistema, os fatos observáveis eram quase uma reflexão tardia.

O Novo Órganon era em si uma forma de deslocamento e possuía dupla genialidade. Primeiro, reconheceu que o antigo sistema aristotélico de raciocínio dedutivo sufocava o progresso humano; e, segundo, propôs uma alternativa viável: um processo "indutivo" que reunia meticulosamente dados empíricos, que poderiam então ser comparados com a teoria — a essência do método científico moderno. Dentro de algumas gerações, os filhos intelectuais de Bacon — Hooke, Boyle e Newton, para citar apenas alguns — estabeleceram a Royal Society for the Promotion of Natural Knowledge (agora conhecida simplesmente como Royal Society), que gerou grupos semelhantes em toda a Europa, e com eles se seguiu uma prodigiosa aceleração das descobertas científicas.[7]

O século XVII pariu não apenas o método científico, mas também uma segunda revolução social: a elasticidade da moeda. A maioria das pessoas acredita erroneamente que o dinheiro consiste em pedaços de papel colorido decretados pelo governo como tendo "curso legal para todas as dívidas, públicas e privadas" ou, no passado, discos redondos estampados de ouro e prata. Mas, no mundo antigo, quase tudo podia ser dinheiro: uma medida fixa de trigo, óleo ou, com o passar do tempo, prata. Somente em meados do século VII a.C. os lídios da Ásia Menor cunharam as primeiras moedas feitas de eletro, uma mistura de ouro e prata.

Hoje, vivemos em um mundo muito diferente. Nos Estados Unidos, apenas um décimo do dinheiro consiste em notas e moedas em circulação; o pressionar de teclas em computadores do governo e de bancos cria o resto. Por exemplo, um banco não emite uma hipoteca na forma de uma mochila cheia de linho verde com fotos de Alexander Hamilton, Ben Franklin e vários presidentes mortos; em vez disso, ele envia um pacote de elétrons para a companhia de títulos. E esses elétrons certamente não são lastreados por uma quantidade correspondente de notas e moedas, muito menos ouro, prata ou gado.

136   Os Delírios das Multidões

Esse sistema de crédito é hoje conhecido como "sistema de reservas fracionárias" e se tornou cada vez mais elástico nos séculos que se seguiram à sua criação pelos ourives do século XVII. Se os primeiros bancos emitissem certificados muito acima de uma taxa de reserva de 2 para 1, arriscariam uma corrida de depositantes exigindo seu dinheiro de volta. Com o desenvolvimento de consórcios bancários e bancos centrais administrados pelo governo, essa relação cresceu para cerca de 10 para 1 para bancos comerciais, e muito mais alto, na ocasião, para os bancos de investimento. O quão alto o índice de reserva sobe depende de quanto os consumidores e investidores querem tomar emprestado, quão dispostos os bancos estão em emprestar e, com frequência crescente, quanta influência os reguladores do governo permitirão.[8] Um elástico fornece uma metáfora apropriada para o alongamento da taxa de reserva: o mandato para "fornecer uma moeda elástica" ficou consagrado na legislação de 1913 que estabeleceu o Federal Reserve.[9]

O mercado de imóveis residenciais do início dos anos 2000 é um exemplo perfeito do paradigma de Hyman Minsky. Antes de 2000, esse era um mercado razoavelmente tranquilo, estável e monótono. Os bancos concediam hipotecas apenas aos tomadores de empréstimo mais seguros: aqueles com histórico de crédito excelente, renda estável e poucas outras dívidas, e que precisavam pedir muito menos do que o valor de mercado de suas casas. Consequentemente, eles quase sempre pagavam essas hipotecas dentro do prazo, as taxas de inadimplência eram baixas e os bancos tinham um lucro modesto.

Os gerentes de bancos começaram a notar, no entanto, que instituições concorrentes com necessidades de empréstimos mais flexíveis atendiam a mais tomadores de empréstimos e, portanto, ganhavam mais dinheiro; por fim, quase todos seguiram o exemplo. Na mesma época, outro fenômeno ganhou força: os bancos começaram a vender suas hipotecas para empresas de Wall Street, que as reuniram em pacotes cada vez mais duvidosos, como obrigações de dívida colateralizada (CDOs). Essa assim chamada securitização dos empréstimos transferiu o risco de inadimplência das hipotecas dos proprietários dos bancos originários, que estavam em boa posição para conhecer os tomadores iniciais, para instituições e governos ingênuos em todo o mundo, que nunca tinham ouvido falar deles.

Essa corrosão dos padrões de concessão de crédito espalhou-se por todo o sistema bancário, e a inadimplência começou a aumentar. No início, o valor da garantia subjacente, nesse caso as casas, subiu, e os bancos e detentores dos títulos hipotecários sofreram poucas perdas líquidas, uma vez que propriedades inadimplentes poderiam ser apreendidas e revendidas com lucro. Começando por volta de 2007, o aumento das vendas forçadas de casas baixou seus preços,

A Fantástica Aventura de Winston Churchill na Política Monetária   137

e os bancos e detentores de títulos começaram a perder dinheiro; por fim, alguns faliram e/ou conseguiram socorro financeiro do governo. No fim, todos endureceram os padrões de crédito. Essa interrupção dos empréstimos bancários diminuiu ainda mais os preços dos imóveis e forçou os proprietários a abandonar suas hipotecas.

Essa sequência ocorreu não apenas nos Estados Unidos, mas globalmente. Durante os primeiros cinco anos da bolha imobiliária, aproximadamente entre 2002 e 2007, o principal critério para obter um empréstimo hipotecário parecia ser simplesmente estar vivo; após o colapso, os bancos somaram as obturações de ouro de um solicitante de empréstimo. Da mesma forma, consumidores, investidores e possíveis proprietários de imóveis ficaram muito mais interessados em pagar dívidas do que em adquiri-las, de modo que a oferta de crédito, e com ela a oferta de moeda, caíram.

Minsky, que morreu em 1996, havia ensinado que esse ciclo é o resultado inevitável de uma moeda elástica na qual os bancos, tanto o governo central (o Federal Reserve) quanto os privados, podem expandir e contrair a oferta de dinheiro. Além disso, ele entendia que essa expansão e contração monetária ocorre em quase todas as áreas da economia de mercado, não apenas na habitação, mas na gestão corporativa e também no mercado de ações e títulos.

A famosa "hipótese da instabilidade" de Minsky afirma que, em um ambiente financeiro seguro e estável, o dinheiro inevitavelmente migra dos tomadores de empréstimos cautelosos para os cada vez mais arriscados. Por fim, as coisas saem do controle, resultando em uma explosão do tipo descrito acima, o que torna os credores e investidores mais prudentes, e o ciclo começa de novo, um processo que parece se desenrolar, aproximadamente, uma vez por década. Em suma, estabilidade gera instabilidade, e instabilidade gera estabilidade, com os credores periodicamente mudando o sistema econômico por meio do medo e da ganância.[10] Claro, sem mutuários gananciosos de forma intermitente, os credores gananciosos não teriam clientes.

Minsky deve ter entendido intuitivamente que mais duas condições, além de "deslocamento" e flexibilização do crédito, tinham que ser atendidas, embora ele não as tenha explicitamente explicado: amnésia com relação ao boom e colapso anteriores, e o abandono dos tradicionais e prudentes métodos objetivos de avaliação de investimentos.

A amnésia está implícita na hipótese da instabilidade. Na sequência de uma crise financeira, com a memória de perdas dolorosas ainda fresca, banqueiros e investidores evitam o risco; os primeiros farão apenas os empréstimos mais seguros, e os últimos relutam em comprar ações. Conforme os mercados se

138   Os Delírios das Multidões

recuperam lentamente e as memórias desagradáveis desaparecem, os participantes se tornam mais abertos ao risco e o ciclo de instabilidade recomeça.

O abandono de cálculos financeiros sensatos em favor de narrativas convincentes é o último fator que precipita histerias financeiras. Quando os seres humanos são confrontados com tarefas analíticas difíceis ou impossíveis,
como avaliar uma empresa que nunca produziu lucro, muito menos dividendos, eles voltam aos métodos de análise mais simples; psicólogos aplicam o
termo "heurística" a esses atalhos mentais.

Ao longo das últimas décadas, psicólogos expandiram nossa compreensão
de como os humanos aplicam heurísticas quando confrontados com problemas
desafiadores ou impossíveis; esse trabalho é diretamente aplicável às finanças e, particularmente, à compreensão das histerias. Na década de 1940, um
psicólogo húngaro chamado George Katona começou a estudar a interseção
da economia e da mente humana na Universidade de Michigan, onde foi o
pioneiro em medições psicológicas relacionadas à economia. Entre outras realizações, ele desenvolveu o agora amplamente usado Índice de Confiança do
Consumidor, e a universidade se tornou um foco de pesquisas psicológicas.

Outra área pioneira na Universidade de Michigan foi a pesquisa sobre tomada de decisões, que chamou a atenção de um pesquisador israelense particularmente brilhante chamado Amos Tversky.[11] (Seus conhecidos gostavam
de brincar sobre o Teste de Inteligência Tversky: "Quanto mais rápido você
percebe que Tversky é mais inteligente do que você, mais inteligente você
é.")[12] Os pesquisadores de Michigan presumiram, assim como muitos economistas até hoje, que os humanos eram, intuitivamente, estatísticos habilidosos;
que, assim como adquirimos sem esforço as regras da gramática e da sintaxe,
também o fazemos para estatística e probabilidade.

Inicialmente, isso pareceu razoável para Tversky, mas, quando ele debateu
a questão com um colega acadêmico da Universidade Hebraica de Jerusalém,
Daniel Kahneman, ele se viu persuadido do contrário. Por volta de 1970, os
dois embarcaram em uma série notável de experimentos que revolucionaram
a maneira como economistas e psicólogos consideram a tomada de decisões.
Acontece que não só os seres humanos em geral tinham péssima intuição estatística, mas também seus colegas psicólogos, que deveriam ter dominado isso.[13]
Em um estudo clássico, eles apresentaram aos sujeitos a seguinte vinheta:

> Steve é muito tímido e retraído, invariavelmente prestativo, mas
> com pouco interesse pelas pessoas ou pelo mundo real. Uma alma
> mansa e organizada, ele tem necessidade de ordem e estrutura, e
> uma paixão por detalhes.

Kahneman e Tversky, então, perguntaram aos sujeitos se Steve era provavelmente um agricultor, vendedor, piloto de avião, bibliotecário ou médico. A maioria das pessoas escolheu bibliotecário, uma vez que a descrição acima se ajusta melhor ao estereótipo do bibliotecário. No entanto, os agricultores superam os bibliotecários por um fator de 20 e, uma vez que há muitos agricultores tímidos, é mais provável que Steve seja agricultor do que bibliotecário.[14]

Os dois começaram a descobrir uma ampla gama de erros analíticos sistemáticos feitos até mesmo pelas pessoas mais inteligentes: a cegueira para as frequências básicas (não reconhecendo, por exemplo, que há muito mais agricultores do que bibliotecários), a não percepção que grandes amostras são mais confiáveis do que as pequenas, subestimar a facilidade com que os humanos percebem padrões inexistentes em dados aleatórios, e não compreender que aquele desempenho de tarefa particularmente boa ou ruim geralmente reverte para o normal em tentativas sucessivas, para citar mais alguns.* Os dois saíram do trabalho profundamente decepcionados com o triste estado da racionalidade humana:

> O que talvez seja surpreendente é o fracasso das pessoas em inferir, com base na experiência ao longo da vida, regras estatísticas fundamentais como regressão para a média ou o efeito do tamanho da amostra em sua variabilidade. Embora todos estejam expostos, no curso normal da vida, a numerosos exemplos dos quais essas regras poderiam ter sido induzidas, poucas pessoas descobrem por conta própria os princípios de amostragem e regressão.[15]

Seus exercícios revelaram que os humanos são por natureza cognitivamente preguiçosos. Em vez de parar para analisar rigorosamente qual das cinco profissões listadas o Tímido Steve tinha mais probabilidade de exercer, é muito mais fácil voltar para o seguinte atalho: Steve se encaixa no estereótipo de um bibliotecário — fim da história.[16]

A relevância das descobertas de Kahneman e Tversky para as bolhas financeiras é óbvia. Em vez de tentar fazer a estimativa quase impossível do valor

---

* Um exemplo clássico do fenômeno de "reversão para a média" é fornecido pela experiência de Daniel Kahneman com instrutores de voo israelenses que erroneamente acreditaram que elogios/repreensões por bom/mau desempenho eram eficazes, quando na verdade o desempenho relativo era devido principalmente ao acaso. Assim, a gritaria do instrutor não teve nada a ver com a "melhora" no desempenho anterior do piloto, que era apenas aleatoriamente ruim e posteriormente "reverteu para a média". Consulte Daniel Kahneman, *Rápido e Devagar: Duas Formas de Pensar*, 175.

de uma ação com altos ganhos futuros projetados — Companhia dos Mares do Sul em 1720, RCA em 1928, Pets.com em 1999 ou Tesla hoje — os investidores voltam para esta heurística simples: "Mares do Sul/RCA/Pets.com/ Tesla é uma grande empresa que vai mudar o mundo e vale a pena pagar quase qualquer preço por isso."

Kahneman, Tversky e outros pesquisadores também descobriram que uma das heurísticas mais poderosas é a suscetibilidade humana à saliência, nossa ênfase exagerada em eventos dramáticos. Como exemplo extremo, um evento que definiu os EUA no início deste século, os ataques de 11 de setembro, matou quase 3 mil pessoas. Até a morte de um único indivíduo em um ataque terrorista chegará às manchetes, mas as mortes de indivíduos como resultado da violência armada comum, opioides ou acidentes de carro, passam despercebidos na mídia, apesar do fato de que mais de 30 mil vidas são perdidas em cada uma dessas três categorias anualmente nos Estados Unidos.[17] É muito menos provável que um norte-americano morra em um ataque terrorista do que por um relâmpago; no entanto, os Estados Unidos dedicam muito mais recursos aos esforços antiterrorismo do que para evitar as cerca de 100 mil mortes por armas, carros e narcóticos. (Na mesma linha, qualquer turista que planeje uma visita a Israel provavelmente será questionado por um amigo ou membro da família se não está preocupado com o terrorismo, apesar do fato de que, desde 2005, o israelense médio tem cerca de 20 vezes mais probabilidade de morrer em um acidente rodoviário.)[18]

Kahneman e Tversky referem-se às falácias de saliência acima como a "heurística de disponibilidade". A saliência tem outra dimensão, que é temporal; é mais provável que você compre seguro para um terremoto ou enchente imediatamente após a ocorrência de um destes eventos. Naturalmente, eles se referem a isso como a "heurística de recenticidade".

Os humanos, em resumo, são prisioneiros da saliência, e isso se aplica às histerias financeiras de várias maneiras diferentes. A dramática novidade de uma nova tecnologia, como a capacidade de voar ao redor do planeta a centenas de milhas por hora ou de trazer entretenimento ou eventos mundiais atuais para casa, é saliente ao extremo — até que a novidade passe.

A heurística de disponibilidade também distorce a percepção dos investidores da realidade de longo prazo: se os preços das ações têm subido nos últimos anos, eles chegarão a acreditar que os níveis de ações continuarão a subir para sempre; à medida que os preços sobem, as ações se tornam mais atraentes, o que aumenta ainda mais os preços. Isso se torna um "ciclo virtuoso" que se autoperpetua e pode levar as ações à estratosfera. O inverso, é claro, acontece durante os mercados em baixa.

Como a maioria dos economistas, Minsky não se importava muito com psicologia, mas entendia claramente a preferência humana por narrativas em vez de raciocínio quantitativo. Todos nós gostamos de uma boa história; nas garras de uma bolha, quando confrontado com um cálculo desagradável ou difícil, uma narrativa convincente fornece uma fácil evasão do esforço de passar os olhos em uma análise rigorosa. Não é uma simplificação exagerada considerar as narrativas como o patógeno que espalha a doença da bolha por toda a sociedade.

Para entender como as bolhas estouram, é necessário estender um pouco a metáfora do dinheiro elástico. Imagine um elástico com 2,5cm de diâmetro e várias centenas de metros de comprimento. Em torno do elástico se aglomeram centenas de observadores, a maioria dos quais está apenas perambulando. Várias dezenas deles, entretanto, procuram esticá-lo. Além disso, imagine que o comprimento crescente do elástico transmite riqueza aos puxadores; conforme fica mais longo, atrai mais membros ociosos da multidão. Seus membros mais ingênuos acreditam que o elástico será esticado para sempre, mas um grande número sabe que mais cedo ou mais tarde ele se contrairá violentamente. O último grupo é programado para relaxar ao primeiro sinal de contração e confia que saberá quando fazê-lo; isso é, eles estão preparados para liberá-lo.

Finalmente, alguns desapegam, o que aumenta a pressão sobre os restantes. Então, aqueles que estão preparados para sair o fazem rapidamente, e logo a faixa se ajusta de volta não apenas ao comprimento natural, mas se enrola em uma espiral apertada. Por fim, alguns observadores espertos acham fácil alongar a espiral amassada novamente e o ciclo recomeça.

Na década de 1920, todas as quatro condições de Hyman Minsky estavam bem estabelecidas.

Após a Primeira Guerra Mundial, cinco avanços tecnológicos abalaram a vida das pessoas. O motor de combustão interna, inventado no fim do século XIX, veio primeiro e facilitou mais dois: o voo de um aparelho mais pesado que o ar pelos irmãos Wright e a expansão do automóvel, que liberava as pessoas para viajar longas distâncias à vontade. Em 1925, mais de um terço das famílias norte-americanas possuía um automóvel.[19]

O quarto foi o rádio. Em 1895, Guglielmo Marconi transmitiu a letra s em código Morse por alguns quilômetros do interior da Itália, mas nas duas décadas seguintes a cara e nova tecnologia foi reservada para a transmissão privada de informações confidenciais e valiosas, e até mesmo nos Estados Unidos o rádio foi reservado principalmente para um domínio: comunicação marítima,

142   Os Delírios das Multidões

uma vez que o telégrafo se mostrou muito mais confiável e menos caro por terra, bem como entre continentes por meio de cabos submarinos.

Em 1915, um funcionário de Marconi chamado David Sarnoff escreveu o famoso "Radio Music Box Memo" [Manifesto Rádio Caixa de Música, em tradução livre], que propunha abrir o meio ao público "para trazer a música para dentro de casa sem usar fio". Demorou muito para Sarnoff fazer com que Marconi abrisse ao público seu lucrativo meio privado, mas em 1919 Marconi e a General Electric incorporaram a Radio Corporation of America (RCA) e, em 1920, as duas primeiras estações de rádio, KDKA em Pittsburgh e WWJ em Detroit, iniciaram as operações. Pela primeira vez na história, concertos, eventos esportivos e notícias de última hora poderiam ser transmitidos ao vivo; sem dúvida, o rádio acompanhou a invenção e a difusão do telégrafo e da internet na forma como transformou a vida cotidiana.

Trazer as notícias, George Burns e Gracie Allen, ou a luta pelo campeonato dos pesos pesados de 1921 entre Jack Dempsey e Georges Carpentier para as salas de estar do país surpreendeu ainda mais do que a chegada da rede mundial de computadores no início dos anos 1990. A RCA se tornou a queridinha dos investidores e, no fim dos anos 1920, quando alguém pronunciava a palavra "rádio", era quase tão provável que se referisse ao apelido da ação quanto ao meio ou ao aparelho em si.

A quinta tecnologia transformadora envolveu a rápida expansão das empresas de energia elétrica, que cada vez mais iluminavam as residências do país e abasteciam suas fábricas. Embora J.P. Morgan e seus colegas tenham incorporado a General Electric mais de uma geração antes, a GE e seus concorrentes precisaram de décadas para eletrificar totalmente o país.

Todos esses cinco "deslocamentos" — motor de combustão interna, avião, automóvel, rádio e energia elétrica amplamente disponível — estimularam a economia dos anos 1920, como fizeram as técnicas de produção em massa de Henry Ford e a influência de Frederick Winslow Taylor, um engenheiro mecânico que, começando no fim do século XIX, liderou o "movimento de eficiência" que transformou o cronômetro em um impulsionador da produtividade do trabalhador e dos ganhos corporativos. Entre 1922 e 1927, a produção dos trabalhadores norte-americanos aumentou 3,5% ao ano, o que encantou os acionistas das empresas; já a resposta dos funcionários da empresa foi menos entusiasmada.[20] Tamanha foi sua influência que o "taylorismo" entrou no vocabulário inglês; ironicamente, Lenin e Stalin eram fãs, enquanto nos Estados Unidos o termo nem sempre era um elogio, especialmente dentro do movimento sindical em rápido crescimento.

O segundo critério de Minsky durante a década de 1920 foi a flexibilização do crédito nos Estados Unidos. Minsky sabia que os deslocamentos podiam ser tanto financeiros quanto tecnológicos, e a década de 1920 produziu uma safra abundante de "avanços" em alavancagem: empréstimos de corretores, fundos de investimento e empresas do tipo holding. Tudo isso fornecia novas e poderosas fontes de fundos que podiam ser emprestados e depois aplicados para inundar o mercado de ações, e que pareciam a um número crescente de norte-americanos nada mais do que uma fonte de esbanjamento de riquezas. Conforme colocado pelo economista John Kenneth Galbraith: "O mundo das finanças saúda a invenção da roda continuamente, muitas vezes de uma forma um pouco mais instável."[21]

Antes do século XX, a principal forma de alavancagem do mercado de ações era o baixo valor inicial de subscrição de ações, seguido por demandas obrigatórias de capital adicional. Os participantes gananciosos presumiam que poderiam atender a essas demandas vendendo suas ações parcialmente detidas, mas em valorização; uns poucos sortudos o fizeram, a maioria não, e muitos ficaram arruinados.

Os especuladores da década de 1920, em contraste, haviam comprado integralmente suas ações, mas com dinheiro emprestado, às vezes até 90% do valor das ações. Considere, por exemplo, o investidor que pagou por ações no valor de US$1 mil com US$100 de seu próprio dinheiro além de um "empréstimo de corretor" de US$900. Se o preço das ações aumentasse 10%, elas agora valiam US$1.100, deixando-o com US$200 depois de pagar o empréstimo, dobrando assim seu investimento original de US$100. Infelizmente, se o valor do investimento caísse 10%, ou seja, para US$900, o credor exigia mais fundos para proteger seu empréstimo de US$900 com uma "chamada de margem" para o investidor e, se os fundos não estivessem disponíveis, os termos do empréstimo permitiam ao credor vender a posição para proteger seu empréstimo de US$900. Os empréstimos dos corretores não eram baratos; com o aumento dos preços das ações, também aumentou a demanda pelos empréstimos, que em 1929 haviam aumentado suas taxas para até 15% de juros anuais, o que serviu para apertar gradualmente os parafusos daqueles que compraram ações com eles.

Embora todos, exceto os mais otimistas, percebessem pelo menos vagamente os riscos da especulação com ações, os próprios empréstimos dos corretores pareciam perfeitamente seguros para os bancos, que poderiam acessar fundos do Federal Reserve a 5% e emprestar a especuladores ao dobro ou triplo dessa taxa, uma operação simples e espetacularmente lucrativa. A principal função do capitalismo financeiro é canalizar eficientemente o dinheiro daqueles que o têm em excesso para aqueles que precisam. As bolhas distorcem esse fluxo e corroem a economia de uma nação; a década de 1920 forneceu um exemplo espetacular dessa distorção, quando muitas das grandes corporações desviaram o capital necessário para manter e expandir seus negócios para o mercado de empréstimos de corretores.[22]

As altas taxas de empréstimo dos corretores destacam como é difícil para o Federal Reserve, ainda hoje, perfurar com segurança uma bolha estabelecida. Em 1929, o Fed poderia teoricamente ter estancado o fluxo de empréstimos de corretores, mas, como bancos e corporações se beneficiavam de taxas de empréstimos de dois dígitos, o Federal Reserve teria que aumentar as taxas de juros quase tão altas assim, o que teria sido economicamente desastroso. Nem aumentar as próprias taxas de empréstimo dos corretores, se tal coisa pudesse ser ordenada pelo governo, teria muito efeito sobre os especuladores entusiastas, cujo patrimônio líquido, pelo menos no papel, estava crescendo vertiginosamente em um ritmo muito maior, uma vez que o aumento de preços de ontem comandava o de amanhã em um ciclo autossustentável. O Fed se viu na posição de um skatista correndo descontrolado colina abaixo, para quem só há duas opções: bater intencionalmente em uma árvore ou continuar em frente agachado e bater mais tarde em alta velocidade. Ele escolheu o último caminho. (O crash inicial em outubro de 1929 de fato amorteceu a demanda por empréstimos de corretores, cuja taxa caiu para 7%.)

Durante a década de 1920, a histeria financeira também infectou a então bem estabelecida instituição de fundos de investimento. Durante o fim do século XVIII, um comerciante holandês chamado Abraham van Ketwich criou o que pode ter sido o primeiro fundo mútuo, uma coleção de ações disponíveis ao público em negócios de toda a Europa e nas plantações do Novo Mundo: Eendragt Maakt Magt [União Faz a Força, em tradução livre].[23] Ao longo do século seguinte, o conceito de fundo de investimento espalhou-se por toda a Europa, especialmente na Escócia e, em 1893, nos Estados Unidos, com a formação do Personal Property Trust em Boston. Esses fundos administrados de forma conservadora geralmente são negociados como ações que podem ser compradas e vendidas sob demanda. Alguns desses fundos criados durante a década de 1920 sobreviveram até os dias atuais: General American Investors, Tri-Continental, Adams Express e Central Securities.

A história de outro fundo, o Goldman Sachs Trading Corporation, não terminou tão alegremente. A corretora que criou a Trading Corporation, Goldman, Sachs & Co., não entrou no negócio de fundos de investimento até o fim do jogo, quando patrocinou a Trading Corporation em dezembro de 1928. Os primeiros passos da Trading Corporation foram tímidos; possuía todas

A Fantástica Aventura de Winston Churchill na Política Monetária 145

suas ações e títulos de forma definitiva — isso é, sem alavancagem; além disso, a corretora controladora, Goldman, Sachs & Co., reteve a propriedade de 90% das ações da Trading Corporation, vendendo apenas 10% delas ao público. Nos termos de hoje, a Trading Corporation poderia ser vista como um simples fundo mútuo criado pela Vanguard ou Fidelity, que então detinha quase todas as ações.

Esse conservadorismo logo caiu no esquecimento. Poucos meses depois, a Trading Corporation foi incorporada a outra criação do Goldman, a Financial and Industrial Securities Corporation, e o mercado era tão borbulhante que, alguns dias após a fusão de fevereiro de 1929, a avaliação do recém-configurado Goldman Sachs Trading Corporation atingiu o dobro do valor dos títulos que detinha; o efeito era como vender notas de um dólar ao público por dois dólares.

A maioria das empresas ficaria feliz com essa demonstração, mas o Goldman, então, fez com que a Trading Corporation comprasse suas próprias ações, o que aumentou ainda mais seu valor. Nesse ponto, o Goldman, Sachs & Co. começou a descarregar as ações que detinha na Trading Corporation para o público em geral a preços altamente inflacionados. Em seguida, em rápida sucessão, a própria Trading Corporation patrocinou um novo fundo, a Shenandoah Corporation, que, acumulando absurdos sobre absurdos, patrocinou ainda uma terceira camada de crédito, a Blue Ridge Corporation. Conforme colocado por Galbraith:

> A virtude do trust é que ocasionou um divórcio quase completo entre o volume de títulos corporativos em circulação e o volume de ativos corporativos existentes. O primeiro pode ser duas, três vezes ou qualquer múltiplo do último.[24]

No notável edifício do Goldman Sachs, Shenandoah e Blue Ridge, cada uma das empresas emitiu ações ordinárias e "preferenciais conversíveis", sendo esta última essencialmente o mesmo que um título, com a obrigação de pagar 6% de juros a seus proprietários. Os dois fundos tinham, efetivamente, subscrito empréstimos de corretores com suas ações preferenciais conversíveis, ampliando as variações de preço das ações ordinárias de acordo com o "múltiplo" descrito por Galbraith.

Pelos padrões comuns, a alavancagem não era tão grande: apenas cerca de um terço das ações da Shenandoah e um pouco menos da metade das ações da Blue Ridge eram ações preferenciais conversíveis semelhantes a títulos. Mas a multiplicação dessas duas alavancagens e da estrutura de propriedade, da qual

146 Os Delírios das Multidões

a Trading Corporation estava no topo, desestabilizou as coisas desastrosamente. A Shenandoah controlava a Blue Ridge e, portanto, só foi paga depois que os proprietários preferenciais conversíveis da Blue Ridge receberam seus pagamentos de juros de 6%, e a Trading Corporation foi paga apenas depois que os detentores de preferenciais conversíveis de Shenandoah receberam seus pagamentos de juros, e assim as mudanças de preço se multiplicaram enquanto eles subiam na pirâmide até a Trading Corporation, que a essa altura também havia assumido sua própria dívida. A Shenandoah, por exemplo, pagou exatamente um dividendo mesquinho aos acionistas ordinários antes de suspender para sempre o pagamento em dezembro de 1929.

O Goldman havia projetado sua frota de trustes para ventos calmos e mares cristalinos e, enquanto os preços aumentassem, a navegação seria tranquila. Mas, quase imediatamente depois que os três trustes foram formados, os céus ficaram ruins e os fundos naufragaram na ordem inversa de sua criação: primeiro, o Blue Ridge, depois Shenandoah e, finalmente, a Trading Corporation.

Os efeitos da estrutura alavancada foram devastadores. No fim do ano de 1929, por exemplo, a média do Dow Jones Industrial havia se recuperado um pouco do crash de outubro e sofrido um declínio de "apenas" 35% em relação ao pico de setembro. Os três trustes, por outro lado, caíram cerca de 75%. No ponto mais baixo do mercado em meados de 1932, o índice Dow Jones havia caído 89%, enquanto os trustes, 99%. As perdas totais suportadas pelo público apenas nos três trustes do Goldman Sachs totalizaram aproximadamente US$300 milhões. Apenas durante agosto e setembro de 1929, as corporações norte-americanas emitiram fundos de investimento semelhantes no valor de mais de 1 bilhão de dólares, uma quantia impressionante para a época, a maioria dos quais foi perdida em 1932.[25] A essa altura, a Grande Depressão estava totalmente estabelecida e duraria até a Segunda Guerra Mundial, que funcionou como um grande projeto de obras públicas que trouxe a economia de volta à vida.[26]

* * *

Em 1929, o terceiro fator, a amnésia da última bolha, também estava solidamente estabelecido. A geração anterior viu duas quedas de mercado. A primeira, o Pânico de 1907, foi um caso bastante curioso. Seu evento desencadeador foi de fato uma especulação com ações fracassada, mas em uma escala muito pequena, uma tentativa desastrosamente malsucedida de dois irmãos, magnatas da mineração de cobre chamados Otto e Augustus Heinze, de executar uma manobra misteriosa conhecida como *short squeeze* das ações de sua empresa, United Copper.*

Augustus também era dono de um pequeno banco em Montana, o State Savings Bank of Butte, que faliu com o *short squeeze* malsucedido. A eutanásia do Second Bank dos Estados Unidos em 1837 por Andrew Jackson havia deixado a nação sem um "credor de último recurso" para fornecer o capital extremamente necessário quando os empréstimos privados secassem. Os bancos emprestam uns aos outros, e a falência de um pode se espalhar como um dominó; na ausência de um banco central para correr com o resgate, uma leve recessão pode, portanto, se transformar em pânico e depressão generalizados. Isso foi exatamente o que ocorreu durante a crise financeira do fim dos anos 1830, uma das piores da história dos Estados Unidos.

Em 1907, a falência do banco de Heinze eliminou bancos cada vez maiores e, por fim, depreciou os preços das ações em cerca de 40%, e o pânico só parou quando o J.P. Morgan "traçou uma linha" acima da qual estavam os bancos que eram, em sua estimativa, solventes e, portanto, dignos de apoio; e abaixo dela estavam os bancos que foram autorizados a falir. Por coincidência histórica, Morgan nasceu em 1837, ano da morte do último banco central do país, e morreu em 1913, com a aprovação da Lei Federal Reserve, que o restabeleceu. Durante grande parte de seus 76 anos, ele foi efetivamente o banqueiro central do país e, em uma ocasião em 1893, quando uma depressão econômica esgotou as reservas de ouro do Tesouro dos Estados Unidos, ele orquestrou seu resgate.

O segundo declínio do mercado antes de 1929 ocorreu no fim da Primeira Guerra Mundial. O conflito impulsionou os preços das ações nos Estados Unidos, mas essa especulação logo deu lugar ao desespero à medida que os preços de produtos agrícolas caíam; durante o ano seguinte ao pico do mercado no verão de 1919, as ações caíram gradualmente em cerca de um terço, embora parte disso tenha sido amenizada pelos generosos dividendos que as ações pagaram naquele período.[27] Com o declínio do mercado, isso foi relativamente leve.

---

* Um vendedor a descoberto toma emprestadas ações de alguém que as possui e as vende para terceiros com a expectativa de posteriormente poder comprá-las de volta para reembolsar seu credor com um preço mais baixo. Um *short squeeze* tenta lucrar com o conhecimento de que as ações vão eventualmente precisar ser recompradas pelo vendedor a descoberto; o *squeezer* compra o suficiente delas para inflar seu preço e assim forçar o vendedor a descoberto a fechar sua negociação com grande lucro para o *squeezer* e grande perda para o vendedor a descoberto.

148 Os Delírios das Multidões

Antes da Primeira Guerra Mundial, apenas norte-americanos ricos tinham ações, assim, nem o Pânico de 1907 nem o declínio do mercado de 1919 causaram uma impressão duradoura no público em geral. Em 1929, um novo público investidor, atraído pelas maravilhas do motor de combustão interna, aeronaves, automóveis, rádio e energia elétrica, não tinha memória de bolhas anteriores.

O quarto pré-requisito da bolha foi o abandono dos métodos conservadores e tradicionais de avaliação de ações. Os EUA financiaram a Primeira Guerra Mundial em parte por meio da emissão de bilhões de dólares em títulos Liberty, que rendiam entre 3,5 e 4,5%, e no processo apresentaram ao norte-americano médio o mercado de títulos. Isso serviu como aprendizado para o investimento do público, fornecendo um ambiente seguro e modesta taxa de rentabilidade.

Os títulos do governo podem ser considerados uma referência ou o que os economistas financeiros chamam de "taxa livre de risco" para ativos seguros. Durante séculos, os investidores compraram ações exclusivamente por seus dividendos e, como eram arriscadas, para atrair compradores o rendimento dos dividendos das ações tinha de ser superior ao fornecido por títulos governamentais seguros. George Hudson, por exemplo, teve que prometer aos compradores de suas ações ferroviárias dividendos muito superiores aos rendimentos de 3 a 4% dos títulos do governo britânico. Como seus colegas britânicos, os investidores norte-americanos racionais não exigiam, nem esperavam, se beneficiar dos aumentos no preço das ações, mas desejavam receber um fluxo de dividendos constante, ainda que apenas razoável, mas superior ao oferecido por títulos seguros; antes da Primeira Guerra Mundial, o rendimento das ações dos EUA era em média de 5%.[28] Na década de 1920, era geralmente aceito que as ações deveriam ser vendidas por aproximadamente dez vezes seus lucros anuais, de modo a cobrir facilmente esse pagamento.

Hoje, os investidores, sabiamente ou não, consideram os aumentos de longo prazo nos lucros da empresa e no preço das ações como garantidos e, portanto, toleram pagamentos de dividendos muito mais baixos. Mas, antes do século XX, aumentos sustentados no preço das ações eram uma raridade, vistos apenas nas empresas mais bem-sucedidas. Mesmo nos casos mais favoráveis, os aumentos de preços foram mínimos. Por exemplo, as duas primeiras sociedades anônimas inglesas de maior sucesso foram o Banco da Inglaterra e a Companhia das Índias Orientais, e mesmo esse par escolhido a dedo viu uma valorização do preço das ações de apenas 0,7% e 0,6% ao ano, em média, respectivamente, entre 1709 e 1823.[29]

Como, então, mesmo os investidores mais talentosos poderiam avaliar a RCA, que na época do crash de 1929 ainda não havia distribuído quaisquer dividendos, algo que não faria até 1937?[30] No fim da década de 1920, embora os investidores obviamente pensassem que a empresa tinha perspectivas fantásticas, eles não tinham as ferramentas para estimar um preço apropriado a pagar pelos lucros futuros esperados da empresa. Só mais de uma década depois, economistas como Irving Fisher, John Burr Williams e Benjamin Graham elaborariam a complexa matemática de calcular o valor intrínseco de uma ação ou título, particularmente com perspectivas futuras altamente especulativas. Ainda hoje, esta técnica, chamada modelo de desconto de dividendos, que estima o valor de todos os dividendos futuros e os "desconta" de volta ao presente, desafia o investidor médio e, seja como for, é de uma precisão tão limitada que até mesmo os profissionais na maioria das vezes entram em conflito.[31]

No ambiente tecnológico borbulhante da década de 1920, com o desenvolvimento do rádio, automóveis e aviões, era fácil para o público acreditar que as velhas regras de avaliação de títulos não se aplicavam mais. Como supostamente colocado por um grande investidor do século XX, John Templeton: "As quatro palavras mais caras na língua inglesa são 'Desta vez é diferente.'"*

Escrevendo sobre essa época, Benjamin Graham observou:

> Se uma ação de uma empresa fornecedora de serviços públicos estava sendo vendida a 35 vezes seu lucro *máximo* registrado, em vez de 10 vezes seu lucro *médio*, que era o padrão pré-lançamento, a conclusão a ser tirada não era que o preço da ação estava agora muito alto, mas que o padrão de valor havia sido elevado... logo, todos os limites superiores desapareceram, não com base no preço pelo qual uma ação *poderia* ser vendida, mas mesmo com o preço pelo qual *mereceria* ser vendida... um resultado atraente desse princípio era que ganhar dinheiro no mercado de ações agora era a coisa mais fácil do mundo.[32]

Em 1929, toda a indumentária de heurísticas de Kahneman e Tversky, especialmente a proeminência das novas tecnologias da era, a disponibilidade dos

---

*   Esta frase é uma das mais repetidas em finanças, contribuindo com o título, por exemplo, de um clássico da economia internacional, Carmen M. Reinhart e Kenneth S. Rogoff, *This Time Is Different* (Princeton NJ: Princeton University Press, 2009). [Há uma edição em português europeu: *Desta Vez é Diferente, Coimbra: Actual Editora, 2013*]. É atribuída principalmente a Templeton, mas às vezes a David Dodd, coautor de Benjamin Graham. Não consegui encontrar uma fonte definitiva para esta citação.

150 Os Delírios das Multidões

preços dos títulos em alta e a disponibilidade de prosperidade alimentada pelo crédito, estressaram a análise racional dos preços dos títulos.

O economista Max Winkler colocou de forma mais simples. Após o crash, e aludindo ao modelo de dividendo com desconto recém-descrito, Winkler maliciosamente observou que o mercado de ações dos anos 1920 descontava não apenas o futuro, mas também o além.[33]

7

SUNSHINE CHARLIE
ENTENDEU ERRADO

Assim como aconteceu com a Companhia Mississípi, a Companhia dos Mares do Sul e as bolhas ferroviárias, a anatomia do colapso de 1929 envolveu os mesmos quatro elementos: promotores, público, políticos e imprensa.

No início do século XX, Samuel Insull herdou o manto de John Law e George Hudson criando um Golias industrial que, nesse caso, alimentou as grandes fábricas do país e iluminou as casas de milhões.

Nascido em 1859, filho de um pregador leigo mal-intencionado de Londres e de uma encarregada de um hotel "temperance" [assim chamado porque não disponibiliza bebidas alcoólicas), Insull trabalhou duro durante sua adolescência como escriturário e estenógrafo. Assim como muitos jovens ambiciosos daquela época, ele idolatrava Thomas Edison e, depois de perder seu emprego no escritório de um leiloeiro de Londres, ficou emocionado ao encontrar um anúncio de vaga de trabalho em uma das companhias britânicas de telefonia de Edison, na qual conseguiu emprego.

Seus superiores reconheceram rapidamente que ele tinha habilidades administrativas que iam muito além da transcrição taquigráfica e da contabilidade. Poucos anos depois, quando lhe foi oferecido um emprego na sede da empresa nos EUA, ele respondeu: "Irei se puder ser o secretário de Edison." Ele deixou crescer costeletas para parecer mais velho do que seus tenros 21 anos e, no início de 1881, cruzou o Atlântico para trabalhar ao lado do grande homem, onde permaneceu 11 anos e gradualmente subiu na hierarquia da empresa.

Cada vez mais, a sorte de Insull estava ligada não apenas à de Edison, mas também à de J.P. Morgan, que apoiava o grande inventor. Nesse ponto, Morgan estava atingindo o ápice de sua influência e perspicácia tecnológica e, como um dos primeiros entusiastas da eletricidade, equipou sua casa na Avenida Madison, 219, com as primeiras lâmpadas incandescentes de Edison.

152 Os Delírios das Multidões

Na ausência de uma rede elétrica, isso foi uma grande façanha, uma deficiência que ele mais tarde remediou financiando a primeira usina geradora e linhas de transmissão em grande escala em Manhattan.

Infelizmente para a Edison General Electric, seu sistema CC (corrente contínua) de baixa tensão não era adequado para transmissão de longa distância, e em razão disso começou a perder participação de mercado para a rede de alta tensão CA (corrente alternada) construída pela Thomson-Houston, uma empresa concorrente fundada em 1882 pelos engenheiros eletricistas Elihu Thomson e Edwin Houston. O início do fim para a Edison General Electric veio em 1883 com a emissão de uma patente inglesa para um transformador que "reduzia" a corrente de alta tensão em fios de transmissão CA de longa distância para uso residencial. Foi rapidamente licenciado pelo norte-americano George Westinghouse, que o implementou no sistema da Thomson-Houston.

Morgan, em um golpe de mestre de banco de investimentos, evitou o fim da Edison General Electric ao fundi-la em 1892 com a Thomson-Houston para formar a General Electric. O próprio Edison nunca aceitou a superioridade da transmissão CA; ele vendeu suas ações da GE em um acesso de ressentimento e, quando lembrado mais tarde de quanto elas teriam valido, comentou: "Bem, acabou, mas nos divertimos muito."[1]

Insull provou ser um gênio na administração de concessionárias de energia elétrica e, na década anterior à fusão, ele gradualmente engoliu os rivais de Edison para obter o status de monopólio na área de Chicago.[2] Insull acabou dirigindo a organização da empresa em Chicago, que havia ficado à deriva pela fusão de 1892 e, portanto, o deixou sem saída. No ano seguinte, ele partiu sozinho, assumindo as operações agora órfãs de Edison em Chicago, onde passou a adquirir, gerenciar e combinar empresas de serviços públicos menores em organizações maiores. Em 1905, ele expandiu suas operações muito além de Chicago, no meio-oeste; ele operou suas empresas com competência e, para a época, no interesse público. A escala crescente do setor permitiu que ele reduzisse gradualmente as taxas e introduzisse preços baixos fora do horário de pico. Insull agradeceu à cada vez mais essencial regulamentação estatutária do serviço de fornecimento de energia elétrica e, em uma ocasião, chegou a sugerir que, se suas empresas não podiam atender adequadamente aos clientes, o governo deveria fazê-lo.[3]

Se ele tivesse limitado seus horizontes apenas em alimentar indústrias e iluminar cidades, seria ainda bem lembrado. Infelizmente, seu respeito escrupuloso pelos clientes de energia elétrica de suas empresas não se estendia aos acionistas de suas empresas. Um exemplo típico das primeiras tramoias financeiras de Insull foi sua operação com ações em 1912 da Companhia Middle West Utilities, cujo objetivo principal não era produzir eletricidade, mas sim levantar capital para suas outras operações. No centro de suas complexas maquinações financeiras estava a compra pessoal de todas as suas ações preferenciais e ordinárias da Middle West Utilities por $3,6 milhões. Em seguida, ele mudou de opinião e vendeu ao público todas as ações preferenciais, mas apenas um sexto das ações ordinárias, pelos mesmos $3,6 milhões, adquirindo efetivamente para si cinco sextos da empresa gratuitamente.

Como Hudson, Insull tinha espírito público e trabalhava duro. Também como Hudson, ele fez generosas doações para projetos cívicos e de artes, incluindo a Civic Opera House de Chicago, conhecida pelos habitantes locais como "Insull's Throne [Trono de Insull, em tradução livre]". Ele construiu uma propriedade de 4.445 acres em Libertyville, ao norte de Chicago, onde os habitantes "construíam casas em imóveis Insull, enviavam para uma escola Insull crianças nascidas em um hospital Insull, usavam lâmpadas Insull, cozinhavam com gás Insull, viajavam em uma estrada Insull, poupavam em um banco Insull e jogavam golfe em um campo Insull".[4] A cidade representava em microcosmo seu vasto império, que em seu auge constituía dezenas de empresas que empregavam 72 mil trabalhadores em usinas que atendiam a 10 milhões de clientes. Ele fez parte ou presidiu os Conselhos de Administração de 65 empresas e foi presidente de outras 11.[5]

Já em 1898, Insull concluiu que a supervisão por agências estaduais era preferível à competição de concessionárias de serviços públicos municipais, e à época da Primeira Guerra Mundial, em grande parte como resultado da liderança pessoal de Insull na indústria, as empresas de serviços públicos estavam solidamente sob o controle de regulamentação governamental.[6] Seus lucros eram limitados, mas Insull, como Hudson antes dele, percebeu que o dinheiro de verdade não estava em fornecer bens e serviços, mas em financiá-los.

A complexidade das holdings de Insull ultrapassava a capacidade de compreensão da maioria dos observadores, e talvez até do próprio Insull. Ele empilhou centenas de empresas em camadas, com as camadas inferiores às vezes possuindo partes daquelas no topo da estrutura. O historiador e jornalista Frederick Lewis Allen descreveu uma pequena amostra dessa complexa estrutura "Rube Goldberg" [diz-se de algo simples que é executado de forma extremamente complicada] de Insull:

> A pequena Companhia Elétrica Androscoggin no Maine era controlada pela Corporação Androscoggin, que era controlada pela Companhia Elétrica Central Maine, que era controlada pela Companhia de Serviços Públicos New England, que era controlada pela Companhia Elétrica National, que era controlada pela Middle West Utilities.[7]

154   Os Delírios das Multidões

As ações ordinárias da Middle West Utilities, que conferiam propriedade e controle, eram então detidas pelo veículo pessoal de Insull, a Insull Utility Investments, Inc. — sete camadas ao todo. A alavancagem descrita acima foi, portanto, multiplicada muitas vezes, não apenas a clientes da nata, mas, nas palavras de Allen, de "nata da nata" e "super nata da nata" que veio do empilhamento de vários níveis organizacionais.[8] Em 1928, o aglomerado bizantino de Insull dificilmente era a exceção, mas sim a regra. Naquele ano, das 573 entidades listadas na Bolsa de Valores de Nova York, 92 eram estritamente holdings, 395 eram holdings e operadoras e apenas 86 eram sociedades operacionais puras.[9]

Vender as ações dessas empresas empilhadas ao público a preços inflacionados exigia a ilusão de lucratividade. Insull fez isso com um arsenal de destreza financeira digno de Blunt e Hudson, mais notoriamente por fazer com que suas empresas comprassem ativos umas das outras a preços crescentes e, em seguida, contabilizassem cada operação como lucro. Era como se um marido vendesse para sua esposa por US$1.500 o Chevrolet que ele havia comprado anteriormente por US$1 mil, e a esposa vendesse para ele seu Ford da mesma maneira, cada um reivindicando um ganho de US$500.

Assim como Blunt e Hudson antes dele, e como os magnatas da internet depois dele, tanto o público quanto a imprensa adoravam Insull. Sua imagem respeitável apareceu na capa da *Time* duas vezes na década de 1920, e ser avistado com ele na frente do Banco Continental valeria 1 milhão de dólares.[10]

Os vendedores de Insull impulsionaram o ato final dessa farsa alavancada. No início de 1929, esse corpo especialmente treinado começou a vender ao público, pela primeira vez, ações de sua empresa de alto nível, a Insull Utility Investments, inicialmente a preços dez vezes maiores do que ele havia pagado por seus ativos e, posteriormente, em mais de 30 vezes à medida que o entusiasmo popular crescia. Essas estruturas, como os trustes do Goldman Sachs, foram projetadas para tempos de crescimento; qualquer solavanco na economia que prejudicasse a capacidade de suas companhias elétricas de pagar os juros e dividendos de seus títulos e ações preferenciais (que tinham direito de reclamá-los) prejudicaria os dividendos e preços de suas ações ordinárias. O patrimônio líquido dos acionistas ordinários, que muitas vezes os possuíam na margem, também sofreria. Esse processo se acelerou a cada degrau na pirâmide da holding da Insull.

Foi exatamente isso o que aconteceu com ele e com a maioria de seus 600 mil acionistas depois de 1929. Como Hudson, ele acreditou sinceramente em seu esquema até o fim e tomou milhões emprestados em uma tentativa vã de manter os preços das ações da empresa no alto em sua engenhoca de várias camadas, enquanto ela desabava em câmera lenta durante o longo e opressor mercado em baixa de 1929 a 1932. Em abril de 1932, apenas três meses antes de o mercado de ações finalmente atingir o fundo do poço, seus banqueiros o chamaram a um escritório de Nova York e o informaram que não iriam mais apoiá-lo. "Isso significa falência?" perguntou ele. "Sim, Sr. Insull, temo que sim."[11] O dano ao público investidor foi imenso; uma contabilidade estimou que, em 1946, quando a prolongada disputa legal em torno da falência da Middle West Securities foi finalmente concluída, ela totalizou US$638 milhões.[12] Naquele ano, o mercado de ações havia se recuperado em grande parte; as perdas sofridas imediatamente após o colapso de 1932, perto do ponto mais baixo do mercado, devem ter chegado a bilhões.

O ato final de Insull não foi menos complicado do que as camadas de suas holdings e ecoou a queda de Hudson. Processado por fraude postal relacionada à venda de ações de concessionárias de serviços públicos alguns meses após sua falência, ele fugiu para a França e, quando o governo tentou trazê-lo de volta para julgamento, mudou-se para a Grécia, que ainda não havia assinado um tratado de extradição pendente com os Estados Unidos. As autoridades em Atenas ignoraram essa sutileza e o despacharam para casa via Turquia de qualquer maneira.[13] De volta aos Estados Unidos, ele apareceu novamente na capa da *Time*, dessa vez com o chapéu protegendo o rosto. Privado da maior parte de sua fortuna, ele ainda pôde montar uma defesa legal poderosa que acabou vencendo as múltiplas acusações contra ele. Voltou para a França aos 78 anos, como uma sombra amarga e frágil de si mesmo. Em 16 de julho de 1938, ele entrou em uma estação do metrô de Paris, estendeu a mão para entregar o bilhete e caiu morto com alguns francos no bolso. Sua esposa o advertia repetidamente para evitar o metrô por causa de seu coração ruim.[14]

As holdings de Insull eram apenas um pedaço relativamente pequeno de um bolo de dívidas muito maior. O principal efeito da histeria do final da década de 1920, como ocorreu com a Mississípi, a Mares do Sul e os episódios ferroviários, foi infectar a população e a comunidade empresarial com um otimismo extremo, que os levou a tomar excessivos empréstimos para pagamento futuro.[15] Entre 1922 e 1929, a dívida total da nação aumentou 68%, mas seus ativos totais aumentaram apenas 20% e sua receita, apenas 29%.[16] A dívida pode crescer mais rápido do que o resto da economia por um certo tempo antes de implodir. Isso é particularmente verdadeiro no caso da dívida privada; indivíduos e corporações, ao contrário dos governos, não podem tributar ou imprimir dinheiro e, uma vez que indivíduos e corporações foram os principais motores da dívida na década de 1920, suas obrigações se mostraram especialmente explosivas quando a música finalmente parou.

156 Os Delírios das Multidões

Outro grande promotor da bolha da década de 1920 normalmente consistia de um "pool" — um grupo *ad hoc* de corretores e financistas que manipulavam o preço das ações de uma determinada empresa comprando e vendendo ações entre si em uma sequência cuidadosamente coreografada. O procedimento foi elaborado para chamar a atenção de pequenos investidores que, aglomerados em frente aos quadros-negros com os códigos de ações nas galerias das corretoras, concluíam que uma ação estava "controlada" e crescia sozinha, elevando ainda mais o preço.

O jogador-chave em tal pool era o "especialista" no pregão da bolsa de valores das ações da empresa-alvo: o corretor que as comprou e vendeu no pregão para o público e que manteve um precioso "livro de ordens" de compra e venda do cliente, que prediziam a direção futura das ações. Quando a lista de ordens de compra públicas da carteira de pedidos crescesse o suficiente, os participantes venderiam suas ações aos investidores despertados pelo forte aumento de preço e obteriam milhões em lucros.

Os pools mais notórios de todos centravam-se na rádio, como era conhecida a RCA, e seus participantes faziam parte de uma lista de personalidades da política e dos negócios americanos: John J. Raskob, tesoureiro da DuPont e General Motors; o chefe da USSteel, Charles Schwab; Walter Chrysler; Percy Rockefeller e Joseph Tumulty, um ex-assessor de Woodrow Wilson. Para o leitor moderno atento ao uso de informações privilegiadas, um ato que não era ilegal na década de 1920, outro nome sobressai: Sra. David Sarnoff, esposa do presidente e fundador da Rádio.

O maior negociador de ações de todos os tempos, porém, foi Joseph P. Kennedy. A mitologia popular associa a fortuna da família Kennedy com contrabando. Nenhuma evidência confiável apoia isso e, em todo caso, a fabricação ilícita de destilados dificilmente teria sido uma escolha de carreira racional para um graduado em economia de Harvard, um pedigree muito mais adequado para Wall Street, onde suas lendárias operações de pool acumularam uma fortuna que mais tarde ele expandiu para, entre outros locais, Hollywood e imóveis.

Assim como o financiamento no esquema de pirâmide de George Hudson de suas ferrovias — inicialmente pagando dividendos aos acionistas existentes a partir do capital dos novos — era aceitável e legal na década de 1840, também o era o comportamento dos pools na década de 1920, e a manipulação flagrante de preços de ações não seria proibida até a aprovação das Leis de Valores Mobiliários de 1933 e 1934.

O terceiro e o quarto componentes anatômicos das histerias financeiras, os políticos e a imprensa, foram ambos perfeitamente encapsulados por John

J. Raskob. Quando seu pai, um medíocre fabricante de charutos, morreu em 1898, ele teve a mesma sorte de Insull, tornando-se secretário pessoal de um titã da indústria, Pierre S. du Pont, e por fim ascendendo à condição de tesoureiro da gigante empresa química. Quando du Pont resgatou a conturbada General Motors em 1920, Raskob assumiu também as finanças da montadora. Conforme a década de 1920 avançava, Raskob se tornou um entusiasta do mercado de ações e participou de alguns dos pools de ações de maior sucesso.[17] Em 1928, o Partido Democrata o nomeou presidente de seu comitê nacional.

Raskob é mais lembrado, porém, por uma entrevista infame, intitulada "Everybody Ought to Be Rich [Todo Mundo Deve Ser Rico, em tradução livre]" dada para a *Ladies' Home Journal*, que àquela altura tinha mais de 2 milhões de assinantes. Publicada na edição de agosto de 1929, eis a passagem mais infame, que explica a essência do título:

> Suponha que um homem se case aos 23 anos e comece a economizar US$15 por mês — e quase qualquer pessoa empregada pode fazer isso se tentar. Se ele investir em boas ações ordinárias e permitir que os dividendos e direitos se acumulem, ao final de 20 anos terá pelo menos US$80 mil e uma renda de investimentos de cerca de US$400 por mês. Ele será rico. E, porque qualquer pessoa pode fazer isso, estou firme em minha convicção de que qualquer pessoa não apenas pode ser rica, mas deve ser rica.[18]

Um clássico hino da era da bolha à riqueza sem esforço, essa citação ilustra nitidamente os atalhos heurísticos adotados até mesmo pelo diretor financeiro de duas grandes corporações. Hoje, uma competência modesta em lidar com uma planilha ou calculadora financeira é necessária para determinar que transformar uma economia de US$15 por mês ao longo de 20 anos em US$80 mil requer um retorno médio anual de 25%. Em 1929, essa estimativa era mais difícil e, embora seja possível que Raskob tenha sacado seu lápis, papel e tabelas de juros compostos, o fato de ele não ter mencionado o retorno implícito do investimento de longo prazo (ridiculamente alto, mesmo para 1929) torna mais provável que ele simplesmente tenha tirado seus números da cartola.

O papel de políticos como Raskob durante as bolhas e quedas é duplo. Primeiro, como todo mundo, eles ficam intoxicados pela busca de riqueza sem esforço, como fizeram o Rei George I e o Duque de Orleans entre 1719 e 1720, e grande parte do Parlamento durante a bolha das ferrovias. Nas últimas décadas, a probidade política e a legislação modernas reprimiram esse tipo de corrupção, pelo menos no Ocidente desenvolvido, deixando os líderes políticos com uma função mais sacerdotal, o encantamento incessante de que a

158   Os Delírios das Multidões

economia é fundamentalmente sólida. Nas altas, nenhuma menção de excesso especulativo é sugerida e, nas baixas, os líderes de uma nação evitam constantemente qualquer indício de medo ou pânico.

E assim foi na década de 1920. Em seu discurso de aceitação de 1928 na convenção republicana, Herbert Hoover solenemente proclamou: "Nós, nos EUA hoje, estamos mais perto do que nunca do triunfo final sobre a pobreza na história de nossa terra. A necessidade de prover moradia aos pobres está desaparecendo ao nosso redor."[19] Após a queda, Hoover e seu secretário do Tesouro, Andrew Mellon, repetidamente asseguraram ao público que a economia estava "fundamentalmente sólida". Hoover também foi pioneiro no que se tornaria a resposta-padrão dos líderes modernos ao redor do mundo diante de uma crise econômica: o que John Kenneth Galbraith rotulou de "reunião sem negócios", na qual os líderes políticos, financeiros e industriais do país são chamados à Casa Branca "não porque há negócios a serem feitos, mas porque é necessário criar a impressão de que negócios estão sendo feitos".[20]

É possível detectar uma bolha em tempo real?

Um dos grandes avanços nas finanças modernas foi a formulação da Hipótese do Mercado Eficiente (EMH) por Eugene Fama, da Universidade de Chicago, que na década de 1960 percebeu que os mercados financeiros rapidamente incorporavam novas informações — ou seja, surpresas — nos preços. Uma vez que, por definição, é impossível prever surpresas, também é impossível prever a direção futura do preço.

E, como a EMH postula que o preço de mercado atual reflete com precisão as informações existentes, histerias na economia, por definição, não deveriam ocorrer. Como Fama observou com ênfase: "A palavra 'bolha' me deixa maluco, francamente."[21] A antipatia dos entusiastas de EMH em relação à existência de bolhas é compreensível; o coração das finanças modernas formula e testa modelos matemáticos de comportamento do mercado. Embora seja fácil jogar fora o suposto lamento de Isaac Newton de que ele poderia calcular os movimentos dos corpos celestes, mas não a loucura dos homens, ele ilumina uma verdade mais profunda: Newton foi um dos maiores modeladores matemáticos que o mundo já viu, e se ele não conseguia descrever uma bolha em termos matemáticos, então talvez ninguém jamais poderia.

Robert Shiller, da Universidade de Yale, que dividiu o Prêmio Nobel de Economia de 2013 com Fama, sugere que bolhas ocorrem quando os aumentos de preços se tornam autossustentáveis; em suas palavras, "se o contágio da moda ocorrer por meio do preço".[22] Embora seja verdadeiro para todas as bolhas, esse fenômeno por si só não consegue identificá-las, uma vez que investidores sempre e em todos os lugares perseguem ativos com retornos elevados imediatos. No entanto, bolhas em grande escala — como as de 1719 a 1720, e as das décadas de 1840 e 1920 — são raras, e a mera existência de aumentos diários autossustentáveis de preços gera uma alta taxa de falsos positivos.

O juiz da Suprema Corte, Potter Stewart, enfrentou o mesmo problema no caso de *Jacobellis contra Ohio*, que envolvia uma arena diferente, e sua abordagem oferece outra maneira de considerar bolhas:

> De acordo com a Primeira e a Décima Quarta Emendas, as leis criminais nessa área são constitucionalmente limitadas à pornografia pesada. Hoje, não tentarei definir os tipos de material que entendo como abrangidos por essa descrição abreviada, e talvez nunca conseguisse fazer isso de maneira inteligível. *Mas eu sei o que é quando vejo.* (Grifo do autor.)[23]

Assim como Newton não poderia criar um modelo para a loucura dos homens, e assim como o professor Fama se sente quanto à própria palavra "bolha", o famoso construto do juiz Stewart transmite que, embora ele não pudesse definir linguisticamente a pornografia pesada, ele sabia como era. *Jacobellis contra Ohio* aplica-se igualmente bem a finanças: mesmo que não possamos sistematizar bolhas, certamente agora sabemos como se parecem qualitativamente.

As histerias financeiras abordadas até agora — a Companhia Mississípi, Mares do Sul, a ferrovia inglesa e o mercado de ações da década de 1920 — exibiam quatro características altamente típicas. Em primeiro lugar, a especulação financeira se torna o tópico principal da conversa cotidiana e da interação social, desde as multidões na Rua Quincampoix e Exchange Alley até as galerias de corretoras norte-americanas na década de 1920. Frederick Lewis Allen lembrou que durante a década de 1920,

> histórias de fortunas feitas da noite para o dia estavam na boca de todos. Um comentarista financeiro relatou que seu médico encontrou pacientes falando sobre o mercado, e nada mais, e que seu barbeiro estava pontuando com a toalha quente mais de um relato sobre as perspectivas de Montgomery Ward. As esposas perguntavam aos maridos por que eles eram tão lentos, por que não estavam participando de tudo isso, apenas para ouvir que seus maridos já haviam comprado 100 ações da American Linseed naquela mesma manhã.[24]

160   Os Delírios das Multidões

A segunda característica da bolha é que um número significativo de pessoas normalmente competentes e sãs abandona profissões seguras e bem pagas por especulação financeira em tempo integral. Sem a empolgação financeira de sua época, por exemplo, Blunt e Hudson teriam permanecido negociantes de linho modestamente bem-sucedidos. Allen descreveu uma atriz que equipou sua residência na Park Avenue como uma pequena corretora e "se cercou de tabelas, gráficos e relatórios financeiros, atuando no mercado por telefone em uma escala crescente e com abandono crescente", enquanto um artista "que antes era eloquente apenas sobre Gauguin, deixou de lado seus pincéis para proclamar os méritos da National Bellas Hess [uma empresa agora extinta de vendas pelo correio]".[25]

A terceira, e mais constante, característica de qualquer bolha é a veemência que os adeptos lançam sobre os céticos. Se alguém tinha o pedigree e o conhecimento histórico para expressar dúvidas e alertar o público sobre o desastre iminente durante o fim dos anos 1920, esse alguém foi Paul M. Warburg. Nascido em 1868 em uma família judia alemã com raízes bancárias na Veneza medieval, ele cresceu meteoricamente no aparato financeiro europeu antes de se tornar um cidadão norte-americano naturalizado em 1911; em 1914 ele foi empossado como um dos primeiros membros da diretoria do Federal Reserve.

Warburg tinha visto esse filme antes de emigrar da Europa e sabia como ele terminava. Em março de 1929, enquanto servia como chefe do Banco International Acceptance, notou o completo distanciamento dos preços das ações de quaisquer medidas de avaliação racional e apontou com alarme a quantidade crescente de empréstimos que causaram uma "orgia de especulação desenfreada" a qual iria não apenas ferir os especuladores, mas "também provocaria uma depressão geral envolvendo todo o país".[26]

Esse prognóstico incrivelmente preciso foi recebido com uma avalanche de condenação pública. O rótulo mais suave aplicado foi "obsoleto"; observadores mais furiosos acusaram Warburg de "prejudicar a prosperidade norte-americana", prenunciando quase palavra por palavra a injúria lançada contra os céticos da bolha da internet duas gerações depois.[27]

O mesmo destino encontrou o famoso consultor de investimentos Roger Babson quando, em 5 de setembro de 1929, discursando em uma concorrida conferência de negócios na Babson College, que ele fundara uma década antes, disse que "mais cedo ou mais tarde uma queda está chegando, e pode ser terrível". Como Warburg, ele previu uma depressão significativa. Naquele dia, o mercado caiu fortemente, o chamado Babson Break. Se Warburg era fácil de atacar recorrendo-se ao nativismo e ao antissemitismo, Babson era um alvo ainda mais gordo porque provou ser um pouco maluco e escreveu, entre outras obras, um manifesto intitulado *Gravity — Our Enemy Number One* [Gravidade — Nossa Inimiga Número Um, em tradução livre], e estabeleceu o

Instituto de Pesquisa da Gravidade, cujo propósito principal era a invenção de um escudo protetor contra essa força mortal.

Em tempos normais, os prognósticos de Babson teriam sido recebidos, na pior das hipóteses, com ceticismo bem-humorado. Mas aqueles não eram tempos normais. Os jornais, sarcasticamente, se referiram a ele como "O Sábio de Wellesley" e apontaram as imprecisões de seus prognósticos anteriores. Uma empresa de investimento alertou seus clientes: "Não seríamos forçados a vender ações por causa de uma previsão gratuita de uma fatalidade no mercado por um estatístico conhecido."[28]

O requisito de amnésia de Minsky geralmente revela uma divisão geracional durante as bolhas; apenas os participantes com idade suficiente para recordar o último crescimento e colapso tendem a ser céticos. Seus colegas mais jovens e entusiasmados irão ridicularizá-los como velhinhos ultrapassados, sem contato com as novas realidades da economia e dos mercados financeiros. As bolhas são, em suma, a província dos jovens de memória curta.

Qualquer que seja o mecanismo, tal veemência é perfeitamente compreensível como uma manifestação da teoria dos estados equilibrados e desequilibrados de Fritz Heider. Espelhando as expectativas dos adeptos do fim dos tempos, poucas crenças são mais agradáveis do que a promessa de riqueza sem esforço e sem limites, e seus acólitos não se desfazem facilmente de algo tão reconfortante. Para os fiéis, o caminho de menor resistência passa por um estado equilibrado de discordância/desagrado, rotulando os céticos de atrasados que "não entendem".

O quarto e último sintoma de uma bolha é o aparecimento de previsões extremas, como as previsões da Mares do Sul, com a Espanha cedendo milagrosamente seu monopólio comercial no Novo Mundo para a Inglaterra, investimentos de £100 rendendo centenas em dividendos anuais, o iminente "senhorio ao longo do tempo e do espaço", ou a projeção implícita de Raskob de retornos de mercado de 25% ao ano.

Em 1929, a previsão para encerrar todas as previsões, porém, veio de Irving Fisher, de Yale. Talvez o maior economista de seu tempo, Fisher é hoje reverenciado por desenvolver grande parte da base das finanças matemáticas modernas. Infelizmente, ele é ainda mais lembrado por uma observação feita em 15 de outubro de 1929, para a Associação de Representantes em Manhattan, nove dias antes da Quinta-Feira Negra: "As ações atingiram o que parece ser um platô permanentemente alto."[29]

Nenhuma narrativa da quebra de 1929 está completa sem o conto de "Sunshine Charlie" Mitchell. Insull e Hudson pelo menos tinham dotado a posteridade com

162   Os Delírios das Multidões

infraestrutura vital, um legado que mitigou seus pecados. Nada, por outro lado, redimiu Charlie Mitchell, o grande promotor financeiro — e predador — da época.

Tal como Insull, Mitchell veio de origens humildes e tornou-se assistente de um titã corporativo, no caso Oakleigh Thorne, presidente da Companhia Trust of America sediada em Nova York em 1907, bem a tempo para o grande pânico daquele ano. Thorne liderou a grande empresa durante a corrida aos bancos no epicentro da tempestade. E, durante a crise, Mitchell, seu assessor de 30 anos, trabalhou horas e horas; e muitas vezes dormia no chão do escritório de seu chefe em vez de voltar para casa. Entre 1911 e 1916, ele dirigiu sua própria corretora de valores, depois foi contratado pelo Banco National City (o predecessor do atual Citibank, doravante denominado "o Banco") para administrar seu pequeno braço de vendas de ações e títulos, a Companhia National City (doravante, "a Companhia").

O banqueiro comercial desempenha três funções quase sagradas, centrais em qualquer sociedade capitalista: a salvaguarda do dinheiro de outras pessoas; o fornecimento de capital de giro às empresas, sem o qual a economia não pode funcionar; e a criação de moeda. Em contraste, o banqueiro de investimento vende ações e títulos ao público, uma atividade muito mais arriscada e moralmente mais ambígua.

Os reguladores bancários há muito entenderam essa distinção e, de fato, proibiram os bancos comerciais de possuir bancos de investimento. Mas isso não significava que um banco comercial não pudesse controlar um banco de investimento sem realmente possuí-lo, que foi como Mitchell e os advogados do Banco conseguiram estruturar seu relacionamento com a Companhia.[30] Charlie Mitchell, resumindo, era um pirata disfarçado de oficial da rainha que navegava sob a bandeira do Banco. Por taxas substanciais, a Companhia tornou-se um banco de investimento, cuja função principal era gerar capital para empresas, vendendo ao público suas ações e títulos recém-emitidos. Infelizmente, muitas das ações e títulos vendidos pela Empresa eram duvidosos, o que agravou a prevaricação ao vender esses títulos a clientes desavisados do Banco. Mais tarde, a Companhia e o Banco subscreveriam títulos ainda mais duvidosos emitidos por governos estrangeiros.

Quando Mitchell assumiu a empresa em 1916, ele ocupava uma sala e abrigava apenas quatro funcionários na sede do Banco. Os promotores precisam não apenas do público, de seus clientes, mas também da imprensa, que durante os tempos de crescimento fornece um exército de crédulos recrutas. O protótipo da mídia da década de 1920 foi um redator de revista chamado Bruce Barton, filho de um pregador que certa vez descreveu Jesus como um "vendedor top de linha". Em 1923, ele escreveu um artigo sobre Mitchell intitulado "Há Algo Aqui que Outros Homens não Poderiam Fazer?" Em uma entrevista,

Mitchell contou a Barton que, quando um de seus jovens vendedores enfrentava uma crise, ele o levava ao último andar do Bankers' Club para observar as multidões lá embaixo. "Veja. São 6 milhões de pessoas com rendas que somam milhares de milhões de dólares. Eles estão apenas esperando que alguém venha e lhes diga o que fazer com suas economias. Dê uma boa olhada, faça um bom almoço e depois desça lá e conte a eles."[31]

O carisma e o dinamismo de Mitchell, a imprensa brilhante e a histeria do mercado de ações dos anos 1920 aumentaram as operações da empresa; em 1929, ela empregava 1.400 vendedores e pessoal de apoio espalhados por 58 filiais, todas conectadas à sua sede em Nova York por 17.000Km de fios privados. Mitchell emitia um fluxo quase constante de estímulo aos subordinados: "Queremos ter certeza absoluta de que, com exceção dos aprendizes, não temos ninguém em nossa equipe de vendas além de produtores." A empresa atendeu a essa aspiração e muito mais, emitindo mais de US$1,5 bilhão anualmente durante a década de 1920 em ações e títulos que havia subscrito, mais do que qualquer outro banco de investimento.[32]

O Banco divulgou fortemente a "expertise" de banco de investimento da Companhia para seus clientes de confiança. No lugar das contas bancárias tradicionais seguras de baixo rendimento, foram aconselhados a comprar títulos com cupons gordos e ações com aumentos de cotação ainda mais sedutores.

Mitchell provavelmente não inventou o concurso de vendas de corretagem, mas o refinou ao status de arte elevada, oferecendo prêmios de até US$25 mil para o vencedor. O sistema de Mitchell foi tão bem-sucedido que ficou sem títulos para vender. Normalmente, empresas e governos estrangeiros cortejam bancos de investimento para emitir seus títulos, mas a Companhia reverteu essa dinâmica ativamente encorajando as empresas a emitir mais deles. De forma ainda mais flagrante, os vendedores de Mitchell se espalharam pelos instáveis países dos Bálcãs e da América do Sul para oferecer capital barato a seus governos necessitados.

Apesar dos relatos de ineptidão dos vendedores e desonestidade entre governos estrangeiros, como o Peru e o estado brasileiro de Minas Gerais, e da quase certeza de sua inadimplência, Mitchell e a Companhia continuaram vendendo esses títulos estrangeiros a clientes de confiança do Banco.

Em 1921, ele ascendeu da presidência da Companhia à do próprio Banco, removendo o último grande obstáculo ao seu rolo compressor de vendas. O crítico literário Edmund Wilson foi quem melhor capturou o espírito de Mitchell, descrevendo como ele enviava seus vendedores: dizia-lhes para "bater nas portas das casas em zonas rurais como homens com aspiradores de pó ou escovas". Durante o início e meados da década de 1920, a empresa vendeu

164 Os Delírios das Multidões

principalmente títulos; à medida que a década passava e o mercado em alta ganhava impulso, mudou seu foco da venda de títulos para a venda de ações, não apenas de empresas arriscadas como a endividada Companhia Anaconda Copper, mas até mesmo das próprias ações do Banco, o que teria sido ilegal não fosse a separação jurídica camuflada entre a Empresa e o Banco.[33] Em 1958, Wilson descreveu como Mitchell

> vendeu ao público norte-americano, ao longo de 10 anos, mais de US$15 bilhões em títulos. Ele vendeu ações de empresas de automóveis que estavam prestes a virar pó; vendeu-lhes títulos de repúblicas sul-americanas à beira da insolvência; vendeu as ações de seu próprio banco, cuja cotação caiu ao longo de três semanas, depois de outubro de 1929, de $572 para $220, e que recentemente valiam $20.[34]

Mitchell havia feito de seus clientes o marco zero para a quebra, cuja imagem popular se centra nos dramáticos "dias sombrios" de outubro. A Quinta-feira Negra, dia 24, viu um consórcio liderado pela organização J.P. Morgan encenar um resgate dramático que gerou pânico ao meio-dia. Mas na Segunda-Feira e Terça-Feira Negras, dias 28 e 29, os titãs que salvaram o dia 24 — Mitchell, Thomas Lamont do Morgan e Albert Wiggin do Chase National — ficaram sem coragem e capital. Naqueles dois dias sucessivos, o mercado caiu 13,5% e 11,7%, respectivamente.[35]

No fechamento dos negócios em 29 de outubro, o mercado havia caído 39,6% em relação ao pico de setembro: uma paulada, com certeza, mas não tão ruim quanto as quedas de preço vistas entre 1973 e 1974, 2000 e 2002 e 2007 e 2009. Além disso, em meados de abril de 1930, as ações recuperaram mais de dois quintos dessa perda.*

Durante a queda de 1907, apenas poucos norte-americanos possuíam ações e, mesmo em 1929, esse número havia subido para apenas cerca de 10%, e assim a queda inicial de 1929 teve relativamente pouco efeito econômico direto sobre a população em geral.[36] Mas, nos anos seguintes, a podridão espalhou-se pelo coração pulsante da atividade empresarial, e o sistema bancário e a economia entraram em parafuso. Em meados de 1932, os preços das ações despencaram em quase 90% de seu nível de pico de 1929. Em 11 de dezembro de 1931, ainda a 6 meses do fundo do poço do mercado em meados de 1932, um pequeno investidor chamado Benjamin Roth escreveu sobre o empobrecimento dos investidores em seu diário:

---

* Em 19 de outubro de 1987, o índice Dow Jones caiu 22,6%, o que marcou "apenas" uma queda de preço de 36,1% em relação ao recorde anterior, 8 semanas antes.

Um jovem casado, conservador e com uma grande família para sustentar, conta-me que durante os últimos dez anos conseguiu pagar a hipoteca de sua casa. Algumas semanas atrás, ele fez uma nova hipoteca de US$5 mil e investiu o dinheiro em boas ações para investimento de longo prazo. Acho que em dois ou três anos ele terá um lucro considerável. Geralmente se acredita que boas ações e títulos agora podem ser comprados a preços muito atraentes. *A dificuldade é que ninguém tem o dinheiro para comprar.* (Grifo do autor.)[37]

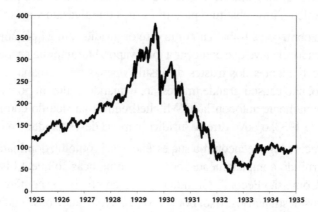

Figura 7-1. Média do índice Dow Jones 1925–1935

Um público sem dinheiro é um público raivoso e, como em 1720 e 1848, queria cabeças rolando. Fred Schwed, ex-corretor e autor, expressou de forma mais sucinta: "O cliente humilhado certamente prefere acreditar que foi roubado em vez de admitir que foi um tolo aconselhado por tolos."[38] Em 1929, o Banco tinha 230 mil clientes; não se sabe exatamente quantos deles tinham contas de corretagem na Companhia, mas o número girava em torno de pelo menos dezenas de milhares, provavelmente mais.[39] Ao contrário dos clientes de outras corretoras, que entraram voluntariamente pela porta da frente para comprar títulos, os de Mitchell procuraram um lugar seguro para seu dinheiro em um banco comercial e, em vez disso, tropeçaram em um bordel.

O destino afligiu Charlie Mitchell com um anjo vingador muito improvável: um advogado ítalo-americano chamado Ferdinand Pecora, cuja educação foi interrompida quando seu pai, um trabalhador de fábrica de sapatos, sofreu um acidente de trabalho incapacitante. Pecora abandonou a faculdade ainda adolescente no fim dos anos 1890 para sustentar seus pais e irmãos e, de alguma forma, conseguiu cursar Direito. Posteriormente, sua carreira incluiu uma longa passagem como promotor público assistente na cidade de Nova York, onde conduziu com sucesso vários casos financeiros.

166 Os Delírios das Multidões

O impacto e a queda subsequente do mercado levaram a uma investigação da indústria de títulos pelo Comitê Bancário do Senado dos Estados Unidos. As audiências começaram em 1932 e Mitchell, entre muitos outros, foi interrogado. O trabalho dos dois primeiros conselheiros foi tão ineficaz que o comitê os demitiu.

O brilhantismo de Pecora no interrogatório chamou a atenção de Bainbridge Colby, um distinto advogado que serviu como secretário de estado de Woodrow Wilson. Colby recomendou o jovem assistente da promotoria a Peter Norbeck, o presidente republicano do Comitê, que a essa altura estava procurando desesperadamente um substituto para os cargos que ficaram vagos.[40]

Pecora começou a trabalhar como diretor jurídico em 24 de janeiro de 1933; desatualizado, ele teve que começar a todo vapor. Durante sua primeira tentativa com os participantes dos trustes da Insull, apenas três semanas depois de ser contratado, não causou grande impressão, e quando o alto, imponente, bronzeado e extremamente autoconfiante Mitchell entrou na sala do comitê em 21 de fevereiro de 1933, o novo diretor jurídico parecia desesperadamente derrotado.

Mas Pecora logo reencontrou sua essência de promotor, dominando a audiência e destruindo completamente seus alvos, uma ocasião que a história lembra como a "Comissão Pecora". Grande riqueza, como vimos, confere grande adulação a seus destinatários. Isso, por sua vez, corrói a autoconsciência, uma falha fatal quando se trata de um comportamento criminoso. Além disso, empreendimentos criminosos normalmente anestesiam os participantes das falhas morais das organizações, que passam a ver suas atividades como normais, até louváveis.

A mesma coisa costuma acontecer com a trapaça em empresas financeiras, nas quais os funcionários aprendem a racionalizar seu comportamento como no melhor interesse de seus clientes. Esse fenômeno se aplica tanto a falastrões quanto a líderes corporativos carismáticos e bem-sucedidos; como diz um velho ditado norte-americano, o peixe apodrece pela cabeça. Pecora, um especialista em comportamento criminoso, reconheceu rapidamente que Mitchell, um desses típicos líderes puros-sangues corporativos, não via nada legal ou eticamente errado com o modus operandi da National City, e que a maneira mais eficaz de indiciá-lo seria simplesmente pedir-lhe que explicasse como dirigia seus vendedores. Ao longo de oito dias de testemunho, Pecora desmantelou completamente o altivo Mitchell, conduzindo-o metodicamente, de maneira educada e discreta, através do pântano moral que era a sistemática de vendas da National City.

Quanto Mitchell teve de pagar a seus vendedores para induzi-los a vender ações e títulos de seus clientes? Não muito, respondeu Mitchell, apenas cerca de US$25 mil por ano — numa época em que o trabalhador norte-americano médio ganhava US$800 por ano. Como o National City pagou seus executivos? De acordo com os lucros da venda de títulos, e não de acordo com o desempenho desses títulos para os clientes. Quanto esse sistema premiou Mitchell? Mais de US$1 milhão, um salário inédito mesmo para os mais altos executivos daquela época.

Para piorar as coisas, Mitchell vendeu ações da National City para sua esposa com prejuízo, então imediatamente as comprou de volta e, portanto, não pagou imposto de renda em 1929; engajou-se em uma clássica manipulação com as ações do Banco; e fez "empréstimos" extravagantes e perdoáveis a altos executivos, ao mesmo tempo em que obrigava seus funcionários comuns a comprar ações do Banco, cujos pagamentos eram atrelados aos futuros salários deles em valores bem maiores que o preço de mercado. Quando os funcionários finalmente pagavam suas compras superfaturadas, ele os demitia.[41]

À medida que os salários e empréstimos chocantes, os contorcionismos fiscais e o abuso contra funcionários ocupavam as manchetes, o de início confiante Mitchell aos poucos se deu conta de estar em sérios apuros. Mas Pecora mirava mais alto: ele queria expor os incentivos distorcidos que levavam os corretores de títulos em geral, não apenas os da National City, a vender aos clientes grandes volumes de títulos de risco com dinheiro emprestado, uma receita para levar à falência milhares de trabalhadores norte-americanos. Ele iniciou essa tarefa no quarto dia de audiências e demonstrou como a Companhia, com pleno acesso à lista de correntistas comuns do Banco, "implacavelmente", conforme redigido em uma diretriz de vendas, vendia-lhes ações e títulos.[42]

No sexto dia de audiências, 28 de fevereiro, Pecora mudou novamente de tática e se concentrou nos prejuízos causados aos investidores individuais. Antes das audiências, o comitê recebeu centenas de cartas de clientes arruinados da National City. O fio condutor em comum eram pessoas prudentes e econômicas que conseguiram adquirir títulos seguros do governo e a quem os vendedores de National City reduziram metodicamente à penúria por meio de repetidas compras alavancadas de ações e títulos de risco.

Pecora escolheu um dos mais simpáticos e envolventes deles, um certo Edgar D. Brown, de Pottsville, Pensilvânia, para testemunhar. Brown vendera recentemente uma rede de cinemas e desejava se mudar para a Califórnia por motivos de saúde, e decidiu que precisava de consultoria financeira e apoio logístico de uma instituição financeira nacional. Ele encontrou este anúncio em uma revista nacional:

> Está pensando em uma longa viagem? Se estiver, vale a pena entrar em contato com a nossa instituição, pois você deixará de receber o conselho de seu banqueiro local para receber uma orientação minuciosa em relação a seu investimento.[43]

168 Os Delírios das Multidões

O anúncio fora colocado, na verdade, pelo Banco National City, mas Brown foi contatado por Fred Rummel, da Companhia National City, para ajudá-lo a investir suas economias de $100 mil, a maior parte em dinheiro proveniente da venda de seus cinemas. Um quarto dessa quantia já estava em títulos, principalmente títulos do governo dos Estados Unidos. Brown fez apenas um pedido: ele queria evitar ações.

Rummel comprou uma grande variedade de títulos domésticos e estrangeiros para Brown, com sua permissão, bem acima de seu valor de $100 mil, o que exigia que ele fizesse empréstimos de vários bancos, incluindo o National City, totalizando mais $180 mil. Quando sua carteira de títulos despencou, mesmo antes da queda, Brown reclamou.

> BROWN: E [Rummel] disse: "Bem, a culpa é sua por insistir em títulos. Por que não me deixou vender para você algumas ações?" Bem, o mercado de ações vinha subindo continuamente. Então engoli a isca e disse: "Muito bem. Compre ações."
> PECORA: Você disse a ele quais ações comprar?
> BROWN: Nunca.
> PECORA: Então, ele comprou ações por conta própria?
> BROWN: Posso responder com outra pergunta: Ele comprou ações?

No que o secretário do comitê obedientemente registrou: "Grande e prolongada risada."[44]

Brown, então, apresentou para o comitê um registro de compras de ações tão volumoso que Pecora não sobrecarregou o funcionário com essas anotações. Brown declarou ter viajado para a sede da National City para reclamar que Rummel havia negociado sua conta de forma tão agressiva que, apesar da alta do mercado de ações, o valor de sua carteira havia caído. Disseram-lhe que a Companhia investigaria o assunto e que ele teria uma resposta.

Brown recebeu uma resposta de Rummel, que recomendou a compra de mais ações, incluindo as do Banco National City; em 4 de outubro de 1929, o valor de sua carteira havia caído ainda mais. Brown entrou no escritório do National City em Los Angeles, exigiu a venda de todas as suas posições e contou o que aconteceu a seguir: "Fui colocado na categoria de homem ingrato. Fui cercado imediatamente por todos os vendedores do local e informado de que era uma coisa muito, muito tola de se fazer."

A empresa finalmente vendeu as ações de Brown em 29 de outubro, Terça-Feira Negra, quando ele ficou sem margem, deixando-o sem nada. Além disso, tinha feito isso da maneira mais mentirosa possível, comprando os próprios títulos de Brown a preços bem abaixo do preço de mercado vigente.

Brown, que 2 anos antes tinha US$100 mil, cerca de US$1,5 milhão em dinheiro de hoje, era agora um indigente. Surpreendentemente, o que Brown mais queria a essa altura era um empréstimo adicional de US$25 mil para que pudesse especular mais sobre as ações da Anaconda. O Banco, é claro, recusou, alegando que Brown estava desempregado e falido.[45]

Antes de 1929, os homens de negócios bem-sucedidos atingiam o status quase *cult* de árbitros finais do que era bom para a nação; a partir de 1933, por um certo tempo, a Comissão Pecora tornou Wall Street o inimigo público número um. Também introduziu a palavra *bankster* [uma combinação das palavras "banker" — banqueiro — e "gangster"] no vocabulário norte-americano, duas gerações antes de ela ser ressuscitada com força pela crise financeira global de 2007 a 2009.

As audiências terminaram em 2 de março, apenas dois dias antes da posse de Franklin Roosevelt, e em meio a enormes falências de bancos que os historiadores econômicos modernos atribuíram em grande parte à retórica da campanha de Roosevelt, particularmente no que diz respeito à sua ameaça de desvalorizar o dólar em relação ao ouro, o que ele acabou realizando.[46] O público tinha sede de vingança e, dois meses depois das audiências, Mitchell foi julgado por fraude. Tal como aconteceu com Blunt e Hudson, Mitchell provavelmente não fez nada que violasse as leis fiscais e de valores mobiliários da época, e foi absolvido de todas as acusações, embora mais tarde tenha sido obrigado a fazer um acordo com o governo quanto aos impostos atrasados. Ao longo das duas décadas seguintes, ele até recuperou alguma aparência de riqueza e respeitabilidade; sua última residência na Quinta Avenida agora é a sede do consulado francês.

Assim como aconteceu após o desastre da Mares do Sul dois séculos antes, a lei mudou tardiamente. Quinze meses após as audiências, Roosevelt assinaria um conjunto de legislações sobre valores mobiliários inspirada na Comissão Pecora, incluindo a Lei Glass-Steagall, que separou rigorosamente bancos de investimento e bancos comerciais; as Leis de Valores Mobiliários de 1933 e 1934, que regulamentam, respectivamente, a emissão e negociação de títulos; e a Lei das Empresas de Investimento de 1940, que rege consultores financeiros e fundos de investimento, são os progenitores dos fundos mútuos de hoje.

Em uma das maiores ironias das finanças, o primeiro comissário da Comissão de Valores Mobiliários, instituído pela lei de 1934 e encarregado de aplicar suas disposições, era ninguém menos que um operador de pool da melhor qualidade: Joseph P. Kennedy, Sr. Quando a incongruência da nomeação

170 Os Delírios das Multidões

de Kennedy foi apontada para Roosevelt, ele gracejou: "É preciso um ladrão para pegar outro ladrão."[47]

Uma perspectiva contemporânea sobre a queda foi oferecida por Fred Schwed, que, com seu humor característico, explicou assim:

> Em 1929 havia um vagão luxuoso de um trem, ocupado todas as manhãs da semana na Estação Pensilvânia. Quando o trem parava, os diversos milionários que estiveram jogando bridge liam o jornal, comparavam suas fortunas e saíam pela parte da frente do vagão. Perto da porta havia sido colocada uma tigela de prata com uma quantidade de niqueis dentro. Aqueles que precisavam de um centavo trocado para andar de metrô no centro da cidade levavam um. Não se esperava que colocassem algo em troca; isso não era dinheiro — era uma dessas pequenas conveniências como um palito de dente individual para o qual nada é cobrado. Eram só cinco centavos.
>
> Houve muitas explicações sobre o súbito desastre de outubro de 1929. A explicação que eu prefiro é que o olho de Jeová, um deus irado, por acaso, em outubro, mirou aquela tigela. Em um aborrecimento repentino e compreensível, Jeová chutou a estrutura financeira dos Estados Unidos, e assim viu a tigela de niqueis grátis desaparecer para sempre.[48]

Uma citação apócrifa atribuída a Albert Einstein postula os juros compostos como a força mais poderosa do universo. Não é. Perde para a amnésia. Apenas dois anos após as audiências de Pecora, Frederick Lewis Allen previdentemente observou que

> São Jorge ataca o dragão e é aplaudido intensamente; mas chega um momento em que São Jorge está morto, quando o público se dispersa, e quando o sucessor de São Jorge encontra o dragão, um sujeito muito persuasivo, e começa a se perguntar por que fazem tanta questão de matar o dragão, se os tempos não mudaram, e se há alguma necessidade de submeter o dragão a algo mais do que uma branda restrição.[49]

À medida que a Comissão Pecora se desvanecia na memória, São Jorge não apenas baixou a guarda, mas ficou sangrando na beira da estrada, incapaz de proteger um público com poucas lembranças de Raskob, Insull e Mitchell e de seus antigos antecessores do fim do século XX.

8

VACA APOCALÍPTICA

Dize aos filhos de Israel que te tragam uma novilha vermelha perfeita, sem defeito, e sobre a qual nunca tenha sido posto jugo.

— Números 19:2

Durante o século XX, um ramo outrora obscuro da teologia protestante explodiu na cena religiosa e política norte-americana para se tornar um movimento social influente não apenas nos Estados Unidos, mas em todo o mundo. Não é exagero rotular essa teologia de histeria religiosa de massa — uma teologia que já gerou várias pequenas tragédias e também carrega as sementes do Armagedom. Um pequeno incidente na pecuária israelense revela sua potência em termos de fim dos tempos.

Em meados da década de 1990, Jubi Gilad, um leiteiro da escola agrícola ortodoxa Kfar Hasidim, no vale de Jezreel, no norte de Israel, estava tendo dificuldade para emprenhar uma de suas vacas da raça Holandesa. Ele importou um pouco de sêmen de touro da Suíça e, em agosto de 1996, a vaca malhada deu à luz Melody, uma fêmea surpreendentemente vermelha. Para uma pequena minoria de judeus e cristãos do mundo, a cor do bezerro só poderia significar uma coisa: o mundo estava prestes a acabar. Em resumo, Melody era a Vaca Apocalíptica.[1]

Como um fio de lã carmesim, a linhagem do cataclismo bovino atravessa quase 3 mil anos de história milenarista. Os antigos israelitas acreditavam que qualquer pessoa que entrasse em contato com um cadáver, ou que estivesse sob o mesmo teto de um, era impura e, portanto, essa pessoa não poderia entrar no Templo Sagrado de Jerusalém. Naquela época, isso significava todos, exceto os muito jovens. Essa impureza só poderia ser removida, como aludido na epígrafe acima do Livro dos Números, por um ritual em que os sacerdotes sacrificavam uma novilha (uma vaca jovem que nunca havia parido) com pelo ruivo puro, que nunca tivesse usado jugo e fosse livre de manchas. Então, ela era cremada em uma pira junto com lã vermelha, um galho de cedro e um

172 Os Delírios das Multidões

ramo de hissopo. Os sacerdotes realizavam o rito no Monte das Oliveiras, no mirante do Templo. Lá, eles misturavam as cinzas da novilha com água pura retirada do Tanque de Siloé. Se, e somente se, a água das cinzas fosse aspergida sobre o crente impuro no terceiro e no sétimo dia após a proximidade com os mortos, a impureza era removida.[2]

A destruição do Segundo Templo pelos Romanos em 70 d.C. tornou esse procedimento complexo impossível. Um milênio depois, o grande intelectual judeu do mundo medieval, Maimônides, tentou dar sentido ao ritual de purificação, então carente de significado.

Nascido na Espanha islâmica por volta de 1135, Maimônides se destacou academicamente, praticou a medicina e acabou liderando a comunidade judaica do Cairo durante a turbulência das invasões dos Cruzados. Sua realização mais duradoura foi a Mishneh Torá, um compêndio de ética e lei judaica. Mas a justificativa para a purificação ritual confundia até mesmo esse grande estudioso, que o classificou como um *chok* (mistério): "Não são questões determinadas pela compreensão de uma pessoa."[3] Ele, porém, foi mais direto sobre a história do procedimento:

> A primeira [novilha vermelha sagrada] foi trazida por Moisés, nosso professor. A segunda foi trazida por Ezra. Outras sete foram oferecidas até a destruição do Segundo Templo. E a décima será trazida pelo rei Mashiach [Messias]; que ele seja rapidamente revelado. Amém, que seja a vontade de Deus.[4]

Para certos judeus e cristãos, o significado de Melody era surpreendentemente claro: ela era a décima novilha vermelha, que predizia a vinda do Messias. Uma pequena minoria acreditava que o nascimento de uma novilha vermelha perfeita predizia, aproximadamente na seguinte ordem, o arrebatamento iminente dos fiéis para a segurança do céu; uma terrível tribulação apresentando uma batalha titânica com o Anticristo, caos global e fogo do inferno; o retorno de Jesus e um milênio de seu governo; o julgamento final de Deus; e, finalmente, o fim dos tempos.

A saga de Melody ressoa porque vai ao cerne da ilusão em massa mais proeminente e perigosa que corre como um fio vermelho pela história humana, a narrativa do fim dos tempos. No período moderno, histórias do fim dos tempos como essa produziram uma safra abundante de tragédias que vão da desastrosa Loucura Anabatista até outras mais numerosas em escala relativamente pequena, como o episódio do Templo Solar.

Ao longo do último meio século, uma nova e altamente característica forma da narrativa do fim dos tempos, agora adotada pela maioria dos protestantes evangélicos, o "dispensacionalismo", deu origem a um sistema de crença que permeia os EUA e divide sua sociedade em dois campos com visões de mundo muito diferentes. O mais alarmante de tudo é que uma história semelhante à de Melody poderia, em alguma data futura, se tornar uma profecia cataclísmica que se autorrealizaria, mas não da maneira que os fiéis — judeus, cristãos e também muçulmanos — imaginam.

Logo após o nascimento de Melody, um rabino fundamentalista chamado Yisrael Ariel soube dela. Após declarar que a novilha estava em condições de ser sacrificada, a história invadiu a grande mídia e se tornou global à medida que repórteres das principais redes de televisão norte-americanas e europeias transmitiam histórias divertidas sobre a Vaca do Fim do Universo.

Os israelenses não achavam tão divertido assim; um jornalista local se referiu à Melody como uma "bomba de quatro patas... igual em sua capacidade de colocar fogo em toda a região com o poder de armas não convencionais nas mãos dos aiatolás iranianos."[5] Felizmente, os acompanhantes de Melody notaram pelos brancos em suas mamas logo após o nascimento e, quando mais pelos brancos apareceram em sua cauda por volta de um ano de idade, os rabinos a declararam imprópria. (Ela teria que chegar pura e intocada aos três anos para se qualificar para o sacrifício ritual.)

A semelhança entre a história de fundo judaico de Melody e a teologia cristã do fim dos tempos da rebelião de Müntzer, a Loucura Anabatista, a Quinta Monarquia e o Millerismo é óbvia. Em termos teológicos, três desses quatro episódios cristãos foram "pré-milenares" — o retorno de Jesus ocorreria *antes* do milênio, que ainda estava para acontecer. (O outro, a Quinta Monarquia, tinha fiéis pré e pós-milenaristas.) O desencadeamento do milênio pela segunda vinda de Cristo é necessariamente um evento dramático e geralmente violento.

Em contrapartida, a teologia do fim dos tempos de Santo Agostinho, anterior e mais convencional, adotada pelo catolicismo moderno e a maioria das seitas protestantes, minimiza todo o conceito do milênio: Jesus não volta dramaticamente para governar por 1 mil anos. Esse esquema "amilenarista" mais convencional é, portanto, um processo muito mais plácido e, por causa do preceito psicológico de que "o mal é mais forte do que o bem", é menos convincente.

A última metade do século XIX veria a evolução de uma versão ainda mais dramática, violenta e convincente da narrativa do fim dos tempos, um

174   Os Delírios das Multidões

credo que influenciou cada vez mais a vida dos norte-americanos comuns: o mundo está desesperadamente corrupto e não pode ser salvo ou reformado pelos esforços de meros homens. Apenas a intervenção divina, na forma de Arrebatamento, Tribulação, Armagedom e o julgamento final será suficiente.

Essa sequência do fim dos tempos não está de acordo com a doutrina católica ou protestante convencionalmente aceita. Há mais de um século, a maioria das denominações cristãs tradicionais em ambos os lados do Atlântico descartou a noção da verdade literal da Bíblia. No processo, eles alienaram uma parte significativa de seus rebanhos; mesmo hoje, as pesquisas Gallup e Pew descobriram que cerca de um quarto dos norte-americanos ainda acredita que a Bíblia é a verdadeira palavra de Deus. Uma porcentagem semelhante acredita que Jesus retornará à Terra durante sua vida, e 61% dos norte-americanos acham que Satanás existe, porcentagens que quase certamente eram mais altas no início do século XX.[6] Esses fiéis norte-americanos não estavam dispostos a abandonar o conforto da verdade bíblica literal e adotar o conhecimento científico moderno e a ambiguidade moral das principais igrejas que concederam legitimidade ao judaísmo, catolicismo ou, Deus me livre, ao ateísmo.

O resultado foi o dispensacionalismo, que restaura o conforto da verdade bíblica literal junto com um bocado do antiquado pensamento maniqueísta, a separação em preto e branco do mundo entre o bem e o mal, com os fiéis colocados de forma justa e confortável no primeiro grupo.*

Esse sistema de crenças se tornou tão arraigado em nosso sistema político que pelo menos um presidente dos EUA, Ronald Reagan, o subscreveu, assim como uma grande quantidade de políticos em todos os níveis, como Mike Pence, Dick Armey, Michelle Bachmann e Mike Huckabee, para citar apenas alguns exemplos. Na verdade, seus princípios permeiam, nos EUA, quase todos os aspectos do discurso nacional, particularmente questões sociais, como aborto e direitos dos homossexuais, e questões de política externa, mais especialmente relacionadas ao Oriente Médio, dominado por conflitos.

* * *

Quase ao mesmo tempo em que a escatologia de William Miller se estabeleceu nos EUA do século XIX, um anglicano irlandês chamado John Nelson Darby

---

*   O Maniqueísmo é uma religião cristã/pagã sincrética disseminada por um persa do terceiro século chamado Mani, que concebeu o universo como uma luta entre o bem e o mal.

acendeu um pavio teológico de queima lenta, cuja explosão final ocorreria no século vindouro.

Ao contrário do humilde e despretensioso Miller, Darby era intelectualmente imponente e socialmente dotado. Nascido em 1800 em uma rica família de mercadores, seu nome do meio vinha de um tio nomeado cavaleiro por servir com Horatio Nelson na Batalha do Nilo. Darby recebeu medalhas de ouro em literatura, latim e grego na Trinity College de Dublin e foi admitido na ordem irlandesa de advogados. Decepcionado com essa profissão, em 1826 ordenou-se no ramo irlandês da Igreja Anglicana. Seu abandono da advocacia desapontou tanto seu pai que ele o deserdou.

O intelectualmente inquieto Darby logo se desencantou com o anglicanismo rígido e hierárquico; apenas um ano após sua ordenação, ele participou de uma conferência sobre profecia bíblica e concluiu, como Lutero, que a igreja autêntica poderia ser qualquer grupo de verdadeiros fiéis em Cristo ordenados por Deus para conduzir a humanidade da crucificação de Jesus para sua Segunda Vinda.

A chave para o sistema de crença de Darby era uma série de cinco "dispensações", ou períodos da história, em que Deus testou a humanidade, daí o nome formal que os teólogos atribuem a ela: "pré-milenarismo dispensacional". O Deus de Darby evidentemente avaliava segundo critérios muito rígidos, e a humanidade consequentemente foi reprovada em todas as quatro dispensações que levaram aos tempos modernos. Brilhante, Darby, como o autor/autores do Apocalipse, escreveu uma prosa densa, indigesta, e coube a outros esclarecer a natureza precisa de suas dispensações/períodos históricos. Os seguidores posteriores de Darby expandiram o número de dispensações para as sete usadas hoje:[7]

1. Inocência, desde a criação até a expulsão de Adão e Eva do Éden;
2. Consciência, da expulsão do Éden até Noé;
3. Governo, de Noé a Abraão;
4. Promessa, de Abraão a Moisés;
5. Lei, de Moisés a Jesus;
6. Graça, o período atual da verdadeira igreja de Darby, da crucificação à Segunda Vinda;
7. Milênio, o reinado final de Cristo.

A Bíblia é pródiga em passagens contraditórias, e a genialidade do sistema dispensacional de Darby consiste em importante ordenação do caos,

176　Os Delírios das Multidões

classificando seu conteúdo em dispensações separadas, a fim de diminuir o conflito interno. Da perspectiva arcana e inata da interpretação bíblica, muitos teólogos consideraram esse rearranjo das escrituras um golpe de mestre que a organizou em um todo mais coerente.

Todas as religiões organizadas têm, além de sua teologia, ou sistema de crenças, uma "eclesiologia" — uma estrutura organizacional. No caso de Darby, a eclesiologia eram as assim chamadas assembleias do evangelho, pequenos grupos organizados em torno de um líder carismático que ordenou a verdade do evangelho desse grupo. Darby intencionalmente não nomeou essas congregações, mas elas informalmente passaram a ser chamadas de Igreja de Deus, ou, simplesmente, Os Irmãos, sendo a mais famosa Os Irmãos de Plymouth.

Em forte contraste com os cultos religiosos fundamentalistas norte-americanos modernos, emocionalmente forjados, as reuniões dos Irmãos eram assuntos intensamente intelectuais, cuja metodologia se assemelhava muito à de Miller, em que uma única palavra na Bíblia, como "criação", era rastreada a fundo em todo o conteúdo. Dada a riqueza ambígua da Bíblia e os poderosos intelectos envolvidos, o movimento logo se tornou causticamente turbulento. Todos os Irmãos, porém, concordaram com os princípios básicos do movimento, que se centravam na divisão do mundo em judeus, cristãos e todos os demais: os gentios. Eles também concordaram sobre a centralidade da Primeira Epístola de Paulo aos Tessalonicenses, cujos dois versículos principais são

> Porque o mesmo Senhor descerá do céu com alarido, e com voz de arcanjo, e com a trombeta de Deus; e os que morreram em Cristo ressuscitarão primeiro.
>
> Depois nós, os que ficarmos vivos, seremos arrebatados juntamente com eles nas nuvens, a encontrar o Senhor nos ares, e assim estaremos sempre com o Senhor.[8]

Para aqueles que aceitam a verdade literal da Bíblia, o significado desses dois versículos é claro. No Fim, Jesus começa a descer até a Terra e, na metade do caminho para o céu, reúne todos os verdadeiros cristãos nas nuvens, primeiro os mortos ressuscitados, depois os vivos: o Arrebatamento.

Os Irmãos de Plymouth, em seguida, avançaram para a narrativa fantasmagórica do Apocalipse: em ordem aproximada, uma tribulação de sete anos de horrores indescritíveis, a vitória de Cristo sobre Satanás e seu exército, seguida por 1 mil anos de paz, culminava com outra breve batalha com Satanás, e o julgamento final de ambos, os vivos e os mortos. Aqueles que permanecerem na terra durante a Tribulação também são elegíveis, à força de seu arrependimento em meio ao caos, para a redenção. (As façanhas fictícias desse grupo seriam exploradas lucrativamente mais de um século depois em romances fundamentalistas como a série de livros *Deixados para Trás* de Tim LaHaye e Jerry Jenkins)[9]

Enquanto estava no Trinity College, Darby ficou sob a influência do popular professor Richard Graves, da cadeira Regius Professor Divinity, cuja tutoria de clássicos e teologia inspirou gerações de alunos. De acordo com Graves, os judeus voltariam para a Terra Santa e aceitariam Jesus, e com a paixão dos recém-convertidos guiariam o resto da humanidade ao Salvador. A volta ao lar e a conversão dos judeus acelerariam o fim dos tempos, e assim os verdadeiros cristãos tinham o dever de ajudar os judeus a voltar. Graves, assim como os milenaristas antes e depois dele, buscou a confirmação de suas profecias bíblicas nos eventos atuais, nesse caso o enfraquecimento do domínio turco sobre a Palestina e a ascensão do poder naval britânico.[10] Essa "aliança" de judeus e cristãos tornou-se conhecida como "sionismo cristão" e, em conjunto com o sionismo judaico, se tornaria cada vez mais forte no século e meio seguinte.

Assim como com a Loucura Anabatista e a revolta do Quinta Monarquia, no fim do século XX o milenarismo tornou-se uma profecia potencialmente destrutiva e autorrealizável por duas razões: primeiro, como acontece com Graves, Darby e os Irmãos, a narrativa milenarista centra-se na Terra Santa, o barril de pólvora do mundo moderno; e, segundo, nas últimas décadas os dispensacionalistas começaram a influenciar a política externa norte-americana e exercer um controle sobre armas militares que poderiam, de uma só vez, incinerar uma grande parte da humanidade sem nenhuma ajuda de Jesus ou das feras bíblicas de Daniel e Apocalipse.

Entre as nações desenvolvidas do mundo, foi nos Estados Unidos que o dispensacionalismo ganhou seus seguidores mais entusiastas; agora exerce muito menos influência nas Ilhas Britânicas, seu local de nascimento, ou em todas as outras nações desenvolvidas.

A primeira metade do século XIX apresentou um dos grandes pontos de inflexão no desenvolvimento científico ocidental. *A Origem das Espécies* de Charles Darwin seria publicado em breve (1859) e, ao longo do século XIX, os cientistas gradualmente perceberam que a Terra era muito mais velha do que os 6 mil anos bíblicos. Em 1779, o Conde de Buffon estabeleceu um modelo para o resfriamento da Terra com esferas aquecidas e estimou a idade

178   Os Delírios das Multidões

do planeta em 75 mil anos, e em 1862 o físico William Thomson, mais tarde Lorde Kelvin, colocou-o entre 20 milhões e 400 milhões de anos. Com os avanços subsequentes na técnica laboratorial, essas estimativas aumentaram gradualmente, em meados do século XX, para o consenso atual de 4,6 bilhões de anos; quanto ao universo, acredita-se que seja três vezes mais velho. Esses fatos inconvenientes perturbaram muitos cristãos. Os Irmãos, por exemplo, rejeitaram Darwin, e lutaram para incorporar o conceito de tempo geológico em sua interpretação do Livro de Gênesis.[11]

Antes dessas descobertas do século XIX, os principais políticos e cientistas frequentemente se aventuravam na escatologia. Mais notavelmente, Isaac Newton publicou um conjunto inteiro de trabalhos, mais tarde reunidos em um volume póstumo, que expôs sobre o significado de Daniel e do Apocalipse.[12]

A educação de Joseph Priestley, em meados do século XVIII, como quase todo o ensino superior naquela época, foi teológica; ele começou sua carreira como ministro, mas logo se interessou pelas ciências naturais, nas quais realizou um trabalho inovador sobre a natureza da eletricidade, gases e, mais conhecida, a codescoberta do oxigênio. Como Newton, Priestley também se dedicou extensamente às profecias bíblicas, que incluíam especulações sobre o retorno dos judeus à Palestina:

> O estado disperso presente dos judeus é objeto de toda uma série de profecias, começando por Moisés. E se esse povo notável deve ser restaurado ao seu próprio país, e se tornar uma nação florescente nele, que é igualmente predito, poucas pessoas, penso eu, duvidarão da realidade de um espírito profético.[13]

Priestley, que morreu em 1804, foi um dos últimos filósofos naturais proeminentes que combinaram profecia com as ciências; depois de Darwin e o florescimento da geologia, qualquer cientista que citasse a Bíblia como base para suas crenças sobre as ciências físicas ou biológicas cairia no ridículo de seus pares. Da mesma forma, esse novo conhecimento científico demoliu a noção de verdade bíblica literal para muitos fiéis cristãos e o clero.

Teólogos alemães foram os primeiros a recuar da infalibilidade bíblica e a tratar as narrativas da Bíblia como alegóricas em vez de factuais, uma escola de pensamento que veio a ser conhecida como "Alta Crítica". Ao longo do século XIX, esse movimento se espalhou pela Inglaterra, onde o clero anglicano hierárquico e erudito gradualmente o adotou; no fim do século, os Irmãos literalistas se viram marginalizados em seu país de origem. Além disso, as forças centrífugas naturais alimentadas por intelectos dispensacionalistas intensos como Darby, quando aplicadas a textos ambíguos das Escrituras, fragmentaram o movimento dos Irmãos britânicos em dezenas de seitas obscuras e impotentes que se tornaram, em alguns casos, objetos de escárnio.[14]

O dispensacionalismo encontrou solo mais fértil na liberdade teológica do cristianismo norte-americano. Não só faltava aos EUA uma igreja estatal hierárquica no estilo inglês, mas o temperamento norte-americano também era radicalmente diferente. Os anos 1800 foram verdadeiramente o século britânico, um período profundamente otimista durante o qual a fé no progresso tecnológico foi quase absoluta e a Britânia controlava os mares, uma mentalidade inconsistente com a avaliação obscura do dispensacionalismo da humanidade. Embora os Estados Unidos também se considerassem inicialmente a Nova Jerusalém, um farol para toda a humanidade, a Guerra Civil destruiu essa fé, e a nação ferida se mostrou muito mais receptiva ao pessimista Darby e os Irmãos, que viajaram pela América do Norte por uma década e meia depois da guerra. O próprio Darby passou meses visitando as principais cidades norte-americanas, onde ele e seus colegas espalharam o credo dispensacionalista.

Os mais importantes norte-americanos recrutados pelo dispensacionalismo foram Dwight Moody, C.I. Scofield e Arno Gaebelein. Moody, um fervoroso pregador evangélico que já havia entrado em contato com os Irmãos durante uma turnê pela Inglaterra, também conheceu Darby em uma das temporadas norte-americanas do irlandês. Inicialmente, o despretensioso Moody e o aristocrático e intelectual Darby não se deram bem, mas com o tempo a firmeza de Moody conquistou Darby.[15] Além disso, Moody possuía o dom para lidar com pessoas que faltava em Darby; ele lotou igrejas, estádios e parques com milhares de fiéis em ambos os lados do Atlântico. Em 1886, quatro anos após a morte de Darby, ele fundou a Sociedade de Evangelização de Chicago, que após sua morte foi rebatizada de Instituto Moody da Bíblia. Nas décadas seguintes, ele treinaria dezenas dos principais dispensacionalistas dos EUA.

Mais de 50 faculdades evangélicas norte-americanas seguiram os passos de Moody, cujos objetivos principais eram promover a profecia baseada na verdade bíblica literal e combater o crescimento da "Alta Crítica", cientificamente centrada entre as seitas protestantes convencionais. Em 1924, um graduado em Oberlin chamado Lewis Sperry Chafer fundou a mais famosa delas, a Escola Teológica Evangélica. Doze anos depois, ele

180   Os Delírios das Multidões

a rebatizou de Seminário Teológico de Dallas (DTS).[*16] O DTS é a instituição educacional mais importante da qual a maioria dos norte-americanos leigos nunca ouviu falar. Ele treinou muitos dos líderes do movimento dispensacionalista, "homens de Dallas", como são conhecidos nos círculos evangélicos, e influenciou fortemente a maioria dos demais.

O segundo principal dispensacionalista norte-americano, C.I. Scofield, foi um veterano de guerra confederado que praticou a lei após o conflito e serviu como legislador do Kansas e procurador dos EUA antes de sofrer uma conversão evangélica repentina em 1879. Pouco depois, foi enfeitiçado por um líder dispensacionalista chamado James Brookes, o organizador das Conferências Bíblicas de Niágara, realizadas anualmente entre 1876 e 1897 em Niagara-on-the-Lake, em Ontário. Scofield também entrou em contato com Moody e o terceiro dispensacionalista norte-americano importante, Arno Gaebelein.

As conferências de Niágara destacaram outra razão pela qual o dispensacionalismo floresceu mais fortemente nos EUA do que na Inglaterra. A atitude neutra da Constituição dos Estados Unidos em relação à religião encorajou o crescimento de uma ampla variedade de seitas protestantes, e Brookes deu as boas-vindas a todas elas em Niagara-on-the-Lake. Isso evitou as lutas internas que caracterizaram o movimento britânico, um ecumenismo evidente hoje na ampla gama de Igrejas norte-americanas que adotam a narrativa dispensacionalista do fim dos tempos. Gaebelein era uma figura intelectual ainda mais singular do que Darby. Depois de emigrar da Alemanha para os Estados Unidos em 1879, aos 18 anos, ele aprendeu latim, grego e, especialmente, iídiche em sua busca para converter os judeus de Nova York, chegando a estabelecer um jornal nesse idioma. Ele também fundou um jornal em inglês para fundamentalistas norte-americanos, incluindo Chafer e Scofield, e esse último ficou tão impressionado com o brilhantismo de Gaebelein que os dois começaram a trabalhar em uma versão comentada da Bíblia King James, a Bíblia de Estudo Scofield. Publicada inicialmente em 1909, suas anotações serviram de inspiração para a fundação de Chafer do que se tornou o DTS.

---

* Entre os protestantes, a palavra "evangélico" envolve três princípios básicos: salvação por meio da aceitação de Jesus, a inerrância [incapacidade de errar] da Bíblia e o dever de fazer proselitismo. Nem todos os evangélicos são dispensacionalistas, mas todos os dispensacionalistas são evangélicos. Uma definição mais formal de "evangelismo", o "Quadrilátero Bebbington", envolve quatro princípios: a exigência de mudar vidas, a integração do evangelho nas ações diárias, a crença na inerrância da Bíblia, e uma ênfase no sacrifício de Jesus para a humanidade na cruz.

Não há como superestimar a importância da Bíblia de Estudo Scofield; historiadores religiosos reconhecem-na como a publicação dispensacionalista mais influente, que até hoje transmite o fundamentalismo cristão moderno. A edição de 1909 vendeu 3 milhões de cópias, o que foi mais do que igualado por uma edição de 1967 fortemente revisada, cuja estimativa de vendas ultrapassa 10 milhões de cópias; ao longo do século passado, as duas versões guiaram muitos norte-americanos através do sistema dispensacionalista.[17]

A ligação das Conferências de Niágara de Gaebelein, Scofield, Moody e Brooke marca o ponto em que a doutrina dispensacionalista começou seu enredamento com a geopolítica. Em 1878, Brooke criou um credo de 14 pontos, oficialmente adotado pela Conferência Bíblica de Niágara de 1890. O último dos 14 pontos afirmava:

> Cremos que o mundo não se converterá durante a presente dispensação, mas está amadurecendo rapidamente para o julgamento, ao passo que haverá uma terrível apostasia no corpo cristão professante; e, portanto, que o Senhor Jesus virá em pessoa para introduzir a era milenar, quando Israel será restaurada à sua própria terra... e que esse advento pessoal e pré-milenar é a bendita esperança colocada diante de nós no Evangelho que devemos estar constantemente procurando.[18]

Até então, Darby e seus seguidores imediatos mantiveram uma postura rígida em relação à restauração dos judeus. Os cristãos, pensavam eles, deveriam ser no máximo observadores interessados dos processos que levaram ao Arrebatamento e ao milênio, mas deveriam limitar suas ações a salvar almas da terrível Tribulação que separou esses dois eventos; sob nenhuma circunstância eles tentariam desencadear a sequência encorajando ou ajudando o retorno dos judeus à Palestina. Essa abordagem passiva mudaria à medida que mais quatro dispensacionalistas, Robert Anderson, William Blackstone, Arthur Balfour e Orde Wingate, surgissem no palco histórico como sionistas cristãos; todos direcionaram seu formidável poder retórico e político ao retorno dos judeus à Terra Santa. Wingate, em particular, violaria a política de não interferência de Darby da maneira mais violenta possível: pela força das armas como um oficial do exército britânico.

Como Darby, Anderson veio de ascendência irlandesa aristocrática e estudou direito no Trinity College de Dublin, o que o lançou em uma carreira distinta no Ministério do Interior britânico. Ele chegou a dirigir a Scotland Yard, onde supervisionou a investigação de Jack, o Estripador. Excepcionalmente

182   Os Delírios das Multidões

para aquela época, ele tinha cada pé em dois grupos muito diferentes, o campo dispensacionalista e a aristocracia governante, e estava, portanto, em uma posição única para influenciar a política externa britânica em relação à Palestina, então sob o domínio turco. Embora os Irmãos fossem párias sociais e teológicos na Grã-Bretanha, Anderson admirava muito Darby e conhecia pessoalmente Scofield e Moody. Além disso, durante suas décadas no Ministério do Interior, ele travou contato com, entre outros, uma sucessão de primeiros-ministros, incluindo Gladstone, Asquith, Salisbury e, fatalmente, Balfour.[19]

Anderson ficou encantado com um livro obscuro publicado em 1863 por um membro dos Irmãos de Plymouth chamado Benjamin Wills Newton, intitulado *Prospects of the Ten Kingdoms Considered* [Perspectivas dos Dez Reinos Considerados, em tradução livre]. Newton se concentrou nos dedos dos pés da besta de Daniel; visto que os cristãos contemporâneos interpretavam os pés de barro como o Império Romano, seus dez dedos representavam, ele pensava, suas dez nacionalidades, ou reinos. Newton imaginou que o segundo sinal do fim dos tempos, junto com a profecia secular do retorno dos judeus à Palestina, seria quando aqueles dez reinos antigos se reunissem em um novo Império Romano:

> A subdivisão final nos Dez Reinos, denotada pelos dez *dedos do pé*, é um evento que precederá quase imediatamente o Fim, e provavelmente será contemporâneo com o estabelecimento nacional de Israel incrédulo em sua própria terra.[20]

Para Newton, o estabelecimento de modernos Estados-nação em toda a Europa na esteira das Guerras Napoleônicas, e o Congresso de Viena de 1815 constituíam esse novo Império Romano, eventos que certamente pressagiavam o Fim iminente pois

> o estabelecimento de governos que são virtualmente ou realmente monarquias democráticas na Inglaterra, Bélgica, França, Argélia, Portugal, Espanha, Itália, Áustria e Grécia, e o favor com o qual os princípios das nações da Europa Ocidental são considerados em Constantinopla, Egito e Tunísia, indicam que o período se aproxima, quando o barro, misturado com ferro, representará apropriadamente o caráter do poder governamental em todo o Império Romano.[21]

O conceito de um Império Romano de dez membros ressurgindo, liderado pelo Anticristo, é um excelente exemplo de viés de confirmação. Essa profecia se tornou tão popular entre os dispensacionalistas que quase todas as passagens bíblicas contendo o número dez previam a remontagem da Roma antiga. Darby, por exemplo, ficou igualmente impressionado com a besta de dez chifres do Apocalipse:

> Por mais excitação que tenha sido causada pela pergunta, se Napoleão III é o Anticristo ou não, acrescento que não tenho a menor dúvida de que ele é o grande agente da besta latina ou de dez chifres atualmente, e que suas operações marcam distintamente a abordagem das cenas finais. Bendito seja Deus![22]

Em 1881, Anderson, inspirado por Newton, publicou *The Coming Prince* [O Príncipe Que Há de Vir, em tradução livre], uma ousada e provocativa obra de profecia que perdura até os dias atuais. (Típico da turbulência dos dispensacionalistas em todas as eras, Newton já havia se tornado um batista independente e um crítico feroz do dispensacionalismo.)[23] O status social de Anderson permitiu-lhe a autonomia para desenvolver um sistema profético que formou a base para as previsões sombrias do fim do século XX de Jerry Falwell e Hal Lindsey, e os romances ainda mais sinistros e fenomenalmente lucrativos de Tim LaHaye e Jerry Jenkins.

A interpretação do dispensacionalismo de Anderson do fim do século XIX, que deriva diretamente de Daniel 9:24–27, é essencial para a compreensão das raízes do fundamentalismo protestante norte-americano de hoje. Esses quatro capítulos do livro de Daniel descrevem um período bíblico de "70 semanas" entre o retorno dos judeus do exílio na Babilônia e a vinda do Messias. De maneira confusa, esses versículos subdividem esse intervalo de tempo em 3 períodos de, respectivamente, 7 semanas, 72 semanas e 1 semana final, que é subdividida em 2 meias semanas. (O título do livro de Anderson refere-se ao "príncipe que há de vir" de Daniel 9:26 — o Anticristo que lidera a confederação de dez nações.)

Isso lembra o fascínio dos milleritas pelo capítulo anterior de Daniel, o oitavo, que menciona os 2.300 dias bíblicos — isso é, anos — entre o retorno dos judeus da Babilônia e o fim dos tempos, calculado para 1843 ou 1844 d.C.[24] Em vez disso, Anderson decidiu se concentrar nas 70 "semanas", ou seja — 490 dias/anos — do nono capítulo de Daniel, como o intervalo de tempo entre o retorno da Babilônia e a Segunda Vinda. A discrepância de 1.810 anos entre as estimativas de Anderson e dos milleritas para o intervalo entre o fim do cativeiro babilônico dos judeus e a Segunda Vinda coloca em perspectiva

184   Os Delírios das Multidões

o escorregadio inerente à profecia bíblica, nesse caso como os intérpretes da Bíblia lidam com a dissonância cognitiva de uma diferença de quase dois milênios entre essas duas conclusões sobre a duração desse intervalo de tempo.

Para lidar com os 1.810 anos perdidos na estimativa de Anderson, uma gigantesca manipulação foi necessária — uma suspensão da descrença e do tempo teológico. Anderson, canalizando Darby, interrompeu o tique-taque apocalíptico com a crucificação no fim da semana 79, ponto em que o Messias foi "interrompido", e começou novamente com o aparecimento do Anticristo. O recomeço do tempo na apocalíptica septuagésima semana

> seria sinalizado pelo advento de outro Príncipe [o Anticristo], que faria uma aliança (ou tratado) de sete anos com os judeus; e no meio da semana (isso é, depois de três anos e meio), ele violaria aquele tratado e suprimiria sua adoração no Templo e as ordenanças de sua religião. Tudo isso é tão claro que qualquer criança inteligente poderia entender. (Parênteses do autor.)[25]

Anderson tinha poucas dúvidas de que essa sequência já estava em seus estágios iniciais e que envolveria o

> resultado de alguma grande crise europeia no futuro. Essa confederação de nações se desenvolverá, e assim será preparado o palco no qual aparecerá o terrível Ser, o grande líder dos homens nos dias agitados que estão para encerrar a era de supremacia gentia.[26]

Os dispensacionalistas já haviam identificado duas ocorrências que marcariam o fim desse hiato e a retomada do tempo e a atenção renovada de Deus para os judeus, e assim trazer o fim dos tempos: o retorno dos judeus à Terra Santa e a remontagem do Império Romano na confederação europeia de dez nações liderada pelo Anticristo. Embora Darby tenha produzido dezenas de volumes, sua prosa ilegível confinou seus leitores a um pequeno núcleo de verdadeiros fiéis letrados e determinados. Por outro lado, não só a prosa de Anderson descia como um bom vinho, mas sua previsão precisa do retorno dos judeus à Palestina em *The Coming Prince* eletrizava seus leitores do século XX.

A boa fé profética do livro foi reforçada pelo fato de que ele o publicou em 1881, mais de uma década antes de Theodor Herzl dar início ao movimento sionista moderno com a publicação de *O Estado Judeu* e a convocação do Primeiro Congresso Sionista Mundial, e um terço de século antes do General Edmund Allenby tomar Jerusalém dos turcos otomanos. Antes desses eventos,

Vaca Apocalíptica   185

a perspectiva de um estado judeu renovado na Palestina parecia remota, mesmo para Anderson, que escreveu:

> As profecias de uma Israel restaurada parecem para muitos tão incríveis quanto as previsões dos atuais triunfos da eletricidade e do vapor teriam parecido aos nossos ancestrais um século atrás.[27]

Ainda hoje, a previsão de Anderson da restauração da nação judaica na Palestina surpreende. O mesmo, infelizmente, não pode ser dito de sua profecia de um Império Romano renovado, que trouxe vergonha à profecia fundamentalista cristã desde então. Por exemplo, um século e meio depois que Richard Graves identificou a ascensão pós 1815 das monarquias constitucionais europeias como o novo Império Romano, os dispensacionalistas fariam o mesmo pela União Europeia, que até agora falhou em produzir o Anticristo ou formar uma aliança estratégica com Israel, quanto mais invadir o país.*

A Grande Decepção do Millerismo curou os cristãos fundamentalistas do estabelecimento de datas. Mas, começando com Darby, os dispensacionalistas foram magneticamente atraídos para adivinhar as profecias bíblicas dos eventos atuais, especialmente a rotulação de grupos de nações como a Nova Roma e determinados indivíduos como o Anticristo. O problema é que, embora uma semelhança entre os eventos bíblicos e atuais possa parecer plausível e alarmante no momento, a passagem de algumas décadas sempre revela tais profecias e seus profetas como tolos.

Como se tudo isso não fosse complicado o suficiente, a fértil imaginação dispensacionalista de Darby adicionou mais um grande jogador à batalha final entre a nação judaica restaurada e o novo Império Romano: o Rei do Norte, repetidamente mencionado como um invasor de Israel em Daniel, a quem ele identificou como a Rússia moderna. (O esquema de Darby também apresentava outros dois personagens mal identificados: um "Rei do Leste" e um "Rei do Sul", o último provavelmente o Egito.)[28]

Para alguém com a potência intelectual de Darby, encontrar textos bíblicos que apoiam uma invasão russa da Terra Santa era brincadeira de criança. Gênesis 10:2 lista dois dos seis filhos de Jafé como Meseque e Tubal; na imaginação febril de Darby, isso só poderia significar que representavam, respectivamente, Moscou e Tobolsk, esse se situando bem a leste dos montes Urais.[29]

---

* Com uma exceção passageira: a Grã-Bretanha e a França cooperaram com Israel durante a invasão do Sinai-Suez de 1956, que o presidente Dwight Eisenhower evitou, entre outras ações, ameaçando vender títulos do governo britânico.

186   Os Delírios das Multidões

Na metade final do século XIX, uma aparentemente vigorosa Rússia Imperial ameaçou os fracos turcos otomanos, e Darby afirmou que a Rússia roubaria da Turquia as terras de Gog e, então, invadiria o estado judeu restaurado. Na metade final do século seguinte, os seguidores de Darby embelezariam essa profecia com a ideia de que os judeus se aliariam ao Novo Império Romano liderado pelo Anticristo em resposta a essa ameaça russa, uma aliança de que o Anticristo terminaria três anos e meio depois, traindo os judeus.[30]

Por mais complexa, bizarra e sem sentido que seja essa especulação teológica do século XIX pareça hoje, a história de sua evolução ao longo de quase dois séculos é essencial para a compreensão da política interna e externa norte-americana recente. O próximo passo na longa e sinuosa estrada de Darby, Anderson, Moody, Scofield e Gaebelein para a vaca Melody e o recente crescimento desenfreado de crenças dispensacionalistas nos EUA pertence à figura crucial de um empresário norte-americano chamado William Blackstone.

Blackstone pode ser considerado o Robert Anderson norte-americano, um dispensacionalista bem-relacionado e entusiasmado pelo retorno dos judeus à Palestina. Embora Blackstone tenha origens humildes, herdou uma grande propriedade de seu sogro e ficou ainda mais rico por meio de seu negócio de seguros, poupança, investimentos criteriosos e vendas de livros.[*] E, como Anderson, ele tinha contatos nos níveis mais altos do governo.

Nascido em 1841 no interior do estado de Nova York, Blackstone passou por uma conversão religiosa aos 11 anos e, posteriormente, tornou-se próximo de Moody. Em 1886, publicou *Jesus Is Coming* [Jesus Está Vindo, em tradução livre], que alardeava a centralidade da restauração dos judeus à Palestina e sua conversão ao Cristianismo; o livro acabou vendendo mais de 1 milhão de cópias e foi traduzido para 43 idiomas.[31] Ele ficou tão convencido da narrativa dispensacionalista do fim dos tempos que, por volta de 1888, escondeu milhares de cópias de seu livro, junto com outras obras de profecia em hebraico, iídiche e aramaico, ao redor de Petra, no atual sul da Jordânia, para que "algum dia os sobreviventes aterrorizados do banho de sangue do Anticristo tenham a oportunidade de ler a obra de Deus".[32†]

---

* O folclore de sua família afirmava que ele era descendente do lendário jurista inglês Sir William Blackstone, embora não haja documentação que comprove essa conexão.

† As ruínas exóticas e majestosas de Petra encantaram os visitantes por séculos, mais recentemente como cenário de *Indiana Jones e a Última Cruzada*.

Blackstone se envolveu na combinação usual de misticismo numérico (por exemplo, 7 anos vezes 360 [*sic*] dias no ano é igual a 2.520, que quando adicionado à conquista da Babilônia em 606 a. C. [*sic*] rendeu uma Segunda Vinda no ano de 1914) e coincidência histórica (o início da Primeira Guerra Mundial naquele ano), mas, como indicou seu esconderijo de livros em torno de Petra, ele não se opôs a dar um empurrãozinho pessoal ao advento do fim dos tempos.

Theodor Herzl organizou o Congresso Sionista na Basileia três anos após a publicação de *Jesus Is Coming*, e nas décadas seguintes Blackstone colaborou cautelosamente com os sionistas por meio de sua Missão Hebraica de Chicago. Blackstone chegou a ponto de convocar uma conferência conjunta de pré-milenaristas cristãos e sionistas logo após retornar de sua estada na Jordânia enterrando livros. Estimulado pelo acordo entre os participantes judeus e cristãos da conferência, ele redigiu uma carta ao presidente Benjamin Harrison conhecida na história como o "Memorial de Blackstone", que mencionou brevemente Ezequiel e Isaías, e depois se concentrou no sofrimento dos judeus russos sob os *pogroms*. A solução óbvia para as tribulações dos judeus: "Por que não devolver a Palestina para eles novamente?"

Com um otimismo ingênuo, o Memorial sugeria que os otomanos abrissem mão desse valioso imóvel em troca da assunção de sua considerável dívida com as nações ocidentais. Ainda mais impressionante é a lista de 413 signatários do Memorial, que incluía o presidente da Suprema Corte, o presidente da Câmara, o presidente do Comitê de Relações Exteriores da Câmara, vários outros membros do congresso, teólogos, jornalistas e capitães da indústria como John D. Rockefeller e J.P. Morgan.

O presidente Harrison prometeu a Blackstone que examinaria o assunto e encaminhou a carta ao secretário de Estado William Blaine, que fez perguntas à embaixada dos EUA em Constantinopla. Como costumavam fazer naquela época, os diplomatas norte-americanos ignoraram as questões judaicas, e o Memorial, então, desapareceu da vista do público; depois que Blackstone o reenviou a Theodore Roosevelt em 1903, ele desapareceu novamente.

Em 1916, Louis Brandeis, que Woodrow Wilson acabara de nomear como o primeiro magistrado judeu na Suprema Corte, encontrou o documento. Àquela altura, era tão obscuro que, quando Brandeis fez investigações no Departamento de Estado, seus funcionários negaram qualquer conhecimento a respeito. Nas palavras do historiador Paul Charles Merkley:

> [A professada ignorância do Departamento de Estado sobre o Memorial] parece extremamente improvável. Provavelmente, eles estavam simplesmente resistindo em apoiar a noção

188   Os Delírios das Multidões

> embaraçosa de que o presidente dos Estados Unidos — ou pior
> ainda, o Departamento de Estado! — tinha o hábito de ceder seu
> tempo a panfletários do fim dos tempos.[33]

Nas décadas seguintes, o Departamento de Estado deu ampla evidência de um antissemitismo institucional que antes e durante o Holocausto impediu a fuga de refugiados da Alemanha, ocupou a Europa e ceifou um número incontável de vidas, mas a citação acima identifica uma razão adicional para a rejeição intencional do Departamento de Estado de uma petição assinada pelas elites governantes do país, a saber,

> o desprezo dos instruídos pelos não sofisticados, especialmente pelos não sofisticados teologicamente. Nos círculos episcopais, congregacionais, unitaristas e ocasionalmente presbiterianos, nos quais a elite política era criada, nada era tão vigorosamente desprezado como o panfletário do fim dos tempos. Enquanto os únicos campeões constantes do "Destino Judaico" fossem panfletários fundamentalistas, não havia necessidade de dar tempo ao sionismo. O antissemitismo simples, antiquado e de clube de campo não é nada nessa equação, comparado ao medo e aversão ao fundamentalismo entre protestantes com educação adequada.[34]

A negligência do Departamento de Estado em relação ao Memorial deixou Brandeis pasmo e alarmado. Ele iniciou uma correspondência calorosa com Blackstone e, em 1917, os dois reenviaram um Memorial revisado ao presidente Wilson, um protestante devoto. Mas, a essa altura, a situação militar e diplomática no Oriente Médio havia superado os esforços da dupla.

No fim de sua vida, Blackstone se tornou um homem rico e enviou a Brandeis (que também era rico) grandes somas, muitas delas doadas por Milton Stewart, um empresário da indústria petrolífera, com as quais apoiaria seu trabalho sionista. Em 1935, pouco antes de falecer, aos 94 anos, Blackstone disse a Brandeis que havia guardado fundos, tal como tinha feito com seus livros em Petra, para que "se o Arrebatamento vier [depois de eu morrer] e você não estiver entre aqueles que participam dele", os fundos fossem usados para sustentar seus companheiros judeus não arrebatados que se convertessem posteriormente a Cristo para que pudessem fazer proselitismo para o resto da humanidade pagã. (Ele ainda aconselhou Brandeis, um dos maiores juristas da nação, de que "aparentemente não existem leis humanas que prevejam eventos como este".)[35]

O evento que ultrapassou o sionismo judeu de Brandeis e o sionismo cristão dispensacionalista de Blackstone veio na pessoa de Arthur Balfour. Desde muito jovem, Balfour herdou a piedade de seus pais e era obcecado pelo Velho Testamento. Fora isso, era o arquetípico aristocrata britânico, lânguido e impassível que, de acordo com seu biógrafo, pertencia a "um tipo facilmente reconhecível, representado na Inglaterra e na França por uma série de estadistas que devem sua fama menos a um desempenho específico do que à impressão criada por seu brilho intelectual."[36]

O pai de Balfour era membro do Parlamento, e seus pais, principalmente sua mãe, eram protestantes evangélicos. Balfour também foi fortemente influenciado por um membro dos Irmãos chamado William Kelly, que, como Darby, era um colega graduado do Trinity College. Mais importante ainda, Kelly editou o livro de Darby — *Collected Writings* [Coleção de Escritos, em tradução livre], um verdadeiro calhamaço — e, como Anderson, era bem relacionado nos círculos do Partido Conservador.

O tio de Balfour, Lord Salisbury, foi três vezes primeiro-ministro e, quase como algo natural, Balfour o sucedeu em 1902. Como costuma ser o caso, o brilhantismo intelectual e as habilidades de debate que impulsionam a ascensão a altos cargos na Inglaterra não se equiparavam à competência administrativa, e Balfour renunciou após três anos, principalmente por questões comerciais.[37]

Quase na mesma época de sua renúncia, ele se encontrou com um dos assessores de Herzl, o jovem sionista Chaim Weizmann, um professor de química que havia recentemente se mudado para a Inglaterra e acabou se tornando o primeiro presidente de Israel; a visão do jovem químico de uma pátria judaica teria levado o religioso Balfour "às lágrimas".[38]

Na década seguinte, o relacionamento de Balfour com os sionistas se aprofundou e, em 2 de novembro de 1917, agora secretário do Exterior, ele escreveu uma carta a Lord Rothschild, indiscutivelmente o membro mais importante da comunidade judaica britânica, cujo texto foi divulgado publicamente uma semana depois:

> O governo de Sua Majestade vê favoravelmente o estabelecimento na Palestina de um lar nacional para o povo judeu, e empregará seus melhores esforços para facilitar a realização desse objetivo, entendendo-se claramente que nada deve ser feito que possa prejudicar os direitos civis e religiosos de comunidades não judias existentes na Palestina, ou os direitos e status político de que gozam os judeus em qualquer outro país.[39]

190　Os Delírios das Multidões

Essa carta importante, a Declaração Balfour, galvanizou os sionistas em todo o mundo e desempenhou um papel importante no nascimento de Israel três décadas depois, na sequência do Holocausto. Mas, embora a religiosidade de Balfour claramente tenha impulsionado a Declaração e a subsequente política externa britânica, é duvidoso que seus contatos com dispensacionalistas como Kelly tenham afetado diretamente sua política em relação à Palestina. Desse ponto em diante, a sorte da Terra Santa seria movida não por teólogos que se contentavam em observar a história como expectador, mas por aqueles que desejavam moldá-la.

9

A Espada de Deus

Os judeus de fato retornaram à Terra Santa, primeiro à conta gotas no fim do século XIX, depois em números crescentes à medida que o sionismo ganhou influência no despertar dos *pogroms* da Europa Oriental e, finalmente, como uma inundação imediatamente após o Holocausto.

Nas décadas seguintes ao nascimento de Israel, em 1948, apenas um pequeno número de seus cidadãos subscreveu a versão judaica da narrativa do fim dos tempos, que, como a versão dispensacionalista, também apresentava o retorno dos judeus e a reconstrução do Templo. Devido à natureza extraordinariamente sensível do Monte do Templo, esse pequeno grupo causou, e continua a causar, conflitos civis que ameaçam a qualquer momento explodir em um conflito regional, ou mesmo global.

Os cristãos sionistas, imbuídos de um fervor dispensacionalista que cresceu rapidamente durante a segunda metade do século XX, provaram, e continuam a provar, ser perigosos tanto dentro quanto fora da Terra Santa.

John Nelson Darby e seus seguidores próximos ficaram contentes em observar dos bastidores os eventos se desenrolando, mas nos anos 1930 a teologia dispensacionalista finalmente colidiu com a *realpolitik* na pessoa de um notável oficial do exército britânico chamado Orde Wingate — "Lawrence dos Judeus", conforme descrito pelo famoso historiador militar britânico Basil Liddell Hart.[1]

Em 1920, a Sociedade das Nações concedeu à Grã-Bretanha o governo de custódia sobre a Terra Santa — o Mandato Britânico da Palestina — onde Wingate serviu entre 1936 e 1939.* Lá, suas crenças dispensacionalistas combinadas com sua habilidade militar e recursos britânicos para mover o milênio adiante; infelizmente, ele o fez violando grosseiramente o suposto tratamento igualitário do Mandato para árabes e judeus.

---

* Concedido em 1920, o Mandato não entrou em vigor formalmente até 1923.

192 Os Delírios das Multidões

O avô materno de Wingate era um capitão escocês do exército britânico que renunciou à sua patente para fundar uma divisão local dos Irmãos, e seus pais também eram membros. O jovem Wingate cresceu ouvindo os sermões dispensacionalistas de seu pai na igreja, e sua mãe era ainda mais doutrinária. Em 1921, ele se juntou ao exército e, em 1936, foi fatidicamente destacado para a Palestina, onde o Antigo Testamento se tornou seu manual de campo. O grande general israelense Moshe Dayan descreveu assim seu primeiro encontro:

> Wingate era um homem esguio, de altura média, com um rosto forte e pálido. Ele entrou com um revólver de calibre pesado em uma das mãos, carregando uma pequena Bíblia na outra. Seus modos eram agradáveis e sinceros, seu olhar intenso e penetrante. Quando falava, ele olhava diretamente em seus olhos, como alguém que busca impregnar você com sua própria força e fé. Lembro-me de que ele chegou pouco antes do pôr do sol, e a luz fraca emprestou um ar de mistério e drama à sua chegada.[2]

Sua chegada à Palestina coincidiu com uma série violenta de ataques árabes a assentamentos judeus e às tropas do Mandato Britânico, encarregados de manter árabes e judeus longe uns dos outros. A simpatia obstinada de Wingate pelos judeus logo perturbou a frágil diplomacia necessária para essa tarefa e irritou seus comandantes, que tendiam a ser pró-árabes.

Wingate considerou os judeus muito passivos na defesa de seus assentamentos contra os ataques árabes e os incentivou a partir para a ofensiva. Ele tinha uma paixão de longa data por ataques do tipo comando, infiltrando as linhas inimigas; embora inicialmente designado como oficial de inteligência, ele logo formou os Esquadrões Noturnos Especiais (SNS), unidades de cerca de 200 homens, dos quais três quartos eram judeus, comandadas por oficiais britânicos. A unidade única foi encarregada de proteger o oleoduto estrategicamente importante que ia do Iraque ao Mediterrâneo. No verão de 1938, o SNS conduziu uma série de ataques com grande sucesso contra as forças árabes.

Como sugerido por Dayan, chamar Wingate de excêntrico seria um eufemismo. Ele costumava falar com suas tropas completamente nu ou usando apenas uma touca de banho, ocasionalmente esfregando o corpo enquanto falava. Também consumia grandes quantidades de cebolas cruas e repetidamente expunha a si mesmo e suas tropas a alimentos e água contaminados, acreditando que isso aumentava a resistência a doenças.

A teologia dispensacionalista da família de Wingate impulsionou suas ações na Palestina; certa vez ele disse à sogra que "os judeus deveriam ter sua

A Espada de Deus   193

pátria na Palestina e que, dessa forma, as profecias da Bíblia seriam cumpri-
das".[3] Wingate também não era avesso a combinar suas aspirações bíblicas
com outras mais terrenas, visto que via um povo judeu militarmente forte
como um baluarte do Império Britânico.

Sua inclinação pró-sionista logo lhe rendeu a inimizade tanto dos árabes, que
colocaram um preço por sua cabeça, quanto de seus superiores, que consideraram deselegantes suas táticas de bater e fugir, e "vestir judeus como soldados britânicos". Por fim, a chefia confinou-o ao trabalho administrativo em Jerusalém
e, em maio de 1939, transferiu-o para o serviço antiaéreo na Grã-Bretanha.[4] Lá
permaneceu pouco tempo antes do início da Segunda Guerra Mundial, quando
foi enviado ao Sudão e depois à Etiópia para liderar a "Força Gideão", uma
unidade de guerrilha que perseguia os ocupantes italianos da região. Com a
eclosão da guerra do Pacífico viu-se transferido para a Birmânia, onde organizou sua unidade de infiltração mais famosa, os Chindits (também conhecidos
como "Wingate's Raiders"), cujos comandos do exército britânico perseguiram
as forças japonesas no esforço que protegeu o subcontinente da invasão. Em 24
de março de 1944, ele morreu em um acidente de avião na Índia.[5]

Wingate não só perturbou a neutralidade do Mandato Britânico, mas, de
forma igualmente importante, violou de forma ofensiva a injunção dispensacionalista contra trabalhar ativamente para trazer o fim dos tempos por meio de
suas operações com as unidades SNS, cujo brilhantismo tático intimidava seus
subordinados judeus. Ele foi mentor de quase toda a legião de altos comandantes israelenses na Guerra da Independência de 1948 e na Guerra dos Seis Dias
de 1967, incluindo Moshe Dayan, Yigal Allon, Yigael Yadin e Yitzhak Rabin.
Ele também ajudou a concretizar o que hoje é conhecido na política do Oriente
Médio como "realidade" — território conquistado e assentamentos estabelecidos.[6] Nas palavras de Dayan: "Wingate foi meu grande professor. Seu ensino
tornou-se parte de mim e foi absorvido pelo meu sangue."[7] Não é preciso andar
muito em Israel para ver as ruas e locais públicos com seu nome, bem como um
centro de treinamento esportivo para as seleções do país.

Ele havia planejado renunciar à sua patente do exército britânico no fim
da guerra e retornar à Palestina; David Ben-Gurion, o fundador da nação,
considerou-o a "escolha natural" para comandar as forças israelenses.[8] Sua
sobrevivência contrafactual é certamente um dos grandes "e se" da história
do Oriente Médio: será que um exército israelense liderado por Wingate teria
mantido a Cidade Velha de Jerusalém durante a Guerra da Independência? Sua
liderança carismática teria levado a uma vitória mais completa naquela guerra
e posse da Cisjordânia em 1948, ou seu comportamento pessoal notoriamente
errático teria se mostrado fatal para o nascente Estado judeu?

194 Os Delírios das Multidões

O fantasma de Wingate assombra o Oriente Médio até o presente. Em setembro de 2000, Ariel Sharon, agindo na qualidade de líder do partido de oposição Likud e cercado por quase 1 mil policiais armados, desencadeou sozinho a mortal Segunda Intifada e descarrilou os Acordos de Oslo com uma visita ao Monte do Templo. Wingate foi o herói de infância de Sharon; além disso, ele treinou e comandou um jovem soldado chamado Avraham Yoffee, que por sua vez se tornou o mentor de Sharon.

A fatídica visita de Sharon ao Monte do Templo traz à tona seu status de propriedade imobiliária mais disputada do mundo, um terreno de 35 acres situado dentro dos 220 acres da labiríntica Cidade Velha de Jerusalém, que por si só está intimamente ligada às narrativas do fim dos tempos, e desse modo às histerias religiosas do Cristianismo, Judaísmo e Islamismo. Portanto, é indiscutivelmente o lugar onde a Terceira Guerra Mundial provavelmente começaria, com milenaristas judeus, cristãos e muçulmanos como personagens principais.

Grosso modo, a Cidade Velha pode ser imaginada como um quadrilátero, com o Monte do Templo em seu canto sudeste. À medida que circulamos o perímetro da Cidade Velha no sentido horário a partir do Monte, passamos sucessivamente pelos bairros judeu, armênio, cristão e muçulmano antes de chegar de volta ao Monte, onde extremistas religiosos cristãos e judeus, cada um com seu próprio roteiro apocalíptico, desejam construir o Terceiro Templo.

Ninguém sabe exatamente onde o Primeiro Templo — construído por Salomão e destruído pelos Babilônios — estava localizado, mas o santuário da Cúpula da Rocha é o local mais comumente mencionado. (E mesmo antes de os judeus ocuparem Canaã, provavelmente era um lugar de adoração dos jebuseus, que Davi, pai de Salomão, conquistou.) O Segundo Templo foi construído após o retorno do exílio babilônico no fim do século VI a.C., restaurado e expandido pelos macabeus e intensamente ampliado para o atual local do Monte do Templo por Herodes antes de ser destruído pelos romanos em 70 d.C.

Os árabes conquistaram Jerusalém em 637 d.C. e completaram a Cúpula da Rocha em 692 d.C. A segunda estrutura principal do Monte, a Mesquita de al-Aqsa, começou como uma cabana simples e foi reconstruída várias vezes após terremotos antes de assumir sua forma final por volta de 1035. A santidade do Monte para os muçulmanos deriva de um sonho do Profeta em 621 no qual ele o visitara, assim como o céu, em uma única noite montando Buraq, seu corcel alado. (Ao "retornar" a Meca no dia seguinte, Maomé relatou sua suposta viagem aos céticos habitantes da cidade.)

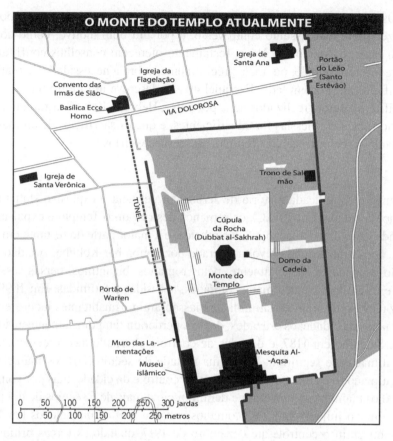

Existem três diferentes grupos de estudiosos religiosos judeus acerca da situação atual do Monte do Templo. O primeiro, e o maior grupo, considera permitido que os judeus visitem o Monte do Templo, mas não orem lá. Um segundo grupo, menor, considera proibida até mesmo uma visita, visto que não apenas há a ausência da novilha vermelha do sacrifício, mas também o conhecimento da localização precisa da Arca da Aliança (o Santo dos Santos). De acordo com esse segundo grupo, os visitantes são, portanto, impuros e podem contaminar acidentalmente a Arca, onde quer que ela esteja realmente localizada no Monte. Finalmente, uma pequena minoria na periferia da extrema direita deseja construir o Terceiro Templo. Agora mesmo.[9]

Considerações teológicas à parte, a esmagadora maioria dos judeus não quer reconstruir o Templo por um motivo prático e objetivo: seria necessário destruir a Cúpula da Rocha e, possivelmente, a Mesquita de al-Aqsa, e não é necessária grande perspicácia geopolítica para perceber que a demolição voluntária dessas estruturas provocaria um conflito cataclísmico regional e, possivelmente, mundial.

196   Os Delírios das Multidões

Os Irmãos e os primeiros dispensacionalistas tinham relativamente pouco a dizer sobre esse assunto controverso, e por um bom motivo: como costumam fazer, o Antigo e o Novo Testamento oferecem conselhos conflitantes sobre o futuro templo, ou, mais precisamente, sobre a necessidade de realizar sacrifícios ali. Por um lado, Ezequiel 40–48 descreve um futuro templo e os sacrifícios a serem realizados nele; por outro, Hebreus 10:1–18 argumenta que os sacrifícios do Messias foram suficientes, e que os sacrifícios de animais e, portanto, a reconstrução do Templo, são desnecessários.[10]

A longa e complicada história de Jerusalém permeia o explosivo status moderno da cidade. Em 70 d.C., os romanos destruíram o Templo e expulsaram grande parte da população judaica rebelde, e a maior parte do restante em 135 d.C., após uma segunda revolta liderada por Simon bar Kokhba. A cidade foi então ocupada, sequencialmente, pelos romanos, bizantinos, persas sassânidas e os califados muçulmanos omíadas, abássidas e fatímidas. Em 1099, os cruzados expulsaram os fatímidas e massacraram os habitantes judeus e muçulmanos da cidade; os cruzados, depois, perderam temporariamente a cidade para Saladino em 1187, e décadas de controle alternado das forças cristãs e muçulmanas se seguiram. Na última metade do século XIII, os mamelucos muçulmanos e os mongóis duelaram pelo controle da cidade, mas por volta de 1.300 os mamelucos venceram e deram início a mais de 6 séculos de domínio muçulmano ininterrupto. Os otomanos substituíram os mamelucos em 1516 e mantiveram o controle até dezembro de 1917, quando as forças britânicas comandadas pelo general Edmund Allenby entraram na Cidade Santa. Por volta de 1929, seis anos após o estabelecimento do Mandato, judeus e árabes começaram a massacrar uns aos outros em incidentes que iam desde ataques a indivíduos isolados a motins em grande escala e operações terroristas, com a carnificina continuando ao longo da década de 1930 — quando os árabes reagiram violentamente ao grande número de imigrantes judeus recém-chegados fugidos da perseguição nazista e das consequências do Holocausto. A Organização das Nações Unidas (ONU) ofereceu um plano de partição do território em 1947, mas, quando os judeus declararam o estabelecimento do estado de Israel à meia-noite de 14 de maio de 1948, uma guerra em grande escala estourou entre a nova nação e seus vizinhos árabes.

O plano de partição, que dividia a Palestina quase ao meio, também previa uma grande Jerusalém administrada internacionalmente, um *corpus separatum* de cerca de 259Km^2, que incluiria a Cidade Velha, as áreas mais modernas a oeste e o território circundante.

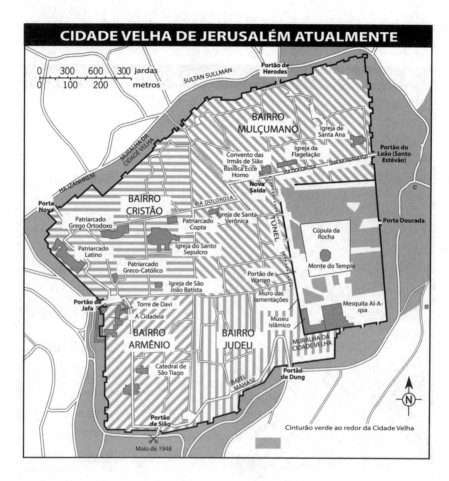

Os palestinos e os países árabes adjacentes rejeitaram a partição e não se conformariam com nada menos do que a destruição completa do novo estado judeu. Árabes e judeus atacaram Jerusalém no momento da independência em 14 de maio de 1948, vindos de várias direções.

Em uma batalha crítica na entrada sul da Cidade Velha, o Portão de Zion, forças judaicas sob o comando de um oficial de 22 anos chamado David Elazar penetraram na entrada o tempo suficiente para extrair os civis e militares feridos do bairro judeu. O ataque exauriu a unidade de Elazar, e o grupo menos treinado que a substituiu foi forçado a se retirar e deixou a Cidade Velha nas mãos dos jordanianos.[11] Até aquela ocasião, os judeus tinham residido lá mais ou menos continuamente por três milênios. Mesmo sob o domínio muçulmano, os judeus tinham acesso ao Monte do Templo e, de forma crítica, ao Muro das Lamentações, o local mais sagrado do Judaísmo. As forças jordanianas começaram a arrasar o bairro judeu. Apesar da perda da Cidade Velha, a nova nação sobreviveu, contrariando as expectativas da comunidade internacional e também de muitos judeus.

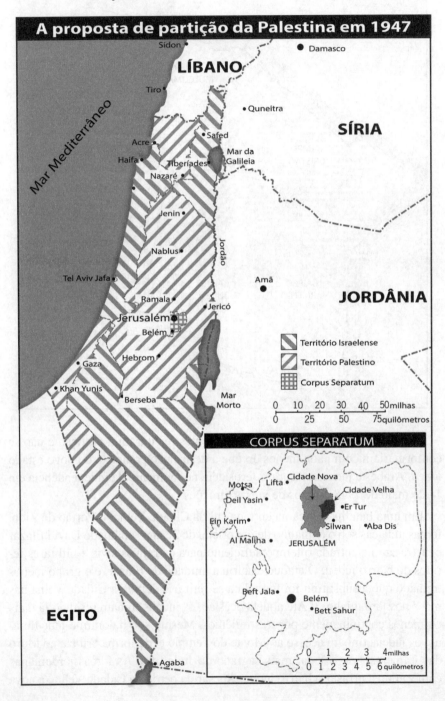

A reação inicial dos cristãos norte-americanos à fundação de Israel foi morna, na melhor das hipóteses. Os católicos norte-americanos, por exemplo, seguiram o exemplo do Vaticano ao negar qualquer reivindicação judaica à Terra Santa. Em 1943, o secretário de Estado do Vaticano declarou que não reconhecia a Declaração de Balfour e, no mesmo dia em que Israel anunciou sua independência em 1948, o jornal do Vaticano, *L'Osservatore*, afirmou: "A Israel moderna não é a herdeira da Israel bíblica. A Terra Santa e seus locais sagrados pertencem apenas à Cristandade: a verdadeira Israel."[12]

Os protestantes tradicionais não ficaram entusiasmados; eles concordaram amplamente com o Vaticano que os cristãos, não os judeus, representavam a nova Israel. Além disso, os episcopais e presbiterianos tinham outras razões para favorecer a causa árabe em vez da judaica. Eles temiam que o apoio norte-americano ao novo estado judeu pudesse prejudicar sua atividade missionária no mundo árabe, bem como suas instituições educacionais, particularmente as universidades norte-americanas em Beirute e Cairo, que naquele momento se tornaram incubadoras do nacionalismo árabe. Por último e não menos relevante, os episcopais e presbiterianos encheram as suítes executivas das empresas de petróleo com operações potenciais no Oriente Médio cada vez mais lucrativas e estrategicamente importantes.[13]

Durante o início do século XX, a publicação contestadora protestante norte-americana, *Christian Century*, emitiu um fluxo constante de opinião editorial antissionista. Por exemplo, em 1929, questionava:

> O judeu é respeitado e homenageado em todas as regiões onde exibiu sua força nos campos da indústria, comércio, política, arte e literatura. Ele realmente deseja emigrar para uma pequena terra pobre e sem recursos como a Palestina?[14]

De forma mais flagrante, quando Hitler assumiu o poder em 1933, a maioria dos protestantes tradicionais olhou para o outro lado. Quando a legislação racial nazista deu lugar ao genocídio total, o *Christian Century* repetidamente aconselhou contra a pressa de julgamento; mais dados eram necessários, pensaram seus editores. Uma década depois, a publicação encorajou os judeus a trazer Jesus de volta para suas sinagogas após sua ausência de dois milênios e, assim, demonstrar sua fidelidade aos Estados Unidos, "um simples gesto [o qual] seria a observância irrestrita do nascimento de Jesus".[15]

Em 1942, as primeiras histórias sobre deportações, campos de concentração e assassinatos em massa começaram a aparecer nos jornais dos EUA e, quando o rabino sionista norte-americano Stephen Wise começou a divulgar

200 Os Delírios das Multidões

sua extensão total, o *Christian Century* questionou se suas acusações serviam a "algum bom propósito." A publicação ficou particularmente indignada com a afirmação de Wise, que mais tarde se provou tragicamente verdadeira, de que cadáveres de judeus eram ocasionalmente transformados em sabão.[16]

Nem todos os protestantes tradicionais se mostraram tão alheios à verdade, em especial o grande teólogo norte-americano Reinhold Niebuhr. Como em muitas de suas análises políticas, suas primeiras observações sobre um estado judeu resistiram bem e falam por si sobre a atual situação do Oriente Médio. Como protestante liberal, Niebuhr rejeitou o conceito de verdade literal da Bíblia, adotando uma abordagem mais pragmática da questão sionista. No início da Segunda Guerra Mundial, ele observou que os judeus mereciam a nacionalidade, não para trazer o milênio, mas por razões mais realistas. Em primeiro lugar, "toda raça finalmente tem direito a uma pátria onde não será 'diferente', onde não será patrocinada pelas pessoas 'boas' nem sujeita à calúnia por pessoas más". Em segundo, era dolorosamente evidente que nenhuma nação poderia absorver todos os refugiados da opressão nazista e que a Palestina serviria como uma válvula de escape necessária para o transbordamento.[17]

De maneira crítica, ao contrário de Wingate e dos cristãos sionistas, Niebuhr reconheceu que era tolice ignorar a população árabe:

> [Os norte-americanos e britânicos vencedores da Segunda Guerra Mundial] estarão em posição de garantir que a Palestina seja reservada para os judeus, que as atuais restrições à imigração sejam revogadas, e que os árabes sejam compensados de outra forma. Os líderes sionistas são irrealistas em insistir que suas exigências não implicam "injustiça" para a população árabe, uma vez que a imigração judaica trouxe nova força à Palestina. É absurdo esperar que qualquer povo considere a restrição de sua soberania sobre uma posse tradicional como "justa", não importa quantos benefícios se acumulem com essa limitação.[18]

Como a maioria dos dispensacionalistas, o brilhante Arno Gaebelein, conhecedor da língua iídiche, diferenciava os judeus ortodoxos, a quem reverenciava, dos judeus mais laicos, a quem olhava com certa suspeição. Um anticomunista colérico, apaixonou-se pela mais notória de todas as fraudes antissemitas, os *Protocolos dos Sábios de Sião*, sobre uma suposta vasta conspiração judaica para controlar a economia global, assumir governos nacionais e matar cristãos (e que foram recentemente ressuscitados pela atual safra global de nacionalistas de extrema direita).

O compositor, poeta e jornalista escocês Charles Mackay é mais conhecido como o autor de *A História das Ilusões e Loucuras das Massas*. Publicado pela primeira vez em 1841 e impresso até hoje. *Wikimedia Commons*.

Filho ilegítimo do prefeito de uma pequena cidade, Jan Bockelson tinha carisma e habilidades teatrais que o impulsionaram à liderança da catastrófica rebelião do fim dos tempos de Münster de 1534--1535. *Cortesia de Stadtmuseum Münster.*

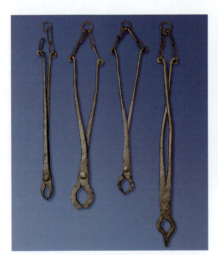 

As pinças usadas para torturar Bockelson e seus tenentes, e as gaiolas nas quais seus corpos foram pendurados em uma torre de igreja. As gaiolas são visíveis até hoje. *Cortesia de Stadtmuseum* Münster.

Esta charge holandesa de 1720 retrata John Law como Dom Quixote. *Cortesia da Baker Library, Universidade de Harvard.*

"The South Sea Bubble, a Scene in 'Change Alley in 1720'", pintura de Edward Matthew Ward, 1847. Fotografia digital: *Photo © Tate Gallery, London.*

George Hudson, o incansável magnata da ferrovia da década de 1840, arruinou simultaneamente milhares de investidores e equipou a Inglaterra com a primeira rede de transporte de alta velocidade do mundo. *Wikimedia Commons.*

Os experimentos do psicólogo Peter Wason nos anos 1950 estabeleceram o conceito amplamente citado de viés de confirmação. *Cortesia de Armorer e Sarah Wason.*

O agnosticismo precoce de William Miller deu lugar à intensa crença religiosa e à fixação na iminência do fim dos tempos. *Cortesia da Biblioteca Digital Adventista.*

A riqueza, as conexões sociais e as habilidades organizacionais de Joshua V. Himes impulsionaram a teologia de Miller em um poderoso movimento de massa. *Cortesia da Biblioteca Digital Adventista.*

Entre 1842 e 1844, os seguidores do fim dos tempos de William Miller organizaram 125 "reuniões de acampamento" que chegaram a contar com a presença de milhares de fiéis. As companhias ferroviárias muitas vezes construíram estações especiais para receber os participantes; pregadores viajavam gratuitamente. *Cortesia da Biblioteca Digital Adventista.*

A primeira página do *The Midnight Cry!*, do dia 19 de outubro de 1844, três dias antes do fim do mundo. *Cortesia da Biblioteca Digital Adventista.*

Nas décadas de 1960 e de 1970, o economista iconoclástico Hyman Minsky descreveu a instabilidade inerente a um sistema econômico moderno construído sobre alavancagem financeira. *Cortesia de Beringer-Dratch/Instituto Levy de Economia da Faculdade Bard.*

Durante a década de 1920, "Sunshine" Charlie Mitchell vendeu a clientes desavisados do National City Bank, predecessor da Citicorp atual, bilhões de dólares em ações e em títulos questionáveis. *Wikimedia Commons.*

Ferdinand Pecora, um experiente advogado de acusação, questionou Charlie Mitchell tão habilmente que ele incriminou a si mesmo, de tal forma que seu mandato como conselheiro-chefe do Comitê de Bancos e Moedas do Senado dos EUA ficou conhecido como a "Comissão Pecora." *Wikimedia Commons.*

O oficial do exército britânico Orde Wingate absorveu profundamente a teologia dispensacionalista do fim dos tempos de sua família e orientou muitos no alto comando do exército israelense, incluindo Moshe Dayan. *Wikimedia Commons.*

Em 1948, Moshe Dayan, o comandante israelense de Jerusalém, vestiu-se com trajes árabes e viajou de carro para Amã com seu equivalente jordaniano, Abdullah el-Tell, retratado na fotografia acima, para conversas com o rei da Jordânia. *Wikimedia Commons.*

Nesta foto icônica, da esquerda para a direita, o comandante israelense local, Uzi Narkiss, o ministro da Defesa Moshe Dayan e o chefe de gabinete Yitzhak Rabin entram na Cidade Velha no dia 7 de junho de 1967. *Coleção Nacional de Fotografias de Israel.*

Imediatamente após a conquista da Cidade Velha em junho de 1967, o fanático rabino-chefe do exército israelense, Shlomo Goren, tocou o chifre de carneiro cerimonial (shofar) no Muro das Lamentações. Mais tarde, ele tentou sem sucesso convencer Uzi Narkiss a explodir a Cúpula da Rocha. *Wikimedia Commons.*

Vendedor com uma educação primária, o adventista do sétimo dia Victor Houteff convenceu-se de que tinha chegado por si só à interpretação adequada da sequência de fim dos tempos do Livro do Apocalipse. *Wikimedia Commons.*

A seita acabou sob a liderança de Lois Roden, a viúva de um dos tenentes de Houteff. *Wikimedia Commons.*

Filho de uma mãe solo de 14 anos, Vernon Howell teve uma infância caótica. Após a morte de Lois Roden, ele mudou seu nome para David Koresh (o nome do rei judeu Davi e do rei persa Ciro, respectivamente), e liderou a seita para seu apocalipse em Waco, Texas, no dia 19 de abril de 1993. *Wikimedia Commons.*

O fogo irrompe no complexo do Ramo Davidiano, Monte Carmelo, em 19 de abril de 1993, matando 76 pessoas. Timothy McVeigh testemunhou o evento pessoalmente, e, como vingança, no segundo aniversário da invasão perpetrou o atentado de Oklahoma, matando 168 inocentes. *Wikimedia Commons.*

Ronald Reagan era um entusiasta fiel da teologia dispensacionalista apocalíptica, que ele poderia discutir com seus líderes mais conhecidos, como Jerry Falwell, fundador da Moral Majority. *Casa Branca/Ronald Reagan Biblioteca Presidencial via Wikimedia Commons.*

Entre 1984 e 1993, um clube de investimento feminino de uma cidade pequena em Beardstown, Illinois, relatou retornos equivocadamente calculados, aparentemente batendo as médias do mercado, lançando seus membros ao estrelato da mídia. *The LIFE Images Collection, Getty Images.*

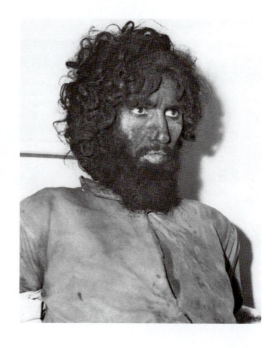

O ex-cabo da Guarda Nacional Saudita Juhayman al-Uteybi, esperando o fim dos tempos e o retorno do Profeta, lançou um ataque suicida à Grande Mesquita de Meca, o local mais sagrado do Islã. Esta foto foi tirada pouco antes de ele e milhares de companheiros serem executados. *Wikimedia Commons.*

Um dos locais mais sagrados do Islã, a Cúpula da Rocha do Monte do Templo é considerada por alguns judeus como o local do Primeiro Templo de Salomão. *Jane A. Gigler.*

O conteúdo repleto de referências apocalípticas do iemenita-americano Anwar al-Awlaki inspirou numerosos ataques terroristas nos Estados Unidos, mais notavelmente o "homem com bomba na cueca" Umar Farouk Abdulmutallab e o psiquiatra do Exército de Fort Hood, Nidal Malik Hasan. Seus vídeos continuaram a inspirar ataques mortais mesmo após sua morte em um ataque de drones em 2011. *Wikimedia Commons.*

O palestino Muhammad al-Maqdisi (direita), profundamente influenciado pela vida e pelos escritos de Juhayman al-Uteybi, por sua vez inspirou um grande número de extremistas islâmicos, mais notavelmente o sanguinário Abu Musab al-Zarqawi, morto por um ataque aéreo dos EUA em 2006. Al-Maqdisi renunciou às suas crenças do fim dos tempos e hoje vive pacificamente na Jordânia. *Getty Images News.*

Da mesma edição de *Dabiq*, uma celebração da demolição do santuário Ahmad Al-Rifa'i no sul do Iraque em homenagem ao fundador da ordem sufi, uma seita considerada herética pelo EI. *Dabiq, nº 2, Ramadan 1435 AH* (*junho–julho 2014*).

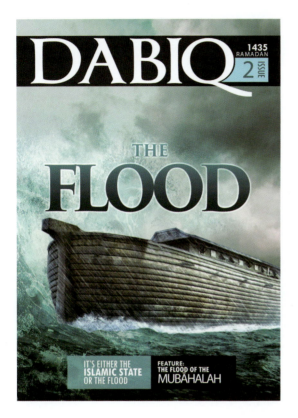

A capa da edição nº 2 de *Dabiq*, a altamente influente publicação do Estado Islâmico, em homenagem ao local de uma famosa batalha em 1516 contra o Império Bizantino Cristão. Esta edição foi publicada logo após a declaração do califado no dia 29 de junho de 2014. *Dabiq, nº 2, Ramadan 1435 AH (junho—julho 2014)*.

A Espada de Deus   201

Ao mesmo tempo, Gaebelein provou ser espetacularmente presciente sobre o Holocausto em uma época em que a maioria dos protestantes e católicos haviam evitado olhar. Já em 1932, ele condenou o antissemitismo raivoso de Hitler e previu que "ele evidentemente se dirige para o fim e ao mesmo destino de Hamã no Livro de Ester". Em 1942, ele foi um dos primeiros a retransmitir relatos de assassinatos em massa na Europa ocupada e do desejo de Hitler de exterminar o povo judeu; no ano seguinte, estimou corretamente que àquela altura os alemães haviam matado 2 milhões deles.[19]

A falha geológica entre o protestantismo fundamentalista e o tradicional no nascimento de Israel estendeu-se ao máximo em 1948 nas pessoas de Harry Truman, um batista que leu a Bíblia inteira duas vezes aos 12 anos, e seu secretário de estado, George C. Marshall, um episcopal.[20] Dois dias antes do fim do Mandato Britânico, Truman se encontrou com Marshall, seu subsecretário Robert Lovett e um jovem Clark Clifford, advogado da Casa Branca.

Truman já havia prometido a Chaim Weizmann, então presidente da Organização Sionista, o reconhecimento de Israel pelos Estados Unidos, e pediu a Clifford que apresentasse o caso a Marshall e Lovett. Antes mesmo de Truman começar, Marshall interrompeu o presidente: "Eu nem sei por que Clifford está aqui. Ele é um conselheiro doméstico e esta é uma questão de política", ao que Truman respondeu: "Bem, general, ele está aqui porque eu pedi que ele estivesse aqui", ao que Lovett, que tinha sido membro da irmandade Skull and Bones em Yale e cujo pai havia sido presidente da Ferrovia Union Pacific, acrescentou que reconhecer Israel foi "obviamente engendrado para ganhar o voto dos judeus". Truman e Marshall se enfrentaram por mais algum tempo antes de Marshall finalmente declarar: "Se você seguir o conselho de Clifford, e se eu tiver que votar na eleição, votaria contra você."[21]

Por fim, Marshall recuou e prometeu manter em segredo sua oposição quanto ao reconhecimento de Israel. Os pais de Truman eram batistas devotos, ele frequentava regularmente a escola dominical e se rebatizou como adulto; não importava onde estivesse, quase sempre comparecia aos cultos de domingo. Em seus papéis pessoais, ele registrou: "Sou batista porque penso que essa seita dá ao homem comum a abordagem mais curta e direta para Deus."[22]

Pouco depois de deixar a Casa Branca, ele visitou o Seminário Teológico Judaico, onde um amigo o apresentou como "o homem que ajudou a criar o Estado de Israel". Truman respondeu referindo-se ao rei persa que libertou os judeus do cativeiro babilônico: "O que você quer dizer com 'ajudou a criar'? Eu sou Ciro. Eu sou Ciro."[23]

Os acordos de armistício de 1949 deixaram a Cidade Velha e a Cisjordânia nas mãos da Jordânia; em seu ponto mais estreito, a "cintura" de Israel, a

202   Os Delírios das Multidões

distância entre as tropas jordanianas e o mar, era de apenas 14Km. A metade ocidental mais recente de Jerusalém permaneceu sob controle israelense, mas os jordanianos seguraram Latrun a apenas alguns passos da estrada crítica que cortava o pescoço do território que conectava a Cidade Nova com o resto de Israel. Durante a Guerra da Independência, Latrun foi o local de uma batalha feroz que terminou em derrota para os israelenses, e após a qual eles construí-ram uma nova estrada alguns quilômetros ao sul que tornou a ligação apenas um pouco menos vulnerável.

Em contraste com seus primos cristãos tradicionais, os dispensacionalis-tas norte-americanos reagiram de forma entusiasmada ao estabelecimento de Israel. Schuyler English, típico exemplo, frequentou a Escola Preparatória Phillips, a Universidade de Princeton, falava hebraico e aramaico, dirigiu a Escola da Bíblia da Filadélfia e, mais tarde, passou mais de uma década tra-balhando na edição de 1967 da Bíblia de Estudo Scofield. Em 1949, ele de-clarou que "a era messiânica está para começar". Além disso, ele detectou uma "aliança iminente" entre Israel e a Grã-Bretanha como o início do pacto dispensacionalista entre os judeus e o Império Romano restaurado. O fato de que os britânicos não estavam ansiosos para se aliar aos sionistas, que até en-tão haviam explodido seus soldados, pareceu ter passado despercebido por ele. Outros dispensacionalistas foram além, concluindo que Deus havia encurtado a vida de Franklin Roosevelt, que havia desenvolvido relações estreitas com os árabes, a fim de tornar o pró-Israel Harry Truman presidente.[24]

Enquanto o estabelecimento de Israel certamente mexeu com as almas dos estudiosos dispensacionalistas, pouco ressoou além de seu círculo rarefeito, do qual Schuyler English fazia parte. Além disso, embora a fundação de Israel te-nha devolvido os judeus à Terra Santa, eles não controlavam o Monte do Templo e, de fato, pela primeira vez em milênios, nem mesmo tinham acesso a ele. Não estavam, portanto, em posição de cumprir um requisito dispensacionalista essen-cial: a retomada da adoração e sacrifícios em um Terceiro Templo reconstruído.

Dezenove anos depois, isso mudaria. Em maio de 1967, enquanto multi-dões árabes enchiam as ruas e exigiam a destruição de Israel, o presidente egípcio Gamal Abdel Nasser bloqueou o acesso de Israel ao Mar Vermelho e expulsou os soldados da paz da ONU da Península do Sinai. (Os israelenses conquistaram o Sinai durante sua breve aliança militar de 1956 com os fran-ceses e britânicos. A península foi devolvida ao Egito sob um acordo subse-quente, segundo o qual ambas as ações de Nasser constituíram atos de guerra.) Nasser, então, também enviou dois batalhões de comando para Latrun, uma adaga apontada diretamente para a Jerusalém ocidental israelense; no fim de maio, ele anunciou publicamente que destruiria o Estado judeu.

Nasser calculou que essa provocação resultaria em um ataque israelense, que culminaria na liquidação do pequeno país por forças árabes superiores. Ele estava quase certo. Nos seis dias, de 5 a 10 de junho, as forças armadas israelenses destruíram a força aérea egípcia no solo e ocuparam o Sinai, a Cisjordânia, as colinas de Golã, e a Cidade Velha e o Monte do Templo.

Inicialmente, os israelenses não tinham planejado tomar a Cidade Velha. A nação se sentia à beira da aniquilação, e a ameaça existencial do Egito exigia sua total atenção e recursos. A liderança da nação, portanto, procurou desesperadamente manter os jordanianos, que poderiam cortar Israel em dois em sua "cintura" vulnerável, fora da guerra. Na medida em que os israelenses tinham qualquer interesse estratégico na área de Jerusalém, ela se concentrava no enclave do Monte Scopus, com sua pequena guarnição e universidade e hospital abandonados, totalmente inseridos em território jordaniano.

Os israelenses transmitiram uma mensagem ao rei Hussein da Jordânia, dizendo que, se ele evitasse as hostilidades, não atacariam suas forças em nenhum dos lados do rio Jordão. Ele replicou que sua resposta seria "aerotransportada", e logo veio por meio de aviões de caça e ataques de artilharia. A força aérea de Hussein se mostrou ineficaz, mas quando os jordanianos bombardearam Jerusalém e o aeroporto internacional do país nas cercanias de Tel Aviv, os israelenses não tiveram escolha a não ser retaliar. Até esse momento, Moshe Dayan, que havia se tornado ministro da Defesa apenas três semanas antes em resposta à crise, queria agir com cuidado, mas os falcões do gabinete, particularmente Menachem Begin, exigiram que o exército tomasse Jerusalém; durante os primeiros dois dias da guerra, a contenção de Dayan venceu.[25] É difícil imaginar alguém melhor equipado do que Moshe Dayan para lidar com a dinâmica em evolução na Cidade Velha. O ministro da Defesa de um olho só cresceu em uma fazenda, tendo contato diário com árabes, falava árabe, desenvolveu amizades de infância com eles e admirava a dignidade serena de seus pais. Durante a Guerra da Independência, o jovem tenente-coronel comandou forças judaicas na área de Jerusalém. Em meio às delicadas e prolongadas negociações de armistício que acabaram por encerrar o conflito de 1948, ele tratou extensivamente, e de forma cada vez mais calorosa, com seu equivalente jordaniano Abdullah el-Tell, em quem Dayan confiava o suficiente para viajar, vestido em trajes árabes, para Amã, onde negociou com o rei Abdullah, pai de Hussein; anos depois, Dayan retribuiu o favor quando el-Tell solicitou que o *Palestine Post* (predecessor do *Jerusalem Post*) escrevesse críticas mordazes dele e assim aumentasse sua credibilidade em Amã.[26]

Com as ameaças egípcias e jordanianas neutralizadas, e um cessar-fogo iminente, o gabinete israelense finalmente autorizou a tomada da Cidade

204   Os Delírios das Multidões

Velha; o comandante local, Uzi Narkiss, que lutou na batalha malsucedida de 1948 pela Cidade Velha, ordenou que Mordechai Gur, um oficial paraquedista, executasse o ataque final.

Gur, cuja unidade de reservistas havia sido inicialmente programada para implantar-se no Sinai, começou a travar uma série de batalhas sangrentas com as forças jordanianas para proteger os arredores norte e leste da Cidade Velha, uma abordagem que tinha a vantagem adicional de estabelecer um corredor para o Monte Scopus. Aviões israelenses dispersaram uma coluna de socorro na direção oeste, solicitada com urgência pela guarnição jordaniana da Cidade Velha, o que permitiu aos paraquedistas de Gur uma entrada final relativamente fácil através de seus portões em 7 de junho. Dayan, atento à opinião mundial, não autorizou nenhuma cobertura aérea sobre a Cidade Velha, manteve os projéteis de artilharia longe do Monte do Templo e dirigiu disparos de armas leves apenas contra atiradores na torre da mesquita al-Aqsa.[27] Isso foi afortunado: os jordanianos haviam armazenado uma grande quantidade de munições nas adjacências do Monte, o que provavelmente teria resultados geopolíticos catastróficos caso combates a curta distância tivessem ocorrido.[*]

Gur, ao ocupar o local mais sagrado do mundo, transmitiu pelo rádio a Narkiss, talvez a frase mais famosa da língua hebraica moderna: *"Har HaBayit BeYadeinu!"* (O Monte do Templo está em nossas mãos!) Dois oficiais seguiram Gur até o Monte: Narkiss e o extasiado Shlomo Goren, o rabino-chefe do exército desde a independência, que subiu ao Monte gritando versos bíblicos e tocando repetidamente a trombeta de chifre de carneiro (*shofar*).

Goren pertencia à pequena minoria judaica que queria reconstruir o Terceiro Templo. Ele chamou Narkiss de lado para conversar. Apenas décadas depois, pouco antes de morrer, Narkiss fez este relato sobre a conversa ao jornal *Ha Aretz*:

> GOREN: Uzi, agora é o momento de colocar 100Kg de dinamite na Mesquita de Omar [a Cúpula da Rocha] e pronto.
>
> NARKISS: Rabino, pare.
>
> GOREN: Uzi, você entra nas páginas da história realizando tal ato. Você não entende as importantes implicações de tal ação. Esta é uma oportunidade que podemos aproveitar agora, neste momento. Amanhã não poderemos fazer nada.

---

[*]   Uma nota histórica: o estado em ruínas do Partenon de Atenas deve-se em grande parte à detonação de um depósito de munições otomano durante o cerco veneziano de 1687.

NARKISS: Rabino, se você não parar, vou levá-lo daqui para a prisão.[28]

Goren saiu em silêncio. Assim que ouviu a notícia da conquista da Cidade Velha, Dayan dirigiu-se a Jerusalém para lidar com a situação do Monte do Templo, então, como agora, o estopim ligado à bomba-relógio da política do Oriente Médio. Dayan descreveu em suas memórias:

> Por muitos anos, os árabes baniram os judeus de seu local mais sagrado, o Muro das Lamentações no complexo do Templo em Jerusalém, e da Gruta dos Patriarcas em Hebron. Agora que estávamos no controle, cabia a nós conceder o que exigíamos dos outros e permitir aos membros de todas as religiões liberdade absoluta para visitar e adorar em seus locais sagrados.[29]

Ao chegar ao Monte, Dayan imediatamente ordenou que a bandeira israelense fosse removida da Cúpula da Rocha. No dia seguinte, consultou um professor de história islâmica da Universidade Hebraica sobre a melhor forma de abordar os funcionários clericais que administravam o lugar, o Waqf. Pouco depois, ele e sua equipe subiram ao Monte do Templo em direção à Mesquita de al-Aqsa para um encontro fatídico:

> Conforme continuávamos [subindo] para chegar ao complexo da mesquita, foi como se nós [...] tivéssemos entrado em um lugar de silêncio sombrio. Os oficiais árabes que nos receberam do lado de fora da mesquita nos cumprimentaram solenemente, sua expressão refletindo profundo luto por nossa vitória e medo do que eu poderia fazer.[30]

Dayan ordenou a seus soldados que deixassem seus sapatos e armas na porta e, após ouvir a orientação inicial do Waqf, pediu-lhes que falassem sobre o futuro. Eles acolheram esse pedido em silêncio, e então ele e sua equipe sentaram-se no chão de pernas cruzadas, em estilo árabe, e conversaram um pouco. Finalmente, os oficiais desabafaram: sua preocupação imediata era com o corte de água e eletricidade devido à batalha. Dayan prometeu que ambos seriam restabelecidos em até 48 horas.

Nesse ponto, ele disse ao Waqf por que tinha vindo: seus soldados partiriam do Monte, que ele deixaria nas mãos deles. Dayan pediu que reiniciassem os cultos e disse-lhes que os israelenses não censurariam o sermão tradicional de sexta-feira, como fizeram os jordanianos. Suas forças protegeriam o Monte

206 Os Delírios das Multidões

do lado de fora, e o Muro das Lamentações, o local mais sagrado do Judaísmo, cujas residências árabes adjacentes acabaram de ser afastadas por escavadeiras, permaneceria nas mãos de Israel.

Mais tarde, Dayan registrou: "Meus anfitriões não ficaram muito felizes com minhas observações finais, mas reconheceram que não seriam capazes de mudar minha decisão."[31] Um grande mulherengo e ladrão arqueológico, Dayan não era nenhum santo. O jornalista Gershom Gorenberg observou: "Se Deus de fato põe o dedo na história, Ele tem senso de humor na escolha dos santos."[32] Dayan propôs esse arranjo por conta própria, com pouca contribuição do gabinete oficial; como geralmente acontece com compromissos prudentes e duradouros, nenhum dos lados ficou feliz com isso.

No entanto, o estado de coisas mediado às pressas produziu uma série incessante de incidentes, cada um com potencial para uma catástrofe. Quase desde o início, o rabino Goren se mostrou problemático. Ele começou trazendo pequenos grupos de seguidores ao Monte para orar. Inicialmente, o Waqf não se opôs, mas no dia nove do mês de Av, quando os judeus comemoram a destruição de ambos os templos, ele foi mais longe. Naquele dia, que caiu em 15 de agosto de 1967, o rabino incômodo trouxe ao Monte 50 pessoas e 1 arca portátil, soprou o chifre de carneiro e orou.

Os muçulmanos da cidade ficaram agitados, e o Waqf trancou a entrada principal do Monte e começou a cobrar dos judeus uma taxa de entrada; Goren respondeu prometendo trazer 1 mil seguidores no sábado seguinte. A essa altura, o gabinete israelense se cansou das brincadeiras de Goren e decidiu que, embora os judeus pudessem visitar o Monte, não podiam orar lá e, quase simultaneamente, o Rabinato Central, o conselho religioso supremo de Israel, proibiu os judeus de visitá-lo. Embora nem todos os judeus reconhecessem a autoridade do Rabinato, uma grande parte dos ortodoxos o fazia, e como eles tendiam a ser os mais ideologicamente extremados, essa proibição manteve o controle sobre a tensão relacionada ao Monte — pelo menos por um tempo.[33]

A pequena minoria de judeus que queria expulsar os muçulmanos do Monte, dinamitar a Cúpula e a Mesquita, e reconstruir o Terceiro Templo ficou indignada e rotulou Dayan de traidor e coisa pior. Embora a história tenha até agora justificado Dayan, a última palavra ainda não foi dada pelos fanáticos construtores de templos ou pelo Waqf.

Quase desde o início, o compromisso de Dayan anulou amplamente a famosa exclamação de Gur; no dia a dia, o Monte do Templo está de fato nas mãos da comunidade muçulmana, e esse controle só se solidificou ao longo de meio século desde a guerra de 1967, e a volatilidade política em torno dos pequenos 35 acres de Deus só aumentou junto com ele.

O próximo grande incidente no Monte envolveu um cristão australiano esquizofrênico chamado Denis Michael Rohan, que, impregnado de fervor religioso derivado da psicose, entrou na mesquita de al-Aqsa em 21 de agosto de 1967, derramou querosene nas escadas para o púlpito e ateou fogo. O incêndio destruiu grande parte do interior e enfraqueceu os pilares de sustentação.

Rohan foi discípulo de Herbert Armstrong, o fundador norte-americano da rádio fundamentalista Church of God, um dos primeiros pregadores a explorar o novo meio no início dos anos 1930. Armstrong não era um dispensacionalista, mas acreditava que britânicos e norte-americanos eram descendentes das Dez Tribos Perdidas do Judaísmo. Contudo, a crença dispensacionalista tradicional de que a Segunda Vinda de Jesus exigia uma adoração renovada e os sacrifícios em um Templo reconstruído motivaram o ativamente delirante Rohan, que simplesmente deu o próximo passo lógico: uma vez que a mesquita era o local do Primeiro Templo, tinha que ser destruída para abrir caminho para a reconstrução do novo Templo (apesar do fato de que a maioria das autoridades apontam o local do Primeiro Templo na Cúpula da Rocha, não na mesquita adjacente).

Dois dias depois, quando a polícia israelense finalmente alcançou Rohan, em uma pousada em Jerusalém Oriental, ele confessou alegremente que, como Deus queria que ele construísse o Templo, ele primeiro teria que destruir a Mesquita. No fim, Rohan foi julgado, condenado, confinado em detenção psiquiátrica e, finalmente, em 1974 deportado para a Austrália, onde permaneceu hospitalizado por duas décadas até sua morte.

Apesar da falta de conexão judaica de Rohan, o mundo árabe explodiu; tanto Nasser quanto o rei saudita Faisal declararam uma guerra sacra contra Israel. Nesse caso específico, os israelenses tiveram sorte, já que Nasser e Faisal haviam encarcerado os radicais islâmicos com maior probabilidade de aceitar o chamado.[34]

O incêndio na mesquita de al-Aqsa ilustrou as duas características mais explosivas da política do Monte do Templo. Primeiro, está em toda parte e sempre impregnada de paranoia; apesar da manifesta insanidade e falta de conexões sionistas de Rohan, muitos no mundo árabe ainda acusavam os judeus de atear fogo e os bombeiros israelenses de derramar gasolina nele. Por outro lado, um ministro do gabinete israelense acusou os muçulmanos de atear fogo como provocação. Em segundo lugar, se o barril de pólvora do Monte do Templo sempre incendeia o mundo, provavelmente será com a chama da ilusão religiosa, seja a do extremista sionista, do islamista radical, do cristão dispensacionalista ou apenas de um esquizofrênico comum. Sua loucura oferecerá pouco consolo para o Armagedom que se seguirá.

208   Os Delírios das Multidões

Provavelmente, não é um excesso de generalização aplicar esse princípio a todas as grandes religiões do mundo. As correntes tradicionais do Judaísmo, Cristianismo e Islamismo são religiões de paz até que caiam nas mãos do verdadeiro fiel delirante ou o abertamente insano; em relação a esse último, o sintoma essencial da esquizofrenia, a alucinação auditiva, muitas vezes fala com a voz de Deus.[35]

Os cristãos dificilmente possuem o monopólio dos delírios do fim dos tempos, e os judeus tiveram uma vantagem de meio milênio nesse departamento. O Islã, começando quase com o próprio Profeta, também gerou suas variedades, que recentemente cresceram tanto na livraria quanto no campo de batalha.

O desespero é o solo fértil em que crescem as narrativas do fim dos tempos e, no século VI a.C., recém-exilados da servidão ao longo das margens do Eufrates, os antigos judeus certamente precisavam de uma pausa. Os livros de Ezequiel e Daniel causaram a destruição dos opressores dos judeus, mas os teólogos geralmente marcam a primeira menção explícita do Messias judeu com o livro de Isaías. Semelhante a Daniel, Isaías foi escrito séculos depois de ele ter supostamente vivido no século VIII a.C., provavelmente por uma série de autores que escreveram durante o exílio na Babilônia e após o retorno a Judá. Seus capítulos profetizaram o aparecimento de um salvador que encerraria os tempos e instituiria um Reino de Deus universal em Jerusalém.

O messianismo é um tema constante ao longo da história judaica, às vezes como uma fina fita vermelha, outras vezes como um pano carmesim que se desdobra e sufoca a razão. Poderia se tornar um movimento nacional, como durante o período romano, quando os zelotes planejaram a rebelião no ano 70 d C., na qual um grupo dissidente, os sicários, assassinou judeus que se recusaram a se rebelar; mais tarde, alguns de seus membros cometeram suicídio coletivo em Massada, bem acima do Mar Morto. Ou pode ser o trabalho de indivíduos talentosos, mas iludidos, e ocasionalmente psicóticos, como Sabbatai Zevi, um rabino sefardita bipolar que se declarou o Messias em 1648 durante um surto maníaco, tornou-se o líder religioso da grande comunidade judaica de Esmirna, na Ásia Menor, e depois se espalhou pelo Mediterrâneo oriental, reunindo convertidos e congregações. Em meados do século XVII, assistimos a *pogroms* que dizimaram a população judaica do continente, e às promessas de salvação messiânicas de Sabbatai Zevi atraírem um vasto número de seguidores, o que terminou quando ele foi preso pelos otomanos e escolheu a conversão ao Islamismo em vez da morte.[36]

A Espada de Deus   209

Após o Holocausto, o rebelde movimento de independência israelense apresentou sua própria versão do drama entre os antigos zelotes da Judeia, que geralmente não assassinavam seus companheiros judeus, e os sicários, que o faziam. Durante os conflitos pré-independência, dois grupos terroristas, o Irgun e Lehi, iriam, respectivamente, reencenar esses dois papéis. Cada um deles participou de ataques assassinos a oficiais árabes e britânicos, principalmente o assassinato de Lord Moyne, um vice-ministro de Estado britânico, em 1944, e o atentado a bomba de 1946 ao Hotel King David, em Jerusalém, que matou 91 pessoas.

Quando a Segunda Guerra Mundial estourou, o Irgun interrompeu temporariamente seus ataques aos britânicos, o que irritou seus membros mais radicais, que se uniram sob a liderança de Avraham Stern para formar o Lehi (conhecido no ocidente como Gangue Stern). Assim como o Irgun, o Lehi visava cidadãos árabes e britânicos e foi responsável não só pelo assassinato de Moyne, mas, em 1948, pelo do conde Folke Bernadotte, o representante da ONU, a quem temiam que estivesse prestes a passar um desfavorável acordo de armistício com os árabes. (Durante a guerra, Bernadotte garantiu a libertação de dezenas de milhares de campos de concentração alemães, entre os quais cerca de 1.600 judeus.)

Além do cessar-fogo temporário da Segunda Guerra Mundial com os britânicos, duas questões diferenciavam o Irgun e o Lehi. Tal como aconteceu com os zelotes e sua facção dissidente, os sicários, o Irgun geralmente não matava seus companheiros judeus, enquanto o Lehi o fazia. Tanto os antigos sicários quanto o Lehi dos dias modernos assassinaram colaboradores judeus e, ocasionalmente, aqueles com quem apenas tinham diferenças ideológicas. Mais importante, como os sicários, os Lehi eram messianistas entusiastas, enquanto os Irgun eram mais seculares.

O manifesto do Lehi, os "Princípios do Reavivamento Nacional", listava 18 pontos, que incluíam a infame promessa aos judeus do Êxodo, a terra "do rio do Egito ao grande rio Eufrates" e também a construção do Terceiro Templo.[37] Os últimos líderes do Irgun e Lehi, antes de serem absorvidos pelas forças armadas israelenses e serviços de inteligência, foram, respectivamente, Menachem Begin e Yitzhak Shamir. Ambos mais tarde se tornaram primeiros-ministros israelenses.

Os grupos messiânicos obtêm relativamente pouco apoio em Israel, onde a população é bem-informada e há poucas coisas mais rudes do que telefonar para alguém durante o noticiário noturno; seu corpo político, portanto, entende bem o potencial suicida de reconstruir o Templo. Embora a nação ainda seja alvo de ataques terroristas frequentes e da presença iraniana mais recente, o

210   Os Delírios das Multidões

combustível bruto para o messianismo, uma ameaça existencial na escala dos babilônios, selêucidas, romanos, nazistas ou o Egito de Nasser, não está mais presente; afinal, Israel assinou tratados de paz com o Egito e a Jordânia, e a ameaça tradicional remanescente, a Síria, está em desordem.

Mesmo assim, a conquista da Cidade Velha em 1967 energizou um pequeno grupo de milenaristas israelenses, especialmente o Gush Emunim (Bloco dos Fiéis), que considerou o maximalismo territorial do Êxodo como evangelho: o Senhor havia doado Gaza, a Cisjordânia, as Colinas de Golã e até o desolado Sinai aos judeus para sempre. Quase imediatamente após a guerra de 1967, o Gush começou a construir assentamentos na Cisjordânia e, em 1974, eles entraram em confronto com o novo primeiro-ministro, Yitzhak Rabin, sobre projetos de construção no local; por fim, os colonos venceram o primeiro-ministro pelo cansaço e o superaram com uma corrida final contra o rival de Rabin, o ministro da defesa Shimon Peres, que era mais simpático aos assentamentos. Três anos depois, Menachem Begin se tornou o líder israelense e abriu as comportas para a expansão da Cisjordânia. (Gush teve menos sucesso em impedir a implementação do Acordo de Camp David de 1978, que devolveu o Sinai ao Egito.)

Outros messianistas judeus se concentraram na reconstrução do Templo. Um desses entusiastas do Templo é Yisrael Ariel, o rabino intrigado com a vaca Melody. Quando jovem, em 1967, Ariel serviu na brigada de paraquedistas que conquistou o Muro das Lamentações. Para ele e um pequeno grupo de judeus ultraortodoxos, o Messias (o primeiro, e que ainda não veio) não poderia vir até que o Templo estivesse instalado e funcionando e, em 1988, ele ajudou a fundar o Instituto do Templo, que é dedicado não apenas a reconstruir o Terceiro Templo, mas também a recriá-lo nos mínimos detalhes, incluindo as vestes de linho, instrumentos musicais e rituais da antiga adoração judaica.

Essa atenção aos detalhes é simplesmente uma questão de tempo, arte e dinheiro, que Ariel e seus colegas têm em abundância. Mais difícil de realizar é fornecer os sacerdotes que realizarão o sacrifício ritual necessário para o retorno do Messias. Isso representa um impasse teológico, já que os sacrifícios geralmente só podem ser realizados por um sacerdote purificado com cinza de novilha vermelha, o que por si só requer o abate de bovinos raros.

Yosef Elboim, um rabino associado a outro grupo messiânico, o Movimento para o Estabelecimento do Templo, procurou superar essa dificuldade por meio da criação de sacerdotes que nunca estiveram sob o mesmo teto de um morto. As gestantes voluntárias, descendentes da antiga casta sacerdotal, os *cohanim*, dariam à luz em um complexo especial, construído para evitar outro tabu sacerdotal, pisando erroneamente em uma sepultura não marcada. O

Movimento permitiria a visita dos pais, mas os meninos nunca poderiam se aventurar fora do complexo; um pátio especialmente elevado seria fornecido para brincadeiras. Eles receberiam treinamento sacerdotal, incluindo técnica de sacrifício, e em alguma data futura após seus bar mitzvahs, eles abateriam novilhas vermelhas geneticamente modificadas.[38]

Em 1975, um pequeno grupo de messianistas judeus entrou no Monte do Templo e orou dentro de um dos portões proibidos para eles, assim como Goren e seus seguidores oito anos antes.[*] Uma unidade policial conjunta árabe e israelense removeu os nacionalistas que oravam, mas o tribunal israelense decidiu a favor de suas ações e provocou distúrbios nos quais vários árabes foram mortos e dezenas feridos. As nações árabes protestaram na ONU, e o Waqf decidiu que todo o Monte, incluindo o Muro das Lamentações, era uma mesquita. Um tribunal superior israelense finalmente anulou a decisão para permitir a oração dos judeus no Monte do Templo, mas posteriormente três primeiros-ministros do Likud (partido político de centro-direita e direita conservadora), Menachem Begin, Ariel Sharon e Benjamin Netanyahu, prometeram revogá-la. Até o momento nenhum deles cumpriu essa promessa incendiária.

Em 1982, dois grupos extremistas judeus distintos tentaram instalar explosivos no Monte; No primeiro, o movimento Kach, um grupo anti-árabe declaradamente racista liderado pelo rabino Meir Kahane, tentou detonar uma bomba perto da parede da Cúpula da Rocha, enquanto o segundo, um grupo tenebroso chamado Gangue Lifta, tentou explodir a Cúpula e a mesquita de al-Aqsa.[†] Em resposta às tentativas, o Centro de Assuntos Internacionais da Universidade de Harvard realizou uma simulação geopolítica baseada em uma destruição bem-sucedida da Cúpula e concluiu que isso iniciaria uma terceira guerra mundial.

Ainda mais sério, outro grupo, o Jewish Underground, que no início dos anos 1980 matou cinco estudantes árabes em Hebron e tentou assassinar prefeitos da Cisjordânia e bombardear mesquitas e ônibus árabes, fez a tentativa

---

* O Monte tem 18 portões; 6 são lacrados e 1 está fisicamente aberto, mas proibido para fins públicos. Os muçulmanos podem usar os 11 restantes, mas os não muçulmanos podem entrar por apenas um, o Portão Mughrabi no canto sudoeste, próximo ao Muro das Lamentações.

† Oito anos depois, Kahane foi assassinado no Brooklyn, Nova York, por El Sayyid Nosair, um cidadão norte-americano nascido no Egito e treinado no Paquistão por uma organização fundada por Osama bin Laden.

212   Os Delírios das Multidões

mais séria de todas. Em 1984, eles realizaram um amplo reconhecimento da Cúpula e adquiriram sofisticados explosivos antes de cancelar seus planos. Como posteriormente foi colocado por um membro de um grupo extremista, 30 pessoas planejando tal operação poderiam ser chamadas de clandestinas; 300, um movimento; e 3 mil, uma revolução.[39] No ano seguinte, um tribunal israelense sentenciou 27 membros da Jewish Underground pelo atentado ao Monte e seus outros ataques terroristas a penas de prisão que variam de alguns anos a prisão perpétua. Em 1990, porém, a pressão de grupos de direita israelense fez com que todos fossem libertados.[40]

Quase até sua morte em 1994, o rabino Goren continuou a causar problemas. Em sua infame primeira visita ao Monte, ele começou a medi-lo e examiná-lo. Poucos anos antes de sua morte, publicou essas medições junto com um comentário das escrituras que declarava que uma grande faixa do sul do Monte ficava fora dos limites sagrados do Templo, e assim estava adequado para a construção de uma sinagoga. O artigo ignorou o fato de que o local está atualmente ocupado pela mesquita de al-Aqsa.

A arqueologia sob o Monte incita a mesma raiva árabe que a oração em sua superfície. Apesar das esmagadoras evidências históricas e arqueológicas, os muçulmanos em geral negam a existência do Primeiro e do Segundo Templos e consideram qualquer escavação das camadas sob a superfície do Monte como uma tentativa judaica de justificar a construção de um terceiro.

Ao longo dos séculos, os assentamentos humanos acumulam camadas sucessivas de sedimentos, portanto, quanto mais fundo um arqueólogo escava, mais ele volta no tempo. Demonstrações vívidas disso são ocasionalmente visíveis em cidades com histórias antigas, como Roma e Jerusalém, onde escavações que datam da época de Cristo são vistas cerca de 3 ou 7 metros abaixo das ruas modernas.

Em Jerusalém, isso significa que um arqueólogo primeiro encontra artefatos do período otomano, seguidos por aqueles de reinos muçulmanos sucessivamente anteriores, depois romanos, gregos, judeus e, se tiver muita sorte, os governantes cananeus. Após a conquista de 1967, pela primeira vez, pesquisadores judeus, liderados pelo arqueólogo da Universidade Hebraica Benjamin Mazar, ganharam acesso à área ao redor do Monte.

A descoberta mais significativa de Mazar foi do período do falecido Segundo Templo de Herodes, que revelou uma grande área pública com extensas habitações, ruas largas e um sofisticado sistema de água adjacente ao Monte, bem como degraus monumentais que levam até ele, o mais próximo de evidências do Segundo Templo que um arqueólogo pode encontrar.

A Espada de Deus 213

O Waqf reclamou à UNESCO que as escavações prejudicaram a estabilidade do Monte, e a organização da ONU nomeou uma série de investigadores independentes que não encontraram evidências de comprometimento estrutural e elogiaram os resultados arqueológicos, embora um participante tenha criticado o fato de as escavações terem sido realizadas sem a permissão dos proprietários árabes.[41]

Problemas muito mais sérios resultaram do Túnel do Muro das Lamentações, que corre no subsolo ao longo de toda a borda oeste do Monte. Iniciada em 1969 pelos israelenses, sua escavação destruiu várias estruturas do período Mameluco e perturbou muito o Waqf; a escavação resultou em denúncias na Assembleia Geral da ONU e subsequentes sanções da organização. Em protesto contra as sanções da ONU, os Estados Unidos e alguns de seus aliados suspenderam suas contribuições à UNESCO, o que quase a levou à falência.

O arqueólogo inglês do século XIX, Charles Warren, havia escavado extensivamente no Monte e sob o Monte, e uma de suas muitas descobertas foi um antigo portão sob o Muro das Lamentações que se abriu em um túnel sob o Monte, e daí para uma escada para sua superfície perto da Cúpula da Rocha. Warren mais tarde escreveu *The Land of Promise* [A Terra da Promessa, em tradução livre], um informativo que sugeria que o consórcio europeu, "semelhante à velha Companhia das Índias Orientais", colonizasse a Palestina com judeus.[42]

Em 1981, trabalhadores no túnel do Muro das Lamentações sob a direção do rabino Yehuda Getz reencontraram o "Portão de Warren" e o túnel para o extremo leste, que Getz acreditava levar ao Santo dos Santos e talvez até mesmo à perdida Arca da Aliança. Sua equipe começou a escavar para o leste sob o próprio Monte em direção à Cúpula, aparentemente com a cooperação do Ministério de Assuntos Religiosos de Israel. Várias semanas após a descoberta de Getz, os guardas da Waqf ouviram um barulho vindo da escavação abaixo e desceram pelas cisternas, onde lutaram com os arqueólogos judeus.[43]

Fiel à forma, Goren proclamou o novo túnel ainda mais sagrado do que o Muro das Lamentações. Os árabes, por outro lado, viram nisso uma tentativa descarada de ganhar o controle do Monte, e os israelenses, diante da intensa hostilidade árabe, selaram o túnel com uma parede grossa de concreto, colocando-o fora dos limites, possivelmente para sempre, de futuras investigações.

Pouco depois da conclusão do túnel do Muro das Lamentações, em meados da década de 1980, os israelenses o abriram para os turistas. Por causa da estreiteza da passagem, os visitantes precisavam voltar de costas para sair de sua entrada sul perto do Muro das Lamentações; o congestionamento resultante limitou seriamente o tráfego. Para remediar esse problema, os israelenses construíram uma saída em seu terminal norte, o que novamente inflamou a

214 Os Delírios das Multidões

população árabe, que viu o novo portal como uma tentativa de minar e derrubar o Monte; multidões enfurecidas se reuniram e o trabalho foi temporariamente interrompido.

À meia-noite de 23 de setembro de 1996, os israelenses abriram uma fresta na rua sobre o portal norte e rapidamente colocaram uma porta de ferro lá. Dois dias depois, tumultos estouraram em todos os territórios palestinos, envolvendo uma batalha campal entre o exército israelense e a Força de Segurança Nacional Palestina, recém-criada sob os Acordos de Oslo; dezenas foram mortos em ambos os lados e centenas ficaram feridos.[44] A situação tornou-se tensa o suficiente para o presidente Clinton convocar uma cúpula internacional, que se mostrou inconclusiva. Posteriormente, a agitação cessou e a saída permaneceu aberta; hoje, os turistas que saem do túnel ficam surpresos ao serem saudados por guardas israelenses que os escoltam de volta ao Muro das Lamentações.

A conquista da Cidade Velha e da Cisjordânia por Israel em 1967 mudaria não apenas a compleição política do Oriente Médio e das relações entre árabes e israelenses, mas também afetaria cada vez mais a política, a religião e a cultura dos Estados Unidos e de Israel. Faria isso de maneiras que os combatentes diretos nos eventos daquele ano dificilmente poderiam ter previsto. Mais alarmante, seus protagonistas dispensacionalistas norte-americanos seriam conduzidos por um sistema de crenças tão delirante e desligado dos fatos do mundo real que faria John Nelson Darby corar.

10

Os Empreendedores do Apocalipse

Para ter uma noção básica da polarização cultural atual dos EUA, assista *O Apocalipse*, um filme B estrelado por Nicolas Cage como o piloto de avião Rayford Steele. Em um voo dele, de Nova York para Londres, desaparecem inexplicavelmente dezenas de passageiros, e uma colisão com um avião aparentemente sem piloto que é então, e improvavelmente, pilotado pela filha de Steele que realiza um pouso de emergência em um trecho de uma rodovia abandonada.

O filme, que muda caoticamente entre cenas de caos em terra e na aeronave de Steele, separa seus espectadores em dois grupos: aqueles que acham a trama bizarra e se arrependem de ter assistido, e aqueles que a consideram uma versão divertida de uma história tão familiar quanto *Onze Homens e Um Segredo* ou *Casablanca*.

Em nenhum lugar a divisão cultural da nação é mais perceptível do que aquela apartada pelo dispensacionalismo: de um lado estão aqueles a quem ele fornece a perspectiva real da salvação de uma temível Tribulação e condenação eterna; e, do outro lado, parece um sistema de crenças que, à medida em que eles estão cientes disso, ecoa a confusão incoerente de *O Apocalipse*.

O discurso do presidente George W. Bush ao país anunciando uma ação militar no Afeganistão em 7 de outubro de 2001 ilustrava bem essa divisão. Ao ouvido secular, atingiu um tom inofensivo, tolerante, quase desprovido de conteúdo religioso, mencionando o Islã apenas em termos de grande aceitação norte-americana e os melhores votos para seus quase 2 bilhões de adeptos.

Por outro lado, os ouvintes evangélicos entenderam uma mensagem bastante diferente em frases como "caminho solitário" (Isaías), "assassinos de inocentes" (Mateus), e "não pode haver paz" (Jeremias, Ezequiel, Crônicas, Isaías) que sugeriam a ira de um Deus judaico-cristão. O estudioso de religião Bruce Lincoln observou que tais frases eram "claramente audíveis por

216   Os Delírios das Multidões

partes de seu público que estão atentas a tais frases, mas provavelmente não são ouvidas por aqueles sem o conhecimento textual necessário".[1] O discurso de Bush soou como um daqueles apitos de treinamento de cães, silencioso mas penetrante; como colocado pelo *Christianity Today* depois que Lincoln publicou estas palavras: "Infelizmente, não seremos mais capazes de acenar secretamente e piscar uns para os outros enquanto Bush fala."[2] (o próprio Bush é discreto em relação às crenças dispensacionalistas; oficialmente um metodista, a maioria dos observadores classificam-no como protestante tradicional.)[3]

A prevalência da ilusão dispensacionalista nos Estados Unidos também separa esse país do resto do mundo desenvolvido, e carrega consigo o potencial para catástrofe.

Embora os judeus messianistas constituam apenas uma pequena porcentagem de israelenses, a grande maioria está justificadamente horrorizada com a perspectiva de um Terceiro Templo, uma vez que entendem bem as consequências catastróficas da necessária destruição de um santuário sagrado muçulmano. O mesmo não pode ser dito para os evangélicos norte-americanos. Graças a Darby e seus herdeiros, muito mais cristãos do que judeus compartilham o sonho messianista de retomar os sacrifícios em um Templo reconstruído.

A justificativa teológica para fazê-lo é tênue. Dispensacionalistas, por razões pouco claras, geralmente buscam os irritantemente redundantes e vagos versos de 2 Tessalonicenses 2:4:

> O qual se opõe, e se levanta contra tudo o que se chama Deus, ou
> se adora; de sorte que se assentará, como Deus, no templo de Deus,
> querendo parecer Deus.

O *Moody Monthly*, o periódico do Instituto da Bíblia Moody, dedicou grande parte das questões após a guerra de 1967 ao significado profético da conquista da Cidade Velha e o acesso recém-recuperado ao Monte do Templo. Em um exemplo de viés de confirmação, um dos participantes de um artigo no estilo mesa redonda relatado na revista resumiu o significado do conflito da seguinte forma:

> A Bíblia é quase uma enciclopédia de eventos do Oriente Médio,
> e neste momento certamente o Oriente Médio é o foco de atenção.
> E, para mim, esses eventos confirmam a interpretação literal das
> profecias do Antigo Testamento e do Novo Testamento.[4]

Os Empreendedores do Apocalipse 217

Nessas mesmas páginas, o presidente do Seminário Teológico de Dallas (DTS), John Walvoord, discutiu a renovação dos sacrifícios dos animais do Templo, observando que "muitos, portanto, preveem a reativação precoce de um templo pelo estado vitorioso de Israel", e que "certamente esse é o dedo de Deus indicando o Fim da Era".[5]

Walvoord não era um nome familiar, assim como Anderson, Scofield, Gaebelein e English, que apesar de seus sucessos editoriais levavam vidas modestas e tranquilas. O artigo de Walvoord foi seguido, na página seguinte, por um artigo de Hal Lindsey, até então um graduado ainda mais obscuro do DTS que tinha sido pupilo de Walvoord entre 1958 e 1962.[6]

Em alguns pequenos parágrafos introdutórios, Lindsey serviu um caldeirão borbulhante de apocalipses leigos atuais: a Guerra do Vietnã, motins raciais domésticos, obliteração nuclear do planeta poucos minutos após os primeiros lançamentos de mísseis balísticos intercontinentais, o poder crescente da China comunista, e a fome de bilhões por causa da superpopulação global.

Igualmente desastrosa, de acordo com Lindsey, foi a negação do protestantismo liberal da verdade bíblica literal e o boato da morte de Deus. Em sua imaginação febril, as estrelas geopolíticas estavam perfeitamente alinhadas com Daniel e o Apocalipse: o ressurgente Império Romano/União Europeia; o "rei do norte", a Rússia; o "rei do sul", Egito; e, finalmente, o "rei do leste", a China. De acordo com Lindsey, Apocalipse 9:13–21 previu que colocaria em campo uma vasta horda oriental (na frase infeliz de Lindsey, um "perigo amarelo"): "Um recente documentário televisivo, filmado dentro da República Popular da China, afirmou que neste momento há 200 milhões de chineses armados. Apenas uma coincidência interessante?"[7]

As citadas passagens do Apocalipse não mencionam de fato o rei do leste; em 9:16 cita 200 mil cavaleiros de procedência obscura, não 200 milhões. No seu auge na década de 1970, o Exército de Libertação Popular ostentava cerca de 4 milhões de homens. Apesar dessas informações desencontradas, tudo estava claro para Lindsey, cuja ladainha desanimadora de horrores globais daquela época consistia em

> peças de um grande quebra-cabeça que depois de muita imprecisão finalmente se encaixam no lugar certo. Estamos vivendo em um momento no qual as peças de um quebra-cabeça divino são subitamente encaixadas em seus lugares. O desenvolvimento mais importante, é claro, é o restabelecimento de Israel em sua própria terra após quase 2 mil anos de dispersão global, juntamente com os eventos desde então no Oriente Médio.[8]

O ensaio de Lindsey de 1967 no *Moody Monthly* sugeria a lenta e perigosa passagem dispensacionalista da observação passiva da sequência do fim dos tempos ao envolvimento ativo alimentado pela confabulação indiscriminada de afirmações geopolíticas ridículas. Lindsey citou afetuosamente "um historiador israelense" que, quando questionado sobre o que seria da Cúpula da Rocha devido à reconstrução do Templo, respondeu relutantemente: "Quem sabe? Talvez haja um terremoto."[9] Um israelense que topasse com essa frase provavelmente teria gargalhado: o "historiador israelense" em questão era um tal de Israel Eldad, o ideólogo de direita do Lehi que havia escrito os "Princípios do Reavivamento Nacional" da organização, que proclamava os direitos dos judeus a todas as terras entre o Nilo e o Eufrates e a construção imediata do Terceiro Templo.

Embora bem conhecido nos círculos dispensacionalistas, o *Moody Monthly* tinha poucos leitores entre o grande público norte-americano, mas o fascinante destaque de cenários do Juízo Final de Lindsey predisse um talento em prosa que em breve levaria a mensagem dispensacional a dezenas de milhões de norte-americanos na metade seguinte do século. No processo, ele alcançaria riqueza e celebridade mundial e transformaria a paisagem religiosa dos EUA. Ainda mais incrivelmente, sua marca patenteada de fantasia geopolítica infectaria o corpo político norte-americano.

Nascido em Houston em 1929, Lindsey teve uma educação fundamentalista tradicional sulista, a qual não pareceu incorporar imediatamente; batizado três vezes, achou a religião irrelevante e deprimente, "então eu simplesmente a rejeitei".[10] Ele estudou negócios na Universidade do Texas, trabalhou na Guarda Costeira, foi capitão de rebocador no Mississípi e teve um casamento malsucedido, o que o deixou pessimista em relação ao mundo. À beira do suicídio, ele pegou uma Bíblia de Gideão e leu que se recebesse a verdade de Deus, receberia um renascimento espiritual.

Intrigado, mas ainda não convencido, ele aprendeu sozinho a ler grego e mergulhou na Bíblia, que a princípio julgou cheia de erros históricos. Pouco tempo depois, conheceu um jovem pregador chamado Jack Blackwell, que o apresentou à profecia bíblica: "Um fogo foi aceso dentro de mim, e nunca se apagou."[11]

Sua nova fé o levou à DTS, onde obteve um mestrado em teologia e se casou novamente. Após a formatura, os recém-casados começaram a trabalhar como missionários no campus e espalharam a narrativa dispensacionalista durante os turbulentos anos 1960 em escolas como Universidade da Califórnia em Berkley e Universidade Estadual de São Francisco. Pregar para audiências céticas de esquerda no campus transformou suas habilidades retóricas em um bisturi teológico; um observador notou como ele atraía auditórios cheios de jovens em idade de recrutamento para os quais o Armagedom não era uma abstração, e a quem o bem-apessoado, carismático e lúcido Lindsey hipnotizava com interpretações rápidas de eventos atuais complementadas com mapas desenhados na lousa.[12]

Ele e sua esposa por fim se cansaram dessa turnê retórica por cidades universitárias e se estabeleceram em Los Angeles, onde concentraram seus esforços na UCLA. O sucesso de seu artigo no *Moody Monthly* o encorajou a escrever um livro. Sob a orientação da conhecida escritora religiosa Carole Carlson, que havia trabalhado com Billy Graham, ele começou a trabalhar:

> Enquanto escrevia, imaginava que estava sentado diante de um jovem — uma pessoa cínica e sem religião — e tentaria convencê-lo de que as profecias bíblicas eram verdadeiras. Se você puder fazer um jovem entender, os outros também entenderão. Um jovem não hesita em questionar você sobre algo e isso o força a enfrentar pessoas que não fazem parte do "clube" religioso.[13]

O resultado, *A Agonia do Grande Planeta Terra*, foi como algo jamais visto na literatura evangélica: ecoando o estilo de seu artigo de 1967 no *Moody Monthly*, ele misturava geopolítica atual, maravilhas tecnológicas do futuro e cultura popular atual, tudo habilmente entrelaçado na tênue estrutura do dispensacionalismo. As livrarias, em vez de enterrá-lo nas prateleiras mofadas de religião, colocaram-no na fervilhante seção da Nova Era ao lado das obras de I Ching, meditação transcendental e reflexologia.

Lindsey e Carlson haviam dominado a arte do transporte literário e sua produção cativou os leitores. Em um ano, o livro vendeu 10 milhões de exemplares e, até o momento, pelo menos 35 milhões. O livro chegou às mãos do presidente Ronald Reagan e vários de seus secretários de gabinete, e foi seguido por volumes semelhantes que também venderam na casa dos milhões.

É quase impossível superestimar a influência do livro. Nas palavras do falecido Paul Boyer, um dos observadores teológicos mais respeitados da América:

> A relevância de Hal Lindsey, penso eu, é que ele representa mais um daqueles momentos de súbito avanço, quando o interesse pela profecia bíblica se espalha além das fileiras dos verdadeiros crentes e se torna um fenômeno cultural mais amplo. E pessoas que nunca prestaram muita atenção às profecias ouvem sobre este livro.

220 Os Delírios das Multidões

> Elas pegam o livro. Elas veem a maneira como Lindsey mescla eventos atuais e encontra passagens bíblicas que parecem predizer esses eventos, e elas dizem: "Uau, isso é incrível. Deve realmente haver alguma relação." [...] [Lindsey] parece ter tido uma influência considerável não apenas em parte do público como um todo, mas em alguns dos mais altos escalões do governo.[14]

Publicado pela primeira vez em 1970, o livro sintetiza as obras de Darby, Anderson, Scofield e Gaebelein em uma exposição narrativa leve e fluida, mas onde Lindsey se destaca é na promoção da inerrância bíblica. Repetidamente, ele relata em um fôlego só as predições de Jesus e dos profetas que se tornaram realidade com incrível precisão décadas e até séculos depois.

O viés de confirmação não envolve apenas a busca ativa de evidências favoráveis, não importa o quão vagas, mas também faz vista grossa sobre dados contrários, nesse caso o grande número de profecias bíblicas que não aconteceram. Para citar apenas algumas: a previsão de que o Egito se tornaria um deserto permanente e que o Nilo evaporaria (Ezequiel 29: 8-15 e 30:12); que os egípcios adotariam a língua cananeia (Isaías 19:18); e, a mais famosa de todas, que um reino judaico se estenderia a leste por várias centenas de milhas, do Nilo ao Eufrates (Êxodo 23: 25–31).

A influência de Lindsey alcançou desde os fiéis mais humildes até o alto escalão da política norte-americana. A devota mãe de Ronald Reagan, Nellie, transmitiu a seu filho uma profunda devoção religiosa; embora a maioria dos norte-americanos de certa idade saibam de sua formação na Eureka College [faculdade cristã], poucos sabem de sua afiliação religiosa com os Discípulos de Cristo, a igreja da família Reagan. Embora seja uma denominação protestante convencional, a seita está profundamente imbuída de conservadorismo social e econômico.

Quando jovem adulto, Reagan aderiu ao protestantismo evangélico. No início de sua carreira política, ele proclamou com entusiasmo sua devoção a Cristo e, durante seu governo na Califórnia, tornou-se um devoto de *A Agonia do Grande Planeta Terra*.[15] Ele também se reunia regularmente com os maiores nomes dispensacionalistas e evangélicos de sua época, incluindo Jerry Falwell, Jim Bakker, Pat Robertson e Billy Graham. Todos eles recordavam-se de ter animadas discussões sobre o fim dos tempos com o político promissor. Uma testemunha de uma conversa escatológica entre Graham e Reagan ficou maravilhada sobre como o governador "se manteve firme".[16]

Reagan também não reservou suas conversas escatológicas aos evangelistas. Em 1971, o governador da Califórnia disse a James Mills, o presidente democrata temporário do senado estadual: "Pela primeira vez, tudo está pronto

Os Empreendedores do Apocalipse   221

para a Batalha do Armagedom e a segunda vinda de Cristo." Enquanto ele continuava, seu tom de voz aumentava:

> Não pode demorar muito agora. Ezequiel diz que fogo e enxofre cairão sobre os inimigos do povo de Deus. Isso deve significar que eles serão destruídos por armas nucleares. Elas existem agora e não existiam no passado.[17]

Reagan chegou a encurralar os judeus nesse assunto. Em 1981, o presidente recém-eleito discutiu a escatologia do fim dos tempos com Thomas Dine, do Comitê de Relações Públicas Americano-Israelense [AIPAC]: "Volto aos seus antigos profetas do Antigo Testamento e aos sinais que prediziam o Armagedom, e me pergunto se, se [sic] somos a geração que verá isso acontecer." Pouco depois, ele repetiu o sentimento ao senador do Alabama, Howell Heflin, e acrescentou: "A Rússia vai se envolver nisso."[18]

Reagan ficou especialmente impressionado com o papel russo na narrativa dispensacionalista de Lindsey; não por coincidência, seu discurso mais famoso foi feito em 1983 para a Associação Nacional de Evangélicos, no qual ele se referiu à União Soviética como "um Império do Mal" e que "somos ordenados pelas Escrituras e pelo Senhor Jesus a nos opormos a esse mal". E ele continuou com seus floreios fora de proporção:

> Um congelamento [nuclear] recompensaria a União Soviética por seu enorme e incomparável desenvolvimento militar. No entanto, vamos orar pela salvação de todos aqueles que vivem nessa escuridão totalitária. Ore para que eles descubram a alegria de conhecer a Deus. Mas até que o façam, estejamos cientes de que enquanto eles pregam a supremacia do estado, declaram sua onipotência sobre o homem como indivíduo e predizem sua dominação final sobre todos os povos da terra, eles são o foco do mal no mundo moderno.[19]

É de se perguntar o que os líderes soviéticos acharam da paixão de Reagan pelas glórias de um milênio cuja antecâmara apresentava o holocausto nuclear. Seus relatórios de inteligência também os teriam informado sobre as crenças do fim dos tempos de seu secretário de defesa de longa data e colega entusiasta de Hal Lindsey, Caspar Weinberger. Depois que seus pais judeus deixaram a fé, Weinberger se tornou um episcopal profundamente religioso, impressionado com o último livro da Bíblia: "Eu li o livro do Apocalipse e, sim, acredito que o mundo vai acabar — por um ato de Deus, espero —, mas a cada dia acho

222 Os Delírios das Multidões

que o tempo está se esgotando."[20] (Além de Reagan e Weinberger, o Secretário do Interior James Watt e o Procurador-Geral Edwin Meese também foram seguidores de Lindsey.)[21]

A influência dispensacionalista de Reagan ocorreu em ambas as direções. Não apenas os líderes evangélicos apoiaram as crenças do fim dos tempos de Reagan, mas o presidente, por sua vez, forneceu munição para seus aliados evangélicos. Em 1983, ele fez com que o Conselho de Segurança Nacional preparasse um briefing de armas nucleares bastante simplificado para Falwell, que por sua vez condensou as informações ainda mais para anúncios de jornal patrocinados pela Moral Majority [organização política norte-americana associada à direita cristã e ao partido Republicano]: "Não podemos nos dar ao luxo de ser o número dois na defesa! Mas, infelizmente, é onde estamos hoje. O número dois. E caindo!"*[22]

Felizmente para o planeta, depois de 1983, tanto a escatologia de Reagan quanto seu comportamento militante perderam vigor. O ex-ator não era o mais bem-informado dos comandantes-chefes; de acordo com um de seus biógrafos, Lou Cannon:

> Quando Bill Clark se tornou o segundo conselheiro de segurança nacional de Reagan no início de 1982, ele descobriu que o presidente não sabia quase nada sobre o que estava acontecendo em muitos cantos do globo… Clark sabia que o presidente respondia melhor a recursos visuais e raciocinou que seria mais receptivo a filmes. Então ele levou Reagan para o cinema.[23]

O presidente foi particularmente afetado por um filme feito para a televisão, na rede ABC, *O Dia Seguinte*, sobre a vaporização de Lawrence, Kansas, durante um ataque nuclear mútuo. Depois, ele registrou em seu diário:

> É muito eficaz e me deixou muito deprimido. Até agora eles não venderam nenhuma [publicidade do programa], e eu entendo por quê. Minha própria reação: temos que fazer tudo o que pudermos para impedir e avaliar que nunca haverá uma guerra nuclear.[24]

---

* Todos os evangélicos, entretanto, não eram falcões de defesa; em 1987, Billy Graham, que aconselhou presidentes desde Eisenhower, classificou a corrida armamentista como "loucura" e defendeu não apenas o SALT II [Conversações sobre Limites para Armas Estratégicas], mas também o "Salt 10".

Os Empreendedores do Apocalipse   223

O diário de Reagan não mencionou o motivo da ausência de publicidade: Jerry Falwell, que considerava o programa um esforço de propaganda de ativistas antinucleares, havia ameaçado um boicote contra seus patrocinadores em potencial. Uma entrada subsequente no diário de Reagan, que detalhou uma reunião com o presidente do Estado-Maior Conjunto, General John William Vessey Jr., descreveu o planejamento de uma guerra nuclear como "uma experiência muito séria".[25]

Logo ficou claro que tanto a audiência de Reagan quanto as instruções militares haviam subestimado o resultado de um ataque termonuclear mútuo. A essa altura, os especialistas em armas sabiam que as tempestades de fogo geradas por bombas termonucleares causariam mais vítimas do que a explosão inicial e a precipitação radioativa subsequente; alguns meses depois de *O Dia Seguinte*, um artigo marcante na revista *Science* sugeriu que a fuligem estratosférica dessas tempestades de fogo duraria anos e causaria quedas dramáticas nas temperaturas globais, as quais provavelmente matariam mais pessoas do que as explosões, tempestades de fogo e precipitação radioativa do ataque em seu primeiro momento.[26]

As crenças apocalípticas de Reagan se tornaram um problema durante sua campanha de reeleição em 1984 contra Walter Mondale. Quando os jornalistas Georgie Anne Geyer e Marvin Kalb o pressionaram sobre o assunto durante o debate presidencial de 21 de outubro, ele atenuou suas crenças anteriores sobre o fim dos tempos, sugerindo que "vários teólogos" acreditavam no Armagedom, mas que ele não achava que qualquer nação poderia prevalecer em uma guerra nuclear. (Dizem que Nancy Reagan resmungou "Oh, não" com a pergunta de Kalb.)[27]

Em seu segundo mandato, a perspectiva de uma guerra nuclear horrorizou tanto Reagan que o diplomata Jack Matlock Jr., conselheiro do presidente para assuntos soviéticos, duvidou que ele retaliaria um ataque nuclear: "Acho que, no fundo, ele duvidava de que, mesmo que os Estados Unidos fossem atacados, ele pudesse atacar outro país com [armas nucleares]. Ele nunca insinuou, mas eu meio que senti [isso]."[28] Sua postura maniqueísta antissoviética havia evaporado, chegando a propor a Mikhail Gorbachev a proibição total das armas nucleares na Cúpula de Reykjavik em 1986. Mesmo que os dois líderes não tenham conseguido esse grande avanço, as tensões americano-soviéticas diminuíram e, um ano depois, eles assinaram o abrangente Tratado de Forças Nucleares de Alcance Intermediário.

224   Os Delírios das Multidões

Embora tenham se maravilhado com o sucesso fenomenal de Lindsey, teólogos e observadores da indústria editorial prestaram menos atenção ao seu fluxo incessante de imprecisões factuais.[29] Em uma passagem notável, ele descreve uma grande força de invasão japonesa que navegaria para o oeste através do Oceano Índico em 1942 em direção ao Norte da África: "Nada poderia impedi-los." Felizmente, o almirante Yamamoto decide no último minuto virar a frota e, em vez disso, invadir a costa oeste dos Estados Unidos. A Marinha norte-americana intercepta sua força-tarefa no Mar de Coral, onde derrota decisivamente os japoneses e vira a maré da guerra.[30]

Na verdadeira Segunda Guerra Mundial, os japoneses não tentaram invadir o Norte da África ou mesmo planejaram uma invasão da Costa Oeste. A Batalha do Mar de Coral foi uma ação naval relativamente menor e inconclusiva que, se decidida por pontos, teria ido para os japoneses, sem mencionar o fato de que uma armada japonesa navegando do Oceano Índico à costa oeste dos Estados Unidos não teria chegado a menos de 3 mil quilômetros daquele corpo de água. Em outra passagem, Lindsey descreve Hitler tomando o poder em um "Putsch" [golpe militar]. Ao destacar essa palavra, Lindsey se referia ao fiasco de Hitler de 1923 [o "Putsch da Cervejaria]; na verdade, os nacional-socialistas de Hitler não chegariam ao poder por quase mais uma década mediante uma vitória legítima nas eleições parlamentares. Ilustrando ainda mais a compreensão frequentemente alucinatória de Lindsey de fatos cotidianos, o livro prevê que os recursos geotérmicos de Israel irão dotá-la de grande riqueza:

> Eu estava conversando com um proeminente engenheiro de Los Angeles... e discutimos a necessidade de uma fonte barata de energia... Ele disse que tem certeza de que há vapor suficiente preso sob as inúmeras falhas na Terra ao redor de Israel para fornecer energia para fazer funcionar turbinas para produzir eletricidade de forma muito econômica. Ele chamou esse novo processo de energia geotérmica. Num futuro próximo, Israel descobrirá uma maneira de produzir energia barata para desenvolver essa mina de ouro.[31]

A referência vaga a "um proeminente engenheiro de Los Angeles" é típica da fonte nebulosa de muitas das afirmações de Lindsey. (Outros favoritos de Lindsey: "um documentário de televisão", "cientistas nos dizem", "um gráfico em uma revista de notícias", "uma grande estação de televisão" ou, simplesmente, "foi relatado para mim".) Energia geotérmica dificilmente é uma nova tecnologia; a humanidade vem aquecendo casas e edifícios com vapor terrestre há séculos, e a geração de eletricidade geotérmica foi inventada por volta de 1904. Finalmente, Israel não tem muito em termos de fontes geotérmicas, e sua indústria geotérmica demonstra muito bem a verdadeira fonte da riqueza do estado moderno: seu capital intelectual, e não seus recursos naturais, que Lindsey cita repetidamente de forma equivocada. Uma empresa israelense, Ormat Technologies, é de fato um dos maiores produtores mundiais de equipamentos geotérmicos, mas o país não tem potencial geotérmico suficiente para suportar qualquer uma das fábricas da empresa.[32]

Mais seriamente, do ponto de vista da interpretação bíblica, Lindsey cita repetidamente a suposta profecia do Livro de Daniel por volta de 550 a.C. sobre a bem-sucedida revolta dos macabeus contra o Império Selêucida, dali a quatro séculos, como um exemplo de uma miríade de infalíveis exatidões proféticas da Bíblia. Conforme descrito no Capítulo 1, os estudiosos da Bíblia, de fato, colocam a composição de Daniel logo após esse evento, provavelmente ambientada, ficticiosamente, durante o período anterior de exílio, a fim de aumentar sua boa-fé profética.[33] Assim como Darby, Lindsey identifica a localização bíblica de Meseque como Moscou, apesar do fato de que os historiadores modernos datam a fundação da cidade em 1174 d.C, muito depois de a Bíblia ter sido escrita.[34]

Dada a falta de rigor analítico e factual de Lindsey, não é surpreendente que suas profecias não tenham funcionado bem. No início do livro, ele enfatiza a iminência do Fim, desencadeado pelo estabelecimento de Israel em 1948. Ele cita a declaração de Jesus em Mateus 24:34: "Em verdade vos digo que não passará *esta geração* sem que todas essas coisas [o retorno dos judeus a Israel] aconteçam." Ele interpreta a passagem da forma mais literal possível:

> Que geração? Obviamente, no contexto, a geração que veria os sinais — entre eles o renascimento de Israel. Uma geração na Bíblia é algo como 40 anos. Se essa é uma dedução correta, então dentro de 40 anos ou mais, a partir de 1948, todas essas coisas poderiam acontecer. Muitos estudiosos que analisaram profecias bíblicas a vida toda acreditam que isso é assim.[35]

Darby e seus seguidores mais próximos, com a memória da Grande Decepção de Miller fresca em suas memórias, nunca teriam feito uma previsão tão precisa. Mais de um século depois, com aquele conflito longe da consciência dispensacionalista, Lindsey teceu uma combinação de eventos atuais e interpretação bíblica que previu o Fim no final de 1988.

No livro, Lindsey também profetiza a ascensão de uma única religião mundial sintetizada a partir de uma mistura de ecumenismo protestante e católico

226   Os Delírios das Multidões

convencional e "astrologia, espiritualismo e até drogas".[36] No início da sétima "semana" do planeta (no calendário dispensacionalista, sete anos), Israel se alia com o carismático e poderoso ditador da toda poderosa Aliança Europeia, o Anticristo, e os judeus retomam os sacrifícios no Terceiro Templo reconstruído. Por causa de seus supostos recursos naturais abundantes, Israel se torna uma das nações mais poderosas e prósperas da Terra, mas três anos e meio depois, o ditador europeu/anticristo trai os israelenses e começa a massacrar cristãos. Nesse ponto, os russos, juntamente com aliados árabes irados com a profanação do Monte do Templo, invadem Israel por meio de um ataque anfíbio a partir do Estreito de Bósforo e do Mar Mediterrâneo, e de uma expedição terrestre através do Cáucaso e da Turquia, uma narrativa que Lindsey engrandece com mapas detalhados da rota de invasão.

Os russos, então, apunhalam os aliados árabes pelas costas e invadem o Egito. O ditador/Anticristo europeu, alarmado com essa reviravolta nos acontecimentos, pede ajuda aos "chineses comunistas", que colocam em marcha a mencionada horda de 200 milhões de homens pela Ásia para atacar Israel. (Lindsey adivinha tal ataque a partir de um "relatório indiano" que falava de 12 mil soldados chineses construindo uma estrada sobre o Tibete através do Paquistão para facilitar o movimento massivo de tropas.) O exército russo, em face disso, retorna a Israel, onde é destruído (não está claro se por Deus ou pelos europeus). Segue-se uma grande batalha final em Megido (o Armagedom bíblico, na atual Israel) entre os europeus e os chineses. Esse importante choque de exércitos ecoa em todo o mundo em um cataclismo de destruição global; então, Jesus retorna para o fim dos tempos. Felizmente, há um ponto brilhante na carnificina. Um terço dos judeus se converte ao cristianismo e assim acabam se salvando. Infelizmente, os dois terços restantes queimam.[37]

O estilo envolvente da prosa de Lindsey e a atmosfera social e geopolítica apocalíptica do fim dos anos 1960 abriram uma rica janela literária. *A Agonia do Grande Planeta Terra* vendeu tão bem que a Companhia Mutual Insurance de Nova York começou a oferecer apólices a favor de beneficiários deixados para trás adquiridas pelos proprietários arrebatados.[38]

Outros logo embarcaram na mina de ouro da Tribulação. Um dos primeiros foi o antigo professor de Lindsey e presidente da DTS, John F. Walvoord. Na época da publicação de Lindsey, ele havia dirigido a escola por quase duas décadas, mas havia publicado relativamente pouco no campo do mercado de massa. Inspirado pelo sucesso de Lindsey, Walvoord lançou uma enxurrada de livros populares, dos quais o mais proeminente foi *Armageddon, Oil, and the Middle East Crisis* [Armagedom, Petróleo e a Crise do Oriente Médio, em tradução livre]. Publicado pela primeira vez em 1980, passou por uma

Os Empreendedores do Apocalipse   227

reformulação necessária depois da Primeira Guerra do Golfo de 1991, acabou vendendo mais de 2 milhões de cópias, e ainda é publicado.[39]

O livro relembrou a mesma narrativa dispensacionalista moderna de *A Agonia do Grande Planeta Terra*: o retorno dos judeus a Israel, ascensão do novo Império Romano liderado pelo Anticristo, sucessivas invasões pelos russos e chineses, seguidas pelo Arrebatamento, Armagedom, o retorno de Jesus e o julgamento final. Assim como Lindsey, Walvoord desfilou com entusiasmo um rol de eventos atuais em sua narrativa. Nos quatro anos entre a publicação dos dois livros, o embargo do petróleo árabe, desencadeado pela Guerra do Yom Kippur em 1973, levantou o espectro de uma vasta transferência de riqueza e poder do mundo para o cartel da Opep, em particular para as nações árabes e o Irã. Como os escritores dispensacionalistas costumam fazer, Walvoord aproveitou um evento dramático atual, nesse caso o embargo do petróleo, como o detonador de uma história iminente do fim dos tempos.

Walvoord viu claramente através de sua lente dispensacionalista que os Estados Unidos, danificados irremediavelmente pela mudança no equilíbrio econômico global de poder, escapariam do cenário mundial e seriam substituídos por uma confederação muçulmana toda poderosa liderada por uma aliança de sunitas da Arábia Saudita e xiitas do Irã, desconsiderando que as duas seitas têm massacrado uns aos outros nos últimos 14 séculos. O Anticristo chefiaria os europeus, que seriam ainda mais ameaçados pelo embargo do petróleo do que os Estados Unidos, e as confederações muçulmanas e europeias intermediariam um plano de paz abrangente no Oriente Médio, que seria entusiasticamente abraçado por outro par harmonioso, israelenses e árabes.

No ponto habitual de três anos e meio, o Anticristo cinicamente revogaria o pacto e desencadearia todo o cenário dispensacionalista: invasão pelos russos e 200 milhões de "chineses comunistas", Armagedom, a Segunda Vinda e o fim dos tempos. Assim como Lindsey, Walvoord previu o surgimento de uma "igreja mundial", que seria uma ferramenta de Satanás e, ainda assim, um amálgama ainda mais improvável de cristãos ecumênicos, astrólogos, outros adeptos da Nova Era e até mesmo muçulmanos.

Com sua orientação acadêmica, Walvoord comandou os fatos históricos com mais segurança do que Lindsey. Por exemplo, ao contrário de Lindsey, ele entendeu claramente que o pequeno Vale do Armagedom não acomodaria 200 milhões de guerreiros chineses, e então expandiu seu campo de batalha em centenas de quilômetros.[40] O melhor conhecimento de história e geografia, entretanto, não melhorou a precisão de sua previsão nem limitou suas fantasias.

Como aconteceu com Dorothy Martin e seus discos voadores, quando o futuro desmentiu as previsões de Lindsey e Walvoord, eles dobraram as apostas e

228   Os Delírios das Multidões

alteraram suas narrativas. Lindsey explorou o sucesso fenomenal de *A Agonia do Grande Planeta Terra* com vários outros volumes semelhantes.[41] *Os Anos 80: Contagem Regressiva para o Juízo Final*, publicado pela primeira vez em 1980, serviu o cardápio usual de catástrofes que acabam com o mundo: revolução generalizada, guerra e fome. Em um exemplo típico do melodrama de Lindsey, uma fonte israelense não identificada, "um dos generais mais brilhantes e agressivos daquele país", diz a ele que durante um dos momentos mais terríveis da Guerra do Yom Kippur, Moshe Dayan advertiu a primeira-ministra Golda Meir: "O Terceiro Templo está caindo. Engatilhe a arma do Juízo Final."[42] Embora os israelenses tenham considerado brevemente o uso de armas nucleares durante as guerras de 1967 e 1973, e Dayan provavelmente proferiu a primeira frase da citação acima, a segunda frase, digna de um filme B, não foi relatada em nenhum outro lugar, muito menos em suas memórias.

Esses erros aparecem em *Os Anos 80: Contagem Regressiva para o Juízo Final* com frequência ainda maior do que em *A Agonia do Grande Planeta Terra*. Em certo ponto, Lindsey informa aos leitores que "o número de terremotos por década praticamente dobrou em cada um dos períodos de 10 anos desde 1950."[43] Se isso fosse verdade, os tremores seriam agora cerca de cem vezes mais frequentes do que em 1950. Como era de se esperar, estudos confiáveis sobre a frequência mundial de terremotos não mostram aumento em relação ao século passado.[44]

Como o proverbial relógio parado que está correto duas vezes por dia, Lindsey acertou precisamente quando destacou em *Os Anos 80: Contagem Regressiva para o Juízo Final* o risco de assassinato do líder egípcio Anwar Sadat.[45] (E, mesmo assim, a liderança nacional do Oriente Médio sempre foi uma proposição de alto risco.) Os anos seguintes, de outra forma, desmentiram repetitivamente as previsões sombrias de Lindsey; a melodia dos crescentes cataclismos globais permaneceu a mesma, apenas a letra exigia alteração. O desaparecimento quase total do comunismo ateu, personificado pelo colapso da União Soviética em 1991, forçou Lindsey a encontrar novos bichos-papões. O livro *Planet Earth — 2000 A.D.* [Planeta Terra — 2000 d.C., em tradução livre] devidamente identificou novas ameaças para o fim do mundo: a mencionada confederação pan-islâmica de xiitas e sunitas, e terríveis cataclismos naturais, especialmente a epidemia de AIDS aparentemente incontrolável. ("Ninguém mais está seguro" diz o subtítulo de um capítulo.) Até o programa de televisão *Star Trek* instigou Lindsey, que se lançou contra a inclinação do Capitão James T. Kirk, comandante da nave *Enterprise*, tanto pelos conceitos filosóficos seculares quanto pelas noções religiosas orientais, como a reencarnação.[46]

Os Empreendedores do Apocalipse   229

Hoje, uma confederação pan-muçulmana parece tão provável quanto o reaparecimento de Elvis; desde o 11 de Setembro, duas vezes mais vidas norte-americanas foram perdidas para terroristas de direita do que para terroristas islâmicos, e, em magnitude um tanto menor, do que mortes por relâmpago e asfixia.[47] Os avanços no tratamento e prevenção tornaram a infecção pelo HIV amplamente evitável e curável. (As taxas de mortalidade e infecção pela doença atingiram o pico, dependendo da fonte, mais ou menos na mesma época da publicação do livro em 1996, e vêm apresentando lento declínio daí em diante.)[48] Enquanto escrevo, o nonagenário Lindsey continua a pregar a condenação e o dispensacionalismo em vídeos da internet e em obscuros canais da TV a cabo.[49]

Embora haja poucas dúvidas sobre onde residem as simpatias políticas de Lindsey, ele de forma geral evitou a defesa direta; talvez ele tenha escolhido se concentrar mais no outro mundo do que neste. Seja qual for o motivo, coube a outros injetar suas crenças dispensacionalistas na política cotidiana dos EUA, e poucos tiveram mais sucesso nessa empreitada do que o pregador dispensacionalista Jerry Falwell.

A família de Falwell traçou suas raízes na Virgínia até 1669. Seu pai era um empresário bem-sucedido e ateu que, entre muitos outros empreendimentos, dirigia uma empresa de ônibus cujos veículos apresentavam projetores de cinema movidos a bateria, e que se afogou na bebida até a morte aos 55 anos. Falwell, em vez disso, puxou a sua mãe devota, que começava todos os domingos com o ensurdecedor programa de Charles Fuller, *Old-Fashioned Radio Hour*, por toda a casa.

Com vinte e poucos anos, o ministro recém-ordenado, que viu em seus pais a batalha entre o bem e o mal em miniatura, seguiu o exemplo do roteiro de Fuller fazendo seu próprio programa, *Old-Time Gospel Hour*, que atraiu muitos seguidores depois da estreia em 1956. Embora pessoalmente se opusesse à legislação de direitos civis, ele seguiu o ditado evangélico daquela época de salvar almas, mas ficar longe da política.[50]

Isso mudou em 22 de janeiro de 1973, com o anúncio da Suprema Corte da decisão do caso Roe contra Wade:*

---

* Roe contra Wade é um caso judicial pelo qual a Suprema Corte dos Estados Unidos reconheceu o direito ao aborto ou interrupção voluntária da gravidez [N. da T.]

230   Os Delírios das Multidões

> Jamais esquecerei a manhã de 23 de janeiro de 1973. Eu não conseguia acreditar que sete juízes daquela Corte pudessem ser tão insensíveis sobre a dignidade da vida humana. Eles foram mal informados? Foram enganados? Eles estavam mergulhando a nação em um tempo de escuridão e vergonha, mesmo sem saber o que estavam fazendo? [...] Eu sabia que algo mais precisava ser feito e tive uma convicção crescente de que teria de me posicionar entre as pessoas que estavam fazendo aquilo.[51]

Vários anos depois, um dos aliados políticos de Falwell, Paul Weyrich, disse a ele: "Jerry, existe nos EUA uma grande maioria moral que concorda sobre as questões básicas. Mas eles não são organizados." A Moral Majority, que Falwell e Weyrich ajudaram a fundar, irrompeu no cenário nacional com sua oposição ao aborto e aos direitos dos homossexuais, determinação para "limpar" a televisão e o cinema, e apoio fervoroso ao Estado de Israel.

A Moral Majority merece crédito significativo pela eleição de Ronald Reagan e dezenas de candidatos republicanos ao congresso na eleição de 1980, e o próprio Falwell deu a bênção de abertura na Convenção Republicana de 1984, na qual elogiou Reagan como "nosso maior presidente desde Lincoln".[52]

Em uma década, o movimento esfriou e finalmente se desfez. Para começar, a presidência de Reagan não parecia melhorar a moral da nação, o cinema e a televisão só ficaram mais obscenos, e os companheiros evangelistas Jimmy Swaggart e Jim Bakker desgraçaram o evangelismo com seu sexo sórdido e escândalos financeiros. Vários anos após a dissolução do movimento, a absolvição de Bill Clinton pelo Senado levou Weyrich a escrever a seus apoiadores que talvez não houvesse uma "grande maioria moral" afinal.[53]

Provavelmente, o legado mais duradouro e potencialmente perigoso do movimento político gerado por Falwell e seus colegas dispensacionalistas foi o apoio cada vez mais fervoroso dos EUA a Israel. Embora muito tenha sido um feito da poderosa máquina de lobby pró-Israel exemplificada pelo Comitê de Relações Públicas Americano-Israelense (AIPAC), sua influência na política norte-americana do Oriente Médio é facilmente superada pela dos cristãos evangélicos. Como sucintamente colocado pelo cientista político da UCLA, Steven Spiegel, na *Congressional Quarterly* (*CQ*) em 2002: "Se você se concentrar apenas no poder dos membros judeus [do Congresso] e grupos judeus na formação da política dos EUA sobre Israel, você está atrasado."[54]

A mesma matéria na *CQ* continha duas citações salientes de membros cristãos fundamentalistas da Câmara dos EUA. O primeiro era de um representante recém-eleito de Indiana, chamado Mike Pence:

Meu apoio a Israel vem em grande parte da minha fé pessoal. Na Bíblia, Deus promete a Abraão: "Aqueles que te abençoarem, eu abençoarei, e aqueles que te amaldiçoarem, eu amaldiçoarei." Portanto, de alguma forma, não entendo totalmente [a Política dos EUA]. Acredito que nossa própria segurança está ligada à nossa disposição de estar ao lado do povo de Israel.[55]

O deputado James Inhofe foi mais conciso. Questionado sobre por que Israel tinha o direito de ocupar Gaza e a Cisjordânia, ele respondeu simplesmente: "Deus disse isso."[56] A matéria terminou com Falwell, que comentou:

Existem cerca de 200 mil pastores evangélicos na América, e estamos pedindo a todos por e-mail, fax, carta, telefone, para irem a seus púlpitos e usar sua influência em apoio a Israel e ao primeiro-ministro.[57]

Mas ninguém exemplifica a mudança da influência fundamentalista para a arena de potencial cataclísmico da geopolítica como faz Pat Robertson, a quem o diplomata e jornalista Michael Lind rotulou de "o mais importante fornecedor de teorias da conspiração malucas na história da política norte-americana".[58]

Robertson cresceu como filho privilegiado de um conservador sulista, filho de Absalom Willis Robertson, cuja carreira de duas décadas no Senado dos Estados Unidos terminou quando Lyndon Johnson, irritado com o desprezo de Robertson por Lady Bird durante uma visita à Virgínia em decorrência da aprovação da Lei dos Direitos Civis de 1965, recrutou e orientou um oponente a ele, obtendo sucesso nas primárias do Senado de 1966.

Depois de se formar quase no topo de sua turma na Escola de Direito de Yale, o jovem Robertson foi reprovado no exame da Ordem de Nova York e então empreendeu uma carreira empresarial. Desiludido com a alta sociedade em Manhattan, ele encontrou Jesus, voltou para a Virgínia, pediu US$37 mil emprestados e, em 1960, deu início ao que se tornou a Christian Broadcasting Network. O empreendimento de mídia foi além de suas expectativas e se tornou, no auge, o terceiro maior consórcio de televisão a cabo dos EUA.[59]

Robertson liderou uma carreira multifacetada que abrangeu desde apresentações cômicas de cura pela fé até o controle de um império mundial de mídia e negócios com receitas anuais de US$150 milhões por ano, o que o dotou de um patrimônio líquido de centenas de milhões de dólares.[60] Ele adere à narrativa dispensacionalista cristã sionista básica, mas com duas exceções importantes: não acredita no Arrebatamento e pratica "evangelismo carismático",

232 Os Delírios das Multidões

uma maneira elegante de dizer que possui a capacidade de curar, falar em línguas estranhas e conversar com Deus, ou pelo menos ouvi-lo.

Em meados da década de 1980, ele decidiu buscar a indicação presidencial republicana de 1988. O diretório nacional do partido inicialmente o dispensou como candidato alternativo, mas logo o Partido Republicano descobriu que seu ministério na televisão poderia reunir milhares de voluntários para o "irmão Pat" e financiar funcionários assalariados em 20 estados. Em 1987, ele surpreendeu os observadores políticos quando assumiu o controle da convenção do Partido Republicano de Michigan, vencendo os dois favoritos, o vice-presidente de George H. W. Bush e o glamouroso, libertário ex-astro do esporte Jack Kemp. Mais tarde naquele ano, ele teria desempenhos impressionantes nas convenções partidárias e reuniões de delegados em Iowa, Carolina do Sul e Flórida, e venceria as primárias no Havaí, Alasca, Washington e Nevada.

Por fim, a campanha de Robertson naufragou nos bancos de areia de três recifes políticos irregulares. Como um carismático que não aderiu completamente à linha do tempo dispensacionalista, ele falhou em unificar a direita fundamentalista. Embora tenha obtido o endosso de Falwell e Jimmy Swaggart, o apoio de Jim Bakker foi morno, e outro autor ferrenho e dispensacionalista, Tim LaHaye, o esnobou em favor de Jack Kemp.[61] Enquanto seus companheiros evangélicos não cerraram completamente as fileiras atrás de Robertson, a reação do corpo político secular foi murchando. Christopher Hitchens, em um comício de Robertson em 1986, relatou:

> Há algo assustador na estupidez; mais especialmente, sobre a estupidez na forma organizada em massa. O homem que desenhou a tarefa de apresentar Robertson à multidão foi Harald Bredesen... [que] é um autodefinido "evangélico-carismático", com supostos poderes pentecostais para falar em línguas.[62]

Além disso, o apoio evangélico parcial que ele conseguiu obter de Swaggart e Bakker saiu pela culatra quando seus respectivos escândalos sexuais e financeiros vieram a público. O de Swaggart ocorreu no pior momento possível, logo antes das primárias da Super Terça de 1988. (Dois anos antes, o próprio Swaggart havia estabelecido um pavio de queima lenta em seu ministério quando acusou um colega ministro por adultério, que então mirou o motel favorito de Swaggart, em Baton-Rouge, com uma lente teleobjetiva.)

Robertson suspendeu formalmente sua campanha dois meses após a Super Terça, mas sua corrida presidencial, pelo menos no curto prazo, apenas aumentou sua influência em nível local e estadual. Ele recebeu o crédito pela reeleição do senador Jesse Helms em 1990; na eleição de 1993 para vice-governador do Arkansas, ele ajudou a lançar a carreira do político evangélico Mike Huckabee, uma vitória particularmente doce para Robertson, que desprezava Bill Clinton, que havia apoiado o oponente de Huckabee, Nate Coulter.[63]

Um dos aspectos mais salientes da vida extravagante de Robertson foi seu envolvimento na política do Oriente Médio. Na época em que sua rede de televisão, e especialmente seu popular programa de notícias *700 Club*, irrompeu nas salas de estar dos EUA na década de 1960, a presença evangélica norte-americana nos assuntos do Oriente Médio já estava bem estabelecida. Estimulado pela eleição parlamentar israelense de 1977 que levou Menachem Begin a primeiro-ministro, os evangélicos, mais à frente, fundaram a Embaixada Cristã Internacional de Jerusalém (ICEJ) em 1980, a qual teve o apoio de sucessivos governos do Likud. Em 1982, por exemplo, Begin, um assíduo estudioso bíblico, aceitou falar em um comício pró-Israel em uma igreja evangélica em Dallas, que foi cancelado no último minuto devido à morte de sua esposa.

A ICEJ chegou ao ponto de criticar a devolução da Península do Sinai ao Egito pelo Tratado de Paz Israel-Egito de 1978 como uma violação da promessa bíblica de que toda a terra de Canaã pertencia aos judeus; também apoiou vigorosamente a letal incursão de Israel em 1982 no sul do Líbano.[64]

Todos os anos, entre o Natal e o Ano Novo, Robertson se retira para realizara um estudo adicional Bíblia e orar:

> Durante esses períodos, tenho pedido sinceramente ao Senhor qualquer visão ou orientação que Ele deseja me dar para o ano que vem. Às vezes, Sua palavra para mim foi notavelmente precisa e o cumprimento subsequente foi incrível. Em outras ocasiões, ou minha percepção espiritual faltou ou as orações ou ações subsequentes de outros causaram um resultado diferente do que eu esperava.[65]

Se houver uma guerra cataclísmica no Oriente Médio, provavelmente resultará de Deus dizendo coisas diferentes a pessoas diferentes e, a esse respeito, Robertson era, e continua sendo, especialmente perigoso, pois ele ouviu mal a Deus com alguma frequência, como quando Ele contou que o mundo acabaria em 1982, que um tsunami atingiria o noroeste do Pacífico em 2006, que assassinatos terroristas em massa em todo o mundo ocorreriam em 2007 e que Mitt Romney venceria as eleições presidenciais de 2012.[66] (Ele também ouve coisas estranhas de lugares menos exaltados: em 1984, no programa cristão *700 Club*, ele citou fontes misteriosas que relataram que as tropas norte-americanas tinham acabado de invadir o Líbano. Quando as fontes convencionais

234 Os Delírios das Multidões

contradisseram a história, Robertson respondeu de forma sombria que obviamente o Departamento de Estado ou a CIA estavam ocultando as coisas; em 1988, ele imaginou que os soviéticos tinham estacionado esquadrões de mísseis SS-5 e SS-24 em Cuba.)[67]

No auge de sua influência nas décadas de 1980 e 1990, sua influência em Israel se igualou à dos Estados Unidos; ele ainda tem laços estreitos com ativistas do Templo israelense, particularmente Gershon Salomon, líder dos Fiéis do Monte do Templo, que defende a expulsão de muçulmanos e seus santuários do Monte e pela reconstrução do Terceiro Templo. Robertson se reuniu com seis dos últimos oito primeiros-ministros israelenses e é especialmente próximo do linha-dura Benjamin Netanyahu.[68]

Os perigos geopolíticos inerentes ao tipo de política externa teologicamente orientada de Robertson estendem-se muito além do Oriente Médio. Por exemplo, ele ficou muito feliz quando José Efraín Ríos Montt, um companheiro cristão carismático, tornou-se presidente da Guatemala após um golpe militar. Mesmo depois que ficou claro que Ríos Montt havia embarcado em uma campanha assassina de limpeza étnica contra as populações indígenas do país, que matou milhares e desabrigou centenas de milhares, Robertson desviou os olhos: "Eu conheço Ríos Montt e ele não permitiu que seu exército matasse, estuprasse e torturasse mais de 4 mil homens, mulheres e crianças. Há quem queira ver [o regime de Montt] substituído por comunistas. Eu prefiro um cristão."[69]

A explicação convencional para a influência única e generalizada do dispensacionalismo nos Estados Unidos é esse país ser mais religioso do que outras nações. Em 2012, quando o Centro Nacional de Pesquisa de Opinião (NORC) questionou cidadãos de todo o mundo sobre suas crenças religiosas, 81% dos norte-americanos concordaram com a afirmação forte e categórica "Eu acredito em Deus agora e sempre acreditei", contra apenas 37% na Grã-Bretanha, 25% no Japão e 29% na França.[70]

Nas últimas décadas, a religiosidade parece estar esmaecendo até mesmo nos Estados Unidos, embora de forma menos dramática do que no resto do mundo; em 1967, por exemplo, 98% dos norte-americanos responderam sim à pergunta mais simples e menos categórica da pesquisa Gallup "Você acredita em Deus?"; em 2017, esse número havia caído para 87%.[71]

O mesmo também se aplica ao fervor evangélico protestante; entre 2004 e 2018, uma análise do Centro de Pesquisa Pew sobre o número de evangélicos autoidentificados, a maioria dispensacionalistas, caiu de 23 para 15%. Porém, embora seu número tenha diminuído, sua influência na verdade aumentou de 23% para 26% dos eleitores; a conclusão inevitável sendo que os evangélicos mais do que mantiveram seu poder político em face de números decrescentes com o aumento da participação eleitoral.

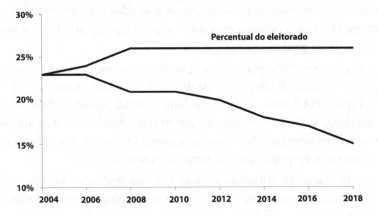

Figura 10-1. População evangélica dos Estados Unidos

Embora as nações desenvolvidas do mundo tenham mostrado quedas na fé e na participação religiosa, isso não é verdade para as nações em desenvolvimento. Os sociólogos sabem há muito tempo que à medida que as sociedades se tornam mais ricas e mais bem educadas, elas se tornam menos religiosas — a chamada hipótese da secularização. Como as nações em desenvolvimento mais pobres têm taxas de natalidade mais altas do que as desenvolvidas, a porcentagem da população mundial com fortes crenças religiosas está aumentando, não diminuindo.[72]

Existem muitas razões pelas quais as sociedades tornam-se menos religiosas à medida que se tornam mais ricas — incluindo o aumento da segurança existencial e pelo estado assumir funções de bem-estar social anteriormente suportadas por organizações religiosas —, mas para nossos propósitos o motor mais importante da crescente secularização do mundo desenvolvido é a expansão do conhecimento científico, que afasta a necessidade de explicações religiosas dos fenômenos naturais.[73]

A humanidade é abençoada com uma curiosidade insaciável sobre o mundo natural e, particularmente, seus fenômenos mais assustadores, como tempestades violentas, inundações, secas, pragas e terremotos, bem como os mais misteriosos, particularmente a origem da vida na Terra. Hoje, a pessoa estudada tem pouca necessidade de uma explicação teológica para qualquer uma dessas questões. Certamente há, e provavelmente sempre haverá, lacunas em nosso

236 Os Delírios das Multidões

conhecimento do mundo físico, mas conforme a ciência diminui essas lacunas, a religião fica cada vez mais atrás da ciência na explicação do mundo natural.

Ainda que os mais cultos sejam menos religiosos, o efeito não parece, à primeira vista, tão poderoso: de acordo com uma pesquisa diferente do Pew Forum de 2014, 66% dos norte-americanos sem educação universitária acreditavam em Deus com certeza; essa porcentagem caiu apenas modestamente, para 55% entre os graduados.[74]

A educação científica, porém, faz uma diferença muito maior; entre aqueles que estão no mais alto degrau dessa área, a fé em Deus encolheu a níveis irrisórios. Entre 1914 e 1916, o psicólogo James Leuba pesquisou 500 cientistas norte-americanos; seus resultados fornecem um retrato fascinante da crença religiosa entre os principais biólogos, químicos e físicos em uma época em que a crença em Deus na população em geral era quase universal.

Leuba dividiu os cientistas de acordo com sua avaliação do status deles e realizações como "menor" ou "maior", e também olhou separadamente para biólogos e físicos:

	Físicos	Biólogos
Menor	50%	39%
Maior	35%	17%

Figura 10-2. Crença em Deus entre cientistas norte-americanos 1914-1916

Esses dados apresentam uma imagem impressionante: A crença em Deus era mais baixa entre a maioria dos cientistas talentosos, especialmente biólogos de elite, cuja necessidade de uma explicação divina para as origens e diversidade da vida foi presumivelmente menor do que para os químicos e físicos. E, em qualquer caso, a média da crença de todos os cientistas em Deus era certamente muito menor do que na população em geral da época.

Em 1998, dois historiadores norte-americanos repetiram esse estudo entre os membros da prestigiada Academia Nacional de Ciências, um grupo que corresponde aos "maiores" cientistas de Leuba. Oito décadas após o estudo de Leuba, a crença em Deus abrangia apenas 5,5% entre os biólogos, 7,5 % entre os físicos e, o mais interessante, 14,3% entre os matemáticos, provavelmente porque sua compreensão da evolução e da biologia molecular é menos segura do que a dos biólogos.[75] Um estudo de 2013 entre um grupo similar de cientistas britânicos eminentes, os membros da Royal Society, mostrou resultados quase idênticos, incluindo a mesma diferenciação entre biólogos e físicos: 76%

dos biólogos sentiam fortemente que Deus não existe e apenas 3% sentia fortemente que Ele existe; contra 51% e 7%, respectivamente, dos físicos.[76]

É assim possível que muitos norte-americanos tolerem a frouxidão factual de gente como Lindsey e Robertson, e os princípios do dispensacionalismo em geral, por que são menos informados do que os cidadãos do resto do mundo desenvolvido?

A suscetibilidade dos norte-americanos à narrativa dispensacionalista, juntamente com o alto grau de sua religiosidade em comparação com a de outras nações desenvolvidas, é um fenômeno complexo. Obviamente, outros fatores, além da falta de conhecimento factual, contribuem para a devoção de uma pessoa; os principais entre eles são o meio social e familiar. Os sociólogos há muito observaram que os sistemas de crenças são especialmente bem transmitidos por meio de fortes laços sociais a outros fiéis.[77] Mas, depois que os fatores sociais são considerados, também é provável que, quanto maior a base de conhecimento geral de uma pessoa, menor é a chance dela aceitar uma narrativa dispensacionalista cravejada com as inexatidões factuais de Hal Lindsey ou Pat Robertson.

De acordo com o Programa Internacional de Avaliação de Alunos [PISA], os Estados Unidos estão consistentemente próximos do último lugar entre os países desenvolvidos nas avaliações educacionais internacionais da OCDE e, quando comparados com os cidadãos de outros países desenvolvidos, os norte-americanos conhecem muito pouco de seu próprio país e do resto do mundo. O último ciclo do PISA, concluído em 2015, mostrou os alunos norte-americanos classificados em 40º lugar, bem atrás de países como Eslovênia, Polônia, Vietnã, Rússia, Portugal e Itália, sem falar dos melhores colocados, como Cingapura, Hong Kong, Japão e Coreia do Sul.[78]

Um estudo de 1994 destaca esse problema: 37% dos norte-americanos erraram todos os cinco fatos básicos representativos sobre o mundo, contra apenas 3% dos alemães. (Dos espanhóis, 32% erraram os cinco; dos mexicanos, 28%; dos canadenses, 27%; dos franceses, 23%; dos britânicos, 22%; e dos italianos, 18%.) Os Italianos e alemães que não frequentaram a faculdade superaram os norte-americanos com curso superior.*[79]

O desempenho individual correlacionou-se negativamente com a exposição a notícias de televisão. Conforme colocado pelos autores do estudo, "a televisão

---

* As cinco perguntas feitas na década de 1990: quem era o presidente da Rússia (Yeltsin); qual país ameaçava se retirar do tratado de não proliferação nuclear (Coreia do Norte); identificar Boutrous Boutrous Ghali (secretário-geral da ONU); quem estava atacando muçulmanos na Bósnia (os sérvios); e o partido que assinou os acordos de Oslo com os israelenses (palestinos).

norte-americana é notável pela ocupação cognitiva de seus cortes na edição de imagens, anúncios e estilo ágil, e isso torna mais difícil para algumas pessoas absorverem informações". Os autores notaram, secamente, que os pesquisadores norte-americanos são "geralmente relutantes em fazer muitas perguntas factuais por medo de embaraçar os entrevistados, que podem encerrar a entrevista ou ficar muito confusos para responder a outras perguntas". Isso pode explicar por que os alemães se saíram tão bem, já que eram muito mais propensos a serem leitores habituais de jornais do que os das outras seis nações avaliadas.[80]

Outro estudo em 2009 que examinou extensivamente norte-americanos, britânicos, dinamarqueses e finlandeses também mostrou que os primeiros sabiam pouco sobre eventos atuais nacionais e internacionais e até mesmo sobre a cultura popular internacional. No caso mais flagrante, apenas 37% dos norte-americanos sabiam que os acordos de Kyoto se referiam à mudança climática, em oposição a 60% dos britânicos, 81% dos dinamarqueses e 84% dos finlandeses. Apenas em uma área, a cultura popular doméstica, os norte-americanos pontuaram quase tão bem quanto os britânicos, dinamarqueses e finlandeses e, mesmo assim, um pouco pior do que a média.[81]

Os autores desse estudo também atribuíram essa diferença às variações internacionais na estrutura da mídia: nos Estados Unidos, a missão da mídia se concentra mais no entretenimento do que na educação, enquanto os governos escandinavos apoiam vigorosamente notícias de alta qualidade e programação informativa. O Reino Unido, que possui um canal de notícias público de prestígio e bem dotado, a BBC, e um próspero setor de mídia privada, ocupa uma posição intermediária entre os Estados Unidos e as nações escandinavas.

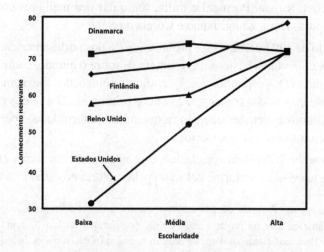

Figura 10-3. Conhecimento relevante contra nível educacional

Outra descoberta surpreendente desse estudo foi que a lacuna de conhecimento entre norte-americanos de alto e baixo status educacional era muito maior do que nas outras três nações estudadas: um britânico, dinamarquês ou finlandês com menos estudo sabe muito mais sobre o mundo ao redor do que um norte-americano com o mesmo nível de estudo.[82] É difícil escapar da conclusão de que os menos estudados nos EUA, em relação aos de outros países, são especialmente suscetíveis a narrativas dispensacionalistas às quais até mesmo os mais desfavorecidos em termos de educação no resto do mundo desenvolvido resistem graças à sua melhor compreensão dos fatos cotidianos.

O jornalista Gershom Gorenberg faz uma observação semelhante. No fim da década de 1990, os dispensacionalistas ficaram cada vez mais obcecados com o Bug do Milênio; muitos pensaram que isso poderia desencadear o Apocalipse quando o calendário chegasse ao ano 2000; fiel à forma, Hal Lindsey publicou um tutorial sobre como sobreviver ao fim dos tempos do ano 2000 intitulado *Facing Millennial Midnight* [Enfrentando a Meia-Noite do Milênio, em tradução livre].[83] Gorenberg observou:

> Os historiadores do futuro, eu suspeito, estudarão o acúmulo [de 1º de janeiro de 2000] até o dia entediante em que os computadores não travaram como parte da história cultural, não tecnológica, dos EUA. A questão não é a falha, mas o quão estridente era a retórica em um país saturado de crenças milenares, em relação a sociedades menos religiosas em outras partes do Ocidente.[84]

A narrativa do fim dos tempos profundamente moralista e dispensacionalista impõe um custo social. Desde que o historiador Richard Hofstadter escreveu *The Paranoid Style in American Politics* [O Estilo Paranoico na Política Norte-americana, em tradução livre], a tendência marcante da nação para as teorias da conspiração foi bem reconhecida. Uma pesquisa recente de dois cientistas políticos, J. Eric Oliver e Thomas Wood, demonstrou que dois fatores intimamente relacionados predizem de maneira mais poderosa a suscetibilidade às teorias da conspiração. O primeiro é a crença nas narrativas do fim dos tempos. O segundo é a tendência de ver a existência humana como uma luta maniqueísta entre o bem e o mal que tipifica a teologia evangélica e particularmente dispensacionalista: a crença de que nós e aqueles como nós sintetizamos bondade e luz, e que aqueles que discordam de nós estão em aliança com o diabo. Oliver e Wood observaram que, enquanto os direitistas tendiam a adotar narrativas dispensacionalistas sobre Satanás e Deus, os esquerdistas

240 Os Delírios das Multidões

favoreciam as narrativas sobre forças mundanas invisíveis, como as teorias da conspiração do 11 de Setembro.[85]

O homem não é apenas o macaco que pode imitar e dar estupidamente mais valor a narrativas do que fatos e dados, mas, o mais sombrio de tudo, ele também é o macaco que pode condenar moralmente os outros, às vezes uma besta maniqueísta que constrói sob medida teologias ridiculamente complicadas para lisonjear a si mesmo e demonizar outros. O pensamento maniqueísta permeia tanto a extrema direita quanto a extrema esquerda do espectro político, e não é incomum que os verdadeiros fiéis em uma extremidade dela se voltem para o lado oposto — "crença verdadeira em série". Adolph Hitler observou que, embora nunca pudesse converter um sindicalista ou social-democrata ao nazismo, ele sempre poderia converter um comunista: "Eu dei ordens para que ex-comunistas sejam admitidos no partido imediatamente."[86] Mais recentemente, nota-se que muitos neoconservadores proeminentes como Irving Kristol, Nathan Glazer, Albert Wohlstetter e Sidney Hook começaram como marxistas.

Os psicólogos evolucionistas levantaram a hipótese de que a mentalidade maniqueísta provavelmente evoluiu da necessidade de coesão tribal nas primeiras sociedades de caçadores-coletores. A tribo se beneficia se seus membros se comportam de maneira altruísta uns com os outros e, de forma mais crítica, se trata as outras tribos com crueldade homicida. Os psicólogos chamam essa dicotomia dentro/fora do grupo de "grupismo", um comportamento que é facilitado pela noção de que a própria tribo incorpora uma variedade de virtudes e é favorecida pelas divindades, e que outras tribos incorporam o mal e estão ligadas a forças malignas (ou, em sociedades monoteístas, ao diabo).[87]

Uma demonstração clássica de psicologia do ensino médio envolve dividir os alunos em grupos de alto e baixo status, de acordo com sua camisa ou cor de cabelo; os primeiros logo desenvolvem opiniões depreciativas dos últimos.[88] Em 1954, o sociólogo Muzafer Sherif e seus colegas demonstraram o fenômeno de uma forma mais elegante: o famoso (pelo menos entre os sociólogos) experimento da "Caverna dos Ladrões".

Esse estudo complexo reuniu 22 meninos, quase todos com 11 anos de idade, em um acampamento de escoteiros no isolado Parque Estadual Robbers Cave, em Oklahoma. Sherif descartou candidatos com problemas psicológicos, e todos os escolhidos também vieram de famílias protestantes caucasianas com os dois pais. O QI médio desse grupo altamente selecionado estava bem acima da média (112); é importante frisar que nenhum dos meninos se conhecia antes de se reunirem no acampamento do parque.

O experimento passou por três fases. Na primeira, Sherif distribuiu os 22 em pares cujas habilidades em várias áreas eram bem semelhantes, como esportes, culinária e música. Para tornar cada grupo igualmente dotado com esse conjunto de habilidades, ele dividiu aleatoriamente cada par e criou dois grupos com 11 meninos cada.

Durante a primeira semana, cada grupo participou separadamente da usual gama de atividades de um acampamento de verão — natação, caminhada e esportes —, mas também em exercícios de resolução de problemas que exigiam ampla discussão, formulação de estratégias e cooperação, como cozinhar, montar barracas e construir pontes de corda. Cada grupo desconhecia a presença do outro e, no fim desse período de vínculo, os grupos escolheram nomes para si: Cascavéis e Águias. Sherif, então, produziu camisas e bandeiras com esses temas.

Na segunda fase, Cascavéis e Águias foram colocados juntos em uma competição multievento de vários dias (a "guerra das cores" familiar para muitos veteranos de acampamentos de verão). Ao contrário da típica guerra das cores, a equipe vencedora recebeu prêmios: medalhas, um troféu e elegantes canivetes, todos exibidos com destaque na hora das refeições. O time perdedor não ganhou nada.

Quase imediatamente, os dois grupos começaram a provocar um ao outro; logo no início, os Águias queimaram a bandeira dos Cascavéis e depois rasgaram a substituta, o que foi seguido por um violento ataque noturno de retaliação. Ambos os grupos marcaram seus territórios com placas de "Não Entre", e os ataques se tornaram quase um evento noturno. Os experimentadores intervieram somente quando os Cascavéis ameaçaram responder com um ataque de pedras.

Cascavéis e Águias quase imediatamente desenvolveram a característica depreciativa clássica de grupo externo, referindo-se uns aos outros como "fedorentos", "fanfarrões" e "maricas", e se opuseram a comer no mesmo refeitório.[89] Mesmo depois que a competição terminou com a vitória dos Águias, os dois grupos mantiveram-se isolados, evitando se misturar. Quando os dois grupos eram reunidos nas refeições, os Águias geralmente davam lugar aos Cascavéis, observando "primeiro as damas". Sherif mediu exaustivamente as opiniões dos meninos uns sobre os outros e descobriu, sem surpresa, que tinham muito mais consideração por seus companheiros de grupo do que pelos membros de fora dele.

Na terceira fase, que começou logo após o término do torneio, Sherif explorou maneiras de diminuir o comportamento dentro/fora do grupo gerado na segunda fase. Quando os dois grupos eram reunidos para refeições ou entretenimento passivo, como um filme, o antagonismo permanecia. Então, ele fez com que os dois grupos trabalhassem juntos em tarefas críticas, como restaurar

242   Os Delírios das Multidões

o abastecimento de água do acampamento, que havia sido intencionalmente cortado no fim do dia, para que os campistas ficassem com sede quando seus cantis secassem. Após uma série de tais tarefas, o caráter grupal diminuiu significativamente, embora não tenha desaparecido completamente. Por exemplo, no fim da fase 2, apenas 6% das escolhas de amigos dos Cascavéis eram membros dos Águias; no fim da fase 3, esse número aumentou para 36%.[90]

Dado que tais distinções aleatórias e sem sentido vistas em experimentos com cores de camisas em salas de aula e no Experimento da Caverna dos Ladrões produziram dramática demonização de grupos externos, não é surpreendente que a mentalidade maniqueísta tenha permeado a paisagem dispensacionalista, cuja teologia difere muito daquela de outras religiões convencionais.

Enquanto as primeiras gerações de dispensacionalistas evitavam o envolvimento político, na época da Declaração Balfour essa restrição havia caído em grande parte, e na década de 1970, Lindsey, Falwell e muitos de seus confrades literários dispensacionalistas rotularam todos à esquerda deles como maus e, sempre que plausível, como o Anticristo; eles transformaram ainda mais Jesus em um modelo de conservadorismo político e social da direita maniqueísta.

Logo após a dissolução da União Soviética em 1991, Lindsey profetizou que Rússia e Alemanha haviam celebrado um acordo secreto que dividia a Europa entre elas. Sempre em busca de ícones culturais satânicos, seu livro, *Planet Earth — 2000 A.D.* assentou-se no explorador submarino Jacques Cousteau, sob cujo ambiente marinho caloroso e difuso supostamente estava o núcleo duro do "socialismo único mundial". (Esse medo dispensacionalista não é novidade; durante o início do século XX, os cristãos fundamentalistas viam o Esperanto, a língua universal, como uma ferramenta do globalismo satânico.)[91]

Planet Earth — 2000 A.D. também investiu contra os elementos mais indiscutíveis da rede de segurança social e proteções ambientais da nação. Aparentemente sem saber do destino do pombo-correio, do pássaro Dodô, e dos estoques de peixes do mundo, Lindsey afirmou categoricamente que "os recursos em mãos privadas são sempre os mais protegidos". Ele listou a redução da camada de ozônio da terra como um dos muitos desastres cataclísmicos que anunciam o fim dos tempos. Embora admitisse que os clorofluorcarbonetos sintéticos (CFCs) contribuíram para seu esgotamento, deu a entender que o Protocolo de Montreal, que limitava a produção mundial de CFC, era uma intrusão governamental desnecessária em nossas liberdades individuais. Além disso, a atividade vulcânica, não os CFCs, era a principal culpada: "O mais assustador é que não há nada que possamos fazer para reparar uma camada de ozônio danificada."[92]

Os Empreendedores do Apocalipse   243

As erupções vulcânicas reduzem os níveis de ozônio, mas apenas temporariamente. Vulcões têm explodido por centenas de milhões de anos sem diluir permanentemente essa camada protetora, que é um fenômeno mais moderno; os dados mais recentes demonstram que o Protocolo de Montreal está de fato reparando lentamente os danos.[93]

Ao longo dos anos, Lindsey tem alardeado cada vez mais sua ampla influência. Em seu livro *Os Anos 80: Contagem Regressiva para o Juízo Final*, escrito no início da década, ele faz a afirmação infundada de ter sido convidado por um piloto israelense para dar uma palestra sobre profecias na Escola de Educação Militar da Força Aérea Americana (AWC), onde foi recebido por uma "entusiasmada salva de palmas". Ele escreveu que um ano depois foi convidado a voltar e "ficou surpreso ao encontrar centenas de pessoas lotando a sala. Lá fora, outros estavam se aglomerando. Todas essas pessoas queriam ouvir o que os profetas tinham a dizer sobre nosso destino. Quando terminei, a resposta foi impressionante".[94] Mais tarde, fez uma palestra para "um grupo de elite com grandes responsabilidades", cujos membros ele não tinha liberdade de revelar. Mais uma vez, esse público de alto nível ficou "visivelmente comovido" com suas profecias. "Poucos dias antes de nossa reunião, o computador deles previu os mesmos eventos e resultados que foram previstos por Daniel. Desnecessário dizer que eles ficaram mais surpresos com as palavras de Daniel do que eu com as deles."[95]

Nas últimas décadas, os evangélicos têm cada vez mais se infiltrado nas fileiras do exército norte-americano. Embora a porcentagem geral de pessoal que se identifica como evangélico ou pentecostal pareça ser a mesma que na população dos EUA em geral — cerca de 22% — sua influência real é muito maior do que o número sugere, particularmente na capelania e no alto escalão do comando da Força Aérea do país.[96]

Começando na década de 1950, a retórica anticomunista confiável dos evangélicos tornou-os queridos pela hierarquia militar. Esse vínculo militar-evangélico se fortaleceu ainda mais nas décadas de 1960 e 1970, quando o apoio evangélico à Guerra do Vietnã contrastou fortemente com a oposição das principais igrejas protestantes a ela. Conforme colocado pela historiadora Anne C. Loveland: "Antes considerados com ceticismo, quiçá suspeitas, os evangélicos ganharam respeito e influência dentro das forças armadas como resultado do apoio que demonstraram ao serviço militar, à guerra e aos homens que lá combateram."[97]

Os evangélicos passaram a ver a capelania militar menos como ministrar as necessidades espirituais de rapazes e moças expostos aos horrores da guerra e mais como uma oportunidade de ajudá-los a encontrar Jesus. Um artigo na

244 Os Delírios das Multidões

revista da Associação Evangélica Nacional Americana observou que metade dos homens alistados não tinha formação religiosa significativa, e a maioria do restante eram protestantes, católicos ou judeus, todos da linha tradicional: "Este é o campo de colheita em que nossos capelães estão trabalhando."[98]

Para evitar a proibição constitucional contra uma religião estatal, os militares contam com "agentes endossantes" de denominações religiosas para seus candidatos à capelania. Antes de 1987, os militares designavam capelães de acordo com a denominação; se 5% dos alistados fossem episcopais, então também o seriam 5% dos capelães. Naquele ano, um ajuste regulatório não apenas agrupou todos os protestantes em uma única categoria, mas também permitiu que agências evangélicas e pentecostais endossassem capelães. Em 2009, aproximadamente 80% dos capelães da ativa eram evangélicos ou pentecostais.[99]

Além disso, nas últimas décadas, o coração da cultura militar norte-americana ficou abaixo da Linha Mason-Dixon. À medida que se tornou menos aceitável que oficiais brancos do sul e homens alistados enfatizassem sua supremacia racial, o evangelismo tomou o lugar da cor da pele como uma forma de afirmar a superioridade.[100]

Todas as quatro forças armadas sofreram escândalos de proselitismo, sendo o marco zero para esse fenômeno a Academia da Força Aérea, localizada em Colorado Springs, política e religiosamente conservadora. A Academia já havia sido abalada por um escândalo de agressão sexual no início dos anos 2000; alguns anos depois, um tipo diferente de abuso tornou-se evidente, conforme os instrutores evangélicos faziam vista grossa ao antissemitismo declarado, convencendo os atletas de que eles estavam jogando para o "Time Jesus", e oficialmente obrigaram exibições do provocativo *A Paixão de Cristo* de Mel Gibson, um filme violento e moralista que recebeu generosos elogios de cristãos evangélicos e críticas de telespectadores leigos por seu antissemitismo implícito.[101]

Embora seja reconfortante saber que durante a década de 1980 um presidente norte-americano recuou de um sistema de crenças apocalíptico, seus perigos permanecem em níveis inferiores de comando; e se, por exemplo, um oficial militar do alto escalão norte-americano, russo, israelense ou paquistanês sofrer, como o incendiário do Monte do Templo, Denis Michael Rohan, um surto psicótico empunhando, em vez de uma garrafa de querosene, uma arma nuclear?

11

CATÁSTROFES DISPENSACIONALISTAS: POSSÍVEIS E REAIS

Em 1964, o planejador de guerra nuclear Daniel Ellsberg, que mais tarde se tornaria famoso por sua liberação não autorizada dos Documentos do Pentágono, foi ao cinema com Harry Rowen, seu chefe na *think tank* RAND, para ver o filme *Dr. Fantástico*, "por razões profissionais". O icônico filme de Stanley Kubrick conta a história de uma "máquina do juízo final" soviética (várias bombas termonucleares em um contêiner enterrado de "Cobalto-Tório G" acionado para explodir com a primeira bomba atômica inimiga), e um comandante insano da base da Força Aérea dos EUA, o General de Brigada Jack D. Ripper, que lança seus bombardeiros estratégicos em direção à Rússia. Todos, exceto um dos aviões de Ripper, são recolhidos com sucesso; o filme termina com o piloto daquele avião, memoravelmente interpretado por Slim Pickens, saindo do compartimento de armas de sua aeronave, montado em uma bomba de hidrogênio, tentando domá-la.

Ao mesmo tempo, o próprio Dr. Fantástico, interpretado por Peter Sellers, explica ao presidente norte-americano e ao embaixador soviético seu plano de sobrevivência pós-apocalíptica em minas profundas enquanto cogumelos de explosões nucleares crescem ao som de "We'll Meet Again". Ellsberg escreveu: "Saímos à luz do sol da tarde, atordoados pela luz e pelo filme, ambos concordando que o que tínhamos acabado de assistir era, essencialmente, um documentário." Ellsberg e Rowen ficaram particularmente impressionados com a precisão de quão detalhadamente o filme retratou os procedimentos de comando nuclear, até então ultrassecretos; na verdade, o filme foi baseado no romance *Red Alert* [Alerta Vermelho, em tradução livre], escrito por Peter George, um oficial da Força Aérea Real que depois foi roteirista do filme.

246   Os Delírios das Multidões

A essa altura, Ellsberg já tinha se dado conta de quão perigosamente descentralizada era a autoridade nuclear dos EUA; alguns anos antes ele excursionou por bases militares norte-americanas. Sua pesquisa deixou claro que uma guerra nuclear poderia significar a extinção da raça humana, e ele ficou mortificado ao descobrir que altos oficiais, em certo caso um mero major, poderiam, com sua própria autoridade, lançar um ataque nuclear.[1]

Ellsberg e Rowen não foram os primeiros planejadores nucleares a se impressionar com a precisão de *Dr. Fantástico* e *Red Alert*; cinco anos antes do filme ser produzido, um colega deles, John Rubel, enviou uma cópia do romance para cada membro do Comitê Consultivo Científico para Mísseis Balísticos do Pentágono.

Mesmo sem o risco de um comandante psicótico de inspiração religiosa, o sistema de comando de armas nucleares do mundo é alarmantemente instável e propenso a acidentes. Quase desde o início da era nuclear, os arsenais atômicos do mundo, verdadeiras máquinas do juízo final, levaram o mundo à beira da incineração várias vezes. O livro magistral de Eric Schlosser, *Command and Control*, documenta dezenas de acidentes nucleares de deixar o cabelo em pé que variam desde a perda de aviões e mísseis portadores de armas termonucleares até falsos avisos de maciços ataques inimigos.

Em 1961, um vazamento do tanque de combustível da asa de um B-52 com um par de bombas termonucleares de quatro megatons resultou em um desequilíbrio de peso que levou o avião a ficar incontrolável. O piloto despejou ambas as armas presumivelmente desarmadas; o paraquedas em uma bomba não abriu, e o dispositivo afundou 21m no solo molhado perto de Faro, Carolina do Norte. Seu gatilho explosivo e núcleo de plutônio "primário" foram recuperados, mas o urânio "secundário", a fonte do alto rendimento da arma, nunca foi encontrado. O paraquedas da outra arma abriu, e quando atingiu o chão seu sensor de nariz enviou um sinal de disparo que passou através de vários mecanismos de segurança. Todos, exceto um, falharam.

Se a segunda arma tivesse sido detonada, teria efetuado uma "explosão de terra", que produz muito mais radiação do que a "explosão de ar" das armas de Hiroshima e Nagasaki, que tinha menos de 1% do rendimento das bombas B-52. Se a explosão tivesse ocorrido com ventos do sul, a precipitação mortal teria coberto a maior parte do Nordeste e tornado grande parte da Carolina do Norte inabitável.[2]

Ainda mais alarmante, durante a Crise dos Mísseis Cubanos de 1962, um afoito capitão de destróier norte-americano, sem saber que os navios soviéticos estavam armados com torpedos nucleares, lançou cargas de profundidade falsas sobre o submarino russo *B-59*. Tanto o comandante quanto o comissário do

Catástrofes Dispensacionalistas: Possíveis e Reais   247

submarino queriam disparar uma de suas armas atômicas contra o destróier, mas felizmente o comandante geral da pequena esquadrilha, Vasili Arkhipov, estava a bordo e foi contra. Quando o episódio se tornou público décadas depois, Arkhipov tornou-se amplamente conhecido como "o homem que salvou o mundo".[3] Em geral, a liderança soviética manteve seu arsenal sob uma rédea mais curta do que os Estados Unidos. De acordo com Bruce Blair, da Universidade de Princeton, uma das principais autoridades em controle nuclear da atualidade: "A arquitetura do sistema [russo] de controle e salvaguardas é muito mais impressionante do que a dos Estados Unidos."[4]

Algo positivo: quando Ronald Reagan se tornou presidente em 1981, ele encheu seu aparato de segurança nacional de defesa com falcões que, consciente e entusiasticamente, irritavam os soviéticos com provocações quase contínuas. Algumas vezes por semana, o Comando Aéreo Estratégico (SAC) enviava bombardeiros sobre o Polo Norte, ou caças-bombardeiros de menor alcance ameaçavam o espaço aéreo do Pacto de Varsóvia ou as fronteiras soviéticas da Ásia. O subsecretário de Estado para assistência militar, William Schneider Jr., recordou: "Eles não sabiam o que tudo aquilo significava. Um esquadrão voaria direto para o espaço aéreo soviético e seus radares se iluminariam e as unidades entrariam em alerta. Então, no último minuto, o esquadrão daria meia volta e regressaria para casa."[5]

Em outras ocasiões, os sistemas de radar produziam falsos avisos de ataques significativos de mísseis. Às 2h30 de 3 de junho de 1980, em meio às tensões da Guerra Fria sobre a invasão russa do Afeganistão e o boicote dos Estados Unidos às Olimpíadas de Moscou, Bill Odom, assessor militar do conselheiro de segurança nacional Zbigniew Brzezinski, acordou-o com um relatório sobre 220 mísseis em aproximação. Brzezinski pediu a Odom que confirmasse que as equipes de alerta do SAC estavam correndo para seus B-52s e ligando seus motores, e para lhe telefonar depois; ele decidiu não acordar a esposa para que ela fosse vaporizada inconscientemente durante o sono. Quando Odom ligou alguns minutos depois, ele disse a Brzezinski que agora tinham 2.200 mísseis chegando. Com apenas alguns minutos para ativar o arsenal da nação, ele estava prestes a ligar para o presidente Carter quando Odom ligou pela terceira vez para relatar que outros sistemas não conseguiram confirmar o ataque. O mundo, ao que parece, sofreu um minuto de incineração porque alguém havia inserido por engano uma fita de treinamento em um sistema de computador do comando.[6]

Conforme o tamanho do arsenal nuclear do país crescia, também crescia o risco de uma catástrofe acidental. Os líderes civis enfrentaram uma batalha difícil contra comandantes militares mais interessados em garantir o lançamento

248 Os Delírios das Multidões

das armas do que em evitar lançamentos acidentais; garantir o primeiro, simultaneamente torna o último mais provável. Por exemplo, a introdução de links de ação permissiva (PALs), com seu código de oito dígitos e recurso de teste limitado, teoricamente evitava um lançamento não autorizado. Infelizmente, para garantir que a manipulação do código não evitasse tal lançamento, o alto comando do SAC definiu todos os códigos com oito dígitos como "00000000" fáceis de lembrar, assim eliminando efetivamente essa proteção.[7]*

Além disso, como acontece com os freios ABS de automóveis, a introdução de recursos de segurança em um sistema muitas vezes o torna paradoxalmente menos seguro por aumentar a confiança do usuário. Como Charles Perrow, o principal teórico de "acidentes normais" em sistemas complexos observou, essas mudanças aparentemente benéficas "muitas vezes apenas permitem que os responsáveis operem o sistema mais rapidamente, ou em um clima pior, ou com explosivos maiores".[8]

A decisão mais fatídica que qualquer comandante ou líder pode enfrentar terá de ser tomada em minutos, com base em dados incompletos. Com sorte, não será inclinado pela crença de que os Eleitos, ao quais pertence, serão arrebatados antes do ataque das bombas. O psicótico General Ripper, de *Dr. Fantástico*, posicionou seus bombardeiros na direção da União Soviética preocupado com a fluoretação do abastecimento de água, apresentando um dos monólogos mais famosos do cinema: "Não posso mais ficar sentado e permitir a infiltração comunista, doutrinação comunista, subversão comunista, e a conspiração comunista internacional que pretende minar e impurificar [*sic*] todos os nossos preciosos fluidos corporais." A fluoretação hoje continua sendo um bicho-papão da direita dispensacionalista, particularmente Jim Bakker, cujo site repete a afirmação ridícula de que "mais pessoas morreram nos Estados Unidos de fluoretação do que todas as mortes militares de [*sic*] todo o país".[9]

Além do perigo óbvio de um comandante militar psicótico ou religiosamente fanático, a narrativa dispensacionalista carrega um risco mais sutil e talvez mais sério de Armagedom. Dispensacionalistas como Lindsey e Falwell argumentaram vigorosamente contra todo e qualquer esforço de controle de armas e a favor de arsenais inflados que, pela simples força dos números, aumentam a probabilidade de aniquilação acidental.

Isso apareceu mais fortemente no livro de Lindsey *Os Anos 80: Contagem Regressiva para o Juízo Final*. Em sua opinião, o Tratado SALT não reduziu o risco de um holocausto nuclear; em vez disso, destruiu a superioridade militar

---

* Além disso, o PAL, em locais subterrâneos, bloqueava apenas o míssil, não a ogiva.

dos EUA, colocou o país em perigo mortal e permitiu que os malvados soviéticos "causassem furor na Europa". O governo dos EUA seria pouco mais que um fantoche do grande bicho-papão dos teóricos da conspiração, a Comissão Trilateral (uma organização não governamental proeminente na qual se destaca a família Rockefeller e Zbigniew Brzezinski). Pior ainda, a nação teria abandonado tolamente aliados robustos como Chiang Kai-shek, o xá do Irã e o governo do apartheid sul-africano.[10] Lindsey conjurou a seguinte cena:

> O primeiro-ministro soviético pode em breve telefonar para o presidente norte-americano. O primeiro-ministro dirá: "Podemos destruir seus silos de mísseis. Podemos interceptar e destruir todos os mísseis lançados por submarinos com nossos feixes de laser. Podemos destruir seus bombardeiros obsoletos com nossos caças MIG-25 e mísseis terra-ar SS-5. Então, senhor presidente, vai se render? Ou devemos destruir seu país? Você tem 20 segundos para decidir.[11]

Lindsey também tocou o mesmo tambor agressivo em *Planet Earth — 2000 A.D.*, que identificou a agora já esquecida Fundação Gorbachev no bairro de Presidio, em São Francisco, "um dos postos militares mais sagrados dos EUA", como evidência da demolição da influência norte-americana por uma nova ordem mundial satânica. Os OVNIs não eram espaçonaves alienígenas, mas sim demônios de Satanás.[12]

Além disso, "normalizar" o Armagedom corre o risco de torná-lo uma profecia autorrealizável. Conforme colocado por Paul Boyer, um observador fidedigno da teologia do fim dos tempos:

> Meu senso é que a conexão entre a crença da profecia popular e a política de armas nucleares, embora real, era subterrânea e indireta. Poucos fiéis pós-1945 tentaram conscientemente trazer o Armagedom o mais rápido possível. Em vez disso, convencidos de que a Bíblia prevê o Fim e é segura no conhecimento de que os fiéis serão poupados, eles tendem à aquiescência passiva na corrida armamentista nuclear e no confronto da Guerra Fria.[13]

No início da década de 1980, a romancista Grace Mojtabai viajou para Amarillo, Texas, para investigar a relação entre aquela cidade profundamente religiosa e a vizinha usina Pantex, que hoje monta e mantém todo o arsenal nuclear norte-americano. Seu artigo de revista acabou se transformando em

250 Os Delírios das Multidões

um livro completo, *Blessed Assurance* [Bendita Garantia, em tradução livre]. Mojtabai, que é judia, acabou indo morar em Amarillo.

Ela descobriu que as crenças dispensacionalistas permearam a cidade de forma tão completa que até mesmo o editor de seu jornal, um democrata liberal bem-educado, concordou com seus princípios. Depois que a missão da usina se tornou amplamente conhecida na década de 1980, os moradores de Amarillo compreenderam imediatamente que toda a área era um alvo principal e seria varrida da face da terra nos primeiros momentos de uma ação nuclear. O maior grupo religioso da cidade, a Primeira Igreja Batista, por si só não subscreve a doutrina dispensacionalista; no entanto, seus membros aceitaram o risco com serenidade e até mesmo se confortaram com o fato de que sua vaporização instantânea seria preferível à morte agonizante de muitos de seus compatriotas.

O reverendo Royce Elms, o líder da pequena igreja Jubilee Tabernacle da cidade, tinha uma opinião diferente. Conforme recontado por Mojtabai, ele disse a seus paroquianos que eles não precisavam temer um ataque nuclear mútuo, já que seriam arrebatados antes de todos os outros, que seriam imolados:

> Você sabe, eles estão gastando uma fortuna no programa espacial. Uma fortuna! Se eles simplesmente parassem com tudo, veja, e aguardassem pelo som da trombeta, isso, meu amigo, vai ser um programa espacial! Eu mesmo nunca coloquei meu nome para ser um astronauta nesta coisa pequenininha que eles estão usando agora. Mas tenho meu nome, pela graça e ajuda de Deus, naquele outro programa de astronautas. Quando os foguetes decolarem... vamos deixar um rastro de fogo do Espírito Santo!

"Adeus! Adeus!", gritaria o reverendo para Amarillo, Houston, Dallas e Los Angeles enquanto as bombas os vaporizavam. Uma das paroquianas de Elms, embora confortada pela crença de que escaparia do Armagedom nuclear no mesmo foguete, agoniava-se ao pensar que poderia deixar seus filhos e netos para trás.[14] (O título do livro de Mojtabai refere-se à "bendita garantia" de que os fiéis seriam poupados dos horrores de uma tribulação nuclear.)

Como Boyer, Mojtabai considerou apenas brevemente a possibilidade de que trabalhadores enlouquecidos da Pantex pudessem ajudar o milênio colocando as mãos em uma arma nuclear. Em vez disso, como Boyer, ela se preocupava que cidadãos comuns, como os moradores de Amarillo, que ela aprendera a conhecer tão bem, tivessem adotado uma visão de mundo dispensacionalista maniqueísta e se anestesiado sob o risco de uma guerra nuclear.

Catástrofes Dispensacionalistas: Possíveis e Reais   251

Se o mundo estiver dividido entre o bem absoluto e o mal absoluto, entre os seguidores do Senhor e Satanás, a acomodação ou negociação com o inimigo torna-se impensável. Em um mundo de polarização absoluta, a paz é humanamente impossível e a guerra, inevitável.[15]

Em seu discurso presidencial de 1982 na Academia Americana de Religião, o teólogo Gordon Kaufman definiu ainda mais a ameaça do dispensacionalismo à humanidade. Ele apontou que, pela primeira vez na história, a raça humana tem o potencial de extinguir toda a espécie, e que a visão de mundo apocalíptica do dispensacionalismo é, portanto, "uma evasão final de nossa responsabilidade como seres humanos; é demoníaco invocar a vontade divina como uma justificativa para essa mesma evasão". Kaufman também descreveu o Arrebatamento como "cortando o nervo da responsabilidade humana".[16] A saber, a crença de que nossa capacidade de nos salvar da extinção está, mesmo em pequena medida, nas mãos de Deus diminui nossa vontade de evitá-la e, portanto, aumenta o risco de que isso aconteça.

Ainda que os perigos inerentes à interseção de armas nucleares e dispensacionalismo tenham até agora, felizmente, permanecido teóricos, as crenças apocalípticas de que um dos herdeiros espirituais de Miller o impulsionaria e muitos de seus seguidores inocentes para um fim trágico. Desde o início da história registrada, o narcisismo das pequenas diferenças de Freud produziu um fluxo constante de mutações religiosas, e a igreja Adventista do Sétimo Dia produziria um ramo venenoso na árvore luxuriante do protestantismo.

Na década de 1920, um adventista chamado Victor Houteff começou a pregar sua própria interpretação única das escrituras. Vendedor com educação primária, Houteff foi atraído pelas narrativas sinistras do Apocalipse. Em particular, ele se concentrou, como tantos antes dele, nos 144 mil fiéis do sétimo capítulo do livro, 12 mil de cada uma das 12 tribos hebraicas, "selados [marcados] como servos de nosso Deus em suas testas".

Os adventistas do sétimo dia se consideravam os 144 mil; o problema, Houteff imaginou, era que, como a seita havia crescido muito além desse número, ela havia perdido seu zelo e devoção. Como é típico dos dispensacionalistas, ele investiu contra os irmãos do sétimo dia que se entregaram às atividades culturais pecaminosas da modernidade: "Festas na praia e festivais de filmes."[17] Ele compilou, como os hereges costumam fazer, uma lista de "abominações" da Igreja; segundo ele, sua missão era reduzir o número de adventistas do sétimo dia a 144 mil membros com a pureza necessária.

252 Os Delírios das Multidões

Houteff não pretendia começar sua própria seita, mas sim reformar a igreja matriz. Contudo, conforme o carismático vendedor começava a atrair adeptos, seus irmãos mais convencionais ficaram alarmados e o "excomungaram" em 1934 (como os batistas de Low Hampton haviam feito com Miller em 1845).

Inicialmente, sua seita era conhecida como O Cajado do Pastor, o título do manifesto de Houteff, ou simplesmente "O Cajado". Refletindo sua crença na centralidade da antiga Terra Santa, o Reino de Davi, eles mudaram seu nome para Adventistas Davidianos do Sétimo Dia — Davidianos para abreviar. Com o aumento do número de membros, em 1935, os Davidianos estabeleceram uma sede nacional no Centro Monte Carmelo, um complexo em Waco, Texas. Embora o próprio Centro tivesse apenas 37 seguidores, Houteff esperava o fim dos tempos dentro de um ano, quando ele lideraria o efetivo completo de 144 mil até a Palestina.

Visto que ele ansiava por um adventismo devoto e puro, ele e seus sucessores dirigiam seu proselitismo apenas a seus companheiros adventistas do sétimo dia, e não à população em geral, que estava fora da redenção.[18] Não obstante Houteff tivesse atraído milhares de seguidores na época em que morreu, em 1955, a mudança da seita para a Palestina, então principalmente sob o domínio israelense, nunca ocorreu. A essa altura, os Davidianos haviam superado o tamanho do complexo original de Waco e se mudado 14km a leste para Elk, Texas, seu "novo" Monte Carmelo.

A Bíblia é o livro mais analisado e discutido da história; lido ao longo dos séculos por bilhões. Milhões de seus leitores, pelas leis da probabilidade, devem ter inteligência extremamente alta, e centenas de milhares tiveram ampla experiência acadêmica em interpretação bíblica. Mas Houteff, cuja educação terminou na terceira série do primário, decidiu que só ele havia encontrado um significado oculto para todos os leitores anteriores da Bíblia, e se ungiu o "anjo ascendente do leste" que levaria 144 mil fiéis à Terra Santa no fim dos tempos. Começando com Houteff, os davidianos produziram uma sucessão de líderes igualmente egomaníacos que iriam, com a ajuda de agências federais de aplicação da lei desalinhadas, liderar a seita em direção à catástrofe.

Em 5 de novembro de 1955, logo após a morte de Houteff, sua viúva, Florence, anunciou que ela havia decodificado a sequência do fim dos tempos do Apocalipse. Em 22 de abril de 1959, exatamente 1.260 dias depois, Jesus voltaria.[19] Sua profecia atraiu 900 seguidores ao Monte Carmelo para saudar o fim dos tempos, onde os fiéis em expectativa repetiram uma versão menor da Grande Decepção de Miller. E, tal como a decepção de 1844, a seita subsequentemente se dividiu em grupos concorrentes, o maior liderado por um seguidor de Houteff chamado Ben Roden, que assumiu o Monte Carmelo.[20]

Roden herdou a egomania de Houteff e anunciou que Deus o havia revelado como o "Ramo", um termo usado em Zacarias e João para descrever os servos do Senhor que conduziriam o grupo em direção à Segunda Vinda, daí o novo nome do grupo: o Ramo Davidiano. Ele encorajava os fiéis com os dizeres: "Saiam do Cajado morto e mudem-se para um Ramo vivo."[21]

Quando Roden morreu, em 1978, ocorreu uma luta pelo poder entre sua esposa, Lois, a quem o Senhor havia revelado que era o Espírito Santo, e seu filho instável, George. Por fim, Lois venceu com a ajuda de um jovem chamado Vernon Howell. Até aquele ponto, Howell levara uma vida caótica como filho de uma mãe solo de 14 anos. Quando menino, ele oscilava entre diferentes famílias e sofria de dislexia e solidão antes de finalmente abandonar a escola, na nona série.

Apenas três coisas mantiveram o interesse do bonito, mas desajeitado, jovem: seu violão, sua Bíblia e sexo. Em 1981, ele engravidou uma menina de 15 anos e, então, anunciou aos irmãos do Sétimo Dia que Deus pretendia que ele se casasse com uma jovem diferente, a filha do pastor. Ele também tinha o hábito de "testemunhar" quase continuamente, e uma vez interrompeu um culto para subir ao púlpito e pregar, atividades que logo o excomungaram. Em 1983, ele se estabeleceu no Monte Carmelo, onde anteriormente havia feito serviços de carpintaria.[22]

Lá, atraído pela posição de liderança e status semidivino de Lois Roden, Howell encontrou um lar. Criado na Igreja Adventista do Sétimo Dia, ele lia a Bíblia compulsivamente; ela, por sua vez, foi tomada por seu domínio das escrituras e sua boa aparência. Howell logo compartilhou com a viúva, agora com 67 anos, a liderança dos Davidianos, assim como, também, sua cama.

Entre os davidianos, uma mulher que reivindicou poder divino não surpreendeu tanto quanto o faria nas seitas protestantes convencionais; uma das fundadoras da Igreja Adventista do Sétimo Dia, Ellen G. White, foi considerada uma profetisa, cujos escritos Howell reverenciava. A Bíblia guiou quase todos os aspectos de sua vida; ele copulava com Roden, disse ele, na esperança de cumprir a profecia bíblica de Isaías 8:3: "E fui ter com a profetisa; e ela concebeu e deu à luz um filho." Posteriormente, meio que brincando, disse que se tivesse "engravidado uma mulher de 70 anos, então devia ser Deus, afinal."[23]

Convém agora relembrar a descrição do teólogo R. H. Charles do Apocalipse como "o livro mais difícil de toda a Bíblia" e sua advertência de que "não é só o leitor superficial que fica perplexo, mas também o estudante sério."[24] Por volta de 1983, Howell poderia ter concordado com essa avaliação. Mas naquele ano, aos 24 anos de idade, ele, que abandonara o ensino médio, decidiu que, como Houteff e ao contrário dos bilhões que haviam lido a Bíblia desde o

254   Os Delírios das Multidões

advento da alfabetização em massa há alguns séculos, poderia desbloquear os sete selos e assim descobrir o verdadeiro significado de Apocalipse que, em si, pensou Howell, tinha a chave para o resto da Bíblia.

Em janeiro de 1984, Howell casou-se com a filha de 14 anos de um colega do Ramo Davidiano e, portanto, afastou Lois; mais tarde naquele ano, George Roden, agora de volta às boas graças de sua mãe, conseguiu expulsar Howell e seus partidários do complexo sob a mira de uma arma, e o renomeou Rodenville. Howell e alguns seguidores se estabeleceram a 160Km a leste em uma cabana na cidade de Palestina, Texas e, dispondo de tempo e desejoso de novos ares, visitou Israel.

Lá, parece ter contraído a Síndrome de Jerusalém, uma desordem bem documentada na qual os visitantes de Israel, estimulados excessivamente pelo contato direto com os lugares sagrados e santuários que leram e ouviram falar por toda a vida, ficam sobrecarregados com fervor religioso e muitas vezes se imaginam como personagens bíblicos.[25] Uma vítima, um turista esquizofrênico, praticante de fisiculturismo, convenceu-se de que o Muro das Lamentações estava localizado no lugar errado e tentou mover uma de suas enormes pedras: a "Síndrome de Sansão". Denis Michael Rohan, o incendiário de Al-Aqsa, provavelmente tinha uma variante da condição também.

O Hospital Psiquiátrico Kfar Shaul, a poucos quilômetros do Monte do Templo, é especializado nessa desordem. Entre 1980 e 1993, os psiquiatras de lá trataram 470 pacientes, a maioria esmagadora dos quais, como o portador da Síndrome de Sansão e Rohan, tinham psicopatologias preexistentes. No entanto, 42 pacientes, ou 9% da amostra do estudo, não tinham histórico psiquiátrico anterior. Enquanto os 91% com episódios psiquiátricos anteriores foram amplamente distribuídos entre judeus e seitas cristãs tradicionais, 40 dos 42 que não tinham psicopatologia anterior eram protestantes evangélicos, fato que tragicamente se passaria em Waco menos de uma década depois.[26]

Vernon Howell voltou de Israel visivelmente mudado. Enquanto estava lá, Deus lhe disse que ele era Seu servo; posteriormente, sua pregação tornou-se dinâmica e ele se tornou mais hábil em conectar e misturar passagens das escrituras. A voz de Deus agora fornecia instantaneamente o verdadeiro significado da Bíblia para ele sempre que lia suas passagens. Antes da viagem, informou que esperava receber, aos poucos, a "mensagem completa" de Deus, que ainda não havia chegado. Em seu retorno, provavelmente nas garras da Síndrome de Jerusalém, a mensagem de Deus finalmente chegou.[27]

A profecia foi uma parte intrínseca do Adventismo do Sétimo Dia em seu nascimento no fim da década de 1840, como também o foi nos Davidianos sob Houteff e nos Rodens, e como seria sob Howell. Os davidianos se esforçaram

Catástrofes Dispensacionalistas: Possíveis e Reais   255

para estar mais ou menos continuamente "em contato" — isso é, recebendo uma torrente de profecias do Todo Poderoso. Eles consideravam a Igreja Adventista do Sétimo Dia moderna, que em sua visão havia desistido da profecia, como apóstata.

Howell ficou particularmente impressionado com a descrição dos três anjos portadores de profecias descritos em Apocalipse 14:6–9 e, por qualquer motivo, pensou que deveriam existir realmente sete profecias. As duas primeiras seriam as mensagens seminais de William Miller — sobre o fim dos tempos e de que a Babilônia havia caído. A terceira seria a mensagem de Ellen White sobre o sábado; a quarta, a profecia de Victor Houteff; a quinta, de Ben Roden; e a sexta, de Lois Roden. Howell era agora, Deus o informou, o portador da sétima mensagem, o último anjo antes do fim dos tempos, que era iminente.

Após o retorno de Howell de Israel em 1987, uma cena estranha se seguiu quando George Roden, que ainda controlava o Monte Carmelo, exumou o túmulo de uma seguidora chamada Anna Hughes, que havia sido enterrada 25 anos antes, aos 85 anos. Roden desafiou Howell para uma competição para ressuscitar seu cadáver; em resposta, Howell e sete seguidores invadiram o complexo do Monte Carmelo para tirar fotos do corpo de Anna com as quais acusaria George de abuso de cadáver. O tiroteio de 45 minutos resultante não produziu mortes ou ferimentos graves e, em 1988, Howell e seus sete cúmplices foram julgados por tentativa de homicídio. O júri absolveu os cúmplices, mas não se resolvera quanto ao veredicto de Howell, e a promotoria decidiu não acusá-lo mais.

Esse resultado legal perturbou Roden, que em meio a vários palavrões bizarros dirigidos à corte e ameaças de ações judiciais contra Howell, foi preso por desacato. Seu encarceramento permitiu que Howell pagasse os impostos atrasados do complexo e voltasse para ele. Após sua libertação em 1989, Roden assassinou a machadadas seu colega de quarto, que ele suspeitava ter sido enviado por Howell para matá-lo. Ele foi internado em um hospital psiquiátrico, do qual escapou em várias ocasiões; logo depois de fazer isso em 1995, foi encontrado morto devido a um ataque cardíaco no terreno do hospital.

Ao longo dos anos seguintes, Howell refinou seu roteiro apocalíptico com passagens dos lugares habituais: Ezequiel, Daniel, Mateus e Apocalipse. À medida que se aproximava o fim dos tempos, cuja data ele ainda não havia determinado com precisão, ele levaria seus seguidores a Israel, onde os Davidianos converteriam os judeus, acionando uma força da ONU pelo norte, liderada pelos Estados Unidos, os presumivelmente agora israelenses cristãos com quem os davidianos permaneceriam e morreriam. Não há evidências registradas de que Howell leu Hal Lindsey, mas, dada a difusão de seus livros durante esse

256   Os Delírios das Multidões

período, é difícil imaginar que ele mesmo tenha extraído sua narrativa rebuscada das escrituras. Mais tarde, ele mudaria o local do Armagedom, de Israel para o complexo do Monte Carmelo.

O brilho das escrituras alimentado pela síndrome de Jerusalém de Howell deslumbrou os ouvintes, e durante as viagens de evangelização, tanto nos Estados Unidos quanto no exterior, ele recrutou para o Monte Carmelo cerca de 100 seguidores. Embora colecionasse convertidos na Austrália e Reino Unido, não teve sucesso entre os israelenses mais céticos e biblicamente estafados.

Era um grupo eclético e multirracial que incluía duas dúzias de convertidos britânicos. Em 1990, entrou com uma ação no tribunal da Califórnia para mudar legalmente seu nome para David Koresh, respectivamente o reino bíblico que ele imaginava liderar e o nome hebraico de Ciro. Assim como John Bockelson quase meio milênio antes, ele satisfez seu crescente apetite sexual com uma combinação conveniente de poligamia para si mesmo e celibato para os outros homens. Ele se "casou" com mais cinco mulheres com idades entre 12 e 20 anos e, para evitar processo por bigamia, arranjou seus casamentos falsos com seguidores masculinos. Em uma turnê pela Austrália, impressionou tanto um casal de sua divindade que eles lhe permitiram fazer sexo com a esposa e a filha de 19 anos para que pudessem ter "filhos para o Senhor".[28]

Em preparação para o fim dos tempos, ele exigiu que os membros casados do complexo se purificassem por meio da abstenção sexual e "anulassem" os casamentos de todos os casais de Novo Carmelo, incluindo, presumivelmente, os "maridos" de suas cinco esposas adicionais. Sexo com Koresh, por outro lado, tornou-se um sacramento, e ele se deitou com muitas das "ex-esposas" com a aprovação total de seus "ex-maridos".

Ele deixou os seguidores confortáveis com essa configuração ao profetizar que os filhos que ele havia gerado — pelo menos uma dúzia — gozariam de status favorecido no Novo Reino de Jerusalém. Um dos "ex-maridos" explicou: "Você não entende nada. Nós, do Ramo Davidianos, não estamos *interessados* em sexo. Sexo é tão *abusivo*, tão agressivo. David carregou aquele fardo *para* nós." De sua parte, Koresh considerava a procriação com suas seguidoras um terrível dever sagrado. Ocasionalmente, porém, ele confessava sua luxúria aos parceiros e timidamente admitia que Deus o havia feito fazer isso.

Esse feliz arranjo carnal, explicou David, surgiu de um imperativo específico em Apocalipse 4:4, que descreve 24 anciãos usando coroas de ouro que exclamam "e para o nosso Deus nos fizeste reis e sacerdotes; e reinaremos sobre a terra" (5:10). Koresh fez um avanço revolucionário na interpretação das escrituras: as palavras "nos fizeste" implicavam que o Apocalipse havia predito que ele estava destinado a ser o pai dos mencionados 24 anciãos que

Catástrofes Dispensacionalistas: Possíveis e Reais   257

governariam no milênio. As mulheres escolhidas para carregar os 24 eram, portanto, receptáculos sagrados que exigiam o controle de Koresh sobre todos os aspectos de suas vidas, incluindo suas dietas. É desnecessário dizer que nenhum erudito bíblico respeitável interpreta o quarto capítulo do Apocalipse de uma maneira tão agradável.[29]

O magnetismo de Koresh estava em seus "ensinamentos da Bíblia", sessões que podiam durar horas, durante as quais ele se lembrava com precisão e interpretava as escrituras com sagacidade. Mesmo tendo abandonado a escola na nona série, o brilhantismo de sua interpretação bíblica hipnotizava até mesmo os mais instruídos de seu rebanho, que incluía um ex-aluno da Escola de Direito de Harvard e vários outros com pós-graduação em teologia.

Koresh pensava que os sete selos de Apocalipse 5:1 continham a chave para os eventos exatos do fim dos tempos e o caminho para a salvação do Ramo Davidiano: "E vi na destra do que estava assentado sobre o trono um livro escrito por dentro e por fora, selado com sete selos."

Koresh intitulou o "livro" mencionado na passagem acima de "A Mente de Deus", até então seu plano secreto para a humanidade confiado ao "Cordeiro". Koresh, que a essa altura já havia se identificado com o Cordeiro, deduziu de outras partes do Novo e do Velho Testamento pistas para abrir cada um dos sete selos e, consequentemente, tinha a capacidade única de revelar a mente de Deus a seus seguidores.[30] (Os Davidianos viam "Cristo" como uma manifestação dinâmica enviada por Deus em uma missão que poderia assumir múltiplas formas; às vezes como Jesus, às vezes como o Cordeiro e, às vezes, de acordo com Koresh, como ele mesmo.)[31]

Já em 1987, os Davidianos haviam atraído a atenção de Rick Ross, um polêmico e notório "destruidor de cultos" que ao longo de décadas havia "desprogramado" centenas de indivíduos e testemunhado em vários processos judiciais. A pedido de parentes preocupados, Ross desprogramou dois seguidores de Koresh em Nova York e, posteriormente, recebeu pedidos de ajuda de outras famílias. Ross listou seis critérios para designar uma organização como "culto perigoso": uma figura de autoridade absoluta e inexplicável, conformação aos desejos do líder, filtragem de informações externas; mentalidade de "nós contra eles", difamação daqueles de fora do grupo e justificativa bíblica ou filosófica para a gratificação financeira e sexual do líder.[32] Embora Koresh não tenha filtrado informações externas, atendeu aos outros cinco critérios.

A partir do fim dos anos 1980, Koresh e vários de seus seguidores acumularam grandes arsenais e também levantaram dinheiro negociando armas em feiras de armas, que não exigem verificação de antecedentes. Em 1991, um seguidor australiano chamado Marc Breault estava insatisfeito com o acúmulo

258 Os Delírios das Multidões

de armas de Koresh, a grandiosidade teológica e a exploração sexual de meninas. Suas preocupações atraíram a atenção da mídia, primeiro na Austrália e depois no processo de custódia que ordenou a remoção de uma criança do Monte Carmelo. Breault e Ross comunicaram suas preocupações ao Escritório de Álcool, Tabaco, Armas de Fogo e Explosivos (ATF), que planejou uma invasão ao complexo para o fim de fevereiro de 1993, quando o grupo já havia adquirido pelo menos 300 armas, incluindo 60 M16s, 70 AK-47s e 30 fuzis de assalto AR-15.[33]

O amante de armas Koresh disse antes do ataque: "Ninguém vai vir à minha casa, com meus bebês por perto, balançando as armas, sem uma arma apontada em sua cara." No Texas, a lei estadual permite que os cidadãos atirem em policiais que exerçam "força indevida".[34]

Ross também contatou o *Waco Tribune-Herald*, que em 27 de fevereiro de 1993 publicou o primeiro artigo de uma série sensacionalista chamada "Sinful Messiah [Messias Pecaminoso, em tradução livre]", que a mídia nacional mais ampla logo absorveu. Os artigos alegavam que Koresh abusava fisicamente de crianças, fazia sexo com meninas menores e reivindicava um direito divino às esposas de outros homens, das quais desfrutou de pelo menos uma dúzia.[35]

As autoridades de bem-estar infantil do Texas, de fato, investigaram o complexo no ano anterior e encontraram crianças felizes e bem cuidadas com poucas evidências de abuso além de surras ocasionais de colher nas nádegas, consideradas aceitáveis dentro dos limites da paternidade texana. Por outro lado, as alegações do *Tribune-Herald* sobre a conduta sexual de Koresh eram em grande parte verdadeiras.[36]

Às 9h45 do dia seguinte, 28 de fevereiro, o ATF executou um mandado de busca, baseado não em alguma das alegações sinistras da série "Sinful Messiah", mas sim por posse de armas de fogo. Na época, era legal possuir e operar armas automáticas no Texas, desde que fossem devidamente registradas nas autoridades federais; a suposta ilegalidade envolveu o não cumprimento dessas normas.*

A inabilidade do ATF foi personificada quando deu a dica a um repórter de televisão, que então pediu instruções de como chegar ao complexo a um carteiro, que revelou ser o cunhado de Koresh. O ATF sabia por meio de um informante no complexo que havia perdido o elemento surpresa, portanto, seria quase certo um conflito armado. Apesar disso, o ATF prosseguiu com a

---

* As atuais leis federais e estaduais norte-americanas envolvendo a propriedade, operação e registro de metralhadoras são complexas. Consulte: https://thefederalist.com/2017/10/02/actual-federal-laws-regulating-machine-guns-u-s/. [conteúdo em inglês].

Catástrofes Dispensacionalistas: Possíveis e Reais   259

invasão. O prevenido Koresh primeiro ordenou uma oração, então colocou homens armados nas entradas. Quem atirou primeiro nunca foi determinado exatamente, mas Koresh disse aos seguidores enquanto se dirigia para uma entrada que estava saindo para falar com os agentes. De acordo com a investigação subsequente do Departamento do Tesouro, Koresh abriu a porta e perguntou aos agentes: "O que está acontecendo?" Ao que eles responderam: "Parado!" Koresh bateu na porta e tiros irromperam de fora para dentro e pelas janelas. Outro agente observando de fora do complexo relatou ter visto Koresh sendo baleado duas vezes, o que significa que ele deve ter aberto a porta e pode não ter sido o primeiro a atirar; não pareceu o ato de alguém executando uma emboscada, como o ATF posteriormente alegou.[37]

Um tiroteio em andamento em torno do complexo matou quatro agentes e seis davidianos, dois dos quais eram o filho de 16 meses de Koresh e o bebê de outro membro; dezenas de outros ficaram feridos. O ATF preparou o ataque tão mal que os davidianos os superaram em armas e suprimentos; quando o ATF ficou sem munição, eles recuaram.[38]

A maioria dos cronistas concorda que os davidianos, se quisessem, poderiam ter matado muitos outros agentes do ATF. Uma investigação governamental posterior observou especificamente que a resposta davidiana ao ataque tipificou o exemplo de "violência defensiva" que caracteriza "grupos que desejam se retirar da cultura dominante".[39] De fato, a comunicação mais impressionante naquele dia foi o telefonema frenético de Wayne Martin, o seguidor formado em Direito em Harvard, para o escritório do xerife de Waco: "Diga a eles que cancelem, há mulheres e crianças aqui!"— dificilmente sugestivo de alguém inclinado à violência apocalíptica.[40] Ainda mais contundente é o fato de que o ATF, que tinha uma longa história de ataques agressivos de arrombamento de portas por violações de armas leves, sabia que Koresh fazia corridas solitárias regulares pela vizinhança, durante as quais poderiam facilmente ter cumprido o mandado ou o capturado.[41]

Após o fiasco, o FBI substituiu o ATF. Nos 51 dias seguintes, o FBI negociou com Koresh, que havia levado um tiro no pulso em 28 de fevereiro. Desde o início, o FBI retratou o cerco como uma situação de resgate de reféns, mas, depois da invasão do ATF, 20 crianças acompanhadas por vários adultos deixaram o complexo e houve um amplo testemunho subsequente de que nenhum dos davidianos restantes queria ou precisava de resgate, muito menos pelo governo federal, que, no clássico estilo dispensacionalista, eles se referiam como "Babilônia".

O cerco cativou o país; quase imediatamente após o ataque do ATF, Koresh se comunicou diretamente com o público por meio de uma estação de rádio

260   Os Delírios das Multidões

local e da CNN, na qual veiculou longas citações da Bíblia King James que, embora familiares a seus adeptos e teólogos cristãos, pareciam grego para o público leigo. Em uma ocasião, ele disse a um confuso entrevistador de rádio: "Agora estamos no quinto selo."

Entre os que ouviram essa entrevista estava o teólogo James Tabor, que antes de 1993 não conhecia Koresh. Na noite de 28 de fevereiro, junto com milhões de outros norte-americanos, ele sintonizou a CNN enquanto ela interrompia sua transmissão regular para cobrir as consequências do ataque do ATF. Enquanto o jovem líder davidiano divagava, a mente de Tabor voltou a atenção à menção dos sete selos. Ele não apenas estava intimamente familiarizado com esse aspecto central do Livro do Apocalipse, mas também sabia que "Koresh" era a palavra hebraica para Ciro; uma rápida consulta a Isaías 45 revelou que Ciro havia sido ungido por Deus como um Messias, o termo hebraico para o qual, *Mashiach*, se traduz para o grego como *Christos* — Cristo. Koresh chamou a si mesmo de "o Cordeiro", uma manifestação adventista de Cristo — para Tabor, uma indicação clara do livro do Apocalipse.

Conforme o cerco evoluía, ficou claro para Tabor que o FBI não tinha conhecimento do mundo narrativo apocalíptico de Koresh. Tabor ligou para outro teólogo, Phillip Arnold, que contatou os agentes do FBI, que admitiram que os monólogos bíblicos de Koresh os deixaram confusos.

Alguns agentes começaram a estudar os livros apocalípticos das Bíblias de Gideão de seus quartos de hotel, uma tarefa que sobrecarrega até mesmo teólogos experientes. Conforme colocado por Tabor, a imagem mental dos agentes folheando freneticamente suas Bíblias era "quase cômica, mas ao mesmo tempo assustadora". Tabor e Arnold compreenderam imediatamente que os davidianos se viam navegando no mundo dos sete selos; eles também sabiam que o quinto selo, aquele em que Koresh considerava os davidianos vivendo atualmente, era o mais violento e perigoso dos sete.

Se o cerco fosse terminar pacificamente, pensaram Tabor e Arnald, seria realizado enfrentando Koresh em sua terra natal do Apocalipse. O governo deu a Tabor e Arnold acesso a um davidiano preso chamado Livingstone Fagan, a quem Koresh havia enviado para fora do Monte Carmelo como seu rosto público. Fagan confirmou suas análises: os davidianos viviam durante o tumultuoso quinto selo, mas Deus disse-lhes que esperassem. Os dois teólogos apareceram em um programa de rádio em 1º de abril no qual se discutiu longamente a escatologia do Apocalipse, sendo sugerido um resultado pacífico. Eles sabiam que Koresh ouvia regularmente o programa e, só para ter certeza, pediram aos advogados que lhe enviassem uma gravação.

Em 14 de abril, influenciado pelo programa de rádio ou não, Deus finalmente falou novamente com David Koresh. Agora tudo estava claro para ele; naquele dia, escreveu uma carta a seus advogados na qual anunciava que estava redigindo uma epístola que informaria o mundo sobre as "mensagens decodificadas dos Sete Selos". Assim que terminasse, liberaria uma cópia, após o que "sairei e então você pode fazer o que quiser com esta besta". Arnold e Tabor ficaram exultantes; talvez a catástrofe iminente pudesse, afinal, ser evitada. Seria a última comunicação que o mundo ouviria de Koresh.[42]

Tabor e Arnold não foram os únicos teólogos que compreenderam a devoção de Koresh e esperavam um resultado pacífico; muitos na comunidade evangélica mais ampla também esperavam. No início do cerco, funcionários do Conselho Nacional de Igrejas e do Comitê Batista Conjunto escreveram uma carta ao presidente Clinton que começou com o apelo sincero: *"Por favor, desmilitarize o confronto em Waco, Texas."* (Grifo do autor.) Foi apontado que "ameaças de vingança e a reunião de tropas e tanques são apenas prova para os 'fiéis' de que os poderes do mundo estão dispostos contra eles" e prescientemente observado que "seria ainda mais trágico se o governo investiu tanto dinheiro e credibilidade nessa situação sem saída que não pode ficar satisfeito com menos do que a erradicação total da seita ofensiva."[43]

E, no entanto, depois de mais de sete semanas de impasse, a facção linha-dura entre os agentes do FBI convenceu a procuradora-geral Janet Reno, que deu sinal verde para um ataque direto.

Embora Tabor e Arnold possam ou não ter levado Koresh na direção certa, a linha dura dentro do FBI considerou Koresh um vigarista dissimulado que cinicamente usou o "balbucio da Bíblia" como uma tática de retardamento; para os agentes teologicamente destreinados que recebiam muitas horas de discurso bíblico de Koresh, certamente parecia assim.[44] O FBI ridicularizou a carta de 14 de abril, particularmente a pretensão de um "livro" escrito por um aluno que abandonou a nona série e considerou isso mais uma tática para atrasar a operação. Eles também ignoraram os advogados de Koresh, que lhes disseram que estavam trabalhando em um acordo de rendição.[45] Em vez de abordar Koresh sobre o único assunto que importava para ele, a profecia, o FBI aumentou a aposta e cortou a eletricidade, destruiu os carros dos seguidores que estavam estacionados, tocou música alta e iluminou o complexo com holofotes.

O cerco terminou com um ataque do FBI em 19 de abril. Começando por volta das 6h daquele dia, os agentes repetidamente encheram o prédio com veículos blindados e espalharam gás lacrimogêneo CS (um agente químico semelhante ao usado pelos invasores da Grande Mesquita). Pouco depois do

262   Os Delírios das Multidões

meio-dia, começou um incêndio, que se espalhou rapidamente, cobriu o complexo, e fez o telhado desmoronar. Setenta e seis davidianos morreram nas chamas, incluindo duas mulheres grávidas, e apenas nove escaparam. A maioria dos mortos foram encontrados presos no porão para onde haviam fugido do incêndio. Pelo menos 20 membros foram baleados, incluindo Koresh, aparentemente para escapar de queimarem até a morte.

Enquanto várias investigações governamentais subsequentes concluíram que os davidianos haviam provocado o incêndio antes do ataque do FBI, os sobreviventes davidianos negaram vigorosamente qualquer conversa sobre suicídio, que consideravam ser um pecado. Também relataram que, quando o FBI cortou a eletricidade, eles recorreram a lâmpadas a óleo, que os veículos blindados derrubaram. Além disso, em 19 de abril, o vento estava soprando por volta de 48Km/h e teria espalhado rapidamente o fogo de cômodo em cômodo por meio das janelas abertas e buracos feitos pelos veículos do FBI. A credibilidade do FBI também não aumentou quando o local foi demolido duas semanas após o incêndio.[46]

Uma das sobreviventes trouxe com ela um disquete com o manuscrito inacabado que Koresh havia mencionado na carta de 14 de abril e que o FBI havia pensado se tratar de um ardil. Sua carta de 13 páginas digitadas continha uma introdução e discussão do primeiro selo; a carta provavelmente teria levado mais algumas semanas para ser terminada.[47]

Nas palavras de James Tabor:

> Koresh era um mestre em sua própria forma de explanação bíblica. Sua mensagem era sistemática, consistente e internamente lógica quando entendida dentro da perspectiva teológica do Ramo Davidiano. No entanto, para alguém não instruído nos detalhes das porções proféticas da Bíblia, essa mensagem, entregue em um estilo típico sem interrupções, com longas citações da versão King James, pareceria absurda.[48]

Jamais saberemos se Koresh teria, conforme prometido na carta de 14 de abril, se rendido pacificamente, mas também é óbvio que o FBI nunca tentou se envolver seriamente com as questões teológicas que o consumiram. Seis meses após o desastre, o Departamento de Justiça encaminhou um relatório massivo ao procurador-geral adjunto, cuja versão redigida chegou a 489 páginas. A pouca atenção dada à perícia teológica é óbvia mesmo no índice, que lista apenas quatro páginas de consultas com estudiosos religiosos e que transmitiu quase nenhuma informação útil além de suas identidades. Essas quatro páginas foram seguidas por 28 páginas de análise de consultores psicológicos, quase todos os quais consideravam Koresh um vigarista. Um deles, Pete Smerick, especialista em comportamento e instrutor na Academia do FBI, recomendou ativamente contra a participação de teólogos.[49]

À medida que o cerco progredia, a impressão popular esmagadora sobre David Koresh, como a do FBI, era de um vigarista egoísta. A verdade provavelmente era mais sutil. Como George Hudson, Samuel Insull, William Miller e quase todos os propagadores de delírios em massa, Koresh acreditava sinceramente em sua própria narrativa, uma autoilusão que ampliou sua capacidade de enganar desastrosamente seus seguidores.

Ao longo do último meio milênio, a predisposição humana para imitar e buscar histórias convincentes se estabeleceu na narrativa mais hipnótica de todas, a ilusão do fim dos tempos. As teologias resultantes geralmente unem seus adeptos a comunidades pacíficas e frequentemente prósperas. De vez em quando, porém, essa narrativa salta as proteções do comportamento normal para ceder — como a Guerra dos Camponeses de Müntzer, a Loucura Anabatista de Bockelson, o grupo Quinta Monarquia de Venner e o Ramo Davidiano de Koresh — à catástrofe.

E, como aconteceu com William Miller e seus seguidores um século e meio antes, a teologia bizarra de Koresh, o enaltecimento sexual e o estupro estatutário praticamente garantiram sua demonização pela imprensa e pelo público — uma demonização que levou, por sua vez, à trágica reação exagerada final das autoridades da lei. Se a resposta inicial do ATF tivesse sido mais hábil, e se o FBI estivesse mais familiarizado com as nuances das narrativas do fim dos tempos, o impasse de Waco provavelmente não teria terminado tragicamente.

Uma significativa minoria do público culpou corretamente o governo federal, e a tragédia do Ramo Davidiano não terminou em 19 de abril em Waco. A carnificina aconteceu na televisão ao vivo, mas a testemunha mais importante do inferno assistiu de perto — um jovem veterano do Exército chamado Timothy McVeigh, já enfurecido pelo cerco do governo em Ruby Ridge no ano anterior. Semelhante ao cerco de Waco, envolveu uma acusação de armas contra Randy Weaver, um veterano evangélico das Forças Especiais dos EUA; o impasse resultou na morte do filho de Weaver, Sammy, e de sua esposa, Vicki, que tinha forte crença no fim dos tempos. McVeigh viajou para Waco durante o impasse para distribuir panfletos sobre direito de possuir armas. À medida que as chamas aumentavam, ele jurou vingar a morte de homens, mulheres e crianças inocentes. No segundo aniversário do ataque do FBI, ele e seu cúmplice, Terry Nichols, realizaram um ataque com um caminhão-bomba

264 Os Delírios das Multidões

no Edifício Federal Alfred P. Murrah, na Cidade de Oklahoma, que matou outros 168 inocentes. McVeigh selecionou esse alvo porque continha tanto escritórios do FBI quanto do ATF e, além disso, um grande número de funcionários federais.[50]

12

FICÇÃO DO ARREBATAMENTO

No alvorecer do novo milênio, o desastre do Ramo Davidiano e as previsões equivocadas de Lindsey haviam, novamente, confirmado os perigos da profecia e definido datas exageradamente precisas, e os dispensacionalistas se voltaram cada vez mais para um gênero imune à desconfirmação: a ficção do fim dos tempos.

Já na virada do século XX, os escritores cristãos começaram a produzir romances sobre o Arrebatamento dos justos, a ascensão do Anticristo, Tribulação, Armagedom e o julgamento final. Em 1905, um médico de Ohio chamado Joseph Burroughs publicou um dos primeiros romances conhecidos sobre o Arrebatamento, *Titan, Son of Saturn* [Titã, Filho de Saturno, em tradução livre]. Titã refere-se ao agora facilmente reconhecido personagem do Anticristo, "um jovem grego, que deve unir os socialistas radicais e liderá-los em um esforço mundial para destruir a Igreja Cristã". O prefácio de Burroughs afirma que o romance não foi mero produto de sua imaginação, mas que lançou "um holofote sobre os eventos distantes consecutivos que certamente estão chegando à Igreja".[1]

Enquanto as cenas de Arrebatamento e a descrição da ascensão de Titã/ Anticristo atraíam leitores, os personagens jorravam capítulos inteiros de uma exposição bíblica estonteante. *Titan* vendeu bem o suficiente para exigir 10 impressões e vendeu mais de 10 mil cópias na década seguinte à publicação inicial — respeitável, sim, mas definitivamente não foi um *best-seller*.[2]

No entanto, o livro exalava o que se tornaria a marca registrada da ficção do Arrebatamento e do evangelicalismo norte-americano em geral: xenofobia, islamofobia e pânico ideológico e moral. A nação heroica do romance de Burroughs, Inglaterra, resiste sozinha contra a confederação de dez nações liderada pelo Anticristo. Os Estados Unidos, infelizmente, não podem ir em socorro da pátria-mãe por causa dos "25 milhões de cidadãos europeus

266 Os Delírios das Multidões

nos Estados Unidos". Os "saxões" norte-americanos correm para ajudar a Inglaterra, mas são oprimidos pela confederação das trevas, agora auxiliada por muçulmanos que gritam: "Alá! Alá! Alá!" A força europeia/muçulmana invade os Estados Unidos e dissolve a cultura do "povo saxão" em um caldeirão maligno de socialismo de origem estrangeira.[3]

Nas décadas seguintes, os romancistas do Arrebatamento aprimoraram sua arte adicionando narrativas atraentes que se alimentaram de eventos atuais.[4] Na década de 1980, o principal praticante da ficção dispensacionalista foi Frank Peretti, um artesão literário cujo livro mais famoso, *Este Mundo Tenebroso*, vendeu mais de 2 milhões de cópias.

Na época de sua publicação inicial, com a ameaça do comunismo sem Deus em rápido declínio, os dispensacionalistas precisavam de um novo inimigo. Eles foram forçados a se conformar com um flagelo que acabou com o mercado do fim dos tempos: os movimentos da Nova Era, especialmente qualquer um que exalasse um sutil aroma de satanismo.

Ambientado na idílica e fictícia cidade universitária de Ashton, *Este Mundo Tenebroso* opõe seus dois heróis, o devoto ministro Hank Busche e o ferrenho jornalista Marshall Hogan, a um vigarista local obscenamente rico, Alexander Kaseph, que por razões inexplicáveis trama dominar o pequeno burgo.

Os aliados de Kaseph incluem um batalhão de demônios alados, de olhos vermelhos, pele escamosa e respiradores de enxofre que drenam a determinação de mortais comuns, mas felizmente são vulneráveis aos devotos, especialmente Busche. Contudo, essas criaturas não podem igualar o potencial satânico de Juleen Langstrat, uma professora feminista da faculdade local que tenta despojar a fé religiosa da filha de Hogan com cursos como "Introdução à Consciência de Deus e da Deusa". Kaseph conspira para incriminar Busche e Hogan, que se encontram na mesma cela, comparam observações e unem forças para derrotar Kaseph e seus asseclas, tanto os humanos quanto os não humanos.[5]

O sentimento de pânico moral de Peretti não era novidade. Os livros de Hal Lindsey, por exemplo, conduziram uma jihad cultural que considerou os escritos de Darwin, Kant, Marx e Freud "bombas de pensamento" que condenaram a sociedade moderna. Um ano antes de ter escrito *A Agonia do Grande Planeta Terra*, Lindsey publicou *Satanás Está Vivo e Ativo no Planeta Terra*, que contém uma entrevista com um "comandante da polícia" de Los Angeles que descreveu uma "orgia" em uma praia de Santa Mônica que o lembrava dos "ritos dos selvagens africanos":

Havia cerca de 400 pessoas, tão juntas que eram apenas uma grande massa balançando ao som de tambores e música esquisita... alguns deles começaram a tirar a roupa. Alguns começaram a praticar sexo ali mesmo, alheios a qualquer pessoa ao redor. Notamos que a maioria deles usava amuletos em volta do pescoço. Eles acreditam no mundo espiritual e irão prontamente dizer a você que o Diabo é muito real para eles.[6]

Historicamente, movimentos do fim dos tempos floresceram no pior dos tempos: a escravidão e o deslocamento do exílio babilônico, o massacre e a destruição física em massa das duas revoltas judaicas contra Roma e os horrores das guerras religiosas e *pogroms* europeus medievais. Os fiéis do fim dos tempos que vivem em atuais nações prósperas, seguras e pacíficas são forçados a estabelecer sua indignação em pragas sociais menos tangíveis: astrologia, a dissonância cognitiva da ciência evolucionária e geológica, ecumenismo, drogas, sexo, rock n' roll e um sempre presente Satanás.

O medo do fim dos tempos está longe de ser inofensivo. Durante os anos 1970 e 1980, a aversão dispensacionalista ao espiritualismo e à astrologia da Nova Era se transformou em um clássico "pânico moral" — em si uma forma de ilusão em massa — sobre surtos inexistentes de abuso sexual infantil satânico e assassinatos em massa. Inúmeros autoproclamados especialistas em satanismo, incluindo proeminentes oficiais da lei, ganharam destaque nacional falando sobre dezenas de milhares de crianças vítimas de assassinato em rituais. Supostamente, os satanistas sequestravam mulheres jovens e as forçavam a se tornar "procriadoras" para fornecer as vítimas; recém-nascidos foram retirados de hospitais antes de suas certidões de nascimento terem sido preenchidas para que "nunca fossem encontrados".[7]

Um desses "especialistas" foi Ted Gunderson, um ex-funcionário do FBI que trabalhou no caso do suicídio de Marilyn Monroe e no assassinato de John Kennedy, e que chefiou os escritórios do Departamento em Los Angeles, Memphis e Dallas. Gunderson postulou que 4 mil crianças norte-americanas eram assassinadas ritualmente a cada ano:

Disseram-me que é comum esses grupos sequestrarem suas vítimas (geralmente bebês e crianças pequenas) em hospitais, orfanatos, shopping centers e nas ruas. Fui informado de que os satanistas tiveram sucesso em suas tentativas de influenciar os escoteiros e, nos últimos anos, concentraram seus esforços no recrutamento de jogadores de beisebol da Liga Juvenil, infiltrando-se na equipe

268 Os Delírios das Multidões

técnica e estabelecendo pré-escolas nos Estados Unidos... um policial de Boise, em Idaho, acredita que 50 a 60 mil norte-americanos desaparecem a cada ano e são vítimas de sacrifícios humanos em cultos satânicos. A maioria das vítimas é cremada, portanto, não há corpo e nenhuma evidência. Conheço uma loja de artigos ocultistas em Los Angeles, Califórnia, que vende equipamentos crematórios portáteis... alertei o FBI, o Departamento de Justiça dos EUA e membros do Congresso sobre esses fatos e sugeri que essas questões fossem investigadas pelo Governo Federal. *Minhas solicitações foram ignoradas.* (Grifos originais.)[8]

Em 1988, o nacionalmente conhecido *The Geraldo Rivera Show* apresentou um episódio intitulado *Devil Worship: Exposing Satan's Underground* [Adoração ao Diabo: Expondo o Submundo de Satanás, em tradução livre] sobre os supostos assassinatos em massa; "investigações" sobre o fenômeno apareceram até mesmo em programas da mídia convencional, como *20/20* e *NPR's Morning Edition.*[9]

O episódio mais infame da época ocorreu com o julgamento de McMartin em 1985, divulgado quando uma jovem mãe psicótica — em um incidente assustadoramente reminiscente da esquizofrenia de Denis Michael Rohan — relatou à polícia que seu filho havia sido sodomizado na pré-escola. Sua história era totalmente implausível: crianças atraídas para aviões e túneis, onde cavalos eram abatidos e professoras vestidas de bruxas voavam e realizavam rituais em que seus jovens pupilos eram sexualmente abusados e explorados para fazerem pornografia infantil.

"Especialistas" em abuso satânico e assistentes sociais foram para a escola, dirigida por uma mulher extraordinariamente azarada chamada Peggy McMartin Buckey, e logo extraíram descrições do abuso de crianças muito jovens para transmitir com precisão o que supostamente havia acontecido. O julgamento de Buckey e seis outras funcionárias da creche pelo abuso durou 7 anos, custou US$15 milhões e arruinou a vida dos réus: em um flagrante erro judiciário, Buckey passou dois anos na prisão, e seu filho, cinco, enquanto aguardavam julgamento. No fim das contas, os investigadores não encontraram túneis ou pornografia infantil, nenhum dos pais das crianças relatou ter visto cavalos mortos e a única túnica preta que entrou em evidência foi a beca de formatura da Sra. Buckey.[10]

O julgamento deles envolveu apenas um em uma dúzia de pânicos morais de satanismo/cuidado infantil em grande escala, com processos fraudulentos, que varreram a nação durante os anos 1980, muitos dos quais na verdade

Ficção do Arrebatamento   269

resultaram em sentenças draconianas. Quando os julgamentos de apelos e investigações que se seguiram tornaram óbvia a natureza falsa dos casos e destacaram o caráter alucinatório do pânico moral, a paranoia evangélica mudou-se para outras áreas e os processos secaram. Margaret Talbot, jornalista do *New York Times* advertiu: "Ambivalência é um estado de espírito difícil de manter; a tentação de substituí-lo por uma visão mais maniqueísta está sempre à mão." Especialmente quando o Anticristo e o fim dos tempos aparecem no horizonte imediato.[11]

Este Mundo Tenebroso e a onda de sequências de Peretti provaram ser apenas o ato de abertura de um fenômeno editorial muito maior: a previamente mencionada série *Deixados Para Trás* de Tim LaHaye e Jerry Jenkins. Nascido em 1926, LaHaye se matriculou na Universidade Bob Jones em Greenville, Carolina do Sul, cuja atmosfera estava de acordo com suas crenças religiosas. A linhagem da escola era de aderência à reação fundamentalista contra a aceitação pela igreja protestante convencional da ciência moderna, particularmente a evolução. A ideologia de LaHaye teve suas raízes em uma conferência bíblica de 1924 durante a qual William Jennings Bryan supostamente teria se dirigido a Bob Jones, um pregador evangelista, dizendo: "Se as escolas e faculdades não pararem de ensinar a evolução como um fato, vamos nos tornar uma nação de ateus."[12] No ano seguinte, Bryan, um ex-secretário de Estado, duas vezes candidato à presidência e famoso orador, atuou como promotor de acusação do infame caso Scopes.* Sua preocupação com os males das influências seculares nas instituições de ensino superior do país soou clara aos ouvidos de Jones, que em 1927 fundou sua universidade.

No início da década de 1950, com o diploma da Bob Jones fresco em suas mãos, LaHaye deu a volta ao redor do país ministrando em várias congregações antes de se estabelecer na Califórnia, em sua cruzada por Jesus e valores familiares, seu zelo talvez relacionado com a perda do pai aos 9 anos de idade. Diversificando suas atividades, e junto com sua esposa, foi para a televisão com o programa *The LaHayes on Family Life* [A Família LaHaye, em tradução livre], que o transformou em um guerreiro da cultura forjado nas batalhas

---

*   Caso Scopes, ou processo do macaco é como foi chamado o caso contra o professor de biologia John Thomas Scopes, ocorrido em Dayton em 1925. O professor foi julgado por ensinar a teoria da evolução em uma escola pública. A prática ia de encontro à Lei Butler, uma lei do Tennessee que estabelecia que era ilegal em todos os estabelecimentos educacionais do estado o ensino de qualquer teoria que negasse a história da criação divina do homem como é explicada na Bíblia. O caso foi um ponto crítico na controvérsia sobre o evolucionismo e o criacionismo nos Estados Unidos [N. da T.].

270 Os Delírios das Multidões

contra a homossexualidade, o secularismo e o feminismo. Ao longo dos anos, produziu uma série de livros de ficção e não ficção que alertavam explicitamente sobre os perigos da Organização Nacional de Mulheres, da ONU e da União Americana pelas Liberdades Civis.[13]

Em algum momento de meados da década de 1980, enquanto voava para um simpósio sobre profecias, LaHaye percebeu que o capitão de sua aeronave flertava com a comissária de bordo. O capitão usava aliança de casamento, ela não. LaHaye meditou: não seria interessante se o Arrebatamento ocorresse e o piloto reconhecesse que as 100 pessoas que repentinamente haviam desaparecido de sua aeronave indicariam que sua esposa cristã e seu filho estariam desaparecidos quando ele voltasse para casa?[14]

Os passageiros e tripulações que desapareceram figuraram de fato em pelo menos duas narrativas de Arrebatamento anteriores a LaHaye: O romance de Salem Kirban, *666*, e um ensaio de William T. James, "When Millions Vanish [Quando Milhões Desaparecem, em tradução livre]."[15] Originalidade à parte, o empreendimento de maior sucesso da história em multimídia religiosa, o fenômeno *Deixados para Trás*, havia nascido.

LaHaye inicialmente imaginou uma "Trilogia do Arrebatamento", mas ele sabia que não tinha a habilidade narrativa ficcional necessária, então seu agente literário o conectou a um experiente autor, *ghostwriter* e dispensacionalista chamado Jerry Jenkins, que ao longo de sua longa carreira escreveu 190 livros. O afável LaHaye tinha mais ou menos a idade da amada mãe de Jenkins, e os dois se conectaram imediatamente. Enquanto LaHaye forneceu a estrutura teológica da série, Jenkins escreveu os textos dos livros.[16] A dupla publicou seu primeiro título, *Deixados Para Trás: Uma história dos Últimos Dias*, em 1995.

A produção literária anterior de Jenkins tinha variado de ficção infantil à literatura esportiva, e seu domínio da arte da escrita simples, mas lucrativa, brilha em todas as páginas da série, conforme ilustrado pela abertura do livro:

> Rayford Steele estava com seus pensamentos voltados para uma mulher que ele jamais havia tocado. Com seu Boeing 747 totalmente lotado de passageiros, ligado no piloto automático, voando sobre o Atlântico, a caminho do aeroporto londrino de Heathrow para um pouso às seis da manhã, Rayford sequer estava pensando em sua família naquele momento. Durante as próximas férias de primavera, ele passaria um tempo com sua esposa e o filho de 12 anos. A filha deles também voltaria da faculdade. Mas, por enquanto, com seu primeiro oficial lutando contra o sono, Rayford imaginou

Ficção do Arrebatamento   271

o sorriso de Hattie Durham e ficou ansioso pelo próximo encontro
deles. Hattie era a comissária de bordo sênior de Rayford. Ele não
a via já fazia mais de uma hora.[17]

Até então fiel à sua esposa fanaticamente religiosa, Irene, que esperava o
Arrebatamento a qualquer momento, Steele junta coragem, deixa os controles
nas mãos sonolentas de seu copiloto e vai até a cozinha do avião para um encontro com Hattie. Para sua decepção, ele a encontra histérica: entre soluços,
ela lhe diz que dezenas de passageiros estão desaparecidos, seus assentos estão
vazios exceto pelas roupas. Um por um, os passageiros que acordam gritam
ao perceber apenas as roupas de seus companheiros, agora sumidos. Hattie
implora por uma explicação de Steele, que finge ignorância, mas "a terrível
verdade é que ele sabia muito bem. Irene estava certa. Ele e a maioria de seus
passageiros foram deixados para trás."[18]

Em todo o mundo reina o caos enquanto aviões sem piloto caem dos céus
como faisões em um tiroteio e veículos sem motorista deslizam para fora das
estradas; milhões desapareceram e outros milhões são mortos. O epicentro
mundial da descrença, a cidade de Nova York, ficou imóvel por causa da
devoção dos condutores do metrô e dos acidentes resultantes de seu desaparecimento abrupto. A Europa fecha para o tráfego aéreo, então Steele traz
seu avião de volta para o principal aeroporto norte-americano em funcionamento, em Chicago (ao contrário do improvável pouso na rodovia na versão
cinematográfica).

Câmeras de notícias de TV captam a bizarrice caprichosa do Arrebatamento:
a barriga de uma mulher em trabalho de parto, por exemplo, de repente mur-
cha quando seu bebê sobe diretamente para o céu, e as roupas de sua enfer-
meira caem no chão quando ela se junta ao bebê em seu caminho para cima.
Ao voltar para casa, Steele descobre que sua esposa e filho sumiram, enquanto Chloe, sua filha agnóstica, estudante universitária, permaneceu. Quase
toda a congregação da igreja de Irene, claro, partiu; seu ministro deixa um
"Eu avisei" registrado em DVD para os remanescentes, tão bem produzido e
convincente que provoca o renascimento imediato de Rayford Steele.

Por incrível coincidência, um passageiro do avião de Steele, um jornalista brilhante chamado Buck Williams, investiga os eventos. Cerca de um ano
antes, ele tinha ido a Israel para entrevistar um biólogo que havia descoberto
um fertilizante químico que transformava desertos em férteis plantações e que
também possuía outro segredo científico misterioso e fantasticamente valioso
que fez daquela nação o lugar mais rico da terra. Durante a visita de Williams

272   Os Delírios das Multidões

a Israel, os russos tentaram um ataque nuclear massivo no país, mas milagrosamente todos os mísseis e aviões explodiram no ar.

O terceiro ator principal do romance é o Anticristo, na pessoa de um romeno chamado Nicolae Carpathia, fluente em nove línguas, aparência insuportavelmente atraente, intelecto poderoso e charme irresistível. Williams o entrevistou quando ele ainda era um insignificante político local, mas sua ascensão meteórica logo o viu como chefe das Nações Unidas, cujo Conselho de Segurança ele reorganizou na conhecida confederação dispensacionalista das dez nações. Agora o ser humano mais poderoso do mundo, ele institui um sistema monetário global e uma união econômica, promove o desarmamento universal, firma um acordo de paz de sete anos com Israel e muda a agora toda poderosa ONU para o local da antiga Babilônia. Normalmente a mais lenta das entidades, a Organização Mundial concorda em poucas horas com todos esses pedidos de Carpathia, que então anuncia uma religião mundial unificada.

Buck descobre a verdadeira identidade de Carpathia e une forças com Chloe. Em contraste com a congregação quase uniformemente arrebatada na igreja da mãe de Chloe, todos os amigos de esquerda de Chloe da Universidade de Stanford devem permanecer na Tribulação; Chloe e Buck renascem, se casam e se aliam a seu pai para organizar a força da Tribulação, que emprega magia tecnológica para combater Carpathia.[19]

Conspirações internacionais surgem em toda parte. Décadas antes, um financiador todo-poderoso de biotecnologia chamado Jonathan Stonagal inseminou artificialmente a mãe de Carpathia para produzir um hipnótico substituto, Nicolae, que promoveria as nefastas ambições de Stonagal. Os militares ignoram propositalmente relatos de OVNIs de pilotos profissionais. Stonagal reorganiza a liderança mundial e efetua "suicídios" de alto nível quase diariamente antes de ser finalmente assassinado pelo próprio Carpathia, que faz uma lavagem cerebral em todas as testemunhas do crime, exceto uma, o protegido por Deus Buck Williams, fazendo-as acreditar que Stonagal havia se matado.

A cultura maniqueísta de LaHaye permeia o livro: aqueles que se opõem ao aborto e votam nos republicanos são arrebatados, enquanto apoiar a comunidade gay ou ler livros da Nova Era condena as pessoas a queimar.

As façanhas de Buck Williams transformam o pedaço indigesto da escatologia dispensacionalista em mordidas fáceis de engolir. O livro mantém um fluxo narrativo altamente transportador, alternando passagens que descrevem a busca implacável de Williams pela verdadeira identidade de Carpathia com seções que descrevem o agora renascido Steele explorando o esquema dispensacionalista do fim dos tempos.

Ao longo dos 12 anos após a publicação, em 1995, de *Deixados Para Trás*, LaHaye e Jenkins escreveram mais 15 sequências e prelúdios que, juntos, abrangeram toda a sequência dispensacionalista, desde o nascimento geneticamente modificado de Carpathia até *A Vitória Final — O Reino Chegou*.

Os primeiros volumes venderam algumas centenas de milhares de cópias cada, mas, no quarto volume, o boca a boca levou a série ao topo da lista de *best-sellers* do *New York Times*.[20] A tiragem inicial do 8º volume totalizou 2,5 milhões de cópias. Em 2001, as vendas do 10º livro, que dispararam após os ataques de 11 de Setembro, desbancou *A Casa Pintada*, de John Grisham, como o romance mais vendido de todo o ano. Foi a primeira vez que Grisham não detinha esse título desde 1995. Algo ainda mais notável porque as listas de *best-sellers* geralmente não acompanhavam as vendas de livrarias religiosas, que representavam um terço das vendas da série. Cerca de um em cada dez norte-americanos havia lido um dos livros e um quarto deles os conheciam.[21]

As vendas totais da série chegaram a 65 milhões de cópias. Em 2002, LaHaye e Jenkins foram capa da *Time* (e da *Newsweek* em 2004); os dois autores, então, derivaram sua própria série, com LaHaye pulando naquele ano da Tyndale House Publishers, de orientação religiosa, para a organização convencional Random House para ganhar um adiantamento de US$45 milhões para outra série de livros.[22]

Esse sucesso descomunal atraiu o olhar crítico do dispensacionalismo. Nicholas Kristof escreveu no *New York Times*:

> A série *Deixados Para Trás*, os romances mais vendidos para adultos nos Estados Unidos, narra entusiasticamente Jesus voltando para massacrar todos os que não são cristãos renascidos. Os hindus, muçulmanos, judeus e agnósticos do mundo, junto com muitos católicos e unitaristas, serão lançados no fogo eterno. Nossa, que cena edificante!

Então, Kristof voltou sua atenção para o irregular histórico profético de Lindsey e concluiu: "Estar errado raramente foi tão lucrativo."[23] Outro crítico leigo detectou que o estilo de Jenkins misturava "Jerry Falwell e Tom Clancy".[24] Outros observadores notaram a falta geral de empatia da ficção de arrebatamento pelas centenas de milhões de humanos imolados em seus romances, em um prazer quase obsceno.

Jerry Jenkins, por sua vez, projetou a imagem de um escritor despreocupado e não ideológico. Em uma entrevista para a *Newsweek*, ele observou:

274   Os Delírios das Multidões

> Escrita banal, personagens superficiais — posso lidar com as críticas. Escrevo para pessoas comuns. E eu sou uma pessoa comum. Escrevo o melhor que posso. Eu sei que nunca serei reverenciado como um escritor clássico. Não pretendo ser C.S. Lewis. Os escritores literários, eu os admiro. Gostaria de ser inteligente o suficiente para escrever um livro difícil de ler, sabe?[25]

A menção de Jenkins a C.S. Lewis não foi uma alusão literária aleatória; de acordo com o teólogo Mark Ward, "os estatutos da publicação cristã exigem pelo menos um capítulo em cada livro cristão que comece com uma citação de C.S. Lewis". Nem Jenkins romantizou seus leitores, observando que certa vez ele encontrou uma leitora no Sam's Club carregando um de seus livros junto com uma garrafa de uísque e concluiu que, de qualquer forma, ela dormiria bem naquela noite.[26]

Em contraste, no mesmo artigo da *Newsweek*, LaHaye expressou tanto a rígida certeza teológica quanto o ressentimento ardente em relação às elites culturais e religiosas do país: "Esses milhões que estou tentando alcançar para que considerem a Bíblia literalmente. São os teólogos que põem tudo a perder com algumas dessas ideias presunçosas de que você tem que encontrar alguma razão teológica por trás disso. Me incomoda que os intelectuais olhem com desprezo para nós, pessoas comuns."[27] As "pessoas comuns" de LaHaye vivem predominantemente no Sul e no Centro-Oeste, que representam 71% dos leitores da série, em oposição a apenas 6% no Nordeste.[28] A região central de LaHaye é o reduto do antiaborto, conservadorismo social anti-homossexualidade que serviu para energizar os dispensacionalistas norte-americanos e os evangélicos em geral; Jerry Falwell e Pat Robertson vieram da Virgínia, Hal Lindsey do Texas, Jimmy Swaggart da Louisiana, e Jim Bakker do Missouri.

Um número crescente de paroquianos dispensacionalistas, muitos entusiastas de Lindsey, LaHaye e Jenkins, aglomeram-se em Israel, principalmente em Jerusalém, para satisfazer suas crenças milenaristas; dos 3,6 milhões de visitantes do país em 2017, estima-se que 1 em cada 8 era evangélico. Muitos viajantes de orientação religiosa reservam passeios centrados no dispensacionalismo, entre os quais o destaque é uma visita ao centro de visitantes do Instituto do Templo de Jerusalém, que mostra os receptáculos e instrumentos construídos para o Templo reconstruído. A maioria desses visitantes, nas palavras do acadêmico Yossi Mekelberg, está "completamente alheia ao lado palestino da história. É sobre religião; com amigos assim, quem precisa de inimigos?"[29]

Elemento central da construção do Terceiro Templo é a chegada de uma novilha vermelha sem descoloração, mancha ou jugo. O aparecimento de pelos brancos nas mamas desqualificou Melody como a vaca apocalíptica, mas seu nascimento inspirou um visitante dispensacionalista mais sério a Israel, Clyde Lott, um pecuarista do Mississípi que, em 1989, encontrou a passagem relevante em Números 19 e se perguntou como ele poderia gerar tal animal de sacrifício totalmente qualificado. Não seria tão difícil, decidiu ele, pois embora essas novilhas sejam raras na Europa e na Ásia, a raça norte-americana Red Angus está perto de preencher os requisitos.

No ano seguinte, ele visitou o escritório de comércio internacional do Departamento de Agricultura e Comércio do Mississípi, que enviou este memorando a um adido comercial do Departamento de Estado:

> Clyde Lott está preparado para oferecer Red Angus adequado para sacrifícios bíblicos do Antigo Testamento, não terá manchas ou pelos despigmentados, geneticamente vermelho, terá olhos vermelhos, a pigmentação do nariz será escura, novilhas de um ano pesarão aproximadamente 320Kg. Esse gado vai se adaptar rapidamente ao clima do Oriente Médio, e também fornecerá carne de excelente qualidade [*sic*].[30]

Por fim, o memorando chegou aos rabinos do Instituto do Templo, cujo diretor, Chaim Richman, observou com prazer que o bíblico Lot, famoso em Sodoma, também criara gado.[31] Nos anos seguintes, Lott e Richman se encontraram em Israel, e a sensação em torno do nascimento de Melody em 1996 os encorajou a traçar um grande plano: um carregamento em dezembro de 1997 de 500 vacas prenhes para, dentre todos os lugares do mundo, o barril de pólvora na Cisjordânia ocupada. O esquema, que provavelmente teria produzido um rebanho inteiro de vacas apocalípticas genuínas, ficou envolto em burocracia e dificuldades financeiras e nunca decolou. Lott lamentou:

> Algo no fundo do meu coração diz que Deus quer que eu seja uma bênção para Israel. Mas é complicado. Não estamos prontos para enviar novilhas vermelhas para lá. Se houver um Deus soberano com sua mão nos assuntos dos homens, isso acontecerá e será um evento crucial.[32]

No esquema dispensacionalista, uma fina linha vermelha separa "crucial" e "cataclísmico". Melody, Lott e Richman encapsulam uma espécie de teatro teológico bizarro em que os diferentes atores atuam no mesmo palco e leem roteiros quase idênticos. Os atores apoiam alegremente as performances uns dos outros até o desfecho, quando seus destinos divergem radicalmente. Na escrita judaica, o Messias vem pela primeira vez e estabelece para sempre os judeus e seu templo em Jerusalém, enquanto a escrita cristã adiciona várias cenas nas quais um Deus vingativo encarrega um terço dos judeus a renunciar à sua antiga fé e fazer proselitismo da nova, e frita os outros dois terços.

Nem é preciso dizer que esse jogo envolve quantidades industriais de exploração cínica mútua. Extremistas israelenses, incapazes de obter o apoio eleitoral da maioria para seus direitos bíblicos a todos de Judá e Samaria e à reconstrução do Templo, aceitam com alegria ajuda financeira e política de cristãos evangélicos, que por sua vez acreditam que o fim da peça liquidará seus novos aliados judeus por meio de conversão ou incineração. Nas palavras do jornalista Gershom Gorenberg:

> E talvez não importasse, exceto que pessoas bem-intencionadas se animando com a ideia de que os judeus construírem o Templo levará à salvação final do mundo às vezes emprestam suas mãos a extremistas que agem, não no reino do mito, mas em um país real onde conflitos reais reivindicam vidas reais.[33]

13

Filantropos do Capitalismo

Durante a mesma década em que Clyde Lott e Chaim Richman se entregaram a seus respectivos, e potencialmente cataclísmicos, delírios do fim dos tempos cristão e judaico, os investidores norte-americanos perderam o juízo coletivo em uma orgia de especulação financeira.

Em certa noite no início do ano 2000, após um longo dia de trabalho no escritório da revista *Money*, no centro de Manhattan, o jornalista Jason Zweig pegou um táxi para casa. Quando o trânsito parou, o veículo foi obstruído por quatro jovens em ternos caros, e um deles tateava a janela do motorista para exigir uma carona até um destino a apenas alguns quarteirões de distância. Ao ser informado pelo taxista que já tinha um passageiro, o cavalheiro jogou uma nota de US$100 na cara do motorista e disse: "Coloque-o para fora e nós lhe daremos 100 dólares."

O taxista fechou a janela e, conforme registrado por Zweig, "fugimos da cena como duas donzelas escapando da tenda de Átila, o Huno". O que espantou Zweig, um nova-iorquino experiente, não foi tanto que os garotos prodígios ofereceram um Benjamin Franklin para sua expulsão, mas que os quatro poderiam ter chegado ao destino mais rapidamente indo a pé.[1]

Como Blunt, Hudson e Insull, esses jovens rudes haviam bebido da arrogância da riqueza repentina e provavelmente também de líquidos mais mundanos. Eles eram ricos e, portanto, de acordo com a lógica de nossa sociedade materialista, inteligentes e importantes, não sendo relevante que seu lucro provavelmente fluísse de uma sorte idiota, práticas questionáveis ou ambos.

A histeria financeira que tanto embriagou os jovens provocadores de Zweig durou, de modo geral, de meados da década de 1990 até meados de 2000 e, em seguida, entrou em colapso em câmera lenta nos dois anos e meio seguintes, uma deflação quase idêntica à duração da Quinta-feira Negra de 1929. A devastação foi generalizada: no total, 100 milhões de investidores perderam

US$5 trilhões, cerca de um terço de sua riqueza no mercado de ações. Os mais agressivos deles, ainda muitos milhões de norte-americanos, iludidos que foram em acreditar que haviam encontrado a fonte da juventude financeira em ações pontocom e fundos mútuos, havia, como Edgar Brown em 1929, perdido a maior parte de suas economias na enxurrada.[2]

Como com as histerias anteriores, a fisiopatologia subjacente da bolha das quatro condições necessárias de Hyman Minsky se aplica: deslocamento tecnológico e financeiro, afrouxamento do crédito, amnésia e o abandono dos princípios de avaliação consagrados pelo tempo.

Parafraseando o mantra da bolha, o grande deslocamento da época, a internet, realmente mudou tudo.[3] Ela surgiu em 1969, quando a Agência de Pesquisa de Projetos Avançados do Departamento de Defesa uniu seus primeiros quatro "nós" na Universidade da Califórnia, na Universidade Santa Barbara, na Universidade de Utah e no Instituto de Pesquisa Stanford. A nova "superestrada da informação" excitou os investidores, mas a lentidão e dificuldade de uso iniciais, combinadas com o custo e a falta de jeito dos primeiros computadores pessoais, fizeram com que, nos primeiros 20 anos, ela afetasse pouco a vida cotidiana. As primeiras redes comumente usadas, como AOL e Compuserve, de início nem estavam conectadas à internet mais ampla, e mesmo mais tarde, quando foram conectadas, funcionavam como jardins murados que não permitiam navegação direta para páginas da web fora de seu domínio.

Isso mudaria em 1990, quando Tim Berners-Lee, um cientista da computação que trabalhava no CERN, a Organização Europeia de Pesquisa Nuclear que fica na fronteira entre Suíça e França, inventou o primeiro navegador primitivo, que ele profeticamente chamou de WorldWideWeb. Na época, ele apenas procurou conectar a miríade de diferentes computadores da instalação; quase por acidente, ele conectou o planeta e criou uma sensação que agitou os mercados financeiros e transformou a própria maneira como vivemos.[4]

O primeiro navegador de Berners-Lee exigia muito conhecimento técnico para propósitos gerais, mas outros programadores logo melhoraram sua facilidade de uso. Em 1993, o Centro Nacional de Supercomputação Aplicada (NCSA) da Universidade de Illinois lançou o Mosaic, um aplicativo baseado no Microsoft Windows relativamente fácil de instalar e implementar. Marc Andreessen, um estudante da Universidade de Illinois, chefiou a equipe do NCSA; depois de se formar, ele se mudou para a Califórnia, onde juntou forças com um Ph.D. em ciência da computação chamado Jim Clark.

Uma década antes, Clark fundara a Silicon Graphics, que fabricava computadores de última geração. No jargão da tecnologia, esses dispositivos eram "estações de trabalho", dispositivos feitos sob medida, projetados para uma

Filantropos do Capitalismo   279

tarefa específica que geralmente rodavam seus próprios sistemas operacionais e softwares proprietários. Na década de 1980, os fabricantes de estações de trabalho ganharam bilhões, mas, para a maioria das empresas, essa lucratividade se mostrou uma armadilha dourada, já que computadores pessoais, cada vez mais aprimorados, logo os substituiriam, uma eventualidade que o visionário Clark previu. Frustrado com sua incapacidade de convencer a administração da empresa disso, ele deixou a Silicon Graphics, irritado não apenas porque a empresa que fundara havia saído do curso, mas também porque suas ações valiam apenas US\$20 milhões; em suas palavras: "Relativamente pouco para mostrar em uma dúzia de anos de criatividade, liderança, risco e trabalho árduo em uma indústria que produziu vasta riqueza pessoal."[5] Ele jurou que da próxima vez teria mais controle e seria mais bem recompensado.

Em 1994, Clark e Andreessen fundaram a Corporação Mosaic Communications. A Universidade de Illinois, irritada com o uso do apelido Mosaic, pediu-lhes que encontrassem um novo nome para a empresa; eles escolheram Netscape Communications. Como o Mosaic, a empresa disponibilizou o navegador gratuitamente e ele se espalhou como um incêndio. Em meados de 1995, milhões de usuários ficaram entusiasmados com a chuva de meteoros e o planeta *N* monogramado no canto superior direito da tela que anunciou que eles estavam *online* e capazes de acessar páginas da web de qualquer lugar do globo.

Crédito fácil, o segundo dos fatores fisiopatológicos de Minsky, fornece o combustível bruto para as bolhas. Em um sistema moderno de reservas fracionárias, o banco central de uma nação — nos Estados Unidos, o Federal Reserve — faz o papel de cão de guarda da oferta monetária. O trabalho do Fed é manter a economia funcionando com um suprimento de dinheiro adequado, mas também, nas palavras imortais do ex-presidente William McChesney Martin, "tirar a jarra de ponche bem quando a festa começa".[6]

Na maioria das circunstâncias, a diretoria do Federal Reserve se preocupa com duas coisas: o estado geral da economia, medido pelo crescimento do PIB e a taxa de desemprego, e como manter a inflação sob controle. Os preços das ações são de menor preocupação e muitas vezes acabam sendo um "espectador inocente" dessas duas preocupações.

Em meados do século XX, a principal ferramenta do Fed era a taxa interbancária, a taxa de juros pela qual os bancos membros emprestam uns aos outros da noite para o dia — na verdade, a taxa de curto prazo dos títulos do governo. Quando a taxa de juros desses títulos seguros é alta, eles atraem

280   Os Delírios das Multidões

investidores, o que retira dinheiro de ativos de risco, como ações, e reduz seus preços; ao contrário, quando o Fed reduz taxas, os investidores que buscam um retorno mais alto compram ações em baixa e, assim, aumentam os preços.*

O início da década de 1990 viu uma recessão moderadamente severa que precipitou dois grandes eventos. Primeiro, custou a George H. W. Bush o segundo mandato; conforme colocado pelo slogan real da campanha do vencedor, Bill Clinton: "É a economia, estúpido." Em segundo lugar, a recessão desencadeou um afrouxamento dramático do crédito pelo Federal Reserve, que alimentou a bolha do mercado de ações.

Sob a presidência de Alan Greenspan, o Fed atacou a recessão do início dos anos 1990 comprando títulos do Tesouro, o que reduziu a taxa interbancária de 8,3% em janeiro de 1990 para cerca de 3% no fim de 1992, onde permaneceu por 2 anos inteiros. Isso alimentou a fase inicial do crescimento do mercado de ações, e os investidores começaram a falar do "Greenspan Put", a impressão de que o presidente procurava ativamente manter os preços das ações em alta.†

Na verdade, o Fed deveria ter retirado a jarra de ponche por volta de 1997, época em que a economia estava crescendo bem, com a inflação caindo para cerca de 3%. Parecia que Greenspan estava prestes a fazer exatamente isso, mas houve uma sequência de eventos assustadoramente semelhantes aos da década de 1920, quando o presidente Strong inadvertidamente desencadeou um frenesi no mercado de ações dos EUA, reduzindo as taxas para proteger a libra inglesa.

Em 1997 e 1998, eventos globais conspiraram para manter a jarra de ponche cheia. Uma série de crises monetárias e de dívidas varreram os mercados financeiros mundiais, começando com o colapso da moeda tailandesa, o baht, e se espalhando como um dominó para a Malásia, Indonésia e Hong Kong. Inicialmente, o contágio em evolução não alarmou muito Greenspan, uma vez que aquelas economias asiáticas eram relativamente pequenas, mas quando, no fim de 1997, a mesma sequência aconteceu na Coreia do Sul, uma nação mais rica que hospedava dezenas de milhares de soldados norte-americanos, ele foi forçado a responder. O Fed e o Tesouro armaram fortemente os bancos norte-americanos para continuar a emprestar à Coreia o mais barato possível

---

* A taxa interbancária é, na realidade, apenas uma meta. A taxa *overnight* real é negociada entre os bancos credores e tomadores; o Fed a influencia comprando títulos do Tesouro no mercado aberto, o que tende a baixar as taxas, ou vendendo-os, o que tende a aumentá-los.

† Um "put" é uma opção de vender um título a um determinado preço mínimo, sendo, portanto, uma garantia contra uma grande perda.

— isso é, com a menor taxa de juros possível, não apenas na Coreia, mas também em outras nações asiáticas. As taxas de juros mais baixas no exterior enfraqueceram essas moedas estrangeiras, o que valorizou o dólar. No início de 1997, o Fed, em resposta ao crescimento da economia, já havia começado a aumentar as taxas de juros, mas, para evitar essa valorização do dólar, manteve-as estáveis; como na década de 1920, as taxas relativamente baixas persistentes alimentaram a então bem estabelecida histeria do mercado de ações.

Figura 13-1. Taxas interbancárias 1997–2000

Os dominós financeiros internacionais continuaram caindo; no fim de 1998, um encolhimento semelhante da economia russa precipitou o calote de sua dívida e a deflação do rublo. Dessa vez, o contágio atingiu diretamente os Estados Unidos, onde um grande e prestigiado fundo hedge, o Long Term Capital Management (LTCM), que havia apostado pesadamente na dívida russa, faliu. A evaporação das participações maciças do fundo ameaçou o resto do sistema financeiro e os preços das ações despencaram em todo o mundo.

A essa altura, os mercados consideravam Greenspan o autor virtual do crescimento econômico dos anos 1990, e ele havia adquirido o status quase mítico de "o maestro", como Bob Woodward viria a intitular seu livro *best-seller* sobre o presidente, que viu sua reputação descomunal ameaçada pelas consequências potencialmente catastróficas do colapso do LTCM. Greenspan não apenas planejou o resgate do fundo por bancos privados, mas também facilitou o crédito reduzindo agressivamente a taxa interbancária, mantendo-a baixa um ano inteiro. Isso catapultou os preços das ações para a estratosfera.[7]

* * *

282   Os Delírios das Multidões

No fim do século XX, o terceiro fator fisiopatológico de uma bolha, a amnésia financeira, havia se desenvolvido ao longo de várias décadas. O mercado em baixa entre 1929 e 1932 havia devastado tanto a riqueza institucional e das famílias e arrasado tanto a psique nacional, que por décadas as ações não eram consideradas investimentos prudentes; por exemplo, em 1945, a primeira data para a qual existem estatísticas confiáveis, o dólar médio de investimentos individuais, que é fortemente ponderado pela poupança dos ricos, pairava em cerca de apenas US$0,30 em ações, e era raro o fundo de pensão corporativo que detinha uma quantia significativa.

Embora apenas cerca de 10% dos norte-americanos possuíssem ações e tivessem sido afetados diretamente pela baixa do mercado de 1929 a 1932, a Grande Depressão subsequente afetou a todos.[8] Quase todos os norte-americanos de certa idade carregam consigo o fardo da bagagem familiar da Depressão (no caso deste autor, o hábito de sua mãe embrulhar e guardar cuidadosamente até mesmo um único aspargo que sobrou no restaurante). Para milhões de norte-americanos, as memórias ainda vivas do período brutal de 1929 a 1932 diminuíram o apelo das ações por uma geração ou mais.

Uma espécie de bolha de ações ocorreu no fim dos anos 1950 até o início dos anos 1960, que girou em torno da invenção do transistor semicondutor algumas décadas antes por uma equipe do Bell Labs liderada pelo físico William Shockley, desencadeando uma explosão de dispositivos eletrônicos cada vez mais robustos e menores. Nos EUA, em 1959, afixar "*-tronics*" ao nome de uma empresa servia para estimular o interesse público e aumentar o preço das ações, da mesma forma que adicionar "pontocom" a uma empresa faria isso uma geração mais tarde. Um sóbrio fabricante de fonógrafos e discos de vinil, American Musical Guild, veio a público com um preço sete vezes maior simplesmente mudando seu nome para Space-Tone. Alguns outros nomes corporativos significativos da época foram Astron, Vulcatron, vários terminando em "*-sonics*" e, o mais impressionante de todos, Powertron Ultrasonics. Os bancos de investimento aprenderam a favorecer empresas com grandes distribuições de ações e, simultaneamente, limitar a quantidade disponível para compra pelo público em geral, o que alimentou o entusiasmo do público, o qual entrou em colapso em 1962, como quase todas as bolhas anteriores, quando o frenesi de compradores ansiosos acabou.[9]

A histeria dos *tronics* envolvia apenas uma pequena parte do mercado de ações e, como relativamente poucos norte-americanos possuíam ações naquela época, deixou pouca impressão duradoura na memória do público.[10] Na década de 1990, o cidadão norte-americano médio estava há duas gerações afastado da última bolha de títulos em toda a sociedade. Quando a bolha

Filantropos do Capitalismo 283

finalmente chegou, apenas três grupos minúsculos tinham as ferramentas para reconhecê-la: investidores nonagenários com memórias intactas; historiadores econômicos; e aqueles que leram, absorveram e retiveram as lições dos três primeiros capítulos de *A História das Ilusões das Massas*.

A mania tecnológica da década de 1990 apresentou com destaque o quarto fator fisiopatológico de uma bolha, o abandono dos critérios tradicionais de avaliação de ações. Mesmo as empresas que mais se destacaram no mercado de ações no fim dos anos 1920 produziram um sólido fluxo de lucros, e todas, exceto algumas empresas de "alta tecnologia" (principalmente, RCA e Remington Rand), também distribuíram dividendos saudáveis.[11] Em contraste, na década de 1990, apenas um punhado de novas empresas de tecnologia produziu receita suficiente para arcar com seus gastos excessivos com pessoal e equipamento. Quanto aos dividendos, os investidores em tecnologia os consideraram um curioso eco de uma era remota da charrete e do chicote: o que poucos descobriram estava a mais de uma década de distância. A Microsoft, que emitiu suas primeiras ações ao público em 1986, não declarou seu dividendo inicial até 2003; quando este livro estava sendo escrito, os dois maiores vencedores do sorteio das pontocom, Amazon e Google, ainda não o haviam feito. À medida que a década de 1990 avançava, os investidores de alguma forma se convenceram de que lucros e dividendos não tinham importância nenhuma; o verdadeiro valor das ações de uma empresa reside em métricas mais difusas, medidas em milhões de olhos ou bilhões de cliques.

O famoso aviso de John Templeton mais uma vez soou alto: "As quatro palavras mais onerosas são 'Desta vez é diferente'." Durante a década de 1990, o mundo digital emergente realmente parecia diferente, e muitas das promessas mais delirantes da época se tornaram realidade: cobertura de banda larga quase universal, telefonia de voz e vídeo onipresente e quase gratuita, e um ambiente eficiente de compras online que engoliria lojas físicas inteiras.

Infelizmente, o investidor médio nessas tecnologias não lucrou. Das centenas de empresas que se tornaram de capital aberto durante o fim dos anos 1990, apenas algumas sobreviveram. Só uma delas, a Amazon, tornou-se uma força econômica dominante, e mesmo assim precisa mostrar os ganhos que um investidor poderia esperar de sua posição de comando no setor varejista.[12]

Assim como durante a ferrovia inglesa e as bolhas dos anos 1920, o crescimento tecnológico dos anos 1990, enquanto atacava investidores, deixava a sociedade com uma infraestrutura valiosa. Empresas da bolha são melhor entendidas como uma pirâmide de três níveis, estruturada de acordo com a relação entre a rentabilidade e o benefício social dessas empresas, como descrito a seguir.

No topo da pirâmide estão empresas que não só beneficiaram a sociedade, mas também fizeram seus investidores ricos, como a Companhia das Índias Orientais ou o Banco da Inglaterra e, ao menos até o momento em que escrevo este livro, Amazon.com e Google. O segundo e talvez mais importante nível consiste em empresas que beneficiam a sociedade, mas perdem o dinheiro de seus investidores, como o império ferroviário de George Hudson e os fundos de serviços de utilidade pública de Samuel Insull.

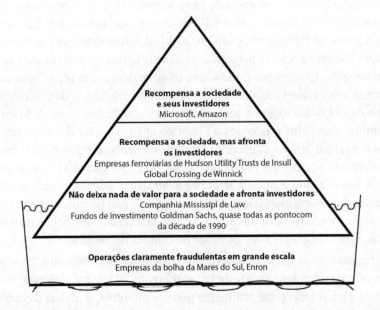

A Global Crossing Ltd. foi a garota propaganda da era da bolha tecnológica para este resultado aparentemente contraintuitivo. Entre 1998 e 2002, durante a explosão e o colapso da mania pontocom, as empresas de telecomunicações deixaram de lado a maior parte dos atuais 800 mil Km globais de cabos submarinos de fibra óptica. Um homem, Gary Winnick, foi responsável por quase um terço desse esforço frenético.

Winnick, um ex-vendedor de títulos e protegido do rei dos títulos podres e criminoso condenado Michael Milken, possuía aos borbotões o mesmo talento que seus antepassados de negócios, Blunt, Hudson e Insull: um gênio para levantar bilhões em ofertas de ações e títulos de investidores crédulos.

Filantropos do Capitalismo   285

Infelizmente, Winnick não tinha a perspicácia em negócios de Hudson e Insull; antes de fundar a Global Crossing em 1997, seu conhecimento de telecomunicações não ia muito além, como um jornalista colocou: "a habilidade de fazer um *cold call* [um telefonema de vendas não solicitado]", uma deficiência agravada por ele nunca ter dirigido uma grande empresa.[13] Se o fracasso da empresa foi por incompetência, má conduta, ou meramente má sorte, ainda é uma questão controversa. Embora tendendo a se ausentar dos assuntos cotidianos da empresa, Winnick — junto com outros executivos de alto escalão — teve a presença de espírito para vender centenas de milhões de dólares em ações pouco antes da empresa falir. Ações civis e regulatórias o tiraram da maior parte desse ganho ilícito, mas no fim os promotores se recusaram a indiciá-lo.

A culpa de Winnick não é o ponto. Por mais que a Global Crossing tenha prejudicado a fortuna de seus investidores, a empresa contribuiu em grande parte para a construção do mundo interconectado de hoje. No auge do frenesi do mercado em torno dele e de outras ações da era da internet, a Companhia foi avaliada em mais de US$40 bilhões, dos quais US$6 bilhões eram de Winnick. ("Getting Rich at the Speed of Light" [Enriquecendo na Velocidade da Luz, em tradução livre], divulgou a capa de 1999 da *Forbes*.)[14]

Seu esquema não era fraudulento nem sem visão, pois sua avaliação da importância da largura de banda global se mostrou correta. Em vez disso, como muitos visionários de negócios ao longo da história comercial, ele subestimou as duas coisas que sempre diminuem os lucros em todos os lugares. Primeiro, tão certo quanto a morte e os impostos, os lucros atraem a concorrência, aumentam a oferta e reduzem os preços e os lucros subsequentes. A conclusão de Winnick em 1997 de dois cabos transatlânticos de alta capacidade, por exemplo, foi seguida dentro de seis anos por mais dez cabos concorrentes. Em segundo lugar, a melhoria tecnológica também aumenta a oferta dos bens produzidos, reduzindo ainda mais os preços. No caso dos cabos submarinos, ao longo das décadas seguintes, melhorias na "usina seca", os transmissores ópticos e receptores em cada extremidade dos cabos, resultaram em um aumento de sete a dez vezes na capacidade de transporte dos fios originalmente colocados. O tráfego global de dados é agora cerca de 1 mil vezes maior do que em 2002, apesar de as empresas não terem colocado novos cabos transatlânticos entre 2003 e 2014; em média, menos de um quarto da capacidade mundial de cabos submarinos está atualmente "ligada" com sinal.[15]

Como quase sempre é o caso durante as bolhas, o entusiasmo dos investidores da Global Crossing os levou a pagar muito por sua fatia do bolo. Em 28 de janeiro de 2002, a empresa pediu falência após duas companhias asiáticas

286   Os Delírios das Multidões

adquirirem uma participação controladora na rede de Winnick por US$250 milhões, um valor muito baixo. Embora a Companhia tenha por fim se reerguido e ainda opere uma grande fatia da rede de cabos, os acionistas originais ficaram sem nada além de algumas migalhas de acordos legais resultantes.

A carnificina foi generalizada: além de investidores individuais, os fundos de pensão e fundos mútuos perderam bilhões. Comentando sobre as oportunas vendas de ações do Sr. Winnick, Linda Lorch, uma professora do ensino fundamental que perdeu US$120 mil em ações, disse: "Não sei como a administração dessa empresa se saiu tão bem enquanto os pequenos acionistas se deram tão mal."[16] Muitos funcionários da Global Crossing tinham as ações da empresa em seus planos 401 (k) de aposentadoria e se saíram ainda pior do que Lorch, perdendo suas economias, bem como seus empregos.[17]

Os executivos da Global Crossing não foram os únicos que lucraram com as oportunas vendas de suas ações. Em março de 1999, o ex-presidente George H. W. Bush fez um discurso aos executivos da empresa; trocou seus honorários de US$80 mil por ações da empresa, as quais vendeu meses depois por aproximadamente US$4,5 milhões, que o *Wall Street Journal* especulou podem ter sido usados para pagar a manutenção do retiro da família em Kennebunkport.[18]

Ainda que a Global Crossing tenha aleijado o futuro financeiro de desafortunados como Lorch e os funcionários da empresa, beneficiou o resto do mundo abençoando-o com uma abundância de banda larga. O mesmo não pode ser dito para o terceiro nível da pirâmide, as centenas de pontocoms que desapareceram sem deixar rastros, não apenas pisoteando seus investidores, mas também não deixando para trás nada de valor social ou econômico. Talvez a história mais espetacular da fútil perseguição das pontocom aos olhos e mentes do consumidor tenha sido o episódio Webvan, um fiasco em uma escala inimaginável antes de 1995.

Louis Borders, que fundara a rede de livrarias homônima, não era uma pessoa de vinte e poucos anos fissurada em tecnologia com uma ideia estranha. Em 1997, cinco anos depois de ter se aposentado da livraria para fundar uma empresa de investimentos, um pacote contendo algumas especiarias raras que ele havia encomendado online, uma novidade na época, chegou à sua porta. Uma lâmpada acendeu: ele poderia convencer os norte-americanos a pedir suas compras dessa maneira?

Borders sonhou alto. Para entregar bens perecíveis a milhões de consumidores, ele precisava construir um novo e maciço sistema logístico. Sua primeira instalação em Oakland era 20 vezes maior do que um supermercado

Filantropos do Capitalismo 287

padrão, abrigava 7Km de correias transportadoras, e carregava uma grande variedade de alimentos, incluindo mais de 700 tipos de carne e peixe.[19] Então, contratou a Bechtel, a maior empresa de construção do país, para erguer uma rede nacional de 26 complexos similares a um custo total de mais de US$1 bilhão — impressionante para uma empresa que não existia no ano anterior.

Borders, que estudou matemática no MIT, projetou que cada instalação reuniria 8 mil pedidos de 25 itens diariamente e cada um traria um terço de 1 bilhão de dólares em receita anual; os "coletores" humanos, estrategicamente colocados entre um balé de esteiras rolantes que transportam alimentos, reuniriam as compras dos clientes e, em seguida, alimentariam os quilômetros de esteiras para os caminhões refrigerados estacionados, para entregar nas casas dentro de uma hora após a encomenda. Por causa de sua escala, as operações da Webvan foram projetadas para gastar menos de 1% das receitas de suas instalações, contra 6% dos "em breve obsoletos" supermercados convencionais. Borders ponderou que, depois de conquistar alimentos de varejo, ele passaria para vídeos, eletrônicos de consumo e serviços de lavagem a seco.[20]

A Webvan atraiu apoio financeiro de nomes importantes como Goldman Sachs, Oracle, Hewlett-Packard e Knight Ridder, bem como um tsunami de entusiasmo popular. Para alimentar o frenesi, a oferta inicial de ações representava apenas uma pequena porcentagem da empresa; quando aplicado a todas as ações da Webvan, chegava-se a uma avaliação de mercado de US$8,4 bilhões, metade da rede de supermercados Safeway, nada mal para o que naquele momento equivalia a uma operação centrada nas 26 enormes lojas construídas.[21]

Dois problemas condenaram o empreendimento. Primeiro, a Webvan não foi a primeira vendedora de alimentos na internet; tinha vários concorrentes, entre os quais uma empresa maior e mais estabelecida, a HomeGrocer.com, apoiada, entre outros, por Jeff Bezos, da Amazon. Segundo, o modelo não funcionou; a tecnologia não testada provou-se engessada, e mesmo se tivesse funcionado perfeitamente, os consumidores ainda não confiavam em outra pessoa para escolher produtos perecíveis e entregá-los a tempo. Tanto a Webvan quanto a HomeGrocer.com publicavam perdas mês após mês.[22]

A HomeGrocer.com era mais bem administrada, mas a Webvan gerou mais entusiasmo e, portanto, começou com mais dinheiro, o que significa que a HomeGrocer.com sucumbiu primeiro. No estilo cômico das pontocom do fim dos anos 1990, a Webvan, menos competente, mas melhor financiada, incorporou a HomeGrocer.com, que só serviu para acelerar o consumo de caixa da empresa; em julho de 2001, declarou falência, vaporizando bilhões em riqueza e deixando 3.500 funcionários desempregados.[23]

* * *

288   Os Delírios das Multidões

A pirâmide de bolhas de três níveis da década de 1990 se apoiava em uma piscina lamacenta de má conduta e engano, como ocorreu na Enron, uma das maiores fraudes corporativas da história dos Estados Unidos, custando aos investidores mais de US$70 bilhões. O episódio diz muito sobre a atmosfera do enriquecimento rápido da época. Ao contrário do simpático, filantrópico e visionário Winnick, a gestão da Enron conscientemente conjurou a massa de comportamento criminoso que acompanha regularmente bolhas financeiras, e sua persona dramatizada veio diretamente do elenco central de vilões: o santificado e socialmente ambicioso Kenneth Lay; o hipercinético Jeffrey Skilling, e o sombrio e dado a manobras desonestas Andrew Fastow.

Ao contrário da Global Crossing e das pontocoms, a Enron começou a vida com uma das mercadorias mais sem glamour da economia: o gás natural, que até meados do século XX era mais frequentemente queimado como lixo. Os diretores da empresa, em contraste, brilhavam com esplendor ofuscante, e nas palavras memoráveis e piedosas dos jornalistas Peter Elkind e Bethany McLean, eram "os mais espertos da sala".[24]

Nascido em 1942 na pobreza da zona rural do Arkansas, Kenneth Lee Lay não morou em uma casa com banheiro interno até os 11 anos de idade. A partir daí, porém, a fortuna sorriu repetidamente para ele, como quando seu pai se mudou para Columbia, Missouri, o lar da universidade pública do estado. Todos os três filhos da família Lay frequentaram a universidade a um custo simbólico, e lá Kenneth encontrou a grande sorte na pessoa de um economista chamado Pinkney Walker.

Após a formatura, Lay começou a trabalhar na Humble Oil, antecessora da Exxon, obtendo nesse meio-tempo um doutorado em economia na faculdade noturna. Em seguida, alistou-se na Marinha, na qual, em 1969, as conexões de Walker lhe renderam um emprego no departamento de compras do Pentágono. Pouco depois, o presidente Nixon nomeou Walker para a Comissão Federal de Energia, que levou consigo seu jovem protegido. O jovem assessor do comissário impressionou tanto Nixon que ele o escolheu como subsecretário de energia do Departamento do Interior.

Os serviços de utilidade pública necessitam de servidões de passagem e, desde que surgiram, no fim do século XIX, os governos estaduais e federais regulamentaram fortemente o setor. Mas, no início dos anos 1970, a desregulamentação estava no ar e Lay se viu no meio da ação. Suas conexões em Washington lhe renderam cargos em empresas de energia do Texas e da Flórida, terminando em 1984 como CEO da Houston Natural Gas, onde arquitetou uma fusão com a respeitada empresa de dutos de Omaha, a InterNorth. Lay contratou uma empresa de consultoria para nomear a entidade resultante da fusão, que surgiu como Enteron; o *Wall Street Journal* observou, embaraçosamente, que tal nome era um sinônimo para o trato gastrointestinal. Então, foi abreviado para Enron.[25]

Lay previa enormes lucros com a desregulamentação. Tragicamente, ele apresentava qualidades que, no devido tempo, transformariam o nome Enron em sinônimo de prevaricação corporativa: um amor ao luxo e ao prestígio, uma fraqueza que o impedia de controlar os jovens talentosos e arrogantes que contratou para executar sua visão; e uma cegueira moral que equiparava seu próprio interesse ao de sua empresa e da sociedade em geral. Ele agravou essa infeliz combinação de características ao se ausentar gradualmente das operações diárias da empresa, enquanto passava cada vez mais tempo em Washington, D.C. e Manhattan, e cada vez menos na sede da empresa em Houston. Apesar da remuneração estratosférica de Lay (mais de US$100 milhões em 2001, incluindo opções de ações e "empréstimos"), suas ambições sociais e materiais o deixaram profundamente endividado, em mais de US$100 milhões, quando a Enron faliu.[26]

Os jatos corporativos fornecem uma janela útil para o comportamento empresarial. Embora sua compra não indique por si só má gestão, muito menos prevaricação, o uso excessivo e, particularmente, o uso pessoal, indicam.[27] A Enron tinha seis jatos, que a esposa e os filhos de Lay consideravam sua propriedade privada, o "táxi da família", como a frota passou a ser conhecida dentro da empresa. Entre os ultra ricos, o tamanho, o alcance e a velocidade de uma aeronave marcam o lugar do proprietário na hierarquia social e, na virada do século passado, o suprassumo da aviação privada era o Falcon 900 de três motores. A Enron tinha dois, sobre os quais a família Lay tinha prioridade. Em certa ocasião, em 1999, por exemplo, quando a filha Robin quis retornar da França, a empresa enviou um Falcon vazio para buscá-la. Em 2001, quando a empresa estava começando a implodir, Lay entusiasticamente abordou Jeffrey Skilling, então prestes a se tornar CEO, pedindo sua opinião sobre o estofamento para mais uma aeronave encomendada.[28]

O táxi da família Lay indicava as escolhas de consumo de outros executivos, muitos dos quais possuíam frotas de carros de luxo, várias casas de férias suntuosas e apartamentos em Manhattan. Uma exceção à cultura do excesso da Enron se destacou: um executivo sóbrio e competente chamado Richard Kinder, que estava na fila para ser CEO da Enron. Lay o forçou a sair por causa de questões pessoais e, quando isso aconteceu, o último freio na queda da Enron foi embora com ele. (Kinder, então, ajudou a fundar outra empresa de energia, a Kinder-Morgan. Ela não tinha jatos particulares e quando Kinder, um bilionário, precisava de um, ele pagava de seu próprio bolso.)[29]

290   Os Delírios das Multidões

A visão corporativa de Lay ia muito além do mundo cotidiano das questões internas; ele queria estender o âmbito da empresa tanto em espaço quanto em escopo, com ambiciosos projetos de infraestrutura no exterior e incursões no atraente mundo novo de negociação de futuros de energia e, uma vez estabelecido, criar do zero um mercado futuro de banda de internet. Assim que a Enron os tivesse conquistado, ela se moveria para indústrias massivas, como aço e papel, bem como serviços como transporte de carga.[30] Para fazer isso, a empresa precisava tomar emprestado grandes quantias, o que por sua vez exigia demonstrar a capacidade de obter lucros desde o início; como os novos empreendimentos da empresa estavam de fato sofrendo perdas significativas, aparentar a geração lucros teria de ser suficiente.

Entra em cena Jeffrey Skilling. Criado nos subúrbios de Nova Jersey e Chicago, no início dos anos 1970, ele frequentou a Universidade Metodista Meridional, onde estudou engenharia elétrica. Logo descobriu que o dinheiro o emocionava de uma forma que os circuitos não faziam. Em certa aula, ele se deparou com uma tese de doutorado que descrevia como "securitizar" contratos de futuros em produtos financeiros negociáveis, da mesma forma que hipotecas seriam desastrosamente agrupadas e vendidas a investidores crédulos. Skilling viu uma maneira de extrair dinheiro da abstração matemática, na qual se destacou na universidade e, logo depois, na Harvard Business School, onde se formou com honras em 1979.

O próximo passo lógico para os graduados em escolas de negócios de primeira linha era a McKinsey & Company. Antes de seus escândalos recentes, era a empresa de consultoria mais prestigiada do planeta, onde o raciocínio abstrato frio era valorizado acima de todas as outras habilidades. Ele se tornou diretor do escritório de Houston em uma década, muitas vezes como consultor da Enron, e em 1990 isso o atraiu para longe da McKinsey.

A Enron, como a maioria das outras empresas, relatava a receita das vendas de gás assim que chegavam. Para os profissionais do mundo da consultoria de alto nível como Skilling, várias coisas se destacavam sobre essa noção aparentemente antiquada de obter lucros com a venda de apenas uma mercadoria. Ele imaginou, por exemplo, que os contratos de longo prazo entre as empresas de transporte e seus clientes poderiam ser comprados e vendidos nos mercados financeiros como qualquer outro título. De forma ainda mais importante, registrar a receita à medida que chegava ofendia o intelecto elevado de Skilling. Se o cliente assinasse um contrato de compra de gás para a próxima década, ele pensava que isso poderia ser informado antecipadamente.

Essa técnica, conhecida como contabilidade de "marcação a mercado", estava à beira da legalidade, portanto, antes de implantá-la, ele pediu a

Filantropos do Capitalismo   291

aprovação da Comissão de Valores Mobiliários. Incrivelmente, em 1992, a Comissão aprovou. Na sede da Enron, a mudança contábil foi comemorada, pois Skilling tinha acabado de adquirir o mais próximo de uma licença para imprimir dinheiro: assinar contratos de longo prazo, registrar todas as receitas de uma vez e, assim, relatar imediatamente ganhos espetaculares, tomar capital emprestado com base naqueles ganhos fictícios para construir capacidade de extração de gás natural, com a força dos quais ainda mais contratos poderiam ser assinados, mais ganhos futuros registrados imediatamente e mais dinheiro emprestado para mais expansão.[31] Foi como se a Lockheed Martin, que espera vender 2.500 caças F-35 às Forças Armadas dos EUA por um total de mais de 1 trilhão de dólares durante a próxima década, tivesse contabilizado essa receita imediatamente após a assinatura do acordo, e então saísse pedindo dinheiro emprestado com base nos ganhos projetados para iniciar a fabricação de automóveis e, em seguida, registrar a receita projetada dessas vendas futuras para construir uma rede de hospitais em todo o país.

A Enron já havia feito empréstimos maciços para expandir a empresa além do fornecimento de gás para a população. Entre outros empreendimentos, na década seguinte a empresa construiu uma enorme usina elétrica a gás em Dabhol, ao sul de Mumbai; fundou a Azurix, um conglomerado de empresas de água em países tão distantes quanto Romênia, Peru e Marrocos; e configurou plataformas de comércio de gás natural, eletricidade e, o mais sedutor de tudo para crédulos investidores em tecnologia, capacidade de internet (o que significava fazer negócios com a Global Crossing de Winnick).

Como Winnick, a equipe da Enron se destacou em habilidade contábil e deslumbrou analistas de ações desatentos e pequenos investidores e, assim como Winnick, poucos na Enron sabiam como administrar um negócio no mundo real. Quase todas as operações perderam muito dinheiro, mais espetacularmente a usina de Dabhol, cuja produção custou tanto que o conselho de eletricidade local se recusou a pagar, levando a usina a ficar parada por cinco anos. A aventura internacional da Enron em empresas de água, dirigida por uma executiva carismática e glamourosa chamada Rebecca Mark, que tinha pouca experiência anterior com concessionárias de energia, implodiu ainda mais rapidamente. O mais incrível de tudo é que a Enron firmou contratos para o fornecimento de energia elétrica para 28 mil locais ao redor do mundo, o que os tipos cerebrais na sede de Houston pejorativamente chamavam de "empresas de última geração" e, porque tinham pouca experiência com concessionárias de energia elétrica, tiveram de contratar conhecimentos técnicos e administrativos. Skilling, que imaginou uma plataforma de comércio de banda larga mundial de alta tecnologia, teve que fazer sua secretária imprimir seus e-mails e ligar seu terminal de computador para ele.[32]

292   Os Delírios das Multidões

Em vez de confessar aos acionistas as perdas e dívidas da empresa, Skilling ordenou que Andrew Fastow, de 28 anos, recém-contratado, ocultasse os dados. Para contrair empréstimos, as empresas precisam demonstrar não apenas capacidade de obter lucros, mas também que não estão sobrecarregadas com dívidas preexistentes. Skilling já havia "resolvido" o problema dos ganhos com sua agressiva "marcação a mercado" de ganhos futuros; Fastow superaria o problema dos empréstimos ocultando a enorme dívida corrente da empresa.

Fastow havia adquirido experiência em securitização de empréstimos em seu emprego anterior, no Banco Continental. A securitização envolve a montagem de pacotes de empréstimos e outras dívidas que poderiam ser comercializados para compradores e negociantes. Essas estruturas altamente complexas e obscuras, chamadas de sociedades de propósito específico (SPE), assumiram a dívida crescente e, portanto, teoricamente a retiraram das contas da Enron; analistas, investidores institucionais, pequenos investidores e até mesmo o próprio conselho da Enron não os viam mais em seu balanço patrimonial e esse engano fez parecer que a empresa não estava bastante endividada.

Fastow criou mais de 3.500 dessas SPEs, apresentando nomes como Marlin, Rawhide, Braveheart, Raptor, JEDI, Chewco (em homenagem a Chewbacca, um personagem peludo de *Star Wars*) e LJM1, LJM2 e LJM3 (em homenagem à esposa e aos filhos de Fastow: Lea, Jeffrey e Matthew). Muitas delas foram projetadas especificamente para transferir dinheiro para as contas pessoais de Fastow e outros executivos de acionistas, credores e até mesmo seus próprios funcionários de nível inferior.[33]

Cada manobra contábil de Skilling e Fastow chutou o balde da dívida da Enron, e os baldes se acumularam em uma enorme pilha de lixo que por fim não pôde mais ser escondida. O notável é o porquê os acionistas e analistas demoraram tanto para reconhecer o que deveria ter se tornado claramente visível muito antes.

O homem que finalmente fez isso foi James Chanos, que dirige um fundo hedge especializado nas chamadas vendas a descoberto. No curso normal dos eventos, os compradores de ações esperam poder comprar na baixa e depois vender na alta e, assim, lucrar. De maneira contraintuitiva, um negociante pode fazer o oposto: vender primeiro por um preço alto e, em seguida, obter lucro comprando as ações de volta depois por um preço mais baixo. Para isso, ele deve primeiro tomar emprestado as ações de outra pessoa; o credor das ações recebe uma taxa por esse empréstimo, enquanto o tomador das ações sozinho colhe o retorno — e o risco — da operação de venda a descoberto.*

---

* Para proteger o credor das ações, o vendedor a descoberto deve fornecer-lhe uma garantia em dinheiro superior ao valor do empréstimo de ações.

Chanos não foi o primeiro analista a perceber que os relatórios financeiros da Enron não faziam sentido; em vez disso, sua vantagem estava em lidar melhor com a dissonância cognitiva entre a narrativa socialmente aceitável e feliz do gênio da Enron, e os dados financeiros contrários, e em agir com base nisso vendendo as ações.[34] Os empréstimos feitos à Enron dependiam de sua classificação de crédito, que por sua vez dependia da capacidade de Fastow de ocultar a dívida da Enron com as SPEs. Esses empréstimos também dependiam do valor das ações da Enron, que eram oferecidas como garantia para seus empréstimos; quando a notícia das manobras finalmente se espalhou, o preço das ações caiu, os bancos solicitaram o pagamento dos empréstimos e o castelo de cartas desabou. Em 16 de outubro de 2001, a Enron finalmente confessou suas perdas; Ken Lay permaneceu otimista com as perspectivas da empresa até o momento em que ela declarou falência, seis semanas depois. Quando ele e seus tenentes foram a Nova York para dar entrada nos papéis do Capítulo 11,* o fizeram em um jato da Enron e ficaram no Hotel Four Seasons.[35]

Tal como aconteceu com o Banco National City, de Charlie Mitchell, o colapso atingiu os funcionários da Enron, que foram encorajadas a investir seus planos de aposentadoria 401 (k) em ações da empresa; em 2005, por exemplo, 20 mil ex-funcionários da Enron, em uma ação coletiva, receberam US$85 milhões, muito aquém de suas perdas reais, estimadas em bilhões. (O dinheiro foi recuperado de seguradoras e empresas bancárias, não da extinta Enron.)[36]

Para piorar a situação, os funcionários não conseguiram vender as ações mantidas em seus planos de aposentadoria por um mês, aparentemente por causa das mudanças em andamento nas contas, durante a queda mais acentuada do preço das ações. Por outro lado, o alto escalão da Enron pôde descarregar suas ações em massa antes do colapso; Skilling obteve com isso US$71 milhões. Quando a Dynergy, outra empresa de serviços de utilidade pública, se ofereceu para resgatar a Enron, os executivos exigiram bônus e pagamentos de mais de US$100 milhões, a maioria para Lay, o que a Dynergy recusou.[37]

Ao contrário dos casos de Blunt, Hudson e Mitchell, a justiça foi feita: vários executivos, incluindo Skilling e Fastow, cumpriram pena de prisão (11 e 6 anos, respectivamente) e Lay morreu de ataque cardíaco pouco antes de sua sentença.

O episódio da Enron, junto com outros escândalos semelhantes da época, como a Tyco International, de Dennis Kozlowski, e a WorldCom, de Bernard

---

*   Nos Estados Unidos, as empresas geralmente entram com o Capítulo 11 se precisam de tempo para reestruturar suas dívidas. Conhecida também como falência de reorganização, isso dá ao devedor a oportunidade de um novo começo. É preciso que o tribunal aprove o plano de reorganização da empresa. [N. da T.]

294   Os Delírios das Multidões

Ebbers, foram apenas uma das pontas de um *continuum* de manipulação contábil que emanou de um obscuro ajuste regulatório.

Em 1993, em um esforço bem-intencionado para conter a excessiva remuneração dos executivos, a Receita Federal dos EUA limitou a dedutibilidade fiscal corporativa para salários diretos de executivos a US$1 milhão, o que fez o pagamento dos executivos voltar-se para opções de ações, que se tornam mais valiosas à medida que o preço das ações aumenta. Em tese, o pagamento em opções alinha os incentivos tanto dos executivos quanto dos acionistas, mas, em um exemplo clássico da lei das consequências não intencionais, o pagamento de opções também incentiva os executivos a falsificar os números dos lucros trimestrais para mostrar aumentos de lucros consistentes e confiáveis.

Tudo o mais constante, em um determinado nível médio de ganhos, uma pequena variação trimestre a trimestre torna as ações mais valiosas. Uma vez que as fortunas corporativas do mundo real flutuam muito, essa questionável "administração" de relatórios de lucros se mostrou muito tentadora para muitos CEOs, que fizeram "ajustes" na técnica contábil.

A General Electric resumiu essa prática legal, mas desprezível, reorganizando as inevitáveis perdas ocasionais que ocorrem de um trimestre para outro nas amplas operações normais de uma grande corporação, para gerar a aparência de crescimento de lucros estáveis e confiáveis.[38] O engenheiro daquele ilusionismo, Jack Welch, nada havia feito de incomum, muito menos fraudulento. Ao contrário; a imprensa financeira e popular o saudou como a segunda vinda de Thomas Edison.

Ainda assim, não podemos deixar de enfatizar uma questão: as bolhas de ações provenientes de tecnologias revolucionárias anteriores — a ferrovia no século XIX e o rádio e os automóveis no início do século XX, forneceram o fluxo de capital que impulsionou as economias e promoveu o bem-estar social.

O mesmo aconteceu com a bolha da internet dos anos 1990. Mesmo depois de levar em consideração as empresas não produtivas na base da pirâmide, como a Webvan, e aquelas claramente fraudulentas como a Enron, incalculáveis benefícios intelectuais, de entretenimento, de compras e bancários online fluíram de investimentos, a maioria deles perdedores, nessas tecnologias durante aquele período inebriante. Não é exagero, então, rotular os investidores da bolha como filantropos involuntários do capitalismo, que, inconsciente e tragicamente, sacrificaram sua riqueza a serviço do bem público maior.

No fim do século XX, os grandes bancos de investimento, as pessoas que fabricaram as ações e títulos de empresas novas e existentes tornaram-se os

Filantropos do Capitalismo   295

principais promotores da bolha. O financista Jay Gould foi o pioneiro dessa indústria durante a Guerra Civil, vendendo títulos do governo para financiar o exército da União. No rastro do colapso de 1929, a Comissão Pecora abriu a caixa-preta das sórdidas práticas de banco de investimento de Charlie Mitchell no National City e trouxe a lei Glass-Steagall de 1933, que separou os bancos comerciais e de investimentos, proibindo aqueles de emitir ações e obrigações, e a estes de aceitar depósitos e de emprestar a cidadãos comuns.

Nas décadas seguintes, o lobby dos bancos de investimento levou a um enfraquecimento gradual da aplicação da Glass-Steagall. Isso acabou culminando, sob a direção de legisladores republicanos ideólogos do livre mercado, como Phil Gramm, e com a aquiescência do presidente democrata Bill Clinton, na revogação da lei no auge da bolha em 1999.

Durante a bolha de tecnologia, os bancos de investimento aceleraram a emissão de ações de novas empresas, e o público, conectado de forma entusiasmada pelo navegador Netscape à internet pela primeira vez em velocidades 10 mil vezes mais lentas do que as conexões de banda larga de hoje, não precisava de convencimento para comprá-las. Os fundadores da Netscape, Marc Andreessen e Jim Clark, cientes de que a gigante Microsoft estava desenvolvendo seu próprio navegador, agiram rapidamente para lucrar com uma oferta pública inicial (IPO).

A lei Glass-Steagall forçou a empresa Morgan, que manteve o nariz limpo durante a década de 1920, a se separar da metade do banco de investimentos e se tornar Morgan Stanley, Inc. Na década de 1990, Morgan Stanley, agora o maior emissor de novas ações, lançariam a IPO da Netscape, a mais espetacular da bolha pontocom.

Morgan Stanley, até então o grande bastião da riqueza e privilégios do *establishment*, havia mudado; um de seus executivos, Frank Quattrone, de ascendência italiana e que ainda falava com forte sotaque, já havia aberto o capital da Cisco, grande produtora de hardware de *backbone* da internet. Com a oferta inicial de ações [IPO] da Netscape em 9 de agosto de 1995, ele provou ser um digno sucessor de Sunshine Charlie Mitchell (e, como Mitchell, Quattrone por pouco evitou cumprir pena de prisão em uma série de julgamentos que incluíram uma condenação — posteriormente revertida na apelação — por obstrução e acusações de intimidação de testemunhas).

Uma questão importante incomodava Quattrone, Clark, Andreesen e Jim Barksdale, que acabava de ser contratado como CEO da Netscape: quanto os investidores devem pagar pelas ações da empresa? O preço adequado de uma IPO é uma questão delicada. Idealmente, para manter o entusiasmo, uma ação deve passar por um "estalo" significativo em relação ao preço de oferta no primeiro dia de negociação; se o preço da oferta for muito alto, pode desencorajar os investidores de varejo, caindo no primeiro dia de negociação; se definido muito baixo, a empresa e seus fundadores são prejudicados. Os quatro decidiram por US$28 por ação, o que avaliou a empresa em cerca de US$1 bilhão. Quando o mercado abriu naquela manhã, os quatro prenderam a respiração.

A demanda pelas ações era tão forte que na abertura do mercado, às 9h30 em Nova York, os corretores do Morgan Stanley não conseguiram chegar a um preço razoável; uma corretora rapidamente adicionou um novo ramal de telefone: "Pressione 1 se estiver ligando sobre a Netscape." Sem saber do frenesi, um Clark confuso olhou para seu monitor às 9h, no fuso horário do Pacífico, duas horas e meia no dia de negócios da costa leste, e viu a ação estagnada em US$28. Ele ligou para um corretor do Morgan Stanley, que lhe disse que havia um "desequilíbrio". Sem compreender totalmente o que isso significava, Clark se perguntou se a IPO havia fracassado.

"Desequilíbrio" nem mesmo começava a descrever a cena ensurdecedora na mesa de IPO do Morgan Stanley em Nova York. Em seu centro havia aproximadamente 200 estações de trabalho, cada uma operada por um corretor que tentava desesperadamente atender a vários ramais telefônicos simultâneos, cada um dos quais, por sua vez, transmitindo uma demanda por ações da Netscape.

Pouco depois da ligação inicial de Clark, o corretor ligou de volta para informar a Clark que a ação tinha aberto a US$71, o que significava que seu patrimônio líquido havia ultrapassado, abruptamente, meio bilhão de dólares e que a empresa havia levantado muito mais do que isso. Conforme colocado por um dos títulos dos capítulos nas memórias de Clark, "One Billion Is the Best Revenge" [Um Bilhão é a Melhor Vingança, em tradução livre].[39]

Jerry Garcia, da banda Grateful Dead, morreu mais tarde naquele dia de um ataque cardíaco fulminante. Suas últimas palavras, supostamente, foram: "A Netscape abriu com *quanto*?"[40]

14

NÔMADES DA ERA DIGITAL

Não nos levantamos todas as manhãs pensando que os negócios vão mal.

— Roger Ailes[1]

O motivo pelo qual muitos optam por ignorar os sinais óbvios de uma bolha, e particularmente a pilha de lixo contábil da Enron, pode ser resumido em três palavras: "banqueiro de investimento." Nas últimas décadas, essa descrição do cargo se tornou uma abreviatura para "alguém que ganha uma quantia absurda de dinheiro". Quando um banco de investimento lança uma oferta pública inicial de ações (IPO), recebe uma comissão de 5% a 7% do montante obtido. A Netscape rendeu taxas de US$130 milhões e a Webvan, US$375 milhões; IPOs posteriores renderiam bilhões aos bancos. Funcionários individuais receberam uma grande fatia desse bolo. Quando Frank Quattrone mudou do Morgan Stanley para o Credit Suisse em 1998, sua participação pessoal no ano seguinte nessa bonança subiu para US$100 milhões.[2]

Uma das características mais bizarras da era pontocom foi a ascensão ao status de celebridade do outrora humilde analista de ações, que antes da década de 1990 trabalhava duro em um anonimato modestamente bem compensado nas entranhas das empresas de investimento. A bolha pontocom impulsionou um punhado deles a uma visibilidade geralmente reservada para atletas e atores de cinema, conforme um público ansioso seguia todos os seus pronunciamentos sobre as perspectivas desta ou daquela pontocom. Os dois mais famosos foram Mary Meeker, do Morgan Stanley, e Henry Blodget, do Merrill Lynch. O problema era que as mesmas empresas que lançavam as ações e títulos também empregavam o pessoal que "analisou" as ações e títulos.

O setor financeiro é um segmento intocável da economia dos Estados Unidos, representando quase um quinto do PIB e do valor das ações do mercado acionário. Como os bancos de investimento representam a maior fonte dessa recompensa, os analistas que não seguiram um fluxo constante de recomendações de "compra" poderiam ser pressionados, como descobriu John Olson, que cobriu a Enron para o Merrill Lynch.

Os executivos da Enron seguiram obsessivamente o preço das ações da empresa, especialmente Fastow, cujos esquemas dependiam disso, e seu principal interesse de banco de investimento estava nas ofertas de títulos que alimentaram sua expansão global vertiginosa. Essas ofertas geraram comissões enormes para os bancos de investimento, fato que a Enron nunca deixou de lembrar a seus bancos. Um analista relatou que a empresa declarou: "Fazemos mais de US$100 milhões em negócios de banco de investimento por ano. Você ganha algum se fizer uma [recomendação aos clientes de] compra forte."[3]

Infelizmente para Olson, ele não seguiu esse manual. Ao contrário de James Chanos, que suspeitava de fraude, Olson não foi abertamente negativo sobre a Enron, relatando que simplesmente não entendia sua contabilidade e notando em uma entrevista à mídia: "Eles não são muito abertos sobre como ganham seu dinheiro... não conheço um analista que se preze que possa analisar seriamente a Enron."[4] O presidente da Enron, Lay, desprezou Olson e escreveu uma nota para seu chefe na Merrill Lynch, Donald Sanders: "Don, John Olson errou sobre a Enron por mais de dez anos e ainda está errado, mas ele é *consistente* [*sic*]." (Quando Sanders mostrou a nota a Olson, ele observou que poderia ser velho e sem valor, mas pelo menos sabia como soletrar "consistente".)[5] Por fim, dois banqueiros de investimentos do Merrill Lynch reclamaram com o presidente da empresa, Herbert Allison, que se desculpou com Lay. Merrill Lynch dispensou Olson e manteve seu assento no trem da alegria da Enron.[6]

Durante a década de 1990, diferentes versões do drama Merrill/Enron/ Olson foram representadas por milhares de atores em centenas de palcos e, ainda que cada roteiro fosse diferente, o enredo permaneceu constante, à medida que os analistas de ações abandonaram seu ofício e se tornaram líderes de torcida por seus colegas dos bancos de investimentos. Um pesquisador compilou mais de 15 mil relatórios de ações em apenas um ano, 1997; menos de 0,5% recomendavam a venda de ações.[7]

Junto com os promotores, o público investidor forma o segundo *locus* das histerias financeiras. Nos anos anteriores à bolha da internet, cada vez mais norte-americanos se tornaram seus próprios gestores de investimentos e, embora o aumento da renda e da riqueza impulsionasse amplamente esse fenômeno, algo mais estava acontecendo também: eles tiveram que fazer isso.

Nas décadas que se seguiram ao colapso de 1929, a economia e a estrutura social dos Estados Unidos sofreram profundas mudanças, sendo a principal delas o prolongamento gradual da expectativa de vida e, com isso, a extensão da aposentadoria. Quando Otto von Bismarck estabeleceu o conceito de pensões para idosos na Alemanha em 1889, a expectativa de vida média dos adultos europeus era de 45 anos, décadas abaixo da idade elegível de 70 anos e, em todo caso, as famílias geralmente cuidavam de seus idosos. No fim do século XX, os norte-americanos contemplavam aposentadorias que durariam mais de três décadas, e o aumento da mobilidade geográfica muitas vezes impossibilitava o cuidado familiar direto. Todos esses fatores aumentaram o ônus sobre os indivíduos para financiar seus anos dourados cada vez mais caros.

Os trabalhadores norte-americanos mais sortudos passaram suas carreiras em grandes empresas que forneciam os chamados planos de benefícios definidos, que consistem em uma pensão até que os funcionários, e geralmente seus cônjuges, morressem (supondo que a empresa não os demitisse pouco antes de se qualificarem para a pensão, uma prática muito comum). Studebaker, um fabricante de automóveis, foi um desses empregadores benevolentes, mas, quando fechou sua última fábrica nos Estados Unidos em 1963, colocou em movimento uma série de investigações do Congresso que, por fim, deram origem à Lei de Segurança de Renda de Aposentadoria do Empregado (ERISA) em 1974, que rege as operações de pensões até hoje. Uma das seções mais obscuras estabeleceu Contas de Aposentadoria Individual (IRAs), que permitiam aos trabalhadores, pela primeira vez, acumular economias livres de imposto de renda até a retirada na aposentadoria; em 1981, o governo afrouxou as restrições iniciais ao seu uso, tornando-os mais atraentes para os empregadores e disponíveis para mais trabalhadores.

Quase ao mesmo tempo, um consultor de benefícios de pensão chamado Ted Benna estava ficando cada vez mais insatisfeito com seu trabalho, que envolvia principalmente responder à seguinte pergunta dos empregadores: "Como posso obter a maior redução de impostos e dar o mínimo aos meus funcionários, legalmente?"[8] Isso incomodou o devoto e generoso Benna, que buscava uma maneira de fazer com que as empresas fizessem o certo por seus trabalhadores.

Benna percebeu que a Lei da Receita de 1978 havia acrescentado uma subseção obscura ao Código da Receita Federal norte-americana, § 401 (k), que permitia que os empregadores transferissem diretamente os salários de seus funcionários para a poupança da aposentadoria. Benna imaginou que o número de trabalhadores fazendo isso aumentaria se os empregadores pudessem induzi-los, oferecendo-se para igualar suas contribuições. Benna tinha ligações na Receita Federal, que aprovaram o esquema. Sua invenção cresceu rapidamente; hoje, os trilhões de dólares em ativos da aposentadoria 401 (k) (planos oferecidos pelas empresas) correspondem aproximadamente aos dos planos IRAs.[9]

300   Os Delírios das Multidões

Consequentemente, essas contas individuais permitiram que as empresas abandonassem seu compromisso com os planos de pensão de benefício definido tradicionais; junto com o afrouxamento dos laços intergeracionais trazido pelo aumento da mobilidade geográfica, trabalhadores e pequenos empresários de repente se tornaram seus próprios administradores de pensões, um trabalho que requer uma combinação de habilidades quantitativas, conhecimento histórico e disciplina emocional que poucos profissionais de finanças, muito menos leigos, têm.

A incapacidade dos investidores comuns de investir com competência é evidente, por exemplo, em dados sobre o desempenho de fundos mútuos que são agora, de longe, os veículos de aposentadoria mais comuns nos EUA; são essencialmente as únicas opções disponíveis em esquemas de aposentadoria de contribuição definida, como os planos 401 (k) das empresas. Se os investidores fossem competentes, sua "taxa interna de retorno" (TIR, que representa todas as cotas do fundo compradas e vendidas) nesses veículos deve ser exatamente igual ao retorno subjacente do fundo. Infelizmente, os pesquisadores descobriram que, em média, os funcionários administram suas compras e vendas de fundos tão mal que a TIR que ganham com eles quase sempre é menor do que o retorno dos próprios fundos.[10] Em outras palavras, na maioria das vezes, os pequenos investidores compram na alta e vendem na baixa, privando a si próprios o retorno total do mercado disponível de um determinado fundo.

A CNBC sintetizou a terceira localização anatômica das bolhas, a imprensa, durante a era pontocom. Seu predecessor em negócios de televisão e informações sobre investimentos, a Financial News Network, começou a operar na hora errada, em 1981, perto do fim de um longo e brutal mercado em baixa que marcou o nível mais baixo do interesse público em investir; uma década depois, ela faliu. Em 1989, a NBC, ansiosa por melhorar sua anêmica audiência e sentindo um renovado interesse público em investir, fundou o Commercial News and Business Channel.

O *timing* da NBC dificilmente poderia ter sido melhor, pois os mercados começaram a mudar, e dezenas de milhões de pessoas, tanto por necessidade quanto por interesse, começaram a procurar por ações. Inicialmente, a programação era monótona: os âncoras enfrentavam as câmeras por trás das mesas de jogo e apresentavam programas sobre preparação de jantares e manejo das birras infantis.[11] Em 1991, sua sorte melhorou um pouco, pois os restos falidos da FNN caíram em suas mãos, junto com muito de seu talento, e abreviou o nome do canal para a sigla CNBC.

Em 1993, os deuses da mídia sorriram de orelha a orelha para a rede incipiente com a chegada de Roger Ailes, então no ápice de sua lendária compreensão e aplicação do poder emotivo bruto da televisão. Ailes nasceu com hemofilia e seu pai gostava de aplicar castigos físicos — uma combinação particularmente infeliz. Seus frequentes episódios de sangramento resultaram em longos períodos de confinamento em casa, onde sua verdadeira sala de aula se tornou a televisão dos anos 1950, que ele passou horas intermináveis analisando. Sem surpresa, ele se formou em estudos de mídia e, depois de se formar na faculdade, começou a trabalhar na produção de estações de televisão locais da costa leste.[12] Ailes, então, foi contratado no programa nacionalmente transmitido *Mike Douglas Show* como ajudante; em três anos ele se tornou seu produtor. Pouco depois dessa promoção, em 1968, ele encontrou Richard Nixon, então em busca de sua segunda candidatura presidencial, no estúdio do programa. Nixon expressou desagrado que "um homem tem que usar truques [como a televisão] para ser eleito", ao que Ailes respondeu: "A televisão não é um truque." Pouco depois desse encontro, Leonard Garment, assessor de Nixon, o contratou.[13] Assim, Ailes começou uma carreira de 25 anos em consultoria de mídia para presidentes republicanos, tornando Nixon mais simpático em 1968 e ajudando George H. W. Bush a derrotar Michael Dukakis em 1988.

Ao se tornar presidente da CNBC, Ailes manteve o que funcionava do antigo formato FNN, particularmente o onipresente "rotativo" da bolsa rodando na parte inferior da tela, que se tornaria a metafórica trilha sonora de fundo da novela da bolha financeira. Por outro lado, ele revisou todos os aspectos da aparência e comportamento da rede e, mais tarde, aplicou as mesmas técnicas a seus novos encargos que funcionaram tão bem com políticos nacionais e gigantes dos negócios. Em vez de simplesmente anunciar um novo segmento com música tema, ele acrescentou narrações com imagens dos rostos dos âncoras. Receitas e acessos de raiva infantis estavam fora de questão; Geraldo Rivera e a envolvente comentarista política Mary Matalin faziam parte da programação. Ailes instruiu pessoalmente os operadores de câmera sobre como enquadrar adequadamente os executivos corporativos para fazê-los parecer mais vivos, estimulou os redatores a criar chamadas mais convincentes de "não troque de canal" e enviou âncoras para relatar, sem tomar fôlego, as cotações do pregão da bolsa de valores. Quanto mais extravagante o convidado, melhor. Conforme colocado por John Cassidy do *New Yorker*,

> Sua convidada de estúdio ideal era uma ex-rainha da beleza que cobria ações de tecnologia, falava em frases declarativas curtas e namorou Donald Trump. Como não havia muitas dessas mulheres

302 Os Delírios das Multidões

>disponíveis, os produtores geralmente tinham que se contentar com
>homens carecas de meia-idade que reverenciavam Alan Greenspan
>e tentavam o melhor que podiam falar inglês.[14]

Ailes ensinou a seus âncoras e à equipe de produção a tratar as finanças como um esporte para os espectadores; depois de uma semana particularmente brutal no mercado, um de seus clipes publicitários comparou causticamente a nova rede com sua arquirrival: "O Dow cai em meio a negociações intensas. Mas, primeiro, o clima de hoje. A CNN informará se sua camisa vai molhar; A CNBC dirá se você ainda terá uma." Ele também uniu sexo e finanças, promovendo uma nova recruta da CNN, Maria Bartiromo, em uma posição de âncora; com sua aparência de Sophia Loren, forte sotaque do Brooklyn e evidente apelo sexual, ela rapidamente se tornou conhecida como "the Money Honey" ["a querida do dinheiro", em tradução livre].[15]

Em 1996, a CNBC expulsou Ailes pelo comportamento agressivo que iria assombrar sua carreira posterior, mas nessa época sua reforma na mídia tinha se mostrado extremamente lucrativa. Em meados da década de 1990, a CNBC abriu redes irmãs na Europa e na Ásia, e o sol nunca se pôs no drama constante, real ou fabricado, dos mercados mundiais de capital.

Ailes compreendeu intuitivamente que seu público preferia o algodão doce do entretenimento ao espinafre da informação e da análise; e o melhor de tudo: era um doce que gerava riqueza ilimitada. Sob a batuta de Ailes, a CNBC dominou esse gênero e perpetrou um feito de alquimia cultural moderna ao transmutar o entediante mundo das finanças convencionais em entretenimento de enorme sucesso. A atenção do novo negócio centrou-se na internet, que os pequenos investidores poderiam usar para agir instantaneamente sobre o que acabaram de ver na CNBC por meio de corretoras online como E-Trade e Datek, essa última a preferida pelos *day traders*.

A reportagem investigativa voou pela janela; custou rios de dinheiro e, pior, aborreceu os importantíssimos bancos de investimento, cujas empresas matrizes adquiriram a maior parte da publicidade. Melhor preencher os horários de transmissão com entrevistas de executivos corporativos que falavam com entusiasmo sobre suas empresas, e "estrategistas de mercado" que discorriam com autoridade sobre para onde as ações estavam indo. O melhor de tudo, os executivos e estrategistas apareciam de graça e chegavam em carros alugados do outro lado do Hudson para os estúdios da CNBC em Fort Lee, Nova Jersey.

As indicações da CNBC careciam de qualquer exame crítico dos pronunciamentos uniformemente otimistas de seu executivo corporativo e da maioria dos convidados de analistas de corretagem. Em 2000 e 2001, o âncora da

CNBC, Mark Haines, entrevistou, respectivamente, Ken Lay e Jeffrey Skilling. Haines se formou na faculdade de direito da Universidade da Pensilvânia e se imaginava um inquisidor astuto, mas, quando confrontado com os perpetradores de uma das maiores fraudes corporativas da história, ele se limitava a um fluxo de elogios e perguntas banais.[16]

Quando grandes corporações como IBM, Sears e AT&T demitiram dezenas de milhares de funcionários, a CNBC aplaudiu os resultados positivos da empresa, alheia ao custo humano das demissões em massa. Quando as corporações cometiam crimes aparentes, a CNBC simplesmente olhava para o outro lado, pelo menos enquanto o escândalo resultante permanecia fora das primeiras páginas dos jornais, como quando a rede rejeitou as notícias em maio de 2012 de que a J.P. Morgan havia escondido US$2 bilhões de perdas comerciais de seus acionistas.[17]

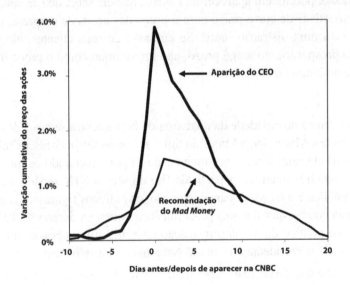

Figura 14-1. CNBC e os preços das ações

A rede tampouco fez muito bem para os resultados financeiros dos telespectadores. Dois estudos acadêmicos representativos analisaram de perto o valor de agir conforme as recomendações da lista de convidados do programa; suas conclusões não foram encorajadoras. O primeiro examinou a reação do preço das ações ao aparecimento de CEOs corporativos na CNBC, e o segundo pesquisou o desempenho das escolhas de ações de um dos programas atuais mais populares da rede, *Mad Money*, apresentado pelo frenético e turbulento James Cramer. Os resultados de ambos os estudos, mostrados na Figura 14-1,

304 Os Delírios das Multidões

são quase idênticos: um aumento no preço, em relação ao resto do mercado de ações, atingiu o pico no dia ou no dia seguinte ao programa, e então caiu. Por mais alarmante que tenha sido a queda de preços após o programa, o aumento anterior sugeria que os participantes, com prévio conhecimento da programação de convidados do programa, manipulavam de alguma forma os telespectadores da CNBC. Apesar de sua aparência de palhaço, Cramer não era um idiota e entendia bem essa dinâmica. Em pelo menos uma ocasião, ele vendeu ações de uma empresa anunciada no programa de Bartiromo e, em seguida, comprou de volta alguns dias depois, quando o preço voltou a cair.[18]

Ainda mais reveladores foram os CEOs que optaram por não participar do circo. Jeff Bezos, o presidente e fundador da IPO de maior sucesso do período, a Amazon, desfrutava de idas e vindas intelectuais com jornalistas informados e frequentemente concedia entrevistas até para publicações menores. Ele viu pouca razão, porém, em aparecer na CNBC, que ele sabia que se concentraria nas perspectivas de curto prazo para o preço das ações da empresa, e que ele considerava uma distração inútil. Se cuidasse de seus clientes, ele sentia, a empresa prosperaria no longo prazo, não importando como o preço das ações variasse ao longo do caminho.[19]

O quarto centro de atividade da anatomia da bolha centra-se nos líderes políticos. Durante a Mississípi, a Mares do Sul e as bolhas ferroviárias, os líderes dos níveis mais elevados foram com muita sede ao pote, incluindo os monarcas da França e da Grã-Bretanha. A partir do fim do século XIX, devido à crescente análise pública e à legislação anticorrupção, os políticos figuraram com menos frequência como especuladores proeminentes: durante a década de 1920, o envolvimento político direto na propagação da bolha atingiu pouco mais do que John Raskob, o Presidente do Comitê Nacional do Partido Democrata.

Durante a década de 1990, a possibilidade de dezenas de milhões de participantes no plano de aposentadoria 401 (k) e proprietários de planos IRA, serem seu próprio investidor encantou os conservadores; influenciados pelas teorias de Ayn Rand, Milton Friedman e Friedrich von Hayek, eles se regozijaram na nova "sociedade de proprietários". Embora a bolha de tecnologia da década de 1990 não envolvesse atos políticos dignos de comissões de investigação — ou seja, evidente deturpação e corrupção — atos políticos de omissão ocuparam o centro do palco, especificamente desatenção às salvaguardas regulamentares que foram postas em prática durante a década de 1930 na sequência da Comissão Pecora. Inclusive, na década de 1980, a estrita separação da lei Glass-Steagall das operações bancárias comerciais e de investimento havia se tornado ineficaz por falta de atenção muito antes de sua revogação final em 1999.

Nômades da Era Digital   305

A cobertura e o tom da CNBC exaltavam as bases ideológicas do grande mercado em alta. No que equivalia à oração de abertura de seu segmento de "Relatório Kudlow", seu anfitrião Lawrence Kudlow entoava: "Lembrem-se, pessoal, o capitalismo de mercado livre é o melhor caminho para a prosperidade!"[20] O jornalista conservador James Glassman, talvez mais do que qualquer outro, cimentou a conexão entre a bolha tecnológica e a ideologia do livre mercado. Mais conhecido como o autor de vários livros de investimento, ele foi, e continua sendo, um dos favoritos em ambientes conservadores, especialmente o *Wall Street Journal*. Na década de 1990, ele comentou sobre como a ascensão meteórica do mercado foi um mero prelúdio do que viria a seguir da fonte de riqueza do capitalismo de livre mercado. Portanto, quando as ações começaram a despencar em abril de 2000, ele culpou o Tio Sam por sufocar esses mercados. Reagindo a uma decisão favorável à ação antitruste do governo contra a Microsoft, ele observou:

> Ninguém sabe ao certo por que uma ação cai em um determinado dia, mas minha interpretação da queda acentuada da Nasdaq é que os investidores, abalados pela decisão da Microsoft, de repente acordaram para essas ameaças de intervenção governamental. Se eles não acordaram, é melhor que acordem. E assim deve fazer [o vice-presidente e candidato presidencial] Al Gore. O governo Clinton gosta de receber crédito por um mercado de ações que quadruplicou na última década. Ele não pode evitar a responsabilidade pelo colapso da Nasdaq.[21]

George Gilder, ex-redator de discursos de Richard Nixon e Nelson Rockefeller, para quem a conexão entre o grande mercado em alta dos anos 1990 e a superioridade dos mercados livres irrestritos era uma questão de fé, forneceu o exemplo mais extremo do entusiasmo tecnológico dos anos 1990. Em um editorial excepcional no *Wall Street Journal* publicado na fatídica data de 1º de janeiro de 2000, Gilder postulou que a internet não apenas mudou tudo, mas transformou a própria "grade do espaço-tempo da economia global". Ele lançou mão de metáforas grandiosas que invocaram a vastidão das extensões vazias dentro do átomo, a "manipulação da estrutura interna da matéria" e até mesmo passou pela mecânica quântica e "força centrífica [*sic*]" sem que os editores do *Journal* se dessem conta, concluindo que a humanidade somente por meio da aplicação generosa da fé, amor e compromisso religioso triunfaria na admirável nova era digital.[22] Bem acima, nos portões do céu, os editores do Railway Times aplaudiram.

306   Os Delírios das Multidões

Como Gilder, Kudlow e Glassman, todos possuidores de formidável potência intelectual, aprimorada com a educação nas mais reputadas faculdades, entenderam as coisas de forma tão espetacularmente errada no fim dos anos 1990? A partir do século XX, os psicólogos começaram a perceber que as pessoas usam sua habilidade analítica não para *analisar*, mas sim para *racionalizar* — isso é, para conformar fatos observados a suas inclinações preconcebidas. (Os economistas observam há muito tempo que "se você torturar os dados por tempo suficiente, eles acabarão por confessar".) A compreensão das duas principais razões pelas quais os humanos fazem isso está no cerne das ilusões individuais e coletivas.

A primeira razão para a tendência que todos nós — os inteligentes, os burros e os medianos — temos para tal irracionalidade é que a verdadeira racionalidade é um trabalho extraordinariamente árduo, e poucos têm a capacidade de fazê-lo. Além disso, a facilidade para racionalizar se correlaciona imperfeitamente com o QI. No início dos anos 2000, um acadêmico chamado Shane Frederick, que havia obtido o título de doutor na disciplina relativamente nova das ciências da decisão, cunhou um paradigma famoso que demonstra o quão difícil é o rigor analítico puro.

Pouco depois de obter seu doutorado, Frederick escreveu um artigo clássico descrevendo um questionário simples. Conhecido entre os psicólogos como o teste de reflexão cognitiva (TRC), ele mede o quociente de racionalidade — chamado QR — em oposição ao QI. Consistia em apenas três quebra-cabeças, o mais famoso dos quais (pelo menos nos círculos econômicos) é este: suponha que uma bola e um taco de beisebol custem US$1,10 juntos, e que o taco custe US$1,00 a mais do que de a bola. Quanto custa a bola? A maioria das pessoas, mesmo as altamente inteligentes, responderá rapidamente US$0,10. Mas não pode ser isso, pois significa que o taco custa US$1,10 e, portanto, o preço total é US$1,20. Em vez disso, a bola deve custar US$0,05, o que torna o taco a US$1,05, e o custo total de ambos, os desejados US$1,10.*

Se você achou fáceis as perguntas sobre beisebol/taco e as outras duas na nota de rodapé, poderá encontrar outro quebra-cabeças, com meio século de idade, um pouco mais desafiador. O teste de Quatro Cartas de Wason envolve

---

* As outras duas perguntas na sequência de Frederick: (1) se 5 máquinas levam 5 minutos para fazer 5 ferramentas, quanto tempo 100 máquinas levariam para fazer 100 ferramentas? Resposta = 5 minutos; (2) em um lago, há uma proliferação de vitórias-régias. Todos os dias, a proliferação dobra de tamanho. Se leva 48 dias para as plantas cobrirem todo o lago, quanto tempo levaria para a proliferação cobrir metade do lago? Resposta = 47 dias. Na última década, a questão do bastão/bola de beisebol se tornou tão conhecida na economia e nas finanças que agora é difícil confundir alguém nessas áreas com ela.

cartas com uma letra de um lado e um número do outro. Comece com esta regra: "Se um cartão tiver uma vogal no lado da letra, terá um número par no lado do número." Quatro cartões estão sendo exibidos: K, A, 8 e 5. Quais são as duas cartas que você vira para provar ou refutar a regra?

A esmagadora maioria dos sujeitos responderá intuitivamente A e 8, mas a resposta correta é A e 5. Com um eufemismo acadêmico típico, Wason, que foi o pioneiro no conceito de viés de confirmação, escreveu: "A tarefa provou ser particularmente difícil." Para responder corretamente, é preciso primeiro perceber que a regra, quando considerada cuidadosamente, permite que os cartões com números pares possam ter vogais e consoantes do outro lado, portanto, não adianta virar o cartão 8. Para refutar a conjectura, é preciso virar o 5; se tiver uma vogal, a conjectura é falsa, como também será verdade no caso mais fácil de virar o A e encontrar um número ímpar.[23]

O pensamento racional exige um esforço considerável e quase todos os seres humanos são mentalmente preguiçosos ou "avarentos cognitivos", na linguagem psicológica, e procuram intuitivamente atalhos analíticos como as heurísticas descritas por Kahneman e Tversky. O intenso esforço cognitivo exigido pela racionalidade rigorosa não é nada agradável, e a maioria das pessoas o evita. Como colocado por um acadêmico: "Envolvemos o cérebro apenas quando tudo mais falha — e geralmente nem mesmo assim."[24]

Portanto, QI e QR medem coisas diferentes. Enquanto o QI mede a capacidade de lidar com a mecânica verbal e quantitativa abstrata, particularmente algoritmos, o QR se concentra no que vem *antes* daqueles algoritmos serem aplicados. Antes de analisar os fatos, o sujeito apresenta cuidadosamente a lógica do problema e considera abordagens analíticas alternativas? E depois de chegar a uma resposta, ela considera que suas conclusões podem estar erradas, estima essa probabilidade e calcula as consequências de tal erro? Na prática, um QI alto oferece pouca proteção contra essas armadilhas. Eis a avaliação divertida de Keith Stanovich, o inventor de uma bateria de testes para medição de QR expandida, a Avaliação Abrangente do Pensamento Racional (CART): "Racionalidade e inteligência frequentemente se dissociam."[25]

A segunda razão principal para nossa propensão a agir irracionalmente é que, na maioria das vezes, aplicamos nossos intelectos à racionalização, e não à racionalidade. O que racionalizamos, em geral, são nossas estruturas morais e emocionais, conforme evidenciado pela divisão de nossos processos cognitivos em um rápido Sistema 1, situado profundamente em nossos sistemas límbicos — nossos "cérebros reptilianos" — e um lento Sistema 2 que analisa as tarefas exigentes de racionalidade do CRT e do CART.

308　Os Delírios das Multidões

Durante a maior parte da história humana, nosso aparato de dois sistemas nos serviu bem. Nas palavras do psicólogo R.B. Zajonc: "Foi um designer sábio que providenciou separadamente cada um desses processos em vez de nos apresentar um aparelho multiuso que, como o forno-fritadeira-grelha, não desempenha bem nenhuma de suas funções."[26]

No mundo pós-industrial, cujo horizonte de planejamento, especialmente para assuntos financeiros, se estende por décadas no futuro, as decisões que enfrentamos parecem cada vez menos com o funcionamento do Sistema 1 de segundo a segundo, que garantiu a sobrevivência de nossos ancestrais nas savanas africanas, e mais como as perguntas intrigantes do Sistema 2 no CRT e CART, um problema agravado pelo fato de que, na maioria das vezes, usamos nosso Sistema 2 para racionalizar as conclusões já alcançadas por nosso Sistema 1 emocionalmente dirigido. Em outras palavras, o alardeado Sistema 2 humano funciona principalmente como, nas palavras de Daniel Kahneman, o "secretário de imprensa" do Sistema 1.[27]

Por causa dessa maior necessidade de esforço cognitivo, mesmo os melhores e mais brilhantes se mostram inadequados para as tarefas sociais de previsão e tomada de decisão que enfrentamos. Na década de 1970, Kahneman, Tversky e outros perceberam que os seres humanos eram terríveis em previsões, mas só recentemente os pesquisadores começaram a medir o quão terríveis somos.

No fim da década de 1980, o psicólogo Philip Tetlock começou a quantificar as habilidades preditivas de supostas autoridades em seus campos, examinando o desempenho de 28 mil previsões feitas por 284 especialistas em política, economia e estudos domésticos e estratégicos. Em primeiro lugar, ele descobriu que os especialistas previam mal — tão mal que erravam em regras estatísticas simples que se alimentavam das frequências de eventos anteriores: a "taxa básica".

Por exemplo, se o "especialista" em investimento médio for questionado sobre a probabilidade de um colapso do mercado no próximo ano, definido como uma queda no preço de mais de, digamos, 20%, ele provavelmente fará uma narrativa sobre como a política do Fed, a produção industrial, os níveis de dívida e assim por diante afetam essa possibilidade. O que Tetlock descobriu foi que era melhor ignorar esse tipo de raciocínio narrativo e simplesmente olhar para a frequência histórica dessas quedas de preços. Por exemplo, quedas mensais no preço do mercado de ações de mais de 20% ocorreram em 3% dos anos desde 1926, e um dado simples como esse mostra-se mais preciso na previsão da probabilidade de uma quebra do que a análise de um "especialista" baseada em narrativas.

Tetlock também descobriu que certos especialistas se saíram especialmente mal. Sua pesquisa os separou amplamente em duas categorias, conforme descrito em um famoso ensaio do teórico social e político Isaiah Berlin, intitulado "The Hedgehog and the Fox" [O ouriço e a raposa, em tradução livre].[28] Na taxonomia de Tetlock, o ouriço é um ideólogo que interpreta tudo o que vê de acordo com uma teoria unitária abrangente do mundo, enquanto a raposa entretém muitas explicações concorrentes. As raposas toleram a ambiguidade melhor do que os ouriços e se sentem menos compelidas a chegar a conclusões definitivas. Os ouriços têm maior confiança em suas previsões e as fazem de maneira mais extrema; e, o que é relevante, mudam de opinião com menos frequência do que as raposas quando apresentados a dados contrários, um comportamento que corrói a precisão das previsões.

A política destruidora de análises do ouriço infecta a direita e a esquerda política de forma igual: por exemplo, ambientalistas radicais até hoje defendem as famosas previsões da década de 1970 de Paul Ehrlich sobre a iminente fome global e a escassez de recursos naturais, e os libertários fazem o mesmo para o alerta do influente economista Martin Feldstein que o orçamento de Bill Clinton e as políticas sociais destruiriam a economia.

Desde que nossos ancestrais pré-históricos começaram a consultar xamãs, as pessoas têm buscado certeza em um mundo incerto por meio de consultores especialistas. Tetlock testou a capacidade de previsão de três grandes grupos: graduandos, autoridades reconhecidas na área de uma determinada questão de previsão, e "diletantes" que tinham conhecimento em um campo, mas estavam prevendo fora dele. Não surpreendentemente, os alunos de graduação tiveram o pior desempenho. Mais notavelmente, os especialistas não se deram melhor do que os diletantes; além disso, quando Tetlock dividiu esses resultados entre raposas e ouriços, a especialização na área em questão pareceu beneficiar as previsões das raposas, mas piorou as dos ouriços.

Em outras palavras, um cientista ambiental "raposa" provavelmente fará uma previsão melhor do resultado militar do que um especialista militar ouriço e vice-versa. A razão para isso parece ser que, embora os especialistas e diletantes tendessem a superestimar as probabilidades de resultados extremos, os especialistas faziam isso com maior frequência e pagavam o preço pela precisão das previsões que atendiam às previsões extremas. Os diletantes, ao que parece, comportaram-se mais como raposas, pelo menos fora de seu campo de especialização. O ponto ideal de conhecimento, portanto, pareceria estar, nas palavras de Tetlock, "perto de leitores experientes de fontes de notícias de alta qualidade, como *Economist*, *Wall Street Journal* e *The New York Times*, as publicações que os diletantes relataram com mais frequência como fontes úteis de informação sobre tópicos fora de suas especialidades".[29]

310   Os Delírios das Multidões

Essa declaração um tanto surpreendente deriva da descoberta de Tetlock de que os especialistas geralmente usam seu conhecimento para racionalizar como os dados se conformam com sua visão de mundo preexistente. Como os ouriços se apegam a suas visões preexistentes com mais firmeza, eles racionalizam seus erros de maneira mais confiável. Por exemplo, Tetlock descobriu que "loquacidade", a capacidade de enumerar muitos argumentos em apoio a uma previsão, era um marcador de previsão ruim. Tetlock sugere uma regra prática simples para identificar a mascote animal de um especialista: os ouriços usam a palavra "além disso" mais do que "entretanto", enquanto as raposas fazem o oposto.[30]

A maioria de nós sofre de forte inclinação para a autoafirmação, o desejo de pensar bem de nós mesmos e, portanto, lembrarmos incorretamente de nossas previsões como mais precisas do que realmente eram; inversamente, nos lembramos erroneamente das previsões de nossos oponentes como menos precisas. Os ouriços, porém, têm uma tendência especialmente marcada para fazer isso, e Tetlock enumerou as desculpas mais notáveis deles: "Algo inesperado atrapalhou minha previsão", "Eu estava quase certo", "Eu não estava errado, estava apenas adiantado" e, finalmente, quando todo o resto falha, "Ainda não provei que estou certo". Ele resumiu sucintamente essa tendência: "É difícil perguntar a alguém por que errou quando ele acha que acertou."[31]

Finalmente, Tetlock identificou um particularmente potente beijo da morte na previsão: a fama na mídia. A mídia busca "superotimistas e pessimistas", isso é, ouriços que gostam de previsões extremas, que atraem os espectadores mais favoravelmente do que raposas equivocadas. Além disso, a atenção da mídia produz excesso de confiança, o que por si só corrói a precisão das previsões. O resultado é uma espiral de morte de previsão da mídia que busca previsores que sejam extremos e, portanto, medíocres, cuja exposição na mídia piora seus prognósticos. Tetlock observou: "Os três principais elementos — especialistas que falam com autoridade, a mídia que se preocupa com a audiência e o público atento — podem, portanto, estar presos em um triângulo simbiótico.[32] Em retrospecto, Kudlow, Gilder e Glassman, os líderes de torcida ideológicos da bolha da tecnologia, haviam atingido a trifeta de Tetlock: ouriços queridos da mídia, que gostam de previsões extremas.

A era pontocom exibia todos os sinais e sintomas clássicos de uma bolha financeira: o domínio do investimento em ações nas conversas cotidianas, o abandono de empregos seguros para especulação em tempo integral, o peso do desprezo e o ridículo amontoados sobre os céticos por verdadeiros crentes, e a prevalência de previsões extremas.

Nunca antes a extrema ebulição do mercado e o subsequente desastre foram tão observados e registrados em tempo real nas telas de TV e, cada vez mais, na própria internet. A exaltação infectou locais nos mimados centros nervosos da indústria de tecnologia no Vale do Silício, em Wall Street e nos estúdios da CNBC em Fort Lee, mas a febre do mercado que se apoderou da conversa do dia a dia era mais sentida na Main Street, em reuniões sociais e clubes de investimento.

Uma narrativa pungente dessa obsessão se desenrolou naquele bastião da solidariedade masculina da classe trabalhadora, uma barbearia em Cape Cod, Massachusetts. Em tempos normais, a conversa nesses lugares se volta principalmente para esportes e política, e se o estabelecimento tiver um aparelho de televisão, ele está sintonizado em um jogo de beisebol, futebol americano ou basquete. Mas a virada do século passado não foi um momento normal, e a barbearia do Bill em Dennis, Massachusetts, de propriedade e administrada por Bill Flynn, não era um estabelecimento comum de corte de cabelo.

Em 2000, Flynn cortava cabelo há mais de 30 anos e conhecia bem o mercado de ações. Seu bisavô, também barbeiro, deu-lhe um conselho excelente: economize 10% de seus ganhos e os aplique em ações. A execução dessa sabedoria por Bill provou ser menos do que estelar, pois ele foi impulsionado pelo fenômeno humano tão bem explorado por John Blunt, na Mares do Sul, a preferência por resultados semelhantes a loterias. Em meados da década de 1980, as bonecas Repolhinho estavam na moda, e um grande número de crianças e adultos "investiam" nelas, não importando o fato de que podiam ser fabricadas à vontade. No auge do frenesi, Flynn comprou ações na margem — isto é, com dinheiro emprestado — da Coleco, Inc., a empresa que criou as bonecas.

A falência da empresa em 1988 dizimou suas economias originais, mas ele serenamente resistiu e continuou a colocar seus ganhos extras no mercado. Ao longo de uma década, ele investiu US$100 mil nos nomes de alta tecnologia mais glamorosos que pôde encontrar: AOL, Yahoo!, Amazon, entre outros. Em 2000, suas economias haviam aumentado para US$600 mil. Bill disse a si mesmo que se aposentaria quando seu portfólio atingisse mais um dígito; dado o quão bem estava indo, ele pensou, estaria lá em breve.[33]

Se as histerias se assemelham a epidemias, a narrativa "a internet muda tudo e enriquecerá a todos" era o vírus, e Bill Flynn era o paciente zero de Cape Cod. Em 2000, a conversa em torno da cadeira de barbeiro mudou dos Red Sox, Celtics e Patriots para EMC e Abgenix, as duas ações favoritas de Bill. A TV estava sempre sintonizada na CNBC.

A combinação tóxica de entretenimento financeiro 24 horas por dia e transações online instantâneas teve um efeito trágico na loja de Bill. Ele inventou

312 Os Delírios das Multidões

narrativas convincentes e persuadiu seus clientes, proprietários de pequenos negócios, a comprar as ações das empresas que escolheu.[34] Quando a repórter Susan Pulliam do *Wall Street Journal* visitou a barbearia pela primeira vez no inverno de 2000, ocasião em que o mercado estava no auge, a conversa era sobre ações de tecnologia o tempo todo. Bill sugeriu a um cliente uma empresa de biotecnologia, a Abgenix. Outros, lá, disseram que haviam comprado a Coyote Technologies, tinham a Network Appliance ou, se menos aventureiros, estavam apenas considerando um fundo mútuo oferecido pela Janus, uma empresa de investimentos especializada em carteiras voltadas para tecnologia.

A favorita de Bill era uma empresa de armazenamento de dados, a EMC: "Eu diria que coloquei cem pessoas na EMC." Nenhuma delas parecia se importar com o fato de Bill ter escolhido a empresa não por meio de uma análise de segurança rigorosa, mas graças a uma dica de outro barbeiro. Em meados de 2000, as ações haviam sofrido várias baixas severas, mas Bill e seus clientes estavam confiantes de seu poder de permanência. Como expressado por um pintor/aplicador de papel de parede: "Mesmo que desçamos 30%, voltaremos logo." Almas mais fracas atraíram o ridículo. Flynn apontou um cliente no estacionamento: "Vê aquele cara? Tinha US$5 mil de reservas há 2 anos, e eu lhe disse para comprar EMC. Teria agora US$18 mil se tivesse escutado."[35]

Quando Pulliam voltou à barbearia três meses depois, as ações de tecnologia tinham acabado de se recuperar de declínios severos, mas ainda estavam cerca de 40% abaixo de seus picos. Bill explicou: "Eu não estou apenas comprando qualquer biotecnologia ou ações de alta tecnologia." Mas ele ainda estava preso a sua antiga companheira, a EMC. E também tinha acabado de comprar mais Abgenix, cujo preço tinha se recuperado fortemente, e seu valor de portfólio tinha atingido um novo patamar.[36]

Em fevereiro de 2001, as amadas ações da EMC que ele havia comprado na margem caíram a ponto de sua corretora liquidar a posição. As ações, que atingiram o pico de US$145 logo após a primeira visita de Pulliam, por fim caíram para menos de US$4 no fim de 2002. A loja de Bill, antes a colmeia social da cidade, ficou em silêncio e esvaziou. Um cliente observou: "Todos sabem que Bill perdeu muito dinheiro. Ninguém quer falar muito sobre isso."[37]

Nem todos os clientes de Bill foram depenados; por exemplo, um deles resgatou suas ações da EMC para comprar uma nova casa. Mas o dano, em geral, tinha sido feito; o mercado em baixa de 2000 a 2002 desmoralizou tanto Bill que ele só começou a comprar ações novamente em 2007, quando, por recomendação de uma corretora de ações, comprou ações da Eastman Kodak. Ela faliu cinco anos depois; em 2013 e, aos 73 anos, Bill ainda cortava cabelos. Mesmo após o colapso, os executivos da EMC, que tinham se tornado compreensivelmente apaixonados pelo Sr. Flynn, passavam na loja para cortar o cabelo durante suas férias de verão.[38]

Bill e seus clientes, em sua maioria, foram enganados de uma forma consagrada pelo tempo, negociando ações em empresas individuais, frequentemente à margem. Mas, durante a década de 1990, um número crescente de norte-americanos teve sua exposição às ações por outra rota: fundos mútuos, os descendentes diretos dos fundos de investimento da década de 1920, que forneceram não apenas fácil diversificação de risco por meio da propriedade de um grande número de empresas, mas também seleção de ações por gestores supostamente qualificados. Entre 1990 e 2000, os ativos dos fundos mútuos de ações dos EUA aumentaram quase 20 vezes, de cerca de US$200 bilhões para US$3,5 trilhões — ou seja, de cerca de 7% para cerca de 23% do valor do mercado total de ações nessas duas décadas.[39]

Assim como os frequentadores da barbearia de Cape Cod, os investidores de fundos mútuos eram atraídos cada vez mais para os que desempenhavam melhor. O Jacob Internet Fund, um dos mais populares, disparou 196% em 1998, e o Van Wagoner Emerging Growth Fund ganhou impressionantes 291% em 1999. A Janus Capital administrava uma série de fundos domésticos e internacionais com forte presença de empresas de tecnologia, muitos dos quais também apresentaram retornos de três dígitos naquele ano feliz.[39]

Figura 14-2. Índice composto NASDAQ 1995-2003

O desempenho impressionante dessas ofertas atraiu mais ativos, particularmente as crescentes contas 401 (k), cujos patrocinadores cuidadosamente forneceram aos participantes estatísticas de desempenho de fundos para que pudessem selecionar as ofertas com os retornos recentes mais elevados.

314   Os Delírios das Multidões

Diversos fios de lógica entrelaçados impulsionaram a histeria dos fundos de tecnologia. De forma óbvia, os fundos de melhor desempenho atraíram o maior fluxo de ativos, o que elevou ainda mais os preços dessas ações e, temporariamente, o desempenho dos fundos. As empresas de fundos mútuos, remuneradas na proporção dos ativos que administram, responderam lançando novos fundos de tecnologia. Finalmente, os horizontes de tempo cada vez mais curtos dos investidores levaram os administradores de fundos a negociar de forma mais frenética. Em 1997, um programa notável, *Frontline*, da PBS, filmou Garrett Van Wagoner, gerente de seu homônimo Emerging Growth Fund, emitindo um fluxo quase contínuo de transações de seu telefone.[40] O programa ilustrou como a imprensa atuava. Ela fazia essa descrição entusiasmada de Van Wagoner por meio de Joseph Nocera, um conhecido jornalista financeiro:

> A competição é feroz e os principais administradores de fundos mútuos são como os alquimistas modernos, criando ganhos mágicos de mercado. E agora ninguém tem o toque de ouro mais do que este homem, Garrett Van Wagoner, que dirige um negócio individual em São Francisco.[41]

Dez mil dólares investidos em seu fundo em 1º de janeiro de 1997, aumentaram para US$45 mil em março de 2000 (um retorno de 350%), então caiu para US$3,3 mil perto do ponto mais baixo mercado em setembro de 2002 (uma queda de 93%). Mesmo esses números sombrios subestimam o dano. Apesar do episódio de *Frontline*, relativamente poucos investidores sabiam sobre o fundo em 1997, quando ele estava decolando. Somente no decorrer do ano de 1999, o fundo cresceu de US$189 milhões para US$1,5 bilhão. Portanto, muito mais investidores sofreram a repulsiva descida de 93% do que desfrutaram dos estonteantes 350% de alta. No fim, Nocera estava certo: Van Waggoner era de fato um alquimista, embora transmutasse ouro em chumbo; em 2008, ele finalmente deixou o cargo de gerente de seu portfólio de mesmo nome, que teve o pior desempenho em 10 anos de qualquer fundo mútuo administrado ativamente — uma perda de valor de 66%, contra um ganho de 72% para o mercado de ações em geral.[42]

Uma vertente notável percorreu a ferrovia, os anos 1920 e as bolhas da internet: o papel desempenhado pelas tecnologias centrais que as sustentam. Hudson dependia da rapidez recém-descoberta das viagens de trem para pular entre seus escritórios, canteiros de obras, reuniões de acionistas e o Parlamento. Durante a bolha da década de 1920, os especuladores, mesmo em transatlânticos, examinavam avidamente as fitas de cotações alimentadas por sinais de rádio que chegavam e negociavam por meio de sinais de saída das mesas de operações de bordo. As salas de bate-papo da internet e o comércio online aumentaram o frenesi nas ações de empresas de internet, que também eram negociadas na internet.

O segundo sintoma da bolha — o abandono de profissões confortáveis e respeitáveis pela especulação em tempo integral — também se manifestou durante a bolha da internet. Na maioria das vezes, durante a década de 1990, isso significava *day trading*, já que milhões de indivíduos, em sua maioria do sexo masculino, tiravam uma folga do trabalho ou até mesmo pediam demissão para se sentar na frente de monitores de computador e executar dezenas, às vezes centenas, de negociações por dia.

O *day trading* envolve a compra e venda rápida de ações e visa numerosos lucros menores. Em um mundo ideal de *day trading*, uma transação típica pode envolver a compra de 10 mil ações de uma ação em 31½ e vendê-la no mesmo dia, às vezes em alguns minutos, por $31^{5/8}$, resultando em um lucro bruto de US$125. Na realidade, a média dos retornos brutos da maioria dessas transações é próxima de zero e cada negociação paga comissões que, ao longo de centenas e milhares de transações, na maioria das vezes arruínam até mesmo participantes moderadamente bem-sucedidos/sortudos.

Por pura dependência, nada se compara à negociação online, que mantém os participantes grudados em seus terminais. Como disse um observador:

> Eu não sei se muitos de vocês leitores já jogaram videopôquer em Las Vegas (ou em qualquer lugar). Eu já, e é viciante. É viciante apesar do fato de você perder ao longo de qualquer período de tempo razoável (ou seja, sentar mais de uma ou duas horas e [nove em cada dez] vezes você está indo embora mais pobre). Agora, imagine o vídeopôquer em que as chances estão a seu favor. Ou seja, todos os alertas sonoros, botões e campainhas ainda estariam lá, fornecendo feedback instantâneo e diversão, mas em vez de perder você fica mais rico. Se Vegas fosse assim, você teria que arrancar as pessoas de seus assentos com ferramentas de resgate. As pessoas trariam comadres para que não tivessem que abrir mão de seus assentos. Essa forma de videopôquer acharia engraçado considerar o crack como o máximo do vício. Em minha opinião, é precisamente nisso que se tornaram as transações online.[43]

316 Os Delírios das Multidões

Antes de 1997, apenas grandes instituições se engajavam nesse tipo de negociação rápida, uma vez que os pequenos investidores não podiam obter os preços favoráveis e precisos necessários nas bolsas de valores; naquele ano, as "cotações de nível 2", que exibem ordens de limite pendentes em suas telas de computador, tornaram-se disponíveis para investidores de varejo, que participaram das festividades.

Ao contrário da multidão na loja de Bill, a maioria dos *day traders* são conhecedores de tecnologia, dotados quantitativamente e com escolaridade alta. O problema é que, sempre que alguém compra uma ação, outra pessoa a está vendendo e vice-versa. Em outras palavras, a negociação de títulos é semelhante a jogar tênis com um parceiro invisível; o que a maioria dos *day traders* não consegue perceber é que quase todas as pessoas do outro lado da rede são as irmãs Williams do mundo dos investimentos: participantes institucionais experientes para quem a empresa é bem mais do que um mero símbolo ou algoritmos de computador que podem passar por cima de negociantes humanos.

No fim da década de 1990, cerca de uma centena de empresas estabeleceram "programas de treinamento" que superaram de leve essa longa probabilidade. Por vários milhares de dólares, os "trainees" normalmente têm três dias de orientação e "treinamento" seguido por uma semana de "negociação com papel". Os "treinadores" distribuíam otimismo em quantidades astronômicas: qualquer um poderia ter sucesso apenas seguindo as regras. Como disse um deles: "É como o golfe. Se você tiver cuidado ao posicionar os pés, ao levantar o taco e seguir em frente, terá mais chances de acertar a bola em linha reta do que lançar uma bola torta. O mesmo princípio se aplica ao *day trading*."[44]

Aproximadamente 5 milhões de norte-americanos negociavam online no fim da década de 1990, embora o número que o fazia em tempo integral fosse muito menor, conforme estimativas.[45] Enquanto os mercados subissem, os *day traders* teriam alguma chance, mas assim como os mergulhadores na década de 1920 e durante a bolha ferroviária, quando o mar ficou agitado, a maioria foi eliminada.

As senhoras de Beardstown não poderiam ser mais diferentes dos clientes na barbearia de Bill ou nas mesas dos frenéticos *day traders*, mas sua trajetória foi ainda mais espetacular e tão emblemática de uma atmosfera de corrida do ouro que convenceu as pessoas sem qualquer conhecimento visível em finanças de suas perspectivas brilhantes nesse campo.

Em qualquer outra época, ninguém teria prestado atenção a um clube de investimento tradicional composto por donas de casa de meia-idade e idosas na cidade de Beardstown, Illinois, que seguiram o manual relativamente conservador que governou esse pequeno canto da sociedade civil norte-americana por décadas: encontrarem-se para comer biscoitos e tomar café, pesquisar empresas estabelecidas com lucros confiáveis e mantê-las no longo prazo.

As mulheres não estavam nem lidando com valores substanciais: a assinatura exigia US$100 adiantados e US$25 mensais depois disso. O problema começou quando elas passaram a enviar seus rendimentos para a organização nacional, a National Association of Investors Corporation, que lhes rendeu o prêmio "All-Star Investment Club" por seis anos consecutivos. Ao longo da década entre 1984 e 1993, elas relataram um lucro anual surpreendente de 23,4%, mais de 4% melhor do que o mercado de ações.

A história de como essas matronas venceram Wall Street deu convincente suporte à narrativa dos anos 1990 de investir casualmente para uma vida sem preocupações. As participantes do clube trocaram suas identidades de donas de casa do interior e se tornaram gurus financeiros em tempo integral. Elas viajavam pelo mundo todo, frequentemente falavam para públicos maiores do que a população de sua cidade natal (5.766 habitantes) — que às vezes esperavam por ingressos na chuva — recebiam altas taxas de consultoria de empresas de investimento e venderam 800 mil exemplares do *Guia Prático de Investimentos das Beardstown Ladies*, um compêndio de seus "segredos". Uma delas comentou: "Eu desci de um avião em Houston e o motorista da limusine estava se desculpando porque teve que trazer um carro extragrande. Eu sempre via limusines passando e dizia: 'Eu me pergunto quem está lá.' Bem, agora era eu quem estava lá."[46]

Houve apenas um problema com a repentina celebridade das mulheres: o número de 23,4% incluía suas taxas mensais de associação. Se alguém começa com $100, não ganha nada com isso, mas adiciona outros US$25 do próprio dinheiro ao longo do caminho, não obteve um retorno de 25%. Por volta de 1998, mais de dois anos após o lançamento do livro, a editora percebeu o erro e inseriu uma isenção de responsabilidade que afirmava: "Este retorno pode ser diferente do retorno calculado para um fundo mútuo ou banco."

Durante um mercado em alta, a habilidade jornalística atrofia; só quando a edição de 1998 chegou às prateleiras, Shane Tritsch, repórter da revista *Chicago*, dificilmente um veículo de primeira linha para relatórios de investimentos, percebeu e noticiou sobre a isenção de responsabilidade. As mulheres ficaram indignadas a princípio, e um executivo da Hyperion, sua editora, chamou Tritsch de "malicioso" e obcecado em difamar "o grupo mais honesto que você já quis conhecer".[47]

Erro honesto ou não, as mulheres não ganharam 23,4% nos 10 anos em questão: 9% estava mais perto da realidade. Por fim, a Hyperion retirou o livro de circulação e teve que resolver um processo concordando em trocá-lo por qualquer outro que publicasse, e as mulheres desapareceram na obscuridade.

No fim das contas, as mulheres não tinham se saído mal: durante todo o período de 15 anos entre 1983 e 1997, os auditores descobriram que o ganho

318   Os Delírios das Multidões

havia sido de 15,3% ao ano, calculados corretamente, apenas 2% pior do que teriam feito em um fundo indexado, mas respeitável mesmo assim, e certamente muito melhor do que o pessoal da barbearia do Bill e das empresas de *day trading*. Contudo, apenas durante a década de 1990 um erro matemático transformou em ícones culturais um grupo de mulheres comuns com retornos medíocres no mercado de ações.

Como as senhoras de Beardstown, os exércitos de *day traders* e os clientes da barbearia do Bill, no fim da década de 1990 milhões se consideravam gênios do mercado de ações. O clima foi melhor capturado pelo letrado e perspicaz Barton Biggs do Morgan Stanley:

> Os sinais sociológicos são muito ruins... o filho de todo mundo quer trabalhar para o Morgan Stanley. Cunhados desprovidos estão começando fundos hedge. Conheço um cara que tem 50 anos e nunca fez nada. Ele está começando um fundo hedge. Está enviando brochuras para as pessoas. Tenho uma aqui em algum lugar.[48]

O terceiro sintoma da bolha, a veemência, beirando o ódio raivoso, dirigida aos céticos, tornou-se manifesto em meados da década de 1990. Décadas antes de Roger Ailes transformar a CNBC em uma potência da mídia, até 30 milhões de telespectadores sintonizavam nas noites de sexta-feira a *Wall $treet Week with Louis Rukeyser*, um painel transmitido em todo o país pela PBS e apresentado pelo urbano e espirituoso Rukeyser, ele próprio filho de um estimado jornalista financeiro.

Rukeyser coreografava rigidamente a produção do programa, e seus lugares mais cobiçados estavam no painel rotativo de corretores da bolsa, analistas e redatores de boletins informativos que gracejavam com ele no início do programa e depois faziam perguntas ao convidado principal da semana. Quase tão procurada era a participação em seu painel de "elfos", fora da tela, que pretendiam prever a direção futura do mercado. Rukeyser sabia de duas coisas: a primeira, que o otimismo beneficiava seu show, bem como sua marca, que incluía dois boletins informativos e o Louis Rukeyser Investment Cruise at Sea; e a segunda, que uma brecha regular nos painéis era uma propaganda inestimável para os corretores e analistas sortudos o suficiente para consegui-la. Consequentemente, ele mantinha seus palestrantes sob controle, especialmente nos dias intensos da bolha tecnológica.

Durante o fim da década de 1990, Gail Dudack, que era analista do UBS Warburg e participante recorrente nos dois painéis de Rukeyser, começou a ficar enjoada. Ela havia lido Charles Kindleberger e reconheceu seus critérios de bolha, especialmente "deslocamento" e crédito fácil, nas condições de mercado atuais. Ela alertou seus clientes, um dos quais a acusou de ser antipatriótica, assim como o fundador de sua empresa, Paul Warburg, havia sido difamado sete décadas antes. Dudack, portanto, sabia como os duvidosos eram tratados durante as bolhas: "Você será desprezado, ficará aterrorizado e, quando a bolha começar a entrar em colapso, o público ficará muito irritado. Vai precisar de um bode expiatório." Em novembro de 1999, cinco meses antes do estouro da bolha, Rukeyser a demitiu do programa da maneira mais humilhante possível: numa noite em que ela não estava se apresentando, desenhou um chapéu de burro sobre sua imagem. Ele a substituiu por um ex-jogador de basquete de Dartmouth, Alan Bond, que 4 anos depois receberia uma sentença de 12 anos por roubar de aposentados.[49]

A bolha da internet foi mais danosa para os "investidores em valor" que possuíam ações de empresas tradicionais sólidas que vendiam a preços razoáveis e ficaram para trás durante a histeria. Julian Robertson, um conceituado administrador de fundos hedge voltados para valor, foi forçado a fechar sua empresa, a Tiger Management, que até meados da década de 1990 havia obtido um recorde invejável. Robertson afirmou: "Esta abordagem não está funcionando e não entendo por quê. Tenho 67 anos, quem precisa disso?" Robertson anunciou o fechamento da empresa em 30 de março de 2000; embora ele não pudesse saber na época, o NASDAQ de alta tecnologia havia atingido o pico três semanas antes, em 5.060, um nível que não se veria por mais uma década e meia.[50]

A característica final de identificação da bolha é a presença de previsões extremas. Em tempos normais, os especialistas preveem altas ou baixas do mercado em um determinado ano, raramente excedendo 20%. Previsões fora desses limites estreitos correm o risco de rotular seu criador de lunático, e a maioria varia na casa de um dígito, para cima ou para baixo. Não é assim durante as bolhas. James Glassman, junto com seu coautor economista Kevin Hassett, escreveu um livro em 1999 que previa que o índice Dow Jones mais que triplicaria de seu nível prevalecente de aproximadamente 11 mil para 36 mil em poucos anos. Para não ficar para trás, outros não tiveram escolha a não ser aumentar essa estimativa para 100 mil.[51]

A maneira como Glassman e Hassett chegaram a um preço de mercado de ações três vezes maior que o corrente ilustra o quanto foi feito para racionalizar os preços estratosféricos da bolha. Eles fizeram isso manipulando a chamada taxa de desconto aplicada a ações e títulos. Em termos gerais, a taxa de desconto é o retorno exigido pelos investidores antes que eles assumam o risco de possuir títulos; quanto maior o risco, maior o retorno exigido (a taxa de desconto) para

320 Os Delírios das Multidões

tê-los. Por exemplo, em meados de 2019, os títulos do Tesouro de longo prazo ultrasseguros renderam 2,5%, ao passo que o lucro demandado por ter ações muito mais arriscadas era quase o triplo disso, atualmente em torno de 7,5%, e cerca de 10% antes de 1990.

O preço de um ativo de longo prazo, como um título do Tesouro de 30 anos ou uma ação, é grosso modo inversamente proporcional à taxa de desconto: divida a taxa de desconto pela metade (digamos de 6% para 3%) e o preço dobra. (Uma vez que uma ação não tem data de vencimento, ela tem, pelo menos teoricamente, "data de validade mais longa" do que um título do Tesouro de 30 anos.) Por outro lado, quando a economia ou o status geopolítico global se deterioram, os investidores exigem um retorno muito maior — ou seja, uma taxa de desconto — para possuir ações e, portanto, seus preços despencam.

Em *Dow 36.000*, Glassman e Hassett declararam que os investidores evoluíram para um novo tipo de *homo economicus* que sabia que as ações não eram tão arriscadas a longo prazo, pois sempre se recuperavam das quedas de preços. Essa nova subespécie humana decidiu, então, aplicar uma taxa de desconto semelhante aos títulos do Tesouro de 3% às ações, em vez da taxa de desconto histórica de 10%; isso teoricamente reavaliava seu preço para cima por um fator de mais de três (10%/3%).[52]

Glassman e Hassett esqueceram o famoso aviso de Templeton sobre o custo elevado da frase "Desta vez é diferente." Quase simultaneamente à publicação em 2000 de *Dow 36.000*, a bolha da internet naufragou com o retorno repentino do risco, marcando o desfecho da maior histeria financeira de todos os tempos. Em menos de 2 anos, as ações norte-americanas perderam US$6 trilhões em valor de mercado, como se 7 meses de toda a produção econômica do país tivessem desaparecido. Enquanto em 1929 apenas 10% das famílias possuíam ações, em 2000 a expansão de corretoras pessoais e contas de fundos mútuos, e os planos baseados no trabalho, IRAs e 401 (k), levaram 60% das famílias do país a serem proprietárias de ações. Dezenas de milhões que se consideravam financeiramente seguros descobriram o contrário, e outros milhões que consideraram sua cesta de ovos adequada para a aposentadoria foram forçados a adiá-la.

Em uma história tão antiga quanto os mercados financeiros, entre 2000 e 2002 os investidores se reaproximaram da miséria indescritível de uma perda financeira repentina. Nas palavras do humorista Fred Schwed:

> Existem certas coisas que não podem ser explicadas adequadamente a uma pessoa virgem por palavras ou imagens. Nem qualquer descrição que eu possa oferecer aqui sequer se aproxima do que é perder um belo pedaço do dinheiro que você tinha.[53]

15

MÁDIS E CALIFAS

A bolha da internet abriu as cortinas do teatro das histerias populares do século XX. Com a entrada do século XXI, a agora familiar narrativa do fim dos tempos da religião abraâmica mais jovem do mundo surpreenderia a todos com sua capacidade de atrair adeptos de todo o globo e com sua violência.

Em 16 de novembro de 2014, rebeldes do Estado Islâmico (EI) decapitaram, junto com 18 prisioneiros sírios, um norte-americano chamado Peter Kassig, um ex-ranger do exército dos EUA que fazia trabalho humanitário. O vídeo dos perpetradores não mostrou a atrocidade em si; em vez disso, a cabeça decepada de Kassig estava aos pés de "Jihadi John", que se acredita ser um cidadão do Reino Unido chamado Mohammed Emwazi, que entoou com sotaque britânico: "Aqui estamos nós, enterrando o primeiro cruzado norte-americano em Dabiq, esperando ansiosamente pelo resto de seu exército chegar."[1]

No ano anterior, a campanha de mídia social eficiente e inteligente do EI atraiu milhares de guerreiros e outros voluntários, até mesmo do próspero e pacífico ocidente, para um dos piores lugares do mundo. A cidade mencionada por Jihadi John, Dabiq, e a revista do grupo de mesmo nome, contribuem muito para compreender o notável sucesso de seus esforços de recrutamento.[*]

A revista recebeu o nome da cidade no noroeste da Síria onde os turcos otomanos derrotaram os mamelucos egípcios em 1516, uma vitória que deu aos turcos o controle sobre o Levante e, simbolicamente para os jihadistas modernos, marcou o renascimento de um califado — um estado liderado por um sucessor de Maomé com domínio sobre todos os muçulmanos — que duraria quatro séculos. A associação da cidade com o califado otomano a coloca,

---

[*] Em 29 de junho de 2014, quando Abu Bakr al-Baghdadi declarou o califado, seu nome foi encurtado para Estado Islâmico (EI, Daesh). Antes dessa data, era mais comumente referido como ISI (Estado Islâmico do Iraque), ISIL (Estado Islâmico do Iraque e Levante) ou ISIS (Estado Islâmico do Iraque e al Sham (Síria).

322 Os Delírios das Multidões

apesar de sua aparência nada imponente e sem importância estratégica, na frente e no centro da narrativa islâmica do fim dos tempos

As tradições apocalípticas do Judaísmo, Cristianismo e Islamismo se assemelham, o que não é surpreendente à luz de suas origens comuns. Durante o início do período medieval, tanto os bizantinos quanto os muçulmanos adivinharam seus planos de batalha uns contra os outros a partir dos mesmos versículos de Daniel.[2] Por sua história militar, Dabiq se tornou um Armagedom islâmico, um lugar onde as forças do Anticristo, mais comumente chamado no Islã de Dajjal, lutariam contra os exércitos dos justos.

Mas há diferenças. A escatologia cristã origina-se principalmente de um pequeno número de localizações escriturais bem circunscritas, especialmente Ezequiel, Daniel e Apocalipse, enquanto a escatologia islâmica tem fontes mais difusas e, portanto, menos definidas: o hadiz, os ditos registrados do Profeta (em árabe, "notícias" ou "relatórios"). Em contraste com a escatologia cristã, o "livro" muçulmano, o Alcorão, quase não contém profecia e, como Santo Agostinho e a subsequente tradição teológica católica, adverte especificamente contra o cálculo da data do fim dos tempos.

Mas, como acontece com os cristãos, a definição de datas tenta irresistivelmente os muçulmanos, e suas narrativas do fim dos tempos brotam do hadiz como flores do deserto.[3] Por causa de seu grande número de fontes, a escatologia islâmica é ainda mais confusa do que a variedade cristã. A tradição sunita, por exemplo, relaciona cerca de 10 mil diferentes hadizes, e diferentes observadores relatam cada um deles de maneiras muitas vezes variadas. Apenas um estudioso medieval listou mais de 30 mil versões. Durante séculos após a morte do Profeta em 632, os estudiosos classificaram e catalogaram seus ditos de acordo com sua veracidade, de "autêntico" a "fabricado".

O Profeta complicou as coisas por não deixar testamento. Seus primeiros quatro sucessores, ou califas — Abu Bakr, Omar, Othman e Ali — viram a rápida expansão do território muçulmano muito além dos confins do oeste da Arábia até as fronteiras de Bizâncio e Pérsia. Ao longo dos séculos seguintes, os impérios árabes guerrearam com essas duas grandes potências vizinhas infiéis. Além disso, o assassinato do quarto califa, Ali, primo e genro do Profeta, e a subsequente morte do filho mais novo de Ali, Husayn, e seus seguidores em Karbala, no Iraque moderno, desencadeou uma sangrenta divisão sectária que se enfurece desde aquela ocasião. De um lado desse grande conflito islâmico estão os seguidores de Husayn, os xiitas, que limitam a sucessão do Profeta à sua linhagem. Os vencedores em Karbala, que evoluíram para os sunitas, não compartilham dessa restrição de liderança.

O polêmico cientista político Samuel Huntington em *O Choque das Civilizações e a Mudança da Ordem Mundial* tabulou o grande número de conflitos armados entre os países muçulmanos, bem como seus conflitos com seus vizinhos não muçulmanos, e concluiu que "as fronteiras do Islã são sangrentas, assim como suas entranhas".[4] Os críticos o acusaram de "orientalismo" e apontaram que as guerras modernas do Islã surgiram a partir da dominação ocidental. Embora o colonialismo ocidental certamente desempenhe um papel proeminente nos problemas do Oriente Médio moderno, a infame citação de Huntington se aplica igualmente ao mundo islâmico medieval, que, como possuidor de uma das civilizações mais intelectualmente avançadas, ricas e poderosas do mundo, estava pouco preocupado com o atrasado e impotente Ocidente logo após Roma.

E é aí que reside o apelo do Islã apocalíptico. Cristãos norte-americanos e europeus vivem em sociedades relativamente prósperas, seguras e geopoliticamente estáveis; além disso, suas religiões são culturalmente dominantes. Os cristãos apocaliticistas ocidentais são, portanto, forçados a escolher, em meio à confusão do pânico moral, os sinais da Hora (fim dos tempos): sexualidade generalizada, socialismo e satanismo (ou pelo menos astrologia).

O Islã, por outro lado, está em relativo declínio político e econômico desde que Vasco da Gama contornou o Cabo da Boa Esperança em 1497 e começou a desmantelar o imensamente próspero empório comercial do Oceano Índico dominado por muçulmanos. Para o muçulmano devoto, então, os sinais da Hora se aproximam demais, com uma longa pregação de humilhação, uma derrota que exige justiça apocalíptica: somente no século XX, o acordo secreto Sykes-Picot de 1916 que dividiu a terra natal dos muçulmanos entre os franceses e os britânicos; o estabelecimento de Israel em 1948; a apreensão por este país em 1967 da Cisjordânia e da Cidade Velha de Jerusalém com seu sagrado Monte do Templo; o tratado de paz de 1979 entre Israel e o Egito; e a Primeira Guerra do Golfo de 1990, que tornou vergonhosamente visível a presença militar ocidental em, entre outras localidades do Oriente Médio, a Arábia Saudita, o guardião dos santuários mais sagrados da religião. Muito mais do que cristãos e judeus, os muçulmanos têm razões para ansiar por um Apocalipse que derrube a ordem mundial existente. É impossível não perceber a amargura e a raiva sentidas pelos apocaliticistas muçulmanos e seus públicos:

> Assim, o tapa judeu nos rostos dos cristãos continua, que aparentemente gostam e permitem esse tipo de humilhação. O cruzado ocidental continua como uma prostituta que está sadicamente arruinada e não obtém nenhum prazer com o ato até ser atingida

324 Os Delírios das Multidões

e humilhada, mesmo por seus cafetões — que são os judeus na Europa cristã — e não demorará muito para que eles estejam sob os escombros como resultado da conspiração judaica.[5]

Como todos os que buscam o fim dos tempos, os apocaliticistas muçulmanos anseiam pela era de Hesíodo dos "homens de ouro", no caso deles os *salafistas*: as três primeiras gerações de muçulmanos, os companheiros do Profeta e seus descendentes, os pais fundadores da religião. Não é surpreendente, então, que os estudiosos e líderes apocaliticistas muçulmanos de hoje investiguem o hadiz em busca da inspiração que fará com que o Islã retorne ao seu devido lugar como teologia dominante no mundo. Um grande número de hadizes falam das batalhas com os bizantinos, especialmente em Constantinopla, que ocorreram durante os poucos séculos após a morte do Profeta, quando essas palavras foram registradas pela primeira vez. Isso explica a obsessão do EI por uma pequena cidade empoeirada no norte da Síria, Dabiq, que é mencionada em um dos hadizes apocalípticos mais famosos e altamente respeitados: "A Última Hora não chegará até que os bizantinos ataquem Amaq ou Dabiq."[6]

A principal tarefa do estudioso do hadiz é estabelecer a proveniência de suas fontes orais, que remontam séculos à vida do Profeta, um jogo ensurdecedor de sussurros de gerações no caminho. Dois estudiosos persas, Abu al-Husayn Muslim e Isma'il al-Bukhari, trabalhando 200 anos após a morte de Maomé, produziram as compilações mais respeitadas. Bukhari teria sonhado consigo mesmo espantando moscas que enxameavam ao redor de Maomé e decidiu devotar sua vida ao banimento de hadizes ilegítimos. Apenas 1% deles sobreviveu aos seus critérios exigentes.[7] O hadiz muçulmano e o de Bukhari ocupam o nível mais alto, e a autoridade de qualquer clérigo islâmico, líder político, líder militar ou comentarista repousa em grande parte no comando do hadiz, especialmente aqueles compilados por esses dois estudiosos.

Desnecessário dizer que mesmo o hadiz mais "autêntico" foi transmitido por meio de várias gerações via oral e, nas palavras do especialista em cultura árabe, William McCants:

> As profecias do fim dos tempos foram um alvo especialmente convidativo para seus fabricantes. Nas mortíferas guerras internas que destruíram a comunidade muçulmana em seu início, cada lado procurou justificar sua política prevendo sua vitória inevitável e a derrota predeterminada do outro lado. Que melhor maneira de fazer isso do que colocar a profecia na boca do Profeta... ao longo dos séculos, a nova política daria aos remanescentes um novo significado, um fenômeno familiar aos leitores do Livro cristão do Apocalipse.[8]

Muitas das narrativas do fim dos tempos do Islã desenvolveram-se a partir daqueles infelizes com os vencedores em Karbala, o clã omíada, que estabeleceu a primeira grande dinastia muçulmana e a governou de Damasco. O personagem central que resgataria o devoto de seus mestres cada vez mais corruptos e despóticos em Damasco era o messias muçulmano, o Mádi: "O bem guiado."

Os oponentes árabes e persas dos omíadas espalharam profecias de soldados hasteando bandeiras negras em Khorasan (aproximadamente, atual leste do Irã e Afeganistão), que viriam daquela direção para derrotar os omíadas: "Se você vir os estandartes pretos vindo de Khorasan, vá até eles imediatamente, mesmo que precise rastejar sobre o gelo, porque de fato entre eles está o califa, o Mádi."[9] Em 750, rebeldes com a bandeira negra derrubaram os omíadas. O líder dos rebeldes era descendente do tio do Profeta, chamado Abbas, daí o nome do império centrado em Bagdá que ele fundou, a Dinastia Abássida, que duraria meio milênio.

As passagens do hadiz, como as citadas pelos rebeldes abássidas vitoriosos, tendem a ser fragmentadas e breves, geralmente com sentenças ou parágrafos, e raramente mais do que uma ou duas páginas. Conforme colocado por David Cook, o mais importante estudioso norte-americano da literatura apocalíptica muçulmana:

> Porque as tradições muçulmanas não têm contexto aparente, exceto aquele fornecido artificialmente pelas longas tradições (que são essencialmente tentativas de estudiosos de colocar o material em uma ordem cronológica utilizável), não é surpreendente descobrir que houve considerável desacordo quanto à ordem em que os eventos devem ocorrer antes do fim do mundo.[10]

Em outras palavras, o grande número e a brevidade dos hadizes tornam possível um número infinito de narrativas do fim dos tempos; despeje nessa massa as manchetes do dia e adicione uma grande quantidade de viés de confirmação, e o inteligente estudioso islâmico terá ainda mais facilidade em apresentar a desejada narrativa apocalíptica do que seu primo cristão dispensacionalista.

No entanto, apocalipses muçulmanos derivados dos hadizes têm certas características em comum com a escatologia cristã: em algum momento, o mundo vai acabar. Jesus, que é um profeta, não o filho de Deus, retorna à Terra, na maioria das vezes por meio da torre leste da mesquita omíada de Damasco, carregado por dois anjos brancos. Ele luta com o Dajjal, que quase sempre é um judeu, e frequentemente o messias judeu. Ao contrário do sedutor Anticristo cristão, o Dajjal tem uma personalidade desagradável e expõe uma

326 Os Delírios das Multidões

figura física hedionda, com um grande nariz adunco, um olho protuberante e deformado e mãos de tamanhos diferentes — uma demonstração inigualável do papel da simetria anatômica na percepção de beleza.[11]

O antissemitismo é uma parte tão estabelecida do apocaliticismo muçulmano que aceita até os mais fraudulentos boatos racistas. O falecido rei saudita Faisal rotineiramente assediava dignitários estrangeiros sobre a conspiração global comunista judaica, e no fim das reuniões se voltava para seu chefe de protocolo e perguntava: "Eles têm o livro?" significando *Os Protocolos dos Sábios de Sião*. Em uma ocasião, o embaixador norte-americano disse-lhe que *Protocolos*, um documento postulando uma conspiração global por judeus para o domínio mundial, fora forjado pela polícia secreta do czar. Absurdo, respondeu Faisal; o reino o tinha impresso em várias línguas para ampliar sua circulação. O rei era antissemita e não estava sozinho; para praticamente todos os apocalípticos muçulmanos, *Os Protocolos dos Sábios de Sião* são a prova da traição judaica.[12]

Apocalípticos muçulmanos, assim como dispensacionalistas cristãos, buscam nos eventos atuais sinais da Hora que anunciam o Fim. Existem dois tipos: os primeiros são conhecidos como "sinais menores", e aqueceriam os corações de Lindsey e LaHaye: frouxidão sexual, incluindo bestialidade e homossexualidade masculina e feminina, e o mais profético de todos: relações sexuais em público. Até música e dança, riqueza e roupas de seda masculinas também estão nesse meio, assim como automóveis, já que permitem que as mulheres dirijam. Outros sinais menores incluem terremotos, inundações, secas e mau comportamento financeiro, particularmente a cobrança de juros e o emprego de homens por mulheres (o qual ignora o fato de que o jovem Profeta fora contratado pela comerciante viúva, Khadija, que eventualmente se tornou sua esposa e primeira seguidora).

Um hadiz particularmente conhecido afirma que a "Última Hora" será caracterizada quando "duas figuras vierem a golpear", embora os dois preguem a mesma coisa; quando 30 falsos messias aparecem; quando todo o conhecimento religioso desaparece; quando o assassinato se torna frequente; quando todos são tão ricos que ninguém aceitará esmolas; e quando as tumbas são tão magníficas que os vivos desejam estar dentro delas.

Muçulmanos apocaliticistas também procuram "Sinais Maiores": eventos mais específicos previstos. Durante o início do período muçulmano, a vindoura conquista muçulmana da Constantinopla cristã ficou no topo da lista. Sucessivos governantes muçulmanos implantaram o hadiz para justificar múltiplas tentativas malsucedidas de conquistar a cidade; quando os otomanos finalmente tiveram sucesso em 1453 e o Fim não ocorreu, os teólogos alternativamente profetizaram que grandes batalhas ocorreriam em outros locais e, mais recentemente, em Dabiq.

Como acontece com os cristãos sionistas, outro Grande Sinal é o retorno dos judeus à Terra Santa. E se a versão cristã é, do ponto de vista judaico, sombria — converter e fazer proselitismo ou ser destruída — a versão muçulmana é ainda mais brutal: Alá devolverá os judeus à Palestina como, nas palavras de um apocaliticista, "uma declaração da proximidade da vingança de Deus sobre eles, reunindo-os na [Palestina]": a versão muçulmana apocalíptica da Solução Final.[13]

Outros Sinais Maiores incluem o aparecimento do Dajjal (que em um hadiz é despachado pela halitose letal de Jesus) e o sol nascendo no Ocidente. Gog e Magog fazem aparições no hadiz, assim como um personagem único do Islã conhecido como Sufyani, um poderoso tirano sunita que atravessa a Síria. Como sunita, ele é repreendido pelos xiitas, um sentimento nem sempre compartilhado pelos sunitas; os oponentes omíadas do califado abássida em Bagdá, por exemplo, o idolatravam.[14]

O objetivo final de Sufyani é o assassinato do personagem central do Fim, o Mádi, mas ele é mais comumente impedido quando a terra o engole. Na maioria das narrativas, só depois de Jesus despachar o Dajjal, o Mádi lidera os exércitos do Islã à vitória e estabelece um governo justo sobre o mundo. Os xiitas acreditam que o décimo segundo imã, também conhecido como imã "escondido", Muhammad al-Mahdi, que desapareceu no século X, irá, como sugerido por seu nome, reaparecer no Fim.[15]

Em 1978, Anwar Sadat e Menachem Begin assinaram os Acordos de Camp David, que levaram diretamente ao Tratado de Paz Egito-Israel de 1979, considerado pelos islâmicos uma abominação. Em particular, em 1987, um obscuro jornalista egípcio chamado Sayyid Ayyub escreveu um livro intitulado *Al-Masih ad-Dajjal* (*The Antichrist*), que tinha uma mensagem simples: toda a história da raça humana foi envenenada pela perfídia dos judeus, que seriam derrotados pelas forças do Islã em uma batalha apocalíptica.

Antes dos anos 1980, a literatura apocalíptica muçulmana era um gênero sonolento, falando muito do Mádi e do milênio, e pouco em Gog e Magog, e em Jesus lutando sozinho com o Dajjal. A publicação de *The Antichrist* foi o momento Hal Lindsey da literatura apocalíptica muçulmana. Semelhante à mudança na literatura apocalíptica cristã que ocorreu com *A Agonia do Grande Planeta Terra*, o livro de Ayyub revigorou o gênero, enfatizando uma vitória final chocante e sangrenta sobre os judeus e sem enfatizar a bondade e a luz que presumivelmente se seguem.[16]

De acordo com Ayyub, o primeiro agente judeu do Dajjal na terra foi São Paulo, seguido por Constantino, depois pelos maçons, judeus norte-americanos

328   Os Delírios das Multidões

e Ataturk, seguido pelos EUA, OTAN e, finalmente, Israel. Ayyub escreveu que "terremotos, erupções vulcânicas e secas precederão o aparecimento do Anticristo, [e] a temperatura aumentará perceptivelmente". Segue-se uma grande batalha final cujos detalhes alucinatórios são páreo para o Apocalipse e Lindsey. No Fim, Israel é destruída e a capital do Islã dominante mundial é transferida de Damasco para Jerusalém. Ao longo do caminho, Ayyub condena o papa por visitar uma sinagoga e nega o Holocausto.

Tal como acontece com a ficção dispensacionalista cristã, o Monte do Templo desempenha um papel importante. Seguindo os passos de Denis Michael Rohan e o rabino Goren, Ayyub escreveu: "A morada [do Dajjal] será no Templo em Jerusalém. Por essa razão, eles às vezes tentam queimar al-Aqsa e tentam realizar escavações arqueológicas, e até mesmo tentam comprar o terreno por meio dos maçons dos EUA."[17] As semelhanças entre as narrativas do fim dos tempos das três religiões abraâmicas são tão marcantes que o jornalista israelense Gershom Gorenberg observou:

> O teatro do Fim é triangular e, aos olhos dos crentes apocalípticos em todos os três lados, o grande drama começou. O sistema de som é esperança e medo; cada vez que um ator fala, suas palavras reverberam descontroladamente. Três roteiros estão sendo executados. O elenco de judeus messianistas tem papéis principais na peça cristã; judeus e cristãos têm papéis no drama muçulmano. O que se vê como um floreio de retórica pode ser a deixa do outro para uma cena de batalha.[18]

The Antichrist vendeu descontroladamente no mundo árabe e, assim como Lindsey, Ayyub seguiu seu sucesso com uma série de títulos semelhantes e gerou uma onda de imitadores, alguns dos quais transformaram quase todos em judeus, incluindo Martinho Lutero; um dos imitadores de Ayyub, Fahad Salim, generosamente admitiu que Saddam Hussein não era judeu, mas que um amigo próximo tinha pai judeu e, portanto, manchou seu regime. Um dos imitadores mais proeminentes de Ayyub foi outro jornalista egípcio, Muhammad Isa Dawud, que escreveu para a imprensa saudita e uma vez publicou uma entrevista aparentemente séria com um *jinn* (gênio).

Dawud evidentemente considerou o trabalho de Ayyub muito sóbrio e tolerante com os judeus e, em 1991, publicou *Beware: The Antichrist Has Invaded the World from the Bermuda Triangle* [Cuidado: O Anticristo Invadiu o Mundo a Partir do Triângulo das Bermudas, em tradução livre], que é, tanto o meio do caminho para a estada do Dajjal na América do Norte quanto uma base para os discos voadores de uma força aérea islâmica vingativa.[19]

A literatura apocalíptica popular permeia os mercados no Cairo, Riade, Beirute, Bagdá e Jerusalém Oriental e enche as prateleiras das livrarias do Marrocos à Indonésia. Mais importante, com o advento das mídias sociais, esses livros tornaram-se disponíveis gratuitamente e mais influentes, fornecendo efetivamente a música de fundo para o jihadismo do século XXI.[20] O estudioso do islamismo Jean-Pierre Filiu descreve o tom cada vez mais antissemita e antiocidental do gênero:

> Não há nada de inofensivo nesse delírio que se intensifica, pois está saturado de um profundo sentimento de ressentimento e vingança... os messiânicos do terceiro milênio destilam seu veneno com a autoconfiança daqueles para quem o futuro — e o fim — do mundo é óbvio. Os EUA, inalteravelmente hostis ao Islã e fundamentalmente maquiavélicos, estão condenados e destinados a sofrer uma morte terrível; o Islã é verdade, poder irresistível e vitória eterna.[21]

Por séculos, então, os muçulmanos depositaram suas esperanças de libertação da humilhação e opressão na figura salvadora do Mádi. Essa narrativa prestou pelo menos tanta atenção às datas de números redondos quanto às narrativas milenaristas cristãs, e as erupções madistas tenderam a pontuar o amanhecer de novos séculos muçulmanos.

O calendário muçulmano começa com a fuga do Profeta de Meca para Medina em 622, a *hijra* [hégira] e o século XIV a.h. (anno hegirae) começou em 12 de novembro de 1882.* No fim do século XIII a.h., que correspondia ao final da década de 1870, um clérigo sufista sudanês chamado Muhammad Ahmad ficou furioso com as heresias dos governantes egípcios do Sudão, que prestaram tributo nominal aos turcos otomanos, mas na verdade deviam mais aos britânicos. Ahmad pensou que 12 de novembro de 1882 fosse um presságio do Fim e, na preparação, declarou-se Mádi em 1881, a fim de se dar tempo suficiente para estabelecer seu governo em Cartum para festejar o novo século.[22]

Sua revolta foi inicialmente bem-sucedida e seu regime provavelmente teria sobrevivido se o general britânico Charles "Chinese" Gordon não tivesse sido morto durante o cerco posterior de Ahmad a Cartum. Embora Gordon

---

* O ano islâmico segue um ciclo lunar de 354 ou 355 dias, portanto, a conversão de d.C. para a.h. (anno hegirae) não é uma simples questão de subtração; a cada século que passa, o intervalo entre d.C e a.h. diminui em cerca de dois anos. (Isso é um pouco contraintuitivo; no ano da *hijra*, o intervalo entre d.C./a.h. era obviamente 622-1, ou 621 anos. O ano de publicação deste livro em 2021 corresponde, dependendo do mês exato, por volta de 1433 a.h.; o intervalo entre d.C./a.h. diminuiu para 2021 - 1433 = 588 anos

330   Os Delírios das Multidões

tenha se tornado um herói popular em casa, ele incomodou a coroa britânica e o alto comando ao exceder seu mandato, a evacuação das tropas e da administração egípcia, e em vez disso tentou defender a cidade inteira.

A indignação popular na Inglaterra com a morte de Gordon forçou o envio de uma custosa expedição sob o comando do marechal de campo Horatio Herbert Kitchener, em 1898, para recuperar Cartum. Nesse ínterim, Ahmad morreu de tifo; Kitchener derrotou o sucessor de Ahmad, Abdullah al-Taashi, na Batalha de Omdurman, na qual as tropas britânicas com armamento avançado massacraram 12 mil soldados muçulmanos enquanto sofriam apenas pequenas perdas.[23] (Também presente na batalha estava um jovem tenente chamado Winston Churchill; a unilateralidade dessa e de outras batalhas coloniais do fim do século XIX inspiraram o poeta Hilaire Belloc a rimar: "O que quer que aconteça então/temos a arma Maxim, e eles não.")[24]

Cartum, o local do levante que marcou o início do século XIV a.h., é um local periférico na geografia muçulmana. Os eventos tumultuosos que se desenrolaram no início do século XV a.h. aconteceriam no próprio epicentro do Islã, a Grande Mesquita de Meca. As raízes do santuário remontam a muito antes do nascimento do Islã em 610, quando o arcanjo Gabriel ditou os primeiros versos do Alcorão no Monte Hira, perto de sua cidade natal, Meca, para o trêmulo Profeta, então um comerciante bem-sucedido.

A riqueza de Meca derivou da Kaaba, uma construção de granito supostamente construída por Abraão, e da provavelmente meteórica Pedra Negra embutida nela. Muito antes de Maomé, os romeiros faziam a haje [peregrinação] para circundar a Kaaba e a Pedra Negra, que provavelmente eram santuários de al-Llah, o principal deus dos árabes politeístas pré-islâmicos.

Um comerciante de origens humildes que prosperou sob a tutela de sua futura esposa Khadija, Maomé também era um coraixita, a tribo que governava Meca, embora procedesse de um de seus ramos menores. Seu fervor religioso e, particularmente, seus esforços para limpar a Kaaba de totens idólatras aos 360 deuses pagãos da cidade, ameaçaram a haje para comércio de Meca e irritaram a elite coraixita, que o forçou a fugir para Yathrib (Medina) em 622 — a hégira, como sua jornada tornou-se conhecida. Quando ele finalmente retornou a Meca à frente das forças islâmicas vitoriosas em 630, ele negou a entrada de incrédulos em ambas as cidades, uma proibição que permanece até hoje.[*]

A tensão entre as ricas elites mercantis, amantes do luxo, e os fiéis devotos e ascetas tem agitado intermitentemente a península desde então. No início de

---

[*]   A proibição agora se aplica a toda a região metropolitana de Meca, mas apenas nas imediações da Mesquita do Profeta em Medina.

1700, um jurista chamado Muhammad Ibn Abd al-Wahhab começou a pregar uma marca radical do Islã que girava em torno de dois princípios: o retorno aos ensinamentos originais do Profeta e uma oposição resoluta ao luxo e à riqueza desfrutados pela aristocracia em Bagdá, Damasco, Istambul e Cairo. Dança, joias e até tabaco eram *haram* (proibidos); o mesmo aconteceu com o xiismo, a cujos adeptos foi oferecida a escolha entre a conversão ou a morte.

Ibn Abd al-Wahhab aliou-se a um guerreiro temível de nome Muhammad bin Saud, e a sinergia das facetas teológicas do jurista e as proezas militares de bin Saud estenderam o islamismo wahhabista de forma centrífuga de seu local de nascimento no vazio deserto queimado pelo sol do interior da Arábia para comandar quase toda a península e além.

Com a queda do poder otomano no século XIX, um dos descendentes de Muhammad bin Saud, Abdulaziz, conhecido no Ocidente como Ibn Saud, tomou o forte otomano em Riad em 1902 e estabeleceu uma dinastia que mantém o poder até hoje. As tropas de choque do novo regime, os ultradevotos Ikhwan, literalmente, "irmãos", descendiam de beduínos, cujo sangue correu em séculos de invasões e guerras no deserto. Em 1924, as tropas Ikhwan que sitiavam Meca massacraram 400 residentes da cidade vizinha de Taif, abriram as barrigas de mulheres grávidas e amedrontaram os habitantes de Meca a se renderem sem lutar.

Infelizmente para o Ikhwan, a Primeira Guerra Mundial alterou o cenário político do Oriente Médio. Abdulaziz agora precisava acalmar os cristãos britânicos, os recentes vencedores da guerra, que agora pairavam sobre sua fronteira norte. Além disso, a legitimidade de sua guarda dos santuários sagrados do Islã dependia da aprovação do mundo muçulmano em geral, que incluía não apenas os xiitas apóstatas, mas também os sufistas e sunitas menos aderentes. Consequentemente, Abdulaziz começou a se afastar dos Ikhwan wahhabitas, aliados da monarquia.

Abdulaziz prejudicou suas relações com os wahhabitas ao adotar com entusiasmo as generosidades da modernidade, especialmente o automóvel e o telefone. Ele reprimiu os wahhabitas, que pretendiam liquidar os xiitas árabes orientais. Irritado com as heresias do rei, o Ikhwan, o mais conservador entre os wahhabitas, se revoltou; em 1927, eles lançaram um ataque ao Kuwait e, no devido tempo, sofreram a humilhação nas mãos de outro servo da modernidade, a força aérea britânica. Dois anos depois, Abdulaziz, que àquela altura já estava farto dos Ikhwan, dirigiu de Riad para o norte em carros equipados com metralhadoras em direção a um oásis no interior em Sbala, onde ofereceu aos Ikhwan uma rendição honrosa. A recusa dos Ikhwan baseada em cavalos e camelos foi respondida com sua matança.[25]

A chama Ikhwan havia sido sufocada, mas não extinta, e entre os sobreviventes do massacre de Sbala estava um Ikhwan chamado Mohammed bin Seif al-Uteybi; anos depois da batalha, em 1936, ele teve um filho com o rosto aparentemente fixo em uma carranca permanente. Como os sauditas gostam de nomes rudes, o bebê foi chamado de Juhayman: "cara zangada", uma denominação que mais tarde ele cumpriria.[26]

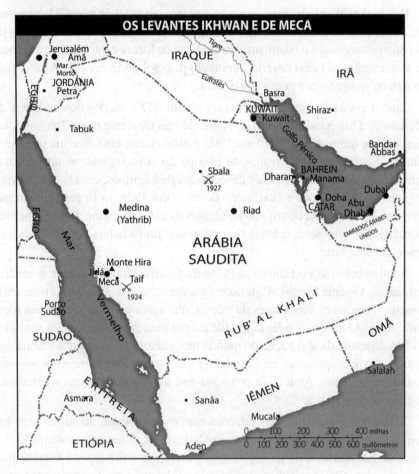

Apenas dois anos após o nascimento de Juhayman, os petroleiros norte-americanos perfuraram os poços em Dhahran e castigaram a nação até então empobrecida e devota, um grande experimento econômico da natureza que dotou os herdeiros e parasitas de Abdulaziz de uma riqueza inimaginável. Seis dos filhos de Abdulaziz, nascidos de esposas diferentes, um meio-irmão após o outro, governam o reino desde sua morte em 1953.

O segundo dos reis meio-irmãos, Faisal, irritou ainda mais os fiéis wahhabitas quando aboliu a escravidão em 1962, instituiu educação para meninas em 1963 e introduziu a televisão no reino em 1965. Dez anos depois, ele foi assassinado por um membro da família real cujo parente havia sido morto no motim incitado pela adoção da televisão pelo reino.

Enquanto os filhos das novas elites sauditas ingressavam no exército e na força aérea, os Ikhwan, mais devotos, eram transferidos para a menos prestigiada Guarda Nacional. Quando Juhayman atingiu a maioridade, serviu por 18 anos antes de ser dispensado em 1973 como um mero cabo. Embora seu serviço indistinto na Guarda Nacional não tenha promovido seu status social ou material, sua intensa orientação religiosa o levou a assuntos mais transcendentes, especialmente escatologia islâmica.

Depois de se aposentar da Guarda, ele se estabeleceu em Medina e se juntou a uma organização wahhabita, a al-Jama'a al-Salafiyya al-Muhtasiba: o Grupo Salafi que Comanda o Direito e Proíbe o Errado (JSM). A organização foi particularmente influenciada por Abdulaziz bin Baz, um estudioso islâmico brilhante, carismático e ambicioso, cego desde os 8 anos, que se opôs à corrida precipitada do reino para a modernidade.

A predileção da família real pelas casas noturnas do Mediterrâneo francês e espanhol inflamou bin Baz; mais perto de casa, ele investiu contra o fumo, as barbearias e as palmas em eventos públicos.[27] Com bin Baz e outros islamistas como seus guias espirituais, o JSM construiu uma teologia diretamente do narcisismo de pequenas diferenças de Freud: os adeptos quebravam o jejum do Ramadã não com o pôr do sol, mas com o desaparecimento de toda luz. (Era permitido, porém, acelerar a refeição fechando as cortinas do recinto.) Sandálias podiam ser usadas na oração, um desvio que incomodava outros muçulmanos, e suas mesquitas não continham o "nicho" tradicional que ficava de frente para Meca (*mihrab*). O JSM estabeleceu filiais na maioria das principais cidades da Arábia Saudita, muitas com seus próprios edifícios dedicados, e rapidamente desenvolveu uma reputação internacional, atraindo adeptos de todo o mundo muçulmano, especialmente do Egito e Paquistão. Para desgosto do JSM, a monarquia saudita gradualmente cooptou bin Baz, cuja *realpolitik* em evolução criou uma fenda entre ele e os Ikhwan; embora o clérigo cego tenha castigado as tendências modernizantes e libertinas da realeza, ele não questionou a legitimidade do regime. Por fim, o governo nomeou bin Baz para chefiar o prestigiado e influente Conselho de Eruditos Seniores, em cuja capacidade ele aparecia todas as semanas com o rei no mesmo meio, a televisão, que levou o meio-irmão do rei a ser assassinado e serviu como o saudita Grand Mufti de 1993 até sua morte em 1999.

334 Os Delírios das Multidões

As peculiaridades teológicas do JSM e, mais importante, sua hostilidade à família real, azedaram seu relacionamento outrora caloroso com bin Baz, que a essa altura havia partido para a capital da monarquia em Riad. No verão de 1977, coube aos tenentes de bin Baz em Medina convocar uma reunião com o JSM em uma cobertura e exigir que eles renunciassem às heresias. A maioria dos membros do JSM, que estava na casa dos 20 anos, recusou e se reorganizou sob a liderança do mais velho e carismático Juhayman, e adotou o nome de seus antepassados wahhabitas, os Ikhwan.[28]

Em algum momento de dezembro de 1977, talvez alguns meses após a reunião na cobertura, o regime prendeu duas dúzias de seguidores de Juhayman, que escaparam e apelaram a bin Baz por ajuda. O clérigo cego entrevistou os detidos e fez com que o governo os libertasse.[29]

Juhayman decidiu permanecer foragido. Por milênios, seus ancestrais haviam evitado seus senhores bizantinos, otomanos, persas e abissínios desaparecendo no deserto com o único animal domesticado capaz de sobreviver naquele ambiente hostil e quase sem água: o camelo. Por dois anos após sua fuga de 1977, Juhayman recorreu a essa herança beduína e evitou com sucesso a prisão no interior vazio da península. No processo, ele se tornou uma lenda, geralmente viajando com três a cinco seguidores e organizando encontros clandestinos com outras pessoas; com mais frequência, ele comparecia a esses conclaves apenas em espírito. Em uma ocasião, ao visitar sua mãe, ele foi advertido no último momento de que a polícia estava vigiando sua casa; em outra, ele sofreu uma dolorosa e prolongada dor de dente antes de encontrar um dentista que não o denunciaria às autoridades.[30]

Insatisfeito com os compromissos de bin Baz, Juhayman se dissociou dele. Durante suas peregrinações, Juhayman enterrou-se nos hadizes, particularmente aqueles envolvendo o Mádi e o fim dos tempos. Ele se inspirou talvez no mais famoso ditado apocalíptico do Profeta:

> A Última Hora não chegará até que os bizantinos ataquem Amaq ou Dabiq. Um exército muçulmano consistindo de alguns dos melhores homens do planeta nessa época será enviado de Medina para frustrá-los... então a batalha será travada. Uma terceira parte do exército [muçulmano] admitirá a derrota; Alá nunca os perdoará. Um terço morrerá; eles serão excelentes mártires aos olhos de Alá. E o outro terço vencerá: eles nunca serão testados e [continuarão] a conquistar Constantinopla.[31]

Dabiq e Amaq são, respectivamente, uma cidade na Síria e um vale na Turquia; O EI batizou sua revista em homenagem à primeira e nomeou sua agência de notícias em homenagem à segunda. Na escatologia de Juhayman, Meca e Medina tomaram seus lugares.

Tudo o que Juhayman precisava para desencadear o fim dos tempos era um Mádi, que felizmente acabou por ser um de seus seguidores sauditas, um poeta espiritualista de pele clara e olhos castanhos claros chamado Mohammed Abdullah al-Qahtani. Depois que ele juntou forças com Juhayman, a irmã do poeta sonhou que seu irmão recebeu a *baya* (juramento de fidelidade) da Kaaba, no pátio da Grande Mesquita. Dentro da narrativa islâmica do fim dos tempos, o sonho fazia sentido: Qahtani era um coraixita de pele clara, assim como o Profeta e o Mádi deviam ser. Como bônus, ele também tinha uma marca de nascença na bochecha esquerda, da mesma forma que o Mádi, de acordo com um hadiz amplamente citado. Outros nesse grupo, incluindo o próprio Juhayman, logo tiveram o mesmo sonho.

Sonhos têm um significado especial no Islã, especialmente quando experimentados coletivamente, uma vez que Alá transmitiu muitas de suas revelações ao Profeta por meio deles. (Conforme colocado por um dos seguidores de Juhayman: "O fato de sonharmos prova que somos mais religiosos.")[32] Qahtani se aproximou de Juhayman, que chegou a se divorciar de sua esposa e se casar com a irmã sonhadora de Qahtani.[33]

Como diria Hal Lindsey, as peças do grande quebra-cabeça finalmente se encaixaram. Não apenas Juhayman agora tinha seu Mádi, sua leitura do hadiz também confirmava o local exato onde o Mádi receberia a *baya*, adjacente aos túmulos de Hagar e Ismael (respectivamente, a primeira esposa e filho de Abraão) do lado de fora da Kaaba, exatamente como sonhado pela irmã de Qahtani. A pesquisa de Juhayman também revelou a data: uma tradição sunita prevê que um estudioso conhecido como o "renovador do século" apareceria no primeiro dia de cada século *hijri*: 1400 a.h. deveria começar em 20 de novembro de 1979. Juhayman e seus seguidores teriam, portanto, de tomar a Grande Mesquita para que o Mádi recebesse a baya no local prescrito próximo à Kaaba, e naquela data exata.

Durante seu exílio no deserto, Juhayman gravou fitas de áudio e compôs "cartas de Juhayman", nas quais expôs sua teologia e escatologia. (Ele tinha apenas a quarta série; embora não fosse analfabeto, suas habilidades de escrita eram fracas, então as "cartas" provavelmente foram ditadas.)[34] Nenhuma editora saudita tocaria nelas, mas por fim uma casa de esquerda do Kuwait imprimiu dois compêndios separados, conhecidos como "as sete cartas" e "as quatro cartas", que circularam amplamente pela península.

336 Os Delírios das Multidões

Ao recomendar a libertação dos cúmplices de Juhayman, bin Baz cometeu um grave erro; no primeiro dia de 1400 a.h., Juhayman ressurgiu de forma espetacular aos olhos do público junto com cerca de 300 de seus seguidores na Grande Mesquita.* Nos dias anteriores, eles contrabandearam armas e provisões nas tradicionais liteiras cobertas por mortalhas usadas para carregar os mortos para a bênção final. A ocupação em si foi quase sem sangue, inicialmente matando apenas dois policiais desarmados e um imã assistente. Juhayman agarrou o microfone do imã enquanto seus homens disparavam tiros de rifle comemorativos e gritavam: "Contemplem o Mádi! Contemplem o bem-guiado!"[35]

Juhayman, então, implantou atiradores nos andares superiores e nas torres das mesquitas e deixou para o irmão mais velho de Qahtani, Sayyid, que falava árabe clássico fluentemente, anunciar a presença do Mádi à multidão. Tão impressionante foi o desempenho de Sayyid, e particularmente as ofertas da *baya* a Qahtani, que alguns dos reféns se juntaram aos ocupantes, e convenceram pelo menos um dos comandantes da guarda de segurança da mesquita que o jovem poeta de pele clara era de fato o Mádi.

Juhayman libertou muitos estrangeiros, principalmente aqueles que não falavam árabe. Mas a conquista inicial quase sem sangue se tornaria mortal, pois os rebeldes impediram dezenas de milhares de sauditas e outros reféns peregrinos árabes de deixar a Grande Mesquita, e instruiu-os a pegar em armas ou ajudar os ocupantes. Tropas do governo e policiais que se aproximaram a meio quilômetro do santuário, rapidamente se viram sob fogo.

Dois fatores paralisaram a resposta inicial do governo em retomar o controle: mesmo que os rebeldes fortemente armados atirassem em qualquer uniforme que viam, o exército estava relutante em responder ao fogo porque o Profeta havia banido as armas de Meca. Além disso, um grande número de reféns e as próprias forças do governo preocuparam-se que Qahtani pudesse ser mesmo o Mádi.

Apenas um órgão de governo poderia resolver esse impasse, a saber, o *ulemá*, ou alto conselho religioso, liderado por bin Baz. Irritado com a descrença da família real, moral frouxa e devassidão, o corpo augusto fez uma severa barganha: só no quinto dia de ocupação declarou Qahtani um impostor e abençoou um contra-ataque. Em troca, o rei saudita, Khalid, reprimiria a moral pública, mais especialmente o álcool e as mulheres que apareciam na televisão — precisamente a mesma intenção principal do apelo de Juhayman.

---

* Os mais persistentes notarão que, assim como com o calendário gregoriano ocidental, o novo século na realidade não começa até 1401 a.h.

Com a liberação teológica em mãos, o terrível ataque começou. Embora o governo rapidamente tenha eliminado os atiradores das torres das mesquitas com mísseis antitanque, os rebeldes disparando do prédio principal permaneceram no local, e a infantaria não podia entrar na própria mesquita sem ser cortada em pedaços à queima-roupa. A Guarda Nacional, fortemente influenciada pelo Ikhwan, tornou pior a situação ao se recusar a atirar em seus irmãos tribais e teológicos, em alguns casos até fornecendo armas a eles.

Unidades do exército comum substituíram a Guarda Nacional, mas tinham ainda menos treinamento em guerrilha urbana. Somente quando o Exército colocou veículos blindados dentro da mesquita houve algum progresso. Além das perdas de ambos os lados, centenas, talvez milhares de peregrinos reféns morreram no fogo cruzado. Por ter contado muitas vezes que ele era o Mádi, Qahtani se considerava invulnerável e de alguma forma sobreviveu à exposição ao fogo direto. Sua imortalidade assim confirmada, ele começou a atirar de volta as granadas do exército até que sua sorte finalmente acabou e uma estourou deixando-o quase em pedaços. Os rebeldes recuaram lentamente para o porão da mesquita, onde os veículos blindados entraram, mas em cujas passagens estreitas ficaram imobilizados.

O ataque ficou em um impasse. Embora números exatos nunca tenham sido publicados, uma semana após o início do ataque as baixas do governo representavam uma parte significativa dos 30 mil do exército e 20 mil membros da Guarda Nacional. O rei Khalid precisava pedir ajuda estrangeira. Os jordanianos, único país árabe com relações amistosas com os sauditas e com uma força de comando confiável, ofereceram apoio.

Do ponto de vista saudita, a oferta jordaniana não era válida. Na campanha de 1924–1925, que incluiu o ataque brutal de 1924 a Taif, as forças Ikhwan, ainda aliadas naquele ponto com Abdulaziz, o pai de Khalid, tinham expulsado o bisavô hachemita do atual monarca jordaniano, Hussein, de seu reino de Hejaz, que continha Meca e Medina; aceitar a ajuda dos desprezados hachemitas teria acarretado uma perda de prestígio inaceitável.[36]

O reino foi, então, forçado a aprovar o impensável: o socorro de forças cristãs no local mais sagrado do Islã. Este seria o infiel "exército do norte" do hadiz; ele finalmente chegou, mas em forma diminuta e fugaz. Khalid, que considerava o presidente Jimmy Carter e a CIA impotentes após o contínuo fiasco de reféns na embaixada de Teerã, concordou com o serviço de inteligência francês para obter assistência. Devido à extrema sensibilidade de permitir que descrentes, quanto mais tropas cristãs, entrassem em Meca, os franceses enviaram apenas três grupos de elite, junto com uma grande quantidade de armamento avançado, que incluía várias centenas de quilos de um avançado gás anestésico irritante.

338   Os Delírios das Multidões

Os planos de construção para a extensa renovação e expansão da mesquita na década de 1960 foram essenciais para o planejamento do ataque em andamento, desenhados pelo homem que havia realizado o vasto projeto, um magnata da construção chamado Muhammad bin Laden. Seu filho Salem, que assumiu a liderança da empresa após a morte de seu pai em 1967, correu para a mesquita com os planos, e ele e seus funcionários fizeram buracos no chão da mesquita para lançar os botijões de gás franceses sobre os rebeldes no porão. A tática se provou apenas temporariamente eficaz, o que forçou os sauditas a montar um ataque final direto e coordenado quase inimaginavelmente brutal, projetado pela França, ao reduto subterrâneo dos rebeldes.[37]

Quando o cerco terminou em 4 de dezembro, 14 dias depois, milhares de combatentes e reféns jaziam mortos. Pelo menos 100 rebeldes foram capturados, entre os quais um abatido Juhayman. Os médicos examinaram os prisioneiros; dores no ombro ou hematomas, que sugeriam o disparo ativo de armas, determinaram os 69 prisioneiros para decapitação pública, com Juhayman em primeiro lugar na lista. Os sauditas executaram outros secretamente, e o resto recebeu longas sentenças de prisão. Ninguém levou a sério o número oficial de mortos de apenas 270 rebeldes, soldados e reféns.[38]

Ainda que a estratégia de Juhayman fosse amplamente impulsionada por seus delírios apocalípticos, as entrevistas subsequentes com os sobreviventes deixaram claro que muitos não acreditavam em sua teologia do fim dos tempos, mas sim falavam dela em respeito a ele; outros participaram porque a operação promoveu seus objetivos políticos. Seja como for, mesmo aqueles que engoliram o cenário apocalíptico de Juhayman foram desencorajados quando Qahtani, o supostamente invulnerável Mádi, foi atingido por uma granada no terceiro dia do cerco.[39] Mas o fato permanece: sem a crença no fim dos tempos, o cerco da Grande Mesquita não teria ocorrido.

Os sauditas sufocaram o incêndio Ikhwan de 1979, assim como fizeram com a Revolta Ikhwan de 1927–1930. Mas, em ambos os casos, o fogo continuou a arder e nas décadas seguintes os ventos do conflito global carregariam as brasas do cerco da Grande Mesquita muito além das fronteiras do reino. Dessa vez, a nova tecnologia permitiria aos herdeiros de Juhayman atiçar as chamas de maneira muito mais quente e brilhante do que em 1979.

Essas brasas começaram a arder ainda mais, antes mesmo do sangue e os destroços da mesquita serem limpos. Três semanas depois que as forças sauditas cuidaram do último rebelde de Juhayman, as forças soviéticas invadiram o Afeganistão. Isso não foi coincidência; os soviéticos sentiram fraqueza tanto na resposta norte-americana ao fechamento da embaixada do Irã em Teerã em 1979 quanto na monarquia saudita, que acabara de sofrer não apenas o cerco da Grande Mesquita, mas também uma rebelião xiita não relacionada na península oriental.

A invasão soviética do Afeganistão foi um erro catastrófico; o país se tornou um ímã para a nova geração de jihadistas, muitos dos quais apoiavam e simpatizavam com Juhayman, que ganhara status de lenda nos campos de afegãos mujahidin. Sofrendo com suas políticas de interferência no Oriente Médio, os EUA apoiaram agressivamente os combatentes que invadiram o Afeganistão vindos de todo o mundo muçulmano. Um deles era filho do homem que havia reformado e ampliado a Grande Mesquita, e cujas plantas do irmão foram inestimáveis para sua retomada: o jovem Osama bin Laden.

Na esteira da tomada da mesquita, um palestino que vivia no Kuwait chamado Isam al-Barqawi, que em algum momento mudou seu nome para Muhammad al-Maqdisi, descobriu as cartas de Juhayman e encontrou seu caminho para o ramo do JSM daquela nação, que fornecia refúgio aos membros fugitivos da seita. Maqdisi, então, foi para Medina estudar religião e nos anos seguintes viajou pela Arábia Saudita e Jordânia antes de chegar a Peshawar, Paquistão, o principal portal para o Afeganistão ocupado pelos soviéticos. A cada parada, ele procurava os seguidores de Juhayman. Maqdisi ficou tão fascinado com a lenda de Juhayman que imitou a aparência física de seu herói, deixando crescer o cabelo e a barba emaranhada e alegando uma relação de sangue inexistente com o herói Ikhwan.[40]

Por fim, Maqdisi se estabeleceu na Jordânia, onde entrou e saiu de prisões entre 1995 e 2014. Mais do que qualquer outro pensador muçulmano, lançou a base ideológica para o jihadismo atual. Um estudo recente de estudiosos jihadistas descobriu que Maqdisi, que passou sua vida adulta imerso no Alcorão e no hadiz, era o islâmico radical mais citado na literatura apocalíptica muçulmana.[41]

Durante sua primeira prisão na Jordânia, entre 1995 e 1999, Maqdisi foi mentor de um criminoso menor jordaniano chamado Abu Musab al-Zarqawi. Ambos foram soltos em 1999, e nesse momento se separaram tanto no espaço quanto na teologia. O professor permaneceu na Jordânia e, embora às vezes criticasse colegas radicais, tinha certeza de uma coisa: os muçulmanos devotos tinham o dever de viajar para a Síria para participar da luta do fim dos tempos contra o Dajjal, e se não para a Síria, então para o Iêmen. O estudante, Zarqawi, fugiu para o Afeganistão e desenvolveu uma ideologia intolerante e assassina que perdura até hoje, apesar de sua morte.

Zarqawi tinha um dom incrível para chegar a lugares pouco antes das ações militares lideradas pelos Estados Unidos, primeiro no Afeganistão e depois na fuga de lá, no Iraque, onde escreveu quase sozinho o violento manual jihadista de ataques suicidas, sequestro e decapitação de ocidentais, juntamente com um recrutamento habilidoso baseado na internet.

Em 2004, Zarqawi participou de ambas as batalhas por Falluja e declarou sua lealdade a Osama bin Laden. A essa altura, Maqdisi havia rejeitado o apocaliticismo de Juhayman, mas Zarqawi não, e com a rápida derrota das forças de Saddam Hussein, a propaganda de Zarqawi assumiu um tom cada vez maior de fim dos tempos. Logo no início, ele aprendeu que a propaganda apocalíptica atraía recrutas, uma lição que o Estado Islâmico mais tarde absorveria, o que desencadeou um círculo vicioso: quanto pior as coisas aconteciam para ele no campo de batalha, mais apocalíptico seu tom se tornava, atraindo ainda mais recrutas, o que rendia ainda mais baixas no campo de batalha.

Zarqawi nunca tirou os olhos de seu objetivo principal, a derrubada da monarquia jordaniana, que em 1994 havia assinado um tratado de paz com os israelenses. Descrevendo os jordanianos como "escravos dos sionistas", frequentemente aplicava o termo profético "o governante corrupto" ao rei deles, Abdullah II. Zarqawi também desprezava os xiitas e seu centro de poder iraniano e costumava se referir a antigas profecias que difamavam o xiismo, em especial aquelas relacionadas à derrota árabe inicial do império persa sassânida em al-Qadisiyah em 636 d.C., bem como outras profecias que associavam o islã persa posterior aos odiados mongóis. Para Zarqawi, era claro que os xiitas, não os judeus, eram o Dajjal, assim como os invasores norte-americanos; assassiná-los não apenas era uma necessidade teológica, mas um bônus, pois tais atos desencadeariam uma guerra sectária que apressaria o fim dos tempos.

Explorando a rica literatura apocalíptica associada às primeiras lutas muçulmanas contra os bizantinos, Zarqawi se referiu às forças dos EUA usando a antiga abreviação para ambos os bizantinos e a Roma ocidental, *rum*. (A Al-Qaeda, por outro lado, aplicou o rótulo igualmente condenatório de "cruzado" às forças lideradas pelos Estados Unidos.) Sempre que podia, ele comparava as batalhas do Profeta às suas. Gostava especialmente do conhecido hadiz de Thawban, no qual o Profeta diz a seus seguidores que "as nações estão prestes a se aglomerar contra vocês em todos os horizontes, assim como pessoas famintas se aglomeram em uma chaleira". Ele viu na constituição democrática do Iraque de 2005 uma catástrofe e, para se consolar, citou um hadiz aprovado por Bukhari que, mesmo quando os justos são derrotados, "desta forma os mensageiros são testados e, no fim, vencem".[42]

Os atentados suicidas indiscriminados de Zarqawi, decapitações e desrespeito por vidas inocentes acabaram alienando até mesmo membros de sua organização, que provavelmente traíram a localização de seu "conselheiro espiritual", Sheikh Abd al-Rahman, que então permitiu que F-16s norte-americanos carregados de bombas encontrassem Zarqawi em 7 de junho de 2006.[43]

Zarqawi também havia falado em restabelecer o califado, cuja última iteração havia sido abolida pela Turquia em 1924, uma meta que ele acabou rejeitando, já que um califado legítimo exigia território conquistado e o apoio de sua população. O califado teria que esperar; ele e bin Laden proclamaram uma entidade menos exaltada, um "emirado", respectivamente no Iraque e no Afeganistão.

A diferença entre um emirado e um califado é crítica; um emirado governa um território limitado, enquanto o califado governa todos os muçulmanos, e também implica o início do fim dos tempos. Enquanto Zarqawi pensava que o Apocalipse estava se aproximando, ele não achou que já havia chegado. No entanto, a questão da chegada precisa do fim dos tempos e do califado separaria a operação "Al-Qaeda Central" de bin Laden no Afeganistão da operação de Zarqawi no Iraque. Pouco antes de Zarqawi sucumbir no ataque aéreo de 2006, ele ordenou que seus seguidores declarassem o Estado Islâmico do Iraque (EII). Sua organização o fez quatro meses depois, em 15 de outubro de 2006, uma ação que amedrontou a Al-Qaeda, que considerou uma tolice anunciar o novo estado sem controle territorial.

A divisão entre a Al-Qaeda e o EII de alguma forma se assemelhava àquela entre a corrente convencional e os protestantes evangélicos. Assim como episcopais e presbiterianos urbanos e bem educados desprezavam a especulação do fim dos tempos de seus correligionários dispensacionalistas como uma bobagem proferida pela ralé, também o privilegiado bin Laden desprezava o apocaliticismo desinformado de Zarqawi como o de um bandido semialfabetizado. Apesar de seu terrorismo, bin Laden era um aristocrata. Seu pai, Mohammed bin Laden, era um patriarca peculiar àquela parte do mundo. Originalmente do Iêmen, ele começou sua vida adulta como carregador na cidade portuária de Jeddah, em Meca, e acabou se tornando o empreiteiro geral da família real saudita; hoje, o Saudi Binladin Group é uma das maiores empresas contratantes do mundo. Casou-se com nada menos que 22 mulheres e teve 54 filhos; o décimo sétimo foi Osama, cuja mãe deu à luz aos 15 anos.

Mohammed se divorciou dela logo após o nascimento de Osama e a casou com um executivo da empresa, o qual se tornou padrasto de Osama e, embora o menino não estivesse mais sob o teto de Mohammed, os dois mantiveram alguns laços; mais importante, o jovem gostava da generosidade do pai, que incluiu uma educação de elite em várias instituições privadas, como a prestigiada Escola Al-Thagr de Jeddah, naquela época um viveiro de ideologia árabe nacionalista e islâmica, essa última adotada pelo jovem Osama. Em 1967, quando Osama tinha apenas 10 anos, seu pai morreu em um acidente de avião; mais tarde, após

342 Os Delírios das Multidões

se formar na Universidade Rei Abdulaziz em 1979, ingressou no negócio de construção da família. Quando os soviéticos invadiram o Afeganistão naquele mesmo ano, virou moda para jovens sauditas viajar até lá para fazer trabalho humanitário ou lutar com os mujahidin. Enviado inicialmente pela empresa, Osama passou do ramo da construção para o ramo da jihad.[44]

Para bin Laden, de nascimento nobre e engenhoso, a jihad era um assunto metódico e obstinado, não messiânico. Para citar apenas um exemplo, ele mais tarde alertaria seus seguidores apocaliticistas na Somália, al-Shabab, que a mudança climática ameaçava o Islã em suas terras áridas tanto quanto as tropas estrangeiras, e recomendou que plantassem árvores resistentes ao calor. William McCants, arabista espirituoso gracejou: "Se você não soubesse que ele dirigia a organização terrorista mais famosa do mundo, pensaria que bin Laden era um oficial que trabalhava para a Agência dos Estados Unidos para o Desenvolvimento Internacional."[45]

Havia outro motivo para bin Laden desconfiar do apocaliticismo de Zarqawi. No seu ano de graduação de 1979 ocorreu a tomada da Grande Mesquita, da qual seu irmão Salem, com seu conhecimento da reforma, havia participado.[46] Os bin Laden, portanto, viram em primeira mão o que acontece quando uma estratégia mal planejada e embebida no fim dos tempos colide com o poder geopolítico do mundo real, especialmente quando o primeiro não possui controle político nem militar de sua base geográfica.

A primeira ordem de negócios da Al-Qaeda seria atacar o "inimigo distante", os Estados Unidos, e expulsar suas tropas da Arábia Saudita e do Oriente Médio. Os ataques de 11 de setembro realizaram exatamente o oposto. A estratégia de bin Laden para o "inimigo próximo" no Oriente Médio foi a derrubada de suas lideranças corruptas, e fazer isso exigiu uma abordagem de "corações e mentes" que evitou os atentados suicidas, decapitações e o extermínio em massa de xiitas perpetrado por seus seguidores mais zelosos no Iraque. O conceito de inimigos próximos e distantes foi cunhado por um islamista egípcio chamado Mohammed Abd al-Salam Faraj, que aplicou o primeiro termo a seu próprio governo e o último a Israel. Essa terminologia foi escolhida por Ayman al-Zawahiri, um cirurgião egípcio que se tornou tenente de bin Laden. Em 1982, os egípcios executaram Faraj por seu papel no assassinato de Sadat, enquanto o espinhoso e nada carismático Zawahiri herdou a liderança da Al-Qaeda após a eliminação de bin Laden em 2011, e compartilhou seu desdém pelo apocaliticismo.

O EII chegou quase ao estabelecimento do califado, mas em 2006 seu corpo governante nominal, o Conselho Mujahideen Shura, nomeou uma figura quase completamente desconhecida, Abu Umar al-Baghdadi, como "comandante dos fiéis". Baghdadi afirmava ser descendente do Profeta e, portanto, era tecnicamente qualificado como califa, mas sua suposta linhagem profética era provavelmente falsa. Seu nome verdadeiro era Hamid al-Zawi, um ex-policial, técnico eletrônico e imã sem grande erudição ou reputação. Na realidade, um discípulo egípcio de Zarqawi, Abu Ayyub al-Masri, comandava as operações do EII.

No início do mesmo ano, o EII havia escolhido como símbolo a bandeira negra, que trazia o selo do profeta e a inscrição "Nenhum deus senão Deus, Maomé é o Mensageiro de Deus". Dada a profecia apocalíptica do hadiz que falava dos "estandartes negros vindos de Khorasan" (ou seja, do Afeganistão), o presságio do fim dos tempos da bandeira do EII dificilmente poderia ter sido mais claro.[47]

O EII atingiu um rico filão em um mundo muçulmano dividido por conflitos e pobreza. Os dados da pesquisa mostram que ainda mais muçulmanos do mundo esperam o fim dos tempos do que os cristãos. Um estudo do Centro Pew descobriu que 51% dos muçulmanos do Oriente Médio acreditam no retorno iminente do Mádi, um número que provavelmente foi mais alto no caldeirão após a invasão do Iraque.[48] (Como com outros dados sociológicos sobre religiosidade, quanto mais pobre a nação, mais fervorosa a crença; o número era de 60% entre os muçulmanos do sul da Ásia, mas apenas 18% entre os muçulmanos dos Balcãs.)[49] Intencionalmente ou não, EII adotou uma narrativa apocalíptica muito mais convincente do que a velha teologia salafista de bin Laden, e particularmente a de seu sucessor nada carismático, Zawahiri.

Se alguém acreditava na iminência da chegada do Mádi, era o líder de fato do EII, Masri. Para acelerar o processo, ele fez com que suas tropas construíssem púlpitos para o trânsito do Mádi pelas três grandes mesquitas em Medina, Jerusalém e Damasco. Masri também precisava conquistar e manter território para acelerar a chegada do Mádi. Para quem duvidava, ele ofereceu esta resposta simples: "O Mádi chegará em qualquer dia."[50]

O zelo de Masri e a certeza religiosa implacável justificaram uma série de atrocidades ainda piores do que as de Zarqawi. O EII massacrou não apenas os xiitas, mas também qualquer sunita que negou fidelidade; usou como escudo humano mulheres e crianças doentes; e explodiu casas e hospitais. Impôs amplamente o *hudud*: apedrejamento de adúlteros, amputação para roubo e açoite para consumo de álcool. Em certa ocasião, o EII decapitou uma menina de 8 anos.

Conforme os relatos da escalada da carnificina do EII alcançavam a Al-Qaeda no Afeganistão, bin Laden e Zawahiri tentaram retomar o controle de sua franquia iraquiana, mas receberam de volta apenas respostas morosas, quando as conseguiam.[51] Os oficiais norte-americanos observaram os erros táticos e estratégicos de Masri com admiração e reduziram o preço por sua

344 Os Delírios das Multidões

cabeça de US$5 milhões para US$100 mil; alguns analistas especularam que ele era um ator que desempenhava um papel teatral. A esposa de Masri ofereceu talvez a descrição mais sucinta da brutalidade obstinada e inepta do marido: "Onde fica o Estado Islâmico do Iraque de que você está falando? Estamos vivendo no deserto!" Em 18 de abril de 2010, um ataque conjunto das forças iraquianas e norte-americanas encurralou Masri e Baghdadi perto de Tikrit, a cidade natal de Saddam Hussein. Diante da rendição, eles se explodiram.[52]

Apesar de todas as suas falhas, o EII redescobriu uma verdade bem conhecida por Lindsey, LaHaye e Jenkins: o Apocalipse vende e, quanto mais sangrento, melhor. No século XXI, o EII poderia anunciar o Apocalipse para o mundo todo por meio de sites e mídias sociais. Seu produto de mídia mais comum era o simples comunicado à imprensa:

> Um irmão corajoso e ousado, um dos heróis do Estado Islâmico do Iraque, membro da Brigada de Buscadores de Martírios... mergulhou seu carro cheio de explosivos em um posto de comando do exército cruzado norte-americano no ponto de encontro de Jerusalém no distrito de Al-Mafriq, província de Diyala. Nosso irmão heroico gritou "Allahu Akbar" e detonou o carro... matando mais de 11 soldados da Guarda Idólatra e destruindo 2 tanques Bradley.[53]

A internet tornou possível não apenas uma ampla gama de material escrito, mas vídeos ainda mais atraentes. Simpatizantes do EII no Oriente Médio e no Ocidente vibraram com clipes que descreviam ataques a tropas "cruzadas", geralmente em múltiplos ângulos de câmera; a legenda de um vídeo da destruição de um caminhão norte-americano com um dispositivo explosivo improvisado dizia: "Seus últimos momentos." Vídeos mais longos apresentavam compilações de "melhores momentos" de ataques, perfis de mártir, documentários do plano à execução e montagens motivacionais. As tropas norte-americanas e iraquianas não eram os únicos alvos; filmes com a execução de prisioneiros xiitas mostraram-se especialmente populares.[54]

Já em 2008, a franquia iemenita de bin Laden, a Al-Qaeda na Península Arábica (AQAP), já havia avançado na arte da propaganda apocalíptica islâmica com um par de revistas, *The Echo of Battles* e *Inspire*. A última era um periódico em inglês dirigido por um paquistanês criado na Carolina do Norte, Samir Khan, que tinha um talento especial para títulos de artigos cativantes, como "Faça uma bomba na cozinha da sua mãe"; por volta de 2010, ele começou a escrever peças carregadas de apocalipse para a *Inspire*.

Khan era discípulo de um imã carismático e influente, um cidadão norte-americano de origem iemenita, nascido nos Estados Unidos, chamado Anwar al-Awlaki, que entoou em um de seus artigos:

> Mu'jam al-Kabir e outros por meio de Ibn Abbas [relatam que] o Profeta disse: "Um exército de 12 mil sairá de Aden-Abyan [Iêmen]. Eles darão vitória a Alá e Seu mensageiro. Eles são os melhores entre mim e eles!"
>
> Sobre aquele hadiz, o honorável xeque Sulayman ibn Nasir al-Ulwan — que Alá apresse sua libertação — disse que a corrente do hadiz é boa e seus narradores são aceitáveis.[55]

Em vez de confiar em sua própria análise do primeiro parágrafo da passagem acima, Awlaki citou uma autoridade superior na segunda, nesse caso, um prestigiado e encarcerado teólogo saudita islâmico chamado Sulayman ibn Nasir al-Ulwan, que garantiu a integridade da corrente de transmissão do hadiz de volta ao Profeta.[56]

Os artigos, palestras e vídeos carregados de apocalipse de Awlaki inspiraram uma série de atentados terroristas. Alguns deles foram efetuados por discípulos com os quais ele tinha estado em contato pessoal, e pode até ter orientado, como o "homem com bomba na cueca", Umar Farouk Abdulmutallab; outros foram inspirados a atuar de longe, como o atirador de Fort Hood, Nidal Malik Hasan, um psiquiatra do Exército dos EUA com quem trocou e-mails; e o homem-bomba da Times Square, Faisal Shahzad, que se descreveu apenas como "fã e seguidor" de Awlaki".[57]

No fim, a AQAP [Al-Qaeda] seguiu pelo mesmo caminho violento e sem sentido que o EII; isso atraiu a desaprovação da organização-mãe no Afeganistão, cujo comando foi transferido para Zawahiri após a morte de Bin Laden em 2011. A AQAP não forneceu serviços adequados às pessoas no pequeno território que controlava e sucumbiu às forças estrangeiras superiores. Em 30 de setembro de 2011, um polêmico ataque de drones dos EUA no Iêmen matou Khan e Awlaki — ambos cidadãos norte-americanos. Tragicamente, outro desses ataques matou Abdulrahman, filho de 16 anos de Awlaki, supostamente por acidente; e, em 29 de janeiro de 2017, um ataque de comando desastroso causou a morte de um SEAL e da filha de 8 anos de Awlaki.[58]

Em 2010, o EII parecia estar nas cordas, mas isso mudou quando os Estados Unidos retiraram suas tropas de combate do Iraque durante o início da

346 Os Delírios das Multidões

administração Obama, deixando para trás um grupo menor de treinadores e conselheiros. Os Estados Unidos apoiaram o primeiro-ministro iraquiano Nouri al-Maliki, um político xiita altamente partidário cujas táticas repressivas jogaram até sunitas moderados nos braços do EII.

Um mês após as mortes de Masri e Abu Umar al-Baghdadi em abril de 2010, um oportunista e estudioso islâmico chamado Abu Bakr al-Baghdadi assumiu a liderança.* Pouco se sabe com certeza sobre ele, uma vez que seus familiares diretos, que dizem ser de descendência do Profeta, desapareceram. Ele parece ter sido um jovem estudioso, cuja visão deficiente o manteve fora do exército de Saddam e que logo ganhou o apelido de "o crente". Ele mergulhou no Alcorão e no hadiz e pode ou não ter obtido um doutorado da Universidade Saddam para Estudos Islâmicos de Bagdá, que o ditador criou para integrar o sistema religioso.

Além da escritura islâmica, o "novo Baghdadi" tinha duas outras paixões: o futebol, no qual se destacava, e a imposição da moralidade pública. Parece que ele tinha um temperamento explosivo que podia ser aceso por uma tentativa perdida de gol ou pela visão de casais mistos dançando em um casamento.

Logo após a invasão dos EUA em 2003, Baghdadi organizou um obscuro grupo de resistência e foi capturado em Falluja em fevereiro de 2004. Ele era popular entre seus companheiros de prisão no Camp Bucca, que mantinha 24 mil detidos e foi chamado por um observador de "universidade terrorista virtual", onde os jihadistas trocavam figurinhas, se conectavam em rede e escreviam os dados de contato uns dos outros nos elásticos de suas cuecas samba-canção. Quase imediatamente após a libertação, eles se despiam e retiravam esses dados das roupas íntimas, que usariam para reagrupar e organizar.

Baghdadi atraiu seus captores norte-americanos para uma libertação antecipada, provavelmente depois de apenas alguns meses, quando quase imediatamente se conectou com a unidade de Zarqawi. Como um erudito religioso, ele era uma mercadoria valiosa que poderia fornecer cobertura teológica para a campanha brutal do EII de apedrejar adúlteros, amputar membros de ladrões e massacrar xiitas e outros apóstatas. Em 2007, fez uma pausa nesses trabalhos e viajou a Bagdá para defender sua tese de doutorado.

A perda de Masri e Abu Umar em abril de 2010 abriu as posições de liderança para os ex-alunos do Camp Bucca, e Baghdadi, com seu carisma,

---

* A semelhança nos nomes é trivial: "al-Baghdadi" simplesmente indica que alguém é de Bagdá (o que também transmite o prestígio histórico da antiga capital abássida). Abu Bakr e Umar são denominações árabes comuns, uma vez que foram o primeiro e o segundo califas depois de Maomé; Abu Bakr al-Baghdadi é, portanto, o equivalente iraquiano de "Davi de Nova York".

reputação acadêmica, conexões com prisioneiros e suposta descendência co-raixita, encabeçava a lista.[59]

Nos anos seguintes, a diminuição da presença norte-americana no Iraque permitiu que Baghdadi expandisse sua influência por todo o país e, depois, pela Síria. Em abril de 2013, afirmou a liderança sobre a franquia da Al-Qaeda na Síria, para sua surpresa, bem como a da Al-Qaeda Central, agora sob o controle de Zawahiri, que expulsou o EII de sua organização. Com o conflito civil na Síria em pleno andamento, o presidente Bashar al-Assad aliou-se efetivamente ao EII, bombardeando seletivamente seus rivais e deixando a organização quase intocada.

Em meados de junho, o EII havia conquistado Mosul, a terceira maior cidade do Iraque, e Baghdadi agora se via no comando de um feudo que havia obliterado a fronteira entre a Síria e o Iraque, traçada em 1916 pelo odiado Acordo Anglo-Francês Sykes-Picot.[60] A reviravolta na sorte do EII surpreendeu a aliança ocidental; apenas seis meses antes, o presidente Obama disse ao jornalista David Remnick que "se uma equipe de várzea colocar o uniforme do Lakers, isso não os tornava Kobe Bryant". Embora Obama estivesse falando especificamente sobre a capacidade da Al-Qaeda de atacar o território dos EUA, o momento da declaração não poderia ter sido pior.[61]

Tal como aconteceu com Hal Lindsey e o cerco da Grande Mesquita de Juhayman, "o grande quebra-cabeça" havia caído quase no lugar para o EII: com o mundo em desordem moral e política e um reino sem fronteiras sob o governo de um dos descendentes do profeta, o califado por certo estava à mão. Tudo de que se precisava era um fundamento teológico para ungir o califa.

Essa tarefa coube a um estudioso jihadista chamado Turki al-Binali, um teólogo do Bahrein formidável o suficiente para ser considerado o herdeiro de Maqdisi. Como seu professor, ele entrou e saiu da prisão e, como o EII estava ganhando força na Síria no início de 2014, ele chegou lá para testemunhar o nascimento do califado: "É razoável que voltemos, tendo chegado a Sham [Síria] de batalhas e guerras épicas? [...] Uma terra onde a regra é o Islã é minha casa; aí está a minha morada e aí eu pertenço."[62]

Para desgosto de seu mentor Maqdisi, que certamente não acreditava que o califado estivesse próximo, Binali escreveria em breve um ensaio intitulado "Extend Your Hands to Give Baya to Baghdad" [Estenda Suas Mãos para Dar Baya a Baghdadi, em tradução livre].[63]

Em 29 de junho de 2014, o primeiro dia do Ramadã, Baghdadi declarou o restabelecimento do califado, com ele mesmo como califa Ibrahim. Cinco dias depois, o califa, que nunca havia aparecido antes em uma reunião pública, subiu ao púlpito da Grande Mesquita de al-Nuri, na recém-conquistada Mosul, adornado

348   Os Delírios das Multidões

com um turbante preto e manto, humildemente aceitou a liderança, e então exigiu obediência dos muçulmanos do mundo. Além da vestimenta clerical clássica, ele também ostentava um relógio vistoso e caro, do tipo preferido pelos jihadistas de alto nível que, entre outras características, anunciava as cinco orações diárias.[64]

A partir de então, a liderança do EII decidiu que agora seria conhecido simplesmente como Estado Islâmico (EI). Várias semanas depois, os publicitários do EI publicariam a primeira edição da *Dabiq*, intitulada *The Return of Khilafah: the rebirth of the caliphate* [O Retorno do Califa: o renascimento do califado, em tradução livre]. Postado inicialmente apenas na *dark web*, *Dabiq* publicou 15 edições entre 2014 e 2016 que agora estão disponíveis gratuitamente na internet.[65]

No fim de 2015, aproximadamente 30 mil combatentes estrangeiros, vindos de pelo menos 86 nações, viajaram para se juntar ao EI, cerca de um sexto deles de nações ocidentais.[66] O contraste com os longos e exagerados comunicados em árabe de bin Laden dificilmente poderia ter sido mais notável; O EI direcionou suas rápidas edições em inglês, francês e alemão da edição inaugural de *Dabiq* diretamente para recrutas ocidentais em potencial, especialmente aqueles que carecem de um conhecimento profundo da escatologia islâmica.

Alusões proféticas ao vindouro Armagedom com o Ocidente encheram suas páginas, começando com sua versão do hadiz apocalíptico mais famoso, em sua impressão, "A hora não será estabelecida até que os romanos cheguem em Amaq ou Dabiq", e prosseguiu até o profetizado retorno de Jesus, diante de quem o inimigo "se derreterá como o sal se derrete na água". Para aqueles que ainda não haviam entendido o significado profético, os autores forneceram uma versão abreviada:

> De acordo com o hadiz, a área [em torno de Dabiq] terá um papel histórico nas batalhas que levaram às conquistas de Constantinopla e, em seguida, de Roma. Atualmente, Dabiq está sob o controle do *sahwat* [fantoches sunitas] apoiado pelos cruzados, perto da frente de guerra entre eles e o *Califa* [califado].[67]

Em breve, o EI cumpriria essa profecia, tomando a simbólica, mas estrategicamente irrelevante cidade de Dabiq. As forças do Estado Islâmico, inchadas com combatentes de todo o mundo, iriam, de acordo com sua narrativa, recriar o califado e restaurar o Islã ao seu devido lugar no mundo: "Em breve, com a permissão de Alá, chegará o dia em que o muçulmano caminhará por toda parte como um mestre, tendo honra, sendo reverenciado, com a cabeça erguida e sua dignidade preservada."[68]

Mádis e Califas   349

Exceto pela identidade dos heróis e vilões, a visão de mundo maniqueísta da revista era quase idêntica à de Lindsey e LaHaye:

> Na verdade, o mundo hoje foi dividido em dois campos e duas trincheiras, sem nenhum terceiro campo presente: o campo do Islã e da fé, e o campo de *kufr* (descrença) e hipocrisia — o campo dos muçulmanos e dos mujahidin em todos os lugares, e o campo dos judeus, os cruzados, seus aliados e com eles o resto das nações e religiões de *kufr*, todas lideradas por EUA e Rússia e mobilizadas pelos judeus.[69]

Essa profecia foi seguida por imagens sangrentas de atrocidades contra os sunitas e a execução de seus perpetradores xiitas, o primeiro para gerar simpatia entre os apoiadores, o último para gerar medo entre os oponentes. Descrições brilhantes do califa Ibrahim se seguiram e, bizarramente, uma foto de um distinto oficial do Conselho de Segurança Nacional dos Estados Unidos, Douglas Ollivant, atrás de um pódio do Cato Institute, acompanhada por um texto de sua descrição das capacidades temíveis do EI.[70] A revista, então, apresentava o roteiro de cinco etapas do EI para a vitória, que levou da hégira (emigração para o território do EI) ao *Califa*.

Estranhamente, o Mádi, que havia figurado de forma tão proeminente no cerco da Grande Mesquita, quase não foi mencionado. Exatamente porque é incerto; talvez sua aparência exija uma data e, portanto, esteja sujeita a uma Grande Decepção; talvez o papel desastroso do Mádi no cerco de 1979 tenha reduzido seu valor. Em vez disso, a narrativa do IS se concentrou, em grande medida, na vitória do profeta Jesus sobre o Dajjal.[71]

Os ocidentais que fizeram a hégira para o território do EI geralmente não falavam árabe e não tinham treinamento militar e, portanto, eram de pouca utilidade, com exceção daqueles com experiência na mídia. Uma das produções do EI, um vídeo de 13 minutos, apresentou vários jihadistas da Europa e da Austrália que exaltaram o califado: "Não entendemos fronteiras — participamos de batalhas em Sham [Síria] e iremos para o Iraque em alguns dias, lutaremos e voltaremos. Nós iremos até Jordânia e Líbano sem problemas." Outro vídeo mostrava um combatente do EI se gabando de ter atacado Israel e lamentando bebês deformados nascidos de "nossas irmãs em Falluja", enquanto outro fazia a piada: deixe seus "empregos gordos" no Ocidente: "Pergunte a si mesmo o que o impede e o que o segura. É sua riqueza."[72]

Os especialistas da mídia jihadi usaram a música, a estrada real para o sistema límbico, tão habilmente quanto Leni Riefenstahl em o *Triunfo da Vontade* ou nos anúncios inteligentes de campanha norte-americanos. Visto

350 Os Delírios das Multidões

que os muçulmanos devotos evitam instrumentos musicais, as melodias islâmicas apresentavam canções hipnóticas a capela, *anashid* (singular, *nashid*) declamando os louvores do califado vindouro e encorajam os fiéis ao martírio.

As Anashid figuraram com destaque durante vários ataques terroristas islâmicos. Por exemplo, depois que os irmãos Tsarnaev cometeram o atentado mortal da Maratona de Boston de 2013, quando não conseguiram conectar seus iPhones ao som do veículo roubado para ouvir a militante *anashid*, eles assumiram o risco de dirigir de volta para seu próprio carro abandonado para recuperar o CD que as continha. Anwar al-Awlaki ficou especialmente impressionado com o magnetismo da música jihadista: "Uma boa *nashid* pode se espalhar tão amplamente que pode alcançar um público que você não poderia alcançar por meio de uma palestra ou um livro."[73]

A perspectiva de participar de uma grande aventura construída sobre uma narrativa apocalíptica de 14 séculos mostrou-se irresistível para muitos jovens alienados por suas vidas sem rumo e aparentemente sem sentido no Ocidente, e se manifestou em uma alta porcentagem de convertidos recentes entre recrutas jihadistas europeus.[74] Como um rebelde sunita sírio disse a um correspondente da Reuters: "Se você acha que todos esses mujahidin vieram do outro lado do mundo para lutar contra Assad, está enganado. Eles estão todos aqui como prometido pelo Profeta. Esta é a guerra que ele prometeu — é a Grande Batalha."*[75]

Como apontaram os psicólogos Timothy Brock e Melanie Green, quanto mais poderosa a narrativa, mais ela corrói o pensamento crítico. Para os recrutas alienados fartos de um mundo dominado pelo Ocidente, a narrativa do EI era poderosa o suficiente para fornecer cobertura teológica para uma câmara de horrores que incluía assassinato em massa, estupro e escravidão.

Após as espetaculares conquistas do EI em agosto de 2014 no norte do Iraque, membros da grande seita Yazidi do Islã na província de Sinjar se viram sob o domínio do EI. A quarta edição da *Dabiq*, publicada em 11 de outubro de 2014, não apenas racionalizou a perseguição da seita, mas a glorificou como um meio de encorajar os adeptos a participar em escravidão, estupro e assassinato em massa racialmente impulsionados.

Os Yazidis acreditam que Alá confiou o mundo a sete anjos, entre eles o Melek Taus, a quem eles especialmente reverenciam. Tal heresia, explicou a *Dabiq*, descreveu os Yazidis como "mushrikin" — politeístas/pagãos: "Seu credo é tão desviante da verdade que até mesmo cristãos que veneram a cruz há muito tempo os consideram adoradores do diabo e satanistas." E, quando se tratava de mushrikin, o Alcorão, explicou a *Dabiq*, era claro:

---

* Em árabe, "Grande Batalha" também se traduz como "massacre".

Mádis e Califas 351

E quando os meses sagrados se passarem, então mate os mushrikin onde quer que você os encontre, e os capture, cerque, e sente-se esperando por eles em cada lugar de emboscada. Mas se eles se arrependerem, estabelecerem a oração e derem o zakah [imposto pago pelos muçulmanos], deixe-os [ir] em seu caminho. Sabei que Alá é Indulgente e Misericordioso.

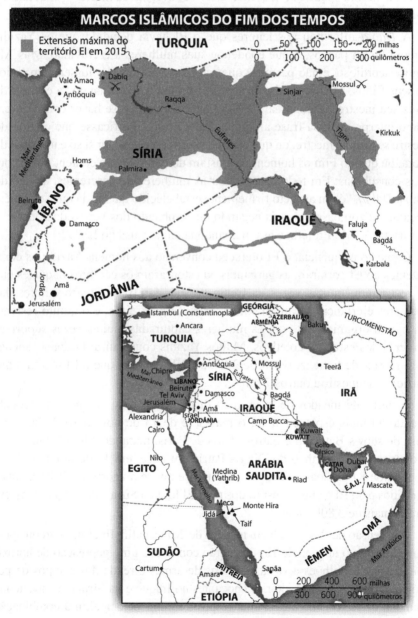

Ao contrário de cristãos e judeus, "pessoas do livro" que podiam passar com o pagamento de um *jizyah* (imposto pago por não muçulmanos), o EI enxergava os Yazidis como pagãos. Os teólogos do EI debateram se Yazidis sempre foram pagãos, ou se foram muçulmanos que mais tarde se tornaram apóstatas. Essa distinção foi crítica, uma vez que as mulheres apóstatas tiveram que escolher a mesma opção que seus maridos — conversão ou morte — enquanto as mulheres de uma raça originalmente pagã poderiam ser escravizadas.

A *Dabiq* informou aos leitores que o EI havia decidido que os Yazidis sempre foram pagãos, o que condenou suas mulheres à escravidão. Mas Alá é misericordioso, e não permitiu que seus escravos sexuais fossem separados de seus filhos. Melhor ainda, de acordo com um hadiz, quando "a escrava dá à luz seu mestre", é um sinal da Hora, embora parecesse haver confusão em como interpretar essa frase ambígua. Talvez isso significasse que o filho do mestre se torna o mestre, ou que o aumento dos escravos por si só é um sinal da Hora, ou que no Fim os homens se afastam do casamento e contentam-se com suas concubinas. Em todo caso, tomar as mulheres de descrentes, de acordo com a *Dabiq*, "é um aspecto firmemente estabelecido da Sharia que se alguém negasse ou zombasse, estaria negando ou zombando dos versos do Alcorão e das narrações do Profeta, e assim abandonando a causa do Islã".[76]

Como consequência, o EI ofereceu conversão aos homens Yazidi; os combatentes do EI cortaram as gargantas ou estouraram os cérebros daqueles que se recusaram, muitas vezes na frente de suas famílias. Quatro quintos das mulheres e crianças foram divididos entre os guerreiros, e o quinto restante foi para a organização, com as mulheres capturadas muitas vezes suportando repetidos estupros coletivos. Muitos Yazidis conseguiram escapar apenas para morrer de fome. A partir de 2017, a ONU estimou que o EI matou 3 mil Yazidis e sequestrou outros 7 mil.[77]

A partir de meados de 2014, o EI dirigiu e inspirou ataques ao redor do mundo. O mais espetacular foi o massacre de 13 de novembro de 2015, na casa de shows Bataclan e outros locais de Paris, matando 130 e ferindo 530; e o ataque de caminhão do Dia da Pátria em Nice, em 14 de julho de 2016, que matou 84 pessoas e feriu 458. Estima-se que, em agosto de 2019, ataques dirigidos pelo EI e outros inspirados pelo EI fora da Síria e do Iraque tivessem tirado mais de 3.800 vidas.[78]

A ascensão de Bagghdadi em meados de 2014 a califa Ibrahim marcou aproximadamente o apogeu do EI, que então controlava uma população de aproximadamente 8 milhões e vastas reservas de armas e renda dos campos de petróleo e refinarias. Suas vitórias chocantes no Iraque e na Síria e a capacidade mundial de terrorismo atraiu uma resposta militar ocidental, e a combinação da brutalidade extrema do EI e da substituição do primeiro-ministro iraquiano Maliki pelo mais conciliador Hiader al-Abadi afrouxou o domínio do EI sobre os sunitas. A partir de outubro de 2016, um exército iraquiano cada vez mais eficaz, auxiliado por ataques aéreos liderados pelos EUA e forças curdas, lentamente recuperou território na região de Mossul, coberto pela recaptura cataclísmica da seção leste da cidade no fim de janeiro de 2017. Mais de 10 mil civis e cerca de 1 mil membros de forças da coalizão podem ter morrido no ataque; cerca de 16 mil combatentes do EI foram mortos nessa única ação, quando era uma sombra de seu antigo eu; em 26 de outubro de 2019, um ataque das Forças Especiais dos EUA no noroeste da Síria encurralou al-Baghdadi, que detonou um colete explosivo que o matou, assim como dois de seus filhos.[79]

Ao longo de todo o conflito com o EII/EI, as forças estrangeiras lideradas pelo Iraque e pelos EUA podem ter matado até 60 mil combatentes. A reversão da sorte do EI no campo de batalha corroeu sua capacidade de planejar e inspirar ataques terroristas no Ocidente, embora ainda seja capaz de montar operações devastadoras no Oriente Médio e na Ásia. A *Dabiq* deixou de ser publicada em 2016 e, no início de 2018, o fluxo de propaganda havia caído cerca de dois terços.

Como previsto por muitos observadores do apocaliticismo islâmico, a interrupção de novas conquistas foi predeterminada em meados de 2014; o EI já controlava os centros sunitas do Iraque e da Síria, e dificilmente faria mais conquistas na Turquia, território controlado pelos curdos e áreas xiitas. Sem conquistas em curso, o califado perdeu sua legitimidade e poder de recrutamento.[80]

Além disso, as vitórias iniciais do EI produziram uma reação estratégica das milícias iraquianas xiitas, particularmente de forças lideradas pelo influente imã Muqtada al-Sadr. No fim de 2014, um apelo do geralmente pacificador Grande Aiatolá Ali al-Sistani, o mais alto clérigo xiita do Iraque, para que os combatentes "defendam o país, seu povo, a honra de seus cidadãos e seus lugares sagrados" produziu uma torrente de recrutas entusiasmados. Essas forças da milícia xiita foram fortemente apoiadas pelo dinheiro iraniano, homens e aliados da força de elite Quds, liderada por seu lendário comandante, Qassem Soleimani (que foi morto em 2020 por um ataque de drones dos EUA). Nas operações brutais de vingança, eles assassinaram milhares de sunitas inocentes.[81]

Sem mais território para tomar e uma situação militar rapidamente invertida, a perspectiva de acelerar o Apocalipse, juntamente com sua recompensa financeira e escravos sexuais infiéis, encolheu; e, em meados de 2016, aqueles campos de treinamento que não tinham sido bombardeados e transformados em escombros fecharam por falta de recrutas. Em 17 de outubro de 2017, a "capital" do EI em Raqqa, Síria, caiu para uma força de rebeldes sírios apoiados

354   Os Delírios das Multidões

pelas Forças Especiais dos EUA e, no fim de março de 2019, as forças de coalizão conquistaram o último território mantido pelo EI.[82]

Embora o Estado Islâmico continue sendo um ator potente no Oriente Médio e seus discípulos no Ocidente ainda sejam capazes de montar ataques solitários, a narrativa apocalíptica que leva a um califado triunfante e em expansão evaporou, e o EI não atrai mais milhares de jovens adeptos de nações desenvolvidas.

No entanto, onde quer que haja humilhação e decepção em toda a sociedade, o apocaliticismo pode e irá florescer. Isso é certamente verdade em grande parte do mundo muçulmano hoje, especialmente onde sofreu derrota, real ou imaginária, nas mãos do Ocidente.

Além disso, como demonstra a ascensão do apocaliticismo cristão no final do século XX, as narrativas do fim dos tempos podem florescer mesmo em sociedades bem-sucedidas e prósperas, e todas as três crenças abraâmicas provaram ser terreno fértil para elas. A fome humana por narrativas convincentes, das quais o fim dos tempos é a mais sedutora, quase invariavelmente exacerba outra infeliz tendência humana, nossa propensão ao comportamento em grupo/fora do grupo. Uma minoria significativa de pessoas sempre achará irresistível a noção de que eles são membros de um grupo de poucos eleitos que inaugurarão uma nova ordem virtuosa, condenando os descrentes a queimar, uma ilusão que levou histerias religiosas em massa por séculos, de John Bockelson e seus seguidores em Münster, a William Miller e Jerry Falwell nos Estados Unidos, às dezenas de milhares atraídos pelo inferno do Estado Islâmico.

EPÍLOGO

Somos máquinas de sobrevivência — veículos robôs cegamente programados para preservar as moléculas egoístas conhecidas como genes.

— Richard Dawkins[1]

Se Charles Mackay fosse capaz de viajar no tempo até os dias atuais, as histórias da Grande Decepção de 1844, das bolhas de ações das décadas de 1920 e 1990, e da ascensão dos recentes delírios do fim dos tempos de todas as três religiões abraâmicas não o surpreenderiam. Ao mesmo tempo, ele ficaria fascinado pela exposição de Darwin sobre a evolução humana, descrita uma geração após a publicação de *A História das Ilusões das Massas* em 1841, e me pergunto como isso se aplicaria aos episódios sobre os quais ele escreveu. E ele ficaria tão fascinado, devido à mesma razão, pela psicologia do século XX e pela pesquisa de psicologia social.

Em primeiro lugar, Mackay teria ficado fascinado ao saber que somos escravos dos instintos conectados de nossos ancestrais da Idade da Pedra, que dependiam da cooperação mútua, da comunicação e, acima de tudo, da imitação, para sobreviver em um ambiente de alimento escasso, frutos venenosos, cobras peçonhentas e predadores mais rápidos e com presas maiores.

Estamos apenas cerca de 300 gerações distantes do fim da Idade da Pedra e ainda somos movidos por esses antigos instintos de sobrevivência. Não apenas essas 300 gerações não foram longas o suficiente para desenvolver uma cognição mais analítica, como é duvidoso que tais habilidades mentais aprimoradas conferissem uma vantagem de sobrevivência aos indivíduos que as possuíam em um mundo industrial ou pós-industrial relativamente mais humano. Em outras palavras, provavelmente estamos condenados a mancar junto com nossas mentes da Idade da Pedra em um planeta da era espacial.

Na verdade, muito de nosso comportamento tem raízes muito mais antigas; compartilhamos muitos genes com centenas de milhões de anos, como os que regulam o apetite, com as minhocas.[2] Nossa predileção evolutiva por

356   Os Delírios das Multidões

alimentos doces e gordurosos carregados de energia, que provavelmente se originou em nossos ancestrais vertebrados eras antes de nossa espécie evoluir, tornou-se profundamente mal adaptado em um mundo moderno saturado com açúcar barato e lipídios.

Da perspectiva de *A História das Ilusões das Massas*, a mímica é provavelmente a mais importante de nossas características evolutivas. Além de nossa capacidade cognitiva e linguística avançada, a capacidade humana de aprender rapidamente por meio da imitação de novos conjuntos de habilidades — caiaques no Ártico, caça de bisões nas Grandes Planícies e zarabatanas na Bacia Amazônica — nos permitiu prosperar na maioria dos lugares do planeta. Infelizmente, nossa propensão à imitação aplica-se igualmente ao comportamento mal adaptado e, muitas vezes, abominável.

Provavelmente, as demonstrações experimentais mais famosas desse infeliz fenômeno foram a "obediência", de Stanley Milgram, e o experimento da "Prisão de Stanford", de Philip Zimbardo. No estudo de Milgram, os voluntários (os "professores") eram frequentemente persuadidos pelos "experimentadores" a dar choques "letais" nos "alunos" por respostas incorretas.[3] Da mesma forma, o Experimento da Prisão de Stanford dividiu os voluntários entre "prisioneiros" e "guardas". Em poucos dias, ambos os grupos imitaram e internalizaram seus papéis a ponto de a violência eclodir entre os dois grupos.[4]

Não obstante ambos os estudos tenham atraído sérias críticas, o contágio da podridão moral e intelectual não é uma questão teórica ou experimental, pois o mundo real transborda com exemplos muito melhores de como o comportamento aberrante se espalha entre pessoas aparentemente normais e bem ajustadas.[5] O escândalo da Enron dos anos 1990, por exemplo, demonstrou o quão contagioso poderiam ser a irracionalidade e a corrupção moral. Nenhum dos protagonistas — Kenneth Lay, Jeffrey Skilling e Andrew Fastow — se consideravam antiéticos ou imorais; afinal, todos ao redor lhes disseram que eram pessoas boas e altamente inteligentes que estavam revolucionando a economia norte-americana. E, à semelhança dos assuntos expostos pelo psicólogo Solomon Asch às medições equivocadas de linha dos companheiros de mesa, o pessoal da Enron aceitou os quase unânimes, mas incorretos, julgamentos de seus colegas e de jornalistas.

Talvez os exemplos mais espetaculares de contágio moral aberrante tenham se manifestado em sociedades totalitárias como o Camboja de Pol Pot, a China da Revolução Cultural e, é claro, a Alemanha de Hitler. Quando o historiador Laurence Rees entrevistou guardas de campos de extermínio nazistas e pessoal administrativo perto do fim de suas vidas, ele os achou mais abertos sobre seu trabalho do que décadas antes. Ele ficou surpreso ao descobrir que,

Epílogo   357

em vez de robôs malvados que seguiam ordens cegamente, esses alemães, homens e mulheres, eram indivíduos inteligentes, de aparência normal, que se consideravam participantes éticos em um empreendimento digno, a saber, livrar o mundo da praga judaica. Como executivos juniores em uma empresa de elite, eles competiram e inovaram para completar suas tarefas horríveis com a máxima eficiência.[6]

Ainda assim, havia limites para a desumanidade dos alemães impulsionada por seus pares, especialmente quando se tratava de metralhar milhares de judeus de uma vez, o que produzia sofrimento psicológico mesmo entre as resistentes tropas da SS. Consequentemente, os campos de extermínio mais "eficientes" em Sobibor, Belzec, Treblinka e Birkenau (Auschwitz) dependiam de prisioneiros não alemães para o trabalho mais sujo e exigiam apenas um número relativamente pequeno de pessoal alemão — aproximadamente 20 em Belzec, por exemplo, onde 600 mil foram assassinados[*]

É difícil evitar a conclusão sombria de que, se um número suficiente de nossos pares considera o genocídio desejável, muitos, se não a maioria de nós, somos capazes disso. Aqueles que ainda pensam que o excepcionalismo alemão foi um fator importante no Holocausto devem considerar o comportamento das autoridades inglesas nas Ilhas do Canal, Jersey e Guernsey, ocupadas pelos alemães que cooperaram de boa vontade no envio de seus residentes judeus para os campos. Nas palavras de um ex-oficial nazista: "O problema do mundo hoje é que as pessoas que nunca foram testadas andam por aí fazendo julgamentos sobre as pessoas que foram."[7] Ou, mais sucintamente, nunca se deve subestimar a tendência humana para o mimetismo e, especialmente, de como as ilusões de massa benéficas do dia a dia que ajudam empresas e sociedades inteiras a funcionar sem problemas podem, rapidamente, se transformar em uma ilusão de massa fraudulenta ou genocida.

Mackay também concordaria com a observação de que somos os macacos que contam histórias — ele próprio era um narrador mestre. Quando nossos remotos ancestrais precisaram se comunicar uns com os outros para sobreviver, eles não o fizeram com silogismos, dados numéricos ou fórmulas matemáticas. O principal modo de comunicação era, e ainda é, a narração: "Você vai pela direita, eu irei pela esquerda, e nós emboscaremos o mastodonte de

---

* Os nazistas descobriram logo no início que a separação de pais e filhos criava distúrbios que retardavam o processo. Rees, talvez o único pesquisador a entrevistar guardas de campo de todas as três potências totalitárias da Segunda Guerra Mundial — Alemanha, Japão e União Soviética — observou que, em contraste com o pessoal do campo alemão, os guardas soviéticos e japoneses eram em grande parte movidos pelo medo, e não compromisso ideológico.

358   Os Delírios das Multidões

ambos os lados." Os humanos são animais narrativos e, por mais enganosa que seja a narrativa, se for convincente o suficiente quase sempre superará os fatos, pelo menos até que esses fatos causem grande dor ou, como no caso das forças do Estado Islâmico no Oriente Médio e os Anabatistas de Münster, os fatos dizimem os próprios fiéis.

Além disso, ouvimos histórias não só porque gostamos delas por elas mesmas, mas também porque queremos saber seu final, e nenhuma história entusiasma e transporta mais do que o destino final do mundo. Quanto mais uma narrativa transporta alguém, mais ela corrói suas habilidades analíticas; uma narrativa do fim dos tempos habilmente elaborada pode convencer os homens a doar todos os seus bens materiais ou a enviar alegremente suas esposas e filhas para a cama do contador de histórias.

Mackay concordaria que moldamos os fatos para se ajustarem às nossas opiniões preexistentes, e não o contrário. Em todo lugar e sempre, somos vítimas do viés de confirmação e nos apegamos aos fatos mais consistentes com nossas crenças e intencionalmente ignoramos aqueles que os refutam.

Em termos técnicos, se fôssemos realmente racionais, formularíamos nossas opiniões sobre o mundo de acordo com a "inferência bayesiana", um método de análise inventado por Thomas Bayes, um filósofo inglês do século XVIII que inventou uma regra matemática para alterar nossas previsões em face de novos dados. Se alguém pensa que há 50% de chance de que um político de quem não gosta seja culpado de comportamento criminoso, então surge uma nova e poderosa prova de defesa, de acordo com a inferência bayesiana, a estimativa de uma pessoa sobre a probabilidade de sua culpa agora deve cair para menos de 50%.

Mas não é assim que as pessoas se comportam; quando temos opiniões fortes em relação a um assunto, evitamos intencionalmente nos expor a dados contrários e, quando informações não confirmadas não podem mais ser ignoradas, isso pode desencadear o proselitismo de crenças delirantes, como aconteceu com a seita dos discos voadores de Dorothy Martin. Os seres humanos, longe de serem bayesianos racionais, são, na verdade, muitas vezes "anti-bayesianos", um fato que serve para disseminar crenças delirantes.

Mackay sem dúvida entendeu que uma narrativa convincente pode atuar como um patógeno contagioso que se espalha rapidamente por uma determinada população da mesma maneira exponencial, como quando o vírus Covid-19, de rápida disseminação, infecta um grande número de contatos. Além disso, como os experimentos de Asch ilustraram, se uma crença incorreta se torna prevalente o suficiente, ela adquire uma massa crítica.

Quanto mais as pessoas ao nosso redor compartilham a mesma ilusão, mais provavelmente acreditamos nela e, portanto, mais provável que as pessoas ao nosso redor também acreditem, um círculo vicioso para o qual não temos um freio de emergência analítico. Na presença de contágio delirante para o qual não existem defesas eficazes, as manias de fuga ganham cada vez mais força até que finalmente se chocam contra a parede de tijolos da realidade.

Finalmente, Mackay descreveu repetidamente a tendência humana de ver a vida em termos maniqueístas — uma luta em preto e branco entre o bem e o mal — e se A Origem das Espécies de Darwin fosse publicada uma geração antes, ele teria entendido isso como mais uma peça de nossa bagagem evolutiva da Idade da Pedra. Ele ainda teria percebido que a tendência humana quase universal para o excesso de confiança tanto permite nossa sobrevivência quanto nos leva a assumir que nos sentamos do lado certo da cerca moral: tanto esse livro quanto o de Mackay estouraram com multidões religiosas que acreditavam que aqueles que não compartilhavam sua visão de mundo eram infernais e, em casos extremos, mereciam morrer.

O Estado Islâmico é apenas o último carro alegórico nesse desfile da ilusão maniqueísta; por um tempo, o grupo islâmico comandou a narrativa mais convincente e agradável disponível para aqueles que sofrem com a pobreza, guerra e opressão: que os aflitos estavam envolvidos em uma luta em preto e branco como as forças da justiça, e que Alá mais cedo ou mais tarde lhes entregaria a vitória final e eterna sobre os opressores que encarnavam a essência do mal. Essa narrativa islâmica apocalíptica do século XXI é, portanto, pouco diferente da narrativa do século XVI de John Bockelson, ou do século XX de Hal Lindsey. (Embora os adversários pós-comunistas de Lindsey — socialistas, satanistas e astrólogos — sejam, de fato, irrelevantes se comparados ao Império Habsburgo ou ao poder dos militares israelenses e ocidentais.)

As descrições de histerias financeiras delirantes nesse livro e no de Mackay diferem apenas na qualidade de seus fim dos tempos. Em ambos os casos, as narrativas são altamente agradáveis: nesse último caso, a promessa de adesão a um eleito que será poupado das tribulações da vida por meios espirituais milagrosos e, no primeiro caso, por meios financeiros milagrosos.

E em ambos os casos, viés de confirmação e imitação humana desempenham papéis importantes também.

A principal diferença é que os delírios financeiros em grande parte não têm o elemento maniqueísta que está na frente e no centro dos religiosos. Mas mesmo essa falta não é total. Lembre-se que uma das principais características diagnósticas de uma bolha é uma resposta veemente ao ceticismo. Ao escrever estas palavras, a excitação em torno das criptomoedas, das quais o bitcoin é

360 Os Delírios das Multidões

o exemplo, parecem exibir todos os sinais e sintomas de histerias financeiras anteriores. Talvez o endosso mais famoso do bitcoin veio do empresário do software antivírus John McAfee, que opinou que se o preço do bitcoin não chegasse a US$500 mil em 3 anos, "eu vou comer meu pênis em rede nacional"; a implicação é que qualquer um que duvidasse do valor do bitcoin era, se não o mal, pelo menos um idiota.[8] (Tendo atingido um preço de US$20 mil no fim de 2017, em meados de 2020 ele estava sendo negociado a US$11,8 mil.)

Assim como Mackay teria sido fascinado por insights psicológicos e evolutivos modernos sobre o comportamento delirante de massa em geral, ele também teria aprendido muito com pesquisas recentes de economistas como Hyman Minsky e Charles Kindleberger específicos para histerias financeiras, trabalhos que demonstram claramente que esses episódios giram em torno da combinação explosiva de novas tecnologias emocionantes, o afrouxamento do crédito, amnésia, e o abandono da análise financeira testada pelo tempo. E, mais uma vez, criptomoedas como o bitcoin são instrutivas; embora pareça provável que poucos fiquem ricos com o investimento direto nesses instrumentos, a chamada tecnologia blockchain subjacente a eles pode muito bem beneficiar a sociedade em geral, revolucionando tanto as finanças bancárias quanto as do governo.

Mackay, enquanto contador de histórias consumado, foi tolhido pela falta de conhecimento científico de sua época sobre comportamento humano, genética e seleção natural, e suas maravilhosas descrições de delírios em massa, embora extremamente instrutivas, o levaram apenas até ali. Mas Mackay certamente deve ter suspeitado que a humanidade está condenada a pisar repetidamente nos mesmos ancinhos financeiros e religiosos, mesmo que ele não soubesse, como agora sabemos, a razão para isso.

BIBLIOGRAFIA

20/20, "The Devil Worshippers", acesse https://www.youtube.com/watch?v=vG_w-uElGbM, https://www.youtube.com/watch?v=gG0ncaf-jhI, e https://www.youtube.com/watch?v=HwSP3j7RJlU.

Ahamed, Liaquat, *Lords of Finance* (Nova York: Penguin, 2009).

Ainsworth, William Harrison, *The South Sea Bubble* (Leipzig: Bernhard Tauchnitz, 1868).

Akenson, Donald Harman, *Discovering the End of Time* (Montreal: McGill-Queen's University Press, 2016).

Allen, Frederick Lewis, *Only Yesterday* (Nova York: Perennial Classics, 2000).

Allen, Frederick Lewis, *The Lords of Creation* (Chicago: Quadrangle Paperbacks, 1966).

Al-Awlaki, Anwar, texto completo sobre "Anwar Nasser Aulaqi" dos arquivos do FBI, https://archive. org/stream/AnwarNasserAulaqi/Anwar%20Nasser%20Aulaqi%2010_djvu.txt.

Ambrose, Stephen E., *Undaunted Courage* (Nova York: Simon and Shuster, 1996).

"A Nation Jawed", *Time* 106, no. 4 (28 de julho de 1975): 51.

Anderson, Robert, *The Coming Prince* (Londres: Hodder and Stoughton, 1881).

Anderson, Robert, *Unfulfilled Prophecy and "The Hope of the Church"* (Londres: Pickering & Inglis, 1923).

Anglim, Simon, *Orde Wingate and the British Army, 1922–1944* (Londres: Routledge, 2010).

Anônimo, "Apocalypse Cow", *The New York Times*, 30 de março de 1997.

Anônimo, "Bible Prophecy and the Mid-East Crisis", *Moody Monthly* Vol. 68, No. 1 (julho/agosto de 1967): 22–24.

Anônimo, "Christian evangelicals from the US flock to Holy Land in Israeli tourism boom", *Independent*, 6 de abril de 2018.

Anônimo, "Doctor Claims World Will Upheave, Not End", *Pittsburgh Post-Gazette,* 17 de dezembro de 1954.

Anônimo, "Fisher Sees Stocks Permanently High", *The New York Times* 16 de outubro de 1929, 8.

Anônimo, "Former Ruler of Utilities Dies in France", *Berkeley Daily Gazette* 16 de julho de 1938.

Anônimo, "Hearings before a Subcommittee of the Committee on Banking and Currency of the United States Senate, Seventy-Second Congress on S. Res. 84 and S. Res. 239", 2170, http://www.senate.gov/artandhistory/history/common/ investigations/pdf/Pecora_EBrown_testimony.pdf.

Anônimo, "History and Timothy McVeigh", *The New York Times*, 11 de junho de 2011.

Anônimo, "Insull Drops Dead in a Paris Station", *The Montreal Gazette* Vol. 167, No. 170 (18 de julho de 1938): 9.

Anônimo, "Jacobellis v. Ohio", https://www.law.cornell.edu/supremecourt/text/378/184#ZC1-378_US_184fn2/2.

Anônimo, "William Martin", *Economist*, 6 de agosto de 1998.

Anônimo, "Recent Views of the Palestine Conflict", *Journal of Palestine Studies* Vol. 10, No. 3 (primavera de 1981): 175.

Anônimo, "Reveal Stock Pool Clears 5 Million in Week", *Chicago Tribune* Vol. 91, No. 121 (20 de maio de 1932): 1.

Anônimo, *Advent Herald*, Vol. 8, No. 3 (21 de agosto de 1844): 20.

Anônimo, *Bend Bulletin* (Oregon), 16 de julho de 1938, 1, 5.

Anônimo, "The Book of Tribulations and Portents of the Last Hour", https://sunnah.com/muslim/54/44, acessado em 6 de setembro de 2019.

362   Os Delírios das Multidões

Anônimo, *The Midnight Cry!*, Vol. 7, No. 17 (19 de outubro): 132 (cortesia da Biblioteca Digital Adventista).

Anônimo, "The Partisan Brain", *Economist* (7 de dezembro de 2018).

Anônimo, "The Revival of Slavery before the Hour", *Dabiq* Vol. 4 (Setembro de 2014): 17.

Anônimo, "The Secret History of the South Sea Scheme", in *A Collection of Several Pieces of Mr. John Toland* (Londres: J. Peele, 1726).

Anônimo, *The Signs of the Times* Vol. 6, No. 16 (23 de Junho de 1843): 123 (cortesia da Biblioteca Digital Adventista).

Anônimo, *The Signs of the Times* Vol. 6, No. 17 (13 de dezembro de 1843): 144.

Anônimo, *The South Sea Bubble* (Londres, Thomas Boys, 1825).

Applebome, Peter, "Jerry Falwell, Moral Majority Founder, Dies at 73", *The New York Times* (16 de maio de 2007), A1.

Archer, Henry, *The Personall Reign of Christ Vpon Earth*, Early English Books Online, http://eebo.chadwyck.com.

Arcuri, Luciano, Gün Semin, "Language Use in Intergroup Contexts: The Linguistic Intergroup Bias", *Journal of Personality and Social Psychology* Vol. 57, No. 6 (1989): 981–993.

Thomas Armitage, Thomas, *A History of Baptists* (Nova York: Bryan, Taylor, & Co.), 1887.

Arnold, Phillip "The Davidian Dilemma — To Obey God or Man? in James R. Lewis, Ed., *From the Ashes* (Lanham, MD: Rowman & Littlefield Publishers, Inc., 1994).

Arthur, Anthony, *The Tailor-King* (Nova York: Thomas Dunne Books, 1999).

Asch, Solomon E., "Studies of independence and conformity. A minority of one against a unanimous majority." *Psychological Monographs* Vol. 70, No. 9 (1956): 1–70. Veja também Asch, *Social Psychology* (Nova York: Prentice-Hall, 1952), 450–501.

Asness, Clifford, "Bubble Logic: Or, How to Learn to Stop Worrying and Love the Bull", working paper, https://ssrn.com/abstract=240371.

Aspray, William, et al., *Food in the Internet Age* (Nova York: Springer Science & Business Media, 2013).

Associated Press, "Davidian Compound Had Huge Weapon Cache, Ranger Says", *Los Angeles Times*, 7 de julho de 2000.

Auerbach, S., *Hebron Jews* (Plymouth, UK: Rowman & Littlefield Publishers, Inc., 2009).

Axtman, Chris, "How Enron awards do, or don't, trickle down", *Christian Science Monitor*, 20 de junho de 2005.

Bacon, Francis, *The New Organon* (Nova York: The Bobbs-Merrill Company, Inc., 1960).

Bagehot, Walter, *Lombard Street* (Nova York: Scribner, Armstrong & Co., 1873).

Balen, Malcolm, *The Secret History of the South Sea Bubble* (Nova York: HarperCollins, 2003).

Balmer, Randall, *Encyclopedia of Evangelism* (Waco, TX: Baylor University Press, 2004).

Banerjee, Neela, "Religion and Its Role Are in Dispute at the Service Academies, *The New York Times* (25 de Junho de 2008).

Bar-El, Yair, et al., "Jerusalem syndrome", *British Journal of Psychiatry* 176 (2000): 86–90.

Barrett, Richard, "Foreign Fighters in Syria", The Soufan Group, junho de 2014.

Barrionuevo, Alexi, "Did Ken Lay Demonstrate Credibility?" *The New York Times* 3 de maio de 2006.

Barton, Bruce, "Is There Anything Here that Other Men Couldn't Do?" *American Magazine* 95 (Fevereiro de 1923): 128.

Bates, Joseph, *The Biography of Elder Joseph Bates* (Battle Creek, MI: The Steam Press, 1868).

Baumeister, Roy F., et al., "Bad is Stronger than Good", *Review of General Psychology* Vol. 5, No. 4 (2001): 323–370.

BBC News, "Dabiq: Why is Syrian town so important for IS?" *BBC News* (4 de outubro de 2016), http://www.bbc.com/news/world-middle-east-30083303.

Bebbington, David W., *Evangelicalism in Modern Britain*, (Londres: Routledge, 1989).

Beck, Julie, "Vaccine Skepticism and 'Big Government,'" *The Atlantic* (17 de setembro de 2015).

Bell, Eric Temple, *The Magic of Numbers* (Nova York: Dover Publications, Inc., 1991). Belloc, Hilaire, *The Modern Traveler* (Londres: Edward Arnold, 1898).

Benaziz, Amar, and Nick Thompson, "Is ISIS leader Abu Bakr Baghdadi's bling timepiece a Rolex or an 'Islamic watch'?" CNN, 10 de julho de 2014, http://www .cnn.com/2014/07/10/world/meast/iraq-baghdadi-watch/index.html.

Bergman, Ronen, *Rise and Kill First* (Nova York: Random House, 2018).

Berle, Adolph A. Jr., e Gardiner C. Means, *The Modern Corporation and Private Property* (Nova York: The Macmillan Company, 1948).

Berlin, Isaiah, *The Proper Study of Mankind* (Nova York: Farrar, Strauss, and Giroux, 1998).

Berners-Lee, Tim, *Weaving the Web* (San Francisco: HarperSanFrancisco, 1999).

Berns, Gregory S., et al., "Predictability Modulates Human Brain Response to Reward", *The Journal of Neuroscience* Vol. 21, No. 8 (15 abril de 2001): 2793–2798.

Bernstein, William J., "The Market Villain: It's Not Your Uncle", *The Wall Street Journal*, 19 abril de 2000.

Bernstein, William J., *Masters of the Word* (Nova York: Grove/Atlantic Press, 2013).

Bernstein, William J., *The Birth of Plenty* (Nova York: McGraw-Hill Inc., 2004).

Bernstein, William J., *The Four Pillars of Investing* (Nova York: McGraw-Hill Inc., 2002).

Bernstein, William J., *The Intelligent Asset Allocator* (Nova York: McGraw-Hill Inc., 2000).

Bersaglieri, Todd, et al., "Genetic Signatures of Strong Recent Positive Selection at the Lactase Gene", *American Journal of Human Genetics* Vol. 74, No. 6 (abril de 2004): 1111–1120.

Bigler, Rebecca S., et al., "When Groups Are Not Created Equal: Effects of Group Status on the Formation of Intergroup Attitudes in Children", *Child Development* 72, no. 4 (julho/agosto de 2001): 1151–1162.

Blackstone, William E., *Jesus is Coming* (Chicago: The Moody Bible Institute, 1916).

Blair, Bruce, *Frontline* interview, https://www.pbs.org/wgbh/pages/frontline/shows/ russia/interviews/blair.html.

Blair, Bruce, *The Logic of Accidental Nuclear War* (Washington, D.C.: The Brookings Institution, 1993).

Blau, Benjamin M., et al., "Gambling Preferences, Options Markets, and Volatility", *Journal of Quantitative and Financial Analysis* Vol. 51, No. 2 (abril de 2016): 515–540.

Blickle, Peter, Thomas A. Brady, Jr. and H.C. Erik Midelfort, trans., *The Revolution of 1525* (Baltimore: The Johns Hopkins University Press, 1981).

Bliss, Sylvester, *Memoirs of William Miller* (Boston: Joshua V. Himes, 1853).

Block, Brian P., and John Hostettler, *Hanging in the Balance* (Sherfield Gables, UK: Waterside Press, 1997).

Blum, Ben, "The Lifespan of a Lie", https://medium.com/s/trustissues/the-lifespan -of-a-lie-d869212b1f62.

Boutelle, Louis, *Sketch of the Life and Religious Experience of Eld. Louis Boutelle* (Boston: Advent Christian Publication Society, 1891).

Boyd, Robert, and Peter J. Richerson, "Culture and the evolution of human cooperation", *Philosophical Transactions of the Royal Society*, Vol. 364, No. 1533 (12 de novembro de 2009): 3281–3288.

Boyer, Paul, "America's Doom Industry", https://www.pbs.org/wgbh/pages/frontline/ shows/apocalypse/explanation/doomindustry.html.

Boyer, Paul, *When Time Shall Be No More* (Cambridge, MA: The Harvard/Belknap Press, 1992).

Bradford, R.W., "Who Started the Fires? Mass Murder, American Style", e "Fanning the Flames of Suspicion: The Case Against Mass Suicide at Waco", in *Armageddon in Waco* (Chicago: University of Chicago Press, 1995).

Breiter, Hans C., and Bruce R. Rosen, "Functional Magnetic Resonance Imaging of the Brain

364 Os Delírios das Multidões

Reward Circuitry in the Human", *Annals of the New York Academy of Sciences* Vol. 877, No. 1 (6 de fevereiro de 2006): 523–547.

Bromley, Edward D., and Edward G. Silver, "The Davidian Tradition", in Stuart A. Wright, *Armageddon at Waco* (Chicago: University of Chicago Press, 1995).

Brown, Ira V., "The Millerites and the Boston Press", *The New England Quarterly* Vol. 16, No. 4 (dezembro de 1943): 599.

Bryan-Low, Cassel, and Suzanne McGee, "Enron Short Seller Detected Red Flags in Regulatory Filings", *The Wall Street Journal*, 5 novembro de 2001.

Bryce, Robert, "Flying High", *Boston Globe Magazine*, 29 de setembro de 2002.

Bunzel, Cole, *From Paper State to Caliphate: The Ideology of the Islamic State* (Washington, D.C.: Center for Middle East Policy at Brookings, 2015).

Bunzel, Cole, "The Caliphate's Scholar-in-Arms", http://www.jihadica.com/the-caliphate%E2%80%99s-scholar-in-arms/, acessado em 10 de Junho de 2018.

Burke, Jason, "Rise and fall of Isis: its dream of a caliphate is over, so what now?" *The Guardian*, 21 de outubro de 2018, https://www.theguardian.com/world/2017/oct/21/isis-caliphate-islamic-state-raqqa-iraq-islamist.

Burr, William, and Thomas S. Blanton, "The Submarines of October, National Security Archive (31 de outubro de 2002), https://www.webcitation.org/67Zh0rqhC?url=http://www.gwu.edu/%7Ensarchiv/NSAEBB/NSAEBB75/.

Burroughs, Joseph Birkbeck, *Titan, Son of Saturn* (Oberlin, OH: The Emeth Publishers, 1905).

Burton, Jonathan, "From Fame, Fortune to Flamed-Out Star", *The Wall Street Journal* Março 10, 2010.

Jonathan M. Butler, Jonathan M., and Ronald L. Numbers, Introduction, in Ronald L. Numbers and Jonathan M. Butler, Eds., *The Disappointed* (Bloomington e Indianapolis: Indiana University Press, 1987).

Callimachi, Rukmimi, and Eric Schmitt, "ISIS Names New Leader and Confirms al-Baghdadi's Death", *The New York Times*, 31 de outubro de 2019.

Campbell-Meiklejohn, Daniel K., et al., "How the Opinion of Others Affects Our Valuation of Objects", *Current Biology* Vol. 20, No. 13 (13 de julho de 2010): 1165–1170.

Cannon, Lou, *President Reagan: The Role of a Lifetime* (Nova York: Simon & Schuster, 1991.

Capp, B.S., *The Fifth Monarchy Men* (Londres: Faber and Faber, 1972).

Carhart, Mark M., "On Persistence in Mutual Fund Performance", *Journal of Finance* Vol. 52, No. 1 (março de 1997): 57–82.

Carswell, John, *The South Sea Bubble* (Gloucestershire, UK: Sutton Publishing, Ltd., 2001).

Cassidy, John, *dot-con* (Nova York: Penguin Press, 2002).

Chancellor, Edward, *Devil Take the Hindmost* (Nova York: Plume, 2000).

Cetorelli, Valeria, "Mortality and kidnapping estimates for the Yazidi population in the area of Mount Sinjar, Iraq, in August 2014: A retrospective household survey", *PLOS Medicine* 9 de maio de 2017, https://doi.org/10.1371/journal.pmed.1002297.

Charles, R.H., *Lectures on the Apocalypse* (Londres: Humphrey Milford, Oxford University Press, 1922).

Cheng, Jonathan, "A Barber Misses Market's New Buzz", *The Wall Street Journal*, 8 de março de 2013.

Chibi, Allan, *The Wheat and the Tares* (Eugene, OR: Pickwick Publications, 2015).

Christiansen, Paul, *Orchestrating Public Opinion* (Amsterdam: Amsterdam University Press, 2018).

Chulov, Martin, "ISIS: the inside story", *The Guardian*, 11 de dezembro de 2014,

Church, Philip A.F., "Dispensational Christian Zionism: A Strange but Acceptable Aberration of Deviant Heresy?" *Westminster Theological Journal* Vol. 71 (2009): 375–398.

Clapham, J. H., *An Economic History of Modern Britain: The Early Railway Age 1820–1850* (Cambridge: Cambridge University Press, 1939).

Clark, Jim, *Netscape Time* (Nova York: St. Martin's Press, 1999).

Cohen, Yoel, "The Political Role of the Israeli Chief Rabbinate in the Temple Mount Question", *Jewish Political Studies Review* Vol. 11, No. 1 (Primavera de 1999): 101–105.

Cohn, Norman, *Cosmos, Chaos, and the World to Come* (New Haven, CT: Yale University Press, 1995).

Cohn, Norman, *The Pursuit of the Millennium* (Nova York: Oxford University Press, 1970).

Coleman, Calmetta Y., "Beardstown Ladies Add Disclaimer That Makes Returns Look 'Hooey,'" *The Wall Street Journal*, 27 de fevereiro de 1998.

Coll, Steve, *The Bin Ladens* (Nova York: The Penguin Press, 2008).

Collins, John J., *The Apocalyptic Imagination* (Grand Rapids, MI: William B. Erdmans Publishing Company, 1988).

Condorelli, Stefano, "The 1719 stock euphoria: a pan-European perspective", working paper, 2016, https://mpra.ub.uni-muenchen.de/68652/, acesso em 27 de abril de 2016.

Cook, David, "Abu Musa'b al-Suri and Abu Musa'b al-Zarqawi: The Apocalyptic Theorist and the Apocalyptic Practitioner", material de trabalho particular, citado com permissão do autor.

Cook, David, "Fighting to Create a Just State: Apocalypticism in Radical Muslim Discourse", in David Cook, Ed., *Contemporary Muslim Apocalyptic Literature* (Syracuse, NY: Syracuse University Press, 2008).

Cook, David, *Studies in Muslim Apocalyptic* (Princeton, NJ: The Darwin Press, Inc., 2002).

Cook, John, and Marni Leff, "Webvan is gone, but HomeGrocer.com may return", *Seattle Post-Intelligencer*, 9 de julho de 2001.

Cornwall, Marie, "The Determinants of Religious Behavior: A Theoretical Model and Empirical Test", *Social Forces* Vol. 66, No. 2 (dezembro de 1989): 572–592.

Cosmides, Leda e John Tooby, "Cognitive Adaptations for Social Exchange", in Jerome H. Barkow et al., *The Adapted Mind* (Nova York: Oxford University Press, 1992), 180–206.

Court, John M., *Myth and History in the Book of Revelation* (Atlanta, GA: John Knox Press, 1979).

Cowie, Ian, "Oriental risks and rewards for optimistic occidentals, *The Daily Telegraph* 7 de agosto de 2004.

Cross, Whitney R., *The Burned-over District* (Nova York: Harper Torchbooks, 1950). Crowquill, Alfred, "Railway Mania", *The Illustrated London News*, 1º novembro de 1845.

Crowther, Samuel, "Everybody Ought to Be Rich: An Interview with John J. Raskob", *Ladies' Home Journal*, 19 de agosto de 1929, reimpresso em David M.P. Freund, *The Modern American Metropolis* (Nova York: Wiley-Blackwell, 2015), 157–159.

Cuevas, John, *Cat Island* (Jefferson, NC: McFarland & Company, Inc., 2011).

Cumming-Bruce, Nick, "ISIS Committed Genocide Against Yazidis in Syria and Iraq, U.N. Panel Says", *The New York Times*, 16 de junho de 2018.

Curran, James, et al., "Media System, Public Knowledge and Democracy: A Comparative Study", *European Journal of Communications* Vol. 14, No. 1 (2009): 5–26.

Cuomo, Joe, "Joe Cuomo and the Prophecy of Armageddon", 1984 WBAI-FM gravação em fita cassete.

Dabiq, "The Return of the Khilafah", https://jihadology.net/2016/07/31/new-issue -of-the-islamic-states-magazine-dabiq-15/.

Dale, Richard, *The First Crash* (Princeton: Princeton University Press, 2014).

Davenport, Richard Alfred, *Sketches of Imposture, Deception, and Credulity* (Londres: Thomas Tegg and Son, 1837).

Dawkins, Richard, *The Selfish Gene* (Nova York: Oxford University Press, 2009).

Dayan, Moshe, *Story of My Life* (Nova York: William Morrow and Company, Inc., 1976).

De Baviére, *Letters of Madame Charlotte Elizabeth de Baviére, Duchess of Orleans,* ii274, https://archive.org/stream/lettersofmadamec02orluoft/lettersofmadamec02orluoft_djvu.txt

Dejevsky, Mary, "Totally Bananas", *The Independent*, 9 novembro de 1999.

366 Os Delírios das Multidões

De Long, J. Bradford, and Andrei Schleifer, "The Stock Market Bubble of 1929: Evidence from Closed-end Mutual Funds", *The Journal of Economic History* Vol. 51, No. 3 (setembro de 1991): 675–300.

The Department of the Treasury, "Report of the Department of the Treasury on the Bureau of Tobacco, Alcohol, and Firearms investigation of Vernon Wayne Howell, also known as David Koresh", setembro de 1993, 95–100, disponível em https:// archive.org/stream/reportofdepartme00unit/reportofdepartme00unit_djvu.txt.

Dick, Everett N., "Advent Camp Meetings of the 1840s", *Adventist Heritage* Vol. 4, No. 2 (Inverno, 1977): 5.

Dick, Everett N., *William Miller and the Advent Crisis 1831–1844* (Berrien Springs MI: Andrews University Press, 1994).

Dickinson, Emily, (Mabel Loomis Todd and T.W. Higginson, Eds.), *The Poems of Emily Dickinson* (Raleigh, NC: Hayes Barton Press, 2007).

Di Giovanni, Janine, "The Militias of Baghdad", *Newsweek*, 26 novembro de 2014.

Di Giovanni, Janine, "Who is ISIS Leader Abu Bakr Baghdadi?" *Newsweek*, 8 de dezembro de 2014.

Dimock, Michael, and Samuel L. Popkin, "Political Knowledge in Comparative Perspective", in Shanto Iyengar and Richard Reeves, Eds., *Do The Media Govern?* (Thousand Oaks, CA: Sage Publications, 1997).

Doan, Ruth Alden, *The Miller Heresy, Millerism, and American Culture* (Philadelphia: Temple University Press, 1987).

Dougherty, Philip H., "Advertising; Who Bought Time on 'The Day After'", *The New York Times*, 22 novembro de 1983.

Easton, Thomas, and Scott Wooley, "The $20 Billion Crumb", *Forbes* 19 de abril de 1999.

Edwards, I.E.S, Ed., *The Cambridge Ancient History* 3rd Ed. (Cambridge UK: University Press, 1975).

Eichengreen, Barry, *Golden Fetters* (Oxford: Oxford University Press, 1995).

Eisenstein, Elizabeth, *The Printing Press as an Agent of Change* (Cambridge: Cambridge University Press, 1979).

Eliade, Mircea, Willard R. Trask, Trans., *Cosmos and History* (Nova York: Harper Torchbooks, 1959).

Elkind, Peter, et al., "The Trouble With Frank Quattrone was the top investment banker in Silicon Valley. Now his firm is exhibit A in a probe of shady IPO deals", *Fortune*, 3 de setembro de 2001.

Ellison, Christopher G., e John P. Bartkowski, "Babies Were Being Beaten", in Stuart A. Wright, *Armageddon in Waco* (Chicago: University of Chicago Press, 1995).

Ellsberg, Daniel, *The Doomsday Machine* (Nova York: Bloomsbury, 2017).

Emshwiller, John R., e Rebecca Smith, "Murky Waters: A Primer On the Enron Partnerships", *The Wall Street Journal*, 21 janeiro de 2001.

England, Mark, "9-1-1 records panic, horror", *Waco Tribune-Herald*, 10 de Junho de 1993.

England, Mark, and Darlene McCormick, "The Sinful Messiah: Part One", *Waco Tribune-Herald*, 27 de Fevereiro de 1993.

Ennis, Thomas W., "E. Schuyler English, Biblical Scholar, 81", *The New York Times*, 18 de Março de 1981.

Bruce Evensen, Bruce, "Robertson`s Credibility Problem", *Chicago Tribune*, 23 de Fevereiro de 1988.

Evans, Clark, Ed., *The Internal Debts of the United States* (Nova York: The Macmillan Company, 1933).

Federal Bureau of Investigation, "The Megiddo Project", 20 de outubro de 1999, 28–29, disponível em http://www.cesnur.org/testi/FBI_004.htm.

Festinger, Leon, et al., *When Prophecy Fails* (Nova York: Harper Torchbooks, 1956).

Filiu, Jean-Pierre, M.B. Devoise, trans., *Apocalypse in Islam* (Berkeley, CA: University of California Press, 2011).

Filkins, Dexter, et. al., "How Surveillance and Betrayal Led to a Hunt's End", *The New York Times*, 9 de junho de 2006.

Fisher, Irving, *The Theory of Interest* (Nova York: The Macmillan Company, 1930).

Fishman, Hertzel, *American Protestantism and a Jewish State* (Detroit: Wayne State University Press, 1973).

Fitzgerald, F. Scott, "The Crack-Up", *Esquire* (fevereiro de 1936), http://www.pbs.org/ wnet/ americanmasters/f-scott-fitzgerald-essay-the-crack-up/1028/, acessado em 5/3/2016.

Forbes, Bruce David., "How Popular are the Left Behind Books … and Why?" in Jeanne Halgren Kilde and Bruce David Forbes, Eds., *Rapture, Revelation, and The End Times* (Nova York: Palgrave Macmillan, 2004).

Forster, John, *The Life of Charles Dickens* (Londres: Clapman and Hall, 1890).

Foster, Kevin R., and Hanna Kokko, "The Evolution of Superstitions and Superstitionlike Behaviour", *Proceedings of the Biological Sciences* Vol. 276, No. 1654 (7 de janeiro de 2009): 31–37.

Francis, John, *A History of the English Railway* (Londres: Longman, Brown, Green, & Longmans, 1851).

Frederick, Shane, "Cognitive Reflection and Decision Making", *Journal of Economic Perspectives* Vol. 19, No. 4 (outono de 2005): 25–42.

Friend, Ronald, et al., "A puzzling misinterpretation of the Asch 'conformity' study", *European Journal of Social Psychology* Vol. 20 (1990): 29–44.

Friesen, Abraham, *Thomas Muentzer, a Destroyer of the Godless* (Berkeley: University of California Press, 1990).

Froom, Leroy Edwin, *The Prophetic Faith of our Fathers* (Washington, DC: Review and Herald, 1946).

Fryckholm, Amy Johnson, *Rapture Culture* (Oxford: Oxford University Press, 2004).

Galbraith, John Kenneth, *A Short History of Financial Euphoria* (Knoxville, TN Whittle Direct Books, 1990).

Galbraith, John Kenneth, *The Great Crash 1929* (Boston: Houghton Mifflin Company, 1988).

Galton, Francis, "The Ballot-Box", *Nature* Vol. 75, No. 1952 (28 de Março de 1907): 509. Galton, Francis, "Vox Populi" *Nature* Vol. 75, No. 1949 (7 de Março de 1907): 450–451, e Galton, Letters to the Editor, *Nature* Vol. 75, No. 1952 (28 de Março de 1907): 509–510.

Gardner, Dan, e Philip Tetlock, "What's Wrong with Expert Predictions", https://www.cato-unbound.org/2011/07/11/dan-gardner-philip-tetlock/ overcoming-our-aversion-acknowledging-our-ignorance.

Gardner, Martin, *Fads and Fallacies in the Name of Science* (Nova York; Dover Publications, 1957).

Garrison, William Lloyd, Walter M. Merrill, Ed., *The Letters of William Lloyd Garrison* (Cambridge, MA: The Bellknap Press of Harvard University Press, 1973). Gates, David, "The Pop Prophets", *Newsweek*, 24 de maio de 2004, 48.

Gates, Robert M., *From the Shadows* (Nova York: Simon & Schuster Paperbacks, 1996).

Gelertner, David, "A Religion of Special Effects", *The New York Times*, 30 de março de 1997.

Gerolymatos, André, *Castles Made of Sand* (Nova York: Thomas Dunne Press, 2010).

Gerrig, Richard J., *Experiencing Narrative Worlds* (New Haven, CT: Yale University Press, 1993).

Gibbs, Nancy, "Apocalypse Now", *Time* Vol. 160, No. 1, (1º de julho de 2002): 47.

Gilbert, Martin, *Winston S. Churchill* (Boston: Houghton Mifflin Company, 1977). Gilder, George, "The Faith of a Futurist", *The Wall Street Journal*, 1 de janeiro de 2000.

368   Os Delírios das Multidões

Gilovich, Thomas, "Biased Evaluation and Persistence in Gambling", *Journal of Personality and Social Psychology* Vol. 44, No. 6 (Junho de 1983): 1110–1126.

Gladwell, Malcolm, *David and Goliath* (Nova York: Little, Brown and Company, 2013).

Glassman, James K., "Is Government Strangling the New Economy?" *The Wall Street Journal*, 6 de abril de 2000.

Glassman, James K., e Kevin A. Hassett, *Dow 36,000* (Nova York: Times Business, 1999).

Goldgar, Ann, *Tulipmania* (Chicago: University of Chicago Press, 2007).

Gonen, Rivka, *Contested Holiness* (Jersey City, KTAV Publishing House, 2003).

Gongloff, Mark, "Where Are They Now: The Beardstown Ladies", *The Wall Street Journal*, 1° de maio de 2006.

Goodstein, Laurie, "Air Force Chaplain Tells of Academy Proselytizing", *The New York Times*, 12 de maio de 2005.

Gordon, Keith, "The End of (the Other Side of) the World: Apocalyptic Belief in the Australian Political Structure", *Intersections* Vol. 10, No. 1 (2009): 609–645.

Gorenberg, Gershom, *The End of Days* (Nova York: The Free Press, 2000).

Graeber, David, *Debt* (Nova York: Melville House, 2012).

Graham, Benjamin, and David Dodd, *Security Analysis* (Nova York: Whittlesey House, 1934).

Graham, John R. e Campbell R. Harvey, "Grading the Performance of Market Timing Newsletters", *Financial Analysts Journal* Vol. 53, No. 6 (novembro/dezembro de 1997): 54–66.

Graham, Stephen R., "Hal Lindsey", in Charles H. Lippy, Ed., *Twentieth-Century Shapers of American Popular Religion* (Nova York: Greenwood Press, 1989).

Graves, Richard Hastings, *The Whole Works of Richard Graves, D.D.* (Dublin: William Curry, Jun. and Company, 1840).

Green, Melanie C., and Timothy C. Brock, "The Role of Transportation in the Persuasiveness of Public Narratives", *Journal of Personality and Social Psychology* Vol. 79, No. 5 (2000): 701–721.

Greenblatt, Joel, and Barry Ritholtz, *Masters in Business*, 20 de abril de 2018, https://assets.bwbx.io/av/users/iqjWHBFdfxIU/vcNFFMk_gBGg/v2.mp3.

Gribben, Crawford, *Evangelical Millennialism in the Trans-Atlantic World, 1500–2000* (Nova York: Palgrave Macmillan, 2011).

Gribben, Crawford, *Writing the Rapture* (Oxford: Oxford University Press, 2009).

Gullapalli, Diya, "Van Wagoner to Step Down As Manager of Growth Fund", *The Wall Street Journal*, 4 de agosto de 2008.

Haag, Matthew, "Robert Jeffress, Pastor Who Said Jews Are Going to Hell, Led Prayer at Jerusalem Embassy", *The New York Times*, 14 de maio de 2018.

Halberstam, David, *The Best and the Brightest* (Nova York: Random House, 1972).

Hall, Carla, et al, "The Night of 'The Day After,'" *The Washington Post*, 21 novembro de 1983.

Hamilton, W.D., "The Genetical Evolution of Social Behaviour I", *Journal of Theoretical Biology* Vol. 7, No. 1 (julho de 1964): 1–16, and Part II, 17–52.

Haney, C., et al., "Interpersonal Dynamics in a Simulated Prison", *International Journal of Criminology and Penology*, Vol. 1 (1973): 69–97.

Harding, Susan Friend, *The Book of Falwell* (Princeton, NJ: Princeton University Press, 2000).

Harrell, David Edwin Jr., *Pat Robertson* (Grand Rapids, MI: William B. Eerdmans Publishing Company, 2010).

Harrison, Paul, "Rational Equity Valuation at the Time of the South Sea Bubble", *History of Political Economy* Vol. 33, No. 2 (verão de 2001): 269–281.

Hashimi, Sohail H., Ed., *Just Wars, Holy Wars, and Jihads* (Oxford: Oxford University Press, 2012).

Heider, Fritz "Attitudes and Cognitive Organization", *The Journal of Psychology* Vol. 21 (1946): 107–112.

John Herapath, *The Railway Magazine* (Londres: Wyld and Son, 1836).

Herbers, John, "Religious Leaders Tell of Worry on Armageddon View Ascribed to Reagan", *The New York Times* (21 de outubro de 1984), 32.

Heresco, Aaron, *Shaping the Market: CNBC and the Discourses of Financialization* (Ph.D. Thesis, Pennsylvania State University, 2014).

Herodotus, *The Histories* (Baltimore, MD: Penguin Books, 1954).

Herzog, Chaim, *The Arab-Israeli Wars* (Nova York: Random House, 1982).

Hesiod, *Works and Days* http://www.theoi.com/Text/HesiodWorksDays.html.

Hetzel, Robert L., *The Monetary Policy of the Federal Reserve* (Nova York: Cambridge University Press, 2008).

Heukelom, Floris, "Measurement and Decision Making at the University of Michigan in the 1950s and 1960s", Nijmegen Center for Economics, Institute for Management Research, Radboud University Nijmegen, 2009, http://www.ru.nl/publish/ pages/516298/nice_09102.pdf.

Himes, Joshua V., Ed., *Miller's Works*, http://centrowhite.org.br/files/ebooks/apl/all/ Miller/ Miller%27s%20Works.%20Volume%201.%20Views%20of%20the%20 Prophecies%20and%20 Prophetic%20Chronology.pdf.

Himes, Joshua V., *The Midnight Cry!* Vol. 6, No. 13 (11 de abril de 1844), 305 (cortesia da Biblioteca Digital Adventista).

Himes, Joshua V., *Views of the Prophecies and Prophetic Chronologies, Selected from Manuscripts of William Miller* (Boston: Josuhua V. Himes, 1842).

Himmelstein, Linda, "Can You Sell Groceries Like Books?" Bloomberg News, 25 de julho de 1999, http://www.bloomberg.com/news/articles/1999-07-25/ can-you-sell-groceries-like-books.

Hitchens, Christopher, *God is Not Great* (Nova York: Hachette Group, 2007).

Homer, Sidney, e Richard Sylla, *A History of Interest Rates, 4th Ed.* (Hoboken, NJ: John Wiley & Sons, 2005).

"H.R.K.", *Life in the Future*, manuscrito não publicado, cortesia de Crawford Gribben.

Huertas, Thomas F., and Joan L. Silverman, "Charles E. Mitchell: Scapegoat of the Crash?" *The Business History Review* Vol. 60, No. 1 (primavera de 1986): 81–103.

Hull, David L., *Science and Selection* (Cambridge UK: Cambridge University Press, 2001).

Hullinger, Jerry M., "The Problem of Animal Sacrifices in Ezekiel 40–48", *Bibliotheca Sacra* Vol. 152 (julho–setembro de 1995): 279–289.

Huntington, Samuel P., *The Clash of Civilizations and the Remaking of the World Order* (Nova York: Simon & Shuster, 1996).

Hyde, Montgomery, *John Law* (Londres: W. H. Allen, 1969).

Ilmanen, Antti, "Do Financial Markets Reward Buying or Selling Insurance and Lottery Tickets?" *Financial Analysts Journal* Vol. 68, No. 5 (setembro/outubro, 2012): 26–36

Ipsos Global Advisor, "Mayan Prophecy: The End of the World?" https://www.ipsos.com/sites/ default/files/news_and_polls/2012-05/5610-ppt.pdf.

Izuma, Keise, and Ralph Adolphs, "Social Manipulation of Preference in the Human Brain", *Neuron* Vol. 78 (8 de maio de 2013): 563–573.

Jenkins, Philip, *Moral Panic* (New Haven, CT: Yale University Press, 1998).

Jenkins, Philip, and Daniel Maier-Katkin, "Satanism: Myth and reality in a contemporary moral panic", *Crime, Law and Social Change* Vol. 17 (1992): 53–75.

Jensen, Michael C., "The Performance of Mutual Funds in the Period 1945–64", *Journal of Finance* Vol. 23, No.2 (maio de 1968): 389–416.

Johnson, H. Clark, *Gold, France, and the Great Depression, 1919-1932* (New Haven, CT: Yale University Press, 1997).

Johnson, Paul, *A History of the Jews* (Nova York: HarperPerennial, 1987).

Johnson, Paul, *The Birth of the Modern* (Nova York: HarperCollins, 1991).

Jones, Julie Scott, *Being the Chosen: Exploring a Christian Fundamentalist Worldview* (Londres: Routledge, 2010).

370 Os Delírios das Multidões

Jürgen-Goertz, Hans, Jocelyn Jaquiery trans., *Thomas Müntzer* (Edinburgh: T&T Clark, 1993).

Kadlec, Charles W., *Dow 100,000* (Upper Saddle River, NJ: Prentice Hall Press, 1999).

Kahneman, Daniel, *Thinking, Fast and Slow* (Nova York: Farrar, Straus and Giroux, 2013).

Kahneman, Daniel, and Amos Tversky, "Intuitive Prediction: Biases and Corrective Procedures", (*Advances in Decision Technology*, Defense Advanced Research Projects Agency, 1977).

Kahneman, Daniel, and Amos Tversky, "On the Psychology of Prediction", *Psychological Review* Vol. 80, No. 4 (Julho de 1973): 237–251.

Kahneman, Daniel, and Amos Tversky, "On the study of statistical intuitions", *Cognition* Vol. 11 (1982): 123–141.

Kahneman, Daniel, and Amos Tversky, "Subjective Probability: A Judgment of Representativeness", *Cognitive Psychology* Vol. 3 (1972): 430–454.

Kaminker, Mendy, "Meet the Red Heifer", http://www.chabad.org/parshah/article_cdo/aid/2620682/jewish/Meet-the-Red-Heifer.htm.

Karlgaard, Richard, "The Ghost of Netscape", *The Wall Street Journal*, 9 de agosto de 2005, A10.

Karniouchina, Ekaterina V., et al., "Impact of *Mad Money* Stock Recommendations: Merging Financial and Marketing Perspectives", *Journal of Marketing* Vol. 73 (novembro de 2009): 266–246.

Karouny, Miriam, "Apocalyptic prophecies drive both sides to Syrian battle for end of time", Reuters, 1º de abril de 2014, https://www.reuters.com/article/us-syria-crisis -prophecy-insight/apocalyptic-prophecies-drive-both-sides-to-syrian-battle -for-end-of-time-idUSBREA3013420140401.

Koresh, David, uncompleted manuscript, https://digital.library.txstate.edu/bitstream/handle/10877/1839/375.pdf?sequence=1&isAllowed=y.

Kaufman, Gordon D., "Nuclear Eschatology and the Study of Religion", *Journal of the American Academy of Religion* Vol. 51, No. 1 (março de 1983): 3–14.

Kechichian, Joseph A., "Islamic Revivalism and Change in Saudi Arabia: Juhaymān Al'Utaybī's "Letters" to the Saudi People, *The Muslim World* Vol. 80, No. 1 (janeiro de 1990): 9–15.

Kellner, Mark A., "John F. Walvoord, 92, longtime Dallas President, dies", *Christianity Today*, Vol. 47, No. 2 (Fevereiro de 2003): 27.

Kelly, Dean M., "The Implosion of Mt. Carmel and Its Aftermath", in Stuart A. Wright, *Armageddon in Waco*, 360–361.

Kelly, William, Ed., *The Collected Writings of John Nelson Darby* (Londres: G. Morrish, 1867–1900).

Kennedy, Susan Estabrook, *The Banking Crisis of 1933* (Lexington KY: The University Press of Kentucky, 1973).

Kestenbaum, David, "What's a Bubble?" http://www.npr.org/sections/money/2013/11/15/245251539/whats-a-bubble,

Kestenberg-Gladstein, Ruth, "The 'Third Reich': A fifteenth-century polemic against Joachim, and its background", *Journal of the Warburg and Courtauld Institutes* Vol. 18, No. 3/4 (junho –dezembro de 1955): 245–295.

Keynes, John Maynard, *A Tract on Monetary Reform* (Londres: Macmillan and Co., Limited, 1924).

Kimmage, David, and Kathleen Ridolfo, *Iraqi Insurgent Media* (Washington, DC: Radio Free Europe/Radio Liberty, 2007).

Kindleberger, Charles P., *Manias, Panics, and Crashes* (Nova York: John Wiley & Sons, 2000).

King, Wayne, "Robertson, Displaying Mail, Says He Will Join '88 Race", *The New York Times*, 16 de Setembro de 1987, D30.

Kirban, Salem, *666* (Wheaton, IL: Tyndale House Publishers, 1970).

Kirkland, Frazar, *Cyclopedia of Commercial and Business Anecdotes* (Nova York: D. Appleton and Company, 1868).

Kirkpatrick, David D., "A best-selling formula in religious thrillers", *The New York Times* (11 de fevereiro de 2002), C2.

Kirsch, Jonathan, "Hal Lindsey", *Publishers Weekly*, 14 de Março de 1977, 30–32.

Klötzer, Ralf, "The Melchoirites and Münster", in John D. Roth and James M. Stayer,Eds., *A Companion to Anabaptism and Spiritualism, 1521–1700* (Leiden: Brill, 2007).

Knight, George R., *Millennial Fever* (Boise, ID: Pacific Press Publishing Association, 1993).

Kohut, Andrew, et al., *Eight Nation, People & The Press Survey* (Washington, DC: Times Mirror Center for People & The Press, 1994).

Kristof, Nicholas D., "Apocalypse (Almost) Now", *The New York Times*, 24 novembro de 2004), A23.

Krugman, Paul, "Baby Sitting the Economy", http://www.pkarchive.org/theory/baby.html.

Kurtz, Howard, *The Fortune Tellers* (Nova York: The Free Press, 2000).

Kyle, Richard, *Apocalyptic Fever* (Eugene, OR: Cascade Books, 2012), https://www.youtube.com/watch?v=W0hWAxJ3_Js.

Lacey, Robert, *Inside the Kingdom* (Nova York: Viking Press, 2009), 15–16.

LaHaye, Tim, and Jerry B. Jenkins, *Left Behind* (Wheaton, IL: Tyndale House Publishers, 1995).

LaHaye, Tim, Jerry B. Jenkins, e Sandi L. Swanson, *The Authorized Left Behind Handbook* (Wheaton, IL: Tyndale House Publishers, 2005).

Lahoud, Nelly, and Jonathan Pieslak, "Music of the Islamic State", *Survival* Vol. 61, No. 1 (2018): 153–168.

Lambert, Richard S., *The Railway King* (Londres: George Allen & Unwin Ltd., 1964).

Landman, Isaac, Ed., *The Universal Jewish Encyclopedia* (Nova York: Universal Jewish Encyclopedia, Inc., 1940).

Larsen, Stephen, *The Fundamentalist Mind* (Wheaton IL: Quest Books, 2014).

Larson, Edward J., e Larry Witham, "Leading scientists still reject God", *Nature* Vol. 344, No. 6691 (23 julho de 1998): 313.

Laurent, Lionel, "What Bitcoin Is Really Worth May No Longer Be Such a Mystery", https://www.bloomberg.com/news/features/2018-04-19/what-bitcoin-is-really-worth-may-no-longer-be-such-a-mystery.

Law, John, *Essay on a Land Bank*, Antoin E. Murphy, Ed. (Dublin: Aeon Publishing, 1994).

Law, John, *Money and Trade Considered* (Londres: R. & A. Foulis, 1750).

LeDoux, J.E., "The lateral amygdaloid nucleus: sensory interface of the amygdala in fear conditioning", *The Journal of Neuroscience* Vol. 10, No. 4 (abril de 1990): 1062–1069.

Lee, William, *Daniel Defoe: His Life, and Recently Discovered Writings* (Londres: John Camden Hotten, Piccadilly, 1869).

Lettow, Paul, *Ronald Reagan and His Quest to Abolish Nuclear Weapons* (Nova York: Random House, 2005).

Leuba, James H., *The Belief in God and Immortality* (Chicago: The Open Court Publishing Company, 1921).

Lewis, Clayton H., and John R. Anderson, "Interference with Real World Knowledge", *Cognitive Psychology* Vol. 8 (1976): 311–335.

Lewis, James, R., "Showdown at the Waco Corral: ATF Cowboys Shoot Themselves in the Foot", and Stuart A. Wright, "Misguided Tactics Contributed to Apocalypse in Waco", in *Armageddon in Waco* (Chicago: University of Chicago Press, 1995), 87–98.

Lilliston, Lawrence, "Who Committed Child Abuse at Waco", in James R. Lewis, Ed., *From the Ashes* (Lanham, MD: Rowman & Littlefield Publishers, Inc., 1994).

Lincoln, Bruce, *Holy Terrors, 2nd Ed.,* (Chicago IL: University of Chicago Press, 2006).

Lind, Michael, *Up from Conservatism* (Nova York: Free Press Paperbacks, 1999).

Lindsey, Hal, and Cliff Ford, *Facing Millennial Midnight* (Beverly Hills, CA: Western Front, Ltd., 1998).

372 Os Delírios das Multidões

Lindsey, Hal, *Planet Earth — 2000 A.D.* (Palos Verdes, CA: Western Front, Ltd., 1996).

Lindsey, Hal, *The 1980's: Countdown to Armageddon*, (Nova York: Bantam Books, 1981).

Lindsey, Hal, "The Pieces Fall Together", *Moody Monthly* Vol. 68, No. 2 (Outubro de 1967): 26–28.

Lindsey, Hal, e C.C. Carson, *The Late Great Planet Earth* (Grand Rapids MI: Zondervan Publishing House, 1977).

Lindsey, Hal, e C. C. Carlson, *Satan is Alive and Well on Planet Earth* (Grand Rapids MI: Zondervan Publishing House, 1972).

Lipin, Steven, et al., "Deals & Deal Makers: Bids & Offers", *The Wall Street Journal*, 10 de dezembro de 1999.

Lippman, Thomas, *Inside the Mirage* (Boulder, CO: Westview Press, 2004).

Lister, Tim, et al., "ISIS goes global: 143 attacks in 29 countries have killed 2,043", CNN 12 de fevereiro de 2018, https://www.cnn.com/2015/12/17/world/mappingisis-attacks-around-the-world/index.html.

Litch, Josiah, letter to Nathaniel Southard, *The Midnight Cry!*, Vol. 7, No. 16 (12 de outubro): 125 (courtesy of Biblioteca Digital Adventista).

Lloyd, John, and John Mitchinson, *If Ignorance is Bliss, Why Aren't There More Happy People?* (Nova York: Crown Publishing, 2008).

Lloyd, Marion, "Soviets Close to Using A-Bomb in 1962 Crisis, Forum is Told", *The Boston Globe* (13 de outubro de 2002).

Logan, Peter Melville, "The Popularity of Popular Delusions: Charles Mackay and Victorian Popular Culture", *Cultural Critique* Vol. 54 (primavera de 2003): 213–241.

Lord, Charles G., et al., "Biased Assimilation and Attitude Polarization: The Effects of Prior Theories on Subsequently Considered Evidence", *Journal of Personality and Social Psychology* Vol. 37, No. 11 (1º de junho de 1979): 2098–2109.

Loveland, Anne C., *American Evangelicals and the U.S. Military 1942-1993* (Baton Rouge, LA: Lousiana State University Press, 1996).

Lowenstein, Roger, *Origins of the Crash* (Nova York: The Penguin Press, 2004).

Madden, Mike, "Mike Huckabee hearts Israel", https://www.salon.com/2008/01/18/huckabee2_4/.

Mackay, Charles, *Memoirs of Extraordinary Popular Delusions* (Londres: Richard Bentley, 1841).

Mackay, Charles, *Memoirs of Extraordinary Popular Delusions and the Madness of Crowds* (Londres: Office of the National Illustrated Library, 1852).

Mackay, Christopher, *False Prophets and Preachers* (Kirksville, MO: Truman State University Press, 2016).

Mackey, Robert, "The Case for ISIS, Made in a British Accent", *The New York Times*, 20 de junho de 2014.

Macleod, Hugh, "YouTube Islamist: how Anwar al-Awlaki became al-Qaeda's link to local terror", *The Guardian*, 7 de maio de 2010.

MacPherson, Myra, "The Pulpit and the Power", *The Washington Post*, 18 de outubro de 1985, Friday Style D1.

Mahar, Maggie, *Bull!* (Nova York: HarperBusiness, 2003).

Malkiel, Burton G., *A Random Walk Down Wall Street* (Nova York: W.W. Norton & Company, Inc., 1999).

Mallaby, Sebastian, *The Man Who Knew* (Nova York: Penguin Press, 2016).

Mangalindan, Mylene, "Webvan Shuts Down Operations, Will Seek Chapter 11 Protection", *The Wall Street Journal*, 10 julho de 2001.

Mann, Walter, *The Follies and Frauds of Spiritualism* (Londres: Watts & Co., 1919).

Marryat, Frederick, *A Diary in America* (Nova York: D. Appleton & Co., 1839).

Mashala, Nur, *Imperial Israel* (Londres: Pluto Press, 2000).

Mazetti, Mark, et al., "Two-Year Manhunt Led to Killing of Awlaki in Yemen", *The New York Times*, 30 de setembro de 2011.

McCants, William, "The Believer", *Brookings Essay* (1º de setembro de 2015), http://csweb .brookings.edu/content/research/essays/2015/thebeliever.html

McCants, William *The ISIS Apocalypse* (Nova York: St Martin's Press, 2015).

McCollister, John, *So Help Me God* (Louisville: Winchester/John Knox Press, 1991).

McGinn, Bernard, *Apocalyptic Spirituality* (Nova York: Paulist Press, 1977).

McGinnis, Joe, *The Selling of the President, 1968* (Nova York: Trident Press, 1969).

McGonigle, Steve, "Former FBI superstar falls onto hard times", *Dallas Morning News*, 2 de janeiro de 1983.

McLean, Bethany e Peter Eklind, *The Smartest Guys in the Room* (Nova York: Penguin Group, 2003).

McQueen, Allison, *Political Realism in Apocalyptic Times* (Cambridge: Cambridge University Press, 2018).

Mearsheimer, John, and Stephen M. Walt, *The Israel Lobby and U.S. Foreign Policy* (Nova York: Farrar, Straus, and Giroux, 2007).

Melton, J. Gordon, *Encyclopedia of American Religions* (Detroit: Gale Press, 1999).

Merkley, Paul Charles, *American Presidents, Religion, and Israel* (Westport, CT: Praeger, 2004).

Merkley, Paul Charles, *Christian Attitudes towards the State of Israel* (Montreal: McGill-Queen's University Press, 2001).

Merkley, Paul Charles, *The Politics of Christian Zionism 1891–1948* (Londres: Frank Cass, 1998).

Meshcke, J. Felix, "CEO Appearances on CNBC", working paper, http://citeseerx.ist .psu.edu/ viewdoc/download?doi=10.1.1.203.566&rep=rep1&type=pdf.

Michel, Lou, and Dan Herbeck, *American Terrorist* (Nova York: ReganBooks, 2001), 166–168.

Mieczkowski, Yanek, *The Routledge Historical Atlas of Presidential Elections* (Nova York: Routledge, 2001).

Milgram, Stanley, "Behavioral Study of Obedience", *Journal of Abnormal and Social Psychology*, Vol. 67, No. 4 (1963): 371–378.

Milgram, Stanley "Some Conditions of Obedience and Disobedience to Authority", *Human Relations*, Vol. 18, No. 1 (fevereiro de 1965): 57–76.

Miller, William, "A New Year's Address", *The Signs of the Times* Vol 4, No. 19 (25 de janeiro de 1843): 150 (cortesia da Biblioteca Digital Adventista).

Miller, William, (letter), *The Advent Herald* Vol. 7, No. 5 (6 de Março de 1844): 39.

Miller, William, letter to Joshua Himes, *The Midnight Cry!*, Vol. 7, No. 16 (12 de outubro): 121 (cortesia da Biblioteca Digital Adventista).

Minksy, Hyman, "The financial-instability hypothesis: capitalist processes and the behavior of the economy", in Charles P. Kindleberger e Jean-Pierre Laffargue, Eds., *Financial crises* (Cambridge UK: Cambridge University Press, 1982), 13–39.

Mojtabai, A.G., *Blessed Assurance* (Syracuse, NY: Syracuse University Press, 1997).

Moore-Anderson, Arthur Posonby, *Sir Robert Anderson and Lady Agnes Anderson* http://www. casebook.org/ripper_media/rps.apmoore.html.

Morningstar Inc, "Mind the Gap 2018", https://www.morningstar.com/lp/ mind-the-gap?cid=CON_RES0022.

Mortimer, Edward, *Faith and Power* (Nova York: Vintage Books, 1982).

Mortimer, Ian, "Why do we say 'hanged, drawn, and quartered?" http://www .ianmortimer.com/ essays/drawing.pdf.

Moser, Whet, "Apocalypse Oak Park: Dorothy Martin, the Chicagoan Who Predicted the End of the World and Inspired the Theory of Cognitive Dissonance", *Chicago Magazine*, 20 de maio de 2011.

374   Os Delírios das Multidões

Mounce, Robert H., *The Book of Revelation* (Cambridge UK: William B. Eerdmans Publishing Company, 1984).

Mulligan, Thomas S., e Nancy Rivera Brooks, "Enron Paid Senior Execs Millions", *Los Angeles Times*, 28 de Junho de 2002.

Müntzer, Thomas, Peter Mathesen, trans., *The Collected Works of Thomas Müntzer* (Edinburgh: T&T Clark, 1988).

Murphy, Antoin E., *John Law* (Oxford: Clarendon Press, 1997).

Neal, Larry, *I Am Not the Master of Events* (New Haven, CT: Yale University Press, 2012).

Neal, Larry, *The Rise of Financial Capitalism* (Cambridge UK: Cambridge University Press, 1990).

Newton, B.W., *Prospects of the Ten Kingdoms Considered* (Londres: Houlston & Wright, 1863).

Newton, Isaac, *Observations upon the Prophecies of Daniel and the Apocalypse of St. John* (Londres: J. Darby and P. Browne, 1733).

Nichol, Francis D., *The Midnight Cry!* (Takoma Park, Washington D.C.: Review and Herald Publishing Association), 337–426.

Nicholas, William, *The Midnight Cry!*, Vol. 7, No. 17 (19 de outubro): 133 (cortesia da Biblioteca Digital Adventista).

Nickerson, Raymond S., "Confirmation Bias: A Ubiquitous Phenomenon in Many Guises", *Review of General Psychology* Vol. 2, No. 2 (1998): 175–220.

Niebuhr, Gustav, "Victims in Mass Deaths Linked to Magical Sects", *The New York Times*, 6 outubro de 1994.

Niebuhr, Reinhold, *Love and Justice* (Louisville, KY: Westminster John Knox Press, 1992).

Nietzsche, Frederich, *Beyond Good and Evil* (Cambridge: Cambridge University Press, 2001).

Norris, Pippa, e Ronald Inglehart, *Sacred and Secular* (Cambridge: Cambridge University Press, 2004).

Noyes, Alexander Dana, *The Market Place* (Boston: Little, Brown and Company, 1938).

NPR Weekend Edition Saturday, 12 de março de 1988, cortesia de Jacob J. Goldstein.

Numbers, Ronald L., e Jonathan M. Butler, Eds., *The Disappointed* (Bloomington and Indianapolis: Indiana University Press, 1987).

O'Brien, Timothy L., "A New Legal Chapter for a 90's Flameout", *The New York Times*, 15 de agosto de 2004.

O'Doherty, John P., et al., "Neural Responses during Anticipation of Primary Taste Reward", *Neuron* Vol. 33, No. 5 (28 de fevereiro de 2002): 815–826.

Odlyzko, Andrew, "Charles Mackay's own extraordinary popular delusions and the Railway Mania", http://www.dtc.umn.edu/~odlyzko/doc/mania04.pdf.

Odlyzko, Andrew, "Newton's financial misadventures during the South Sea Bubble", working paper 7 de novembro de 2017.

Odlyzko, Andrew, "This Time is Different: An Example of a Giant, Wildly Speculative, and Successful Investment Manias", *The B.E. Journal of Economic Analysis & Policy* Vol. 10, No. 1 (2010), 1–26.

Oliver, J. Eric, and Thomas J. Wood, "Conspiracy Theories and the Paranoid Style(s) of Mass Opinion", *American Journal of Political Science* Vol. 58, No. 4 (outubro de 2014): 952–966.

Oliver, Moorman, Jr., "Killed by Semantics: Or Was It a Keystone Kop Kaleidoscope Kaper?" in James R. Lewis, Ed., *From the Ashes* (Lanham, MD: Rowman & Littlefield Publishers, Inc., 1994), 75–77.

Olmstead, A.T., "The Text of Sargon's Annals", *The American Journal of Semitic Languages* Vol. 47, No. 4 (julho de 1931): 263.

Olsham, Jeremy, "The inventor of the 401(k) says he created a 'monster,'" http:// www. marketwatch.com/story/the-inventor-of-the-401k-says-he-created-a -monster-2016-05-16.

Olson, Ted, "Bush's Code Cracked", *Christianity Today*, 1º de setembro de 2004, https:// www. christianitytoday.com/ct/2004/septemberweb-only/9-20-42.0.html.

Oppel, Richard A. Jr., "Merrill Replaced Research Analyst Who Upset Enron", *The New York Times*, 30 de julho de 2002.

Oreskes, Michael, "Robertson Comes Under Fire for Asserting that Cuba Holds Soviet Missiles", *The New York Times* (16 de fevereiro de 1988), 28.

Ortega, Tony, "Hush, Hush, Sweet Charlatans", *Phoenix New Times* (30 de novembro de 1995).

George Orwell, George, *Animal Farm*, https://archive.org/download/Httpwww .huzheng. orggeniusreligionAnimalFarm.pd/AnimalFarm.pdf.

Osgood, Charles E., and Percy H. Tannenbaum, "The Principle of Congruity and the Prediction of Attitude Change", *Psychological Review* Vol. 62, No. 1 (1955): 42–55.

Palast, Gregory, "I don't have to be nice to the spirit of the Antichrist", *The Guardian* (23 de maio de 1999, disponível em https://www.theguardian.com/business/1999/ may/23/columnists. observerbusiness1.

Paul, Helen, *The South Sea Bubble* (Abingdon, UK: Routledge, 2011).

Pepys, Samuel, *The Diary of Samuel Pepys* (Londres: Macmillan and Co., Limited, 1905).

Peretti, Frank, *This Present Darkness* (Wheaton, IL: Crossway, 2003).

Perino, Michael, *The Hellhound of Wall Street* (Nova York: The Penguin Press, 2010).

Perrow, Charles, *Normal Accidents* (Princeton, NJ: Princeton University Press).

Peterson, Alan H., *The American Focus on Satanic Crime, Volume I* (Milburn, NJ The American Focus Publishing Company, 1988).

Pew Foundation, *Spirit and Power: A 10 Country Survey of Pentecostals* (Washington, D.C.: The Pew Forum on Religion & Public Life, 2006).

Pew Research Center, "In America, Does More Education Equal Less Religion?", 26 abril de 2017, http://www.pewforum.org/2017/04/26/in-america-does-more -education-equal-less-religion/.

Pew Research Center, "Jesus Christ's Return to Earth", 14 julho de 2010, https://www .pewresearch.org/fact-tank/2010/07/14/jesus-christs-return-to-earth/, acessado em 29 de agosto de 2019.

Pew Research Center, "The World's Muslims: Unity and Diversity", http://assets .pewresearch. org/wp-content/uploads/sites/11/2012/08/the-worlds-muslims -full-report.pdf.

Pierard, Richard V., "Religion and the 1984 Election Campaign", *Review of Religious Research* Vol. 27, No. 2, (dezembro de 1985): 98–114.

Pomper, Miles A., "Church, Not State, Guides Some Lawmakers on Middle East", *Congressional Quarterly* Vol. 58 (23 de Março de 2002): 829–831.

Potter, William *The Key of Wealth* (Londres: "Printed by R.A.", 1650).

Priestly, Priestly, *Letters to a Philosophical Unbeliever, Part I, Second Ed.*, (Birmingham: Pearson and Rollason, 1787), 192.

Provine, Robert R., "The yawn is primal, unstoppable and contagious, revealing the evolutionary and neural basis of empathy and unconscious behavior", *American Scientist* Vol. 93, No. 6 (novembro/dezembro de 2005): 532–539.

Pulliam, Susan, "At Bills Barber Shop, 'In Just Like Flynn' Is A Cut Above the Rest — Owner's Tech-Stock Chit-Chat Enriches Cape Cod Locals.

Pulliam, Susan, "Hair Today, Gone Tomorrow: Tech Ills Shave Barber", *The Wall Street Journal*, 7 de Março de 2001, C1.

Pulliam, Susan, "The Maytag Dealer is Wary", *The Wall Street Journal*, 13 de Março de 2000, A1.

Pulliam, Susan, e Ruth Simon, "Nasdaq Believers Keep the Faith To Recoup Losses in Rebound", *The Wall Street Journal, 21 de Junho de 2000*, C1.

Quittner, Joshua, e Michelle Slatalla, *Speeding the Net* (Nova York: Atlantic Monthly Press, 1998).

Rabinovich, Abraham, "The Man Who Torched al-Aqsa Mosque", *Jerusalem Post*, 4 de Setembro de 2014.

376   Os Delírios das Multidões

Rasmussen, Sune Engel, "U.S.-Led Coalition Captures Last ISIS Bastion in Syria, Ending Caliphate", *The Wall Street Journal*, 23 de Março de 2019.

Rauschning, Hermann, *Hitler Speaks* (Londres: Eyer & Spottiswoode, 1939).

Raymond, E.T., *A Life of Arthur James Balfour* (Boston: Little, Brown, and Company, 1920).

Reagan, Ronald, *An American Life* (Nova York: Simon and Schuster, 1990).

Rees, Laurence, *Auschwitz: A New History* (Nova York: Public Affairs, 2005).

Reese, Alexander, *The Approaching Advent of Christ*, https://theologue.wordpress .com/2014/10/23/updated-the-approaching-advent-of-christ-by-alexander -reese/.

Reeves, Marjorie, *Joachim of Fiore & the Prophetic Future* (Stroud, UK: Sutton Publishing, 1999).

Remnick, David, "Going the Distance: On and off the road with Barack Obama", *The New Yorker*, 27 de janeiro de 2014.

Riedel, Bruce, *Kings and Presidents* (Washington, D.C.: Brookings Institution Press, 2018).

Reinhold, Robert, "Author of 'At Home with the Bomb' Settles in City where Bomb Is Made", *The New York Times*, 15 de Setembro de 1986, A12.

Reuters, "Ex-Money Manager Gets 12 Years in Scheme", *Los Angeles Times*, 12 de Fevereiro de 2003.

Riding, Alan, "Chalets Burn — 2 Others Dead in Canada: 48 in Sect Are Killed in Grisly Rituals", *The New York Times*, 6 de outubro de 1994.

Riding, Alan, "Swiss Examine Conflicting Signs In Cult Deaths", *The New York Times*, 7 de outubro de 1994.

Robinson, Jennifer, *Deeper than Reason* (Oxford: Clarendon Press, 2005).

Rogers, P.G., *The Fifth Monarchy Men* (Londres: Oxford University Press, 1966).

Romero, Simon, "In Another Big Bankruptcy, a Fiber Optic Venture Fails", *The New York Times*, 29 de janeiro de 2002.

Rostow, W.W., e Anna Jacobsen Schwartz, *The Growth and Fluctuation of the British Economy 1790–1850* (Oxford: Clarendon Press, 1953).

Roth, Benjamin, *The Great Depression: A Diary* (Nova York: Public Affairs, 2009).

Rouwenhorst, K. Geert, "The Origins of Mutual Funds", in *The Origins of Value*, William N. Goetzmann and K. Geert Rouwenhorst, Eds. (Oxford: Oxford University Press, 2005).

Rowe, David L., *God's Strange Work*, (Grand Rapids, MI: William B. Eerdmans Publishing Company, 2008).

Rowe, David L., *Thunder and Trumpets* (Chico, CA: Scholars Press, 1985).

Rozin, Paul, et al., "Operation of the Laws of Sympathetic Magic in Disgust and Other Domains", *Journal of Personality and Social Psychology*, Vol. 50, No. 4 (1986): 703–711.

Rushay, Samuel W. Jr., "Harry Truman's History Lessons", *Prologue Magazine* Vol. 41, no. 1 (primavera de 2009), https://www.archives.gov/publications/prologue/2009/ spring/truman-history.html.

Sahagun, Louis, "The End of the world is near to their hearts", *Seattle Times*, 27 de Junho de 2006.

Saint Augustine, *The City Against the Pagans*, http://www.loebclassics.com/view/augustine-city_god_pagans/1957/pb_LCL416.79.xml?readMode=recto.

Sanders, Ralph, "Orde Wingate: Famed Teacher of the Israeli Military", *Israel: Yishuv History* (Midstream—Verão de 2010): 12–14.

Sandeen, Ernest, *The Roots of Fundamentalism* (Grand Rapids, MI: Baker Book House, 1970).

Savage, Charlie, "Court Releases Large Parts of Memo Approving Killing of American in Yemen", *The New York Times*, 23 de Junho de 2014.

Schacter, Stanley, "Leon Festinger", *Biographical Memoirs* Vol. 94 (1994): 98–111. Scharf, J. Thomas, and Thompson Westcott, *History of Philadelphia* (Philadelphia: L. H. Everts & Co., 1884).

Schlosser, Eric, *Command and Control* (Nova York: Penguin Press, 2013).

Schmemann, Serge, "50 Are Killed as Clashes Widen from West Bank to Gaza Strip", *The New York Times*, 17 de Setembro de 1996.

Schmitt, Eric, "U.S. Commando Killed in Yemen in Trump's First Counterterrorism Operation", *The New York Times*, 29 de janeiro de 2017.

Schneer, Jonathan, *The Balfour Declaration* (Londres: Bloomsbury, 2010).

Scholem, Gershom, *Sabbatai Sevi* (Princeton NJ: Princeton University Press, 1973).

Schorr, Daniel, "Reagan Recants: His Path from Armageddon to Détente", *Los Angeles Times* (3 de janeiro de 1988).

Schultz, Ellen, "Enron Employees' Massive Losses Suddenly Highlight 'Lockdowns'", *The Wall Street Journal*, 16 de janeiro de 2002.

Schultz, Wolfram, et al., "A Neural Substrate of Prediction and Reward", *Science* Vol. 275, No. 5307 (14 de Março de 1997): 1593–1599.

Schwartz, John, "Enron's Collapse: The Analyst; Man Who Doubted Enron Enjoys New Recognition", *The New York Times*, 21 de janeiro de 2002.

Schwed, Fred, *Where are the Customers' Yachts?* (Hoboken, NJ: John Wiley & Sons Inc., 2006).

Schweizer, Peter, *Victory* (Nova York: Atlantic Monthly Press, 1994).

Scofield, C.I., *The Holy Bible* (Nova York: Oxford University Press, American Branch, 1909).

Scofield, C.I., *The New Scofield Reference Bible* (Nova York: Oxford University Press, 1967).

Sears, Clara Endicott, *Days of Delusion* (Boston: Houghton Mifflin Company, 1924).

Segev, Tom, Hiam Watzman, trans, *One Palestine, Complete* (Nova York: Holt Paperbacks, 1999).

Segev, Zohar, "Struggle for Cooperation and Integration: American Zionists and Arab Oil, 1940s", *Middle Eastern Studies* Vol. 42, No. 5, (september 2006): 819–830.

Sharlet, Jeff, "Jesus Killed Mohammed: The Crusade for a Christian Military", *Harpers* (maio de 2009), 31–43.

Shearer, Peter M., e Philip B. Stark, "Global risk of big earthquakes has not recently increased", *Proceedings of the National Academy of Sciences of the United States* Vol. 109, No. 3 (janeiro de 2012): 717–721.

Sherman, Gabriel, *The Loudest Voice in the Room* (Nova York: Random House, 2014).

Shermer, Michael, "Patternicity", *Scientific American* Vol. 209, No. 6 (dezembro de 2008): 48–49.

Shragai, Nadav, "Raiders of the Lost Ark", *Ha Aretz*, 25 abril de 2003.

Siddle, Ronald, et al, "Religious delusions in patients admitted to hospital with schizophrenia", *Social Psychiatry and Psychiatric Epidemiology* Vol. 37, No. 3 (2002): 130–138.

Simpkinson, C.H., *Thomas Harrison, Regicide and Major-General* (Londres: J.M. Dent & Co., 1905).

Shapiro, T. Rees, "Harold Camping, radio evangelist who predicted 2011 doomsday, dies at 92", *The Washington Post*, 18 de dezembro de 2013.

Sherif, Muzfir, et al., *Intergroup Conflict and Cooperation: The Robbers Cave Experiment* (Norman, OK: Institute of Group Relations, 1961).

Shiller, Robert, *Market Volatility* (Cambridge MA: MIT Press, 1992).

Simonson, Tatum S., et al., "Genetic Evidence for High-Altitude Adaptation in Tibet", *Science* Vol. 329, No. 5987 (2 julho de 2010): 72–75.

Smith, Rebecca, "New SEC Filing Aids Case Against Enron", *The Wall Street Journal*, 15 de maio de 2003.

Smith, Tom W., NORC/University of Chicago working paper, "Belief in God across Time and Countries" (2012).

Snow, Mike, "Day-Trade Believers Teach High-Risk Investing", *The Washington Post*, 6 julho de 1998.

378 Os Delírios das Multidões

Snow, S.S., *The True Midnight Cry*, Vol. 1, No. 1 (22 de agosto de 1844): 3–4 (cortesia da Biblioteca Digital Adventista).

Solomon, Susan, et al, "Emergence of healing in the Antarctic ozone layer", *Science* Vol. 253, No. 6296 (16 julho de 2016): 269–274.

Sontag, Sherry, e Christopher Drew, *Blind Man's Bluff* (Nova York: HarperPaperbacks, 1999).

The Soufan Group, "Foreign Fighters: An Updated Assessment of the Flow of Foreign Fighters into Syria and Iraq", dezembro de 2015.

Stanovich, Keith E. e Richard F. West, "Individual differences in reasoning: Implications for the rationality debate?" *Behavioral and Brain Sciences* Vol. 23 (2000): 645–726.

Stanovich, Keith E., "The Comprehensive Assessment of Rational Thinking", *Educational Psychologist* 51, no. 1 (fevereiro de 2016): 30–31.

Stanovich, Keith E., et al., *The Rationality Quotient* (Cambridge, MA: The MIT Press, 2016).

Stirrat, Michael e R. Elisabeth Cornwell, "Eminent Scientists Reject the Supernatural: A Survey of Fellows of the Royal Society", *Evolution Education and Outreach* Vol. 6, Vo. 33 (dezembro de 2013): 1–5.

Stross, Randall E., *eBoys* (Nova York: Crown Business, 2000).

Sutton, Matthew Avery, *American Apocalypse*, (Cambridge, MA: Belknap Press, 2014).

Sweeney, Joan, e Richard James Sweeney, "Monetary Theory and the Great Capitol Hill Baby Sitting Co-op Crisis", *Journal of Money, Credit, and Banking* Vol. 9, No. 1 (fevereiro de 1977): 86–89.

Surowiecki, James, *The Wisdom of Crowds* (Nova York: Anchor, 2005).

Tabor, James D., "Religious Discourse and Failed Negotiations", in Stuart A. Wright, *Armageddon in Waco* (Chicago: University of Chicago Press, 1995).

Tabor, James D., "The Waco Tragedy: An Autobiographical Account of One Attempt to Avert Disaster", in James R. Lewis, Ed., *From the Ashes* (Lanham, MD: Rowman & Littlefield Publishers, Inc., 1994),

Tabor, James D., and Eugene V. Gallagher, *Why Waco?* (Berkeley, CA: University of California Press, 1995).

Talbot, Margaret, "The devil in the nursery", *The New York Times Magazine* (7 de janeiro de 2001): 6.51.

Taylor, Arthur R., "Losses to the Public in the Insull Collapse: 1932–1946", *The Business History Review* Vol. 36, No. 2 (verão de 1962): 188–204.

Tetlock, Philip, *Expert Political Judgment* (Princeton, NJ: Princeton University Press, 2005).

Teveth, Shabtai, Trans. Leah e David Zinder, *Moshe Dayan, The Soldier, the Man, and the Legend* (Boston: Houghton Mifflin Company, 1973).

Thornton, Nick, "Total retirement assets near $25 trillion mark", http://www .benefitspro. com/2015/06/30/total-retirement-assets-near-25-trillion -mark/?slreturn=20191020151329.

Tolstoy, Leo, trans. Constance Garnett, *Anna Karenina* (Project Gutenberg, 1998).

Tong, Scott, "Father of modern 401 (k) says it fails many Americans", http://www .marketplace. org/2013/06/13/sustainability/consumed/father-modern-401k -says-it-fails-many-americans.

Trimm, James, "David Koresh's Seven Seals Teaching", *Watchman Expositor* Vol. 11 (1994), 7–8, https://www.watchman.org/articles/cults-alternative-religions/ david-koreshs-seven-seals-teaching/.

Trivers, Robert L., "The Evolution of Reciprocal Altruism", *The Quarterly Review of Biology* Vol. 46, No. 1 (março de 1971): 35–57.

Trivers, Robert, *The Folly of Fools* (Nova York: Basic Books, 2011).

Trofimov, Yaroslav, *The Siege of Mecca* (Nova York: Doubleday, 2007).

Trussler, Marc, e Stuart Soroka, "Consumer Demand for Cynical and Negative News Frames", *The International Journal of Press/Politics* Vol. 19, No. 3 (Julho de 2014): 360–379.

Tufekci, Zeynip, "How social media took us from Tahrir Square to Donald Trump", *MIT*

Technology Review 14 de agosto de 2018, https://www.technologyreview.com/s/611806/how-social-media-took-us-from-tahrir-square-to-donald-trump/.

Turco, R.P., et al., "Nuclear Winter: Global Consequences of Multiple Nuclear Explosions", *Science* Vol. 222, No. 4630 (23 de dezembro de 1983): 1283–1292.

Turner, Daniel L., *Standing Without Apology* (Greenville, SC: Bob Jones University Press, 1997).

Tversky, Amos, and Daniel Kahneman, "Availability: A Heuristic for Judging Frequency and Probability", *Cognitive Psychology* Vol. 5 (1973): 207–232,

Tversky, Amos, e Daniel Kahneman, "Belief in the Law of Small Numbers", *Psychological Bulletin* Vol. 76, No. 2 (1971): 105–110.

Tversky, Amos, e Daniel Kahneman, "Judgment under Uncertainty: Heuristics and Biases", *Science* Vol. 185, No. 4157 (27 de setembro de 1974): 1124–1131.

United States Department of Justice, *Report to the Deputy Attorney General on the Events at Waco, Texas February 28 to April 19, 1993* (8 de outubro de 1993), 158–190, https://www.justice.gov/archives/publications/waco/report-deputy-attorneygeneral-events-waco-texas.

Urofsky, Melvin I., e David W. Levy, Eds., *Letters of Louis D. Brandeis* (Albany: State University of New York Press, 1975).

Vaughn, Robert, Ed., *The Protectorate of Oliver Cromwell and the State of Europe During the Early Part of the Reign of Louis XIV* (Londres: Henry Colburn, Publisher, 1838).

Velie, Lester, *Countdown in the Holy Land* (Nova York: Funk & Wagnalls, 1969).

Virginia State Corporation Commission, "Staff Investigation on the Restructuring of the Electric Industry", https://www.scc.virginia.gov/comm/reports/restrct3.pdf.

von Däniken, Erich, Michael Heron, Trans., *Chariots of the Gods* (Nova York: Berkley Books, 1999).

von Hayek, Frederich, "The Use of Knowledge in Society", *American Economic Review* Vol. 35, No. 4 (setembro de 1945): 519–530 von Kerssenbrock, Hermann, Christopher S. Mackay, trans., *Narrative of the Anabaptist Madness* (Leiden: Brill, Hotei Publishing, 2007).

Vonnegut, Kurt, *Cat's Cradle* (Nova York: Dial Press Trade Paperback, 2010).

Vosoughi, Soroush, et al., "The spread of true and false news online", *Science* Vol. 359 (9 de março de 2018): 11461151.

Walker, William Junior, *Memoirs of the Distinguished Men of Science* (Londres, W. Walker & Son, 1862).

Walvoord, John F., *Armageddon, Oil, and the Middle East Crisis* (Grand Rapids, MI: Zondervan Publishing House, 1990).

Walvoord, John F., "The Amazing Rise of Israel!" *Moody Monthly* Vol. 68, No. 2 (outubro de 1967): 24–25.

Ward, Douglas B., "The Geography of the Ladies' Home Journal: An Analysis of a Magazine's Audience, 1911-55", *Journalism History* Vol. 34, No. 1 (primavera de 2008): 2.

Ward, Mark, *Authorized* (Bellingham, WA: Lexham Press, 2018).

Warren, Charles, *The Land of Promise* (Londres: George Bell & Sons, 1875).

Wason, P.C., "On the Failure to Eliminate Hypotheses in a Conceptual Task", *The Quarterly Journal of Experimental Psychology* Vol. 12, Part 3 (1960): 129–140.

Wason, P.C., "Reasoning", in B.M. Foss, Ed., *New Horizons in Psychology* (Nova York: Penguin, 1966), 145–146.

Watson, Ben, "What the Largest Battle of the Decade Says about the Future of War", *Defense One* (2017), https://www.defenseone.com/feature/mosul-largest-battle -decade-future-of-war/.

Wead, Doug, "The Spirituality of George W. Bush", https://www.pbs.org/wgbh/pages/ frontline/shows/jesus/president/spirituality.html.

WGBH, "Betting on the Market", exibido em 27 de janeiro de 1997, http://www.pbs.org/wgbh/pages/frontline/shows/betting/etal/script.html.

Whitney, Craig R. "Cult Horror Maims Prominent French Family", *The New York Times*, 27 de dezembro de 1995.

380   Os Delírios das Multidões

Wigmore, Barrie, *The Crash and Its Aftermath* (Westport, CT: Greenwood Press, 1985).

Wigmore, Barrie A., "Was the Bank Holiday of 1933 Caused by a Run on the Dollar?" *Journal of Economic History* Vol. 47, No. 3 (setembro de 1987): 739–755.

Williams, George Hunston, *The Radical Reformation* (Philadelphia: The Westminster Press, 1962).

Williams, John Burr, *The Theory of Investment Value* (Cambridge MA: Harvard University Press, 1938).

Willmington, D.H., *Wlllmington's Guide to the Bible* (Wheaton, IL: Tyndale House Publishers, Inc., 1984).

Wilson, David Sloan, *Evolution for Everyone* (Nova York: Delta Trade Paperbacks, 2007).

Wilson, Edmund, *The American Earthquake* (Garden City, NY: Anchor Doubleday Books, 1958).

Wojcik, Daniel, *The End of the World as We Know It* (Nova York: New York University Press, 1997).

Wolmar, Christian *The Iron Road* (Nova York: DK, 2014).

Wood, Graeme, "What ISIS Really Wants", *The Atlantic*, Março de 2015.

Wood, Thomas, and Ethan Porter, "The Elusive Backfire Effect: Mass Attitudes' Steadfast Factual Adherence", *Political Behavior* Vol. 41, No. 1 (março de 2019):135–163.

Wright, G. Frederick, *Charles Grandison Finney* (Boston: Houghton, Mifflin and Company, 1893).

Wright, Lawrence, "Forcing the End", *The New Yorker* (20 de julho de 1998), 52.

Wright, Lawrence, "Forcing the End", https://www.pbs.org/wgbh/pages/frontline/ shows/ apocalypse/readings/forcing.html

Wright, Robert, *The Evolution of God* (Nova York: Little, Brown and Company, 2009).

Wright, Robert, *The Moral Animal* (Nova York: Vintage Books, 1994).

Wright, Stuart A., "Davidians and Branch Davidians", in Stuart A. Wright, *Armageddon at Waco* (Chicago: University of Chicago Press, 1995).

Wyatt, Edward, "Fox to Begin a 'More Business Friendly' News Channel", *The New York Times*, 9 de fevereiro de 2007.

Xin Yi et al., "Sequencing of 50 Human Exomes Reveals Adaptation to High Altitude", *Science* Vol. 329, No. 5987 (2 de julho de 2010): 75–78.

Yermack, David, "Flights of fancy: Corporate jets, CEO perquisites, and inferior shareholder returns", *Journal of Financial Economics* Vol. 80. No. 1 (abril de, 2006): 211–242.

Yoon, David S., *The Restored Jewish State and the Revived Roman Empire* (Ann Arbor MI: Proquest/UMI Dissertation Publishing, 2011).

Yourish, Karen, et al., "How Many People Have Been Killed in ISIS Attacks Around the World", *The New York Times*, 16 de julho de 2016.

Zajonc, R.B., "Feeling and Thinking", *American Psychologist* Vol. 35, No. 2 (fevereiro de 1980).

Zelin, Aaron, "Interpreting the Fall of Islamic State Governance", The Washington Institute, 16 de outubro de 2017, http://www.washingtoninstitute.org/policy-analysis/view/ interpreting-the-fall-of-islamic-state-governance.

Zimbardo, Philip, *The Lucifer Effect* (Nova York: Random House, 2007).

Zuckerman, Gregory, and Paul Beckett, "Tiger Makes It Official: Funds Will Shut Down", *The Wall Street Journal*, 31 de março de 2000.

Zweig, Jason, Introduction to Fred Schwed, *Where are the Customers' Yachts?* (Hoboken, NJ: John Wiley & Sons Inc., 2006).

NOTAS

PREFÁCIO

1. Charles Mackay, *Memoirs of Extraordinary Popular Delusions* (Londres: Richard Bentley, 1841), Volumes I – III. Todas as referências subsequentes a esse livro, salvo indicação em contrário, são dessa edição.
2. Mackay usou o termo em inglês "tulipomania", autores posteriores omitiram o "o."
3. Heródoto, *The Histories* (Baltimore, MD: Penguin Books, 1954), 190–191.
4. Hans C. Breiter e Bruce R. Rosen, "Functional Magnetic Resonance Imaging of the Brain Reward Circuitry in the Human", *Annals of the New York Academy of Sciences* Vol. 877, No. 1 (6 de fevereiro de 2006): 523–547; John P. O'Doherty et al., "Neural Responses during Anticipation of Primary Taste Reward", *Neuron* Vol. 33, No. 5 (28 de fevereiro de 2002): 815–826; Gregory S. Berns et al., "Predictability Modulates Human Brain Response to Reward", *The Journal of Neuroscience* Vol. 21, No. 8 (15 de abril de 2001): 2793–2798; e Wolfram Schultz et al., "A Neural Substrate of Prediction and Reward", *Science* Vol. 275, No. 5307 (14 de março de 1997): 1593–1599.
5. Charles P. Kindleberger, *Manias, Panics, and Crashes* (Nova York: John Wiley & Sons, 2000), 15.
6. David Halberstam, *The Best and the Brightest* (Nova York: Random House, 1972).
7. Craig R. Whitney, "Cult Horror Maims Prominent French Family", *The New York Times*, 27 de dezembro de 1995. Veja também Alan Riding, "Chalets Burn — 2 Others Dead in Canada: 48 in Sect Are Killed in Grisly Rituals", *The New York Times*, e Gustav Niebuhr, "Victims in Mass Deaths Linked to Magical Sects", *The New York Times*, ambos de 6 de outubro de 1994; Riding, "Swiss Examine Conflicting Signs In Cult Deaths", *The New York Times*, 7 de outubro de 1994; "18 Sought in 3 Nations; Linked to Doomsday Sect", *The New York Times*, 22 de dezembro de 1995; Craig R. Whitney, "16 Burned Bodies Found in France; Cult Tie Suspected", *The New York Times*, 24 de dezembro de 1995; e "French Say 2 Cult Members Shot Others", *The New York Times*, 28 de dezembro de 1995.
8. David Gelertner, "A Religion of Special Effects", *The New York Times*, 30 de março de 1997.
9. Todd Bersaglieri et al., "Genetic Signatures of Strong Recent Positive Selection at the Lactase Gene", *American Journal of Human Genetics* Vol. 74, No. 6 (abril de 2004): 1111–1120; Tatum S. Simonson et al., "Genetic Evidence for High-Altitude Adaptation in Tibet", *Science* Vol. 329, No. 5987 (2 de julho de 2010): 72–75; e Xin Yi et al., "Sequencing of 50 Human Exomes Reveals Adaptation to High Altitude", ibid., 75–78.
10. Robert Boyd e Peter J. Richerson, "Culture and the evolution of human cooperation", *Philosophical Transactions of the Royal Society* Vol. 364, No. 1533 (12 de novembro de 2009): 3281–3288.
11. Melanie C. Green e Timothy C. Brock, "The Role of Transportation in the Persuasiveness of Public Narratives", *Journal of Personality and Social Psychology* Vol. 79, No. 5 (2000): 701–721.
12. Robert Trivers, *The Folly of Fools* (Nova York: Basic Books, 2011), 9–11.

382 Os Delírios das Multidões

13. Matthew Haag, "Robert Jeffress, Pastor Who Said Jews Are Going to Hell, Led Prayer at Jerusalem Embassy", *The New York Times*, 14 de maio de 2018.
14. Pew Research Center, "Jesus Christ's Return to Earth", 14 de julho de 2010, https://www.pewresearch.org/fact-tank/2010/07/14/jesus-christs-return-to-earth/, acesso em 29 de agosto de 2019.
15. Jeff Sharlet, "Jesus Killed Mohammed; The Crusade for a Christian Military", *Harpers* (maio de 2009), 31–43. Veja também Laurie Goodstein, "Air Force Chaplain Tells of Academy Proselytizing", *The New York Times* (12 de maio de 2005), e Neela Banerjee, "Religion and Its Role Are in Dispute at the Service Academies, *The New York Times* (25 de junho de 2008).
16. Daniel Ellsberg, *The Doomsday Machine* (Nova York: Bloomsbury, 2017), 64–89.
17. Francis Galton, "Vox Populi" *Nature* Vol. 75, No. 1949 (7 de março de 1907): 450–451, e Galton, Letters to the Editor, *Nature* Vol. 75, No. 1952 (28 de março de 1907): 509–510.
18. Os exemplos clássicos modernos de sabedoria coletiva envolvem uma ogiva termonuclear perdida no Mediterrâneo em 1966 e o naufrágio do *USS Scorpion*, que afundou no Oceano Atlântico em 1968. Em ambos os casos, a estimativa com média estatística de sua localização estava errada em menos de 200 metros, o que era melhor do que a melhor estimativa individual. Veja Sherry Sontag e Christopher Drew, *Blind Man's Bluff* (Nova York: HarperPaperbacks, 1999), 63–65, 96–117.
19. Galton, op. cit. e Galton, "The Ballot-Box", *Nature* Vol. 75, No. 1952 (28 de março de 1907): 509. Friedrich von Hayek, "The Use of Knowledge in Society", *American Economic Review* Vol. 35, No. 4 (setembro de 1945): 519–530, e James Surowiecki, *The Wisdom of Crowds* (Nova York: Anchor, 2005).
20. Joel Greenblatt and Barry Ritholtz, *Masters in Business*, 20 de abril de 2018, https://assets.bwbx.io/av/users/iqjWHBFdfxIU/vcNFFMk_gBGg/v2.mp3
21. Frederich Nietzsche, *Beyond Good and Evil* (Cambridge: Cambridge University Press, 2001), 70.
22. Charles Mackay, *Memoirs of Extraordinary Popular Delusions*, I:3.
23. F. Scott Fitzgerald, "The Crack-Up", *Esquire* (fevereiro de 1936), http://www.pbs.org/wnet/americanmasters/f-scott-fitzgerald-essay-the-crack-up/1028/, acesso em 5 de março de 2016.
24. Philip Tetlock, *Expert Political Judgment* (Princeton, NJ: Princeton University Press, 2005).
25. Richard Alfred Davenport, *Sketches of Imposture, Deception, and Credulity* (Londres: Thomas Tegg and Son, 1837).
26. Ann Goldgar, *Tulipmania* (Chicago: University of Chicago Press, 2007), 5–6.
27. Veja, por exemplo, Peter Melville Logan, "The Popularity of Popular Delusions: Charles Mackay and Victorian Popular Culture", *Cultural Critique* Vol. 54 (primavera de 2003): 213–241.

CAPÍTULO 1: HERDEIROS DE JOAQUIM

1. Kurt Vonnegut, *Cat's Cradle* (Nova York: Dial Press Trade Paperback, 2010), 182.
2. Marjorie Reeves, *Joachim of Fiore & the Prophetic Future* (Stroud, Reino Unido: Sutton Publishing, 1999), 8–23.
3. Hesíodo, "Works and Days", 640, http://www.theoi.com/Text/HesiodWorksDays.html, acesso em 16 de março de 2016.
4. Ibid., 109–121.
5. Ibid., 170–202.

Notas 383

6. I.E.S. Edwards, Ed., *The Cambridge Ancient History* 3rd Ed. (Cambridge UK: University Press, 1975) Vol. II, Part 2, 558–605. Veja também Paul Johnson, *A History of the Jews* (Nova York: HarperPerennial, 1987), 50–70.
7. A.T. Olmstead, "The Text of Sargon's Annals", *The American Journal of Semitic Languages* Vol. 47, No. 4 (julho de 1931): 263.
8. 2 Reis 24:12–14.
9. 2 Reis 25:7.
10. Zedekiah, 1–48 e Paul Boyer, *When Time Shall Be No More*, (Cambridge, MA: The Harvard/Belknap Press, 1992), 24–26.
11. Daniel 1:20.
12. Daniel 2:1–35.
13. Mircea Eliade, Willard R. Trask, Trans., *Cosmos and History* (Nova York: Harper Torchbooks, 1959), 124–125.
14. Daniel 2:44.
15. Daniel 2–12. Há controvérsia sobre os papéis desempenhados por Menelau e Antíoco nas mudanças na prática religiosa, especialmente se eram imposições repressivas da parte de Antíoco ou reformas extremamente necessárias favorecidas por judeus esclarecidos, veja Johnson 104–107; Norman Cohn, *Cosmos, Chaos, and the World to Come* (New Haven, CT: Yale University Press, 1995), 166–175; e John J. Collins, *The Apocalyptic Imagination* (Grand Rapids, MI: William B. Erdmans Publishing Company, 1988), 85–144.
16. R.H. Charles, *Lectures on the Apocalypse* (Londres: Humphrey Milford, Oxford University Press, 1922), 1, 63. Uma explicação alternativa da opacidade do Apocalipse para o público moderno é que seu autor ou autores estavam tentando girar uma narrativa que atualiza Ezequiel e Daniel para o público, principalmente judeu, do primeiro e do segundo século d.C. Comunicação pessoal de Christopher Mackay.
17. Sobre as dificuldades na estrutura narrativa do Apocalipse, veja Robert H. Mounce, *The Book of Revelation* (Cambridge UK: William B. Eerdmans Publishing Company, 1984), 31–32, e também Charles, 39–51.
18. Cohn, *Cosmos, Chaos, and the World to Come*, 215, Revelation 1–22. Um resumo sobre a interpretação acadêmica do Apocalipse, veja Charles, *Lectures on the Apocalypse* e John M. Court, *Myth and History in the Book of Revelation* (Atlanta, GA: John Knox Press, 1979), 16–19, 43–159.
19. Eliade, 123–124.
20. Robert Wright, *The Evolution of God* (Nova York: Little, Brown and Company, 2009), 193.
21. *Spirit and Power: A 10 Country Survey of Pentecostals* (Washington, D.C.: The Pew Forum on Religion & Public Life, 2006), 6, 155, veja também Pew Research Center, "Jesus Christ's Return to Earth", 14 de julho de 2010, acesso em 29 de agosto de 2019. Curiosamente, o estudo não examinou outras nações desenvolvidas além dos Estados Unidos, apenas as em desenvolvimento; por exemplo, 88% dos nigerianos acreditavam que a Bíblia representava a palavra literal de Deus.
22. Para uma discussão detalhada das opiniões de Agostinho sobre o milênio e a Segunda vinda, acesse http://persweb.wabash.edu/facstaff/royaltyr/augustine.htm.
23. Santo Agostinho, *The City Against the Pagans* XVII:53, http://www.loebclassics.com/view/augustine-city_god_pagans/1957/pb_LCL416.79.xml?readMode=recto, acesso em 12 de março de 2016, e *City of God* XVIII:30, e Alison McQueen, *Political Realism in Apocalyptic Times* (Cambridge: Cambridge University Press, 2018), 50.

384   Os Delírios das Multidões

24. Keith E. Stanovich e Richard F. West, "Individual differences in reasoning: Implications for the rationality debate?" *Behavioral and Brain Sciences* Vol. 23 (2000): 645–726.
25. Richard J. Gerrig, *Experiencing Narrative Worlds* (New Haven, CT: Yale University Press, 1993), 10–11. Nas palavras precisas de Gerrig: alguém ("o viajante") é transportado por algum meio de transporte como resultado da realização de certas ações. O viajante se distancia de seu mundo de origem *o que torna alguns aspectos do mundo de origem inacessíveis. O viajante retorna ao mundo de origem um tanto alterado pela viagem* [Grifo do autor].
26. Emily Dickinson (Mabel Loomis Todd and T.W. Higginson, Eds.), *The Poems of Emily Dickinson* (Raleigh, NC: Hayes Barton Press, 2007), 1390.
27. Paul Rozin et al., "Operation of the Laws of Sympathetic Magic in Disgust and Other Domains", *Journal of Personality and Social Psychology*, Vol. 50, No. 4 (1986): 703–711.
28. "A Nation Jawed", *Time* Vol. 106, Edição 4 (28 de julho de 1975): 51.
29. Ibid.
30. Clayton H. Lewis and John R. Anderson, "Interference with Real World Knowledge", *Cognitive Psychology* Vol. 8 (1976): 311–335.
31. Gerrig, 223–224.
32. Gerrig, 17.
33. Green e Brock, 701–721.
34. Ibid., 711.
35. Ibid., 719.
36. Para a mudança no debate, acesse https://www.youtube.com/watch?v=H1JFGWBAC5c. Veja também Julie Beck, "Vaccine Skepticism and 'Big Government,'" *The Atlantic* (17 de setembro de 2015).
37. J.E. LeDoux, "The lateral amygdaloid nucleus: sensory interface of theamygdala in fear conditioning", *The Journal of Neuroscience* Vol. 10, No. 4 (abril de 1990): 1062–1069.
38. George Orwell, *Animal Farm*, 5–6, https://archive.org/download/Httpwww. huzheng. orggeniusreligionAnimalFarm.pd/AnimalFarm.pdf, acesso em 20 de julho de 2019.
39. Paul Christiansen, *Orchestrating Public Opinion* (Amsterdam: Amsterdam University Press, 2018), 10–30, citação 11. Para uma discussão detalhada das vias auditivas para os Sistemas 1 e 2, veja Jenefer Robinson, *Deeper than Reason* (Oxford: Clarendon Press, 2005), 47–52.
40. Leon Tolstói, trad. Constance Garnett, *Anna Karenina* (Project Gutenberg, 1998), ii.
41. Thomas Gilovich, "Biased Evaluation and Persistence in Gambling", *Journal of Personality and Social Psychology* Vol. 44, No. 6 (junho, 1983): 1110–1126.
42. Para uma excelente revisão deste conceito, veja Roy F. Baumeister et al., "Bad isStronger than Good", *Review of General Psychology* Vol. 5, No. 4 (2001): 323–370. Para confirmação experimental da preferência de notícias sobre eventos negativos sobre histórias de eventos positivos, veja Marc Trussler e Stuart Soroka, "Consumer Demand for Cynical and Negative News Frames", *The International Journal of Press/ Politics* Vol. 19, No. 3 (julho de 2014): 360–379.
43. Soroush Vosoughi et al., "The spread of true and false news online", *Science* Vol. 359 (9 de março de 2018): 11461151 e Zeynep Tufekci, "How social media took us from Tahrir Square to Donald Trump", *MIT Technology Review* 14 de agosto de 2018, https://www. technologyreview.com/s/611806/how-social-media-took-us-from-tahrirsquare-to-donald-trump/ (acesso em 22 de maio de 2019).
44. Bernard McGinn, *Apocalyptic Spirituality* (Nova York: Paulist Press, 1977), 97–98.
45. McGinn, 104–110.

Notas   385

46. Eric Temple Bell, *The Magic of Numbers* (Nova York: Dover Publications, Inc., 1991), 11, 77.
47. Francis Bacon, *The New Organon* (Nova York: The Bobbs-Merrill Company, Inc., 1960), 50.
48. Michael Shermer, "Patternicity", *Scientific American* Vol. 209, No. 6 (dezembro de 2008): 48.
49. Para uma abordagem quantitativa desse fenômeno, veja Kevin R. Foster e Hanna Kokko, "The Evolution of Superstitions and Superstition-like Behaviour", *Proceedings of the Biological Sciences* Vol. 276, No. 1654 (7 de janeiro de 2009): 31–37.
50. McGinn, 1979.
51. Citado em Ruth Kestenberg-Gladstein "The 'Third Reich': A fifteenth century polemic against Joachim, and its background", *Journal of the Warburg and Courtauld Institutes* Vol. 18, No. 3/4 (julho-dezembro de 1955): 246.
52. Ibid., 118–122.
53. 1 Pedro 2:13.
54. Elizabeth Eisenstein, *The Printing Press as an Agent of Change* (Cambridge: Cambridge University Press, 1979), 373.
55. George Hunston Williams, *The Radical Reformation* (Philadelphia: The Westminster Press, 1962), 64.
56. Para o relato definitivo da Guerra dos Camponeses Alemães, veja Peter Blickle, Thomas A. Brady, Jr. e H.C. Erik Midelfort, trans., *The Revolution of 1525* (Baltimore: The Johns Hopkins University Press, 1981).
57. Hans Jürgen-Goertz, Jocelyn Jaquiery trad., *Thomas Müntzer* (Edimburgo: T&T Clark, 1993), 31–61, citação 59.
58. Abraham Friesen, *Thomas Muentzer, a Destroyer of the Godless* (Berkeley: University of California Press, 1990), 217–261, citação 261.
59. Jürgen-Goertz, 186.
60. Thomas Müntzer, *The Collected Works of Thomas Müntzer* (Edimburgo: T&T Clark, 1988), 71–72, e Jürgen-Goertz, 61–191.

Capítulo 2: Fiéis e Charlatães

1. Hermann von Kerssenbrock, Christopher S. Mackay, trad., *Narrative of the Anabaptist Madness* (Leiden: Brill, Hotei Publishing, 2007), I:182.
2. Ibid., II:493.
3. Von Kerssenbrock, I:87–91, 104–138 e Anthony Arthur, *The Tailor-King* (Nova York: Thomas Dunne Books, 1999), 12.
4. Allan Chibi, *The Wheat and the Tares* (Eugene, OR: Pickwick Publications, 2015).
5. Este cálculo também foi atribuído a Bernard Rothmann, veja Ralf Klötzer, "The Melchoirites and Münster", em John D. Roth e James M. Stayer, Eds., *A Companion to Anabaptism and Spiritualism, 1521–1700* (Leiden: Brill, 2007); 211–212 e von Kerssenbrock, I:12–18. A data do apocalipse de Hoffman foi informado por alguns em 1534; veja Anthony Arthur, *The Tailor-King* (Nova York: Thomas Dunne Books, 1999), 12.
6. Klötzer, 219–220.
7. Ibid., 220–221, Christopher S. Mackay *False Prophets and Preachers* (Kirksville, MO: Truman State University Press, 2016), 11. Esse excelente volume contém uma extensa introdução do tradutor ao relato de Henry Gresbeck. Doravante referido como Mackay/Gresbeck.
8. Arthur, 12.
9. Arthur, 60–63.

386   Os Delírios das Multidões

10. Klötzer, 222–224.
11. Para uma descrição detalhada da estrutura social e política da cidade, pré-Loucura, veja Mackay/Gresbeck, 22–25.
12. Von Kerssenbrock, I:213–214.
13. Para uma discussão crítica dos livros de von Kerssenbrock e Gresbeck, veja a introdução do tradutor de ambos, Mackay/Gresbeck, 1–63.
14. Von Kerssenbrock, I:214.
15. Ibid., I:217.
16. Ibid., I:361.
17. Ibid., I:121, 215, citação 215, Arthur, 15.
18. Comunicação pessoal de Christopher S. Mackay.
19. Arthur, 16.
20. Klötzer, 225–226, Mackay/Gresbeck, 23.
21. Arthur, 23–24.
22. Cohn, The Pursuit of the Millennium (Nova York: Oxford University Press, 1970), 267–268.
23. Von Kerssenbrock, II:477n23.
24. Klötzer, 226–230, citação 230.
25. Von Kerssenbrock, II:479.
26. Von Kerssenbrock, II:480.
27. Klötzer, 234.
28. Mackay/Gresbeck, 51, 67–68, 77.
29. Comunicação pessoal de Christopher S. Mackay.
30. Mckay/Gresbeck, 73–77.
31. Mackay/Gresbeck, 208–215.
32. Arthur, 54–58.
33. Mackay/Gresbeck, 89-90.
34. Há dúvida sobre a data, veja Ibid., 90, n138.
35. Arthur, 69–72.
36. Ibid., 50–51, 107–108, e Mackay/Gresbeck.
37. Mackay/Gresbeck, 114–119, citação 115.
38. Ibid., 120–130. Para a data precisa da proclamação do casamento e insurreição, veja 124n242.
39. Sobre os efeitos políticos das repulsões de maio e agosto aos ataques do príncipe-bispo, comunicação pessoal de Christopher S. Mackay.
40. Mackay/Gresbeck, 140.
41. Ibid., 139.
42. Ibid., 163.
43. Klötzer, 230–246, Arthur, 118–124, e Mackay/Gresbeck 166–167.
44. Mackay/Gresbeck, 168–169, 205n527.
45. Arthur, 138–142, Mackay/Gresbeck, 285.
46. Klötzer, 246–247.
47. Arthur, 144–146.
48. Mackay/Gresbeck, 237.
49. Ibid., 256.
50. Arthur, 147–149.
51. Arthur, 151–153.
52. Ibid., 156–178, Mackay/Gresbeck, 33–34, 259–265.
53. Mackay/Gresbeck, 281. Quanto à incerteza sobre a morte da Rainha, veja 282n895.

Notas 387

54. Von Kerssenbrock, 715.
55. Klötzer, 246–250. Arthur 177–178, 184 von Kerssenbrock, 715–716, 716n9.
56. B.S. Capp, *The Fifth Monarchy Men* (Londres: Faber and Faber, 1972), 14.
57. Robert Vaughn, Ed., *The Protectorate of Oliver Cromwell and the State of Europe During the Early Part of the Reign of Louis XIV* (Londres: Henry Colburn, Publisher, 1838), I:156–157.
58. Isaac Newton, *Observations upon the Prophecies of Daniel and the Apocalypse of St. John* (Londres: J. Darby and P. Browne, 1733).
59. P.G. Rogers, *The Fifth Monarchy Men* (Londres: Oxford University Press, 1966), 11–13, 136–137. Capp, 23–24, e Henry Archer, *The Personall Reign of Christ Vpon Earth*, Early English Books Online, http://eebo.chadwyck.com, acesso em 16 de junho de 2017.
60. Para uma descrição detalhada do alcance teológico e político do Quinta Monarquia, veja Capp, 131–157.
61. Capp, 105–106.
62. Rogers, 69.
63. C.H. Simpkinson, *Thomas Harrison, Regicide and Major-General* (Londres: J.M. Dent & Co., 1905), 223–251, citação 251.
64. Samuel Pepys, *The Diary of Samuel Pepys* (Londres: Macmillan and Co., Limited, 1905), 51.
65. Ibid. Para uma discussão sobre o significado de "arrastado, enforcado e esquartejado", veja Brian P. Block e John Hostettler, *Hanging in the Balance* (Sherfield Gables, Reino Unido: Waterside Press, 1997), 19–20 e Ian Mortimer, "Why do we say 'hanged, drawn, and quartered'?" http://www.ianmortimer.com/essays/drawing.pdf, acesso em 19 de junho de 2017.
66. Pepys, 64.
67. Rogers, 84–87, 112–122, Capp, 117–118, 199–200.

Capítulo 3: Riqueza Instantânea

1. William Harrison Ainsworth, *The South Sea Bubble* (Leipzig: Bernhard Tauchnitz, 1868), 48–49.
2. Durante o fim do período medieval, as letras de câmbio também expandiram o crédito. Para uma descrição exata de como o sistema moderno funciona, veja Frederick Lewis Allen, *The Lords of Creation* (Chicago: Quadrangle Paperbacks, 1966), 305–306, e Antoin Murphy, *John Law* (Oxford: Clarendon Press, 1997), 14–16.
3. Montgomery Hyde, *John Law* (Londres, W. H. Allen: 1969), 9.
4. Hyde, 10–14, veja também Malcolm Balen, *The Secret History of the South Sea Bubble* (Nova York: HarperCollins, 2003), 14. Para um relato detalhado das maquinações em torno de seu duelo com Wilson e sua fuga final, veja Antoin Murphy, *John Law* (Oxford: Clarendon Press, 1997), 24–34.
5. Murphy, 38.
6. Citado em Murphy, 38.
7. Murphy, 37–40.
8. Ibid., 37.
9. Walter Bagehot, *Lombard Street* (Nova York: Scribner, Armstrong & Co., 1873), 2–5.
10. Joan Sweeney e Richard James Sweeney, "Monetary Theory and the Great Capitol Hill Baby Sitting Co-op Crisis", *Journal of Money, Credit, and Banking* Vol. 9, No. 1 (fevereiro de 1977): 86–89. Veja também Paul Krugman, "Baby Sitting the Economy", http://www.pkarchive.org/theory/baby.html, acesso em 28 de abril de 2017.

388 Os Delírios das Multidões

11. William Potter, *The Key of Wealth* (Londres: "Printed by R.A.", 1650), 56. Para "relíquia bárbara", veja John Maynard Keynes, *A Tract on Monetary Reform* (Londres: Macmillan and Co., Limited, 1924), 172.
12. John Law, *Money and Trade Considered* (Londres: R. & A. Foulis, 1750), 8–14.
13. John Law, *Essay on a Land Bank*, Antoin E. Murphy, Ed., (Dublin: Aeon Publishing, 1994), 67–69.
14. Law, *Money and Trade Considered*, 188.
15. Citado em Murphy, 93. Para uma discussão detalhada sobre escambo em oposição à troca mútua de favores, veja David Graeber, *Debt* (Nova York: Melville House, 2012).
16. Citado em Murphy, 93, grifo do autor.
17. Citado em Murphy, 92.
18. Law, 182–190, citação 190.
19. Hyde, 52–63, Murphy 45–75.
20. Citado em Murphy, 125.
21. Hyde, 89–90.
22. Murphy, 157–162.
23. Em 1717, Law recebeu permissão para renomeá-la como Companhia do Oeste, e em 1719 ela foi incorporada à Companhia da China e renomeada como Companhia das Índias, mas doravante será referida por seu nome original, aquele pelo qual é conhecida na história: a Companhia Mississípi.
24. Ibid., 162–183.
25. Hyde, 115, e Murphy 189–191. A estrutura de ações da Companhia era estonteantemente complexa, com várias ofertas até 1720 e três classes de ações principais, cujos direitos de propriedade estavam interligados, veja Murphy 165–166.
26. Mackay, *Memoirs of Extraordinary Popular Delusions*, I:25–26.
27. Ibid., I:30.
28. *Letters of Madame Charlotte Elizabeth de Baviére, Duchess of Orleans* ii:274, https://archive.org/stream/lettersofmadamec02orluoft/lettersofmadamec02orluoft_djvu.txt, acesso em 31 de outubro de 2015.
29. Murphy, 205.
30. Em 1700, a população de Paris era de 600 mil, acesse http://www.demographia.com/dm-par90.htm; a duquesa de Orleans estima que cerca de metade desse número mudou-se para a cidade durante o crescimento, veja Mackay, *Memoirs of Extraordinary Delusions*, I:40, e Murphy 213.
31. Murphy, 207.
32. Para os mecanismos precisos do desenrolar do esquema e a política elaborada por trás deles, veja Murphy, 244–311, para os valores ajustados pela série de inflação (prata), veja a Tabela 19.2, 306.
33. Larry Neal, *I Am Not the Master of Events* (New Haven, CT: Yale University Press, 2012), 55–93.
34. Mackay, *Memoirs of Extraordinary Popular Delusions*, I:40, Hyde, 139–210, Murphy 219–223, 312–333.
35. John Cuevas, *Cat Island* (Jefferson, NC: McFarland & Company, Inc., 2011), 11.
36. Ibid., 10-12.
37. William Lee, *Daniel Defoe: His Life, and Recently Discovered Writings* (Londres: John Camden Hotten, Piccadilly, 1869), II:189.
38. Barry Eichengreen, *Golden Fetters* (Oxford: Oxford University Press, 1995).
39. Stefano Condorelli, "The 1719 stock euphoria: a pan-European perspective", artigo de 2016, https://mpra.ub.uni-muenchen.de/68652/, acesso em 27 de abril de 2016.

Notas 389

40. John Carswell, *The South Sea Bubble* (Gloucestershire, UK: Sutton Publishing, Ltd., 2001), 19.
41. Balen, 23–32. Blunt apresentou a Companhia ao Parlamento na primavera daquele ano, que aprovou seu estatuto naquele outono, após o qual a Rainha Ana concedeu o estatuto real (comunicação pessoal, Andrew Odlyzko).
42. Lee/Defoe, II:180.
43. Para uma exposição detalhada desse fenômeno, veja Antti Ilmanen, "Do Financial Markets Reward Buying or Selling Insurance and Lottery Tickets?" *Financial Analysts Journal* 68:5 (setembro/outubro de 2012): 26–36. A loteria do estado do Kansas é um bom exemplo do fenômeno de assimetria positiva/recompensa insatisfatória, acesse a tabela em: http://www.kslottery.com/games/PWBLOddsDescription.aspx. Se alguém assumir uma recompensa de US$100 milhões para a Powerball, o pagamento total esperado em um único bilhete de US$2 é de US$0,66 — ou seja, US$0, 33 por dólar, ou, uma perda de 67%.
44. Mackay, *Memoirs of Extraordinary Popular Delusions*, I:82.
45. Para os interessados nos mecanismos exatos dos esquemas de Law e Blunt, veja Carswell, 82–143, e Edward Chancellor, *Devil Take the Hindmost* (Nova York: Plume, 2000). Sobre datas de compra e conversão de ações, Andrew Odlyzko, comunicação pessoal.
46. Mackay, *Memoirs of Extraordinary Popular Delusions*, I:92–100. Na opinião de Andrew Odlyzko, existem algumas evidências documentais por trás de uma empresa "por levar adiante um empreendimento de grande vantagem; mas ninguém para saber o que é" (Odlyzko, comunicação pessoal).
47. Mackay, *Memoirs of Extraordinary Popular Delusions*, I:112, A. Andréadès, *History of the Bank of England* (Londres: P.S. King & Son, 1909) n250.
48. Dale, 111–112, Carswell 128, Balen, 94, citação Kindleberger, 122.
49. Carswell, 131.
50. Ibid., 116.
51. Anônimo, *The South Sea Bubble* (Londres, Thomas Boys, 1825), 113.
52. Carswell, 131–132, 189, 222.
53. Anônimo, "The Secret History of the South Sea Scheme", em *A Collection of Several Pieces of Mr. John Toland* (Londres: J. Peele, 1726), 431.
54. Ibid., 442–443. 55. Chancellor, 74.
56. Mackay, *Memoirs of Extraordinary Popular Delusions*, I:112–113.
57. Ibid., I:112.
58. Larry Neal, *The Rise of Financial Capitalism* (Cambridge UK: Cambridge University Press, 1990), 234. O preço real na baixa era £100, mas isso incluía um dividendo de ações de 33,3%, então £150 é mais próximo da realidade (comunicação pessoal, Andrew Odlyzko).
59. Carswell, 120, Kindleberger 208–209.
60. Veja Helen Paul, *The South Sea Bubble* (Abingdon, UK: Routledge, 2011), 1, 39–42, 59–65. A Sra. Paul pertence ao campo da "bolha racional" de historiadores revisionistas da economia moderna que postulam um comportamento racional durante o entusiasmo do mercado. Além dos números sobre o descarregamento de escravos e menções de traficantes de escravos experientes que estavam ligados à empresa, parecia não haver dados financeiros para apoiar o *Asiento* como uma fonte de fluxo de caixa grande o suficiente para justificar o preço das ações da Mares do Sul em meados de 1720: veja Carswell, 55–57, 240. Uma avaliação moderna mais diluída do valor intrínseco da Mares do Sul concluiu que, dada a possibilidade, embora não realizada, de enormes lucros, nenhuma estimativa razoável poderia ser feita: Paul Harrison, "Rational Equity Valuation at the Time of the South Sea Bubble, *History of Political Economy* Vol. 33, No. 2 (verão de 2001): 269–281.

390 Os Delírios das Multidões

61. A mecânica das conversões e flutuações da dívida da Mares do Sul é altamente complexa e está muito além do escopo deste volume. Para obter uma descrição oficial disso, veja Richard Dale, *The First Crash* (Princeton: Princeton University Press, 2014), 102–122. Para os cálculos de Hutcheson, veja 113–117; citação 114.

62. Ian Cowie, "Oriental risks and rewards for optimistic occidentals, *The Daily Telegraph*, 7 de agosto de 2004.

63. Carswell, 221–259. Sobre as curtas prisões, Andrew Odlyzko, comunicação pessoal.

Capítulo 4: George Hudson, Herói Capitalista

1. Solomon E. Asch, "Studies of independence and conformity. A minority ofone against a unanimous majority." *Psychological Monographs* Vol. 70, No. 9 (1956): 1–70. Veja também Asch, *Social Psychology* (Nova York: Prentice-Hall, 1952), 450–501.

2. Asch (1956), 28.

3. Veja, por exemplo, Ronald Friend et al., "A puzzling misinterpretation of the Asch 'conformity' study", *European Journal of Social Psychology* Vol. 20 (1990): 29–44.

4. Robert R. Provine, "The yawn is primal, unstoppable and contagious, revealing the evolutionary and neural basis of empathy and unconscious behavior", *American Scientist* Vol. 93, No. 6 (novembro e dezembro de 2005): 532–539.

5. Boyd e Richerson,: 3282.

6. Robert Boyd e Peter J. Richerson, *The Origin and Evolution of Cultures* (Oxford: Oxford University Press, 2005), 8–9.

7. Fritz Heider, "Attitudes and Cognitive Organization", *The Journal of Psychology* Vol. 21 (1946): 107–112. Um modelo semelhante, mais formal, foi desenvolvido em Charles E. Osgood e Percy H. Tannenbaum, "The Principle of Congruity and the Prediction of Attitude Change", *Psychological Review* Vol. 62, No. 1 (1955), 42–55.

8. Keise Izuma e Ralph Adolphs, "Social Manipulation of Preference in the Human Brain", *Neuron* Interpersonal Dynamics Vol. 78 (8 de maio de 2013): 563–573.

9. Daniel K. Campbell-Meiklejohn et al., "How the Opinion of Others Affects Our Valuation of Objects", *Current Biology* 20:13 (13 de julho de 2010): 1165–1170.

10. Mackay, I:137.

11. Stephen E. Ambrose, *Undaunted Courage* (Nova York: Simon and Shuster, 1996), 52. Esta afirmação não é totalmente verdadeira, uma vez que os pombos e o sistema de sinalização de semáforo francês poderiam transmitir quantidades muito limitadas de informação mais rápido do que um cavalo.

12. John Francis, *A History of the English Railway* (Londres: Longman, Brown, Green, & Longmans, 1851), I:4–5.

13. William Walker Junior, *Memoirs of the Distinguished Men of Science* (Londres, W. Walker & Son, 1862), 20.

14. Paul Johnson, *The Birth of the Modern* (Nova York: Harper Collins, 1991), 581.

15. Ibid.

16. Christian Wolmar, *The Iron Road* (Nova York: DK, 2014), 22–29, e Francis I:140–141.

17. Francis, I:94–102.

18. Francis, I:292.

19. Ibid.

20. Ibid., 288.

21. Sidney Homer e Richard Sylla, *A History of Interest Rates, 4th Ed.* (Hoboken, NJ: John Wiley & Sons, 2005), 188–193.

Notas   391

22. Bagehot, 138–139. Outro fator pode ter sido a compensação devida a ricos proprietários de escravos, o resultado da emancipação de 1830 (comunicação pessoal, Andrew Odlyzko).
23. Francis, I:290.
24. Ibid., I:293.
25. Ibid., I:289, 293–294.
26. John Herapath, *The Railway Magazine* (Londres: Wyld and Son, 1836), 33.
27. John Lloyd e John Mitchinson, *If Ignorance is Bliss, Why Aren't There More Happy People?* (Nova York: Crown Publishing, 2008), 207.
28. Francis, I:300.
29. Andrew Odlyzko, "This Time is Different: An Example of a Giant, Wildly Speculative, and Successful Investment Manias", *The B.E. Journal of Economic Analysis & Policy* Vol. 10, No. 1 (2010), 1–26.
30. J.H. Clapham, *An Economic History of Modern Britain: The Early Railway Age 1820–1850* (Cambridge: Cambridge University Press, 1939), 387, 389–390, 391.
31. Richard S. Lambert, *The Railway King* (Londres: George Allen & Unwin Ltd., 1964), 30–31.
32. Andrew Odlyzko, comunicação pessoal.
33. Lambert, 99–107.
34. Ibid., 150–154. 35. Ibid., 156–157.
36. Ibid., 188–189.
37. Frazar Kirkland, *Cyclopedia of Commercial and Business Anecdotes* (Nova York: D. Appleton and Company, 1868), 379.
38. Lambert, 173–174, Francis II:237.
39. Lambert., 237. Veja também Clapham, 391.
40. Francis II: 175.
41. Lambert, 165.
42. Francis, II:168–169.
43. Citação anônima em Ibid., 144–145.
44. Citado em Francis, II:174.
45. Lambert., 168–169.
46. Francis, II:183.
47. Alfred Crowquill, "Railway Mania", *The Illustrated London News*, 1º de novembro de 1845.
48. Lambert, 207.
49. Lambert 200–207, 221–240, valores de índice de preços de ações ferroviárias de W.W. Rostow e Anna Jacobsen Schwartz, *The Growth and Fluctuation of the British Economy 1790–1850* (Oxford: Clarendon Press, 1953) I:437.
50. Francis, II:195–196.
51. Ibid., 275–295, e comunicação pessoal de Andrew Odlyzko,
52. John Forster, *The Life of Charles Dickens* (Londres: Clapman and Hall, 1890), II:176.
53. William Bernstein, *The Birth of Plenty* (Nova York: McGraw-Hill Inc., 2004), 40–41.
54. Charles Mackay, *Memoirs of Extraordinary Popular Delusions* (Londres: Office of the National Illustrated Library, 1852), I:84.
55. Andrew Odlyzko, "Charles Mackay's own extraordinary popular delusions and the Railway Mania", http://www.dtc.umn.edu/~odlyzko/doc/mania04.pdf, acesso em 30 de março de 2016.
56. Citações de Odlyzko no *Glasgow Argus*, 2 de outubro de 1845, ibid.
57. Andrew Odlyzko, "Newton's financial misadventures during the South Sea Bubble", artigo de 7 de novembro de 2017. A famosa citação é indireta e sem comprovação.

392   Os Delírios das Multidões

Capítulo 5: A Fuga de Miller

1. Stanley Schacter, "Leon Festinger", *Biographical Memoirs* Vol. 94 (1994): 98–111, e "Doctor Claims World Will Upheave, Not End", *Pittsburgh Post-Gazette*, 17 de dezembro de 1954.
2. Leon Festinger et al., *When Prophecy Fails* (Nova York: Harper Torchbooks, 1956), 234.
3. Ibid., 33.
4. Ibid., 33–51.
5. "Doctor Claims World Will Upheave, Not End."
6. Festinger et al., ibid., e Whet Moser, "Apocalypse Oak Park: Dorothy Martin, the Chicagoan Who Predicted the End of the World and Inspired the Theory of Cognitive Dissonance", *Chicago Magazine*, 20 de maio de 2011.
7. Festinger et al., 28
8. https://www.mtholyoke.edu/acad/intrel/winthrop.htm, acesso em 14 de agosto de 2017.
9. Frederick Marryat, *A Diary in America* (Nova York: D. Appleton & Co., 1839), 16.
10. Walter Mann, *The Follies and Frauds of Spiritualism* (Londres: Watts & Co., 1919), 9–24.
11. Sylvester Bliss, *Memoirs of William Miller* (Boston: Joshua V. Himes, 1853), 8, e David L. Rowe, *Thunder and Trumpets* (Chico, CA: Scholars Press, 1985), 9.
12. Joshua V. Himes, Ed., *Miller's Works* I:8, http://centrowhite.org.br/files/ebooks/apl/all/Miller/Miller%27s%20Works.%20Volume%201.%20Views%20of%20the%20Prophecies%20and%20Prophetic%20Chronology.pdf, acesso em 15 de agosto de 2017.
13. Joshua V. Himes, *Views of the Prophecies and Prophetic Chronologies, Selected from Manuscripts of William Miller* (Boston: Joshua V. Himes, 1842), 10.
14. Rowe, *Thunder and Trumpets*, 3–6.
15. Bliss, 47–48, 50.
16. Ibid., 52–53. Para uma interpretação mais atual, veja Wayne R. Judd, "William Miller: Disappointed Prophet", em Ronald L. Numbers e Jonathan M. Butler, Eds., *The Disappointed* (Bloomington and Indianapolis: Indiana University Press, 1987), 7–19.
17. Martin Gardner, *Fads and Fallacies in the Name of Science* (Nova York; Dover Publications, 1957), 173–185.
18. Erich von Däniken, Michael Heron, Trans., *Chariots of the Gods* (Nova York: Berkley Books, 1999).
19. T. Rees Shapiro, "Harold Camping, radio evangelist who predicted 2011 doomsday, dies at 92", *The Washington Post*, 18 de dezembro de 2013.
20. Gardner, 176.
21. Ronald L. Numbers, comunicação pessoal.
22. Christopher Hitchens, *God is Not Great* (Nova York: Hachette Group, 2007), 60.
23. Leroy Edwin Froom, *The Prophetic Faith of our Fathers* (Washington, DC: Review and Herald, 1946), para cálculos específicos para o ano 1843, veja especificamente III:401–413. Aqueles que desejam um passeio exaustivo pelo labirinto de cálculo apocalíptico devem consultar a série completa de quatro volumes, disponível em: http://documents.adventistarchives.org.
24. Notas de laboratório ausentes de Wason, não se sabe ao certo se os experimentos foram realizados no fim da década de 1950, mas desde que seu influente estudo foi publicado em 1960, isso parece provável, veja P.C. Wason, "On the Failure to Eliminate Hypotheses in a Conceptual Task", *The Quarterly Journal of Experimental Psychology* Vol. 12, Part 3 (1960): 129–140.
25. Wason, ibid. É amplamente relatado na literatura da psicologia, e em outros lugares, que Wason cunhou o termo "viés de confirmação" nesse artigo, quando na verdade ele não

Notas 393

aparece em lugar nenhum nele. Um coautor relatou posteriormente "Que Wason tenha usado a frase 'viés de confirmação' parece improvável. Ele falou de uma "estratégia de verificação". Philip Johnson-Laird, comunicação pessoal. O autor não encontra menções ao termo antes de 1977.

26. Para um brilhante levantamento da pesquisa psicológica, história e significado humano do viés de confirmação, veja Raymond S. Nickerson, "Confirmation Bias: A Ubiquitous Phenomenon in Many Guises", *Review of General Psychology* Vol. 2, No. 2 (1998): 175–220.

27. Charles G. Lord et al., "Biased Assimilation and Attitude Polarization: The Effects of Prior Theories on Subsequently Considered Evidence", *Journal of Personality and Social Psychology* Vol. 37, No. 11 (1º de junho de 1979): 2098–2109. O endurecimento da opinião por dados contrários, conhecido como "efeito tiro pela culatra", é altamente controverso. Para uma visão mais matizada, veja Thomas Wood e Ethan Porter, "The Elusive Backfire Effect: Mass Attitudes' Steadfast Factual Adherence", *Political Behavior* Vol. 41, No. 1 (março de 2019):135–163.

28. Rowe, *Thunder and Trumpets*, 11–12, Everett N. Dick, *William Miller and the Advent Crisis 1831–1844* (Berrien Springs, MI: Andrews University Press, 1994), 7–9. Rowe afirma que Miller estabeleceu 457 a.C. como a data da queda do Império Persa, que de fato, só ocorreu um século depois.

29. Rowe, *Thunder and Trumpets*, 12–15.

30. Ibid., 14.

31. David L. Rowe, *God's Strange Work*, (Grand Rapids, MI: William B. Eerdmans Publishing Company, 2008), 1–2.

32. Thomas Armitage, *A History of Baptists* (Nova York: Bryan, Taylor, & Co., 1887), 769.

33. G. Frederick Wright, *Charles Grandison Finney* (Boston: Houghton, Mifflin and Company, 1893), 61.

34. Rowe, *Thunder and Trumpets*, 17–18, 24.

35. Rowe, *Thunder and Trumpets*, 17, 24, 91–92, citação 92.

36. Bliss, 143.

37. Dick, *William Miller and the Advent Crisis 1831–1844*, 19–20.

38. Rowe, *Thunder and Trumpets*, 17.

39. Ibid., 59–82.

40. Everett N. Dick, "Advent Camp Meetings of the 1840s", *Adventist Heritage* Vol. 4, No. 2 (inverno de 1977): 5.

41. Ibid., 3–10.

42. Ibid., 10.

43. Ibid.

44. Whitney R. Cross, *The Burned-over District* (Nova York: Harper Torchbooks, 1950), 296.

45. Rowe, *Thunder and Trumpets*, 31–40.

46. Dick, *William Miller and the Advent Crisis 1831–1844*, 44–45. Sobre Starkweather, veja George R. Knight, *Millennial Fever*, (Boise, ID: Pacific Press Publishing Association, 1993), 174–175.

47. William Miller, "A New Year's Address", *The Signs of the Times* Vol. IV, No. 19 (25 de janeiro de 1843): 150 (cortesia da Biblioteca Digital Adventista).

48. Dick, *Miller and the Advent Crisis 1831–1844*, 121.

49. Ibid., 83–99. Para uma compilação precisa dos meses e anos rabínicos em meados do século XIX, veja Isaac Landman, Ed., *The Universal Jewish Encyclopedia* (Nova York: Universal Jewish Encyclopedia, Inc., 1940), II:636.

394   Os Delírios das Multidões

50. William Miller (carta), *The Advent Herald* Vol. VII, No. 5 (6 de março de 1844): 39.
51. Joshua V. Himes, *The Midnight Cry!* Vol. 6, No. 13 (11 de abril de 1844), 305 (cortesia da Biblioteca Digital Adventista).
52. *The Signs of the Times* Vol. V, No. 16 (23 de junho de 1843): 123 (cortesia da Biblioteca Digital Adventista).
53. Knight, 159–165, citação 163.
54. *The Midnight Cry!*, Vol. 7, No. 17 (19 de outubro): 132 (cortesia da Biblioteca Digital Adventista).
55. Joseph Bates, *The Biography of Elder Joseph Bates* (Battle Creek, MI: The Steam Press, 1868), 298.
56. Ibid., 167–205. Para obter uma descrição da reunião de Exeter, veja *The Advent Herald*, Vol. VIII, No. 3 (21 de agosto de 1844): 20, e, para a escatologia exata de Snow, veja S.S. Snow, *The True Midnight Cry*, Vol. I, No. 1 (22 de agosto de 1844): 3–4 (cortesia da Biblioteca Digital Adventista).
57. William Miller, carta para Joshua Himes, *The Midnight Cry!*, Vol. 7, No. 16 (12 de outubro): 121 (cortesia da Biblioteca Digital Adventista). Para um resumo preciso de como a aceitação da data de 22 de outubro de 1844 propagou-se pela liderança adventista, veja David L. Rowe, *God's Strange Work*, 186–190.
58. Josiah Litch, carta para Nathaniel Southard, *The Midnight Cry!*, Vol. 7, No. 16 (12 de outubro): 125 (cortesia da Biblioteca Digital Adventista).
59. William Nicholas, *The Midnight Cry!*, Vol. 7, No. 17 (19 de outubro): 133 (cortesia da Biblioteca Digital Adventista).
60. Froom, IV:686
61. Knight, 204–210.
62. Dick, *William Miller and the Advent Crisis 1831–1844*, 149–152.
63. J. Thomas Scharf and Thompson Westcott, *History of Philadelphia* (Philadelphia: L. H. Everts & Co., 1884), II:1448.
64. Rowe, *Thunder and Trumpets*, 137.
65. Ibid., 138.
66. Clara Endicott Sears *Days of Delusion* (Boston: Houghton Mifflin Company, 1924), 181, 190–191, 195, 203.
67. Francis D. Nichol, *The Midnight Cry!* (Takoma Park, Washington D.C.: Review and Herald Publishing Association), 337–426, e Ruth Alden Doan, *The Miller Heresy, Millerism, and American Culture* (Philadelphia: Temple University Press, 1987), 60–61 e 158–174, e Dick, *William Miller and the Advent Crisis 1831–1844*, 123–130. O tratamento histórico moderno mais sucinto e convincente dos excessos milleritas, e particularmente das vestes da ascensão, é encontrado em Cross, 305–306.
68. *The Signs of the Times* Vol. VI, No. 17 (13 de dezembro de 1843): 144 (cortesia da Biblioteca Digital Adventista), e Dick, *William Miller and the Advent Crisis 1831–1844*, 121.
69. Knight, 218–219.
70. Louis Boutelle, *Sketch of the Life and Religious Experience of Eld. Louis Boutelle* (Boston: Advent Christian Publication Society, 1891), 67–68.
71. William Lloyd Garrison, Walter M. Merrill, Ed., *The Letters of William Lloyd Garrison* (Cambridge, MA: The Bellknap Press of Harvard University Press, 1973), III:137, e Ira V. Brown, "The Millerites and the Boston Press", *The New England Quarterly* Vol. 16, No. 4 (dezembro de 1943): 599.
72. Dick, *William Miller and the Advent Crisis 1831–1844*, 161.
73. Rowe, *Thunder and Trumpets*, 141–147.
74. Knight, 219–241.

Notas 395

75. Jonathan M. Butler e Ronald L. Numbers, Introdução, em Ronald L.Numbers e Jonathan M. Butler, Eds., *The Disappointed* (Bloomington and Indianapolis: Indiana University Press, 1987), xv, e Doan, 203–204.
76. Para a discussão de Festinger sobre o episódio millerita, veja Festinger et al.,*When Prophecy Fails*, 11–23.
77. Ernest Sandeen, *The Roots of Fundamentalism* (Grand Rapids, MI: Baker Book House, 1970), 54–55.

Capítulo 6: A Fantástica Aventura de Winston Churchill na Política Monetária

1. Bagehot, 158.
2. Martin Gilbert, *Winston S. Churchill* (Boston: Houghton Mifflin Company, 1977), V:333–351, citação 350.
3. Liaquat Ahamed, *Lords of Finance* (Nova York: Penguin, 2009), 231.
4. H. Clark Johnson, *Gold, France, and the Great Depression, 1919-1932* (New Haven, CT: Yale University Press, 1997), 141; convertida a US$4,86/libra esterlina, veja também o Federal Reserve Bulletin, abril de 1926, 270–271.
5. Benjamin M. Blau et al., "Gambling Preferences, Options Markets, and Volatility", *Journal of Quantitative and Financial Analysis* Vol. 51, No. 2 (abril de 2016): 515–540.
6. Hyman Minksy, "The financial-instability hypothesis: capitalist processes and the behavior of the economy", em Charles P. Kindleberger e Jean-Pierre Laffargue, Eds., *Financial crises* (Cambridge UK: Cambridge University Press, 1982), 13–39.
7. William J. Bernstein, *The Birth of Plenty*, 101–106.
8. Para uma descrição maravilhosamente lúcida desse sistema, veja Frederick Lewis Allen, *The Lords of Creation* (Chicago: Quadrangle Paperbacks, 1966), 305–306.
9. https://fraser.stlouisfed.org/theme/?_escaped_fragment_=32#!32, acessado em 30 de março de 2016.
10. Hyman Minsky, ibid.
11. Floris Heukelom, "Measurement and Decision Making at the University of Michigan in the 1950s and 1960s", Nijmegen Center for Economics, Institute for Management Research, Radboud University Nijmegen, 2009, http://www.ru.nl/publish/pages/516298/nice_09102.pdf, acesso em 18 de julho de 2016.
12. Malcolm Gladwell, *David and Goliath* (Nova York: Little, Brown and Company, 2013) 103.
13. Daniel Kahneman, *Thinking, Fast and Slow* (Nova York: Farrar, Straus and Giroux, 2013), 4–7.
14. Amos Tversky e Daniel Kahneman, "Judgment under Uncertainty: Heuristics and Biases", *Science* Vol. 185, No. 4157 (27 de setembro de 1974), 1124.
15. Kahneman e Tversky, "Judgment under Uncertainty", 1130.
16. "Judgment under Uncertainty" (vide supra) é o trabalho mais citado de Kahneman e Tversky. Veja também, pelos mesmos autores, "Availability: A Heuristic for Judging Frequency and Probability", *Cognitive Psychology* Vol. 5 (1973): 207–232; "Belief in the Law of Small Numbers", *Psychological Bulletin* Vol. 76, No. 2 (1971): 105–110; "Subjective Probability: A Judgment of Representativeness", *Cognitive Psychology* Vol. 3 (1972): 430–454; "On the Psychology of Prediction", *Psychological Review* Vol. 80, No. 4 (julho de 1973):237–251; "On the study of statistical intuitions", *Cognition* Vol. 11 (1982): 123–141; e "Intuitive Prediction: Biases and Corrective Procedures", (*Advances in Decision Technology*, Defense Advanced Research Projects Agency, 1977).

396   Os Delírios das Multidões

17. Para mortes por armas de fogo, acesse https://www.cdc.gov/nchs/fastats/injury.htm; para mortes por veículos motorizados, acesse https://www.cdc.gov/vitalsigns/motor-vehicle--safety/, e para dependência de opiáceos, acesse https://www.cdc.gov/drugoverdose/.

18. Entre2005e2019,terroristasmataram250israelenses,cercade15porano,enquantoem2018, 315 pessoas foram mortas em acidentes rodoviários, acesse https://www .jewishvirtualli-brary.org/comprehensive-listing-of-terrorism-victims-in-israel e https://www.timesofis-rael.com/cautious-optimism-as-annual-road-deaths-drop-for-the-first-time-in-5-years/.

19. Em 1925, havia 20 milhões de automóveis nos Estados Unidos para uma população de 116 milhões http://www.allcountries.org/uscensus/1027_motor_vehicle_registrations. html, acesso em 18 de julho de 2016.

20. Allen, *The Lords of Creation*, 235–236.

21. John Kenneth Galbraith, *A Short History of Financial Euphoria* (Knoxville, TN: Whittle Direct Books, 1990), 16.

22. Galbraith, *The Great Crash 1929* (Boston: Houghton Mifflin Company, 1988), 22.

23. K. Geert Rouwenhorst, "The Origins of Mutual Funds", in *The Origins of Value*, William N. Goetzmann and K. Geert Rouwenhorst, Eds. (Oxford: Oxford University Press, 2005), 249.

24. Galbraith, *The Great Crash 1929*, 47.

25. Composto por dados de Galbraith, *The Great Crash 1929*, 60–63; J. Bradford De Long e Andrei Schleifer, "The Stock Market Bubble of 1929: Evidence from Closed-end Mutual Funds", *The Journal of Economic History*, Vol. 51, No. 3 (setembro de 1991): 678.

26. Galbraith, *The Great Crash 1929*, 58–62, e Barrie Wigmore, *The Crash and Its Aftermath* (Westport, CT: Greenwood Press, 1985), 40, 45, 248–250.

27. Do banco de dados de Robert Shiller, veja: http://www.econ.yale.edu/~shiller/data/ie_data.xls, acesso em 17 de julho de 2016.

28. Banco de dados de Robert Shiller, ibid.

29. Neal, *The Rise of Financial Capitalism*, 232–257. Até esses números podem dramatizar o aumento de preços, uma vez que a debilitante Guerra da Sucessão Espanhola estava perto do fim em 1709 o que representou um ponto de partida baixo para estimar novos aumentos de preços.

30. "Radio Declares Dividend", *Ellensburg Daily Record,* 5 de novembro de 1937.

31. A forma canônica da técnica foi estabelecida em John Burr Williams, *The Theory of Investment Value* (Cambridge MA: Harvard University Press, 1938). Veja também Irving Fisher, *The Theory of Interest* (Nova York: The Macmillan Company, 1930) e Benjamin Graham e David Dodd, *Security Analysis* (Nova York: Whit tlesey House, 1934).

32. Graham e Dodd, 310.

33. Parafraseado em Frederick Lewis Allen, *Only Yesterday*, (Nova York: Perennial Classics, 2000) 265. Não consegui determinar uma fonte inicial.

CAPÍTULO 7: SUNSHINE CHARLIE ENTENDEU ERRADO

1. Bernstein, *The Birth of Plenty*, 127–128.

2. *The Bend [OR] Bulletin,* 16 de julho de 1938, 1, 5.

3. Allen, *The Lords of Creation*, 267–269.

4. Citado em Allen, *The Lords of Creation*, 281–282.

5. Ibid., 266–286.

6. Virginia State Corporation Commission, "Staff Investigation on the Restructuring of the Electric Industry", https://www.scc.virginia.gov/comm/reports/restrct3.pdf, acesso em 17 de abril de 2019.

7. Allen, *The Lords of Creation*, 279 8. Ibid.
9. Adolph A. Berle, Jr. and Gardiner C. Means, *The Modern Corporation and Private Property* (Nova York: The Macmillan Company, 1948), 205n18.
10. Allen, *The Lords of Creation*, 281.
11. Ibid., 286.
12. Arthur R. Taylor, "Losses to the Public in the Insull Collapse: 1932–1946", *The Business History Review* Vol. 36, No. 2 (Verão de 1962): 188.
13. "Former Ruler of Utilities Dies in France", *Berkeley Daily Gazette*, 16 de julho de 1938.
14. "Insull Drops Dead in a Paris Station", *The Montreal Gazette* Vol. 167, No. 170 (18 de julho de 1938): 9.
15. Allen, *The Lords of Creation*, 353–354.
16. Evans Clark, Ed., *The Internal Debts of the United States* (Nova York: The Macmillan Company, 1933), 14.
17. Veja, por exemplo, "Reveal Stock Pool Clears 5 Million in Week", *Chicago Tribune* Vol. LXXXXI No. 121 (20 de maio de 1932): 1.
18. Samuel Crowther, "Everybody Ought to Be Rich: An Interview with John J. Raskob", *Ladies' Home Journal*, 19 de agosto de 1929, reimpresso em David M.P. Freund, *The Modern American Metropolis* (Nova York: Wiley-Blackwell, 2015), 157–159. Estimativa de circulação de Douglas B. Ward, "The Geography of the Ladies' Home Journal: An Analysis of a Magazine's Audience, 1911-55", *Journalism History* Vol. 34, No. 1 (primavera de 2008): 2.
19. Yanek Mieczkowski, *The Routledge Historical Atlas of Presidential Elections* (Nova York: Routledge, 2001), 94.
20. Galbraith, *The Great Crash 1929*, 139.
21. David Kestenbaum, "What's a Bubble? http://www.npr.org/sections/money/2013/11/15/245251539/whats-a-bubble, acesso em 1º de agosto de 2016. Para uma amostra da literatura acadêmica sobre a não persistência do desempenho do gestor financeiro, consulte Michael C. Jensen, "The Performance of Mutual Funds in the Period 1945–64", *Journal of Finance* Vol. 23, No.2 (maio de 1968): 389–416; John R. Graham e Campbell R. Harvey, "Grading the Performance of Market Timing Newsletters", *Financial Analysts Journal* Vol. 53, No. 6 (novembro/dezembro de 1997): 54–66; e Mark M. Carhart, *"On Persistence in Mutual Fund Performance"*, *Journal of Finance* Vol. 52, No. 1 (março de 1997): 57–82.
22. Robert Shiller, *Market Volatility* (Cambridge MA: MIT Press, 1992), 56.
23. Anônimo, "Jacobellis v. Ohio", https://www.law.cornell.edu/supremecourt/text/378/184#ZC1-378_US_184fn2/2, acesso em 1º de agosto de 2016.
24. Allen, *Only Yesterday*, 288.
25. Ibid., 273–274.
26. Chancellor, 210.
27. Alexander Dana Noyes, *The Market Place* (Boston: Little, Brown and Company, 1938), 323–324.
28. Galbraith, *The Great Crash 1929*, 84–85; e *The Wall Street Journal*,6 de setembro de 1929.
29. "Fisher Sees Stocks Permanently High", *The New York Times*, 16 de outubro de 1929, 8.
30. Michael Perino, *The Hellhound of Wall Street* (Nova York: The Penguin Press, 2010), 197.
31. Bruce Barton, "Is There Anything Here that Other Men Couldn't Do?".*American Magazine* 95 (Fevereiro de, 1923): 128, citado em Susan Estabrook Kennedy, *The Banking Crisis of 1933* (Lexington KY: The University Press of Kentucky, 1973), 113–114.

398   Os Delírios das Multidões

32. Citação, Allen, *The Lords of Creation*, 313, veja também Edmund Wilson, *The American Earthquake* (Garden City, NY: Anchor Doubleday Books, 1958), 485.
33. Ibid., 313–319.
34. Edmund Wilson, 485.
35. Conforme medido pelo ndice Dow Jones.
36. Para propriedade longitudinal de ações nos Estados Unidos, acesse: https://www.fdic.gov/about/history/timeline/1920s.html.
37. Benjamin Roth, *The Great Depression: A Diary* (Nova York: Public Affairs, 2009), 44.
38. Fred Schwed, *Where are the Customers' Yachts?* (Hoboken, NJ: John Wiley & Sons Inc., 2006), 155.
39. Thomas F. Huertas and Joan L. Silverman, "Charles E. Mitchell: Scapegoatof the Crash?" *The Business History Review* Vol. 60, No. 1 (primavera de 1986): 86.
40. Perino, 40–59.
41. Perino, 135–155.
42. Ibid., 202.
43. "Hearings before a Subcommittee of the Committee on Banking and Currency of the United States Senate, Seventy-Second Congress on S. Res. 84 and S. Res. 239", 2170, http://www.senate.gov/artandhistory/history/common/investigations/pdf/ Pecora_EBrown_testimony.pdf, acesso em 17 de agosto de 2016.
44. Ibid., 2176.
45. Ibid., 2168–2182.
46. Wigmore, *The Crash and Its Aftermath* 446–447, Barrie A. Wigmore, "Was the Bank Holiday of 1933 Caused by a Run on the Dollar?" *Journal of Economic History* Vol. 47, No. 3 (setembro de 1987): 739–755.
47. William J. Bernstein, *The Four Pillars of Investing* (Nova York: McGraw Hill Inc., 2002), 147.
48. Schwed, 54.
49. Allen, *The Lords of Creation*, 225.

Capítulo 8: Vaca Apocalíptica

1. Gershom Gorenberg, *The End of Days* (Nova York: The Free Press, 2000), 7–8, e "Apocalypse Cow", *The New York Times* (30 de março de 1997).
2. Mendy Kaminker, "Meet the Red Heifer", http://www.chabad.org/ parshah/article_cdo/aid/2620682/jewish/Meet-the-Red-Heifer.htm, acesso em 11 de março de 2016.
3. Mishneh Torah, Leis de Mikvaot, 11:12.
4. Mishneh Torah, Leis de Parah Adumah 3:4.
5. Gorenberg, 9–10.
6. David Gates, "The Pop Prophets", *Newsweek* (24 de maio de 2004), 48 e https:// news.gallup.com/poll/193271/americans-believe-god.aspx, https://news.gallup.com/poll/210704/record-few-americans-believe-bible-literal-word-god.aspx, e https://www.pewresearch.org/fact-tank/2010/07/14/jesus-christs-return-to-earth/, acesso em 19 de abril de 2019.
7. Crawford Gribben, comunicação pessoal.
8. 1 Tessalonicenses, 4:16–17.
9. Donald Harman Akenson, *Discovering the End of Time* (Montreal: McGillQueen's University Press, 2016), 88–90; e J. Gordon Melton, *Encyclopedia of American Religions* (Detroit: Gale Press, 1999), 107–108.

Notas   399

10. David S. Yoon, *The Restored Jewish State and the Revived Roman Empire* (Ann Arbor MI: Proquest/UMI Dissertation Publishing, 2011), 107–113; e Richard Hastings Graves, *The Whole Works of Richard Graves, D.D.* (Dublin: William Curry, Jun. and Company, 1840), II:416–438.

11. Crawford Gribben, comunicação pessoal.

12. Isaac Newton, ibid.

13. Joseph Priestly, *Letters to a Philosophical Unbeliever, Part I, Second Ed.*, (Birmingham: Pearson and Rollason, 1787), 192.

14. Yoon, 150, 274, Melton, 109.

15. Stephen Larsen, *The Fundamentalist Mind* (Wheaton IL: Quest Books, 2014), 145–146.

16. David W. Bebbington, Evangelicalism in Modern Britain, (Londres: Routledge, 1989), 2–5

17. C.I. Scofield, *The Holy Bible* (Nova York: Oxford University Press, American Branch, 1909); e *The New Scofield Reference Bible* (Nova York: Oxford University Press, 1967); estimativas de vendas, Boyer, 97-98 e Crawford Gribben, comunicação pessoal.

18. Sandeen, 273–277, citação 276-277, no ano de adoção de 1890, veja Julie Scott Jones, *Being the Chosen: Exploring a Christian Fundamentalist Worldview* (Londres: Routledge, 2010), 38.

19. Arthur Posonby Moore-Anderson, *Sir Robert Anderson and Lady Agnes Anderson*, http://www.casebook.org/ripper_media/rps.apmoore.html, acesso em 19 de dezembro de 2017, e Alexander Reese, *The Approaching Advent of Christ*, https:// theologue.wordpress.com/2014/10/23/updated-the-approaching-advent-of-christ-byalexander-reese/, acesso em 19 de dezembro de 2017. 237.

20. B. W. Newton, *Prospects of the Ten Kingdoms Considered* (Londres: Houlston & Wright, 1863), 42.

21. Ibid.

22. William Kelly, Ed., *The Collected Writings of John Nelson Darby Vol. 11* (Londres: G. Morrish, 1867–1900), 595–596.

23. Crawford Gribben, comunicação pessoal.

24. Daniel 8:14.

25. Robert Anderson, *The Coming Prince* (Londres: Hodder and Stoughton, 1881), 46–50, e Anderson, *Unfulfilled Prophecy and The Hope of the Church* (Londres: Pickering & Inglis, 1923), 7–9, citação 9.

26. Ibid., 186–187.

27. Anderson, *The Coming Prince*, 150.

28. Para "reis do leste, veja ibid., Vol. 2, 359 e Apocalipse 16:12, e para "rei do sul", veja ibid., Vol. 2, 519.

29. Ibid., Vol. 2, 517.

30. Ibid, Vol. 2, 518, veja também Yoon, 202.

31. Paul Charles Merkley, *The Politics of Christian Zionism 1891–1948* (Londres: Frank Cass, 1998), 59, 63.

32. D.H. Willmington, *Wllmington's Guide to the Bible* (Wheaton, IL: Tyndale House Publishers, Inc., 1984), 563; William E. Blackstone, *Jesus is Coming* (Chicago: The Moody Bible Institute, 1916); e Matthew Avery Sutton, *American Apocalypse* (Cambridge, MA: Belknap Press, 2014), 210.

33. Merkley, *The Politics of Christian Zionism 1891–1948*, 69.

34. Ibid., 73.

35. Melvin I. Urofsky e David W. Levy, Eds., *Letters of Louis D. Brandeis* (Albany: State University of New York Press, 1975), IV:278, veja também Sutton, 73.

400   Os Delírios das Multidões

36. E.T. Raymond, *A Life of Arthur James Balfour* (Boston: Little, Brown, and Company, 1920), 1.
37. Ibid., 110, 184–197.
38. Jonathan Schneer, *The Balfour Declaration* (Londres: Bloomsbury, 2010), 134–135.
39. Uma imagem fotográfica dessa carta está disponível em https://i-cias.com/e.o/slides/balfour_declaration01.jpg

Capítulo 9: A Espada de Deus

1. Tom Segev, Hiam Watzman, trans, *One Palestine, Complete* (Nova York: Holt Paperbacks, 1999), 430.
2. Moshe Dayan, *Story of My Life* (Nova York: William Morrow and Company, Inc., 1976), 45.
3. Yoon, 233.
4. André Gerolymatos, *Castles Made of Sand* (Nova York: Thomas Dunne Books, 2010), 71–77.
5. Ralph Sanders, "Orde Wingate: Famed Teacher of the Israeli Military", *Israel: Yishuv History* (verão 2010): 12–14.
6. Anônimo, "Recent Views of the Palestine Conflict", *Journal of Palestine Studies* Vol. 10, No. 3 (primavera, 1981): 175.
7. Lester Velie, *Countdown in the Holy Land* (Nova York, Funk & Wagnalls, 1969), 105.
8. Simon Anglim, *Orde Wingate and the British Army, 1922-1944* (Londres: Routledge, 2010), 58.
9. Yoel Cohen, "The Political Role of the Israeli Chief Rabbinate in the Temple Mount Question", *Jewish Political Studies Review* Vol. 11, No. 1 (primavera de 1999): 101–105.
10. Para toda a gama de discussão teológica sobre o assunto, veja, sobre o lado pró-reconstrução, Jerry M. Hullinger, "The Problem of Animal Sacrifices in Ezekiel 40–48", *Bibliotheca Sacra* Vol. 152 (julho–setembro de 1995): 279–289; e do lado anti-reconstrução, Philip A.F. Church, "Dispensational Christian Zionism: A Strange but Acceptable Aberration of Deviant Heresy?" *Westminster Theological Journal* Vol. 71 (2009): 375–398.
11. Chaim Herzog, *The Arab-Israeli Wars* (Nova York: Random House, 1982), 54–55.
12. Paul Charles Merkley, *Christian Attitudes towards the State of Israel* (Montreal: McGill-Queen's University Press, 2001), 140.
13. Hertzel Fishman, *American Protestantism and a Jewish State* (Detroit: Wayne State University Press, 1973), 23–24, 83. Para a oposição da empresa de petróleo ao estabelecimento de Israel, consulte Zohar Segev, "Struggle for Cooperation and Integration: American Zionists and Arab Oil, 1940s", *Middle Eastern Studies* Vol. 42, No. 5, (setembro 2006): 819–830.
14. Citado em ibid., 29.
15. Citado em ibid., 34.
16. Ibid., 53–54.
17. Reinhold Niebuhr, *Love and Justice* (Louisville, KY: Westminster John Knox Press, 1992), 139–141. (Observação: a seção citada foi reimpressa de "Jews after the War", publicado em 1942.)
18. Ibid., 141.
19. Yoon, 354–365, citação 362.
20. Samuel W. Rushay, Jr., "Harry Truman's History Lessons", *Prologue Magazine* Vol. 41, No. 1 (Primavera de 2009): https://www.archives.gov/publications/ prologue/2009/spring/truman-history.html, acesso em 8 de janeiro 2018.

Notas   401

21. Merkley, *The Politics of Christian Zionism* (Londres: Frank Cass, 1998), 187–189, quotes 188.
22. Paul Charles Merkley, *American Presidents, Religion, and Israel* (Westport, CT: Praeger, 2004), 4–5.
23. Merkley, *The Politics of Christian Zionism*, 191.
24. Yoon, 391, 395, e Thomas W. Ennis, "E. Schuyler English, Biblical Scholar, 81" *The New York Times*, 18 de março de 1981.
25. Shabtai Teveth, Trans. Leah and David Zinder, *Moshe Dayan, The Soldier, the Man, and the Legend* (Boston: Houghton Mifflin Company, 1973), 335–336.
26. Dayan, 31, 128–131,
27. Herzog, 156–206, Dayan, 366 e Ron E. Hassner, *War on Sacred Grounds* (Ithaca, NY: Cornell University Press, 2009), 117.
28. Cohen, 120 n3.
29. Dayan, 386.
30. Ibid., 387.
31. Ibid., 388.
32. Gorenberg, 98.
33. Ibid., 387–390, e Rivka Gonen, *Contested Holiness* (Jersey City, KTAV Publishing House, 2003), 153.
34. Gonen, 157, Gorenberg, 107–110, e Abraham Rabinovich, "The ManWho Torched al-Aqsa Mosque", *Jerusalem Post*, 4 de setembro de 2014.
35. Veja, por exemplo, Ronald Siddle et al, "Religious delusions in patients admitted to hospital with schizophrenia", *Social Psychiatry and Psychiatric Epidemiology* Vol. 37, No. 3, (2002): 130–138.
36. Gershom Scholem, *Sabbatai Sevi* (Princeton NJ: Princeton University Press, 1973), 125–142, 461–602, 672–820.
37. Para uma história magistral de assassinato como um instrumento da política israelense/judaica, tanto antes quanto depois da independência, consulte Ronen Bergman, *Rise and Kill First* (Nova York: Random House, 2018), especialmente p. 18–30 para aqueles que envolvem Irgun e Lehi. Para os 18 pontos, acesse http://www.saveisrael.com/stern/saveisraelstern.htm.
38. Lawrence Wright, "Forcing the End", *The New Yorker* (20 de julho de 1998), 52.
39. Gonen, 158–159.
40. Jerold S. Auerbach, *Hebron Jews* (Plymouth, UK: Rowman & Littlefield Publishers, Inc., 2009), 114–116; e Nur Mashala, *Imperial Israel* (Londres: Pluto Press, 2000), 123–126.
41. Gonen, 161–162.
42. Charles Warren, *The Land of Promise* (Londres: George Bell & Sons, 1875), 4–6.
43. Nadav Shragai, "Raiders of the Lost Ark", *Ha Aretz*, 25 de abril de 2003.
44. Serge Schmemann, "50 Are Killed as Clashes Widen from West Bank to Gaza Strip", *The New York Times*, 17 de setembro de 1996.

CAPÍTULO 10: OS EMPREENDEDORES DO APOCALIPSE

1. Bruce Lincoln, *Holy Terrors, 2nd Ed.*, (Chicago IL: University of Chicago Press, 2006), 28–31, citação 30.
2. Ted Olson, "Bush's Code Cracked", *Christianity Today*, 1º de setembro de 2004, https://www.christianitytoday.com/ct/2004/septemberweb-only/9-20-42.0.html, acesso em 30 de junho de 2019.

402 Os Delírios das Multidões

3. Veja, por exemplo, Doug Wead, "The Spirituality of George W. Bush", https://www.
   pbs.org/wgbh/pages/frontline/shows/jesus/president/spirituality.html, acesso em 30 de
   junho de 2019.
4. "Bible Prophecy and the Mid-East Crisis", *Moody Monthly* Vol. 68, No. 1 (julho-agosto
   de 1967): 22.
5. John F. Walvoord, "The Amazing Rise of Israel!" *Moody Monthly* Vol. 68, No. 2 (outubro de 1967): 24–25.
6. Veja Yoon, 407.
7. Hal Lindsey, "The Pieces Fall Together", *Moody Monthly* Vol. 68 , No. 2 (outubro de
   1967): 27. Para "perigo amarelo", veja Hal Lindsey e C.C. Carson, *The Late Great
   Planet Earth* (Grand Rapids MI: Zondervan Publishing House, 1977), 70.
8. Ibid., 26–28, citação 27.
9. Ibid, 27.
10. Jonathan Kirsch, "Hal Lindsey", *Publishers Weekly*, 14 de março de 1977, 30.
11. Stephen R. Graham, "Hal Lindsey", in Charles H. Lippy, Ed., *TwentiethCentury Shapers
    of American Popular Religion* (Nova York: Greenwood Press, 1989), 248.
12. Yoon, 411 e ibid., 247–255.
13. Yoon 31.
14. Paul Boyer, "America's Doom Industry", https://www.pbs.org/wgbh/pages/frontline/
    shows/apocalypse/explanation/doomindustry.html, acesso em 3 de setembro de 2019.
15. As citações de Falwell, Bakker, Robertson, Graham, e Lindsey, são transcritas pelo au-
    tor de uma gravação audiocassete de um programa de 90 minutos da NPR, Joe Cuomo,
    "Joe Cuomo and the Prophecy of Armageddon", 1984 WBAI-FM. Sobre Reagan e *Late
    Great*, consulte Crawford Gribben, *Evangelical Millennialism in the Trans-Atlantic
    World, 1500-2000* (Nova York: Palgrave Macmillan, 2011), 115.
16. John McCollister, *So Help Me God* (Louisville: Winchester/John Knox Press, 1991),
    199.
17. Daniel Schorr, "Reagan Recants: His Path from Armageddon to Détente", *Los Angeles
    Times* (3 de janeiro de 1988).
18. John Herbers, "Religious Leaders Tell of Worry on Armageddon View Ascribed to
    Reagan", *The New York Times* (21 de outubro de 1984), 32, e Schorr, ibid.
19. Ibid.
20. Nancy Gibbs, "Apocalypse Now", *Time* Vol. 160, No. 1, (1' de julho de 2002): 47.
21. Gribben, *Evangelical Millennialism in the Trans-Atlantic World, 1500-2000*, 115.
22. Loveland, 223, 228.
23. Lou Cannon, *President Reagan: The Role of a Lifetime* (Nova York: Simon & Schuster,
    1991), 156.
24. Ronald Reagan, *An American Life* (Nova York: Simon and Schuster, 1990), 585.
25. Ibid. Para a ameaça de boicote de Falwell, veja Carla Hall et al, "The Night of 'The
    Day After,'" *The Washington Post*, 21 de novembro de 1983, e Philip H. Dougherty,
    "Advertising; Who Bought Time on 'The Day After,'" *The New York Times*, 22 de no-
    vembro de 1983.
26. R.P. Turco et al., "Nuclear Winter: Global Consequences of Multiple Nuclear Explosions",
    Science Vol. 222, No. 4630 (23 de dezembro de 1983): 1283–1292.
27. Para a transcrição do debate de 21 de outubro de 1984, acesse http://www.debates.org/in-
    dex.php?page=october-21-1984-debate-transcript. Para a reação de Nancy Reagan, con-
    sulte Boyer, *When Time Shall Be No More*, 142. Para o recuo de Reagan, veja Richard V.
    Pierard, "Religion and the 1984 Election Campaign", *Review of Religious Research* Vol.
    27, No. 2, (dezembro de 1985): 98–114.

Notas   403

28. Paul Lettow, *Ronald Reagan and His Quest to Abolish Nuclear Weapons* (Nova York: Random House, 2005), 133.
29. Para uma pesquisa abrangente da produção literária de Lindsey, consulte Stephen R. Graham, 254.
30. Lindsey and Carlson, *The Late Great Planet Earth*, 72.
31. Ibid., 145.
32. Ibid., x, 75, 89, 115, 163.
33. Ibid., 23–23, 78.
34. Ibid., 53.
35. Ibid., 43.
36. Ibid., 104.
37. Ibid., 140–157.
38. Daniel Wojcik, *The End of the World as We Know It* (Nova York: New York University Press, 1997), 43.
39. Mark A. Kellner, "John F. Walvoord, 92, longtime Dallas President, dies" *Christianity Today*, Vol. 47, No. 2 (fevereiro de 2003): 27.
40. John F. Walvoord, *Armageddon, Oil, and the Middle East Crisis* (Grand Rapids, MI: Zondervan Publishing House, 1990), 182. Para obter os detalhes mais importantes do livro, consulte as páginas 53–56, 61–62, 109–146, 177–184. As páginas 201–202 fornecem uma excelente tabulação das passagens bíblicas subjacentes à interpretação dispensacionalista dos eventos atuais.
41. Para uma visão abrangente da obra de Lindsey das décadas de 1970 e 1980, veja Stephen R. Graham.
42. Hal Lindsey, *The 1980's: Countdown to Armageddon*, (Nova York: Bantam Books, 1981) 43. Ibid., 29.
44. Peter M. Shearer e Philip B. Stark, "Global risk of big earthquakes has not recently increased", *Proceedings of the National Academy of Sciences of the United States* Vol. 109, No. 3 (janeiro de 2012): 717–721.
45. Lindsey, *The 1980's: Countdown to Armageddon*, 44.
46. Hal Lindsey, *Planet Earth—2000 A.D.*, (Palos Verdes, CA: Western Front, Ltd., 1996), 41, 107–124, 175–192, subtítulo 114.
47. Mortes por asfixia: https://www.statista.com/statistics/527321/deaths-due-to-choking--in-the-us/; raio, https://www.cdc.gov/disasters/lightning/victimdata.html; e terrorismo, https://www.cato.org/blog/terrorism-deaths-ideology-charlottesville-anomaly.
48. Veja, por exemplo, http://www.who.int/hiv/data/mortality_targets_2016.png?ua=1, acesso em 25 de fevereiro de 2018.
49. https://www.hallindsey.com/, acesso em 25 de fevereiro de 2018.
50. Peter Applebome, "Jerry Falwell, Moral Majority Founder, Dies at 73", *The New York Times* (16 de maio de 2007), A1.
51. Susan Friend Harding, *The Book of Falwell* (Princeton, NJ: Princeton University Press, 2000), 195.
52. https://www.upi.com/Archives/1984/08/23/Moral-Majority-founder-Jerry   -Falwell-calling-President-Reagan-the/6961462081600/, acesso em 19 de abril de 2018.
53. Applebome, ibid.
54. Miles A. Pomper, "Church, Not State, Guides Some Lawmakers on Middle East", *Congressional Quarterly* Vol. 58 (23 de março de 2002): 829. Para uma crítica controversa, mas completa, do lobby de Israel nos Estados Unidos, veja John Mearsheimer e Stephen M. Walt, *The Israel Lobby and U.S. Foreign Policy*, (Nova York: Farrar, Straus, and Giroux, 2007).

404 Os Delírios das Multidões

55. Pomper, ibid.
56. Ibid., 830.
57. Ibid., 831.
58. Michael Lind, *Up from Conservatism*, (Nova York: Free Press Paperbacks, 1999), 99.
59. Myra MacPherson, "The Pulpit and the Power", *The Washington Post* (18 de outubro de 1985), Friday Style D1.
60. Gregory Palast, "I don't have to be nice to the spirit of the Antichrist", *The Guardian* (23 de maio de 1999), disponível em: https://www.theguardian.com/business/1999/may/23/columnists.observerbusiness1.
61. David Edwin Harrell Jr., *Pat Robertson* (Grand Rapids, MI: William B. Eerdmans Publishing Company, 2010), 86–124 e Wayne King, "Robertson, Displaying Mail, Says He Will Join '88 Race", *The New York Times* (16 de setembro de 1987), D30.
62. Harrell, 108.
63. Yoon, 551–552.
64. Yoon, 514–515.
65. Harrell, 324.
66. Veja, respectivamente, https://www.youtube.com/watch?v=uDT3krve9iE, Richard Kyle, *Apocalyptic Fever* (Eugene, OR: Cascade Books, 2012), https://www.youtube.com/watch?v=W0hWAxJ3_Js, e https://www.youtube.com/watch?v=P6xBo9EijIQ.
67. Bruce Evensen, "Robertson`s Credibility Problem", *Chicago Tribune* (23 de fevereiro de 1988); e Michael Oreskes, "Robertson Comes Under Fire for Asserting that Cuba Holds Soviet Missiles", *The New York Times* (16 de fevereiro de 1988), 28.
68. Harrell, 326328, e Gorenberg, 139, 157, 169.
69. Harrell, 103.
70. Tom W. Smith, NORC/University of Chicago, artigo, "Belief in God across Time and Countries" (2012). Um autor de ensaios, por exemplo, observou a quase completa ausência de crença apocalíptica na Austrália, apesar das semelhanças culturais com os EUA, veja Keith Gordon, "The End of (the Other Side of) the World: Apocalyptic Belief in the Australian Political Structure", *Intersections* Vol.10, No. 1 (2009): 609–645, enquanto uma pesquisa encomendada pela Reuters analisou a crença no apocalipse do "Calendário Maia" de 2012 em 21 nações, veja o Ipsos Global Advisor, "Mayan Prophecy: The End of the World?" https://www.ipsos.com/sites/default/files/news_and_polls/2012-05/5610-ppt.pdf, acesso em 17 de fevereiro de 2018.
71. https://news.gallup.com/poll/1690/religion.aspx, acesso em 3 de setembro de 2019.
72. Pippa Norris e Ronald Inglehart, *Sacred and Secular* (Cambridge: Cambridge University Press, 2004), veja especialmente as páginas 3–32.
73. Ibid.
74. Pew Research Center, "In America, Does More Education Equal Less Religion?" 26 de abril de 2017, http://www.pewforum.org/2017/04/26/in-america-does-moreeducation-equal-less-religion/, acesso em 3 de dezembro de 2018.
75. Edward J. Larson and Larry Witham, "Leading scientists still reject God", *Nature* Vol. 344, No. 6691 (23 de julho de 1998): 313.
76. James H. Leuba, *The Belief in God and Immortality* (Chicago: The Open Court Publishing Company, 1921), 255, e Michael Stirrat and R. Elisabeth Cornwell, "Eminent Scientists Reject the Supernatural: A Survey of Fellows of the Royal Society", *Evolution Education and Outreach* Vol. 6, No. 33 (dezembro de 2013): 1–5.
77. Veja, por exemplo, Marie Cornwall, "The Determinants of Religious Behavior: A Theoretical Model and Empirical Test", *Social Forces* Vol. 66, No. 2 (dezembro de 1989): 572–592.

Notas 405

78. O banco de dados interativo OECD PISA pode ser acessado em: http://www.oecd.org/pisa/; os resultados do teste de 2015, por exemplo, estão localizados em: http://www.keepeek.com/Digital-Asset-Management/oecd/education/pisa-2015-results-volume-i_9789264266490-en#page323, um resumo pode ser encontrado em: https:// en.wikipedia.org/wiki/Programme_for_International_Student_Assessment.

79. Michael A. Dimock e Samuel L. Popkin, "Political Knowledge in Comparative Perspective", em Shanto Iyengar e Richard Reeves, Eds., *Do The Media Govern?* (Thousand Oaks, CA: Sage Publications, 1997), 217–224. Para a fonte da pesquisa de cinco perguntas, consulte Andrew Kohut et al., *Eight Nation, People & The Press Survey* (Washington, DC: Times Mirror Center for People & The Press, 1994), 17, 23.

80. Dimock and Popkin, citação 218.

81. James Curran et al., "Media System, Public Knowledge and DemocracyA Comparative Study", *European Journal of Communications* Vol. 14, No. 1 (2009): 5–26.

82. Ibid.

83. Hal Lindsey and Cliff Ford, *Facing Millennial Midnight* (Beverly Hills, CA: Western Front, Ltd., 1998).

84. Gorenberg, 222.

85. J. Eric Oliver and Thomas J. Wood, "Conspiracy Theories and the ParanoidStyle(s) of Mass Opinion", *American Journal of Political Science* Vol. 58, No. 4 (outubro de 2014): 952–966.

86. Hermann Rauschning, *Hitler Speaks* (Londres: Eyer & Spottiswoode, 1939), 134.

87. Para obter exemplos resumidos dessa pesquisa crítica, consulte Robert L. Trivers", The Evolution of Reciprocal Altruism", *The Quarterly Review of Biology* Vol. 46, No. 1 (março de 1971): 35–57, citação 49; W.D. Hamilton, "The Genetical Evolution of Social Behaviour I", *Journal of Theoretical Biology* Vol. 7, No. 1 (julho de 1964): 1–16 e Part II, 17–52, Leda Cosmides e John Tooby, "Cognitive Adaptations for Social Exchange", em Jerome H. Barkow et al., *The Adapted Mind* (Nova York: Oxford University Press, 1992), 180–206; e Luciano Arcuri, Gün Semin, "Language Use in Intergroup Contexts: The Linguistic Intergroup Bias", *Journal of Personality and Social Psychology* Vol. 57, No. 6 (1989): 981–993. Para um tratamento geral do tema das origens da moralidade humana e do pensamento maniqueísta, consulte Robert Wright, *The Moral Animal* (Nova York: Vintage Books, 1994).

88. Veja, por exemplo, Rebecca S. Bigler et al., "When Groups Are Not Created Equal: Effects of Group Status on the Formation of Intergroup Attitudes in Children", *Child Development* Vol. 72, No. 4 (julho/agosto de 2001): 1151–1162.

89. Os experimentos e suas implicações teóricas são discutidos em Muzafir Sherif et al., *Intergroup Conflict and Cooperation: The Robbers Cave Experiment* (Norman, OK: Institute of Group Relations, 1961), consulte especialmente as páginas 59–84 e 97–113. Embora não seja correto, parece que esse livro descreve o experimento de 1954; o de 1949 era menos detalhado e também parece ter havido um em 1953, que foi cancelado.

90. Ibid., 118, 153–183, 187.

91. Paul Boyer, *When Time Shall Be No More*, 265.

92. Lindsey, *The Late Great Planet Earth*, 51–52, 63–64, 71–75, 101–102, 232.

93. Susan Solomon et al, "Emergence of healing in the Antarctic ozone layer", *Science* Vol. 253, No. 6296 (16 de julho de 2016): 269–274.

94. Lindsey, *The 1980's: Countdown to Armageddon*, 5–6.

95. Ibid., 4–7.

96. Sharlet, ohamme 38.

97. Anne C. Loveland, *American Evangelicals and the U.S. Military 1942-1993*, (Baton Rouge, LA: Lousiana State University Press, 1996), 1–66, 118–164, citação 164.

406   Os Delírios das Multidões

98. Ibid., 7.
99. Sharlet, 38.
100. Loveland, xi–xii.
101. Goodstein; também, Banerjee.

Capítulo 11: Catástrofes Dispensacionalistas: Possíveis e Reais

1. Ellsberg, 64–65 e 67–89, e Eric Schlosser, *Command and Control* (Nova York: Penguin Press, 2013), 300. Para uma excelente visão geral dos riscos da guerra nuclear acidental, consulte Bruce Blair, *The Logic of Accidental Nuclear War* (Washington, D.C.: The Brookings Institution, 1993); para o conceito crítico de "pré-delegação" da autorização de ataque, veja especialmente as páginas 46–51.
2. Schlosser, 245–247
3. William Burr e Thomas S. Blanton, "The Submarines of October, National Security Archive (31 de outubro de 2002), https://www.webcitation.org/67Zh0rqhC?url=http://www.gwu.edu/%7Ensarchiv/NSAEBB/NSAEBB75/, acesso em 8 de maio de 2018, e Marion Lloyd, "Soviets Close to Using A-Bomb in 1962 Crisis, Forum is Told", *The Boston Globe* (13 de outubro de 2002).
4. Bruce Blair, *Frontline* entrevista, https://www.pbs.org/wgbh/pages/frontline/shows/russia/interviews/blair.html, acesso em 9 de maio de 2018. Veja também Blair, 59–167.
5. Peter Schweizer, *Victory* (Nova York: Atlantic Monthly Press, 1994), 8–9.
6. Robert M. Gates, *From the Shadows* (Nova York: Simon & Schuster Paperbacks, 1996), 114.
7. Schlosser 367–368, 371.
8. Charles Perrow, *Normal Accidents* (Princeton, NJ: Princeton University Press), 11.
9. https://jimbakkershow.com/watch/?guid=3465, acesso em 17 de junho de 2018, *Dr. Strangelove* (filme).
10. Lindsey, *The 1980's: Countdown to Armageddon*, 77, 85, 107, 122, 134, 138, 153, 212.
11. Ibid., 154.
12. Lindsey, *Planet Earth—2000 A.D.*, 61.
13. Boyer, 146.
14. A.G. Mojtabai, *Blessed Assurance* (Syracuse, NY: Syracuse University Press, 1997), 180–183, e Robert Reinhold, "Author of 'At Home with the Bomb' Settles in City where Bomb Is Made", *The New York Times* (15 de setembro de 1986), A12. 15. Mojtabai, 164.
16. Gordon D. Kaufman, "Nuclear Eschatology and the Study of Religion", *Journal of the American Academy of Religion* Vol. 51, No. 1 (março de 1983): 8.
17. Stuart A. Wright, "Davidians and Branch Davidians", em Stuart A. Wright, *Armageddon at Waco* (Chicago: University of Chicago Press, 1995), 24.
18. James D. Tabor and Eugene V. Gallagher, *Why Waco?* (Berkeley, CA: University of California Press, 1995), 33–35.
19. Vinte e dois de abril de 1959 realmente caiu 1.264 dias após 5 de novembro de 1955, mas aparentemente o anúncio foi feito em 9 de novembro, acesse https://www.gadsda .com/1959-executive-council-minutes/.
20. Stuart A. Wright, "Davidians and Branch Davidians", 30–32.
21. Edward D. Bromley e Edward G. Silver, "The Davidian Tradition", em Stuart A. Wright, *Armageddon at Waco* (Chicago: University of Chicago Press, 1995), 50.
22. Ibid., 52–53.
23. Tabor ed Gallagher, 35–41, citação 41.
24. Charles, 1, 63. Uma explicação alternativa da opacidade do Apocalipse para o público moderno é que seu(s) autor(es) estava(m) tentando tecer uma narrativa que atualiza

Notas   407

Ezequiel e Daniel para o público principalmente judeu do século I e II d.C. Comunicação pessoal de Christopher Mackay.

25. Yair Bar-El et al., "Jerusalem syndrome, *"British Journal of Psychiatry* Vol. 176 (2000): 86–90.

26. Bar-El et al., ibid.

27. Tabor e Gallagher, 29–30, 61; Jeffrey Goldberg, "Israel's Y2K Problem", *The New York Times* (3 de outubro de 1999); "A date with death", *The Guardian* (26 de outubro de 1999); e Nettanel Slyomovics, "Waco Started With a Divine Revelation in Jerusalem. It Ended With 76 Dying in a Fire on Live TV", *Haaretz* (24 de fevereiro de 2018).

28. Bromley e Silver, 60.

29. Tabor e Gallagher, 41–43, 52–76, 79, citações diretas 72 e 73, e por se desculpar por sua luxúria com as parceiras, veja 74; também, Bromley e Silver, 43–72.

30. Ibid., 52–58, e James Trimm, "David Koresh's Seven Seals Teaching", *Watchman Expositor* Vol. 11 (1994): 7–8, disponível em: https://www.watchman.org/articles/cults-alternative-religions/david-koreshs-seven-seals-teaching/.

31. James D. Tabor, "The Waco Tragedy: An Autobiographical Account of One Attempt to Avert Disaster", in James R. Lewis, Ed., *From the Ashes* (Lanham, MD: Rowman & Littlefield Publishers, Inc., 1994), 14.

32. Tony Ortega, "Hush, Hush, Sweet Charlatans", *Phoenix New Times* (30 de novembro de 1995). Nestas páginas, eu intencionalmente evitei usar a palavra "culto", um termo evitado pela maioria dos teólogos.

33. Associated Press, "Davidian Compound Had Huge Weapon Cache, Ranger Says", *Los Angeles Times*; 7 de julho de 2000; para a brecha na lei sobre exibição de armas, consulte "Gun Show Background Checks State Laws", https://www.governing.com/gov-data/safety-justice/gun-show-firearms-bankground-checks-state-laws-map.html.

34. Tabor e Gallagher, 64–65, 95. Esta lei ainda está nos livros, veja https://codes.findlaw.com/tx/penal-code/penal-sect-9-31.html.

35. Mark England e Darlene McCormick, "The Sinful Messiah: Part One", *Waco Tribune-Herald*, 27 de fevereiro de 1993. A série completa pode ser acessada em http:// www.wacotrib.com/news/branch_davidians/sinful-messiah/the-sinful-messiah-part-one/article_eb1b96e9-413c-5bab-ba9f-425b373c5667.html.

36. Para uma discussão detalhada sobre o abuso infantil e as alegações de sexo com menores, veja Christopher G. Ellison and John P. Bartkowski, "Babies Were Being Beaten", in Stuart A. Wright, *Armageddon in Waco* (Chicago: University of Chicago Press, 1995); 111–149 and Lawrence Lilliston, "Who Committed Child Abuse at Waco", em James R. Lewis, Ed., *From the Ashes* (Lanham, MD: Rowman & Littlefield Publishers, Inc., 1994), 169–173.

37. Moorman Oliver, Jr., "Killed by Semantics: Or Was It a Keystone Kop Kaleidoscope Kaper?" in James R. Lewis, Ed., *From the Ashes* (Lanham, MD: Rowman & Littlefield Publishers, Inc., 1994), 75–77.

38. Departamento do Tesouro, "Report of the Department of the Treasury on the Bureau of Tobacco, Alcohol, and Firearms investigation of Vernon Wayne Howell, também conhecido como David Koresh", setembro de 1993, 95–100, disponível em https://archive.org/stream/reportofdepartme00unit/reportofdepartme00unit_djvu.txt, acesso em 23 de junho de 2018.

39. Federal Bureau of Investigation, "The Megiddo Project", 20 de outubro de 1999, 28–29, disponível em: http://www.cesnur.org/testi/FBI_004.htm.

40. Mark England, "9-1-1 records panic, horror", *Waco Tribune-Herald*, 10 de junho de 1993.

408   Os Delírios das Multidões

41. James R. Lewis, "Showdown at the Waco Corral: ATF Cowboys Shoot Themselves in the Foot", e Stuart A. Wright, "Misguided Tactics Contributed to Apocalypse in Waco", em *Armageddon in Waco* (Chicago: University of Chicago Press, 1995), 87–98.
42. Tabor, "The Waco Tragedy: An Autobiographical Account of One Attemptto Avert Disaster", 12–21; citação 16. Para a transcrição da CNN, acesse http://edition.cnn.com/TRANSCRIPTS/1308/25/cotc.01.html.
43. Dean M. Kelly, "The Implosion of Mt. Carmel and Its Aftermath", em Stuart A. Wright, *Armageddon in Waco*, 360–361.
44. Para uma discussão detalhada de como Koresh interpretou o ataque da ATF e o subsequente cerco, à luz dos agentes de operações especiais, veja Phillip Arnold, "The Davidian Dilemma — To Obey God or Man? em James R. Lewis, Ed., *From the Ashes* (Lanham, MD: Rowman & Littlefield Publishers, Inc., 1994), 23–31.
45. Ibid., 5–17, 100–103, citação 15–16.
46. R.W. Bradford, "Who Started the Fires? Mass Murder, American Style", e "Fanning the Flames of Suspicion: The Case Against Mass Suicide at Waco", in *Armageddon in Waco* (Chicago: University of Chicago Press, 1995), 111–120
47. Para o manuscrito não concluído, acesse: https://digital.library.txstate.edu/bitstream/handle/10877/1839/375.pdf?sequence=1&isAllowed=y.
48. James D. Tabor, "Religious Discourse and Failed Negotiations", em StuartA. Wright, *Armageddon in Waco* (Chicago: University of Chicago Press, 1995), 265.
49. Departamento de Justiça dos Estados Unidos, *Report to the Deputy Attorney General on the Events at Waco, Texas February 28 to April 19, 1993* (8 de outubro de 1993), 158–190, disponível em: https://www.justice.gov/archives/publications/waco/report-deputy-attorney-general-events-waco-texas.
50. Opinião, "History and Timothy McVeigh", *The New York Times*, 11 de junho de 2011; Lou Michel e Dan Herbeck, *American Terrorist* (Nova York: ReganBooks, 2001), 166–168.

CHAPTER 12: FICÇÃO DO ARREBATAMENTO

1. Joseph Birkbeck Burroughs, *Titan, Son of Saturn* (Oberlin, OH: The Emeth Publishers, 1905), 4, 5. Crawford Gribben identificou um trabalho ainda anterior de ficção do arrebatamento, um breve informativo datado de cerca de 1879 por um autor identificado apenas como "H.R.K.", *Life in the Future*. Crawford Gribben, "Rethinking the Rise of Prophecy Fiction", manuscrito inédito e sem circulação, gentilmente fornecido por seu autor.
2. Crawford Gribben, *Writing the Rapture* (Oxford: Oxford University Press, 2009), 33.
3. Burroughs, 211, 223, 244–252, 289324, veja especialmente 304, 319.
4. Para os resumos fidedignos do gênero, veja Gribben, vide acima.
5. Frank Peretti, *This Present Darkness* (Wheaton, IL: Crossway, 2003).
6. Hal Lindsey e C. C. Carlson, *Satan is Alive and Well on Planet Earth* (Grand Rapids MI: Zondervan Publishing House, 1972), 18–19.
7. Philip Jenkins e Daniel Maier-Katkin, "Satanism: Myth and reality in acontemporary moral panic", *Crime, Law and Social Change* Vol. 17 (1992): 53–75. Para o papel causal do dispensacionalismo, veja especialmente 63–64. Citação, Dr. Alan H. Peterson, *The American Focus on Satanic Crime, Volume I* (Milburn, NJ: The American Focus Publishing Company, 1988), prefácio, veja também páginas i–iii.
8. Ted L. Gunderson, in *American Focus on Satanic Crime, Volume 1*, 2–4.

Notas   409

9. Jenkins e Maier-Katkin, 57. Para o segmento de 16 de maio de 1985 de *20/20*, "The Devil Worshippers", acesse https://www.youtube.com/watch?v=vG_w-uElGbM, https://www.youtube.com/watch?v=gG0ncaf-jhI, e https://www.youtube.com/ watch?v=HwSP-3j7RJlU. *NPR Weekend Edition Saturday*, 12 de março de 1988, cortesia de Jacob J. Goldstein. Para uma excelente visão geral do pânico moral do "abuso ritual satânico" dos anos 1980, veja Philip Jenkins, *Moral Panic* (New Haven, CT: Yale University Press, 1998), 145–188 e 275–277n1–10.

10. Margaret Talbot, "The devil in the nursery", *The New York Times Magazine* (7 de janeiro de 2001): 6.51.

11. Ibid.

12. Daniel L. Turner, *Standing Without Apology* (Greenville, SC: Bob Jones University Press, 1997), 19.

13. Randall Balmer, *Encyclopedia of Evangelism* (Waco, TX: Baylor University Press, 2004), 391–392

14. Tim LaHaye, Jerry B. Jenkins, e Sandi L. Swanson, *The Authorized Left Behind Handbook* (Wheaton, IL: Tyndale House Publishers, 2005), 7.

15. Gribben, 136 e 210n55. Consulte Salem Kirban, *666* (Wheaton, IL: Tyndale House Publishers, 1970); o ensaio de James está disponível em: http://www.raptureready1.com/terry/james22.html.

16. Gribben, 8. Consulte Amy Johnson Fryckholm, *Rapture Culture* (Oxford: Oxford University Press, 2004), 175: "Although LaHaye is listed as an author of the series, he himself has not written a word of the text." Veja também Bruce David Forbes "How Popular are the Left Behind Books... and Why?" em Jeanne Halgren Kilde e Bruce David Forbes, Eds., *Rapture, Revelation, and The End Times* (Nova York: Palgrave Macmillan, 2004), 6.

17. Tim LaHaye e Jerry B. Jenkins, *Left Behind* (Wheaton, IL: Tyndale House Publishers, 1995), 1.

18. Ibid., 19.

19. Ibid., resumo do livro.

20. Gribben, 129.

21. Forbes, 6–10.

22. David D. Kirkpatrick, "A best-selling formula in religious thrillers", *The New York Times* (11 de fevereiro de 2002), C2.

23. Nicholas D. Kristof, "Apocalypse (Almost) Now", *The New York Times* (24 novembro de 2004), A23.

24. Mike Madden, "Mike Huckabee hearts Israel", https://www.salon.com/2008/01/18/huckabee2_4/, acesso em 25 de março de 2018.

25. David Gates.

26. Mark Ward, *Authorized* (Bellingham, WA: Lexham Press, 2018), 61.

27. David Gates.

28. Ibid.

29. Stuart A. Wright, 42–43, e anônimo, "Christian evangelicals from the US flock to Holy Land in Israeli tourism boom", *Independent*, 6 de abril de 2018.

30. Lawrence Wright, *Forcing the End*, https://www.pbs.org/wgbh/pages/frontline/shows/apocalypse/readings/forcing.html, acesso em 4 de setembro de 2019.

31. Ibid.

32. Louis Sahagun, "The End of the world is near to their hearts", *Seattle Times* 27 de junho de 2006.

33. Gorenberg, 173.

410 Os Delírios das Multidões

CHAPTER 13: FILANTROPOS DO CAPITALISMO

1. Jason Zweig, Introdução a Schwed, xiii, e Zweig, comunicação pessoal.
2. Maggie Mahar, *Bull!* (Nova York: HarperBusiness, 2003), 333–334. Um estudo do Vanguard Group demonstrou que, em 2002, 70% de seus planos 401 (k) perderam pelo menos 20% de seu valor; os investidores do Vanguard eram, em geral, mais conservadores do que o normal, e a empresa não oferecia nenhum fundo de internet; para ter uma ideia melhor de como a bolha das pontocom devastou os pequenos investidores, consulte a seção "Bill´s Barber Shop" no Capítulo 14.
3. Em um sentido estreito e semântico, porém, isso não era verdade: a palavra "internet" se refere ao backbone de fibra ótica que conecta computadores e servidores de alta potência. O onipresente "www" do discurso moderno é o portal para acessar documentos ou sites por meio desse backbone com um sistema de endereços digitais — localizadores uniformes de recursos (URLs) — por meio de navegadores como Chrome, Safari e Internet Explorer. Tecnicamente, http e https são as formas ou protocolos de acesso a páginas da web. URLs são atalhos que redirecionam o tráfego para o documento no local de um computador servidor da web, "endereço IP" em linguagem da web.
4. William J. Bernstein, *Masters of the Word* (Nova York: Grove/Atlantic Press, 2013), 309–310, e Tim Berners-Lee, *Weaving the Web* (San Francisco: HarperSanFrancisco, 1999), 7–51.
5. Jim Clark, *Netscape Time* (Nova York: St. Martin's Press, 1999), 20–32 (citação 32).
6. *Economist*, "William Martin", 6 de agosto de 1998.
7. Robert L. Hetzel, *The Monetary Policy of the Federal Reserve* (Nova York: Cambridge University Press, 2008), 208–224, veja especialmente as observações do presidente Greenspan's, 221, e Sebastian Mallaby, *The Man Who Knew* (Nova York: Penguin Press, 2016), 514–521, 536–542.
8. https://www.fdic.gov/about/history/timeline/1920s.html, acesso em 24 de junho de 2017.
9. Burton G. Malkiel, *A Random Walk Down Wall Street* (Nova York: W.W. Norton & Company, Inc., 1999), 57–61.
10. Comunicação pessoal, Burton Malkiel, Richard Sylla, John Bogle.
11. Para relações de PE de 1929 e rendimentos de dividendos, consulte Wigmore, 35–85.
12. John Cassidy, *dot-con* (Nova York: Penguin Press, 2002), 348–363 e Roger Lowenstein, *Origins of the Crash* (Nova York: The Penguin Press, 2004), 101.
13. Thomas Easton and Scott Wooley, "The $20 Billion Crumb", *Forbes,* 19 de abril de 1999.
14. Ibid.
15. Comunicação pessoal, Alan Mauldin, TeleGeography Inc.
16. Simon Romero, "In Another Big Bankruptcy, a Fiber Optic Venture Fails", *The New York Times*, 29 de janeiro de 2002.
17. Timothy L. O'Brien, "A New Legal Chapter for a 90's Flameout", *The New York Times*, 15 de agosto de 2004.
18. Steven Lipin et al., "Deals & Deal Makers: Bids & Offers", *The Wall Street Journal*, 10 de dezembro de 1999.
19. Randall E. Stross *eBoys* (Nova York: Crown Business, 2000), 30, 36.
20. Linda Himmelstein, "Can You Sell Groceries Like Books?" Bloomberg News, 25 de julho de 1999, http://www.bloomberg.com/news/articles/1999-07-25/can-yousell-groceries-like-books, acesso em 26 de outubro de 2016.
21. Mary Dejevsky, "Totally Bananas", *The Independent*, 9 de novembro de 1999.

Notas 411

22. William Aspray et al., *Food in the Internet Age* (Nova York: Springer Science & Business Media, 2013), 25–35, e Mylene Mangalindan, "Webvan Shuts Down Operations, Will Seek Chapter 11 Protection", *The Wall Street Journal*, 10 de julho de 2001.

23. Mangalindan, ibid., e John Cook e Marni Leff, "Webvan is gone, but HomeGrocer.com may return", *Seattle Post-Intelligencer*, 9 de julho de 2001.

24. Bethany McLean and Peter Eklind, *The Smartest Guys in the Room* (Nova York: Penguin Group, 2003).

25. Ibid., 4–13.

26. Alexi Barrionuevo, "Did Ken Lay Demonstrate Credibility?" *The New York Times*, 3 de maio de 2006. Para o salário de Ken Lay, consulte Thomas S. Mulligan e Nancy Rivera Brooks, "Enron Paid Senior Execs Millions", *Los Angeles Times*, 28 de junho de 2002.

27. David Yermack, "Flights of fancy: Corporate jets, CEO perquisites, and inferior shareholder returns", *Journal of Financial Economics* Vol. 80. No. 1 (abril de 2006): 211–242.

28. McLean e Elkind, 89–90, 97–98, 338; e Robert Bryce, "Flying High", *Boston Globe Magazine*, 29 de setembro de 2002.

29. Ibid., 89–90, 97–98; e Bryce.

30. Elkind e McLean, 225.

31. Ibid., 28–33.

32. Ibid., 183, 184–185, 254.

33. John R. Emshwiller e Rebecca Smith, "Murky Waters: A Primer On the Enron Partnerships", *The Wall Street Journal*, 21 de janeiro de 2001.

34. Cassel Bryan-Low e Suzanne McGee, "Enron Short Seller Detected Red Flags in Regulatory Filings", *The Wall Street Journal*, 5 de novembro de 2001.

35. Elkind e McLean, 405.

36. Chris Axtman, "How Enron awards do, or don't, trickle down", *Christian Science Monitor*, 20 de junho de 2005.

37. Rebecca Smith, "New SEC Filing Aids Case Against Enron", *The Wall Street Journal*, 15 de maio de 2003, Ellen E. Schultz, "Enron Employees' Massive Losses Suddenly Highlight 'Lockdowns,'" *The Wall Street Journal*, 16 de janeiro de 2002, e, Elkind e McLean, 297–398.

38. Lowenstein, 58–60.

39. Clark, 12–15, 19, Joshua Quittner e Michelle Slatalla, *Speeding the Net* (Nova York: Atlantic Monthly Press, 1998), 242–248.

40. Richard Karlgaard, "The Ghost of Netscape", *The Wall Street Journal*, 9 de agosto de 2005, A10.

Capítulo 14: Nômadas da Era Digital

1. Edward Wyatt, "Fox to Begin a 'More Business Friendly' News Channel",*The New York Times*, 9 de fevereiro de 2007.

2. Peter Elkind et al., "The Trouble With Frank Quattrone was the top investment banker in Silicon Valley. Now his firm is exhibit A in a probe of shady IPO deals", *Fortune*, 3 de setembro de 2001. http://archive.fortune.com/magazines/fortune/ fortune_archive/2001/09/03/309270/index.htm, acesso em 17 de novembro de 2016.

3. McLean e Elkind, 234.

4. John Schwartz, "Enron's Collapse: The Analyst; Man Who Doubted EnronEnjoys New Recognition", *The New York Times*, 21 de janeiro de 2002.

5. Ibid.

412   Os Delírios das Multidões

6. Richard A. Oppel, Jr., "Merrill Replaced Research Analyst Who Upset Enron",*The New York Times*, 30 de julho de 2002.
7. Howard Kurtz, *The Fortune Tellers*, (Nova York: The Free Press, 2000), 32.
8. Scott Tong, "Father of modern 401(k) says it fails many Americans", http://www.marketplace.org/2013/06/13/sustainability/consumed/father-modern-401k-says -it-fails-many--americans, acesso em 1 de novembro de 2016.
9. Jeremy Olsham, "The inventor of the 401(k) says he created a 'monster,'"http://www.marketwatch.com/story/the-inventor-of-the-401k-says-he-created-a-monster-2016-05-16, e Nick Thornton, "Total retirement assets near $25 trillion mark", http://www.benefitspro.com/2015/06/30/total-retirement-assets-near-25-trillion-mark acesso em 11 de novembro de 2016.
10. O relatório atual mais facilmente disponível sobre a lacuna entre taxa interna de retorno e retornos de fundos é o relatório anual Morningstar "Mind the Gap" disponível em https://www.morningstar.com/lp/mind-the-gap?cid=CON_RES0022; em média, os investidores perdem cerca de 1% do retorno por ano devido ao momento ruim; isso se soma às despesas do fundo, que também são em média cerca de 1%.
11. Aaron Heresco, *Shaping the Market: CNBC and the Discourses of Financialization* (Ph.D. Thesis, Pennsylvania State University, 2014), 81.
12. Gabriel Sherman, *The Loudest Voice in the Room* (Nova York: Random House, 2014), 5–9.
13. Joe McGinnis, *The Selling of the President, 1968* (Nova York: Trident Press, 1969), 64–65.
14. Cassidy, 166.
15. Sherman, 146–147.
16. Heresco, 88–115, e Mahar, 156–157.
17. Heresco, 151–152.
18. Ekaterina V. Karniouchina et al., "Impact of *Mad Money* Stock Recommendations: Merging Financial and Marketing Perspectives", *Journal of Marketing* Vol. 73 (novembro de 2009): 266–246, e J. Felix Meshcke, "CEO Appearances on CNBC", artigo, http://citeseerx.ist.psu.edu/viewdoc/download?doi=10.1.1.203.566&rep=rep1&type=pdf, acesso em 12 de novembro de 2016, e para Cramer/Bartiromo, veja Kurtz, 207.
19. Kurtz, 117–118.
20. Heresco, 232.
21. James K. Glassman, "Is Government Strangling The New Economy?" *The Wall Street Journal*, 6 de abril de 2000. (No interesse da divulgação completa, o *Journal* publicou uma carta indigesta ao editor por este autor em resposta ao editorial do Sr. Glassman, "The Market Villain: It's Not Your Uncle",, 19 de abril de 2000.)
22. George Gilder, "The Faith of a Futurist", *The Wall Street Journal*, 1º de janeiro de 2000.
23. Shane Frederick, "Cognitive Reflection and Decision Making", *Journal of Economic Perspectives* Vol. 19, No. 4 (outono de 2005): 25–42. For the Four Card Task, see P. C. Wason, "Reasoning", in B.M. Foss, Ed., *New Horizons in Psychology* (Nova York: Penguin, 1966), 145–146.
24. David L. Hull, *Science and Selection* (Cambridge UK: Cambridge University Press, 2001), 37.
25. Keith E. Stanovich et al., *The Rationality Quotient* (Cambridge, MA: The MIT Press, 2016), 25–27. Para uma ampla amostra de questões e pontuação CART, consulte ibid., 331–368. Citação de Keith E. Stanovich, "The Comprehensive Assessment of Rational Thinking", *Educational Psychologist* Vol. 51, No. 1 (fevereiro de 2016): 30–31.

Notas   413

26. R.B. Zajonc, "Feeling and Thinking", *American Psychologist* Vol. 35, No. 2 (fevereiro de 1980): 155, 169–170.
27. Daniel Kahneman, apresentação de slides de *Thinking Fast and Slow*, thinking-fastand--slow-oscar-trial.ppt.
28. Isaiah Berlin, *The Proper Study of Mankind*, (Nova York: Farrar, Strauss, and Giroux, 1998), 436–498, citação 436.
29. Tetlock, 15, citação 56.
30. Dan Gardner e Philip Tetlock, "What's Wrong with Expert Predictions", https://www.cato-unbound.org/2011/07/11/dan-gardner-philip-tetlock/overcoming-our-aversion-acknowledging-our-ignorance.
31. Tetlock, 138.
32. Tetlock, 42–88, 98, 125–141, citação 63.
33. Susan Pulliam, "At Bills Barber Shop, 'In Just Like Flynn' Is A Cut Above the Rest—Owner's Tech-Stock Chit-Chat Enriches Cape Cod Locals; The Maytag Dealer is Wary", *The Wall Street Journal*, 13 de março de 2000, A1.
34. Comunicação pessoal, Susan Pulliam.
35. Pulliam, "At Bills Barber Shop, 'In Just Like Flynn' Is A Cut Above the Rest—Owner's Tech-Stock Chit-Chat Enriches Cape Cod Locals; The Maytag Dealer is Wary."
36. Susan Pulliam e Ruth Simon, "Nasdaq Believers Keep the Faith To RecoupLosses in Rebound", *The Wall Street Journal,* 21 de junho de 2000, C1.
37. Susan Pulliam, "Hair Today, Gone Tomorrow: Tech Ills Shave Barber", *The Wall Street Journal*, 7 de março de 2001, C1.
38. Jonathan Cheng, "A Barber Misses Market's New Buzz", *The Wall Street Journal*, 8 de março de 2013, e Pulliam, "Hair Today, Gone Tomorrow: Tech Ills Shave Barber."
39. Fonte: Investment Company Institute 2016 Fact Book de ici.org para participações de fundos de ações dos EUA e valor de mercado total em http://data.worldbank.org/indicator/CM.MKT.LCAP.CD?end=2000&start=1990, ambos acessados em 17 de dezembro de 2017.
40. Clipe de Van Wagoner: https://www.youtube.com/watch?v=i9uR6WQNDn4
41. A partir da transcrição de "Betting on the Market", exibida em 27 de janeiro de 1997, http://www.pbs.org/wgbh/pages/frontline/shows/betting/etal/script.html, acesso em 17 de dezembro de 2016.
42. Diya Gullapalli, "Van Wagoner to Step Down As Manager of Growth Fund", *The Wall Street Journal*, 4 de agosto de 2008; retornos totais calculados a partir de retornos anualizados. Veja também Jonathan Burton, "From Fame, Fortune to Flamed-Out Star", *The Wall Street Journal*, 10 de março de 2010.
43. Clifford Asness, "Bubble Logic: Or, How to Learn to Stop Worrying andLove the Bull", artigo, 45–46, https://ssrn.com/abstract=240371, acesso em 12 de novembro de 2016.
44. Mike Snow, "Day-Trade Believers Teach High-Risk Investing", *The Washington Post*, 6 de julho de 1998.
45. Arthur Levitt, testemunho perante o Subcomitê Permanente de Investigações do Senado, Comissão de Assuntos Governamentais, 16 de setembro de 1999, https://www.sec.gov/news/testimony/testarchive/1999/tsty2199.htm, acesso em 29 de dezembro de 2019.
46. Mark Gongloff, "Where Are They Now: The Beardstown Ladies", *The Wall Street Journal*, 1º de maio de 2006.
47. Calmetta Y. Coleman, "Beardstown Ladies Add Disclaimer That MakesReturns Look 'Hooey,'" *The Wall Street Journal*, 27 de fevereiro de 1998.
48. Cassidy, 119.

414   Os Delírios das Multidões

49. Mahar, 262263, 306309, citação 307; para a sentença de Bond, consulte "Ex-MoneyManager Gets 12 Years in Scheme", *Los Angeles Times*, 12 de fevereiro de 2003.
50. Gregory Zuckerman e Paul Beckett, "Tiger Makes It Official: Funds WillShut Down", *The Wall Street Journal*, 31 de março de 2000. Durante o fim da década de 1990, o autor experimentou pessoalmente uma versão mais suave desse tipo de recuo em algumas ocasiões a pouco custo, mas rapidamente aprendeu a manter suas opiniões sobre ações de tecnologia para si mesmo. O leitor também pode razoavelmente se perguntar o quão bem ele, alertado por *A História das Ilusões das Massas*, e dado o fracasso de Mackay em apreciar a histeria ferroviária que ocorreu logo após sua publicação, interpretou a bolha tecnológica do fim dos anos 1990 enquanto se desenrolava. Por feliz coincidência, ele publicou um título de finanças pessoais em 2000, no auge da bolha, *The Intelligent Asset Allocator* (Nova York: McGraw-Hill Inc., 2000). A bolha em curso, ainda não estourada, foi discutida longamente nas páginas 124-132; veja especialmente a breve menção de *A História das Ilusões das Massas* na página 178.Esses extratos estão disponíveis com a permissão de McGraw-Hill Inc. em http://www.efficientfrontier.com/files/TIAA-extract.pdf.
51. Charles W. Kadlec, *Dow 100,000* (Upper Saddle River, NJ: Prentice Hall Press, 1999).
52. James K. Glassman e Kevin A. Hassett, *Dow 36,000* (Nova York: Times Business, 1999) and Charles W. Kadlec, *Dow 100,000 Fact or Fiction* (Nova York: Prentice Hall Press, 1999).
53. Schwed, 54.

CAPÍTULO 15: MÁDIS E CALIFAS

1. "Dabiq: Why is Syrian town so important for IS?" *BBC News* (4 de outubro de 2016), http://www.bbc.com/news/world-middle-east-30083303, acesso em 30 de maio de 2018.
2. David Cook, *Studies in Muslim Apocalyptic* (Princeton, NJ: The Darwin Press, Inc., 2002), 8.
3. David Cook, *Contemporary Muslim Apocalyptic Literature* (Syracuse, NY: Syracuse University Press, 2005), 84.
4. Samuel P. Huntington, *The Clash of Civilizations and the Remaking of the World Order* (Nova York: Simon & Shuster, 1996), 257–258.
5. 'Arif, Muhammad 'Izzat, *Hal al-Dajjal yahkum al-'alam al-an?* (Cairo: Dar al-I'tisam, 1997), 85, citado em Cook, *Contemporary Muslim Apocalyptic Literature*, 220.
6. Jean-Pierre Filiu, M.B. Devoise, trad., *Apocalypse in Islam* (Berkeley, CA: University of California Press, 2011), 14, e Cook, *Contemporary Muslim Apocalyptic Literature*, 16.
7. Cook, *Studies in Muslim Apocalyptic*, 6–13.
8. William McCants, *The ISIS Apocalypse* (Nova York: St Martin's Press, 2015), 23.
9. Ibid., 26.
10. Cook, *Contemporary Muslim Apocalyptic Literature*, 7.
11. Cook, *Studies in Muslim Apocalyptic*, 95–97.
12. Thomas Lippman, *Inside the Mirage* (Boulder, CO: Westview Press, 2004); 220, Bruce Riedel, *Kings and Presidents* (Washington, D.C.: Brookings Institution Press, 2018), 50; e Cook, *Contemporary Muslim Apocalyptic Literature*, 23, 33.
13. Cook, *Contemporary Muslim Apocalyptic Literature*, 117.
14. Jean-Pierre Filiu, M.B. Devoise, trad., *Apocalypse in Islam* (Berkeley, CA: University of California Press, 2011), 14, e Cook, *Contemporary Muslim Apocalyptic Literature*, 8, 50–52.
15. Cook, *Contemporary Muslim Apocalyptic Literature*, 8–11, Filiu, xi, 11–18.

Notas 415

16. Cook, *Contemporary Muslim Apocalyptic Literature*, 232–233.
17. Citado em Gorenberg, 188.
18. Ibid., 191.
19. Filiu, 83–94, citação 86, e Cook, *Contemporary Muslim Apocalyptic Literature*, 64, 68.
20. Comunicação pessoal, Jean-Pierre Filiu.
21. Filiu, 140.
22. Filiu, 62–63.
23. Edward Mortimer, *Faith and Power* (Nova York: Vintage Books, 1982), 76–79.
24. Hilaire Belloc, *The Modern Traveler* (Londres: Edward Arnold, 1898), 41. 25. Robert Lacey, *Inside the Kingdom* (Nova York: Viking Press, 2009), 15–16.
26. Ibid., 3.
27. Thomas Heggehammer e Stéphane Lacroix, "Rejectionist Islamism inSaudi Arabia: The Story of Juyahman al-'Utaybi Revisited", *International Journal of Middle East Studies* Vol. 39 (2007): 104–106,Yaroslav Trofimov, *The Siege of Mecca* (Nova York: Doubleday, 2007), 11–28.
28. Heggehammer and Lacroix, 106–109.
29. Trofimov, 20-49.
30. Thomas Hegghammer e Stéphane Lacroix, "Rejectionist Islam in SaudiArabia: The Story of Juhayman al-Utaybi Revisited", *International Journal of Middle East Studies* Vol. 39 (2007):108–110.
31. Filiu, 16.
32. Lacey, 21.
33. Trofimov, 51.
34. Para uma descrição detalhada das cartas, veja Joseph A. Kechichian, "Islamic Revivalism and Change in Saudi Arabia: Juhaymãn Al'Utaybī's "Letters" to the Saudi People", *The Muslim World* Vol. LXXX, No. 1 (janeiro de 1990): 9–15. O autor minimiza a importância do conteúdo escatológico das cartas e descreve seu objetivo como a corrupção do regime saudita e *ulemá* (o alto conselho religioso), particularmente bin Baz. Ele também afirma que Qahtani não foi declarado Mádi na revolta da Mesquita, o que contradiz a maioria dos outros observadores.
35. Lacey, 22–23.
36. Trofmov, 170–172.
37. Trofimov, 68–255 e Kechichian, 1–8.
38. Hegghammer e Lacroix, 109–112.
39. Ibid., 114.
40. Ibid., 29, 248–249.
41. McCants, *The ISIS Apocalypse*, 50–51, 196n12.
42. David Cook, "Abu Musa'b al-Suri and Abu Musa'b al-Zarqawi: The Apocalyptic Theorist and the Apocalyptic Practitioner", artigo privado, citado com permissão do autor. Citação do hadiz de Thawban de Cook, "Fighting to Create a Just State: Apocalypticism in Radical Muslim Discourse", em Sohail H. Hashimi, Ed., *Just Wars, Holy Wars, and Jihads* (Oxford: Oxford University Press, 2012), 374.
43. Dexter Filkins et. al., "How Surveillance and Betrayal Led to a Hunt's End", *The New York Times* (9 de junho de 2006).
44. Steve Coll, *The Bin Ladens* (Nova York: The Penguin Press, 2008), 12–15, 137–152, 252–256.
45. McCants, *The ISIS Apocalypse*, 66.
46. Trofimov, 161.
47. McCants, *The ISIS Apocalypse*, 10–22.

416   Os Delírios das Multidões

48. Pew Research Center, "The World's Muslims: Unity and Diversity", 57. http://assets. pewresearch.org/wp-content/uploads/sites/11/2012/08/the-worlds-muslims-full-report. pdf.
49. Ibid.
50. McCants, *The ISIS Apocalypse*, 32.
51. Ibid., 32–42.
52. Cole Bunzel, *From Paper State to Caliphate: The Ideology of the Islamic State* (Washington, D.C.: Center for Middle East Policy at Brookings, 2015), 22–23.
53. Daniel Kimmage e Kathleen Ridolfo, *Iraqi Insurgent Media* (Washington, D.C.: Radio Free Europe/Radio Liberty, 2007), 4–5.
54. Ibid., 27–29, 70–71.
55. Anwar al-Awlaki, "Full text of "Anwar Nasser Aulaqi" dos arquivos do FBI, disponível em https://archive.org/stream/AnwarNasserAulaqi/Anwar%20Nasser%20Aulaqi%20 10_djvu.txt, acesso em 6 de junho de 2018.
56. A transliteração do nome de Alwan pelo FBI varia de seu mais comumente usado.
57. Hugh Macleod, "YouTube Islamist: how Anwar al-Awlaki became alQaeda's link to local terror", *The Guardian*, 7 de maio de 2010.
58. Eric Schmitt, "U.S. Commando Killed in Yemen in Trump's First Counterterrorism Operation", *The New York Times*, 29 de janeiro de 2017; Charlie Savage, "Court Releases Large Parts of Memo Approving Killing of American in Yemen", *The New York Times*, 23 de junho de 2014; Mark Mazetti et al., "Two-Year Manhunt Led to Killing of Awlaki in Yemen, *The New York Times*, 30 de setembro de 2011; e McCants, *The ISIS Apocalypse*, 60.
59. Martin Chulov, "ISIS: the inside story", *The Guardian*, 11 de dezembro de 2014, Janine di Giovanni, "Who is ISIS Leader Abu Bakr Baghdadi?" *Newsweek*, 8 de dezembro de 2014, e William McCants, "The Believer", *Brookings Essay* (1º de setembro, 2015), http://csweb.brookings.edu/content/research/essays/2015/thebeliever.html, acesso em 8 de junho de 2018.
60. McCants, *The ISIS Apocalypse* , 85–98.
61. David Remnick, "Going the Distance: On and off the road with Barack Obama", *The New Yorker*, 27 de janeiro de 2014.
62. http://www.jihadica.com/the-caliphate%E2%80%99s-scholar-in-arms/, acesso em 6 de setembro de 2019.
63. Cole Bunzel, "The Caliphate's Scholar-in-Arms", http://www.jihadica.com/the-caliphate%E2%80%99s-scholar-in-arms/, acesso em 10 de junho de 2018.
64. Amar Benaziz e Nick Thompson, "Is ISIS leader Abu Bakr Baghdadi's bling timepiece a Rolex or an 'Islamic watch'?" CNN, 10 de julho de 2014, http://www .cnn. com/2014/07/10/world/meast/iraq-baghdadi-watch/index.html, acesso em 12 de junho de 2018.
65. As edições em inglês de Dabiq estão disponíveis em uma ampla variedade de fontes, desde sites islâmicos a islamofóbicos e de políticas públicas. Para a última edição, por exemplo, acesse "The Return of the Khilafah", https://jihadology.net/2016/07/31/newissue-of-the-islamic-states-magazine-dabiq-15/, a seguir vá para a "edição anterior", que remete à edição 1. A revista também foi publicada em árabe, francês e alemão.
66. The Soufan Group, "Foreign Fighters: An Updated Assessment of the Flowof Foreign Fighters into Syria and Iraq", dezembro de 2015.
67. *Dabiq*, "The Return of the Khilafah", 4–5, 26.
68. Ibid., 8.
69. Ibid., 10.

70. Ibid., 32–33.
71. McCants, *The ISIS Apocalypse*, 142–143.
72. Robert Mackey, "The Case for ISIS, Made in a British Accent", *The New York Times*, 20 de junho de 2014.
73. Nelly Lahoud e Jonathan Pieslak, "Music of the Islamic State", *Survival* Vol. 61, No. 1 (2018): 153–168, citação 155.
74. Richard Barrett, "Foreign Fighters in Syria", The Soufan Group, junho de 2014.
75. Mariam Karouny, "Apocalyptic prophecies drive both sides to Syrian battlefor end of time", Reuters, 1º de abril de 2014, https://www.reuters.com/article/us-syriacrisis-prophecy-insight/apocalyptic-prophecies-drive-both-sides-to-syrian-battle-for-end-of-time-idUSBREA3013420140401, acesso em 12 de junho de 2018.
76. Anônimo, "The Revival of Slavery before the Hour", *Dabiq* No. 4 (setembro de 2014), 17.
77. Nick Cumming-Bruce, "ISIS Committed Genocide Against Yazidis in Syriaand Iraq, U.N. Panel Says", *The New York Times*, 16 de junho de 2018; e Valeria Cetorelli, "Mortality and kidnapping estimates for the Yazidi population in the area of Mount Sinjar, Iraq, in August 2014: A retrospective household survey", *PLOS Medicine,* 9 de maio de 2017 , https://doi.org/10.1371/journal.pmed.1002297, acesso em 12 de junho de 2018.
78. Para uma tabulação de ataques dirigidos e inspirados pelo EI no início de 2018, veja TimLister et al., "ISIS goes global: 143 attacks in 29 countries have killed 2,043", CNN, 12 de fevereiro de 2018, https://www.cnn.com/2015/12/17/world/mapping-isis- attacks -around-the-world/index.html, acesso em 12 de junho de 2018. A estimativa de 3.800 mortes em agosto de 2019 é tabulada por Karen Yourish et al., "How Many People Have Been Killed in ISIS Attacks Around the World", *The New York Times*, 16 de julho de 2016, e https://en.wikipedia.org/wiki/List_of_terrorist_incidents_linked_to_ISIL, acesso em 6 de setembro de 2019.
79. Ben Watson, "What the Largest Battle of the Decade Says about the Future of War", *Defense One* (2017), https://www.defenseone.com/feature/mosul-largest-battle-decade--future-of-war/, acesso em 19 de julho de 2019; e Rukmini Callimachi e Eric Schmitt, "ISIS Names New Leader and Confirms al-Baghdadi's Death", *The New York Times*, 31 de outubro de 2019.
80. Veja, por exemplo, Graeme Wood, "What ISIS Really Wants", *The Atlantic*, março de 2015.
81. Janine di Giovanni, "The Militias of Baghdad", *Newsweek*, 26 de novembro de 2014.
82. Jason Burke, "Rise and fall of Isis: its dream of a caliphate is over, so what now?" *The Guardian*, 21 de outubro de 2018, https://www.theguardian.com/world/2017/oct/21/isis--caliphate-islamic-state-raqqa-iraq-islamist, acesso em 12 de junho de 2018, e Aaron Y. Zelin, "Interpreting the Fall of Islamic State Governance", The Washington Institute, 16 de outubro de 2017, http://www.washingtoninstitute.org/policy-analysis/view/interpreting-the-fall-of-islamic-state-governance, acesso em 12 de junho de 2018, e Sune Engel Rasmussen, "U.S.-Led Coalition Captures Last ISIS Bastion in Syria, Ending Caliphate", *The Wall Street Journal*, 23 de março de 2019.

Epílogo

1. Richard Dawkins, *The Selfish Gene* (Nova York: Oxford University Press, 2009), vii.
2. David Sloan Wilson, *Evolution for Everyone* (Nova York: Delta Trade Paperbacks, 2007), 70.

418 Os Delírios das Multidões

3. Stanley Milgram, "Behavioral Study of Obedience", *Journal of Abnormal and Social Psychology*, Vol. 67, No. 4 (1963): 371–378; and Milgram, "Some Conditions of Obedience and Disobedience to Authority", *Human Relations*, Vol. 18, No. 1 (fevereiro de 1965): 57–76.
4. C. Haney et al., "Interpersonal Dynamics in a Simulated Prison", *International Journal of Criminology and Penology*, Vol. 1 (1973): 69–97.
5. Para uma análise crítica e detalhada do Experimento da Prisão de Stanford, veja Ben Blum, "The Lifespan of a Lie", https://medium.com/s/trustissues/the-lifespan-of-a-lie-d869212b1f62.
6. Laurence Rees, *Auschwitz: A New History* (Nova York: Public Affairs, 2005).
7. Ibid. Sobre as deportações da Ilha do Canal, veja 135–139; matança em Belżec, 149–150, citação 203.
8. Lionel Laurent, "What Bitcoin Is Really Worth May No Longer Be Such a Mystery", https://www.bloomberg.com/news/features/2018-04-19/what-bitcoin-is-really-worth-may-no-longer-be-such-a-mystery, acesso em 25 de julho de 2018.

ÍNDICE

SÍMBOLOS

11 de Setembro xxiii, 240, 342
  apocaliticismo islâmico xxiii

A

Abu Bakr al-Baghdadi 346
Abu Musab al-Zarqawi 339
Abu Umar al-Baghdadi 342
Adolph Hitler 240
Afirmações falsas identificáveis 15
Al-Qaeda 340
Alta Crítica, escola de pensamento 178
Amilenismo 12
Amos Tversky 138
Antissemitismo 160, 326
Apocaliticistas 32, 105
Aritmética apocalíptica 50
Arthur Balfour 189
Atalhos
  analíticos 307
  heurísticos 157
Ateísmo 174
Autoengano xviii
  tendência humana ao xviii
Autoilusão xiii, 263
Avaliação Abrangente do Pensamento
Racional (CART) 307

B

Babson Break 160
Bashar al-Assad 347
Beau Law. *Consulte* John Law
Benjamin Netanyahu 234
Ben Roden 252
Bernard Knipperdolling 35
Bolha da internet, 1990 55
  colapso da 55
Bolsa de Valores de Nova York 131, 154
Bug do Milênio 239

C

Capacidade analítica 17
Carlos Magno 30

Caspar Weinberger 221
Cérebro reptiliano 13, 307
Charles Darwin 177
Charles Dickens 101
Charles Grandison Finney 115
Charles Kindlerberger xiii
Charles Mackay xi, 101, 355
Charles Ponzi 99
Charlie Mitchell 162, 165, 293
Cientologia 104
  Sananda 104
Clara Endicott Sears 126
Clyde Lott 275
Comércio internacional 55
  Banco da Escócia 62
  Banco da Inglaterra 62
  Banco Geral Privado 63
  organizações comerciais do 55
    Companhia das Índias Orientais 55
  papel-moeda 57
Comissão Pecora 166
Comportamento coletivo delirante 41
Contabilidade de "marcação a mercado"
290
Contas de Aposentadoria Individual
(IRAs) 299
Corridas aos ourives 56
Crédito baseado em papéis 134
  deslocamento do 134
  elasticidade do 134
Crise
  dos Mísseis Cubanos de 1962 246
  financeira de 2007-2009 xv
Cristianismo 11
Cruzadas xi
Custo social 239

D

Daniel Ellsberg 245
Darby 216
David Halberstam xiii
David Koresh 129
Decepção

420 Os Delírios das Multidões

da Primavera 122
de Outubro 127
Deísmo 109
Delírios de massa 84
disseminação de 84
Deslocamento tecnológico 134
Desordem cívica 120
Diáspora 121
Difusão de ideias e crenças 103
Dispensacionalismo 173, 229, 234
influência nos EUA 234
Dissonância cognitiva 105, 184, 267, 293
Diversidade de opinião xxii
importância da xxii
Dorothy Martin 103, 130
DTS 218

E

Eclesiologia 176
Efeito Tinker Bell xxiv
Elasticidade da moeda 135
Ellen G. White 253
Emily Dickinson 14
Enron 288, 356
fraude corporativa da 288
Erros analíticos sistemáticos 139
Escatologia 11, 178, 221, 322
cristã 322
de Miller 117
islâmica 322
Esforço cognitivo 308
Especulação financeira xv, 159
Estado Islâmico (EI) 348, 359
Evangélicos 243
retórica anticomunista confiável dos 243
vínculo militar-evangélico 243
Evidências confirmatórias 113
Experimento da "Caverna dos Ladrões" 240

F

Fatores fisiopatológicos de uma bolha 282
abandono dos critérios tradicionais de avaliação de ações 283
amnésia financeira 282
Ferdinand Pecora 165
Ficções do fim dos tempos 265
islamofobia 265

pânico ideológico e moral 265
xenofobia 265
Fisiopatologia das bolhas 132
flexibilização do crédito 132
novas tecnologias estimuladoras 132
Francis Bacon 135
Francis Galton xx
Frederick Winslow Taylor 142
Friedrich Nietzsche xxi
Fritz Heider 84
F. Scott Fitzgerald xxii
Fundação de Israel 199

G

General Electric 152, 294
George C. Marshall 201
George Hudson 90, 156, 263, 284
George Katona 138
George Orwell 19
Global Crossing 286
Grande Decepção 129, 225
do Millerismo 185
Grande Depressão 146, 282
Guerra
Civil Inglesa 49
dinastia Stuart 49
Levellers 50
Quinta Monarquia 50
da Sucessão Espanhola 71
dos Camponeses 25
dos Camponeses Alemães 30
dos Caracóis. *Consulte* Guerra dos Camponeses

H

Hal Lindsey 239, 359
Harry Truman 201
Heinrich Gresbeck 35
Henry Ford 142
Hermann von Kerssenbrock 29, 35
Hesíodo 2
Heurística 13, 138
de disponibilidade 140
de recenticidade 140
Hipótese
da instabilidade 137
da secularização 235
de Mercado Eficiente 158
Histeria

Índice 421

coletiva xvii, 32
financeira xiii, 57, 85, 138, 277
  bolha da Companhia do Mississípi 70
  bolha da internet dos anos 1990 294
  bolha da Mares do Sul 74, 90
  bolha de 1830 90
  bolha francesa 70
  bolha imobiliária 137
  bolha pontocom 297
  bolhas ferroviárias 87, 101, 151, 304
  bolha tecnológica 284
  caso da ferrovia xiii
  colapso de 1929 151
  década de 1920 144
  dos tronics 282
  Pânico de 1907 146
  senhoras de Beardstown 316
religiosa xv, 2, 171
  Adventistas Davidianos do Sétimo
  Dia 252
  apocaliticismo xx
  Aum Shinrikyo xvi
  cerco da Grande Mesquita 338
  dispensacionalismo xviii
  Estado Islâmico xx, 321
  Millerismo 127
  Ordem do Templo Solar xv
  Os Irmãos 176
  O Templo do Povo xvi
  pânicos morais de satanismo 268
  Ramo Davidiano xvi
  seita religiosa Heaven's Gate xvi
  Vaca Apocalíptica 171
Hodômetro para idiotas 111
Holocausto 191
  nuclear 221
Hyman Minsky 132

I

Ilusão dispensacionalista 216
Incompetência preditiva 39
Índice de Confiança do Consumidor 138
Inerrância bíblica 220
Inferência bayesiana 358
Insurreições anabatistas 34
Irracionalidade humana xi
  natureza contagiosa da xi
Irving Fisher 161
Isaac Newton 51, 102, 178

J

James Surowiecki xxi
Jeff Bezos 304
Jeffrey Skilling 290
Jim Bakker 248
Jimmy Swaggart 230
Joaquim de Fiore 1
John Blunt 311
John F. Walvoord 226
John J. Raskob 156
John Law 55, 69, 151
John Nelson Darby 174, 191
John Olson 298
Joseph P. Kennedy 156, 169
J.P. Morgan 147, 151, 187, 303
Jubi Gilad 171
Judaísmo 11

K

Karl Marx 61

L

Lacuna de conhecimento 239
Lei
  da Bolha 87
  da Receita de 1978 299
  das Empresas de Investimento 169
  de Segurança de Renda de
  Aposentadoria do Empregado (ERISA)
  299
  de Valores Mobiliários 156, 169
  Glass-Steagall 169, 295, 304
Leni Riefenstahl 20
Leon Festinger 103
Linha do tempo dispensacionalista 232
Loucura
  Anabatista 172, 263
  millerita 127
Louis Boutelle 127
Louis Rukeyser 318

M

Mania
  das Tulipas xi
  tecnológica da década de 1990 283
Manipulação contábil 294
Martinho Lutero 24
Matemática escatológica 32
Medições psicológicas 138

422 Os Delírios das Multidões

Medo dispensacionalista 242
Mentalidade maniqueísta 240
Mercado de títulos 148
Messianismo 208
Método dedutivo 135
Michael Shermer 22
Millerismo 173
Milleritas 183
Mimetismo 357
Mirceau Eliade 11
Mishneh Torá 172
Misticismo
  bíblico 111
  numérico 50, 111, 187
Modelo
  aristotélico 135
  de fluxo circular 62
Monopólio comercial 161
Moral Majority 230
Morgan Stanley 295
Movimento para o Estabelecimento do
Templo 210

N

Nativismo 160
NBC 300
Netscape 279, 295
Neurociência xxiii
Notícias
  falsas 21
  negativas 21

O

Oliver Cromwell 49
Orde Wingate 191
Osama bin Laden 339
Óvnis 104

P

Padronicidade 111
Padronização, conceito 22
Pat Robertson 231
Paul M. Warburg 160
Pensamento
  crítico xviii
    como histórias corroem nosso xviii
  maniqueísta 174
Persuasão musical 20
Pirâmide das empresas da bolha 283

Pós-milenarismo 12
Pré-milenares 173
Pré-milenarismo 12
Princípio do equilíbrio 84
  estado de desequilíbrio 85
Profetas de Zwickau 26
Proselitismo 106, 130, 188
Protetorado Cromwell 51
Protocolo de Montreal 243
Psicologia
  evolucionista xvii
  experimental 21
  social 103, 355
Puritanos 106

Q

Quinta-feira Negra 164
  de 1929 277
Quinta Monarquia 106, 173, 263

R

Racionalização vs. racionalidade xiii
Ramo Davidiano 129
RCA 140, 156
Relatório Kudlow 305
Revolução Gloriosa 71
Richard Gerrig 14
Risco de inadimplência 136
Robert Anderson 181
Roger Ailes 301
Roger Babson 160
Ronald Reagan 174, 220, 247
  crenças apocalípticas de 223

S

Saddam Hussein 340
Samuel Insull 151, 263, 284
Secularização do mundo desenvolvido 235
Securitização de empréstimos 136, 292
Segunda Igreja Cristã 116
Segundo Grande Despertar 107
Seita protestante 29
  Anabatista 29
  Loucura Anabatista 30, 35
Seleção natural evolucionária 22
Seminário Teológico de Dallas (DTS) 180
Shimon Peres 210
Síndrome de Jerusalém 254
Sionismo

cristão 177
judaico 177
Sir John Blunt 70
Sistema
bancário xiv
de reservas fracionárias 136
dispensacional 175
dispensacionalista 181
límbico xii, 13, 73, 307
amígdala xii
amígdalas 19
circuito de antecipação de recompensa 73
núcleo accubens xii
núcleos accumbens 19
Solomon Asch 81, 103
Superinterpretação dos dados 23
Suscetibilidade humana à saliência 140
Sword Blade 72

T

Taxa interna de retorno (TIR) 300
Taylorismo 142
Teologia apocalíptica 54
Teste
de Quatro Cartas de Wason 306

de reflexão cognitiva (TRC) 306
Thomas Edison 151
Thomas Müntzer 25, 30, 54
Tim Berners-Lee 278
Tinker Bell
economia 70
Tragédia 20
fome do ser humano por 20
Transporte narrativo 14
alto grau de 17
Tratado de Forças Nucleares de Alcance
Intermediário 223

V

Vernon Howell 253
Victor Houteff 251
Viés de confirmação 112, 183, 216, 307, 325

W

Walter Bagehot 88
Webvan 287, 297
William Blackstone 186
William Miller 108, 113, 263
William Potter 59
Winston Churchill 131

ROTAPLAN
GRÁFICA E EDITORA LTDA
Rua Álvaro Seixas, 165
Engenho Novo - Rio de Janeiro
Tels.: (21) 2201-2089 / 8898
E-mail: rotaplanrio@gmail.com